# Brésil

**GUIDES BLEUS ÉVASION**

Ce guide a été établi par **Isabelle MALTOR** et **Monique BADARÓ-CAMPOS**, *avec la collaboration de* : Marguerite Cardoso, Jeannine Goulhot, Isabelle Jullien, Laurence Lesage.

**Isabelle MALTOR** est journaliste. **Monique BADARÓ-CAMPOS**, également journaliste, collabore à des revues brésiliennes et françaises.

Les auteurs remercient tous ceux qui les ont aidés à rédiger ce guide et plus particulièrement : Alberto Albergaria, Paquito, João Bosco et Gaëtan du Châtenet pour ses précieuses interventions.

**Direction** : Isabelle Jeuge-Maynart. **Direction éditoriale** : Isabelle Jendron, Catherine Marquet. **Responsable de collection** : Armelle de Moucheron. **Secrétariat d'édition** : Stéphanie Debord. **Informatique éditoriale** : Béatrice Windsor, Pascale Ocherowitch, Catherine Julhe. **Maquette intérieure** : Daniel Arnault. **Mise en pages PAO** : Catherine Riand. **Cartographie** : Alain Mirande. **Dessins** : Gilles Grimon, Axel Maja. **Fabrication** : Gérard Piassale, Caroline Garnier.

**Crédit photographique** : CHARMET J.-L. : pp. 53, 68 (ht) – DIAF : Langeland J.-P., pp. 69 (ht), 126 (bas); Pinheira J.-C., p. 77 – EXPLORER : Dubois M., p. 297 (ht, dr.); Gohier F., p. 127 (ht); Koene Maia, p. 194; Grandadam S., p. 297 (bas, dr.); Gutierrez S., p. 309 (haut); Moinard M., p. 68 (bas) – GAMMA : Lochon F., p. 40; Gouverneur, p. 44; Norio Koike, p. 170 – GRANDADAM S. : p. 187 – HOA-QUI : Bruwier M., pp. 218, 249; Collart H., pp. 69 (bas), 244, 256 (ht); De Wilde P., pp. 18, 26, 65, 69 (milieu), 80 (bas), 126 (ht), 127 (bas), 171, 191, 297 (ht, g.), 297 (bas, g.); Nichele F., p. 6; Renaudeau M., p. 80 (ht), 81, 98; Ruiz H., pp. 190, 276; Valentin E., p. 351 – JACANA : Cordier S., pp. 257 (ht, dr.), 268 (bas); Guravich D. Phr., p. 240 (bas); Lynn R., p. 257 (bas, g.); Soder E. p. 241 (ht); Varin J.-Ph., p. 241 (bas); Varin/Visage, p. 256 (bas), 269 (bas); Walker T., p. 257 (bas, dr.); Wild Pat, pp. 257 (ht, g.), 269 (ht); Ziesler G., p. 240 (ht) – MALTOR I. : p. 45 (ht) – PINHEIRA : pp. 158, 159, 326, 327 – SIPA SPORT : F. Mendes, p. 45 (bas) – **Subiros** : pp. 308, 309 (bas) – **Visa** : Zulpier H., p. 22-23.

**Couverture** : *de ht en bas et de g. à dr.* : Brasília (**Hémisphères**, S. Francès); (**Visa**, J. Derci); carnaval de Rio (**Visa**, A. Zezmer); couvent São Francisco à Olinda (**Hémisphères**, S. Francès).

Hachette Tourisme, 43, quai de Grenelle, 75905 Paris CEDEX 15.

**Régie exclusive de la publicité** : Hachette Tourisme, 43, quai de Grenelle, 75905 Paris CEDEX 15. Contact : Valérie Habert ☎ 01 43 92 32 52. *Le contenu des annonces publicitaires insérées dans ce guide n'engage en rien la responsabilité de l'éditeur.*

Conformément à une jurisprudence constante (Toulouse, 14-01-1887), les erreurs ou omissions involontaires qui auraient pu subsister dans ce guide, malgré nos soins et les contrôles de l'équipe de rédaction, ne sauraient engager la responsabilité de l'éditeur.

© HACHETTE LIVRE (HACHETTE TOURISME), **1997**.
© HACHETTE LIVRE (HACHETTE TOURISME), **1999** pour les renseignements pratiques.
*Tous droits de traduction, de reproduction et d'adaptation réservés pour tous les pays.*

# SOMMAIRE

## ✈ ALLER AU BRÉSIL
Toutes les informations nécessaires à la préparation et à l'organisation de votre séjour.

### Découvrir le Brésil .................................................. 7
Une carte «Que voir» accompagnée d'un commentaire sur les plus beaux sites à visiter, des idées pour découvrir un autre Brésil, des suggestions d'itinéraires.

### Partir ................................................................... 19
Les mille et une choses auxquelles il faut penser avant le départ.

### Vivre au quotidien ................................................ 27
Tout ce qu'il faut savoir une fois sur place : de la cuisine aux transports intérieurs en passant par l'hébergement, les usages ou les sports.

## 🗝 QUELQUES CLÉS POUR COMPRENDRE

### Un géant du futur ................................................. 47
L'essentiel sur l'histoire du Brésil.

### Samba-Fusion ....................................................... 63
Un portrait vivant et documenté sur le Brésil aujourd'hui.

## ✵ VISITER LE BRÉSIL
Pour découvrir les principales richesses touristiques du pays, 18 grands itinéraires accompagnés de 22 cartes et plans et, pour chaque étape, les meilleures adresses d'hôtels et de restaurants.

### Le Sudeste ........................................................... 99
**Rio de Janeiro, 100** — Les bonnes adresses, 130 — **Les villes de montagne, 139** — Costa do Sol, 141 — Costa Verde, 144 — **São Paulo, 150** — Les bonnes adresses, 163 — **Aux environs de São Paulo, 169** — Le littoral, 170 — **Les villes historiques du Minas Gerais, 176** — Belo Horizonte, 177 — Sabará, 180 — Ouro Preto, 181 — Mariana, 188 — Congonhas do Campo, 189 — São João Del Rei, 192 — Tiradentes, 193.

### Le Sud ................................................................ 195
**Le Paraná, 196** — Foz do Iguaçu, 196 — Les bonnes adresses, 201 — Curitiba, 202 — Les bonnes adresses, 204 — Les environs de Curitiba, 205 — **Santa Catarina, 206** — Florianópolis, 207 — Les bonnes adresses, 209 — La vallée de l'Itajaí, 210 — **Le Rio Grande do Sul, 211** — Porto Alegre, 211 — Les bonnes adresses, 215 — Les villes de montagne, 217.

### Le Centre-Ouest ................................................. 219
Brasília, 220 — Les bonnes adresses, 225 — **Le Pantanal, 228** — Le Pantanal Nord, 233 — Le Pantanal Sud, 238.

**L'Amazonie** .................................................................... **245**
Belém, 251 — Les bonnes adresses, 259 — Les environs de Belém, 261 — **Manaus**, 262 — Les bonnes adresses, 273.

**Le Nordeste** ................................................................... **277**
Salvador de Bahia, 279 — Les bonnes adresses, 303 — **Autour de Salvador, 310** — Estrada do Coco et littoral nord, 310 — La baie de Tous les Saints, 311 — Le Recôncavo bahianais, 311 — Le littoral sud, 315 — **Maceió et l'Alagoas, 317** — Maceió, 318 — Marechal Deodoro, 319 — Penedo, 320 — **Recife, Olinda et le Pernambuco, 321** — Recife, 323 — Olinda, 329 — Le littoral nord, 332 — Le littoral sud, 334 — L'Agreste, 334 — **Natal et le Rio Grande do Norte, 336** — Natal, 336 — Littoral nord, 339 — Littoral sud, 339 — **Fortaleza et le Ceará, 340** — Fortaleza, 340 — Le littoral sud-est, 345 — Le littoral nord-ouest, 346 — **São Luís do Maranhão, 347** — Alcântara, 353.

# POUR EN SAVOIR PLUS

| | |
|---|---|
| **Glossaire** .................................................................... | **355** |
| **Quelques mots de portugais** ............................................ | **357** |
| **Des livres, des disques, des films** ................................... | **358** |
| **Index des lieux, des personnages et des rubriques pratiques.** | **360** |

# ARRÊTS SUR IMAGE

| | |
|---|---|
| Passionnelle communion du sport ................................................ | 44-45 |
| Les repères de l'histoire............................................................. | 60-61 |
| La plus africaine des nations non africaines ............................... | 68-69 |
| Le carnaval, ou le monde comme théâtre et plaisir..................... | 80-81 |
| Les transformations de Rio......................................................... | 126-127 |
| São Paulo, terre promise des Nordestins..................................... | 158-159 |
| Le baroque mineiro..................................................................... | 190-191 |
| Le paradis des oiseaux aquatiques.............................................. | 240-241 |
| Un fabuleux bestiaire ................................................................. | 256-257 |
| Une vie aquatique d'une prodigieuse diversité ........................... | 268-269 |
| Les saveurs de Bahia................................................................... | 308-309 |
| Le Pernambuco, terre de folklore................................................ | 326-327 |

# ENCADRÉS

| | |
|---|---|
| Carte d'identité..............................11 | Ayrton Senna................................170 |
| Quelques spécialités bahianaises ..29 | La cuisine mineira........................179 |
| Le roi Pelé.....................................40 | Précieux Minas.............................185 |
| Lampião, roi des cangaceiros........55 | Antônio Francisco Lisboa dit « o Aleijadinho »..................188 |
| Le tropicalisme.............................58 | |
| La non-question indienne ............67 | La légende du dieu serpent .........196 |
| L'immigration en quelques chiffres....................70 | Le Gaúcho....................................213 |
| | Une simple aquarelle ...................216 |
| À chacun son orixá.......................75 | Un génie appelé Oscar Niemeyer 221 |
| La música erudita brasileira..........82 | Un labyrinthe de terre et d'eau...246 |
| Globo ou le 4e pouvoir .................86 | Le pato no tucupi.........................250 |
| Machado de Assis (1839-1908) ... 88 | La rencontre du fleuve et de l'océan................................262 |
| Guimarães Rosa............................ 90 | |
| Assister au carnaval.....................101 | Le géant Amazonas .....................263 |
| L'art dans le métro .....................154 | Les plantes médicinales...............267 |

Les fruits amazoniens..................251
Le Pará, une position
stratégique .....................255
Le Círio de Nazaré ......................259
La rencontre du fleuve
et de l'océan ................................262
Le géant Amazonas .....................263
Les plantes médicinales...............267
Un monde hétérogène ................278
Le fleuve São Francisco ............. 279
Blocos de carnaval.......................285
Salvador, capitale du syncrétisme
musical.........................................286
Une cérémonie de candomblé....287
Terreiros de candomblé..............289
La plage, plaisir sensuel et social 302
La moqueca de peixe...................304
L'État de Bahia ............................310
Ribeira Marinha dos Arrecifes....323
La littérature de cordel................335
Les lèvres de miel........................343
Jangadas et jangadeiros...............348
Les sobrados de São Luís ...........351
Le Bumba-meu-boi.....................354

## CARTES ET PLANS

Pour vous aider à situer sur les cartes (voir liste ci-dessous) les sites décrits, nous les avons fait suivre de références imprimées en bleu dans le texte. Exemple : Ipanema IV-C2.

Que voir au Brésil ?......................8-9
Les fuseaux horaires .....................33
Rio I : plan d'ensemble....... 102-103
Rio II : le centre ...................110-111
Rio III : le sud .....................118-119
Rio IV : les plages.................122-123
Rio V : les quartiers nord ....128-129
Le littoral entre Rio
et São Paulo..........................138-139
São Paulo I : plan d'ensemble.....151
São Paulo II : plan du centre ......155
Le Minas Gerais ...................174-175
Ouro Preto....................................182
La région du Sud .........................199
Brasília I : plan général................223
Brasília II : le centre.....................223
Le Pantanal...................................230
Belém et l'embouchure
de l'Amazonas .............................253
La région de Manaus ...........264-265
La région du Nordeste.........280-281
Le littoral : Salvador-Fortaleza .. 284
Salvador I : plan d'ensemble.......288
Salvador II : le centre ..................292
Salvador III : Barra-Vitória.........300

# DÉCOUVRIR LE BRÉSIL

*Brésil, mot chargé d'exotisme, de rêves, de clichés aussi. Existe-t-il pourtant un Brésil ? À l'échelle d'un continent, de l'Amazonie au Sud, d'Ouro Preto à Brasília, de Bahia à São Paulo, du Pantanal à Rio, ce sont bien des Brésil qui expriment leurs tonalités différentes. Ni patchwork, ni puzzle : une variation subtile sur un même thème… Comme une bossa-nova : un rythme, une « couleur », une trame sensuelle, fleurissant en une infinité d'ondulations.*

## ■ QUE VOIR AU BRÉSIL ?

### Le Sudeste
Région capitale, région des capitales : Rio, La Mecque du tourisme brésilien, São Paulo, pôle économique, Ouro Preto, capitale du baroque. Le Sudeste concentre les multiples visages du Brésil : beauté de la nature, vestiges de l'histoire, splendeur de l'art, gigantisme de la ville moderne, richesse et misère.
\*\*\***Rio de Janeiro.** *(Plan pp. 102-103)*. L'une des cartes postales les plus connues de la planète. Une cité magique dans un cadre époustouflant.
\*\*\***La Costa Verde.** *(Carte détaillée pp. 138-139)*. Du sud-ouest de Rio jusqu'à l'État de São Paulo, entre la montagne verte, recouverte par la forêt tropicale et la mer, 300 km d'un littoral varié, accidenté, sauvage, magnifique ! En route, vous ferez plusieurs étapes :
\***Itacuruçá** (95 km de Rio), pittoresque village au bord de la baie de Sepetiba où vous trouverez jolies plages et îles, notamment l'archipel du Jaguanum.

Place du Pelourinho, à Bahia. L'un des plus beaux ensembles architecturaux du Brésil, une atmosphère de village.

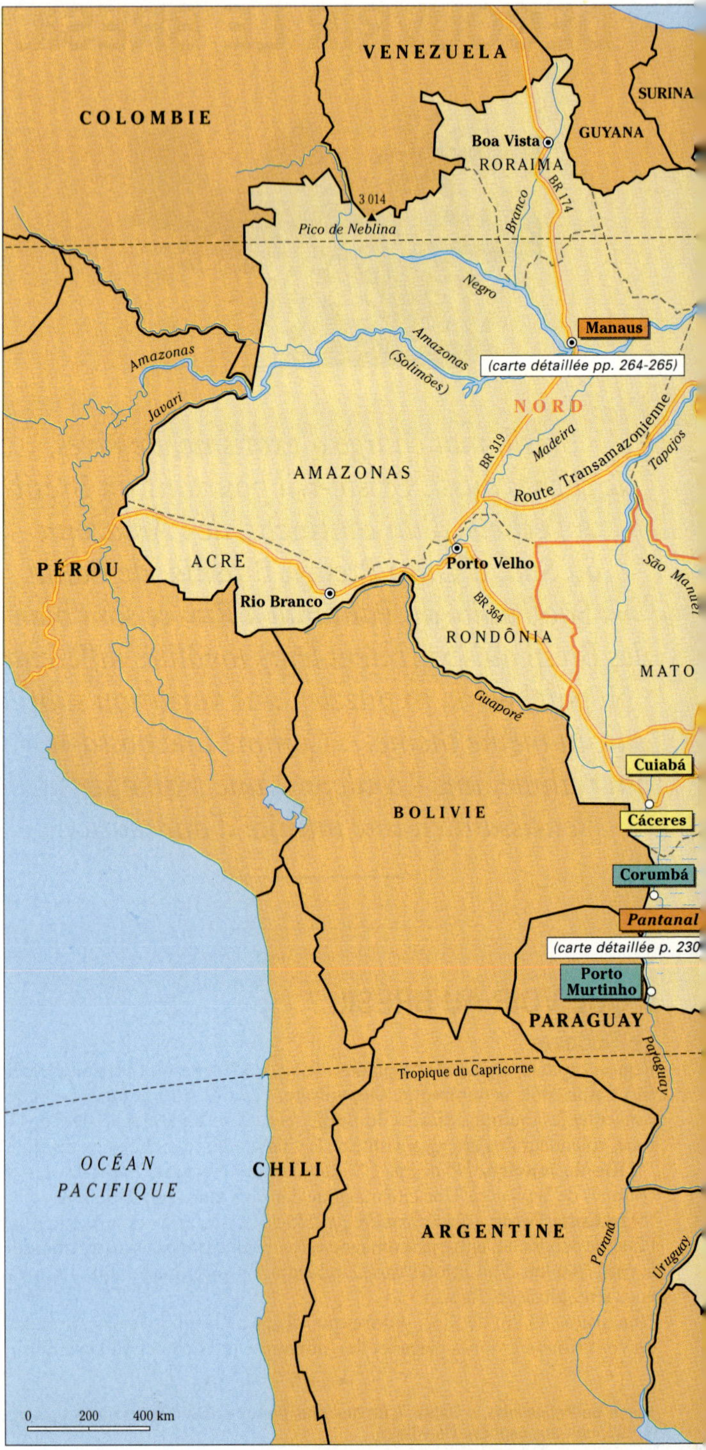
VENEZUELA
COLOMBIE
SURINA
GUYANA
Boa Vista
RORAIMA
BR 174
Branco
3 014
Pico de Neblina
Negro
Manaus
(carte détaillée pp. 264-265)
Amazonas
Amazonas (Solimões)
Javari
NORD
BR 319
Madeira
Route Transamazonienne
Tapajós
AMAZONAS
ACRE
PÉROU
Porto Velho
Rio Branco
BR 364
São Manuel
RONDÔNIA
MATO
Guaporé
Cuiabá
Cáceres
BOLIVIE
Corumbá
Pantanal
(carte détaillée p. 230
Porto Murtinho
PARAGUAY
Paraguay
Tropique du Capricorne
OCÉAN PACIFIQUE
CHILI
ARGENTINE
Paraná
Uruguay
0 200 400 km

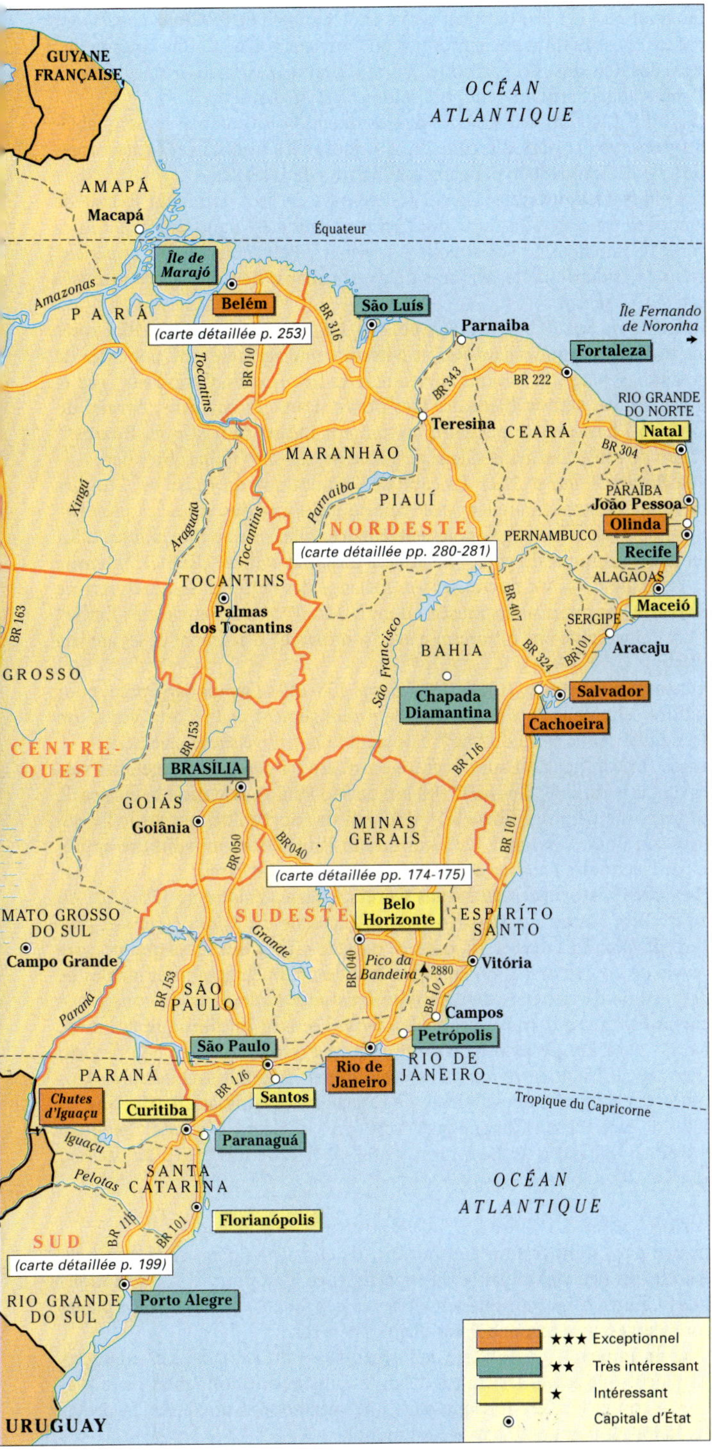

OCÉAN ATLANTIQUE
GUYANE FRANÇAISE
AMAPÁ
Macapá
Équateur
Île de Marajó
Amazonas
PARÁ
Belém
(carte détaillée p. 253)
São Luís
Parnaiba
Île Fernando de Noronha
Fortaleza
BR 316
BR 010
Tocantins
BR 343
BR 222
RIO GRANDE DO NORTE
Teresina
CEARÁ
Natal
BR 304
MARANHÃO
Xingu
Parnaiba
PIAUÍ
PARAÍBA
João Pessoa
Olinda
NORDESTE
PERNAMBUCO
Recife
(carte détaillée pp. 280-281)
Araguaia
Tocantins
ALAGOAS
TOCANTINS
Maceió
Palmas dos Tocantins
BR 407
SERGIPE
BR 163
Aracaju
São Francisco
BAHIA
BR 324
BR 101
GROSSO
Salvador
Chapada Diamantina
Cachoeira
CENTRE-OUEST
BR 153
BR 116
BRASÍLIA
GOIÁS
Goiânia
MINAS GERAIS
BR 101
BR 050
BR 040
(carte détaillée pp. 174-175)
MATO GROSSO DO SUL
SUDESTE
Belo Horizonte
ESPIRÍTO SANTO
Grande
Campo Grande
Pico da Bandeira
2880
Vitória
BR 040
BR 153
SÃO PAULO
BR 101
Paraná
Campos
Petrópolis
São Paulo
Rio de Janeiro
RIO DE JANEIRO
PARANÁ
BR 116
Santos
Tropique du Capricorne
Chutes d'Iguaçu
Curitiba
Iguaçu
Paranaguá
SANTA CATARINA
Pelotas
OCÉAN ATLANTIQUE
BR 116
BR 101
Florianópolis
SUD
(carte détaillée p. 199)
RIO GRANDE DO SUL
Porto Alegre
URUGUAY
★★★ Exceptionnel
★★ Très intéressant
★ Intéressant
Capitale d'État

*Mangaratiba (105 km de Rio), petite cité coloniale du XVIIe s. conservant quelques constructions anciennes et d'où l'on peut accéder à Ilha Grande*.
*Angra dos Reis, anse des rois la bien nommée, entre la serra do Ariró et la mer.
*Mambucaba, charmant petit port colonial tombé dans l'oubli.
***Parati ♥ (240 km de Rio), l'un des joyaux du Brésil colonial remarquablement préservé. Trésors d'architecture, atmosphère inimitable, belles plages dont celle de Trindade**, et délicieuses balades dans les îles.
**Les villes de montagne.** Dans l'arrière-pays de Rio, dominant la baie de Guanabara, se dresse la serra dos Órgãos. Paysages, panoramas… routes superbes ! En chemin, Teresópolis*. À visiter : Petrópolis**, cité impériale, ancienne résidence d'été des présidents brésiliens, lieu de villégiature très couru des *Cariocas*.
**La Costa do Sol.** *(Carte détaillée pp. 138-139)*. Au nord-ouest de Rio, après avoir traversé le pont reliant Rio et Niterói*, une agréable côte ponctuée de lacs, lagunes, plages et stations balnéaires très fréquentées. Cabo Frio*, cap et cité historique, station balnéaire très prisée. Dans les environs, Arraial do Cabo*, joli hameau de pêcheurs nettement moins touristique. Búzios** (192 km de Rio), charmant village de pêcheurs, le Saint-Tropez brésilien.
**São Paulo.** *(Plan p. 151)*. La capitale économique du Brésil est l'un des principaux centres financiers des Amériques, l'une des villes les plus fiévreuses de la planète. Mégalopole tentaculaire, ville cosmopolite, phare culturel et gastronomique du pays, on l'aimera pour son rythme effréné, l'intensité et la diversité de sa vie nocturne, son mélange des cultures, son architecture audacieuse, ses intéressants musées, dont le MASP***. Aux environs : Embu* (27 km), une petite cité pittoresque avec son marché d'artisanat et ses ateliers d'artistes.
*Le littoral paulistano.** *(Carte détaillée pp. 138-139)*. Depuis São Paulo, pour rejoindre cette belle côte située dans le prolongement de la Costa Verde, on descend d'abord la serra do Mar*, saisissant ! On trouve successivement :
*Santos (68 km de São Paulo), centre portuaire où demeurent quelques vestiges du cycle du café. Guarujá* (90 km de São Paulo), la station balnéaire de la bourgeoisie paulista. Ilhabela** (207 km de São Paulo), une belle île qui mérite bien son nom. Ubatuba* (235 km de São Paulo), station balnéaire appréciée par la jeunesse *paulista*, superbes plages, proche de Parati.
***Les cités historiques du Minas Gerais.** *(Carte détaillée pp.174-175)*. Au nord de Rio, autour de Belo Horizonte* (capitale du Minas Gerais et première ville planifiée du Brésil), dans ce pays de mines, qui fut la grande terre du cycle de l'or, se dresse un chapelet de villes, témoignages inestimables de cette période de richesse, de créativité artistique et de prise de conscience socio-politique, qui sont autant de chefs-d'œuvre du baroque colonial. Sabará*** (14 km de Belo Horizonte). Ouro Preto*** (99 km S-E de Belo Horizonte), le bijou entre tous, un exceptionnel ensemble architectural dans un site magnifique, une cité pleine de caractère et d'animation. Mariana*** (12 km d'Ouro Preto). Congonhas*** (80 km S de Belo Horizonte). São João Del Rei** (185 km S de Belo Horizonte). ♥ Tiradentes** (12 km de São João).

## Le Sud (carte détaillée p. 199)

Marquée par l'immigration européenne, de climat tempéré, cette partie du Brésil est très peu visitée par les Européens, si ce n'est pour le site exceptionnel des Chutes d'Iguaçu. Elle vous réserve cependant des surprises : plages encore vierges, montagnes boisées, plaines herbeuses…
***Foz do Iguaçu.** À la frontière de l'Argentine et du Paraguay, les cataractes de l'Iguaçu sont parmi les chutes d'eau les plus impressionnantes de la planète. Un son et lumière féerique dans une végétation exubérante ! À proximité, Itaipu, le plus grand barrage du monde.

## Carte d'identité

**Situation** : le Brésil occupe près de la moitié du sous-continent sud-américain. Il possède une frontière commune avec tous les pays d'Amérique du Sud sauf le Chili et l'Équateur. S'étendant du Nord au Sud et d'Est en Ouest sur près de 4 300 km, il est limité à l'E par l'océan Atlantique (quelque 7 400 km de côte). Distance Paris-Rio : 9 200 km.

**Superficie** : 8 511 965 km$^2$, soit plus de quinze fois celle de la France, le territoire de l'Europe moins la Russie. Le Brésil est le cinquième plus grand pays du monde derrière la Russie, le Canada, la Chine et les États-Unis.

**Population** : 158 millions d'hab. au recensement de 1996. La densité moyenne est de 17 hab. par km$^2$. 75 % de la population vit dans les villes ; la moitié a moins de 20 ans et 70 % moins de 30 ans.

**Langue officielle** : le portugais.

**Organisation politique** : république fédérale (República Federativa do Brasil) formée par 26 États et le district fédéral de Brasília. Ces États se répartissent entre cinq régions (Norte, Nordeste, Sudeste, Centro-Oeste, Sul).

**Capitale** : Brasília (1,6 million d'hab.).

**Villes principales** : São Paulo (9,5 millions d'hab.), Rio de Janeiro (5,5 millions d'hab.), Belo Horizonte (env. 2 millions d'hab.), Salvador (2,2 millions d'hab.), Fortaleza (1,9 million d'hab.), Porto Alegre (1,3 million d'hab.), Recife (1,3 million d'hab.), Curitiba (1,4 million d'hab.), Belém (1,1 million d'hab.).

**Monnaie** : le real.

**Drapeau** : cercle bleu étoilé marqué de la devise positiviste « Ordem e progresso » (Ordre et progrès) sur losange jaune sur fond vert.

**Régime politique** : démocratie présidentielle.

**Chef de l'État** : Fernando Henrique Cardoso.

**Paysage politique** : depuis les élections d'octobre 1998, le parti social démocrate (PSDB), le parti conservateur (PFL, parti du front libéral) et le parti démocrate (PMDB) se partagent la majorité.

**Religion dominante** : le catholicisme.

**Agriculture** : 1$^{er}$ producteur mondial de café, de canne à sucre et d'agrumes, le Brésil arrive en 2$^e$ position pour le soja et la viande bovine, en 3$^e$ position pour le maïs et en 4$^e$ pour le cacao. Il occupe aussi les premières places dans la production mondiale de coton, de caoutchouc et de bananes.

**Richesses minières** : premier producteur mondial de minerai de fer, le Brésil est également bien placé pour le manganèse, la bauxite, l'aluminium, l'uranium et l'or.

**Industrie** : 34 % du PIB. Le Brésil est la dixième puissance industrielle mondiale ; on citera notamment l'automobile (1,4 million de véhicules en 1993), la construction navale (11$^e$ place en tonnage), la sidérurgie (25 millions de tonnes d'acier en 1993), l'armement (5$^e$ exportateur mondial), le textile et l'agro-alimentaire.

**Commerce et services** : 56 % du PIB, 46 % de la population active.

**Dette extérieure** : 178 milliards de dollars.

---

***Curitiba**. La capitale du Paraná, ville moderne, modèle, est le point de départ de diverses excursions dans le reste de l'État, notamment un **voyage en train jusqu'à Paranaguá**\*\*\*, spectaculaire descente de la serra do Mar, paysages à couper le souffle. Plusieurs étapes :

***Morretes** (68 km de Curitiba), pittoresque petite cité coloniale au pied de la Serra.

***Antonina** (77 km), à côté de Morretes, un vieux port offrant une superbe vue sur l'océan.
****Paranaguá** (91 km), sympathique ville portuaire conservant quelques vestiges de son passé colonial.
*****Parc de Vila Velha** (93 km), au milieu de la plaine herbeuse, une véritable ville de pierre sculptée par l'érosion.
******Santa Catarina.** Dans ce petit État au sud du Paraná, ce sont plutôt les Brésiliens qui se sentent dépaysés ! On y visitera **Florianópolis**\*, l'île capitale, paisible, dotée de très belles plages à la pulsion toute différente de celles de Rio ou de Bahia, **la vallée de l'Itajaí**\*, morceau de l'Allemagne en terre brésilienne avec ses villes fleuries, à l'atmosphère si germanique.
*******Le pays gaúcho.** Terre de l'homme brave, de l'élevage, du maté et du *churrasco*, le Rio Grande do Sul offre une grande diversité de paysages. À découvrir : **Porto Alegre**\*\*, accueillante capitale qui, en toute modernité, conserve vivaces les traditions *gauchescas;* les **villes de montagne**\*\*, au N-E de Porto Alegre, dans de beaux paysages plantés d'araucarias et d'hortensias, une série de villes charmantes et fleuries à forte influence allemande (Gramado, Canela, São Francisco de Paula). À proximité aussi, le **Parc national dos Aparados da Serra**\*\*, vaste réserve de la forêt primitive d'araucarias, avec vallées, canyons…

## Le Centre-Ouest

Le « Far West brésilien ». Région neuve, vaste territoire encore vide, le Centre-Ouest abrite deux joyaux uniques et pourtant diamétralement opposés : une capitale du XXIe s., un sanctuaire écologique formé il y a 65 millions d'années.
**\*\*Brasília.** *(Plans p. 223).* La capitale symbole du Brésil nouveau, créée sur un plateau désertique du Goiás, belle et singulière comme un rêve, futuriste et mystique comme une vision, combine hardiesse des conceptions urbanistiques de Lúcio Costa et monumentalité lyrique de l'architecture d'Oscar Niemeyer. Le béton a-t-il une âme ? À vous d'en juger.
**\*\*\*Le Pantanal.** *(Carte détaillée p. 230).* L'une des réserves naturelles les plus étonnantes de la planète. Paysages fascinants de plaine inondée, faune riche et singulière, féerie d'oiseaux, pêches miraculeuses : un paradis fragile et méconnu. Quelques étapes :
**\*Cuiabá**, la capitale du Mato Grosso, conserve quelques traits marquants de son passé colonial, mais elle est surtout la principale porte d'entrée du Pantanal Nord. À 64 km, on peut aussi voir la **Chapada dos Guimarães**\*, site naturel planté de reliefs étranges.
**\*\*\*La Transpantaneira.** Au départ de Poconé, la ville rose, en route pour l'aventure ! Cette piste de terre vous conduit au cœur du haut Pantanal et vous permet d'apprécier la variété de la flore et de la faune.
**\*Cáceres** (210 km de Cuiabá), petite ville historique du Pantanal Nord, vaut par ses constructions anciennes et, surtout, sa nature alentour si typiquement *pantaneira*. De là aussi, la **descente du fleuve Paraguai**\*\* est fabuleuse !
**\*Barão de Melgaço** (140 km de Cuiabá). C'est le point de passage obligé pour l'insolite **Pantanal des eaux**\*\*\*.
**\*\*Corumbá** (415 km de Campo Grande). La vraie capitale du Pantanal, cité frontière interlope, belle ville coloniale, est le point de départ de fantastiques safaris-photos.
**\*\*Miranda** (200 km de Campo Grande). Ce petit village, au cœur du Pantanal Sud, est surtout le point d'accès à une région idéale pour l'observation des animaux et la pratique de la pêche.
**\*\*Porto Murtinho** (extrême S). Située à la frontière du Paraguay, l'ancienne capitale du maté ravira les amateurs par l'abondance de sa flore et de sa faune et par ses rivières poissonneuses.

## L'Amazonie

Splendeur et démesure ! La réalité à la hauteur du mythe ? Plus grande forêt du monde, plus grande réserve écologique du globe, bassin hydrographique sans égal, véritable continent d'eau douce et de végétation, la région amazonienne offre au voyageur le spectacle unique d'un monde de terre et d'eau, la beauté puissante de son fleuve, la magie de ses ciels, jamais bleus, et de ses nuits, jamais noires, emplies de mille bruits : une émotion intense !

***Belém et l'embouchure de l'Amazone.** (Carte détaillée p. 253). Capitale du Pará, discrète et charmante, à l'embouchure du plus grand fleuve du monde, atmosphère de port entre grand large et Amazonie profonde, vestiges du passé colonial, architecture d'Antônio Landi, architecture néo-classique du Teatro da Paz, festival du marché Ver-O-Peso, exposition de faune amazonienne au jardin zoologique du **musée Emílio Goeldi**\*\*\*. À 18 km, **Icoarací**\*, pour l'achat de céramique marajoara.

\*\***Marajó.** La plus grande île fluviale du globe, berceau de la civilisation marajó, un étrange bout de monde aux paysages envoûtants.

\*\*\***Manaus et ses environs.** (Carte détaillée pp. 264-265). Capitale de l'État de l'Amazonas, où eut lieu le boom du caoutchouc, mais aussi capitale centrale de l'Amazonie, porte d'entrée de la forêt. Vous y trouverez quelques traces de son glorieux passé, dont le fameux Teatro Amazonas, un port flottant haut en couleur : un avant-goût de l'Amazonie avant de vous embarquer sur le fleuve au plus profond de «l'enfer vert».

\*\*\***La rencontre des eaux des fleuves Negro et Solimões.** À 10 km seulement en aval de Manaus, un phénomène naturel unique et incontournable.

\*\***Le lac January**, parc écologique à 45 mn en bateau de Manaus.

\*\*\***Séjour en forêt.** Hébergement dans un lodge, ou, pour les plus aventuriers, nuits en hamac à la façon des *caboclos*. Une immersion inoubliable dans l'univers amazonien ! Sites paradisiaques, balade en canaux sur les *igarapés* et *igapós*\*\*\*, apprentissage de la flore et de la faune amazoniennes en compagnie de guides locaux, observation des oiseaux, partie de pêche au piranha…

\*\*\***L'archipel des Anavilhanas** (5 h de bateau de Manaus), le plus grand archipel fluvial du monde, 400 îles et îlots, sauvage et magnifique !

\*\***Belém-Manaus en bateau.** Pour ceux qui ont du temps et ne craignent pas une certaine monotonie (l'âme aussi du paysage amazonien), une expérience vraie du grand fleuve, avec ses hameaux riverains, le mode de vie de ses habitants, Santarém sur les rives du vert Tapajós, Óbidos, ville historique…

## Le Nordeste (carte pp. 280-281)

L'une des plus fascinantes régions du Brésil. Beauté de la nature, plaisirs de la plage, richesse de l'histoire, trésors d'architecture, splendeur du baroque, vivacité des traditions, vigueur du folklore, fertilité artisanale, fécondité du métissage, ferveur religieuse, densité culturelle : un tout touristique en soi, un pays dans le pays.

### *Bahia*

\*\*\***Salvador.** Difficile de savoir ce qui attire le plus à Salvador : le pittoresque de ses vieux quartiers, le lacis de ses ruelles, ses demeures coloniales, ses églises baroques par centaines, ses fêtes religieuses ou profanes, son carnaval, sa musique, l'illustre baie de Tous les Saints, ses îles exotiques, sa belle silhouette de ville haute et basse, ses marchés hauts en couleur, sa cuisine aux saveurs inconnues, ses plages, sa joie de vivre, cette rencontre permanente avec l'Afrique ? La liste est infinie. Salvador est une caverne d'Ali Baba où chacun trouvera sa formule magique !

\*\*\***Le Recôncavo.** (Carte p. 284). Dans l'arrière-pays de Salvador, une nature modelée par les plantations humaines, une région qui fonda sa prospérité sur le sucre. Vous visiterez ses villes, témoignages remarquables du passé. **Cachoeira**\*\*\* (120 km de Salvador), belle cité coloniale qui garde tout son caractère. **Santo Amaro*** (81 km), accueillante bourgade chère au cœur des Bahianais. **Nazaré***, sympathique petite cité coloniale, siège de la célèbre Feira de Caxixi (marché de céramiques).

****La Chapada Diamantina.** Au cœur du *sertão*, une ancienne zone de production d'or, puis de diamants, des montagnes vertes, des vallées, des rivières, des canyons… Randonnées dans le Parc national du même nom et visite de **Lençóis***, petite ville historique fondée à l'époque du boom des diamants, jolie, toute colorée, un remarquable ensemble de *sobrados*.

****Le littoral bahianais.** Du nord au sud de l'État de Bahia, une côte superbe, des plages idylliques, tantôt anses, tantôt mer ouverte. Au nord de Salvador *(carte p. 284)*, la estrada do Coco (route du Coco) conduit notamment à **Arembepe***, ♥ **Praia do Forte*** (70 km de Salvador). Cocotiers, sable blond et piscines naturelles ! Direction sud *(carte p. 281)*, vous rejoindrez **Morro de São Paulo***, une belle île plantée d'une végétation tropicale et bordée de superbes plages ; **Ilhéus*** (470 km au sud de Salvador), capitale du cacao et agréable cité balnéaire avec de belles plages de sable blanc ; **Porto Seguro*** (730 km), site de la découverte, cité historique et phare touristique à proximité de laquelle vous trouverez **Arraial da Ajuda*** et ♥ **Trancoso***, charmants hameaux de pêcheurs.

## Alagoas (carte p. 284)

Terre des lagunes, des villages de pêcheurs, d'un beau littoral*, défilé de sable blond, cocotiers, récifs, piscines naturelles.

***Maceió.** Modeste capitale et plaisante station balnéaire encerclée par la lagune de Mundaú.

***Marechal Deodoro** (env. 30 km au sud de Maceió). Exquise cité historique du nom de celui qui a proclamé la République.

****Penedo** ♥ (152 km au sud de Maceió). Ravissante cité coloniale sur les rives du légendaire fleuve São Francisco.

## Le Pernambuco (carte p. 284)

****Recife.** Une grande ville moderne où le présent et le passé s'entrechoquent, de l'animation élégante de Boa Viagem et sa célèbre avenue de front de mer au baroque sublime des églises du centre historique en passant par d'intéressants musées et, last but not least, Olinda, toute proche…

*****Olinda** (7 km de Recife). L'un des joyaux du Brésil colonial, classée patrimoine de l'humanité par l'Unesco en 1982. Une Montmartre tropicale, superbe et attachante !

****L'Agreste.** Zone de transition entre le *sertão* semi-aride et le littoral, cette région est à découvrir, notamment pour ses fêtes traditionnelles. **Caruaru***, son marché pittoresque, ses riches traditions artistiques et artisanales. **Nova Jerusalém***, extravagante reconstitution de l'antique Jérusalem, siège, chaque année, d'une mise en scène de la passion du Christ.

***Le littoral nord.** **Igarassu*** (35 km au nord de Recife), toute petite cité coloniale abritant la plus ancienne église du Brésil et un remarquable couvent franciscain ; **l'île d'Itamaracá*** (47 km N), historique et tropicale, plantée de cocotiers, de belles plages et un charmant bourg.

****Le littoral sud.** Sable blanc bordé de cocotiers et de *cajueiros*, eaux transparentes à l'abri des récifs, un défilé de plages merveilleuses. Rendez-vous notamment à Cabo, Gaibu, Calhetas** et Porto de Galinhas**.

## Le Rio Grande do Norte (carte p. 284)

***Natal.** Les Brésiliens apprécient son soleil et ses paysages marins étonnants. Réseau de lagunes, plages immenses, dunes de sable blanc. À découvrir, notamment **Praia da Pipa**** (80 km S), véritable sanctuaire écologique.

### Le Ceará (carte pp. 280-281)
**\*\*Fortaleza.** Dynamique et souriante capitale où il fait bon vivre le jour, sur le sable, à l'ombre des cocotiers, et s'amuser la nuit. Le lundi soir le plus fou de la planète… et du shopping qui ravira les amateurs !
**\*Aquiraz** (30 km S-E). Petit village colonial qui offre une jolie étape sur le chemin des plages et des pittoresques villages de pêcheurs comme **Iguape**\*.
**\*\*Morro Branco** (85 km S-E). Belle plage entourée de falaises aux diverses tonalités de sable, centre de fabrication des fameuses bouteilles de sable coloré représentant des scènes typiques du Ceará.
**\*Aracati** (200 km S-E). Petite cité coloniale à proximité de belles plages dont la célèbre Canoa Quebrada des années 70.
**\*Cumbuco** (35 km N-O). Pour ses *jangadas* et son coucher de soleil sur les dunes.
**\*\*\*Jericoacoara** (270 km N-O). Lointaine, difficile d'accès, mais un véritable paradis à l'état sauvage. Paysage époustouflant. La plus belle plage du Brésil ?

### Le Maranhão (carte pp. 280-281)
**\*\*São Luís.** Ville-île, fondée par les Français et cependant l'une des plus portugaises du Brésil, morceau du Brésil colonial récemment restauré, capitale des *sobrados*, des *azulejos* et du reggae.
**\*\*Alcântara.** Classée patrimoine historique national en 1948, cité coloniale prospère tombée dans l'oubli, ville fantôme, témoignage émouvant d'une splendeur passée luttant contre les lézards du temps et les mauvaises herbes.
**\*Raposa.** Un authentique village de pêcheurs.

## ▌SI VOUS AIMEZ…

**Les cités historiques.** Elles conservent aujourd'hui leurs trésors d'architecture coloniale : Salvador (p. 279), Recife (p. 322), Olinda (p. 329), São Luís (p. 347) dans le Nordeste ; Ouro Preto (p. 181), Sabará (p. 180), Mariana (p. 188) dans le Minas, Parati (p. 147) dans l'État de Rio…
**Les petites villes pittoresques.** Le charme du passé conjugué au présent, une atmosphère de douce éternité : Santo Amaro (p. 312), Nazaré (p. 313), Lençóis (p. 315) dans l'État de Bahia ; Marechal Deodoro (p. 319) dans l'État d'Alagoas ; Igarassu (p. 332) dans l'État de Pernambuco ; Aquiraz (p. 345) dans le Ceará ; Embu (p. 169) dans l'État de São Paulo.
**Les églises baroques.** Laissez-vous emporter par la profusion de leur décoration intérieure, de leurs courbes, dorures, boiseries… Vous visiterez les églises du Nordeste, Salvador (p. 279), Recife (p. 322), marquées par le baroque jésuite. Vous découvrirez le baroque mineiro des églises d'Ouro Preto (p. 181), Mariana (p. 188), Sabará (p. 180).
**Les musées d'Art sacré.** L'art brésilien est né dans les églises, de la dévotion du peuple. Les musées d'Art sacré, éparpillés à travers le Brésil, en témoignent : **museu de Arte Sacra** de São Paulo (p. 157) ; **museu de Arte Sacra** du couvent de Santa Tereza (p. 296) et **museu Abelardo Rodrigues** (p. 293) à Salvador ; **museu de Arte Sacra Franciscano** et le **museu do Estado do Pernambuco** (p. 325) à Recife ; **museu de Arte Sacra de Pernambuco** (p. 331) à Olinda, et tant d'autres installés dans les églises du pays.
**Les azulejos.** Carreaux de faïence d'origine portugaise décorant nombre d'églises et de demeures : *sobrados* de São Luís (p. 351) ; couvent de Santo Antônio (p. 323) à Recife ; église N.-D. da Corrente de Penedo (p. 320) dans Alagoas ; église da Ordem Terceira de São Francisco (p. 293), couvent de São Francisco (p. 291), couvent de Santa Tereza (p. 296) et museu da Santa casa da misericórdia (p. 295) à Salvador. Vous noterez la diversité de leurs thèmes, tantôt figuratifs, tantôt décoratifs, et la précision du travail de leurs auteurs, véritables artistes.
**L'architecture moderne.** L'apparition du béton et le passage de Le Corbusier, en 1929, ont inauguré une nouvelle ère dans l'architecture brésilienne. À Rio :

le **Palácio da Cultura** de Lúcio Costa (p. 112), le **musée d'Art moderne** de Reidy (p. 115), le parc du Flamengo de Burle-Marx (p. 115). À São Paulo : le **musée d'Art** de São Paulo (MASP) de Lina Bo Bardi (p. 157), le parc Ibirapuera conçu notamment par Niemeyer (p. 160). Et, bien sûr, Brasília (p. 220), œuvre du tandem Lúcio Costa et Oscar Niemeyer.
**Les villages de pêcheurs.** De modestes bateaux aux tons vifs délavés, l'horizon bleu piqueté de voiles blanches, des maisonnettes aux façades burinées comme ces visages de pêcheurs sculptés par le sel et le vent : si ces images vous inspirent, rendez-vous à **Raposa** dans l'île de São Luís (p. 352), **Iguape** (p. 345), **Trancoso** (p. 317) à Bahia, **Barra da Lagoa** à Florianópolis (p. 208).
**Les plages.** Quelque 8 000 km de littoral. Nos préférences vont à Morro Branco (p. 346), Porto de Galinhas (p. 334), Maragogi (p. 318), Pedra do Sal (p. 302), Trindade (p. 148), Búzios (p. 143), Moçambique (p. 208).
**Les randonnées sur les hauts plateaux.** Le vent, la pluie ont sculpté d'étranges paysages de grès rouge. Vous serez envoûtés par la force mystérieuse de cette nature. Évadez-vous sur les sentiers de la **Chapada Diamantina** (p. 314) ou sur les chemins de la **Chapada dos Guimarães (p. 236).**
**Les parcs nationaux.** La nature brute et grandiose, des panoramas époustouflants, une végétation exubérante, ne manquez pas : **Iguaçu** (p. 196), **Tijuca** (p. 124), **serra dos Órgãos** (p. 140).
**Les safaris-photos.** Deux grands sanctuaires écologiques uniques par leur faune et leur flore : l'Amazonie (p. 245) et le Pantanal (p. 228).
**Le parfum de l'aventure.** Laissez-vous emporter par vos rêves d'expéditions. Prenez la route Transpantaneira (p. 239), descendez le Paraguay (p. 242), reliez Corumbá (p. 239) depuis Bauru et São Paulo par le train de la mort, remontez l'Amazone de Belém (p. 261) à Manaus (p. 262) !
**La démesure.** L'Amazonie (p. 245), plus vaste forêt du globe, où les Anavilhanas (p. 273) constituent le plus grand archipel fluvial du monde ; l'île de Marajó (p. 261), proche de Belém, plus grande « Camargue » du monde ; Iguaçu (p. 196), à la frontière du Paraguay, plus belles chutes d'eau du monde ; Itaipu (p. 200), plus puissant barrage du monde ; São Paulo (p. 150), plus grand chaos urbain du monde ; Maracanã (p. 128), à Rio, plus grand stade du monde ; Salvador (p. 279), plus grand nombre d'églises du monde. Un voyage au pays des records !

## ▌PROGRAMME

Rappelez-vous que le Brésil fait quinze fois la France. Il est impossible de connaître le pays tout entier en trois mois, a fortiori en quinze jours ! Même si vous choisissez l'avion comme moyen de déplacement, les distances restent longues. Les vols n'étant de surcroît pas toujours directs, vous risquez donc de perdre des journées entières entre deux destinations. Évitez les visites éclair ; limitez-les ; restez plus longtemps dans un même endroit. Outre l'intérêt touristique de chaque ville ou site, la découverte des gens, de leur mode de vie et façon d'être sera l'une des expériences marquantes de votre séjour.

### *Quelques conseils*
Pour les courtes et moyennes distances, pensez aux cars de nuit. Ils vous feront moins dépenser d'argent et vous ne perdrez pas votre journée en voyage. Si vous vous déplacez en avion, renseignez-vous sur les promotions, notamment sur les vols de nuit. Pour vos achats, privilégiez les produits locaux, par exemple objets en pierre savon au Minas, nappes en lin au Ceará, berimbau à Bahia, etc. Autrement vous êtes sûr de payer plus cher.
**Le Brésil en une semaine,** un cruel choix régional s'impose. Vous reviendrez une autre fois ! Vous visiterez Rio et Parati ou bien Salvador, ses églises, ses vieux quartiers, ses plages... À moins que vous ne choisissiez de plonger directement dans la nature amazonienne, sans oublier de passer par l'une des capitales Manaus ou Belém.

**Le Brésil en deux semaines,** vous pouvez jouer la carte des contrastes. Par exemple, relier Rio ou São Paulo à l'Amazonie *via* Brasília (liaisons aériennes régulières), Salvador ou Recife à São Paulo, le Pantanal et l'Amazonie en commençant par une grande ville. Deuxième possibilité : en profiter pour explorer plus à fond une région, notamment le Nordeste ou Alagoas au Ceará. Troisième possibilité : combiner une semaine de visite des villes historiques du Minas à une semaine de farniente sur une plage à l'ombre des cocotiers.
**Le Brésil en trois semaines,** quelques idées de circuits : Rio/Foz do Iguaçu-São Paulo/Pantanal ; Salvador ou Recife/Fortaleza-São Luís/Belém/Manaus ; Rio/villes historiques du Minas-un séjour balnéaire dans le Nordeste.
**Le Brésil un mois et plus,** votre Air Pass en poche, voyagez au hasard de vos envies et de vos rencontres !

## ■ LE BRÉSIL AUTREMENT

**Football.** Amateur ou non, assister à un grand match dans l'un de ces immenses stades peuplés de supporters cinglés, criant, pleurant, hissant drapeaux, priant, vous procurera une véritable émotion (Fla/Flu à Rio, Ba/Vi à Bahia, São Paulo-Palmeiras à São Paulo ou une finale de championnat). N'hésitez pas à vous joindre aux *babas* et *peladas*, matchs informels se tenant sur les plages, notamment le dimanche (voir « Sports » p. 39).
**Vivre le carnaval.** Achetez-vous le costume de l'école de samba Mangueira (p. 101) à Rio ou celui de la Timbalada à Salvador, et partagez la frénésie du défilé tant chantée par les Brésiliens !
**Assister à un concert.** Les Brésiliens nourrissent une passion pour la musique et entourent d'une véritable tendresse leurs artistes préférés. Pour connaître les programmes, regardez les cahiers culturels des quotidiens et hebdos (p. 34).
**S'initier au rebolado.** C'est le swing brésilien. Apprenez à vous déhancher, à mettre votre corps en mouvement au rythme de la samba, du frevo, du maracatu, de la timbalada, etc, l'un des moyens de communication favoris de nos hôtes. Rendez-vous dans les nombreuses fêtes populaires, boîtes de nuit et soirées privées. Lancez-vous ce défi ! C'est marrant, ça détend.
**Conduire à la brésilienne.** Vitesse minimale en ville 80 km/h, déboîtements, zigzags et queues de poisson fortement recommandés, feux rouges facultatifs à la nuit tombée : serez-vous conducteur ou passager ?
**Descendre dans une pousada coloniale.** Ces auberges de charme aménagées dans d'anciennes demeures nous font remonter le temps. Mobilier ancien, ambiance intime. Voir Parati (p. 148), Ouro Preto (p. 186), Salvador (p. 303) et Olinda (p. 332).
**Faire ses courses dans les feiras.** Dans ces marchés populaires, on trouve fruits, légumes et bien d'autres trésors… une véritable exposition du Brésil, situations, visages, images ! Les feiras les plus authentiques sont celles du Nordeste, mais São Paulo et Rio, qui accueillent un grand nombre de migrants nordestins, en comptent aussi.
**Aller à la plage à la brésilienne.** Rendez-vous sur le sable, directement de la maison en bikini et paréo pour les femmes et *sunga* pour les hommes. Les Brésiliens ne vont jamais à la plage dans d'autres vêtements.
**Déguster les fruits tropicaux.** Formes, couleurs, parfums divins ; leurs noms sonores sont un prélude à leur succulence (p. 30).
**Se faire lire l'avenir.** Comme les Brésiliens aiment à le faire, passez en revue votre vie dans un *terreiro de candomblé* ou chez une cartomancienne. Ne vous étonnez pas si l'on vous conseille un bain de sel ou autres *folhas*, destinés à neutraliser vos énergies négatives.

# PARTIR

**QUAND PARTIR ? - 19**
**COMMENT PARTIR ? - 20**
**FORMALITÉS - 21**
**MONNAIE ET BUDGET - 24**
**QUE FAUT-IL EMPORTER ? - 24**
**ADRESSES UTILES - 25**

## ■ QUAND PARTIR ?

Situé entre l'Équateur et le Tropique du Capricorne, le Brésil a un climat essentiellement tropical, donc chaud et humide. Seul le Sud (sud de São Paulo, États du Paraná, de Santa Catarina et du Rio Grande do Sul) offre des changements de saison comparables à ceux que l'on rencontre en Europe : été doux, hiver frais pouvant être marqué par des gelées nocturnes, voire des chutes de neige (plus rares), sous l'effet de vagues de froid venues de l'Antarctique. Sur la plus grande partie du territoire, ce sont en fait les pluies qui marquent les saisons. Comme le pays se trouve dans l'hémisphère austral, ces dernières sont, rappelons-le, inversées par rapport à l'Europe.

### En été

L'été brésilien se déroule de fin novembre à mars. Les mois les plus chauds sont décembre, janvier et février. Les températures oscillent le plus souvent entre 30 °C et 40 °C. C'est également la période des vacances scolaires et de la haute saison touristique. La population migre alors vers les plages. Si les cocotiers du Nordeste constituent l'un des refuges traditionnels, le littoral sud est de plus en plus apprécié par les touristes, principalement brésiliens. Si vous voulez connaître à cette saison les plages de sable blanc, réservez à l'avance, tant pour l'avion (vols intérieurs surtout), que pour l'hôtel ou la location d'une voiture. Car ce moment de l'année est aussi une période de fêtes quotidiennes pour les Brésiliens, qui commence avec le réveillon du Nouvel An et s'étend jusqu'au carnaval. C'est l'occasion de découvrir un Brésil joyeux, exubérant, étourdi de musique et de sensualité. L'été n'est toutefois pas la meilleure saison pour se rendre en Amazonie. Les pluies y sont abondantes, la chaleur se fait plus intense et plus humide. Même si le spectacle offert par le

---

**Dans le Minas Gerais, la beauté âpre de la nature contraste avec le raffinement baroque des églises.**

fleuve reste impressionnant, préférez la période des hautes eaux où l'alchimie entre terre et eau prend toute sa dimension. De la même façon, évitez de visiter le Pantanal à cette période de l'année. De novembre à mars, c'est la saison des pluies durant laquelle les rivières sortent de leur lit pour inonder la vaste plaine, ce qui n'est pas favorable à l'observation de la faune.

### En hiver

L'hiver est presque inexistant ; il est associé essentiellement à la venue des pluies. Toutefois, étant donné les dimensions du pays, les températures sont loin d'être uniformes. C'est ainsi que les régions Sud et Sud-Est connaissent des périodes de froid durant lesquelles le thermomètre peut descendre en dessous de zéro, en particulier en juillet, mois le plus froid de l'année. Cela reste néanmoins rare et les températures oscillent plutôt entre 10 °C et 16 °C.

À Rio, les nuits sont fraîches et les températures diurnes agréables (de 15 °C à 25 °C). Cependant, outre la relative fraîcheur de l'air qui, combinée à celle de l'eau, rend les bains de mer relativement rares chez les autochtones, la pluie peut être au rendez-vous.

Pour visiter le Nordeste, notamment les États les plus au nord de la région, vous bénéficiez également de températures moins élevées qu'en été, toutefois proches des 28 °C. Les mois de juin, juillet, août correspondent à la saison des pluies, mais celles-ci sont peu abondantes. Il pleut assez rarement plusieurs jours d'affilée. De plus, il s'agit d'averses tropicales qui procurent le plus souvent une sensation rafraîchissante. Été ou hiver : à vous de choisir votre saison !

En revanche, l'hiver est le meilleur moment pour se rendre en Amazonie. La saison sèche, qui dure de mars à septembre, est marquée par une baisse relative de la température et du taux d'humidité. La meilleure période va de juin à juillet, période où le niveau des eaux de l'Amazone est le plus haut.

Au Pantanal, la saison sèche, qui s'étend d'avril à octobre, est la plus propice à l'observation des animaux, tout particulièrement les mois de juillet à septembre.

À noter que l'hiver est aussi la période des fêtes campagnardes : Saint-Jean célébrée surtout dans le Nordeste, Fortal de Fortaleza, un carnaval en dehors du Carnaval.

### Au printemps

La période allant de septembre à novembre est assez calme, sans grandes fêtes populaires. Il ne pleut pas beaucoup, il ne fait pas encore aussi chaud qu'en été ou pas aussi froid qu'en hiver (visitez les chutes d'Iguaçu pendant les hautes eaux, de juillet à novembre). Bref, vous pouvez voyager tranquillement.

## ■ COMMENT PARTIR ?

### En avion, lignes régulières     **AIR FRANCE**

**Au départ de Paris.** Air France relie Sao Paulo (12 h de vol) et continue sur Rio (durée totale du voyage 13 h 40). Pour connaître les fréquences hebdomadaires et les tarifs, s'adresser directement au service Réservations d'Air France, car cela change énormément selon les saisons. **Varig** dessert Rio le jeu. et le sam. (durée de vol 11 h 15), Salvador, le lun. (durée de vol 9 h 55) et Sao Paulo, les lun., mar., mer., jeu., ven., sam. et dim. (durée de vol 11 h 30). **TAP Air Portugal** propose des vols au départ de Lisbonne pour Rio, Sao Paulo, Salvador, Récif et Fortaleza. Là aussi, les fréquences et les tarifs sont très fluctuants selon les saisons. Il faut savoir que les vols sont complets 8 mois à l'avance. Possibilité de partir depuis Paris avec correspondance à Lisbonne. Tarif intéressant au départ de Lisbonne (billet acheté sur place, moins de 5 000 F A/R).

**Au départ de Bruxelles, Zurich, Francfort, Barcelone et Madrid.** Une autre compagnie brésilienne assure des vols directs sur Rio (avec deux stops possibles à Récif et Salvador), sur Sao Paulo et sur Salvador. Possibilité d'acheter un Brasil Air Pass (440 $) valable pour 5 vols intérieurs, pendant 21 jours, vendu exclusivement en complément au vol international sur VASP.
S'il n'existe pas de charters pour le Brésil, en revanche, toutes les compagnies proposent des tarifs à prix réduits, sous certaines conditions, ainsi que des tarifs négociés avec quelques voyagistes. Vous pouvez également trouver des billets à prix intéressants au départ d'autres capitales européennes, selon les accords passés par les compagnies nationales avec les tour-opérateurs.

## Les compagnies

**Air France.** Rens. : ☎ 0.802.802.802. Minitel 3615/16 AF. **Varig. En France** : 38, av. des Champs-Élysées, 75008 Paris ☎ 08.01.63.61.63. **En Belgique** : 2, pl. du Champs-de-Mars, 1050 Bruxelles ☎ (02) 512.50.07. **En Suisse** : 13, rue Chantepoulet, 1201 Genève ☎ (022) 731.77.30. **TAP Air Portugal**, 14, rue Ferrus, 75014 Paris ☎ 0.802.31.93.20. **VASP.** 3, bd Malesherbes, 75008 Paris ☎ 01.43.12.90.40. **En Belgique** : av. Louise 433, 1050 Bruxelles ☎ (02) 646.75.40. **Swissair. En France** : 4-14, rue Ferrus, 75014 Paris ☎ 0.802.300.400.

## En voyage organisé

**Depuis l'Europe**, les voyagistes plus spécialisés sur la destination proposent un certain nombre de formules : du vol simple aux circuits organisés, en passant par les voyages individuels à la carte, les voyages à thèmes, sans oublier le mélange des genres. Vous pouvez tout à fait combiner un séjour en liberté dans une partie du Brésil et un séjour plus organisé en Amazonie ou au Pantanal.
**Les voyagistes spécialisés. Équinoxiales**, 25, av. Bosquet, 75007 Paris ☎ 01.47.53.71.89. **Voyageurs en Amérique du Sud**, 55, rue Sainte-Anne, 75002 Paris ☎ 01.42.86.17.70. **Zenith-Nouvelles Libertés**, 2, rue du Dr-Lombard, 92441 Issy-les-Moulineaux ☎ 01.55.00.66.56. Minitel 3615 ZENITOUR.
**Les voyagistes généralistes.** Ils proposent aussi des circuits organisés et des séjours à l'hôtel. **Jet Tours**, 19, av. de Tourville, 75007 Paris ☎ 01.47.05.01.95. **Kuoni**, 33, bd Malesherbes, 75008 Paris ☎ 01.53.43.50.10. **Nouvelles Frontières** ☎ 01.41.41.58.58 (nombreuses agences à Paris et en province). **Picaflor Voyages**, 5, rue Tiquetonne, 75002 Paris ☎ 01.40.28.93.33. **Arts et Vie**, 39, rue des Favorites, 75738 Paris Cedex 15 ☎ 01.40.43.20.21 (bureaux à Lyon, Grenoble, Marseille et Nice). Internet: http://www.artsvie.asso.fr.

# ▌FORMALITÉS

**Passeport et visa.** Un passeport d'une validité supérieure à six mois est exigé pour le Brésil.
**Permis de conduire.** Un permis international est nécessaire pour les conducteurs étrangers.
**Douane.** À côté des vêtements et autres objets d'usage personnel «en quantité et valeur compatible avec la durée et le but de leur voyage au Brésil», les touristes étrangers se rendant au Brésil sont exemptés de taxes douanières pour tous les produits dont la valeur globale ne dépasse pas 500 $. Ils peuvent également importer 2 litres de boissons alcoolisées, 400 cigarettes et 25 cigares.
**Santé et vaccinations.** Aucun vaccin n'est obligatoire pour entrer au Brésil, néanmoins pour l'Amazonie, le vaccin contre la fièvre jaune est recommandé (obligatoire pour l'Amazonie). «Typhoïde, tétanos et polio sont également

indispensables pour la région », estime le Centre de vaccination d'**Air France** (Aérogare des Invalides, 2, rue Esnault-Pelterie, 75007 Paris ; vaccination sans rendez-vous, du lundi au samedi inclus, de 9 h à 16 h 45. Rens. sur Minitel 3615 VACAF ou ☎ 08.36.68.63.64).

Un traitement antipaludéen est également préconisé ; le paludisme n'existe véritablement au Brésil que dans les zones rurales de l'Amazonie.

Pour le reste, quelques précautions élémentaires doivent être respectées : éviter l'eau du robinet, les bains dans des eaux stagnantes ou marécageuses, profiter du soleil avec modération, prendre garde aux risques de déshydratation en buvant beaucoup.

On trouve de tout dans les pharmacies locales, néanmoins, mieux vaut se munir (ne serait-ce que pour éviter les problèmes de traduction) d'un nécessaire de base contenant aspirine ou paracétamol, antiseptique, pansements, antiseptique intestinal, pommade calmante contre les brûlures du soleil et les piqûres d'insectes. Mais on peut aussi prévenir plutôt que guérir en glissant dans ses bagages de l'écran total et des produits antimoustiques.

## ▌MONNAIE ET BUDGET

**Monnaie.** Le Brésil est célèbre pour son inflation galopante et ses nombreux changements de monnaie : Cruzeiro, cruzado, cruzado novo, cruzeiro URV… Depuis le 1er juillet 1994, la devise brésilienne s'appelle le real ; 1 real (divisé en 100 centavos) équivaut à environ 1,2 $. Stabilisation à suivre…

**Devises et cartes de paiement.** La devise à emporter est le dollar. Les francs sont moins faciles à changer et pâtissent souvent d'un cours peu favorable. Il peut être utile de se munir de petites coupures en dollars qui remplaceront la monnaie brésilienne, dans l'hypothèse d'une panne de change. Les chèques de voyage (en dollars) sont intéressants, car, pour des raisons de sécurité évidentes, il est déconseillé de porter sur soi des sommes trop importantes en espèce. Le cours des chèques de voyage est toutefois moins intéressant que le dollar papier. Les cartes de paiement internationales, surtout VISA et AMERICAN EXPRESS, sont largement acceptées. Elles vous permettront également de retirer de l'argent dans les banques, auprès des guichets pratiquant les opérations de change.

**Budget.** Quelques indications de prix pour vous aider à établir votre budget : une nuit en chambre double avec petit déjeuner dans un hôtel de bonne catégorie, type trois étoiles, coûte de 400 à 600 FF pour 2 ; pour un repas complet (sauf à Rio et à São Paulo, où les restaurants sont souvent plus chers), prévoyez 100 à 200 FF par personne selon la catégorie du restaurant ; pour une journée de location de voiture, comptez autour de 400 FF.

## ▌QUE FAUT-IL EMPORTER ?

**Vêtements.** Emportez essentiellement des vêtements légers, sauf si vous devez vous rendre dans le Sud, en hiver, où des vêtements plus chauds de mi-saison sont les bienvenus. Néanmoins, une veste ou un lainage sont utiles toute l'année, pour la fraîcheur du soir (à Rio, l'hiver, tout particulièrement) ou l'air conditionné. N'oubliez pas, bien sûr, la panoplie complète : lunettes de soleil, produits solaires et maillots de bain. Vous pourrez, cependant, acheter ces derniers sur place.

Pour l'Amazonie et le Pantanal, prévoyez des vêtements confortables, des chaussures de marche, un chapeau, des produits antimoustiques et éventuellement un imperméable léger. Une lampe de poche pourra être utile pour les séjours en lodges ainsi que des jumelles pour observer les animaux.

**Appareils électriques.** Pour utiliser vos appareils électriques, il vous faudra un adaptateur pour prises américaines car le courant est le plus souvent en 110 V. Cependant, les hôtels vous dépanneront. Sans compter que nombre d'entre eux, en particulier ceux appartenant à des chaînes d'hôtels françaises, sont aussi équipés en 220 V.
Les pellicules photos et les films sont plutôt moins chers sur place. Toutefois, le choix est moins large qu'en Europe.

## ▌ADRESSES UTILES

### Ambassades et Consulats
**En France.** Consulat général du Brésil, 12, rue de Berri, 75008 Paris ☎ 01.44.13.90.30. Consulat général du Brésil, 11 bis, rue Saint-Ferréol, 13001 Marseille ☎ 04.91.54.33.91. **En Belgique.** Ambassade du Brésil, 305, av. Louise, Boîte 5, 1050 Bruxelles ☎ (02) 640.20.15 ou 640.21.11. **En Suisse.** Consulat général du Brésil, 12, pl. Cornavin, 1201 Genève ☎ (022) 732.09.30.

### Librairies
**Librairies spécialisées.** Librairie portugaise Michel Chandeigne, 10, rue Tournefort, 75005 Paris ☎ 01.43.36.34.37. Littérature générale et de voyage, histoire, guides, etc. **Librairie Lusophone**, 22, rue Sommerard, 75005 Paris ☎ 01.46.33.59.39. Littérature portugaise et brésilienne en français et en portugais. Musique portugaise et brésilienne.
**Librairies de voyage.** L'**Astrolabe Rive Gauche**, 14, rue Serpente, 75006 Paris ☎ 01.46.33.80.06 et l'**Astrolabe**, 46, rue de Provence, 75009 Paris ☎ 01.42.85.42.95. Minitel 3616 ASTROLABE. Des cartes, des plans, des guides et un catalogue très complet. **Librairie centrale l'Harmattan**, 16, rue des Écoles, 75005 Paris ☎ 01.40.46.79.10. Littérature, histoire, voyage, art, ethmologie, économie. **Itinéraires**, 60, rue Saint-Honoré, 75001 Paris ☎ 01.42.36.12.63. Minitel : 3615 code ITINÉRAIRES. À votre disposition un important catalogue informatisé répertorie tous les ouvrages disponibles sur la destination souhaitée. **Ulysse**, 26, rue Saint-Louis-en-l'île, 75004 Paris ☎ 01.43.25.17.35. L'une des plus anciennes librairies de voyage. Un grand choix de guides anciens et de documents inédits. **Voyageurs du Monde**, 55, rue Sainte-Anne, 75002 Paris ☎ 01.42.86.17.38. Minitel 3615 VOYAGEURS.
**En Belgique.** **La route du Jade**, rue de Stassart 116, 1050 Bruxelles ☎ (02) 512.96.54. **Peuples et continents**, rue Ravenstein 11, 1000 Bruxelles ☎ (02) 511.27.75. Le spécialiste bruxellois des beaux-livres de voyage.
**En Suisse.** Librairie du Voyageur Artou, 8, rue de Rive, 1204 Genève ☎ (022) 818.02.40. **Travel Bookshop**, Rindermarkte 20, 8001 Zurich ☎ (01) 252.38.83.

---

### Les trois avantages de la carte France Telecom

Elle permet d'appeler de n'importe quel poste téléphonique, chez un particulier ou d'une cabine depuis la France et depuis plus de 70 pays.
Le montant des communications est débité de votre compte téléphonique personnel ou professionnel, et le détail des communications est gratuit. Vous n'avez plus besoin de chercher de la monnaie ou de vous limiter en durée, et vous bénéficiez de tarifs avantageux pour appeler la France. Pour plus de renseignements ou pour obtenir une carte avant votre départ, appelez gratuitement le ☎ 0800.202.202.

# VIVRE AU QUOTIDIEN

| | |
|---|---|
| CHANGE – 27 | 36 – POIDS ET MESURES |
| CUISINE – 28 | 37 – POURBOIRES |
| FÊTES ET JOURS FÉRIÉS – 31 | 37 – SANTÉ |
| HÉBERGEMENT – 31 | 37 – SÉCURITÉ |
| HEURE LOCALE – 32 | 38 – SHOPPING |
| HORAIRES – 33 | 39 – SPORTS |
| INFOS TOURISTIQUES – 33 | 41 – TAILLES ET POINTURES |
| LANGUE – 34 | 41 – TOILETTES ET SANITAIRES |
| MÉDIAS – 34 | 41 – TRANSPORTS |
| POLITESSE ET USAGES – 35 | 46 – URGENCES |
| POSTE ET TÉLÉCOM. – 35 | 46 – VOLTAGE |

## ▎CHANGE

Depuis le 1er juillet 1994, la monnaie brésilienne est le real. Il existe des billets de 100, 50, 10, 5 et 1 real. Un real vaut actuellement environ 1,2 dollar. L'introduction de cette nouvelle monnaie s'est accompagnée d'une augmentation des prix (à peu près les mêmes qu'en France), ainsi que d'un arrêt de l'inflation. Il n'est donc plus nécessaire de s'inquiéter de l'évolution des taux et de veiller à changer son argent en petites quantités afin de se prémunir des fréquentes dévaluations.

Il existe aujourd'hui deux cours du dollar : le cours officiel, celui des transactions commerciales, et le cours réservé au tourisme.

Pour changer des devises étrangères (plutôt des dollars, car les francs, comme d'ailleurs les autres monnaies, ne sont pas très recherchés), vous avez la possibilité de vous rendre dans une banque (guichet cambio) ou dans un bureau de change (souvent à l'intérieur des agences de voyages). Vous trouverez des guichets en ville ou dans la plupart des grands aéroports. À côté des banques nationales comme Bradesco, Itaú, Real, Unibanco, chaque État a une banque publique : Banespa à São Paulo, Banerj à Rio, Baneb à Bahia, Bemg dans le Minas Gerais, entre autres. À l'heure actuelle, les banques publiques sont en voie de privatisation.

---

**N'hésitez pas à siroter ces étranges cocktails, ou une bière bien fraîche, achetés au hasard de vos déambulations.**

Cependant, en plus des horaires d'ouverture et des jours de fermeture, variables selon les États, il est difficile de changer de l'argent (même des dollars) en dehors des grandes villes. On ne saurait trop vous recommander de vous procurer suffisamment de liquidités avant de quitter une grande ville ou une capitale d'État. Les hôtels pratiquent souvent des opérations de change, mais soyez attentifs au cours qui vous sera proposé. Les taux pratiqués par les banques et les bureaux de change pour le « dollar touristique » peuvent varier, dans la mesure où celui-ci est encore flottant. Mais la différence est actuellement inférieure à 0,01 %.

Quant aux cartes de crédit, elles sont bien acceptées en période d'absence d'inflation. Attention : les paiements par cartes n'ont plus de raison d'être assortis d'une majoration, pratique, illégale en théorie, par laquelle le receveur s'assurait contre la dévalorisation rapide de la monnaie.

## ■ CUISINE

La cuisine brésilienne se caractérise par le goût des mélanges, qu'il s'agisse de légumes cuits, de ragoûts ou, plus généralement, de toute nourriture semi-liquide, semi-solide, aisément miscible.

Sur la table de tout Brésilien, il y a invariablement des haricots, du riz, de la farine de manioc et de la viande. Celle-ci est cuisinée et servie dans des sauces, à l'instar des deux plats typiquement brésiliens que sont la *feijoada* et le *cozido*. Le repas s'organise autour d'un plat principal avec plusieurs autres plats complémentaires, destinés à compléter le premier. Ainsi, à Rio et à São Paulo, la *feijoada* est faite avec des haricots noirs et servie avec du riz, de la *couve* (une sorte de chou) coupée et cuite, de la *farofa* et des tranches d'oranges, une invention du Sud destinée à équilibrer le goût salé des viandes séchées.

La consommation de boissons alcoolisées pendant les repas est rare, le vin et la bière sont réservés aux week-ends, en particulier au déjeuner dominical qui se prend en famille.

### Les restaurants

*Pour les tarifs, voir p. 22.*

**Les cuisines régionales.** La cuisine brésilienne est le résultat d'une fusion entre les influences indiennes, européennes et africaines, auxquelles il faut ajouter, dans certaines régions, l'apport des derniers immigrants, en particulier des Italiens, des Allemands et des Syro-Libanais.

La **cuisine bahianaise** (voir encadré p. 29 et pp. 308-309) est la plus grande cuisine régionale brésilienne par sa richesse, sa variété et l'originalité de ses mélanges. Si l'apport portugais intervient surtout pour ce qui est des desserts, l'art culinaire emprunte largement aux saveurs de l'Afrique. À la base, en effet, on trouve le *dendê* (huile de palme). Les meilleurs mets sont d'ailleurs donnés en offrande aux dieux lors des cérémonies de *candomblé*.

Dans la **cuisine amazonienne** prédomine l'apport indien, même s'il a été enrichi par les Portugais et par les Africains. La cuisine amazonienne est une cuisine étrange, aux saveurs inimitables, parfois déconcertantes pour un palais européen. L'élément de base est le manioc cuit, en farine ou fermenté. Les herbes, les fruits et les poissons proviennent de la forêt et du fleuve (voir Amazonie, p. 251).

La **cuisine du Minas Gerais**, à base de haricots et de farine de manioc, est assez lourde et rustique. Elle comporte notamment deux plats typiques : le *tutu mineiro* (espèce de purée de haricots servie avec du riz, de la viande

## Quelques spécialités bahianaises

La *moqueca*, faite de poisson, de crevettes, de langouste ou de crabe, cuits dans le *dendê* et le lait de coco. Un vrai régal !
Le *vatapá*, sorte de purée épicée faite avec de la pâte de crevettes ou de poisson séché, de la mie de pain et du *dendê*.
Le *xinxim de galinha*, poulet cuit dans de l'huile de palme avec des cacahuètes, des crevettes, des noix de cajou broyées et du lait de coco.
Le *bobó de camarão*, à base de crevettes cuites dans le lait de coco et mélangées à une pâte d'aipim (sorte de manioc).

séchée et de la farine de manioc) et le *feijão tropeiro* (ragoût de viande séchée et de haricots mélangés à de la farine de manioc et à de la *couve*).
La **cuisine gaúcha** et le **churrasco** (viande mise à la broche et grillée à la braise) sont devenus populaires dans tout le Brésil. Ce plat est originaire du Rio Grande do Sul, grand pays d'élevage où la viande est d'excellente qualité. Les *churrascarias* (restaurants spécialisés dans le *churrasco*) proposent généralement la viande *à rodízio* (à volonté).
Dans les autres États du Sud, la cuisine est essentiellement de type international. L'autre plat national, la *feijoada,* se déguste dans les grandes villes — en particulier le samedi qui est son jour « officiel » — entre amis, une *caipirinha* (voir boissons, p. 30) à la main.

## Les ingrédients

**Les viandes.** La viande la plus consommée est la viande de bœuf. Bien que plus dure, à l'exception de celle du Rio Grande do Sul, elle est souvent plus savoureuse qu'en Europe. La découpe, différente, rend difficile l'identification et la comparaison entre les différents morceaux, à l'exception du filet, du contre-filet et de *l'alcatra*, qui semble se rapprocher du rumsteck. À cet égard, goûtez le *churrasco de picanha*, partie arrière de *l'alcatra*.
Amateurs de viande, les Brésiliens l'apprécient toutefois très cuite. N'oubliez donc pas de préciser à chaque fois *mal passada* (saignante) ou *ao ponto* (à point). Les Brésiliens mangent aussi du porc. L'agneau est rare, sauf dans l'État de Santa Catarina. En revanche, ils consomment beaucoup de poulet. La façon la plus originale de le préparer est sans doute la *galinha ao molho pardo* (poulet cuit au sang), plat d'origine africaine. Le gibier est peu recherché, mis à part le canard dans le Pará, où l'une des spécialités est le *pato ao tucupi* (voir Amazonie, p. 250).
**Les poissons.** Il existe une très grande variété de poissons aussi bien de mer que d'eau douce (l'Amazone, en particulier, recèle des trésors et des spécimens extraordinaires à ne pas manquer). Si la façon de les accommoder est assez peu variée, leur fraîcheur est exceptionnelle. On déguste le poisson tantôt frit (ainsi, sur la plage avec farine de manioc et sauce au piment), tantôt grillé, en sauce, dans des sortes de ragoûts. Le littoral brésilien est également riche en fruits de mer. Vous vous régalerez notamment de crevettes, de langoustes et de crabes préparés en sauce ou grillés.
**Les fromages.** Les fromages, fabriqués dans le Sud par la marque Luna, sont le plus souvent pasteurisés. On trouve, bien sûr, des fromages importés, surtout des pâtes cuites et des sortes de gruyères. Pour ce qui est des fromages locaux, goûtez le *requeijão* de Bahia, fromage gras à pâte cuite, différent de celui du Minas, crémeux et liquide. Quant au fromage de Minas, c'est un fromage frais, du type mozzarelle. Vous le trouverez invariablement au petit-déjeuner des hôtels.

**Les desserts, goûters et amuse-gueules.** Les desserts se présentent souvent sous la forme de pâtes de fruits. À Bahia, ils sont pour la plupart préparés à base de noix de coco râpée. Il vous faut notamment goûter au *quindim* (friandise aux œufs et à la noix de coco). Vous en trouverez dans les *docerias* (sorte de salons de thé) où vous pourrez également expérimenter les *salgadinhos* (petits salés), dont il existe une très grande variété : le *pastel de queijo* ou *de carne* (pâte feuilletée frite garnie de fromage ou de viande), la *coxinha de galinha* (cuisse de poulet en beignet), l'*empada de galinha* ou de *camarão* (tartelette farcie avec du poulet ou des crevettes, cuite au four). Certains petits salés non moins populaires sont d'origine arabe, comme le *quibe* (boulette de viande et de blé frite) ou l'*esfirra* (petite pizza). Ces divers petits salés sont aussi servis lors des cocktails.

D'une manière générale, les Brésiliens raffolent des amuse-gueules, que vous trouverez dans tous les bars : *bolinhos de bacalhau* (beignets de morue) ou *de peixe* (poisson), *quibes*, *pititingas* ou *agulhinhas* (petits poissons frits), *aipim frito* (racine de manioc frite).

**Les fruits.** La liste, impressionnante, change d'une région à l'autre. Si la banane, dont il existe au moins une dizaine de variétés, et l'orange sont les fruits nationaux par excellence, l'ananas, la pastèque, le papaye, le melon vert, la mangue, les fruits de la passion et les goyaves sont aussi très courants dans tout le pays. Mais c'est dans le Nord et le Nordeste que les amateurs de fruits seront les plus comblés. *Umbu, cajá, jabuticaba, caju, fruta do conde, jambo, carambola, jaca, pitanga, acerola, abil, graviola* : autant de goûts à découvrir ! L'été est, bien sûr, la saison la plus propice pour trouver tous ces fruits tropicaux, avec lesquels on fait aussi de délicieux jus de fruits et sorbets.

**Les boissons.** On trouve des **jus de fruits** un peu partout : des restaurants aux *lanchonetes* (sortes de snacks de taille plus ou moins importante). Dans ces derniers, on vous servira pour pas cher sandwiches, *folhados* (feuilletés), omelettes et autres plats du jour. Sortez des sentiers battus : essayez un jus *d'acerola* ou de *graviola*. Tentez aussi les mélanges papaye/orange, melon/ananas ou les *vitaminas* (jus de fruits avec du lait). Buvez aussi l'*água de coco* (eau de coco), très appréciée dans le Nordeste notamment, rafraîchissante et excellente pour la santé, dit-on, et le *caldo de cana* (jus de canne à sucre).

Les Brésiliens boivent de la **bière** en toute occasion, sous la forme de canettes, bouteilles ou à la pression (*chopp*). Il existe deux grandes marques : Brahma et Antarctica.

**L'alcool de canne**, appelé *cachaça* ou *pinga*, se boit pur ou mélangé. Avec du sucre et du citron vert pressé, c'est la célèbre *caipirinha*, devenue le cocktail national, et qui connaît de nombreuses variantes selon les régions : le citron peut être remplacé par des fruits de la passion, des *cajás* ou des *umbus;* la *cachaça* par de la vodka (*caipiroska*) ou par du rhum (*caipiríssima*). Le processus de création est permanent !

**Les batidas**, autres mélanges fameux mais, cette fois, avec des jus de fruits. Les plus populaires sont la *batida de coco* (alcool de canne et lait de coco), la *batida de genipapo* et la *batida de maracujá*. Les meilleurs dosages sont faits à Bahia.

Les **vins** nationaux sont assez limités et de qualité médiocre, à l'instar du « Forestier » qui est certainement le plus connu, mais sûrement pas le meilleur. Pour ce qui est des vins rouges, les meilleurs ou les plus acceptables (à vous de juger) sont le Baron de Lantier et le Marcus James de la maison Aurora. Almaden propose également des vins corrects, plutôt des blancs. Mis à part le Boticelli, dont la zone de production est la vallée du São Francisco, les vins viennent du Rio Grande do Sul, de la région de Bento Gonçalves, où la culture de la vigne fut introduite par les immigrants italiens. Pour des raisons de qualité, mais aussi de température, on les consommera frais. On trouvera également des vins importés, notamment portugais et chiliens.

## ▌ FÊTES ET JOURS FÉRIÉS

**1er janvier :** Jour de l'An. **Février ou mars :** quatre jours avant le mercredi des Cendres (Cinzas), soit du vendredi soir au mercredi matin, c'est le carnaval. **Mars ou avril :** Vendredi saint et Pâques. **21 avril :** fête de Tiradentes (héros national ayant participé à l'un des premiers mouvements indépendantistes, qui s'est déroulé dans les Minas, pendant le cycle de l'or). **1er mai :** fête du Travail. **2e dimanche de mai :** fête des mères. **Mai/juin (mobile) :** Corpus Christi. **Juin :** fêtes Juninas (surtout célébrées à la campagne), Saint-Antoine le 13, Saint-Jean le 24 et Saint-Pierre le 29. **7 septembre :** fête de l'Indépendance. **12 octobre :** fête de N.-D. d'Aparecida, sainte patronne du Brésil. **2 novembre :** jour des Morts (le 1er n'est pas férié). **15 novembre :** proclamation de la République. **25 décembre :** Noël.

## ▌ HÉBERGEMENT

### Les hôtels

Le parc hôtelier connaît un grand essor dans les diverses catégories d'établissements. Cependant, la classification officielle établie par l'Embratur, office du tourisme national, ne repose pas sur des critères stricts et homogènes. Dans ces conditions, on peut trouver des hôtels « trois étoiles » meilleurs que certains établissements classés « cinq étoiles ». Il faut, en général, enlever une étoile locale pour équivaloir au standard français. Choisissez de préférence des hôtels récents, souvent plus confortables et mieux équipés. Le service dans les hôtels n'est pas toujours très efficace. Cette faiblesse, due au recrutement d'un personnel non spécialisé, surtout en période de haute saison, sera néanmoins compensée par la gentillesse de vos interlocuteurs.
Les prix pratiqués sont aléatoires (voir p. 22) et parfois injustement élevés, du moins de prime abord. En réalité, les prix affichés ne correspondent pas systématiquement aux prix pratiqués pour cause de *desconto* (rabais). Que vous soyez dans un hôtel deux ou cinq étoiles, n'hésitez pas, comme les Brésiliens, à demander ce fameux rabais, qui peut aller en pratique de -10 % à -40 %, voire -50 % du prix affiché de la chambre ! À noter que le petit-déjeuner est toujours compris dans ce dernier. La plupart du temps, il vous faudra cependant ajouter 10 % pour le service.
Hormis quelques hôtels cinq étoiles, les chambres ne sont jamais pourvues de baignoires. Les Brésiliens préfèrent les douches. Presque tous les hôtels possèdent un restaurant, bien qu'ils ne pratiquent pas le système de la pension ou de la demi-pension. Attention aux communications téléphoniques qui vous seront souvent facturées à prix d'or, en particulier dans les cinq étoiles. Évitez les appels inter États et internationaux entre 8 h et 20 h.
À signaler : la formule « à l'américaine » de *pass* hôtelier, proposée par **Atout Brésil**, donnant accès à tous les hôtels de la chaîne **Othon** (moyennant un supplément pour les plus luxueux, comme à Rio). Il s'agit en pratique d'un forfait comprenant, au minimum, sept bons pour sept nuits à un tarif très avantageux. À partir du huitième, les coupons sont remboursables. On réserve au minimum deux nuits avant le départ, on décide ensuite de ses points de chute sur place à sa guise, *via* un service de réservation gratuit.

### Les appart-hôtels

Ce système d'hébergement connaît un grand succès, ces dernières années, au Brésil. L'appart-hôtel est aussi l'un des moyens de logement préféré des célibataires, de sexe masculin en particulier. Cela s'explique par le fait que les

Brésiliens sont habitués à avoir du personnel de maison ; d'où l'intérêt d'un mode d'hébergement qui combine un service identique à celui existant dans un hôtel (les appart-hôtels font l'objet d'une classification) avec la taille et l'agencement d'un appartement, constitué le plus souvent de deux pièces, soit d'une chambre avec salle de bain, d'un salon avec une petite cuisine.

Pour un touriste, l'appart-hôtel peut être une solution intéressante, typique et moins coûteuse que l'hôtel, en particulier pour un séjour à plusieurs ou prolongé. Les prix pratiqués sont souvent dégressifs en fonction de la durée.

### Les pousadas

Les *pousadas* (auberges) ont proliféré ces dernières années. Elles font également l'objet d'une classification. Il s'agissait, auparavant, de maisons de type résidentiel transformées en hôtels, le plus souvent rustiques et simples, offrant un confort et une propreté variables. À présent, on construit de plus en plus d'auberges de qualité, voire luxueuses, en particulier dans les villes balnéaires ou dans les petites villes à forte attraction touristique (ainsi à Búzios, Parati, Ouro Preto et dans de nombreuses villes du Minas Gerais, elles offrent une excellente option). Elles gardent toujours l'aspect de demeures. C'est un mode d'hébergement plus typique, plus familial (normalement les auberges sont tenues par leurs propriétaires), moins impersonnel que l'hôtel, avec des prestations très proches (service de chambre, petit-déjeuner), mais les chambres ne sont pas toujours pourvues du téléphone, de la télévision ou de l'air conditionné.

### Loger chez l'habitant

Si vous avez des amis au Brésil et que vous êtes invités, c'est incontestablement une manière très sympathique de connaître le pays et ses habitants. Les Brésiliens aiment bien recevoir. Certains particuliers, notamment à Rio et à São Paulo, louent des chambres. C'est un mode d'hébergement économique.

### Les motels

Le motel n'est plus exactement le lieu d'hébergement du voyageur de passage, mais le repère des amours cachés ou illégitimes et des jeunes couples en mal d'espace, lorsqu'ils logent chez leurs parents. Les couples en mal de dépaysement y trouvent un luxe inouï d'un goût discutable, divers gadgets et des vidéos. Paiement à l'heure !

### Le camping

Malgré l'existence de nombreux terrains (à relativiser toutefois par rapport à la superficie du pays), le camping n'est pas encore très développé au Brésil. Les meilleurs terrains de camping sont administrés par le **Camping Clube do Brasil**. Les autres sont gérés par les maires et les gouvernements des États. Pour en obtenir la liste, avec les adresses régulièrement actualisées des terrains mais aussi des endroits où l'on peut louer du matériel, il vaut mieux se procurer l'un des guides du camping au Brésil, édité par **Artpress** ou **Quatro Rodas**, disponibles dans les kiosques à journaux.

## ▌HEURE LOCALE

Le territoire brésilien occupe quatre fuseaux horaires. L'heure de Brasília (G.M.T.- 3h), en retard de 4h par rapport à la France en hiver (quand il est midi à Paris, il est 8h à Rio) et de 5h en été, couvre tout le Brésil littoral du nord au sud ainsi que le Goiás, l'Amapá, le Tocantins et une partie du Pará.

La partie orientale du Pará, le Mato Grosso, la majeure partie de l'Amazonie (à l'ouest du fleuve Xingu), les États de Roraima et Rondônia ont une heure de retard par rapport à Brasília (quand il est midi à Paris, il est 7h à Manaus ou à Cuiabá). L'extrême ouest (Acre et une partie de l'Amazonie) constitue

**Les fuseaux horaires**

le troisième fuseau horaire avec 2 h de retard sur la capitale. Quant à l'île Fernando de Noronha, située dans l'Atlantique, à l'est du sous-continent sud-américain, elle a 1 h d'avance sur Brasília.

## ▍HORAIRES

Les magasins sont ouverts, en règle générale, de 9 h à 18 h, sauf le dimanche, les centres commerciaux, de 10 h à 22 h pendant la semaine et de 10 h à 18 h le samedi et le dimanche.
Les musées sont le plus souvent fermés le lundi et ouvrent plutôt l'après-midi.
Les banques ouvrent du lundi au vendredi de 10 h à 16 h. Le change s'arrête parfois à 15 h. Les banques sont presque toujours bondées; le meilleur horaire pour s'y rendre est entre 12 h et 14 h. Certains bureaux de change sont ouverts le soir.

## ▍INFORMATIONS TOURISTIQUES

**L'Embratur** est l'organisme officiel du tourisme brésilien. Son siège se trouve à Rio (rua Uruguaiana 174, 8ᵉ étage ☎ (021) 509.6017). On y parle français. Chaque État et chaque ville possèdent un office du tourisme (se reporter aux chapitres concernés). Les agences de voyages vous fourniront également des informations sur tout le pays. N'hésitez pas à leur demander des renseignements.

## ■ LANGUE

Le Brésil est le seul pays d'Amérique du Sud où l'on parle portugais. Mais le portugais parlé au Brésil diffère de celui du Portugal ; outre des mots différents, c'est surtout l'accent qui change. Le portugais du Brésil semble plus intelligible pour un étranger. Dans le Nordeste, la langue est enrichie d'expressions très particulières et imagées qui font sourire les Brésiliens du Sud, qui se targuent de parler une langue plus « pure » ; l'accent est chantant. Dans le Sudeste, la langue est très influencée par l'italien (vocabulaire, rajout d'articles devant les noms propres) à São Paulo, tandis qu'à Rio, l'accent est traînant.

L'anglais est la langue étrangère la plus répandue. Cependant, on peut facilement communiquer avec l'espagnol. Les Brésiliens ont d'ailleurs l'habitude de dire qu'ils parlent non pas l'espagnol, mais le « portagnol », c'est-à-dire du portugais avec une terminaison différente ! Pour les imiter, dans l'autre sens, vous remplacerez par exemple le « cion » espagnol ou le « tion » français par le « ção » portugais (se prononce « sa-on »). De même, les mots français terminés par « ment » deviennent « mente » (prononcer avec un léger « tche »). D'une façon générale, ayez à l'esprit que le portugais est une langue nasale. Le plus important est de ne pas mettre l'accent tonique à la fin des mots.

## ■ MÉDIAS

### Les journaux

Les plus grands quotidiens brésiliens sont ceux du Sud : *Folha de São Paulo* (centre gauche), *Estado de São Paulo* (plus conservateur) ; *Jornal do Brasil* (centre gauche) et *O Globo* (droite) à Rio. Ils sont lus un peu partout dans le pays, surtout le week-end. Chaque ville et surtout chaque capitale d'État possède cependant ses propres journaux. Ces derniers dépendent toutefois des agences de presse nationales qui se trouvent essentiellement à Rio et à São Paulo, car leur nombre de correspondants est limité. La *Folha de São Paulo* est considéré comme le meilleur journal, notamment pour sa couverture des événements.

Presque tous les journaux ont un supplément touristique. Mais celui-ci n'est pas toujours intéressant pour le touriste étranger, car il s'adresse directement au touriste brésilien. Celui de la *Folha de São Paulo* paraît le jeudi ; celui de *Estado de São Paulo* le dimanche.

La presse magazine, à tirage national, offre de nombreux hebdomadaires : *Veja*, *Exame* et *Isto É* sont proches du *Point* ou de *L'Express*. *Manchete* ressemble à *Paris-Match*. Côté presse féminine, on trouve notamment *Marie-Claire*, *Elle*, *Cláudia*, *Nova*. La presse internationale est disponible dans certains kiosques, mais, plus sûrement, dans les librairies des aéroports.

### La télévision

Selon les États, il y a cinq à huit chaînes de télévision dont une est publique. L'hégémonie de la chaîne *Globo* est un fait marquant. Elle représente un véritable quatrième pouvoir (voir encadré, p. 86). *TV Globo* est l'une des plus grandes chaînes de télé du monde : elle touche quelque 70 millions de spectateurs à l'heure de grande audience.

Fortement influencée par la télévision américaine, *TV Globo* abonde également en émissions de plateau comme *O Faustão* du dimanche, présenté par le « Jacques Martin brésilien ». Au programme aussi, de nombreux films de violence et des séries américaines.

*Bandeirantes* est une chaîne spécialisée dans le sport avec une excellente couverture des événements sportifs nationaux et internationaux. La chaîne *STB* de Sílvio Santos (un ancien présentateur de la chaîne *Globo*) possède une excellente émission d'interviews présentée par l'humoriste Jo Soares ainsi que la plus populaire émission de plateau de l'actualité nationale, *Ratinho*.

## La radio

Les stations sont pléthoriques au Brésil. La radio reste, de fait, le moyen de communication le plus large dans un pays où tout le monde ne sait pas lire ou ne possède pas de téléviseur. Les FM diffusent, en outre, une musique populaire de qualité. Les *Globo FM,* en particulier celle de Salvador, ont des programmations intéressantes (bonne musique brésilienne notamment).

## ▌POLITESSE ET USAGES

Patience et nonchalance sont de rigueur pour voyager au Brésil. Les services sont lents, les formalités longues, les employés ne prendront pas de décisions sortant un peu de l'ordinaire, mais en référeront systématiquement à leur supérieur. Cependant, le calme et l'indiscutable gentillesse de vos interlocuteurs compenseront ce manque d'efficacité. Alors ne vous énervez surtout pas ! Toutefois, ne vous laissez pas intimider au premier non venu. Vous entendrez souvent *não pode* (ce n'est pas possible). Or, sachez que si vous insistez un peu, tout devient possible : c'est le fameux *jeitinho* (voir Samba-Fusion, p. 63) brésilien qui se déclenche.

N'hésitez pas à demander un *desconto* (rabais), même dans les hôtels. C'est une pratique courante et bien ancrée dans les mentalités. De fait, les commerçants demandent des prix plus élevés pour pouvoir accorder des réductions !

La salutation type est le *oi,* plus courant que le *bom dia* (ou *boa tarde, boa noite* selon le moment de la journée). N'hésitez pas à l'employer suivi d'un sourire, vous serez très bien accueilli. La poignée de main reste un peu formaliste. Les Brésiliens aiment bien se saluer par un *abraço* (on s'enlace mutuellement) suivi de la bise lorsque l'on est un peu plus intime. D'une manière générale, ne soyez pas étonné : les Brésiliens aiment beaucoup le contact physique. Ils vous parleront en mettant la main sur votre épaule, sur votre bras. Chaleureux, naturellement curieux, les Brésiliens adorent communiquer, lier connaissance. Ils aiment bien parler, de sexe, de politique et de football notamment. Ils s'expriment souvent très fort et s'exaltent facilement.

Les étrangers ont leur faveur, à l'exception parfois des Argentins en raison de rivalités régionales et sportives. Les Français, en particulier, font l'objet d'une réelle admiration. Tout ce qui est français est chic. Toutefois, les Français ont la réputation d'être sales. Ne vous étonnez pas si quelqu'un vous demande, par exemple, s'il est vrai que vous ne prenez pas de douche tous les jours : cette fâcheuse réputation vient de Louis XIV.

## ▌POSTE ET TÉLÉCOMMUNICATIONS

**La poste.** *O correio (ouv. du lun. au ven. de 8h à 18h, le sam. de 8h à 12h)* distribue très bien le courrier, surtout au départ du Brésil. Une lettre ou une carte postée sur place peut ainsi arriver en France en trois jours. Dans l'autre sens, les Brésiliens se plaignent parfois de ne pas recevoir certaines lettres et surtout les colis, mais tout cela est en cours de modernisation.

Les timbres s'achètent dans les bureaux de poste. Une fois affranchi, vous pouvez laisser votre courrier à la réception de votre hôtel, qui se chargera de le poster, ou le mettre vous-même dans une des nombreuses boîtes postales jaunes disséminées un peu partout dans les rues.

**Le téléphone.** Le téléphone est séparé du service de la Poste. Objet d'investissements récents, il fonctionne très bien et connaît même un véritable essor. Depuis 1994, le nombre de lignes téléphoniques installées a presque doublé, passant de 12 à 22 millions. Avec la privatisation de la *Telebrás* (entreprise publique chargée de l'administration des services), 18 millions de lignes supplémentaires seront mises à la disposition du public.

Pour les **appels locaux et régionaux**, vous pouvez utiliser les cabines publiques (*orelhões* car elles ont la forme de grosses oreilles) fonctionnant avec des cartes téléphoniques (*cartão*), vendues dans les kiosques à journaux, dans les *telefônicas* ou chez les petits commerçants à côté des cabines.

Les principales villes possèdent un système d'appel direct. Pour appeler une autre ville, composez l'indicatif de la ville avant le numéro de votre correspondant. Les indicatifs des capitales d'État sont les suivants : Aracaju-SE (079), Belém-PA (091), Belo Horizonte-MG (031), Boa Vista-RR (095), Brasília-DF (061), Campo Grande-MS (067), Cuiabá-MT (065), Curitiba-PR (041), Florianópolis SC (048), Fortaleza CE (085), Goiânia-GO (062), João Pessoa-PB (083), Macapá-AP (096), Maceió-AL (082), Manaus-AM (092), Natal-RN (084), Palmas-TO (063), Porto Alegre-RS (051), Porto Velho-RO (069), Recife-PE (081), Rio Branco-AC (068), Rio de Janeiro-RJ (021), Salvador-BA (071), São Luís-MA (098), São Paulo-SP (011), Teresina-PB (086), Vitória-ES (027).

Pour obtenir le service des renseignements téléphoniques de la ville où vous êtes, faites le 102 ; d'une autre ville, composez l'indicatif qui lui correspond suivi du 121.

Si vous voulez appeler quelqu'un en PCV (*a cobrar*), vous pouvez également le faire à partir d'une cabine publique. Composez le 9 suivi du code de l'État et du numéro de votre correspondant. Un enregistrement automatique informera préalablement votre correspondant qu'il s'agit d'un appel en PCV.

Pour un **appel international**, depuis la France : indicatif de l'international (00) - tonalité - 55 puis l'indicatif de la ville, sans le 0, et votre numéro ; depuis le Brésil, d'une cabine, vous pouvez seulement téléphoner en PCV ou en utilisant une carte pastel en composant le 000-107.

Pour un appel payant, vous devez vous rendre dans une *telefônica* ou téléphoner depuis votre hôtel, soit en direct, soit en passant par la standardiste de l'établissement, selon le système en place : indicatif international (00) - code du pays - code de la ville et le numéro de votre correspondant. Les indicatifs internationaux (*códigos DDI*) sont le 33 pour la France, le 32 pour la Belgique, le 41 pour la Suisse et le 1 pour le Canada et les États-Unis. Le service *Home Country Direct* vous donnera accès à une standardiste de votre pays *via* le 000.80.33 pour la France, 000.80.14 pour le Canada, 000.80.03211 pour la Belgique et 000.80.04112 pour la Suisse. Avec ce service vous pouvez appeler en PCV ou utiliser votre carte téléphonique. On peut aussi avoir un standardiste brésilien en composant le 000-111.

Quant aux renseignements sur les appels internationaux, on les obtient en passant par le 000-333.

Après 20 h, les tarifs vers l'étranger sont 20 % moins chers. Les tarifs réduits s'appliquent du lundi au samedi entre 20 h et 5 h du matin et le dimanche toute la journée. Les numéros verts sont gratuits.

**Télégrammes, télex et télécopies.** Vous pouvez les envoyer de votre hôtel ou vous adresser à un *correio* (poste).

**Téléphone mobile.** Il est très populaire, on le voit partout, même chez les classes moins aisées. À peine le réseau digital de téléphonie s'installe, faisant ainsi baisser les prix, que l'on compte déjà 2,7 millions d'usagers brésiliens (23 millions d'ici l'an 2003).

## ▌POIDS ET MESURES

Le Brésil utilise le système métrique. Néanmoins, certaines mesures anciennes sont encore employées. Par exemple, pour la longueur :
**Distance :** 1 lieue (*légua*) = 6 000 m ;
  1 pied (*pé*) = 33 cm
  1 pouce (*polegada*) = 2,45 cm.

**Surface :** 1 *alqueire* paulista = 24 200 m² ;
1 *alqueire* du Minas, de Rio ou du Goiás = 48 400 m².
À noter aussi qu'une voiture brésilienne ne fait pas du « X » litres aux 100 km, mais du « X » km par litre d'essence !

## ▮ POURBOIRES

Les hôtels et les restaurants incluent normalement dans les factures 10 % de service. Si cela n'est pas le cas, laisser un pourboire équivalent. Rien n'est toutefois obligatoire. Tout dépend de la qualité du service rendu, de l'efficacité, de la gentillesse du serveur (10 % inclus ou non), du guide touristique ou du taxi. Ainsi, donner un pourboire à un chauffeur de taxi n'est pas une pratique très répandue, on arrondit le montant de la course pour un chauffeur sympathique. En revanche, on donne toujours quelque chose aux porteurs dans les hôtels, chez le coiffeur. Pas de pourboire, en revanche, aux ouvreuses dans les théâtres et les cinémas.

## ▮ SANTÉ

Dans les grandes villes, l'eau est traitée au chlore de sorte qu'elle ne présente pas de grand danger. Dans le reste du pays, le traitement de l'eau n'est pas du tout sûr. Afin de se prévenir des virus comme celui du choléra, il est préférable de boire de l'eau minérale, ou de faire bouillir l'eau du robinet ou encore de la traiter avec des pastilles d'hypochlorite que l'on peut amener avec soi. Éviter aussi les légumes crus et ceux qui sont cuits depuis trop longtemps. Pour les salades, le vinaigre est un bon allié antibactéries.
Il n'est pas recommandé de se baigner dans les eaux douces, surtout dans le Nordeste, de même que de marcher pieds nus n'importe où à cause des parasites et des vers.
En Amazonie, il faut prévoir des médicaments à base de quinine contre la malaria. Le vaccin contre la fièvre jaune est également recommandé et, bien sûr, les produits répulsifs antimoustiques, porteurs notamment du paludisme.
N'oubliez pas de vous protéger du soleil. Exposez-vous modérément et, surtout, progressivement. Il est prudent de mettre de la crème solaire, en particulier sur le visage, même si vous n'êtes pas à la plage.
Prévenez-vous des risques de déshydratation en buvant beaucoup. En cas de diarrhée notamment, buvez aussi beaucoup, et si vous avez du mal à manger, essayez les bananes cuites (*banana d'àgua*). Vous pouvez aussi acheter de la Baquitrim F, un bactéricide que l'on trouve facilement dans les pharmacies locales. Les pharmacies sont très nombreuses au Brésil et on peut y acheter presque tous les types de médicaments sans ordonnance. Cependant, les pharmaciens ne sont pas toujours aussi bien renseignés qu'en France.
En cas d'urgence, cherchez un *pronto socorro*. C'est gratuit (les hôpitaux coûtent assez cher), n'importe quel chauffeur de taxi saura vous y emmener. Si vous avez besoin d'une ambulance, composez le 192.

## ▮ SÉCURITÉ

En raison de la crise économique et de la pauvreté croissante, la sécurité est un réel problème. Cela étant, et même si les Brésiliens se plaignent de la recrudescence des vols, en particulier de voitures, il ne faut pas exagérer l'insécurité. Le gouvernement brésilien fait de réels efforts en termes d'effectifs de police, certaines villes ayant même mis en place une police spéciale tourisme.
En respectant quelques règles simples, vous éviterez la plupart des problèmes. Principe numéro un : supprimer la tentation. Ne vous promenez pas avec des bijoux (laissez vos bijoux en or en France), montres de valeur ; gardez un minimum d'argent sur vous (la plupart des hôtels ont des coffres dans les

chambres). Règle numéro deux : ne pas avoir l'air trop benêt, par exemple, paraître perdu dans un quartier populeux, appareil photo dernier cri autour du cou et l'œil hagard. Règle numéro trois : ne pas tenter le diable, jouer les Indiana Jones des favelas.

## ■ SHOPPING

Les amateurs pourront s'y adonner avec délice : il y a énormément de choses à acheter au Brésil.

**L'artisanat.** L'art populaire s'est développé, au Brésil, de manière indépendante, de telle sorte qu'il est une expression culturelle bien vivante et profondément ancrée dans le quotidien. Selon les régions, il acquiert des caractéristiques propres.

Dans le Nordeste, où les conditions économiques sont défavorables, il naît d'une nécessité. De fait, l'artisanat de cette région est certainement le plus riche et le plus intéressant du pays. Vous pourrez notamment acheter articles en **dentelle**, linge de maison en **lin brodé** (Bahia, Paraíba et Ceará), **hamacs**, **statuettes en argile**. Ces dernières représentent des personnages folkloriques ou typiquement nordestins comme le porteur d'eau du *sertão*, le *cangaceiro* (bandit, justicier local), le pêcheur utilisant l'embarcation typique de la région, la *jangada*. Les statuettes de Vitalino sont considérées comme de véritables objets d'art. Caruaru (Pernambuco), où les artisans locaux suivent le modèle du maître disparu, possède, selon l'Unesco, le plus grand centre d'art figuratif d'Amérique.

On trouve aussi dans le Nordeste des **sculptures en bois** (masques d'origine africaine à Bahia, saints, *orixás*, objets décoratifs divers, bijoux), des objets en **cuir** (sacs, ceintures, sandales, cadres, poufs…), des articles en **paille** (sacs, chapeaux…), des **bouteilles de sable coloré**, de l'**argenterie** (vases, cendriers, plateaux, services à thé ou à café, couverts) à des prix très intéressants, ainsi que des **bijoux en argent**, les *balangadãs* de Bahia (une grappe avec des fruits) et la célèbre *figa*, poing fermé le pouce entre l'index et le majeur, porte-bonheur typiquement bahianais. On peut plus rarement acquérir des **batiks** aux motifs du *sertão*.

L'art indien, variable selon les tribus, est également très intéressant. S'il est souvent exploité commercialement de manière assez démodée, il produit aussi des choses remarquables : **armes** (arcs et flèches), **statuettes**, **bijoux**, objets décoratifs divers, notamment les *marajoaras*. Fabriquées originellement par les Indiens Marajós, dans l'île de Marajó, il s'agit de terres cuites couvertes d'une couche de peinture (généralement crème) et soigneusement polies et décorées avec des figures géométriques (originellement noir et rouge, à l'instar des tatouages et des peintures corporelles). Ces objets prennent la forme de vases plus ou moins grands, d'immenses jarres, de plats ou d'assiettes. Bien que la tribu des Indiens Marajós ait disparu au début du XIXe s. les *caboclos*, métis de Blancs et d'Indiens qui sont leurs descendants, perpétuent leur art. C'est à ne pas manquer si vous allez dans l'île ou à Belém. Dans les Minas Gerais, enfin, vous trouverez les objets les plus variés, fabriqués à partir de la pierre savon locale : **saints**, **cendriers**, **échiquiers** et autres jeux.

**Alimentation.** Le café brésilien, en particulier celui destiné à l'exportation, est très bon. Vous pouvez l'acheter à l'aéroport avant de partir, ainsi que la non moins délicieuse *goiabada* (pâte de goyave). N'oubliez pas non plus l'alcool de canne, indispensable à la confection de la *caipirinha*. Les marques Pitú, Tatuzinho, 51, sont parmi les meilleures. En matière de cigares, le Suerdick de Bahia a bonne réputation.

**Vêtements.** Les maillots de bain sont toujours très réussis : couleur, dessin, qualité de la matière. Ils sont souvent très jolis, mais limités en tissu. Il faut essayer ! Les serviettes de plage, les *cangas* ou paréos et les vêtements d'été sont également bien faits, pour des prix souvent moins chers qu'en France.

**Disques, cassettes, CD.** Vous choisirez les chansons de la *música popular*, de la bossa nova (João Gilberto, Tom Jobim, et Vinícius de Moraes…), de la samba (compositeurs « classiques » comme Cartola, Noel Rosa, ou plus contemporains comme Martinho da Vila, Alcione et les diverses compilations des groupes de samba ou des écoles), de la samba-fusion (l'excellent Luís Melodia), de la percussion afro-brésilienne (Olodum, Ylê Aiê…). Vous pouvez vous en tenir aux grands classiques — Chico Buarque, Caetano Veloso, Gilberto Gil, Gal Costa, Milton Nascimento — ou opter pour les plus jeunes comme Marisa Monte, Adriana Calcanhoto, Jussara Silveira.

Les amateurs de musique classique (*música erudita*) trouveront les œuvres des compositeurs Villa-Lobos, Carlos Gomes, Camargo Guarnieri (voir Musique, p. 82).

**Pierres précieuses et semi-précieuses.** Le Brésil, premier producteur mondial de pierres de couleur, offre à l'amateur un choix fantastique. Vous trouverez des pierres de collection ainsi que de superbes bijoux et de nombreux objets de décoration (bibelots, cendriers, sous-verre, jeux, tables…) pratiquement partout dans les boutiques spécialisées. Si Rio est le centre des achats, le Minas Gerais et Bahia sont les États producteurs où vous pourrez en trouver à des prix peut-être plus intéressants.

Mais pour éviter de vous faire piéger, adressez-vous aux magasins spécialisés, qui ne vendent que des pierres avec garantie d'authenticité. Les joailliers tels que H. Stern (société internationale basée à Ipanema) et Amsterdam-Sauer, présents dans tout le Brésil, ainsi que Gerson et Lasbonfim, à Bahia, vous délivreront un certificat d'authenticité.

Parmi les principales pierres précieuses et semi-précieuses qui ont fait la renommée du Brésil, on trouve : l'aigue-marine, l'émeraude, la topaze, l'améthyste, la tourmaline, le diamant, le rubis, le saphir, la citrine, la rubellite et l'opale.

## ▎SPORTS

Se reporter aussi à l'arrêt sur image, p. 44-45.

**Le football.** C'est le sport populaire par excellence. Depuis leur plus jeune âge, les Brésiliens s'efforcent de dominer l'art du football et participent à ce qui est, avec le carnaval, une véritable passion nationale.

Introduit au Brésil vers la fin du XIXe s. par un Anglais, Charles Miller, le football est d'abord un sport d'élite, pratiqué dans les clubs sportifs élégants de Rio et de São Paulo. Peu à peu, les gens de couleur vont le pratiquer en jouant sur les terrains vagues (*várzeas*) et en formant leurs propres équipes. Alors que celles-ci restaient à l'écart des matches officiels, les fils des classes aisées allaient se joindre aux matches improvisés dans les rues ou sur les plages avec les équipes formées par les pauvres et les Noirs.

Dans les années 1930, le football devient un sport de masse, dans lequel la participation des Noirs et des mulâtres devient fondamentale : Leonidas da Silva (surnommé le diamant noir), Hercules, Tim, Domingos da Guia, sont venus des équipes formées dans les terrains vagues. Beaucoup plus tard, Tostão, Garrincha, Rivelino et, bien sûr, Pelé. Et maintenant, Ronaldinho, Romário, Roberto Carlos… Autant de noms sans lesquels le football brésilien ne serait pas devenu une légende internationale, phénomène social d'autant plus étonnant qu'il ne fait pas l'objet d'un soutien public. Les clubs vivent de manière autonome, sans subsides de l'État. Le gouvernement construit seulement les fameux stades géants, comme le Maracanã de Rio, plus grand stade du monde (il peut accueillir plus de 150 000 personnes). Aller voir un match dans l'un de ces temples du football est une expérience inoubliable, même pour les non-initiés. Si vous voulez pratiquer, vous pouvez aller à la plage, le week-end en particulier, et vous glisser dans un *baba* ou une *pelada*. Il vous suffit de toucher la balle du pied et vous faites déjà partie du jeu !

## Le roi Pelé

Edson Arantes do Nascimento, l'enfant prodige de Três Corações dans le Minas, fils d'un footballeur, était né pour être roi. À sa naissance, la sage-femme annonça à sa mère : « votre enfant sera roi ! ». La prédiction ne tardera pas à se réaliser. À 16 ans, Pelé est déjà titulaire de l'équipe de Santos, qui ne tarde pas à gagner la coupe sud-américaine, *Libertadores da América*. À 17 ans, en 1958, Pelé fait partie de l'équipe brésilienne qui va gagner la Coupe du Monde en Suède (ce seront avec lui trois Coupes du Monde gagnées par le Brésil en 1958, 1962 et 1970). En 1969, les stades du Brésil se disputent le privilège d'accueillir le match où la star marquera son millième but. Les gardiens de but tremblent. L'événement a lieu au Maracanã. C'est un moment de grande émotion nationale, surtout lorsque Pelé dédie son but aux enfants abandonnés du pays. Mais en 1970, il fait ses adieux à Santos et, deux ans plus tard, au football brésilien. C'est un moment de deuil national ! Jamais les Brésiliens ne le détrôneront de leur cœur. Avant de clore définitivement sa carrière de footballeur aux 1 320 *goals* (400 pour Maradona), Pelé introduit le goût du football aux États-Unis en créant l'équipe Kosmos de New-York.

À sa technique admirable, sa maîtrise dans tous les secteurs du jeu, son habilité égale des deux pieds, s'ajoutait la force physique de ce milieu de terrain de légende. Pelé, considéré comme un joueur cérébral, excellait à planifier ses coups d'avance, ce qui augmentait sa vitesse de jeu. Ses coups de tête et ses bicyclettes (retournés acrobatiques en ciseau) sont célèbres. Détenteur d'un charisme hors du commun, Pelé employait ses dons avec maestria et une simplicité qui l'ont fait apprécier de tous. Tous les amateurs de football continuent de le révérer comme un vrai roi.

**Le volley-ball.** Il y a aussi beaucoup de *torcidas*, mais peu de pratiquants officiels. Depuis cinq ans environ, le volley est devenu très populaire au Brésil, dans les classes sociales les plus élevées (les clubs et les collèges huppés le pratiquent), sous l'influence des médias notamment. Il ne s'agit pas d'un sport de masse. Le Brésil compte quelque 100 000 joueurs licenciés seulement. Cependant, depuis que l'équipe nationale a obtenu la médaille d'argent aux jeux Olympiques de Los Angeles, puis la médaille d'or en Espagne, les Brésiliens se sont pris de passion pour le jeu.

Le volley de plage est particulièrement en vogue. Un championnat national parcourt toutes les plages du pays. Au plan international, les Brésiliens ont d'excellents doubles qui commencent à rivaliser avec les Américains, meilleurs joueurs de cette spécialité. Rendez-vous encore une fois à la plage pour ceux qui veulent pratiquer !

**Le basket-ball.** Devenu moins populaire que le volley, il reste toutefois très apprécié. C'est un sport également pratiqué par l'élite, dans ses clubs et ses écoles ; il n'existe pratiquement pas de terrains publics. Les équipes nationales

féminine et masculine ont un très bon niveau international. Hortênsia et Paula sont les joueuses vedettes de l'équipe féminine. Chez les hommes, Oscar est l'un des meilleurs marqueurs du monde.
**La course automobile.** C'est peut-être le deuxième sport le plus populaire du Brésil par le nombre de supporters. Les Brésiliens ont produit trois champions du monde. Tout le monde connaît ainsi la famille Fittipaldi (Emerson Fittipaldi a remporté plusieurs titres), Nelson Piquet et le légendaire Ayrton Senna (voir encadré, p. 170). Après le drame national provoqué par la mort de ce dernier, le Brésil s'est épris d'une nouvelle idole : Rubens Barrichello, le plus jeune espoir brésilien de la Formule 1.
La course automobile est un sport spécifique au sud du pays. À l'exception de l'État de Bahia où le karting est pratiqué, le Nordeste et le Nord ne possèdent pas de tradition en la matière. Reste que le sport automobile se vit aussi au quotidien ! Si vous observez la façon de conduire des Brésiliens, vous comprendrez mieux la passion qu'ils ont pour ce sport. Au Brésil, on apprend d'ailleurs à conduire très jeune. Les enfants des familles des classes favorisées ont souvent une voiture qu'ils utilisent, avant même d'avoir leur permis de conduire !
**Les sports nautiques.** Le surf est très prisé des jeunes Brésiliens. Toutefois, il existe peu de professionnels. C'est plutôt une passion de jeunesse à laquelle les plus favorisés se livrent sur les plages, un peu partout dans le pays. Ces dernières années, cependant, la ville de Florianópolis dans le Sud et sa plage de Joaquina ont acquis une renommée internationale pour la pratique de ce sport. Une compétition internationale y est d'ailleurs organisée. Si vous souhaitez faire du surf, dans les grandes villes, vous pouvez trouver des planches à louer. Autrement, il est préférable de vous munir de votre propre matériel.
La **planche à voile** était très en vogue il y a une quinzaine d'années, mais elle est aujourd'hui moins à la mode. Elle reste toutefois très pratiquée dans le Sud, à Rio notamment.

## ▍TAILLES ET POINTURES

En matière de chaussures, les pointures brésiliennes sont égales aux pointures françaises moins deux (si vous chaussez du 39 en France, cherchez dans le 37 au Brésil). Même chose pour les vêtements, votre taille française moins deux. Pour les hommes, les chemises vont de 1 à 5. Reste qu'il vaut mieux essayer avant d'acheter…

## ▍TOILETTES ET SANITAIRES

Les banheiros públicos ne sont pas très engageants. Mieux vaut rentrer dans un restaurant ou un hôtel et utiliser les toilettes du lieu. La question clé est la suivante : « *Por favor, onde fica a toilete ?* » (« SVP, où sont les toilettes ? »). Pour les femmes, elles seront annoncées par une affichette comprenant la mention *Senhora, Ela, Mulher* ou *Dama* et, pour les hommes, par un panonceau précisant *Senhor, Ele, Homem* ou *Cavalheiro*.

## ▍TRANSPORTS

### En avion

Étant donné les dimensions du pays (4 328 km d'est en ouest, 4 320 km du nord au sud), l'avion est le moyen le plus pratique pour voyager. Un seul exemple : en moins d'une heure, vous vous rendez de São Paulo à Rio, alors qu'il faut six heures en voiture et une bonne dizaine d'heures en train. Les Brésiliens utilisent beaucoup l'avion, même s'il est assez cher pour eux. Toutes les grandes villes possèdent un aéroport. Il en existe plus de 2 000 dans tout le pays, les capitales d'État et les principales villes sont desservies par un ou plusieurs vols quotidiens. Attention : toujours demander s'il s'agit d'une liaison directe. Certains vols, sauts de puce entre de nombreuses escales, sont très longs. Certaines villes comme Manaus, Campo Grande et Cuiabá, disposent de peu de liaisons directes avec le reste du pays.

Les principales compagnies aériennes qui assurent des liaisons dans tout le pays sont **Varig**, **Vasp**, **Transbrasil** et **Tam**. Toutes les trois proposent des forfaits **Brazil Air Pass** à des prix intéressants que vous ne pouvez acheter que depuis la France, chez votre agent de voyages. Il s'agit actuellement de cinq coupons de vols intérieurs valables 21 jours pour cinq escales différentes. Le *Pass* vaut 490 $ et permet de payer les vols supplémentaires au prix de 100 $ (à titre indicatif, un vol Rio/Salvador aller simple coûte plus de 250 $). La formule est donc vraiment avantageuse, comparée aux tarifs normaux qui sont élevés. Un conseil toutefois : si vous connaissez à l'avance votre parcours, faites vos réservations dès votre arrivée et retirez d'un seul coup tous vos coupons de vol ; cela vous évitera de perdre du temps par la suite dans les différentes agences. Pour toute modification, changement de billet, d'horaires, vous devez vous rendre dans l'une des agences de la compagnie concernée, ouvertes généralement de 9 h à 18 h. Des numéros verts (0800) sont également mis à votre disposition pour obtenir tous les renseignements sur les vols et faire vos réservations, mais pour retirer un billet, il faut aller dans une agence. N° vert **Varig** ☎ 0800.99.8277 ; **Vasp** ☎ 0800.99.2200 ; **Transbrasil** ☎ 0800.15.1151 ; **Pantanal** ☎ 0800.12.5833 ; **Tam** ☎ 0800.12.3100 ; **Nordeste** ☎ 0800.71.0737 ; **Taba** ☎ 0800.31.8200 ; **Taf** ☎ 085.800.5000.

L'*Air Pass* n'inclut pas les taxes d'aéroport que vous devrez acquitter dans chaque aéroport lors des vols nationaux, indépendamment de la taxe à payer (en espèces) avant votre retour en vol international.

Si vous devez acheter des billets sur place, demandez toujours des tarifs promotionnels. Leurs noms et leurs conditions sont très divers et changent souvent, mais il y en a toujours (par exemple, réductions sur les vols de nuit, -30 % sur les vols payés à l'avance, remises applicables à telle ou telle catégorie professionnelle).

La franchise de bagages est normalement de 20 kg par personne, mais on peut souvent s'arranger avec le personnel au comptoir d'enregistrement (c'est le fameux *jeitinho*, voir p. 67, qui fonctionne) ou avec un autre passager qui se chargera de votre excédent (pratique courante).

Les liaisons des capitales vers l'intérieur des États sont normalement assurées par des petites compagnies, sur des appareils plus petits : lignes aériennes **Nordeste**, **Rio-sul**, **Taba**, **Taf**, **Pantanal**, **Brasil Central**. Les aéroports possèdent aussi des services d'avions taxis utilisant de petits appareils ou des hélicoptères.

## En bus

L'autocar est, après l'avion, le moyen de transport le plus courant. Malgré les longues distances, les bus sont relativement rapides. Le réseau, très dense, relie toutes les villes du pays. Néanmoins, l'absence de compagnie au niveau national ne permet pas une unification des services. C'est pourquoi les correspondances ne sont pas toujours automatiques. Vous ne pouvez donc pas acheter la totalité de votre billet depuis votre point de départ si votre périple fait intervenir plusieurs compagnies.

L'avantage de l'autocar est son coût, environ six fois moindre que celui de l'avion pour les distances petites et moyennes (à l'échelle brésilienne) et 40 % moins élevé pour les longues distances. Il existe des bus à couchettes climatisés pour les trajets de nuit. Les autocars ordinaires sont d'un confort assez sommaire mais correct (toilettes à l'intérieur), même si certaines compagnies, en particulier celles du Sud et du Sudeste, sont meilleures. Rio et São Paulo sont reliées toutes les demi-heures par des bus directs, très ponctuels et assez confortables, offrant une alternative à l'avion.

Si vous avez le temps et que l'avion vous semble cher, un voyage en bus est certainement une expérience à effectuer. Les Brésiliens des classes moyenne et pauvre l'utilisent beaucoup. C'est aussi un bon moyen pour connaître de plus près les gens du pays, entrer en contact avec une réalité que vous ne trouverez pas dans les aéroports, et avoir également le sentiment de la route et des distances qui sont aussi l'une des grandes données du Brésil.

Les billets de bus sont en vente presque exclusivement dans les gares routières. Il est cependant possible de pouvoir les acheter à l'avance ou de se les faire livrer. À Rio, on peut les obtenir dans certaines agences de voyages d'**Ipanema**.

## En voiture

Les Brésiliens aiment bien voyager en voiture en dépit des longues distances. Cela permet de découvrir certains endroits difficilement accessibles par les transports en commun.

Le **réseau routier** brésilien est assez développé, mais pas toujours bien entretenu. Attention aux nombreux dos d'âne, nids-de-poule et autres désagréments de ce genre ! La signalisation fait aussi largement défaut sur des routes souvent bondées, avec un important trafic de camions, dont le dépassement nécessite une certaine expérience (ou un certain courage). Les autoroutes et les voies rapides sont rares. On n'en trouve que dans le Sudeste : la voie Dutra reliant Rio, São Paulo et Castelo Branco ; la voie Anhanguera, entre São Paulo et l'intérieur ; la voie Anchieta, entre São Paulo et la côte. En ville, les Brésiliens roulent particulièrement vite. Souvenez-vous aussi que la nuit, ils ne s'arrêtent généralement pas aux feux rouges !

Outre une certaine dose d'inconscience et de flegme, il vous faudra, théoriquement, un **permis international**. En pratique, les loueurs se contenteront de votre permis français.

Il existe plusieurs grandes **compagnies de location** au Brésil avec des numéros verts : **Hertz** (☎ 0800.14.7300), **Avis** (☎ 0800.55.8066), **Unidas** (☎ 0800.12.1121), **Localiza** (☎ 0800.99.2200) assurant un bon service. Toutefois, dans les régions moins développées, ces compagnies ont des franchises, dont les prestations ne sont pas toujours à la hauteur, avec un parc automobile parfois limité. Dans le Nordeste, surtout en période de vacances (de juin à juillet et de décembre à mars), il est très difficile de trouver un véhicule. Il est donc préférable de réserver à l'avance. Les prix varient beaucoup selon les États. Il faut compter de 50 à 70 $ par jour. Attention au kilométrage inclus dans le tarif. La plupart du temps, les tarifs promotionnels comprennent un kilométrage très limité. Étant donné les distances et l'étendue des villes, on ne saurait trop vous conseiller de préférer les tarifs à kilométrage illimité. Vérifiez aussi le niveau d'essence lors de la livraison du véhicule ; le plus souvent, le réservoir est rempli au quart.

Il peut être moins cher de louer une voiture depuis la France. Il existe, à cet égard, une formule d'**Auto Pass** permettant de bénéficier d'un tarif de location à la semaine.

**En cas de panne**, les stations-service n'assurent pas tous les services, mais elles vous indiqueront l'adresse d'un réparateur/vendeur de pneus, d'un mécanicien que vous trouverez facilement aux abords des villes. Faites attention à votre niveau d'essence, car dans certains endroits les stations peuvent être rares.

Près des villes, il y a souvent des postes de police où il faut passer à **vitesse limitée** (40 km/h). Si vous êtes arrêté pour une raison quelconque, restez calmes et agréables. Les gendarmes sont assez sympathiques avec les étrangers et les femmes en général. En cas d'accident, appelez la police qui doit obligatoirement faire le constat.

**L'auto-stop** – sa pratique, comme la prise de passagers dans votre voiture – n'est pas très recommandé.

# PASSIONNELLE COMMUNION DU SPORT

*L'enthousiasme suscité par les sports est un phénomène unique. Les supporteurs brésiliens sont dotés d'une énergie festive inégalée. Réunis dans le stade, devant le match, un sentiment d'extase les envahit. C'est la joie bruyante au rythme des bandes de samba, l'échange au-delà des mots.*

### Plus qu'un spectacle

Le sport, tout particulièrement le football, c'est le grand divertissement. La compétition s'accompagne d'un sentiment ludique. Occasion pour faire la fête, occasion pour glorifier les héros, les Pelé, les Zico, les Romário, pleurer les disparus ou canoniser les martyrs. Le deuil national est décrété pour la mort d'Ayrton Senna. Le lendemain de la victoire en Coupe du Monde sera jour férié.

**Coupe du Monde de football de 1994, à Los Angeles. Après 24 ans d'une longue attente, les Brésiliens obtiennent leur quatrième titre de champions du Monde. Le moment est fêté dans la liesse.**

Déjà, depuis les huitièmes de finale du Mundial, à l'heure des matches, la vie s'arrête : rues désertes, villes mortes, magasins fermés ou téléviseurs à tous les coins de rues... Quant au jour de la grande finale, rien ne sert de prévoir autre chose : même les avions ne sont pas sûrs de décoller et lorsqu'ils le font, la retransmission est assurée en direct par le commandant de bord ! Le pays entier, devant son écran, vit le match avec ses joueurs, court dans la rue, chante et danse toute la nuit, au son des pétards, de la musique, dans les éclairs bleutés des feux d'artifice.

### « Fla » ou « Flu » ?

Être supporteur, c'est se mettre dans un état de transe pour communiquer son énergie à son équipe. C'est une catharsis au cours de laquelle l'individu libère toute une série de sentiments, espoirs, frustrations. L'action de supporteur est certes un phénomène répétitif mais l'après n'est jamais suivi de tristesse : le délire se prolonge dans les rues, dans les bars. Espace de dramatisation, le sport est aussi un rite. Des lignes spéciales de bus que les autorités sont obligées de renforcer ou de modifier, voire d'installer spécialement pour l'événement, aux vendeurs de boissons

**Dès leur plus jeune âge, les Brésiliens s'initient au football. Tous les lieux, notamment les plages, peuvent servir à l'échange de quelques passes de ballon.**

et nourriture qui envahissent les abords du stade, en passant par le renforcement policier. Les jours de matches entre les équipes les plus importantes, « Fla/Flu » (rencontre entre les deux équipes de Rio, celle du Flamengo et celle de Fluminense), São Paulo/Palmeiras (derby paulista) ou Ba/Vi (Bahia et Vitória à Salvador), l'ordre n'est pas seulement bouleversé, il y a aussi une scission symbolique de la société. Pour l'anthropologue Roberto da Matta : « Le football est peut-être le seul espace où le Brésilien exprime clairement sa préférence ».

### Une pratique sociale

Certains ont tôt fait de voir dans la communion sportive une forme d'aliénation et de manipulation des masses. Foule supporter qui écrase l'individu, spectacle qui lui fait oublier ses soucis quotidiens et lui laisse, une fois terminé, une impression de tristesse : tels sont leurs arguments. D'autres, comme Roberto da Matta, trouvent dans le sport une machine de socialisation des individus. Assister à un match, c'est se

**Dans le monde entier, la disparition du pilote brésilien, Ayrton Senna, a créé une émotion considérable, à la mesure de la fascination qu'il exerçait.**

réunir, nouer, cultiver des relations, affirmer aussi son identité. Supporter une équipe plutôt qu'une autre, Senna plutôt que Piquet, c'est se différencier, exprimer une solidarité, une communauté de valeurs, ce qui peut aussi signifier vivre des expériences différentes de celles du quotidien.

### En train

Le réseau ferroviaire brésilien est très limité. Dans les années 1950, pendant la période des politiques de développement, le gouvernement a donné la priorité au réseau routier en raison notamment de la pression exercée par l'industrie automobile qui était en train de s'implanter dans le pays. Depuis lors, les chemins de fer sont tombés en désuétude. Les seules lignes rentables sont celles qui assurent le transport de minerais. Certaines lignes présentent pourtant un réel intérêt touristique étant donné la beauté des paysages traversés. Ainsi, la liaison São Paulo/Santos qui descend la serra do Mar, la ligne São Paulo (Bauru)/Corumbá passant par le Pantanal (avec bus entre Bauru et Campo Grande), le trajet entre Rio et São Paulo à bord du très luxueux **trem prata** récemment réinauguré et le train qui, descendant la *serra*, relie Curitiba à Paranaguá à travers de magnifiques paysages.

### En bateau

C'est un moyen de transport qui n'est quasiment pas utilisé à l'exception de certaines régions. La navigation fluviale est importante seulement en Amazonie et au Pantanal. Manaus est le premier port fluvial du Brésil. Des lignes régulières pour le transport de passagers relient Belém et Manaus. Le confort des bateaux est toutefois médiocre et le service peu ponctuel. Le voyage peut durer cinq jours ou plus. Au Mato Grosso, le transport fluvial est également très utilisé par la population locale. Mais il s'agit de petites embarcations n'offrant aucun confort. Les *fazendeiros* possèdent aussi leurs propres bateaux. Même chose au Nord sur le fleuve São Francisco : les paysages sont magnifiques, on traverse des petites villes très pittoresques du Sertão ; mais ce mode de transport reste plutôt utilisé par les classes moins aisées. La navigation maritime est assurée par quelques compagnies étrangères dont la Costair. Il existe des liaisons entre les villes côtières. Cependant, les Brésiliens n'utilisent qu'exceptionnellement le bateau et à des fins touristiques.

## ■ URGENCE

Les numéros ci-dessous sont valables pour tout le pays, chaque État ayant toutefois des services spécifiques (reportez-vous aux chapitres des régions concernées).
Ambulances (*ambulâncias*) : 192.
Pharmacies de garde (*farmácias de plantão*) : 136.
Pompiers (*bombeiros*) : 193.
Police (*polícia*) : 190.

## ■ VOLTAGE

Dans la plupart du pays, le courant électrique est en 110/120 V. Recife et Brasília fonctionnent en 220 V. Mais la plupart des grands hôtels ont généralement les deux.

# UN GÉANT DU FUTUR

*En moins de cinq siècles d'histoire,
le Brésil est passé du statut de colonie
pourvoyeuse de pau-brasil
(bois de braise, dont le pays tire son nom),
au rang de dixième puissance économique
mondiale. Miracle brésilien ?
Non, plutôt mirage... Mélange de modernité
et d'archaïsmes profonds, le Brésil reste,
aujourd'hui comme hier, un pays d'avenir.*

## Histoire d'une colonie portugaise

Avant même sa découverte officielle, le Brésil était déjà une terre portugaise. En effet, en 1493, la bulle *Inter Cætera* du pape Alexandre VI avait partagé le Nouveau Monde en deux sphères d'influence, délimitées par une ligne imaginaire Nord-Sud située à 370 lieues à l'ouest des îles du Cap-Vert. L'Espagne régnait sur l'Est, le Portugal sur l'Ouest. En 1494, le traité de Tordesillas, signé entre l'Espagne et le Portugal, précise la bulle papale et accorde au Portugal toutes les terres découvertes à l'est de 50° de longitude, ce qui inclut l'actuel Brésil. Ce dernier est officiellement découvert le 22 avril 1500. Les Portugais n'y trouvent pas de grande civilisation indigène sur le modèle de celles des Incas ou des Mayas, mais des tribus éparses, estimées à quelque deux millions d'individus.

L'escadre portugaise de Pedro Álvares Cabral, chargé de gagner les Indes par l'Ouest, aborde à l'emplacement de l'actuel Porto Seguro.

S'agit-il d'une découverte ? En réalité, l'existence de ces terres était déjà connue des navigateurs, depuis les voyages de Christophe Colomb et d'Amerigo Vespucci. Quelques mois plus tôt, en janvier de la même année, l'Espagnol Vicente Pinzón était parvenu à l'embouchure de l'Amazonas. Néanmoins, l'Espagne n'avait pas donné suite à cette découverte.

Cette nouvelle terre ne suscite pas non plus un très grand intérêt chez les Portugais, occupés par leur commerce avec les Indes. Ils se contentent d'établir le long des côtes, des *feitorias*, sortes d'entrepôts destinés à faciliter le commerce du *pau-brasil*. Ce bois précieux va d'ailleurs donner son nom à la nouvelle colonie, d'abord appelée Terre de Santa Cruz, car Cabral en prit possession le jour de l'Invention de la Croix.

L'idée d'une colonisation apparaît alors que la souveraineté portugaise est mise en cause par les constantes incursions étrangères, notamment françaises. Les Français, en effet, qui n'ont pas reconnu le traité de Tordesillas, participent activement au commerce du *pau-brasil*. Leur présence conduit le Portugal à réagir en envoyant, en 1531, l'expédition colonisatrice de Martim Afonso de Sousa.

## L'échec des capitaineries (1531-1548)

Les Français sont chassés alors que les premiers colons portugais s'installent. Le roi D. João III divise la nouvelle colonie en quinze territoires héréditaires, les capitaineries, dotés d'environ 240 km de côte et d'une profondeur illimitée. En contrepartie, les nouveaux propriétaires fonciers doivent en assurer l'exploitation et la défense par leurs propres moyens. Ce système, qui avait réussi dans les autres colonies portugaises de Madère et des Açores, échoue au Brésil. Seules les capitaineries de São Vicente (sud de São Paulo) et du Pernambuco prospèrent. Cet échec est imputable à un certain nombre de facteurs comme l'incurie des propriétaires, le manque de moyens, l'immensité des terres, l'éloignement du continent ou encore les constantes attaques des Indiens ou des pirates français.

Néanmoins, c'est à cette époque que les colons introduisent la culture de la canne à sucre. On passe ainsi, progressivement, d'une colonie d'exploitation à une colonie de production et de peuplement.

## L'organisation administrative de la colonie et le cycle du sucre (1548-1580)

En 1548, la faillite de la plupart des capitaineries conduit le Portugal à mettre en place un pouvoir administratif centralisé, à la tête duquel est placé un gouverneur général qui représente directement les intérêts de la Couronne et garantit la défense du domaine portugais, toujours victime d'occupations étrangères. C'est ainsi que le gouverneur général Tomé de Sousa fonde, en 1549, la ville de Salvador, première capitale du Brésil et qui le demeurera pendant 214 ans. Les premiers jésuites arrivent et entreprennent l'évangélisation des Indiens.

En 1555, les Français qui tentent de fonder la France Antarctique s'installent dans la baie de Guanabara. Ils en seront chassés, en 1567, par Estácio de Sá qui y établit un nouveau noyau de colonisation et fonde la ville de Rio de Janeiro.

Pendant ce temps, la culture de la canne à sucre se développe. Plusieurs *engenhos* sont installés dans les capitaineries du Pernambuco et de Bahia. Ces exploitations nécessitent l'importation de bétail ; simultanément, apparaît un nouveau type d'activité, l'élevage.

Cependant, les colons, qui manquent de main-d'œuvre, décident d'assujettir les Indiens mais ils se heurtent aux jésuites qui cherchent, au contraire, à les émanciper. Le décret de 1574 départage les opposants en stipulant que les Indiens sont libres à l'intérieur des *aldeias*, et susceptibles d'être réduits en esclavage s'ils sont capturés au dehors. Mais les Indiens se révèlent incapables de s'adapter à une vie sédentaire. Très vite, les Portugais vont avoir recours à l'esclavage africain. En effet, l'esclave noir se révèle moins cher et plus « sûr », plus apte aux travaux agricoles, en raison de sa culture notamment. La majorité des esclaves connaît les travaux agricoles.

## L'intermède ibérique (1580-1640)

En 1580, le roi d'Espagne monte sur le trône du Portugal. Jusqu'en 1640, la couronne portugaise se trouve donc liée à celle de l'Espagne. Cette période va avoir des conséquences importantes pour le Brésil. L'administration espagnole prend une série de mesures décentralisatrices, qui confèrent une plus grande autonomie aux autorités locales.

De plus, la conquête du pays s'accélère sous l'effet des expéditions des *bandeirantes*. Ces aventuriers qui, du fait de l'union des deux royaumes, n'ont plus à respecter les limites territoriales, s'enfoncent à l'intérieur du territoire, à la recherche de l'or, de pierres précieuses et d'Indiens. Principalement issus de la capitainerie de São Vicente, mais aussi de Salvador, Olinda, São Luís et Belém, ils pénètrent de plus en plus loin vers l'intérieur et le Sud. Leur avancée est à peine ralentie par la présence des missionnaires jésuites qui protègent les Indiens.

Cependant, les ennemis de l'Espagne, devenus ceux du Portugal, cherchent à envahir le Brésil, en particulier les Hollandais. Ces derniers, sous l'impulsion de la Compagnie des Indes Occidentales, convoitent les terres sucrières. Après une tentative infructueuse à Bahia, en 1624, ils envahissent le Pernambuco où ils fondent la ville de Recife. Leur domaine s'étend de São Cristóvão (Aracaju) jusqu'à la Nouvelle Amsterdam (Paraíba). Ils ne sont définitivement vaincus qu'en 1654. Quant aux Français, ils vont occuper l'île de Maranhão, de 1612 à 1615, et y fonder São Luís.

Après la restauration de son indépendance, le Portugal entre dans une période de déclin économique. Il perd certaines de ces colonies d'Afrique et d'Orient mais aussi le monopole sur le commerce avec les Indes. Le Brésil devient alors vital pour la Couronne. Mais, de son côté, l'économie locale est en crise en raison de la concurrence du sucre produit aux Antilles. L'administration portugaise décide alors de renforcer son pouvoir ainsi que le monopole qu'elle exerce sur le commerce de la colonie. En 1661, elle interdit ainsi tout commerce avec des navires étrangers.

## L'expansion territoriale et le cycle de l'or

Pendant ce temps, l'occupation territoriale s'intensifie. En 1680, les Portugais fondent la colonie de Sacramento (Uruguay) sur la rive gauche du fleuve Prata, parachevant ainsi l'occupation de tout le littoral. La nécessité de trouver des pâturages pour le bétail, les expéditions des *bandeirantes*, ainsi que les besoins en métaux précieux de l'économie portugaise contribuent à l'exploration et à l'exploitation du centre du pays. À partir de 1684, les premières mines d'or et de diamants sont découvertes. Cela va provoquer une ruée vers le centre du pays, dans la région des Chapadas (Minas Gerais) et la partie est de l'actuel État de Bahia.

Avec la ruée vers l'or, c'est aussi le début de l'urbanisation. Plusieurs villes sont créées : Vila Rica (Ouro Preto), Araxá, Lençóis. Le centre de gravité économique du pays se déplace du Nordeste vers le Sudeste. C'est ainsi qu'en 1763, Rio devient la nouvelle capitale de la colonie. Choisie pour son emplacement, elle doit servir de base pour écouler la production d'or et de diamants.

Cette période est également marquée par la montée du mécontentement, face à une métropole omniprésente et oppressante. Les premières révoltes des colons contre le gouvernement central éclatent au Pernambuco, puis, en 1684, dans le Maranhão, sous le commandement de Beckman. Face à la crise de la canne à sucre, les colons revendiquent la fin du monopole commercial exercé par la Couronne. En 1720, un soulèvement a également lieu à Vila Rica. Les colons s'opposent à la création d'une maison de *fundição* (fonderie) où tout l'or extrait sur le territoire devra être pesé et soumis à un impôt, le quinto, correspondant au cinquième de sa valeur. Par ce moyen, la Couronne, qui a désespérément besoin de l'or de sa colonie, entend mettre un terme à toute contrebande.

Par ailleurs, le commerce du bois d'ébène étant devenu florissant, le nombre d'esclaves africains a fortement augmenté. Profitant des troubles que connaît la colonie, ils sont nombreux à fuir la servitude des plantations. C'est ainsi qu'apparaissent, à l'intérieur du pays, de véritables colonies de peuplement. De ces *quilombos* (villages fortifiés), communautés d'esclaves rebelles, partent des bandes armées pour piller les villes et les *fazendas* (fermes). Le plus connu, celui de Palmares (Alagoas), compte 20 000 à 30 000 personnes en 1675. Il sera détruit par les Portugais, en 1694, après une lutte féroce. Son chef, Zumbi, deviendra d'ailleurs une sorte de héros.

Pendant ce temps, en Europe, la place occupée par le Portugal continue de décliner ; il est de plus en plus souvent relégué au rang de simple intermédiaire dans le commerce des produits tropicaux. Cette situation dure jusqu'en 1750, date à laquelle le marquis de Pombal devient secrétaire d'État du roi José II. Décidé à restaurer l'économie portugaise et, partant, à renforcer la domination de la métropole sur sa colonie, Pombal met fin au système des capitaineries héréditaires et décide de nommer le gouverneur général à Lisbonne. En outre, il expulse les jésuites en 1759. Les Indiens perdent alors la seule protection dont ils bénéficiaient.

Alors que la seconde moitié du XVIIIe s. voit le déclin du cycle de l'or, l'agriculture destinée à l'exportation reprend de son importance et se diversifie, valorisant ainsi de nouvelles régions. Les cours internationaux du sucre redeviennent favorables. La Révolution industrielle ouvre aussi la voie à l'exportation du coton. Mais le développement de la société coloniale l'a rendue plus complexe ; ses intérêts sont devenus distincts de ceux de la métropole, voire opposés.

## Vers l'indépendance (1808-1822)

En réaction au contrôle de plus en plus fort exercé par le Portugal, un processus d'émancipation politique se met en marche. Les idées libérales, inspirées par la guerre d'Indépendance américaine et la Révolution française, font leur chemin.

Diverses rébellions ont lieu, comme l'*Inconfidência Mineira* en 1789 et l'*Inconfidência Baiana* en 1798 (conjurations du Minas et bahianaise). Bien que ces deux mouvements échouent et soient sévèrement réprimés, ils auront eu le mérite de mettre en cause la structure coloniale. Le premier avait à sa tête Joaquim José da Silva Xavier, surnommé «Tiradentes». Exécuté le 21 avril 1792, il sera par la suite proclamé héros national.

Le processus d'indépendance est cependant engagé sur une voie sans retour. La venue au Brésil de la famille royale portugaise, en 1808, entame une réforme du statut de la colonie, qui s'achève quatorze ans plus tard, le 7 septembre 1822, avec le «cri d'Ipiranga» (voir p. 52).

L'occupation du Portugal par l'armée napoléonienne, contraint la famille royale à trouver refuge au Brésil. Le roi D. João VI prend alors une série de mesures déterminantes pour la colonie : ouverture des ports brésiliens aux navires étrangers mettant ainsi fin au monopole portugais, immigration autorisée, implantation de manufactures, notamment textiles et métallurgiques, création d'une imprimerie. Par ailleurs, il contribue à la fondation de plusieurs établissements d'enseignement supérieur comme l'École de médecine de Bahia, l'École de commerce, l'École royale des sciences et la future Académie des beaux arts. L'influence de la France commence à se faire sentir dans le domaine des arts plastiques. Des élites se forment, des journaux se créent, toute une vie culturelle prend corps, en particulier à Rio, siège du gouvernement. En 1815, D. João VI transforme le Royaume du Portugal en «Royaume-Uni du Portugal, du Brésil et de l'Algarve», élevant ainsi la colonie au même rang que la métropole.

Cependant, le pays entre dans la sphère d'influence anglaise. En effet, au Portugal, depuis la fuite de D. João VI, la résistance contre l'envahisseur français s'est organisée avec l'appui des armées anglaises. La métropole sort de la lutte ruinée et transformée en protectorat britannique. Au Brésil, les citoyens britanniques jouissent du droit d'exterritorialité, tandis que les marchandises bénéficient d'une réduction des droits de douanes. Les produits anglais envahissent la colonie, provoquant un déséquilibre de la balance commerciale et un endettement public. Les nouvelles idées venues d'Europe circulent, favorisées par la présence de nombreux étrangers et de journaux comme le *Correio Brazilense*, édité à Londres. Par ailleurs, dès 1810, l'Amérique espagnole commence à éclater : soulèvement du Mexique en 1810, indépendances du Venezuela en 1811, du Paraguay, en 1813, de l'Argentine, en 1816.

Au Portugal, la situation est tendue. En 1820, une révolution se produit à Porto. Mécontents de la présence anglaise, les Portugais exigent le retour de la famille royale et une nouvelle colonisation du Brésil. C'est ainsi que D. João VI retourne au Portugal, laissant la régence à son fils, D. Pedro. Cependant, la politique libérale du roi va vite rencontrer l'opposition de l'Assemblée constituante portugaise qui réclame le retour du Régent.

Au Brésil, l'élite politique et économique formée par les grands propriétaires terriens réclame la fin du monopole de la Couronne sur les richesses et sur le commerce. La population urbaine est imprégnée des idées libérales venues d'Europe. Un sentiment national est né. Le 9 janvier 1822, D. Pedro, soutenu par la majorité des Brésiliens, rompt avec les *Cortes* (Assemblée législative) qui lui ont donné l'ordre de revenir. Il prononce alors la fameuse formule «*fico*» (je reste). Le Portugal persiste et tente d'annuler toutes les décisions du prince régent. Le 7 septembre 1822, à Ipiranga, celui-ci lance le cri devenu célèbre : «L'indépendance ou la mort ! »

## L'Empire brésilien (1822-1889)

Singulière indépendance que celle que connaît le Brésil : organisée par le prince régent lui-même, réalisée en douceur, sans soulèvement populaire, sans luttes sanglantes, ni éclatement territorial, sans modifications de la structure sociale et économique du pays. Le système esclavagiste et latifundiaire n'a pas été remis en cause et la classe moyenne est restée à l'écart. C'est, en fait, l'aristocratie rurale du Sud qui a mené le mouvement.

### Le premier règne (1822-1831)

Couronné empereur, D. Pedro I doit affronter des rébellions portugaises dans certaines provinces, ainsi que les partisans de la République. Les Portugais sont finalement expulsés. En 1824, l'empereur accorde une Constitution relativement libérale, mais il gouverne avec autoritarisme. Cette contradiction contribue à son impopularité.

Le pays a également été conduit à faire d'énormes concessions commerciales, en contrepartie de sa reconnaissance internationale. Le Brésil entre alors dans une longue période de crise économique, en raison de la chute des cours de ses principaux produits d'exportation. La production de sucre décline, souffrant de la concurrence du sucre jamaïcain et cubain, mais aussi du sucre de betterave européen. Le coton pâtit également de la concurrence américaine. Mais la crise est aussi financière, car le Brésil a dû s'ouvrir au libre-échange. Les importations dépassent alors rapidement les exportations. Les recettes fiscales s'amenuisent et l'État s'endette.

De plus, en 1825, le Brésil est entré en guerre contre l'Argentine sur la question de l'Uruguay. Ce conflit se révèle impopulaire et onéreux. En 1828, le Brésil reconnaît finalement l'indépendance de l'Uruguay. En 1831, alors qu'il est menacé par des mouvements insurrectionnels provoqués par la succession de D. João VI, D. Pedro I abdique en faveur de son fils.

### La période des régences (1831-1840)

Seulement âgé de cinq ans, le fils de D. Pedro I ne peut prétendre à régner. Diverses régences vont donc se succéder, au cours d'une période marquée par une grande instabilité politique. De violentes révoltes se déclarent un peu partout contre le centralisme administratif visant l'autonomie provinciale, voire la sécession.

Les régions autour de Rio (Centre et Sud) deviennent l'axe le plus important du pays. Cependant, l'aristocratie rurale accepte mal ce centre politico-administratif dont elle est éloignée et réclame l'ins-

Au début du XIXe s., les esclaves affranchis pouvaient acquérir une certaine aisance, comme le montrent ces portraits de jeunes femmes revêtues de robes d'apparat.

tauration du fédéralisme. En 1834, des parlements régionaux sont créés. La classe moyenne aspire à un changement, afin d'améliorer son niveau de vie et sa place dans la société. Cependant, la crise économique et financière se poursuit. Afin de protéger l'unité nationale, la majorité du prince est anticipée. C'est ainsi que le 23 avril 1840, D. Pedro II monte sur le trône, à l'âge de quinze ans.

## Le second règne et les cycles du café et du caoutchouc (1840-1889)

D. Pedro II parvient à calmer l'agitation révolutionnaire qui avait gagné certaines provinces. En 1847, un système parlementaire est mis en œuvre : deux partis, celui des Libéraux et celui des Conservateurs, vont désormais se disputer l'alternance. Sous le règne de D. Pedro II, le Brésil entre dans une période de stabilité politique, cautionnée par la prospérité économique que connaît le pays. La culture du café est en pleine expansion, en particulier dans la vallée du Paraíba (région de São Paulo) ; le Brésil devient alors le premier producteur mondial de café.

De 1865 à 1870, le pays entre en guerre contre le Paraguay aux côtés de l'Argentine et de l'Uruguay. Ce conflit ne provoque pas seulement une crise financière sans précédent, il entraîne aussi l'abolition de l'esclavage, ce qui constitue un bouleversement majeur pour la société brésilienne. En 1850, sous la pression de plus en plus insistante des Anglais, et ce malgré l'opposition des planteurs de café et de canne à sucre, D. Pedro II avait déjà interdit la traite. Au lendemain de la guerre, où Noirs et Blancs ont combattu ensemble, côte à côte, le clan des abolitionnistes l'emporte. Sont affranchis tout d'abord les esclaves ayant participé au conflit ; puis, le 28 septembre 1871, la loi dite du

« ventre libre » affranchit tout enfant d'esclave né à partir de cette date. Le 13 mai 1888, l'abolition totale de l'esclavage est finalement décrétée. Cependant, le mouvement abolitionniste ne pense guère à améliorer le sort des nouveaux affranchis : ceux-ci restent sans éducation, sans moyens de survie. En revanche, avec la fin de l'esclavage, le régime monarchique perd son support traditionnel constitué par la classe des propriétaires terriens, l'Église lui retire également son appui. Quant au système parlementaire, il semble dans l'impasse, car la majorité de la population n'y joue aucun rôle.

Sur le plan économique, la seconde moitié du XIXe s. est marquée par le début du cycle du caoutchouc, en Amazonie. Dans le Nordeste, la sécheresse conduit beaucoup de paysans à fuir la région, en particulier vers l'Amazonie. Mais l'abolition de l'esclavage marginalise cette population. Les nouveaux besoins de main-d'œuvre provoquent une importante vague d'immigration européenne qui, de 1872 à 1940, modifie considérablement la répartition ethnique du pays. Alors que les Noirs et les Indiens constituaient la majeure partie de la population, la part de la population blanche passe de 30 à 50 %.

Les immigrants sont d'abord des Italiens venus travailler dans les plantations de café, puis des Portugais, des Espagnols, des Japonais et des Libanais. Ils se concentrent surtout dans les zones tempérées du pays, autour de São Paulo et dans le Sud, où ils acquièrent des terres. Néanmoins, ces régions ne comportent pas de latifundium, ces grandes propriétés que l'on retrouve dans le reste du pays, en particulier dans le Nordeste. Cela explique peut-être le plus grand degré de développement de cette partie du pays.

## La République

Le 15 novembre 1889, le maréchal Deodoro da Fonseca proclame la République, avec le soutien de l'armée. La famille royale s'enfuit en Europe. C'est la première République, dite aussi « vieille République », ou plus précisément la république oligarchique, car elle est le produit de l'alliance entre l'armée et l'oligarchie du café. Cette dernière prend vite le dessus et la vieille République est, de fait, dominée par l'autoritarisme politique. Laïque et fédéraliste (sur le modèle américain), elle instaure la séparation de l'Église et de l'État et le mariage civil. Cependant, il n'y a pas d'égalité entre les États membres de la nouvelle Fédération. Le vote est interdit aux analphabètes, aux femmes, au clergé et aux soldats. Le caractère colonial de l'économie persiste : prédominance d'une économie agraire fondée sur l'exportation, surtout celle du café, d'où une forte concentration des activités dans une seule région et une grande dépendance vis-à-vis du marché externe ; faiblesse du marché intérieur, manque de liens économiques entre les régions. La majorité de la population vit directement ou indirectement du café. Dans chaque État, se forme une hiérarchie sociale régionale, dotée d'une élite soutenue par le « coronélisme » (pouvoir des notables locaux).

Avec la Première Guerre mondiale (le Brésil rejoint les Alliés en 1917), le café entre dans une période de déclin que la crise de 1929 ne fera qu'accélérer. Cette dernière va conduire les planteurs brésiliens à investir leurs bénéfices dans le secteur industriel, en particulier, dans l'agro-alimentaire.

# UN GÉANT DU FUTUR

## Lampião, roi des cangaceiros

Chaque pays a ses bandits de grand chemin inscrits dans la mémoire collective. Au Brésil, ce sont les *cangaceiros* qui pratiquent le *cangaço*, sorte de banditisme social qui s'est développé dans le Nordeste entre 1870 et 1940.
Ces bandes de hors-la-loi pillent les villages et les *fazendas*, terrorisent la population ravagée par la famine et les maladies. Au lendemain de la grande sécheresse du *sertão*, de 1877 à 1879, ils sont parfois dirigés et employés par les *coronéis* (seigneurs locaux). Les *cangaceiros* deviennent alors l'instrument de la justice privée des tout-puissants *coronéis*.
Cependant, les sécheresses constantes et la misère croissante s'accompagnent d'une diminution progressive du pouvoir de ces chefs locaux au profit du gouvernement central. C'est alors qu'apparaît, autour de 1920, Vírgulino Ferreira, dit «Lampião». D'après la légende, il serait le fils d'un paysan assassiné par un propriétaire terrien. Animé par l'esprit de vengeance, il sème la terreur d'Alagoas au Ceará pendant près de vingt ans. Célèbre pour sa cruauté, la férocité avec laquelle il fait face à la police et à tous ceux qui osent le défier, grand chef tactique et meneur d'hommes, il devient un personnage mythique du *sertão*. Sorte de Robin des Bois local en beaucoup plus inquiétant, il défend ses amis des injustices subies, distribue de la nourriture issue de ses pillages. L'homme, toutefois, n'est pas un révolutionnaire, et la brute a aussi le cœur tendre: en 1929, Lampião tombe amoureux de Maria Bonita, qui est ainsi la première femme à rejoindre le mouvement. En 1938, les «Bonnie and Clyde» nordestins sont capturés par la police et exécutés. Le dernier *cangaceiro*, ancien membre de la bande de Lampião, est tué deux ans plus tard.

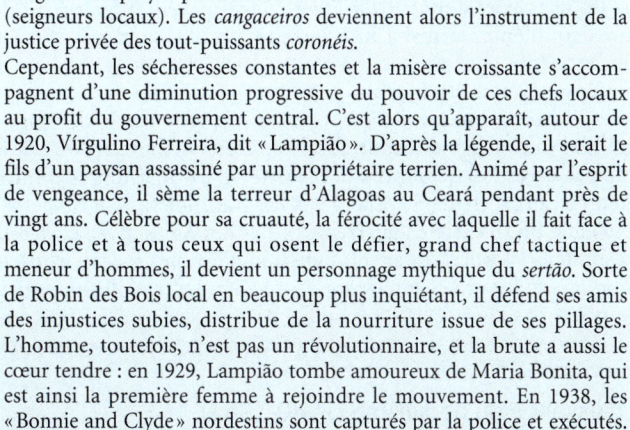

Au tournant du XXe s., le boom du caoutchouc est à son apogée. L'Amazonie connaît une période d'expansion économique sans précédent. Manaus devient le symbole de cette richesse; la cité rayonne aussi culturellement. Cette époque faste prend fin sous l'effet de la concurrence progressive des plantations britanniques d'Asie du Sud-Est à partir de 1910. Le pays prend alors conscience des dangers d'une trop grande dépendance extérieure.
Ces deux crises successives provoquent, en outre, un afflux de population vers les villes. L'accroissement de la population urbaine s'accompagne de revendications sociales. L'insatisfaction contre le régime se généralise, même au sein de l'armée. En 1922, le parti communiste est fondé. De 1922 à 1926, malgré la répression exercée par le pouvoir, des mouvements révolutionnaires éclatent, le pays est en état de siège. En 1930, au lendemain de la crise économique et financière internationale, l'hégémonie des barons du café et des présidents élus par eux n'est plus tolérée par la population. Le Sud prend les armes et porte au pouvoir Getúlio Vargas.

## L'ère Vargas (1930-1940)

Vargas domine entièrement cette période. Chef du gouvernement provisoire, élu président de la République par la Constituante en 1934, il devient, à partir de 1937, avec l'aide de l'armée, un véritable dictateur d'inspiration fasciste. Le 9 novembre 1937, il proclame l'*Estado Novo*, met en place une nouvelle constitution qui supprime l'élection, racine du pouvoir de l'aristocratie foncière. Outre l'instauration d'un régime autoritaire et fortement centralisé, il utilise toutes les recettes du culte de la personnalité et du paternalisme en se présentant comme le « père des pauvres ».

Sur le plan social, Vargas est à l'origine du « travaillisme officiel ». Alors qu'il n'existait pas de loi réglementant les relations de travail, il met en place, en 1940, un salaire minimum, un ministère et une justice du travail. En 1942, est créée la CLT (code des lois du travail), instituant le syndicalisme officiel. L'adhésion y est obligatoire pour tous les salariés et donne droit à des congés payés, au paiement des heures supplémentaires, à une retraite, etc. Le syndicalisme sera subordonné au gouvernement jusqu'en 1979, date de la création du premier syndicat indépendant.

Sur le plan économique, l'ère Vargas est marquée par le développement de l'industrie, des exportations de biens manufacturés. L'État, principal investisseur, donne la priorité aux programmes d'infrastructures, aux secteurs de l'énergie et des transports.

En 1942, le Brésil entre en guerre aux côtés des Alliés. Avec la victoire du clan de la démocratie, la contradiction n'est plus tenable entre les politiques extérieure et intérieure du régime. Le travaillisme officiel n'empêche pas l'insatisfaction populaire ; la société aspire à une nouvelle démocratisation. C'est ainsi que Vargas est déposé par les militaires en 1945.

## La naissance du populisme (1940-1964)

Cette période est marquée par la consolidation du populisme ; hérité de la révolution de 1930, il prône la manipulation et le contrôle de la population et l'intervention de l'État dans les relations sociales. Différents gouvernements se succèdent. Sur le plan économique, l'État adopte une politique d'incitation au développement urbain et industriel, tourné vers le marché interne et fondé sur les capitaux étrangers des multinationales. Cependant, la structure agraire reste dominée par les grandes propriétés. Outre son instabilité institutionnelle, le régime devient progressivement moins démocratique : suppression du droit de grève, interdiction du Parti communiste en 1947. Au début des années 1950, le pays connaît une vague nationaliste. Vargas, qui est resté populaire, est réélu en 1951. Il prône la nationalisation de l'économie, met en place un vaste réseau de compagnies publiques, en particulier dans les secteurs de l'acier et du pétrole, qui devient monopole d'État en 1953. L'année suivante, il décide d'augmenter le salaire minimum de 100 %, ce qui provoque de vives protestations. Alors que l'armée demande sa démission, Vargas se suicide le 24 août 1954.

En 1956, Juscelino Kubitschek est élu à la tête du pays. Sous sa présidence, le Brésil s'insère définitivement dans la sphère capitaliste. « J. K. », comme on le surnomme, renforce le processus d'industrialisation, mais cette fois, les capitaux privés nationaux s'associent à ceux des multinationales. Néanmoins, les investissements se concentrent toujours dans le sud-est du pays, exacerbant les déséquilibres régionaux. L'exode rural s'intensifie. Malgré une croissance très forte du PNB, l'industrie n'arrive pas à absorber cet afflux massif de main-d'œuvre bon marché. Les favelas prolifèrent. C'est aussi l'ère des grands travaux : en 1960, s'achève la construction de Brasília. Édifiée sur un plateau désertique du Goiás, la nouvelle capitale se veut le symbole du peuplement et du développement des régions centrales du Brésil.

Pour financer ces investissements, l'État s'endette et recourt à des émissions inconsidérées de monnaie. C'est ainsi que la dette gonfle et que l'inflation, toujours plus ou moins endémique, devient galopante. Alors que le salaire minimum est à son niveau le plus élevé de toute l'histoire du Brésil, le mécontentement se généralise et gagne le monde rural. Les ouvriers agricoles revendiquent une réforme agraire.

Les élections présidentielles de 1961 portent au pouvoir le conservateur Jânio Quadros. Le nouveau président entame une politique d'austérité destinée à juguler la crise financière. Mais la levée de boucliers est telle qu'en 1961, après sept mois seulement de gouvernement, Quadros renonce.

Héritant de ce climat d'insatisfaction sociale, le gouvernement de João Goulart – « Jango », comme on le surnomme – engage un certain nombre de réformes. Mais le plan triennal, lancé en 1963, dont les objectifs restent la baisse de l'inflation et la croissance économique, suppose l'austérité (restriction de crédits, gel des salaires). Le mécontentement populaire monte, des mouvements syndicaux émergent. Le gouvernement se heurte à une double pression, intérieure et internationale. Les couches populaires réclament des réformes radicales, la bourgeoisie craint une remise en cause de ses acquis, tandis que les États-Unis considèrent avec suspicion ce régime qui, selon eux, prend une orientation nationaliste et populaire. Le débat politique est sans précédent. Les intellectuels s'engagent, prenant des positions clairement anti-impérialistes et réclamant une transformation politique. Alors que João Goulart soulève le sujet tabou de la réforme agraire, un coup d'État militaire le contraint à quitter le pouvoir et le pays, en 1964.

## La dictature militaire (1964-1974)

L'arrivée des militaires au pouvoir a le soutien des États-Unis. Dès les premières heures du coup d'État, le président Johnson apporte son appui aux militaires et établit des relations diplomatiques avec un régime auquel les États-Unis vont apporter un substantiel appui financier.

Dès leur accession au pouvoir, les militaires détruisent toute opposition. Les anciens partis politiques sont dissous et remplacés par un bipartisme officiel où le MDB (Mouvement démocratique brésilien) représente l'opposition légale et l'ARENA (Alliance rénovatrice nationale) le gouvernement. Le régime des militaires est une dictature qui exclut la majorité de la population de toute participation à la vie économique ou politique du pays.

> ## Le tropicalisme
>
> Lancé par Caetano Veloso et Gilberto Gil, deux chanteurs venus de Bahia, le tropicalisme regroupe, au lendemain du coup d'État, musiciens, chanteurs, poètes et plasticiens, dans un bouillonnement artistique très inspiré par Glauber Rocha et son *cinema novo*.
>
> Les tropicalistes remplacent la raison des années 1960 par l'émotion. « Ici et maintenant », tel est leur slogan. Les chansons de Gilberto Gil, Caetano Veloso, Maria Bethânia, Rita Lee, Gal Costa parlent de la joie de vivre. Les tropicalistes choquent par leur habillement, leur comportement et leur liberté sexuelle. Insouciance à l'heure où l'on torture dans les prisons ? Ou bien façon de narguer la sordide réalité ? Face à la censure, ils usent de la métaphore, du double sens. Face à la dictature, ils mènent la guérilla des mots, mais le combat reste avant tout esthétique.
>
> Touché par la censure, en particulier après 1968, et la répression, qui conduira Caetano Veloso et Gilberto Gil à un exil londonien, le tropicalisme n'est pas une forme d'opposition au régime. Il s'agit davantage d'une réaction au conformisme de la société, dont le conformisme dictatorial n'est que l'un des aspects.
>
> La dictature est une période de silence et de peur où l'État, omniprésent, ne laisse plus libre cours à la pensée individuelle et contraint le milieu culturel, en institutionnalisant un système de production artistique. Dans ce contexte, on passe d'une culture engagée — celle des années 1960-1964, connue sous le nom de « Brésil intelligent », qui fait de l'art un instrument de révolution sociale — à une culture tournée vers le marché, la consommation.
>
> Bien que sensible aux inégalités sociales et à la liberté politique, le mouvement tropicaliste est surtout attaché à la liberté individuelle. Il ne critique pas le coup d'État mais la société, son conservatisme, le mode de vie petit-bourgeois. « Le Brésil, du moins celui qui parle, fait, répond pour le Brésil, est une petite société coloniale très faible et mesquine », juge ainsi Caetano Veloso.
>
> Pour les tropicalistes, il faut ouvrir la porte à la recherche de nouveaux modes d'expression, de culture et d'existence. L'esthétique tropicaliste utilise en particulier les ressources du cinéma : coupage, fragmentation, juxtaposition, flash-back. Les tropicalistes mélangent les styles et les traditions musicales, incorporent les influences extérieures. Télévision, consommation de masse, influence américaine, guitare électrique, rock et bossa nova participent au même processus d'évolution. Ces éléments sont appréhendés, sans qu'il soit question d'aliénation, pour exprimer quelque chose de neuf, d'original.

En 1966, la ligne dure de l'armée l'emporte ; le maréchal Artur da Costa e Silva succède au maréchal Humberto Castelo Branco. La nouvelle Constitution de 1967 octroie des pouvoirs illimités à l'exécutif. Des oppositions se soulèvent (voir encadré ci-dessus). La violence politique grandit en proportion.

Fin 1968, suite à l'agitation étudiante, le régime se durcit : le Parlement est dissous, Costa e Silva prend les pleins pouvoirs et la répression est renforcée. De nombreux artistes et hommes politiques sont arrêtés ou contraints à prendre le chemin de l'exil. Une sorte de police parallèle, appelée les « Escadrons de la Mort », se met en place, faisant régner la

terreur. C'est alors que, sous la conduite de D. Helder Câmara, archevêque de Recife, une partie de l'Église rejoint le camp de l'opposition.
Sur le plan économique, les militaires accentuent la politique d'industrialisation par substitution des importations, ce qui conduit à développer un appareil industriel global, protégé par des tarifs douaniers élevés, plutôt que de privilégier un développement sectoriel fondé sur des avantages comparatifs. L'État intervient activement, lance de grands projets, comme la construction de la Transamazonienne, route qui traverse l'Amazonie d'est en ouest, profite du miracle économique pour contracter des emprunts auprès des banques internationales. Le pays connaît alors une période de boom économique et de forte croissance. Il devient la douzième puissance économique mondiale avec le premier parc industriel du tiers monde. Le pic de cette apparente prospérité est atteint sous la présidence du général Medici.
En 1974, le général Ernesto Geisel arrive au pouvoir. Les objectifs de la «révolution de 1964» semblent être atteints. La sécurité nationale n'est plus menacée par le «danger» du communisme. La politique économique donne des résultats positifs : taux de croissance de l'ordre de 9 à 11,5 % par an, balance des paiements favorables, baisse de l'inflation. Il est temps d'assouplir le régime.

## Ouverture politique (1974-1984)?

Une détente politique s'ébauche sous le gouvernement de Geisel. Les élections législatives de 1974 donnent une ample victoire au MDB. La presse retrouve un peu de liberté. Mais si le régime trouve une certaine légitimité dans ses succès économiques, le miracle économique montre vite ses limites : inflation, dette, absence d'investissements publics dans les secteurs de l'éducation et de la santé (privatisés) ainsi que dans la recherche, augmentation de la concentration des revenus et des inégalités, paupérisation des masses, essor des favelas. En fait, le miracle a créé des îlots de prospérité entourés d'immenses agglomérations de misère.
L'ouverture politique ne s'esquisse vraiment qu'en 1979, sous le gouvernement de João Baptista Figueiredo : amnistie des exilés politiques, liberté de la presse, fin du bipartisme, apparition, comme en Pologne au même moment, des premiers syndicats indépendants. En effet, en 1978, des grèves éclatent dans l'industrie, en particulier chez les métallurgistes de São Paulo qui revendiquent de meilleurs salaires. Un leader syndical, Luís Inácio Lula da Silva dit «Lula», crée en 1979 le Parti des Travailleurs (PT). Alors que le Parti communiste reste interdit, toute une série de nouveaux partis se forme. L'agitation sociale continue d'autant plus que la crise économique fait rage : récession, chômage, taux d'inflation qui atteint 200 % en 1983, dette de 95 milliards de dollars…
Néanmoins, les militaires tentent encore de contrôler le processus de démocratisation. L'opposition organise une campagne massive en faveur de l'élection du président de la République au suffrage universel direct : les diretas já (les élections maintenant). Malgré l'appui populaire et des manifestations de plus d'un million de personnes à Rio et à São Paulo, c'est un collège électoral qui, le 15 janvier 1985, élit Tancredo Neves, le premier président civil depuis 21 ans.

# LES REPÈRES

| Au Brésil | Dates | En France et dans le monde |
|---:|:---:|:---|
| Traité de Tordesillas (1494). Découverte du Brésil par le navigateur portugais Pedro Álvares Cabral (1500). | 1494-1500 | Découverte de l'Amérique par Christophe Colomb (1492). |
| Expédition colonisatrice portugaise de Martim Afonso de Sousa. | 1531 | Conquête de l'empire inca par Pizarro (1531-1535). |
| Fondation de Salvador, première capitale du Brésil. | 1549 | Jacques Cartier explore la vallée du Saint-Laurent (1534-1541). |
| Expulsion des Français établis dans la baie de Guanabara. | 1567 | Abdication de Charles Quint, empereur romain germanique (1558). |
| Fondation de Recife par les Hollandais. | 1637 | Fin de la domination espagnole au Portugal (1640). |
| Les Hollandais quittent leur territoire du Nordeste. | 1654 | Les Hollandais fondent le Cap, escale de la Compagnie des Indes orientales (1652). |
| Expulsion des jésuites. | 1759 | Chute de Québec lors de la bataille des Plaines d'Abraham. |
| Rio devient la nouvelle capitale du Brésil. | 1763 | Traité de Paris (1763) : fin de la guerre de Sept Ans, ruine de l'empire colonial français. La France est contrainte de céder tout le Canada à la Grande-Bretagne. |
| *Inconfidência mineira* menée par Tiradentes. | 1789 | Révolution française. |
| *Inconfidência baiana*. | 1798 | Départ de Bonaparte vers l'Égypte. |
| Arrivée de la famille royale portugaise au Brésil. | 1808 | Invasion napoléonienne au Portugal (1807). |
| Création du Royaume-Uni du Portugal, du Brésil et de l'Algarve. | 1815 | Napoléon est vaincu par Wellington à Waterloo. |
| Proclamation de l'indépendance. | 1822 | Agustín de Iturbide devient empereur du Mexique. |
| Abdication de D. Pedro I en faveur de son fils. | 1831 | Révolution française de 1830. |
| Pedro II monte sur le trône. | 1840 | Révolution française de 1848. |
| Guerre du Paraguay. | 1865-1870 | Guerre de Sécession et abolition de l'esclavage aux États-Unis (1861-1865). Commune de Paris (1870). |

# DE L'HISTOIRE

| Au Brésil | Dates | En France et dans le monde |
|---|---|---|
| Abolition de l'esclavage. | 1888 | Alliance franco-russe (1880). |
| Proclamation de la République. | 1889 | Exposition universelle à Paris. |
| Getúlio Vargas au pouvoir. | 1930-1945 | Hitler devient chancelier (1933). Seconde Guerre mondiale (1939-1945). |
| Retour de Getúlio Vargas en tant que président élu. Suicide de Getúlio Vargas en 1954. | 1951 | Création de l'OTAN (1949). |
| Fondation de Brasília par le président Juscelino Kubitschek. | 1960 | Indépendance du Sénégal, Léopold S. Senghor est son premier président. |
| Coup d'État militaire et exil du président João Goulart. Dictature militaire. | 1964-1985 | Événements de mai en France (1968). Printemps de Prague (1968). Révolution des œillets au Portugal (1974). Indépendance des anciennes colonies portugaises (1975). Fin de la Guerre du Viêt-nam (1975). |
| Début du processus d'ouverture démocratique. | 1979 | Conflit armé entre la Chine et le Viêt-nam. |
| Élection et mort de Tancredo Neves, premier président civil depuis 21 ans. | 1985 | Mikhaïl Gorbatchev accède au pouvoir en URSS. |
| Lancement du Plan Cruzado. | 1986 | En Afrique du Sud, les émeutes antiapartheid font de nombreuses victimes (1985-1986). |
| Nouvelle Constitution. | 1988 | Deuxième élection de François Mitterrand. |
| Fernando Collor est élu président au suffrage universel. | 1989 | Chute des démocraties populaires en Europe centrale. |
| Création du Mercosur. | 1991 | Guerre du Golfe contre l'Iraq |
| Sommet de la Terre à Rio. Destitution du président Collor. | 1992 | Indépendance de la Croatie et de la Slovaquie. Les Français adoptent par référendum le traité de Maastricht. |
| Élection de Fernando Henrique Cardoso. Lancement du Plan Real. | 1994 | Quatrième victoire d'Helmut Kohl. Signature des accords du GATT. |
| Réélection de Fernando Henrique Cardoso | 1998 | Victoire de Gerhard Schröder en Allemagne. |

## La nouvelle République

Mais Tancredo Neves décède en mars 1985, juste avant son investiture. C'est au vice-président José Sarney qu'il incombe de consolider le processus de démocratisation. José Sarney est membre du PDS, parti qui avait soutenu la dictature. En 1984 d'ailleurs, il avait voté contre l'amendement qui prévoyait l'élection au suffrage universel direct du président de la république.

En 1986, la nouvelle équipe économique lance un plan de stabilisation : changement de monnaie, gel des prix, salaires renégociés tous les six mois. Le Plan Cruzado, du nom de la nouvelle monnaie qui remplace le cruzeiro, doit venir à bout de l'hyper-inflation. L'adhésion de la population est immédiate, sans précédent ; c'est un grand moment dans l'histoire du Brésil moderne. Malheureusement, le plan échoue. D'autres lui succèdent, mais n'en ont pas l'ampleur. En 1988, une nouvelle Constitution est promulguée. Toutefois, la crise économique continue.

En mars 1990, les élections au suffrage universel portent Fernando Collor de Mello à la présidence. Il représente l'image d'un Brésil jeune et moderne. Au lendemain de son investiture, alors que l'inflation dépasse 2000 % par an, Collor lance à son tour un plan de redressement économique : économies budgétaires, gel de la masse monétaire dans les banques, blocage des comptes bancaires des particuliers. La thérapie de choc provoque un mouvement de panique dans la population. Non seulement le gouvernement ne parvient pas à juguler l'inflation, mais il plonge le pays dans une terrible récession dont sont victimes les pauvres, mais aussi les classes moyennes qui voient leur statut s'éroder davantage. En revanche, les milieux d'affaires ont savamment détourné les mesures de blocage des avoirs. C'est alors qu'une série de scandales politico-financiers éclatent. Collor est accusé de corruption et destitué en novembre 1992. Le vice-président Itamar Franco le remplace.

En juillet 1994, est institué le Plan Real, du nom de la nouvelle monnaie qui est mise en place à parité avec le dollar. L'instigateur de ce nouveau plan est Fernando Henrique Cardoso qui, quelques mois plus tard, en octobre, sort vainqueur des élections présidentielles. Dix ans après l'élection de Tancredo Neves, le processus démocratique semble définitivement engagé. En effet, avec la chute de l'inflation et l'ouverture du marché, le Brésil redécouvre la stabilité politique et économique. Le traitement infligé à une économie, ayant pour priorité absolue la lutte contre la hausse des prix, a cependant des effets secondaires graves : endettement interne et récession. La politique des taux d'intérêt élevés a provoqué un lourd ralentissement de la croissance. De plus, l'ouverture de cette économie a été suivie d'un déficit commercial toujours croissant. Afin d'y répondre, le gouvernement Cardoso accélère son plan de désengagement de l'État (c'est-à-dire la privatisation) et lance des mesures d'aide à l'exportation. Mais, transformer une quasi-autarcie en un pays structurellement exportateur ne se fait pas du jour au lendemain. Malgré cela, les entreprises se modernisent. Toutefois, le Brésil doit encore passer d'une démocratie « politique » à une démocratie « réelle », ce qui représente un défi immense dans un pays marqué par les inégalités sociales et par un déficit de citoyenneté.

# SAMBA-FUSION

*La réalité brésilienne se noie
dans un flot d'images convenues.
Démesure, jeunesse, métissage, épicurisme,
mysticisme, violences : le Brésil est un magma
qui se recrée, se défait, se réinvente.*

## Une géographie démesurée

Le Brésil est à l'échelle d'un continent, un territoire gigantesque, encore inégalement mis en valeur où la nature s'exprime avec démesure. Ce milieu, parfois inhospitalier, a profondément influencé le cours de la vie des hommes.
Malgré la présence des hauts sommets du Nord, Pico da Neblina (3 041 m) et Pico 31 de Março (2 992 m), à la frontière du Venezuela, Pico da Bandeira (2 890 m) dans le Minas Gerais, le plus grand pays tropical du monde se distingue par un relief massif et modéré (90 % du territoire est situé à une altitude inférieure à 900 m). Il est marqué par la présence de plateaux disposés par couches successives, entourés par des plaines, plaine amazonienne au nord, Pantanal à l'ouest, plaine côtière à l'est.

### L'explosion verte amazonienne

Forêt et fleuve, cette entité s'étend sur 5 millions de km$^2$, des Andes à l'océan Atlantique. L'Amazonie brésilienne couvre à elle seule 2 millions de km$^2$. Dans un environnement de chaleur constante et de forte humidité, cette immense réserve écologique rassemble des milliers d'espèces végétales et animales. La forêt amazonienne forme un ensemble quasi compact découpé par le plus grand bassin fluvial du monde. L'Amazonas (6 868 km, près de 4 000 km au Brésil), premier fleuve du monde par son débit, ses nombreux affluents, leurs innombrables sous-affluents composent un inextricable labyrinthe : 6,5 millions de km$^2$ de cours d'eau !

## Le Pantanal, plus grand marais saisonnier du monde

Situé à l'ouest du pays, à cheval sur deux États (Mato Grosso et Mato Grosso do Sul), le Pantanal est une vaste plaine alluviale, grande comme cinq fois la Belgique (230 000 km$^2$), irriguée par le réseau hydrographique du bassin du Paraguay. Les pluies de l'été austral venues des hauts plateaux environnants qui gonflent les eaux du fleuve en font, six mois sur douze, l'une des plus grandes zones de marécages de la planète, devant les deltas africains de l'Okavango ou du Niger. Réglée par ces flux et reflux périodiques des eaux, qui transforment le paysage, créant les conditions d'un écosystème unique, la région est, en effet, le sanctuaire d'une abondante faune aquatique.

## La région des plateaux

Plus de la moitié du territoire est constituée par le plateau brésilien, que l'on peut diviser en trois grandes parties selon les conditions climatiques et le type de végétation qui en découle : plateau nordestin au Nord, plateau central dans le Centre-Ouest, plateau méridional dans le Sud. Cette vaste étendue est ponctuée par quelques chaînes de montagnes et par une formation caractéristique du relief brésilien, les *chapadas* (hauts plateaux gréseux).

Le plateau nordestin abrite le *sertão*, région semi-désertique recouverte de *caatinga* (littéralement «forêt blanche»), végétation caractéristique d'épineux et de cactées. Arbres morts, paysage gris, ciel de plomb, soleil brûlant, sol craquelé, cette terre, à la saison sèche, présente l'image d'un univers impitoyable adouci, au sud, par l'action fertilisante du Rio São Francisco (3 160 km de long), le deuxième bassin fluvial du pays.

Dans sa partie centrale, le plateau brésilien est dominé par les *cerrados* (savane arborée), formation végétale constituée d'arbres rabougris à écorce épaisse et de buissons clairsemés. Cette savane arborée peuplée, entre autres, par des autruches, tatous, cerfs, est particulièrement propice à l'élevage ; elle s'étend sur quelque 2 millions de km$^2$, couvrant ainsi un cinquième du territoire national.

Baigné par le Paraná, à l'ouest, et l'Uruguay, au sud, lesquels jouent un rôle déterminant dans l'irrigation des terres du sud-ouest, le plateau méridional marque l'entrée dans la zone tempérée du pays. Cette région, qui comprend les chutes d'Iguaçu, est dominée par deux types de végétation : la forêt d'araucarias et les *campos gaúchos*, qui annoncent les vastes plaines du Rio de la Plata.

## Un littoral varié et spectaculaire

Entre le *planalto* et l'océan, du nord au sud, sur 7 048 km, s'étire la plaine atlantique. Jadis, du Rio Grande do Norte au Rio Grande do Sul, elle était recouverte par la forêt du même nom, la *mata atlântica*. Cette forêt tropicale a subi les assauts du déboisement, de telle sorte qu'elle est aujourd'hui réduite à moins de 1 % de sa superficie originelle.

---

**Danse et lutte rituelle, expression de la culture afro-brésilienne, la capoiera offre un spectacle d'une remarquable beauté plastique.**

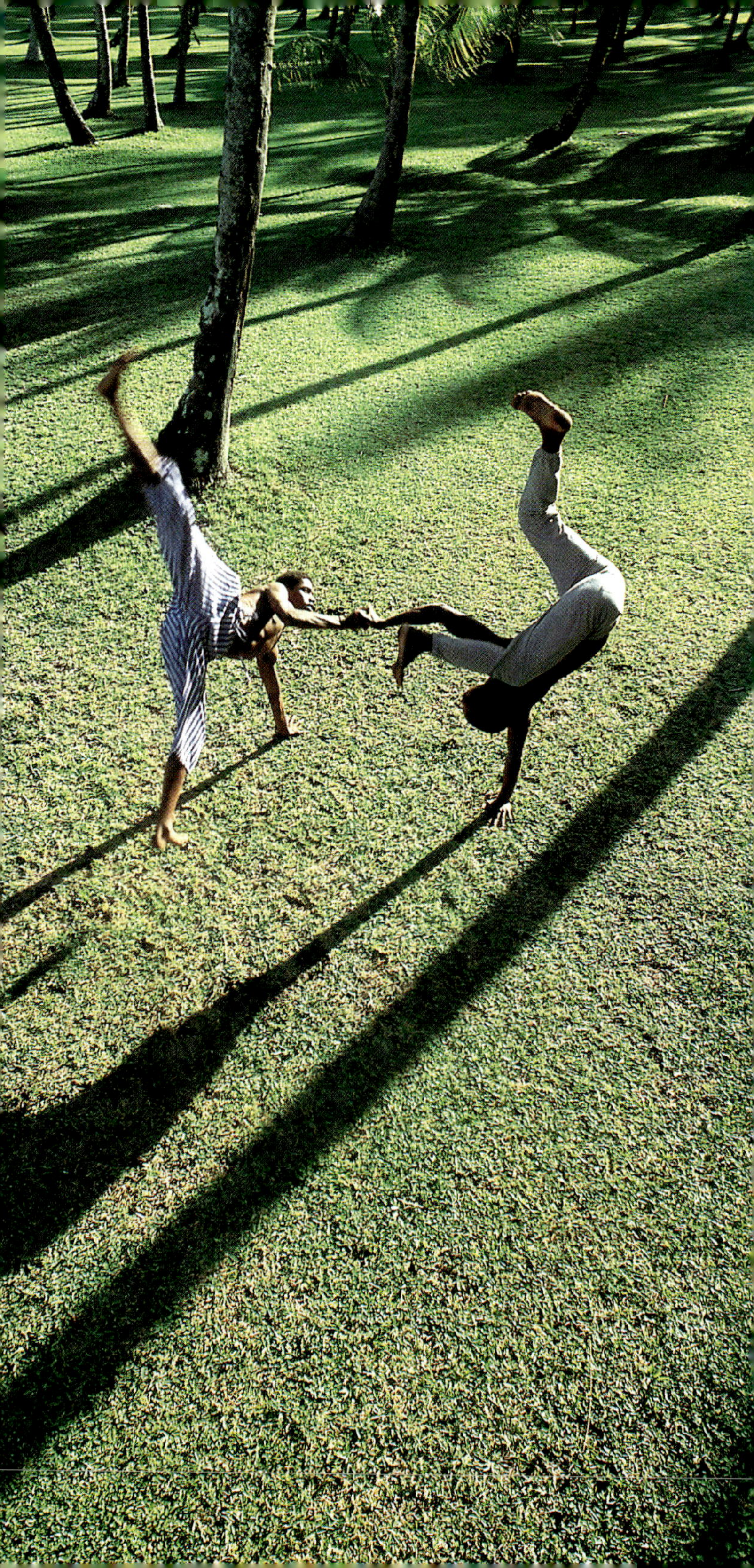

Le littoral est placé sous le signe de la diversité : tantôt large, tantôt étroit, parfois même interrompu par la *serra* ou l'embouchure de fleuves. La côte alterne plages et falaises, baies, anses ou contours plus tourmentés. Plus au nord, mangrove et végétation de dunes dominent. Dans le Nordeste, les plages bordées de cocotiers, le littoral ouvrant sur de larges baies, souvent protégées par des barres de récifs, n'excluent pas les falaises coupant brutalement le paysage. En effet, une barrière se forme progressivement vers le sud enserrant la bande côtière qui devient plus accidentée. À partir de Rio, la serra do Mar entre en contact direct avec la mer, d'où une côte rétrécie dominée par de vigoureux abrupts, qui s'adoucit peu à peu.

## Un peuple, des couleurs

Le peuple brésilien est né de la rencontre entre l'Indien natif, le colon portugais, l'esclave noir importé d'Afrique. Le processus de métissage a donné lieu à des types ethniques divers, du *mulato*, né de l'union du Blanc et du Noir, au *caboclo*, métis de Blanc et d'Indien, en passant par le *cafuzo*, Noir et Indien. Le Brésilien est noir, blond aux yeux bleus, mat aux yeux clairs, blanc aux cheveux crépus, voire plus rare, mulâtre aux yeux bridés… On ne saurait donc parler d'un type physique bien défini ou homogène. Le brassage se poursuit, plus récemment il a ainsi donné naissance aux *ainocôs*, descendants de Blancs et de Nisséis (immigrants japonais de la première génération). Mais plus qu'un creuset ethnique, le Brésil s'impose comme un creuset culturel.

### Tupi or not tupi ?

Quoique pas toujours acceptée, la contribution indienne à la culture brésilienne est multiforme. L'apport indien fait partie de la réalité quotidienne : goût répandu du manioc, élément de base de la nourriture ; usage du hamac, rencontre de l'utilitaire et du plaisir ; *taperas* (constructions paysannes) aux murs de boue et d'eau et toits de paille ; culture sur brûlis encore largement pratiquée. Les chansons populaires abondent en personnages de la mythologie indienne, notamment Saci Pererê, le malicieux unijambiste ; Iara, la dame des lacs et des rivières. La langue s'est enrichie de vocabulaire indien : *abacaxi* (ananas), *jerimum* (potiron), *jacarandá*, *jibóia* (boa). Selon l'ethnologue Herbert Baldus, le Brésilien « authentique », celui du *sertão*, serait tupi. Comme l'Indien, le *Sertanejo* (l'habitant du *sertão*) survit avec les moyens qui sont à sa portée. Ces nécessités simples rejaillissent sur le choix entre travail et repos. Baldus y voit l'une des raisons expliquant le plaisir que les Brésiliens éprouvent à prendre des congés, qu'ils prolongeront d'ailleurs à la première occasion.

### Le legs lusitanien

Le Brésil s'est fait sans rupture avec les structures sociales transplantées par le Portugal. Les Brésiliens ont aussi prolongé la capacité au mélange en usage dans la société portugaise, traditionnellement ouverte aux influences étrangères. Outre la langue, ils doivent aux Portugais la foi catholique, les multiples manifestations de ferveur populaire : processions, pèlerinages, traditions, fêtes populaires… On entend dire souvent que le rôle dans lequel la femme a été longtemps

> ### La non-question indienne
>
> Sur les trois millions d'Indiens que comptait le territoire à l'arrivée des Portugais, il ne resterait plus que 330 000 individus, ce qui est effectivement poids négligeable par rapport aux 158 millions de Brésiliens. Malgré les efforts et les diverses initiatives, création du SPI (Service de Protection de l'Indien) par le Maréchal Rondon en 1910, remplacé par la FUNAI (Fondation Nationale de l'Indien) en 1967, l'intégrité physique et culturelle des populations indigènes est loin d'être assurée. En cause : la délimitation des terres.
> Si la Constitution reconnaît les droits des Indiens sur leurs terres, celles-ci restent à définir. Selon le CIM (Conseil missionnaire indien), en 1997, à peine 11 % des terres indiennes étaient homologuées. Une portion congrue que malgré tout la FUNAI, faute de moyens matériels, a du mal à faire respecter. Les réserves indiennes restent menacées par les incursions périodiques des prospecteurs miniers et des compagnies forestières. Mais, au-delà de ces violences, le cœur du problème n'est autre que l'absence de représentation indienne dans la vie politique nationale. Tant que d'autres parleront pour eux, les Indiens ne pourront compter que sur l'éphémère intérêt de l'opinion publique…

cantonnée au Brésil est un héritage lusitanien. Certains Brésiliens ironisent encore : «*lugar de mulher é na cozinha*» (la place de la femme est à la cuisine). À la cuisine, là où d'ailleurs, l'influence des habitudes portugaises reste fondamentale : goût pour les *cozidos*, *doces* (douceurs à base d'œufs) comme le *papo de anjo*, le *quindim*, la morue.

L'apport artistique et architectural des Portugais est, bien sûr, considérable. Le baroque des églises, la présence des *azulejos*, les couleurs des *sobrados*, le lacis des ruelles des cités coloniales rappellent le vieux Lisbonne ou Porto en sont autant de témoignages. Si les Brésiliens tendent à considérer les Portugais comme leurs Belges, ils n'en partagent pas moins avec eux un penchant exacerbé pour la mélancolie (*saudade*).

## L'identité brésilienne

Certains comportements sociaux sont communs à tous les Brésiliens, qu'ils soient blancs, noirs ou métis : le *jeitinho* (la combine), une certaine légèreté de vivre, la *saudade* (la mélancolie), la familiarité, une foi plurale, une difficulté à avoir des rapports tranchés. Autant de traits composant une identité, une façon typiquement brésilienne d'appréhender le monde.

### Le jeitinho

C'est la solution à la brésilienne pour naviguer à l'intérieur d'une société marquée par le poids de la bureaucratie. Le citoyen, face à l'impasse du «*não, não pode*» («non, ce n'est pas possible»), ne baisse pas les bras, mais se tourne vers une combine quelconque, un *jeitinho* qui va lui permettre de contourner l'obstacle. Ce «système D» peut prendre plusieurs formes. Selon les cas, il va d'une attitude sympathique, parfois cynique et/ou adulatrice envers le fonctionnaire zélé, à la patience plus ou moins souriante, jusqu'à la tentative de passage en

# LA PLUS AFRICAINE DES NATIONS NON AFRICAINES

*Le Brésil, nation la plus noire culturellement en dehors de l'Afrique ? Certainement... La contribution des esclaves venus du continent africain et de leurs fils est aussi évidente que diverse.*

**Les colons vivaient à l'européenne dans les plantations, et les esclaves qui les servaient avaient, en quelque sorte, un régime de faveur. Les enfants des esclaves étaient bien traités car ils représentaient une marchandise de valeur.**

### La main

L'Africain n'a pas seulement fourni sa force brute au travail dans les fazendas, il a également apporté avec lui une expérience et un savoir-faire en matière d'agriculture et d'élevage (voir p. 49). Sans lui, la cuisine brésilienne ne serait pas non plus ce qu'elle est. Outre la cuisine bahianaise, qui est tout à fait noire (voir p. 308), celle du Minas Gerais est très marquée par les senteurs, les épices et les produits africains. Le plat national brésilien, la fameuse feijoada, est elle-même née dans la *senzala* (baraquements où vivaient les esclaves).

### L'esprit

Dans sa traversée de l'Atlantique, le Noir est venu avec ses croyances et ses divinités. Afin de résister à la religion imposée par le maître, il les a mêlées aux pratiques et aux saints du catholicisme. Au-delà de ce syncrétisme, qui se manifeste par la présence de cultes afro-brésiliens très populaires, le Brésil doit à l'Afrique une vision panthéiste du monde (voir pp. 73-77).

### Les mots

L'apport africain est aussi important pour ce qui concerne la langue. Actrices essentielles de l'influence linguistique, les nourrices noires ont traditionnellement élevé les enfants des Blancs... Les descendants d'esclaves n'ont pas seulement imprimé à la langue son rythme, ils y ont aussi introduit nombre de mots : *samba, maconha* (marijuana que les esclaves fumaient pour supporter le travail, le retarder ou le saboter), *bunda* (fesse)... Particulièrement inspirés par cette partie du corps, les Brésiliens en ont d'ailleurs tiré une forme d'onomatopée, *bumbum*, évoquant le son produit par la *zabumba* (tambour d'origine africaine) et destinée à en exprimer les variations !
Ce vocabulaire d'origine africaine caractérise une manière d'être brésilienne. Ainsi, le nom *dengo* (affection) et son adjectif *dengoso* (câlin, tendre) peut vouloir dire « choyé » ou « qui cherche à l'être ». Ce qui signifie aussi une façon d'arriver

**Parmi toutes les religions existant au Brésil, le candomblé est celle qui reste la plus proche des traditions africaines.**

Le Brésil est un pays jeune qui connaît une explosion démographique depuis plusieurs décennies. Avec un taux annuel de croissance de près de 2,3 %, il risque de doubler le nombre de ses habitants d'ici 2015.

Le métissage culturel se décline sous toutes les couleurs dans un pays où le corps est roi (ci-contre).

Yvonne Bezerra de Mello, ange gardien des enfants de la rue à Rio, est accompagnée de musiciens lors d'une manifestation culturelle (ci-dessous).

à ses fins par des démonstrations d'affection, attitude typiquement brésilienne.

## Le langage du corps

*Bunda…* La musique est le langage du corps qui se libère au-delà des mots, avec ses tambours, ses fêtes populaires, ses danses comme le *frevo*, le *maracatu*, elle exprime le rythme inscrit au plus profond du Brésilien. Comment ne pas y voir l'héritage de ses racines africaines, à l'instar d'une certaine manière de marcher, cette «mémoire musculaire» dont a parlé Gilberto Gil et dont la composante essentielle est le *rebolado* (mouvement des hanches de gauche à droite). Même chose pour le dribble, essence même du football. N'est-il pas le produit d'une rencontre extravagante entre un sport anglais et le swing noir ?

> ## L'immigration en quelques chiffres
>
> **1819** : Première vague d'immigration suisse
> **1850** : Interdiction de la traite qui conduit les grands propriétaires terriens à faire appel à la main-d'œuvre européenne. Accélération de l'immigration allemande
> **1819-1889** : Arrivée de plus d'1,5 million d'immigrants, notamment Portugais, Espagnols, Allemands, Italiens dans le Sud et à São Paulo dans les plantations de café
> **1885** : Les premiers Syro-Libanais s'installent à São Paulo
> **1888** : Abolition de l'esclavage. Boom de l'immigration, italienne en particulier
> **1889-1914** : 2 688 900 immigrants
> **1908** : Arrivée des premiers contingents de Japonais dans l'État de São Paulo et en Amazonie
> **1914** : Début d'un nouveau grand courant d'immigration d'origines diverses auxquelles se joignent Slaves et autres populations fuyant le communisme
> **1914-1930** : 2 311 000 immigrants
> **1934** : Loi des quotas
> **1930-1944** : 366 500 immigrants
>
> Au tournant du XXe s., l'immigration a modifié le paysage humain du Brésil, jusqu'alors majoritairement noir. Parmi les pays américains, le Brésil se place en quatrième position pour l'accueil d'immigrants, derrière les États-Unis, l'Argentine et le Canada. Cette immigration se répartit entre 31,7 % de Portugais, 30,3 % d'Italiens, 12,5 % d'Espagnols, 4,6 % d'Allemands, 3,6 % de Japonais (la plus grande colonie nippone en dehors du Japon), 17,3 % d'origines diverses. L'État de São Paulo a reçu pratiquement la moitié de ces immigrants.

force avec le péremptoire «*sabe com quem está falando ?* » (« savez-vous à qui vous parlez ? »). C'est ici que le système de relations personnelles se met en marche. Connaître untel, s'appeler «machin» ou engager un *despachante* (quelqu'un qui fait les démarches à sa place) qui va lui-même faire intervenir ses propres relations, cela facilite la vie ! Quant à Monsieur tout le monde, qui ne connaît personne, n'a pas droit de cité et ne peut payer un *despachante*, la combine est son seul salut. Entre l'être et le néant, il y a le *jeitinho* !

### La légèreté de vivre
Les Brésiliens ont choisi le parti de la joie de vivre, dont l'esprit de fête est l'expression privilégiée. Rien ne gâche la fête ni la misère, ni la crise économique, ni l'injustice. La faire, c'est une affaire des plus sérieuses. On la prépare avec minutie et sans compter. Rien n'est trop beau ! Le jour J, la musique est toujours au rendez-vous. La danse tient lieu de conversation.

### La saudade
Facette nostalgique de l'âme brésilienne, héritée des Portugais, la *saudade* est ce sentiment triste et diffus de l'absence de l'objet aimé, mêlé au plaisir de son souvenir et au désir de son retour. La *saudade* est proche de la mélancolie, une émotion dramatique et jubilatoire à la fois.

## La familiarité
Le Brésilien a besoin de créer avec les autres des liens d'intimité sans lesquels il se sent malheureux. Dans son échelle de valeurs, arrive en tête le désir de se mêler aux autres, de nouer des liens, d'instituer une certaine familiarité. Ainsi, au travail, malgré l'existence d'une hiérarchie des plus définies, le patron et l'employé se tutoient, s'appellent par des surnoms. De la même façon, le Brésilien aime s'approprier les personnalités publiques, en faire des proches qu'il dote de petits noms amicaux : « Caê » pour Caetano Veloso, « Chico » pour Chico Buarque ; même le fleuve São Francisco devient le Velho Chico (ce vieux Chico). Dans leurs carnets d'adresses, il ne répertorie pas en fonction du nom, mais du prénom. Le vouvoiement n'est pas très usité. Les pronoms « *o senhor* » (« vous, monsieur ») et « *a senhora* » (« vous, madame ») sont employés pour marquer le respect, la hiérarchie, la révérence, alors qu'en France l'usage du « tu » ou du « vous » dépend d'abord du degré de proximité entre les personnes.

## Une foi plurale
La religion elle-même n'échappe pas à cette recherche d'intimité. Dans leur communication avec Dieu ou les dieux, les Brésiliens établissent d'emblée un rapport de familiarité. Toutes les formes de religiosité comprennent l'idée de relation entre le monde réel et l'autre monde et reposent sur une communication permanente entre le fidèle et les saints, les esprits ou les *orixás* par la voie d'une prière ou d'une transe.
La foi est plurale (voir pp. 73-77) : le Brésilien est souvent catholique et « autre chose ». Les croyances se mêlent dans un gigantesque syncrétisme. Elles sont de fait complémentaires : l'Église catholique privilégie les cérémonies formelles marquant les grandes étapes de la vie (naissance, mariage, mort) ; à l'inverse, les religions afro-brésiliennes libèrent la *persona* dans chaque individu. Ce que l'une interdit, l'autre le permet.

## De la difficulté d'avoir des rapports sociaux tranchés
Les Brésiliens établissent difficilement des liens et des situations nets. Ils ne vous diront jamais de prime abord ce qu'il en est. Cela les conduit aussi à ne pas dire qu'ils ne savent pas, d'où la solution de l'invention. Ainsi, ne vous étonnez pas, après avoir demandé des renseignements à quelqu'un dans la rue, de vous retrouver au bout du compte encore plus perdu ! Ne vous fâchez pas non plus lorsqu'on préférera vous poser un lapin, plutôt que de vous dire que l'on ne pourra pas venir au rendez-vous. D'une façon générale, il y a quelque chose dans l'âme du Brésilien qui élude le conflit, évite la confrontation. Si l'on ajoute à cela le goût pour la vie, le rire, la fête, ce qui pourrait être tiédeur devient une attachante bizarrerie.

# Derrière le voile de la joie...
Au-delà de sa gaieté, la société brésilienne reste placée sous le signe des déséquilibres. Territorial d'abord : un immense intérieur encore peu occupé, un littoral étroit grignoté par des centres urbains à la croissance anarchique. Malgré les programmes d'intégration nationale, le

transfert de la capitale de Rio à Brasília, les Brésiliens n'ont pas réussi à déplacer leur « frontière » et à s'affranchir des contraintes géographiques et historiques. Toutes les métropoles du pays, à l'exception de Belo Horizonte, se trouvent sur la côte ou à proximité. Les régions côtières concentrent 80 % de la population sur un tiers du territoire. À l'inverse, l'intérieur ne rassemble que 12 % des hommes. L'État de São Paulo compte 275 fois plus d'habitants que celui de Roraima, dont la population pourrait être regroupée dans le stade du Maracanã !

## L'inégal partage du gâteau

Le Brésil est l'un des pays du monde où la concentration des revenus est la plus élevée : 10 % des plus riches contrôlent 50 % du revenu national, tandis que 10 % des plus démunis se répartissent 0,6 % de ce même revenu national. Les paysages urbains explosent en un flot d'images où la prospérité côtoie la misère, où les archaïsmes font échec à la modernité. Ces tensions sont elles-mêmes alimentées par la structure féodale de la terre qui expulse ses paysans vers les villes : 58 % de la superficie agricole reste aux mains d'une oligarchie rurale qui représente 2 % des propriétaires brésiliens. Dans les campagnes, une économie de subsistance persiste à côté de grandes propriétés agro-industrielles exportatrices. Cependant, la réforme agraire achoppe devant les intérêts personnels de la classe politique.

## L'immobilisme social

La société brésilienne avance à deux vitesses. D'une part, les riches qui, globalement, deviennent plus riches. D'autre part, ceux qui naissent pauvres et ont toutes les chances de le rester. Premier handicap pour ces derniers : l'accès à l'éducation. Dans un pays où 74 % des enfants en âge de le faire ne suivent pas un enseignement secondaire, où moins de 10 % des adultes ont une scolarité de fin de primaire, l'analphabétisme limite les possibilités d'ascension sociale. Deuxième obstacle : l'inégalité salariale. Près de 30 % de la population gagne moins du salaire minimum (130 reais soit environ 150 dollars), alors que 6 % de Brésiliens obtiennent l'équivalent de dix fois celui-ci.

## Des rapports sociaux ambigus

Les relations entre les Brésiliens ne sont pas aussi harmonieuses que le mythe de la démocratie raciale voudrait le suggérer. L'inégalité sociale brouille souvent la piste du racisme. À la différence des États-Unis où l'on est Noir dès lors que l'on a une goutte de sang noir dans les veines, au Brésil, on n'est plus Noir dès lors qu'on y a une goutte de sang blanc. La société brésilienne nie l'existence du racisme. De ce « préjugé d'avoir des préjugés » découle la difficulté de le cerner et, partant, de le combattre. Les mouvements noirs des années 1970 ont fini par briser cette illusion de l'harmonie entre tous. Grâce à ce réveil, qui puise à la source du « *black is beautiful* », une identité culturelle afro-brésilienne commence à s'affirmer.

# Syncrétisme puissant et appétit mystique

Les missionnaires arrivent avec les premiers colonisateurs portugais et entreprennent leur mission de christianisation des populations indigènes. L'expansion de l'Église catholique se fait en accord avec l'État qui garde droit sur ses biens ainsi que sur la nomination des évêques et archevêques, tout en subventionnant la construction des églises. Jusqu'en 1890, le catholicisme est la religion officielle du Brésil. La Constitution de 1891 va ensuite proclamer la séparation de l'Église et de l'État ainsi que la liberté confessionnelle permettant notamment la multiplication des cultes d'inspiration africaine. Le protestantisme, présent depuis le XIXe s. sous l'influence anglaise, et le spiritisme d'Allan Kardec gagnent beaucoup d'adeptes. Si le Brésil est aujourd'hui le plus grand pays catholique du monde, il faut s'empresser d'ajouter que sa population a une foi plurale.

Ce syncrétisme très fort et très large, produit de la résistance à l'évangélisation, a toutefois été favorisé par une certaine tolérance des autorités religieuses dans la pratique catholique. À la base de l'œuvre de «civilisation» de la religion, chaque groupe social avait sa confrérie propre. Noirs ou Indiens pratiquaient la religion du maître blanc tout en ayant la liberté d'y mêler traditions, danses, instruments, musique et certaines de leurs croyances.

Au cours du XXe s., l'Église catholique a perdu beaucoup de ses fidèles. Une partie s'est du reste tournée vers les cultes afro-brésiliens – longtemps ignorés par la classe dominante, ils y ont conquis de plus en plus d'adeptes – et le spiritisme, devenus très populaires. Traditionnellement liée aux secteurs dominants, l'Église catholique a su néanmoins se rénover et se rapprocher du peuple. On citera à cet égard la personnalité de D. Helder Câmara, archevêque de Recife, surnommé «l'évêque des favelas», pour son combat contre la misère. Il est devenu la figure de proue d'une nouvelle Église latino-américaine, celle de la «théologie de la libération».

## Les religions afro-brésiliennes : une force sociale

Diverses étaient les origines ethniques des esclaves africains, divers étaient aussi leurs religions et leurs croyances. Au Brésil, ces ethnies se mélangèrent, et, avec elles, leurs religions (macumba, candomblé, xangô ou umbanda). Ces cultes, néanmoins, ont toujours eu des caractéristiques communes. Ainsi, tous proclament l'existence d'un dieu suprême (Oxalá, Zâmbia…), sans pour autant en induire d'idolâtrie. En fait, ce qui fait l'objet d'invocation constante, ce sont plutôt les divinités (saints, *orixás* ou esprits), lesquelles « s'incorporent », au sens littéral du terme, dans le croyant afin de communiquer avec les mortels. Si chacun a «sa» divinité qui, depuis sa naissance, veille sur lui, le privilège d'être ainsi possédé par l'une d'elles, de l'incarner, est réservé à certains croyants qui doivent se préparer, s'initier pour la recevoir.

Autre point commun de ces cultes : la présence d'Ifá, l'oracle, et d'Exu, le messager. Intermédiaires entre les hommes et les divinités, tous deux s'expriment en particulier dans le très populaire jeu de *búzios* (coquillages), par lequel le consultant se voit «lire» sa vie et prédire son avenir. Quel Brésilien n'a pas eu recours à cette pratique divinatoire où Ifá apporte aux hommes les messages des dieux et Exu transmet les désirs des mortels ? L'hommage à Exu est obligatoire ; on lui offre à manger et à boire pour qu'il fasse passer le message. Les offrandes doivent toujours être disposées à un carrefour. Exu protège les lieux de culte et préside à la fécondité. Les danses en son hommage représentent donc l'acte sexuel. Ifá, quant à lui, s'est beaucoup dénaturé : si auparavant seul un prêtre pouvait l'invoquer, il est maintenant devenu un commerce largement exploité, y compris par des charlatans.

Pour le reste, les religions afro-brésiliennes fonctionnent de manière indépendante. Chaque groupe s'auto-dirige. L'apprentissage de la théogonie et de la liturgie se fait à l'intérieur de chaque culte. Dans ce contexte, les spécialistes ont établi une classification des différentes religions qui tient compte des ethnies africaines qui les ont principalement influencées.

## Le candomblé et l'influence nagô

Les esclaves d'origine nagô, venus du Soudan, possédaient un niveau culturel plus élevé que ceux des autres groupes ethniques, ce qui expliquerait que leur influence ait été plus forte. Appelé « candomblé » dans le Nordeste méridional, « xangô » dans le Nordeste oriental, « tambor » dans le Nordeste septentrional, « batuque ou pará » dans le Rio Grande do Sul, c'est un même culte (sorte d'équivalent brésilien du vaudou haïtien ou de la santería cubaine) qui s'étend de Bahia jusqu'au Maranhão et que l'on retrouve dans le Rio Grande do Sul.

Fusion, résumé des différentes influences religieuses qui ont inspiré le peuple brésilien, le candomblé s'impose, parmi toutes les religions existant au Brésil, comme celle qui est restée la plus proche des traditions des ancêtres africains. Sa force réside dans ce que le monde des divinités se mélange au monde des humains dans une complète harmonie. Les premières écoutent les plaintes et griefs des seconds, les conseillent, les consolent, apportent une solution à leurs problèmes quotidiens. Elles ne leur sont pas supérieures. Tout ce dont l'individu a besoin lui est donc au final accessible.

Le candomblé est, en outre, une religion qui exalte la personnalité : on est ce que l'on est et non pas ce que l'on voudrait être. La notion de péché est différente de celle du catholicisme : ce qui n'est pas bien, c'est de faire du mal aux autres, mais, pour le reste, « l'enfer est ici ». Ainsi, celui qui ne respecte pas les interdits n'ira pas en enfer mais l'expérimentera au cours de sa vie terrestre par l'impossibilité d'évoluer spirituellement.

De fait, le candomblé ne se fonde pas sur un ensemble de règles morales. Il est une explication des faits qui constituent et régissent l'univers et l'existence humaine. Chaque *terreiro* (maison de culte et les fidèles qui lui sont attachés), toujours consacré à un *orixá* en particulier, célèbre et honore la force et les pouvoirs des ancêtres et des *orixás*. Mais ces divinités qui constituent le panthéon nagô, à l'instar des humains, sont capables de bonnes comme de mauvaises actions. Le bien et le mal étant relatifs dans le candomblé, elles ont aussi bien le pouvoir d'infliger des châtiments, provoquer des maladies, causer la mort que de favoriser la fécondité, promouvoir le bien-être, susciter la joie, l'amour ou la réussite.

## À chacun son orixá

Être surnaturel qui serait venu vivre parmi les mortels avant de s'en retourner dans l'au-delà, chaque *orixá* est chargé d'une mission spécifique dans l'univers. Il apporte sa contribution à la formation du monde, des êtres et des principes régissant leurs relations : une fonction cosmique qui fait de la divinité une force dotée de pouvoirs. Être mythologique, chaque *orixá* a sa propre personnalité, ses défauts et qualités quasi-humains, ses goûts propres, ses penchants pour tel ou tel type de breuvage ou de mets qu'on lui donne en offrande, sa façon de s'habiller, ses danses, sa couleur, son jour de la semaine. Sans oublier sa correspondance dans le panthéon des saints catholiques. Les grandes figures de ce panthéon sont :

**Oxalá** : c'est «le» dieu. Chargé de la création du monde, il représente la sagesse et l'harmonie. Il est vêtu de blanc, ne mange jamais rien de rouge et son jour est le vendredi.

**Oxun** : déesse des eaux douces, l'une des plus importantes. Assimilée à sainte Catherine. C'est l'une des épouses de Xangô, elle représente la féminité, la beauté, la maternité, la richesse. Elle connaît les mystères les plus intimes de la vie. Autoritaire, sûre d'elle, sa couleur est le jaune et son jour le samedi.

**Ogun** : saint Antoine, dieu du fer, il est celui qui a donné à l'homme l'instrument qui lui a permis de vaincre la nature. Dieu guerrier et protecteur des arts manuels, de l'agriculture et de tout ce qui est lié aux métaux, il est honoré le jeudi et sa couleur est le bleu.

**Omulu**, dieu de la vessie et de toutes les maladies, il est le guérisseur, le médecin des pauvres, le saint Lazare. Son jour est le lundi et ses couleurs, le rouge et le noir.

**Iemanjá** : déesse de la mer et mère de tous les *orixás*, elle est la Vierge. Son jour est le samedi. Ses couleurs : bleu, blanc et rose.

**Oxosse** : dieu de la chasse et de la forêt. Jour : le jeudi. Ses couleurs : vert et bleu. Saint George. Adore les crevettes et les fruits.

**Xangô** : dieu des éclairs, colérique et prétentieux. Jour : jeudi. Sa couleur : le blanc et le rouge.

**Iansã** : déesse des vents et de la tempête, sensuelle et autoritaire, épouse de Xangô. Aussi fêtée le mercredi. Ses couleurs : rouge et jaune. Adore déguster le *caruru*, l'*acarajé* et l'*abará*.

Et si vous voulez savoir quel est votre *orixá*, rendez vous dans un terreiro et faites jouer les *búzios* : la mère de saint évoquant Ifá lira votre destin !

Dans tout *terreiro*, la *ialorixá* ou *mãe de santo* (mère de saint), le *babalorixá* ou «père de saint» étant plus rare dans le candomblé, est la gardienne du culte et la maîtresse de cérémonie. Elle transmet l'*axé* reçu des ancêtres. L'individu qui reçoit l'*axé* de son *orixá* laisse le pouvoir de celui-ci agir en lui. Mais il doit auparavant être initié : «faire le saint» pour devenir un jour fils ou fille de saint et servir dans le *terreiro*. Il se crée un lien privilégié entre le fils de saint et son *orixá*, qui explique d'ailleurs tout le pouvoir du candomblé. Pour l'individu, surtout s'il est pauvre, l'intimité dont il jouit ainsi avec l'*orixá* lui permet d'acquérir un pouvoir, un prestige social, une valeur, et de ce fait, une certaine assurance. Durant la cérémonie, durant la transe au cours de laquelle il reçoit en lui l'*orixá*, il est admiré par tous.

Outre cette voie de reconnaissance, les *terreiros* jouent un rôle social de premier plan. Ils sont avant tout une vraie communauté donnant à leurs fils valeur, force, dignité, respect et esprit de solidarité, sans parler des travaux d'assistance sociale, d'éducation qu'ils entreprennent. La seule dérive dont on puisse vraiment parler à propos du candomblé tient à la folklorisation du phénomène et de ses pratiques.

## La macumba, l'umbanda et l'influence angolaise

Présents à São Paulo, à Rio et dans le Minas Gerais, ces cultes, qui ont pris un caractère national, s'éloignent un peu plus des traditions africaines. Macumba pratiquée par les pauvres, umbanda fréquentée par les classes moyennes et riches, combinent des influences africaines (angolaises surtout, mais aussi nagô), indiennes, catholiques et spirites. Elles ont notamment reçu de l'Angola le culte des morts, ce qui a rendu possible l'introduction de principes du spiritisme kardéciste. Utilisant le portugais comme langue rituelle, ponctué de quelques mots nagô, leurs adeptes adorent les *orixás*, mais surtout les esprits des ancêtres africains, des esclaves noirs, ainsi que des *caboclos* et des enfants. La macumba et l'umbanda ont connu une véritable explosion. À Rio seulement, on dénombre quelque dix mille maisons de culte.

## La pajelança et l'influence indienne

Les cultes nagô-jejê sont arrivés en Amazonie où ils se sont adaptés, intégrés aux croyances locales. Pour survivre, ils ont adopté des pratiques magiques propres aux Indiens, leurs danses, leurs divinités. Dans un processus de fusion, à laquelle se sont aussi mêlés certains éléments du catholicisme, est née la *pajelança* (de *pajé* qui signifie chef de tribu indien).

## Le spiritisme

Doctrine fondée sur la croyance à l'existence des esprits et à leurs manifestations, le spiritisme fut introduit au Brésil dans la seconde moitié du XIXe s. L'œuvre du père du spiritisme, Allan Kardec (*le Livre des Esprits, l'Évangile selon le spiritisme, le Livre des médiums*), traduite en portugais, allait être l'objet d'un remarquable engouement, notamment de la part des Blancs.

La doctrine de Kardec repose sur l'existence d'une vie après la mort et sur la croyance selon laquelle l'esprit reste en contact avec le monde des vivants jusqu'à ce qu'il se réincarne. Durant cette phase, l'esprit se met à aider les vivants afin de les faire progresser spirituellement. D'après Kardec, les esprits sont classés selon leur degré d'évolution spirituelle ; ainsi ceux qui ne sont pas suffisamment évolués ont encore des épreuves à supporter dans ce monde afin d'accéder à un stade supérieur.

Les temples spirites jouent, aujourd'hui, un important rôle en termes d'éducation et d'assistance sociale (crèches, distribution d'aliments pour la population sans revenus, service médical, assistance pour les personnes âgées...).

À l'inverse du candomblé, les cérémonies sont simples, sans rituels, ni costumes spécifiques. Il existe, actuellement au Brésil, deux médiums très respectés dans le monde du spiritisme : Francisco Xavier et Divaldo Franco. Le premier jouit d'une incroyable popularité.

**Offrandes rituelles à la déesse de la mer. La plupart des Brésiliens considèrent la synthèse entre les cultes africains et les cérémonies chrétiennes comme la vraie religion nationale.**

Les temples spirites sont plutôt fréquentés par les classes moyennes et élevées. L'idée d'une continuité de la vie au-delà de la mort offre, en effet, une forme de confort moral face aux maux quotidiens, qui deviennent pour le coup moins désespérants.

## Les religions pentecôtistes

Les églises dont les doctrines se fondent sur le phénomène de la descente du Saint Esprit le jour de Pentecôte et sur la croyance à une seconde venue du Christ sur terre se sont énormément développées au Brésil ces dernières années. Leur succès est dû à la non formalité des cultes, à l'utilisation du langage, de la danse et de la musique populaires, à des actions pour guérir les malades et autres conseils prodigués à l'occasion des cérémonies par le recours à la glossolalie, d'où ces mots étranges censés avoir des dons surnaturels. Cependant, elles constituent bien une véritable force de manipulation. Leurs pasteurs sont des tribuns démagogues et charismatiques dont les motivations laissent perplexe. Il y a quelques années, l'un d'entre eux se serait porté acquéreur d'une chaîne de télévision à São Paulo. Mais celle-ci était convoitée par le propriétaire de la chaîne de télévision Globo ! Divers scandales ont éclaté concernant l'origine des fonds de ces églises, qui sont aussi des machines financières soutenues par leurs fidèles. Les plus importantes églises pentecôtistes existant actuellement au Brésil sont la Congregação Cristã do Brasil, l'Assembléia de Deus et Brasil para Cristo.

# Un peuple-musique

La musique au Brésil est consubstantielle à l'existence. Plus qu'un art, riche, divers et vivant, c'est un art de vivre. Plus qu'un art de vivre, c'est une force de vie.

## L'âge d'or de la samba

L'expansion de la musique a suivi celle de l'urbanisation. En permettant l'apparition du théâtre musical et des fêtes populaires, notamment le carnaval, celle-ci a donné à la musique populaire son caractère urbain, moderne, apprécié de tous. À partir des années 1920, la samba devient progressivement le genre musical le plus populaire. Ce rythme syncopé et binaire, qui trouve son origine dans les sons mêmes des maisons des esclaves, deviendra l'expression musicale et chorégraphique de tout le Brésil, en se manifestant sous les formes les plus diverses. Avec l'avènement de la radio et des disques, commence l'ère des grands chanteurs et compositeurs. C'est la grande époque de la musique : la production atteint un niveau record, la compétition dans le milieu du carnaval est extraordinaire et produit chaque année, une quantité incroyable de chansons.

Dans les années 1930, la samba s'impose comme genre musical, mais elle va aussi sauver la poésie nationale par des textes d'une dimension poétique et littéraire indiscutables. C'est le temps des grands stylistes de la samba comme Noël Rosa. Compositeur d'une rare fécondité, mort à l'âge de 26 ans, il a laissé 212 chansons comptant parmi elles, quelques-unes des chefs-d'œuvre de l'histoire de la samba. Citons aussi d'autres compositeurs tels que Lamartine Babo, Ismael Silva, Assis Valente, Ari Barroso devenu mondialement célèbre pour sa chanson *Aquarela do Brasil* choisie, en 1941, par Walt Disney pour l'un de ses films (reprise dans le film *Brazil*).

Un autre genre musical se développe, tirant lui aussi son inspiration des racines africaines, des chants tribaux : le *choro* (pleur). C'est une musique nostalgique que les esclaves jouaient dans les *senzalas*, mêlant flûte, trombone, *cavaquinho* (petite guitare à quatre cordes), mandoline et dont Pixinguinha fut l'un des meilleurs compositeurs.

## Et vint la bossa-nova…

Les années 1950 constitue l'âge d'or de la musique brésilienne et de la samba. La musique est descendue des *morros* (collines où se trouvent les quartiers pauvres). Elle a atteint un plus large public et suscité l'attention des classes moyennes, qui se sont mises à faire de la musique. C'est alors que, en 1958, éclate la bossa-nova : une étrange combinaison de samba et de jazz qui va recréer la musicalité brésilienne. Tom Jobim et Newton Mendoça composent la célèbre chanson *Desafinado* (le verbe *desafinar* signifie chanter faux) qui rendra célèbre le mouvement souple de la voix de João Gilberto. Le rythme de la bossa-nova offre une richesse d'harmonie inouïe, inspirant de nouveaux artistes, faisant aussi renaître les grands *sambistas*, dont Cartola et Nelson Cavaquinho. Impossible de nommer tous les noms de la bossa-nova : Elis Regina, Nara Leão, Baden Powell, Vinícius de Moraes… À la fin des années 1960, le public découvre Maria Bethânia. Elle vient de Bahia remplacer Nara dans un concert à Rio : cette première apparition suffit à la consacrer comme la plus expressive interprète brésilienne. Elle ne se laissera envahir par aucune tendance, pas plus par le mouvement tropicaliste lancé par son frère Caetano Veloso et par Gilberto Gil.

## L'entrée en polémique

Au fil des années 1960 cependant, le groupe formant la bossa-nova éclate. Le Brésil entre dans une période difficile de son histoire avec l'arrivée au pouvoir des militaires. Les artistes prennent alors des chemins différents : certains, comme João Gilberto, partent aux États-Unis; d'autres se tournent vers «la musique de protestation». La nouvelle génération s'intéresse aux questions sociales. La musique populaire entre dans une phase polémique.

C'est dans ce contexte qu'apparaît le monstre sacré de la MPB (*música popular brasileira*) : Chico Buarque de Holanda. N'appartenant à aucun mouvement, il est avant tout un excellent poète qui puise aux sources de la tradition, revalorisant les grands stylistes de la samba, chantant comme personne la sensibilité féminine (ses disques *Construção* et *Meus caros amigos* sont parmi ses meilleurs).

Un peu à part, Paulinho da Viola, compositeur dès l'âge de dix-sept ans, appartenant aux compositeurs officiels de la Portela, école de samba de Rio, entame un mouvement de retour à la samba authentique, qui va gagner en force avec Martinho da Vila et beaucoup d'autres. Mais cette période de la dictature militaire est aussi celle des Beatles et des Rolling Stones. L'intelligentsia brésilienne s'élève contre cette nouvelle influence. Le public, quant à lui, est partagé. Impasse…

## La fusion tropicaliste

Surviennent alors les tropicalistes (voir p. 58). Le mouvement lancé et conduit par Caetano Veloso et Gilberto Gil va résoudre le problème et laisser entrer définitivement dans la «MPB» les influences du rock et de la pop music, intégrant des éléments du montage cinématographique, du pop-art aussi bien que les références littéraires les plus érudites, en s'affirmant ainsi comme le courant le plus intellectualisé de cette musique populaire. Les deux grands chanteurs et compositeurs bahianais vont devenir des figures emblématiques de la musique brésilienne.

## À la marge

À côté du courant tropicaliste, d'autres compositeurs cherchent leur propre voie. Profitant des acquis du tropicalisme, ils créent un style bien à eux, libre des contraintes culturelles. Jorge Benjor valorise le rythme et fait de la poésie avec des lieux communs. Raul Seixas va devenir un mythe du rock brésilien. Luís Melodia, considéré comme la perle noire du blues, fusionne la samba et le *rythme & blues*. João Bosco, seul avec sa guitare, se promène librement et avec maestria dans la musicalité brésilienne. En marge des modes, il y a aussi et surtout Milton Nascimento. Il va sagement concilier les diverses tendances de la musique brésilienne et digérer l'influence des Beatles. Grand explorateur de mélodies, en particulier celles de son Minas natal, il chante les personnages et les émotions de son pays. Innovateur, imbattable rénovateur de formes, on ne le voit plus guère sur scène. Écoutez en particulier ses albums *Clube das Esquinas número 1*, *Minas* et *O Gerais*.

# LE CARNAVAL, OU LE MONDE COMME THÉÂTRE ET PLAISIR

*Le carnaval est l'une des pièces constitutives du mythe de la brésilité : du vendredi soir au mercredi des Cendres, quatre jours de samba, de sueur et de bière, quatre jours où se libère l'inconscient de chaque participant, quatre jours de fête et de folie, à laquelle les Brésiliens se livrent corps et âme.*

**Le défilé des écoles de Samba dans le sambodrome est le moment le plus attendu.**

**Le carnaval de rue à Salvador (ci-dessous).**

## Le monde à l'envers

Selon l'anthropologue Roberto da Matta, le carnaval est bien une folie, un renversement de la réalité, bouleversement de l'ordre établi : l'envers de la vie quotidienne ! On oublie tout, seuls comptent la fête, le plaisir, le rire : la république de la joie est proclamée ! Rite de passage, clôture de l'été, fin du plaisir, retour à la normalité, à l'hiver, le carnaval délivre aussi le corps, le voue à la joie et au plaisir et non plus au travail ou à l'effort. Le plaisir sensuel pour tous ! On prend la nuit pour le jour. On est qui l'on veut selon sa fantaisie, grâce au déguisement : roi, blond, femme, riche, pirate, odalisque. On exorcise ses phantasmes. Pendant le carnaval, tout est permis : dormir dans la rue (hier réputée violente et dangereuse), se saouler et faire l'amour librement. Foin des inhibitions, contraintes et préjugés. Par la transmutation, on devient aussi *quelqu'un*, ce qui est bien une possibilité unique dans un pays marqué par l'immobilité sociale.

## Un grand tuyau d'échappement social

Le carnaval offre d'ailleurs au Brésil le seul moment de concurrence libre et parfaite : les écoles de samba gagnent le concours par leurs seuls mérite et effort. Le carnaval exalte l'identité de l'individu. Il est le passeport d'une reconnaissance sociale. De là, la soumission à ce que l'anthropologue bahianais Roberto Albergaria appelle la « discipline prussienne du défilé ». De là aussi les incroyables économies effectuées tout au long de l'année par les plus démunis pour pouvoir s'acheter « le » déguisement. Mais l'affirmation de soi n'est pas seulement le fait des pauvres. Il y a les blocos (groupes) des pauvres, des riches, des yuppies, des noirs, des blancs, des jeunes, des très jeunes.

Rien n'est trop beau
pour connaître
son heure de gloire,
le vertige de la célébrité.
Ainsi, chacun rivalise
d'imagination pour s'offrir
le costume le plus
incroyable, pour devenir
un être de lumière
le temps d'une nuit.

## Samba contre polka

Cela ne doit pas faire oublier que depuis
ses origines, le carnaval a accompagné les valeurs
de classes sur lesquelles repose la société.
L'introduction de la musique, au XX$^e$ s.,
a eu pour effet un net clivage entre les différentes
classes sociales, donnant progressivement
naissance à deux carnavals : l'un de centre-ville,
populaire, l'autre, celui des classes favorisées,
des clubs, des cortèges de voitures. Tandis que
l'élite écoutait polka ou valse, le peuple dansait
la samba ou le *maxixe* – lequel, jugé obscène,
est interdit jusqu'au début des années 30.
À cette époque, Getúlio Vargas, habile manipulateur
politique, voit dans le caranaval un moyen efficace
d'obtenir l'adhésion du peuple à sa politique
de réformes. Cela étant, les pratiques se libèrent,
le défilé des écoles de samba apparaît.
Peu à peu, la folie populaire gagne les élites,
le carnaval devient plus uniforme ; il descend
dans la rue.

## La música erudita brasileira

Jusqu'au XXe s., la grande musique brésilienne a vécu sous l'emprise des modèles européens. Tout au long de son histoire, elle sera marquée par des tentatives de libération de cet esprit de «transplantation». Durant la période coloniale, le père Maurício Nunes Garcia (1767-1830) produisit ainsi une musique religieuse brésilienne et notamment un requiem qui est un vrai chef-d'œuvre du genre. Ce seront surtout Carlos Gomes, Alexandre Lévi, Henrique Oswaldo et Alberto Neponuceno, avec en particulier sa série *Alvorada na serra*, *Intermédio*, *Sesta na rede* et *Batuque*, qui auront soin de donner à la musique classique une touche brésilienne.

Il faudra cependant attendre les années 1920 pour voir apparaître le grand compositeur de la música erudita brasileira, Heitor Vila-Lobos (1887-1959). D'abord inspiré par Debussy, Stravinsky et Bach, il va progressivement se libérer de l'influence européenne pour produire une musique savante au caractère national puissant dans les thèmes, les instruments, les rythmes populaires, les folklores régionaux, voire les bruits de la terre (chant de certains oiseaux amazoniens). Il a lui-même défini ses quatorze *choros* comme une «nouvelle forme de composition musicale brésilienne, indienne et populaire ayant le rythme et la mélodie populaires comme éléments principaux». Parmi ses compositions les plus fameuses : *Bachianas Brasileiras*, *Amazonas*, *Rude poemas*…

Autre compositeur des années 1920, d'opéras cette fois : Francisco Mignone (*O Contador de diamantes; No sertão*).

Dans les années 1930, Camargo Guarnieri et Radamès Gnattali poursuivent le courant moderniste et sa recherche de la brésilité.

Parmi les compositeurs actuels, citons Frutuoso Viana, Luís Cosme, Basílio Itiberê, José de Lima Siqueira, Cláudio Santoro…

## Un silence ?

Dans les années 1980, les groupes de rock déferlent sur le pays. Parmi les plus populaires, *Os Titãs*, *Os Paralamas do Sucesso* et *Legião Urbana*. Ces dernières années, la musique populaire semble souffrir d'un grand vide, à l'exception de l'*axé music*, venue de Bahia, qui envahit le pays. Du nord au sud, on n'entend plus que Daniela Mercury, et tous ces nouveaux venus, souvent d'un jour, ou d'un disque, qui déferlent et disparaissent aussitôt. Il y a aussi Carlinhos Brown et Gerônimo. Mélange des rythmes africains tribaux avec ceux des Caraïbes, l'axé music utilise encore l'instrumentation issue du rock. Mais il s'agit bien de la grande découverte de la musique noire bahianaise. Révélation aussi pour et par la world music. David Byrne et Paul Simon viennent à Bahia, y découvrent l'Olodum, bande de percussion qui, jusqu'à une date récente, n'utilisait aucune harmonie dans sa musique, et enregistrent avec eux. Bahia se révèle un centre générateur de culture, avec une

industrie musicale autosuffisante (les artistes locaux n'ont plus besoin de déménager à Rio, adresse des maisons de disques traditionnelles).
Le gourmand de musique est aux anges ; le gourmet l'est sans doute moins. Heureusement, il a encore les « vieux » qui continuent. Toujours créatifs. Toujours féconds. Toujours bons. Et, aussi, quelques nouvelles merveilles : Marisa Monte, Jussara Silveira...

# L'image sur grand et petit écran

## Les aléas de la production nationale

À ses débuts dans les années 1930, le cinéma parlant se concentre à Rio dans deux studios, Cinédia et Brasil Vita. Le réalisateur Humberto Mauro, grand talent venu du muet, inaugure le cycle des films dits « de carnaval ». Comédies musicales sur ce thème, drames romantiques et quelques comédies légères dominent la production selon un modèle et une technique de type hollywoodien. En 1933, Mauro réalise *Canga Bruta* et, l'année suivante, *Favela dos meus amores*, deux films abordant la réalité sociale du Brésil, en ce sens décisif. Le cinéma atteint une certaine maturité, malgré les difficultés de la production nationale sur un marché envahi par les films étrangers.
Les années 1940 sont marquées par les *chanchadas*, genre burlesque du studio Atlanta. Utilisant le langage argotique des *Cariocas*, les thèmes et héros populaires, ces films simples ont le mérite de démontrer que le cinéma peut être rentable.
Les années 1950-1960 sont une période d'euphorie nationale. Dans le domaine du cinéma, les efforts entrepris par la Cie Vera Cruz, pour développer une production organisée, rentable et de qualité, se heurtent vite à la réalité d'un marché contrôlé par les productions étrangères, où la distribution est aussi un monopole de la Columbia Pictures. Résultat : des films manquant d'originalité et limités sur le fond. Malgré le succès du film de Lima Barreto, *O Cangaceiro* (1952), l'un des premiers films brésiliens à obtenir une reconnaissance internationale, la Vera Cruz doit fermer ses portes en 1957.
Dans ce contexte, où la culture vit une époque fertile, la jeunesse s'intéresse au cinéma. Glauber Rocha, Carlos Diegues, Joaquim Pedro, Nelson Pereira dos Santos, ouvrent une nouvelle voie. Ces jeunes artistes pensent le cinéma comme un art révolutionnaire qui doit montrer de façon critique les visages du sous-développement, la réalité nationale et agir comme un transformateur des consciences. Inspirés par le néo-réalisme italien et la Nouvelle Vague, ils y ajoutent une dimension plus politique, plus engagée : c'est la naissance du *Cinema Novo*. Pour ces jeunes cinéastes, la caméra est un œil sur le monde, le travelling un instrument de connaissance, le montage la ponctuation de leur discours sur la réalité humaine et sociale du Brésil. Entre 1958 et 1962, d'expériences en courts métrages et en succès, le mouvement prend corps. Glauber Rocha réalise *Barravento* en 1961. En 1962, *O pagador de promessas* (La Parole donnée) d'Anselmo Duarte reçoit la palme d'or au Festival de Cannes.
Le *Cinema Novo* arrive à sa maturité en 1963-1964. Le Nordeste, sa misère, son exclusion des divers plans de développement fédéraux suscitent intérêt et prise de position. Glauber Rocha réalise *Deus e o diabo*

*na terra do sol* et Rui Guerra *Os Fuzis*. En 1964, *Os Fuzis* (Les Fusils) reçoit l'ours d'argent au festival de Berlin. La même année, *Vidas Secas* (Sécheresse), d'après le roman de Graciliano Ramos, de Nelson Pereira dos Santos, est récompensé par le prix de l'Office catholique international du cinéma. En 1967, Glauber Rocha reçoit le prix Luis Bunuel pour *Terra em transe* et, en 1969, le prix de la meilleure mise en scène à Cannes pour *O dragão da maldade contra o santo guerreiro* (Le Dragon du mal contre le saint guerrier), œuvre inspirée de la littérature de cordel (voir encadré p. 336). En 1970, au festival de Mar del Plata, *Macunaíma* de Joaquim Pedro reçoit le prix du Condor d'or.

Cinéma social et cinéma d'auteur, le *Cinema Novo* donne au cinéma brésilien un nom, un langage et une technique propres. Avec le temps, son mode d'expression devient plus allégorique, moins anthropophagique, mais plus sarcastique : *Terra em transe* de Glauber Rocha, *Fome de Amor* et *Como era gostoso meu françês* de Nelson Pereira... Reste que, depuis le début, il atteint un public restreint de jeunes et d'intellectuels. Fortement combattu par la distribution et la production commerciales, il entre dans une période de crise.

Les années 1970 voient l'apparition du cinéma *underground* à Rio et à São Paulo. Rompant avec le langage existant au profit de la poésie, ce cinéma s'intéresse aux drames urbains (banditisme, favelas, prostitution). Parmi les principaux réalisateurs de ce courant, citons Júlio Bressane et Rogério Sganzerla.

Parallèlement, sous la dictature militaire, les auteurs issus du *Cinema Novo* connaissent des sorts divers : certains, comme Glauber Rocha, s'expatrient, d'autres continuent, tandis que de nouveaux talents apparaissent. Citons Arnaldo Jabor, Bruno Barreto, Walter Lima Jr., Hector Babenco, Hugo Carvana, Tizuka Yamazaki, Ana Carolina. L'œuvre d'Arnaldo Jabor est couronnée par l'ours d'argent au festival de Berlin pour *Toda nudez será castigada* (Toute nudité sera punie) en 1973.

À la fin de la décennie 80, l'Embrafilme, entreprise nationale de cinéma créée en 1969, est fermée pour cause de crise économique. La source des financements privés se tarit elle aussi. Après une période de vide financier, mais aussi de vide créatif, le cinéma brésilien vit dans l'euphorie d'un nouvel essor avec des films qui séduisent à la fois le public et la critique : *Carlota Joaquina* de Carla Camurati, prix du festival brésilien de Gramada 95 ; *O quatrilho* de Fabio Barreto, nommé aux Oscars 96 ; *O que é isso companheiro?* de Bruno Barreto, nommé aux Oscars 97 ; *Boleiros* de Ugo Georgetti et surtout *Central do Brasil* de Walter Salles, Ours d'Or au festival de Berlin 98.

## Une télévision commerciale à l'américaine

Après la création de Tupi, apparaît sans les années 1960, la chaîne Globo, issue du groupe éditorial du journal *O Globo*, et qui va devenir la 4e plus grande chaîne de télévision du monde. Capital, support technique et formation du personnel sont américains.

Dans les années 1980, la pionnière Tupi ferme ses portes. Parallèlement, de nouvelles chaînes se créent : TV Manchete, TV Bandeirantes (spécialisée dans le sport), TV Record et SBT. Ces quatre chaînes vont former avec Globo un véritable oligopole de diffusion. Au total, ce sont aujourd'hui plus de 200 chaînes locales qui diffusent quotidiennement les programmes de l'un de ces cinq réseaux nationaux, désormais affranchis de la dépendance technique et financière qui marqua leurs débuts.

Dès son apparition, la télévision suit le système d'exploitation commerciale à l'américaine. Selon les données de l'Unesco, en 1965, les chaînes brésiliennes consacraient déjà 20 % de leur temps d'émission à la publicité, 10 % au sport, 10 % à la musique, 3,2 % à l'éducation... En 1990, 50 % de l'ensemble des dépenses publicitaires, du pays se sont dirigés vers les annonces télévisuelles (contre 20 % aux États-Unis). Ce secteur se distingue par un investissement considérable (2 milliards de dollars) et une qualité des productions en constante progression, comme en témoignent les prix remportés par les spots brésiliens au Festival des films de publicité de Cannes. « Le Brésil est un pays du tiers monde avec des exigences publicitaires du premier monde », affirme ainsi W. Olivetto, l'un des créateurs de publicité les plus connus du pays. Le gouvernement fédéral, les ministères et entreprises publiques sont le 4e plus gros annonceur des chaînes. Au Brésil, en effet, la télévision est le seul moyen de communication véritablement de masse.

Pour parer au problème du caractère trop commercial de la télévision, le ministère de la Culture a décidé de créer, vers la fin des années 1960, la TV Educativa, chaîne de l'éducation et de la culture. Les TVE (chaque État en possède une, mais certaines programmations sont nationales), malgré leurs difficultés initiales, représentent aujourd'hui une alternative réelle aux émissions de plateau, aux *telenovelas* et au téléjournalisme superficiel. Celle de São Paulo (TV Cultura) reste de loin la mieux implantée.

Bâtie à l'origine selon le modèle importé, la télévision brésilienne continue d'être le vecteur privilégié d'une forme de transplantation culturelle. Dès les années 1970, des estimations révèlent que 80 % du temps d'antenne est occupé par des programmes provenant d'univers culturels différents de celui du téléspectateur. Deux tiers des productions nationales (émissions de plateau, séries, publicités, etc.) sont fabriqués dans « l'axe Rio-São Paulo ». Les émission régionales et locales pèsent peu : respectivement 4 % et 14 %. Malgré les tentatives pour augmenter la part des productions nationales, régionales et locales, le paysage audiovisuel brésilien reste dominé par le déséquilibre et la standardisation.

Initialement créée pour une petite élite (le prix des téléviseurs excluait une large majorité de la population), la télévision brésilienne, désormais accessible au grand public, continue de véhiculer les valeurs, les goûts et les intérêts des classes dominantes. Elle produit ce que les critiques ont tôt fait d'appeler une esthétique du « grotesque ».

Pouvoir ambigu donc que celui de la télévision qui, aujourd'hui comme hier, demeure un grand moyen d'intégration dans un pays gigantesque, marqué par des déséquilibres régionaux et sociaux considérables.

## La grand-messe de la *novela*

À l'heure du feuilleton télévisé, tout le Brésil s'arrête. Véritable passion nationale (après le carnaval et le football), les *novelas* brésiliennes, dont la renommée et l'audience ont dépassé les frontières du pays, sont la principale distraction populaire, mais aussi le reflet de la réalité sociale.

> ### Globo ou le quatrième pouvoir
>
> Avec une audience de 80 millions de téléspectateurs (ces cinq dernières années) et une recette annuelle de 500 millions de dollars, l'empire de la Globo s'avère imbattable. Créé en 1965, il compte aujourd'hui 5 chaînes et 63 stations affiliées, couvre 99,2 % du territoire brésilien, atteignant 99,9 % des postes de télévision du pays. Sa suprématie en termes d'audience n'a été détrônée qu'une fois, en 1990, et momentanément, par la *telenovela Pantanal* de la TV Manchete ! Il n'est pas exagéré de parler à son égard d'un véritable pouvoir.
>
> Ainsi, à la veille du second tour des élections présidentielles de 1990, la Globo retransmit les meilleurs moments du débat Collor/Lula. Non seulement elle donna une minute supplémentaire à son candidat (Collor), mais elle montra un Lula vacillant, dans les pires passages de sa prestation. Sans doute pas décisive dans la victoire de Collor, la manipulation n'en joua pas moins dans le cœur des derniers indécis…
>
> Défenseur des intérêts des Organisations Globo (dont les affaires dépassent largement le secteur de la communication), Globo est la voix du patronat brésilien. Lors de la longue grève des travailleurs de la Petrobras de mai 1995, par exemple, son journal télévisé n'a, à aucun moment, expliqué les raisons de la grève. Au contraire, il s'ouvrait invariablement sur les milliers de dollars perdus par les entreprises paralysées, sur le nombre de véhicules attendant dans les stations-service pour se procurer de l'essence, sur le temps passé par les consommateurs à faire la queue pour acheter une bouteille de gaz, etc.
>
> Défenseur, aussi, de son propre pouvoir, l'empire Globo fait alliance avec tout gouvernement qui en manifeste le souhait, désir d'autant plus vif qu'il est difficile pour un pouvoir politique de négliger un public de 70 % de téléspectateurs.

Les quatre principales chaînes (Globo, Manchete, SBT, Record) se disputent quotidiennement l'audience de leurs *novelas*. C'est généralement la Globo qui se taille la plus grosse part du gâteau. De 18 h à 21 h 30, elle diffuse trois feuilletons successifs, à peine interrompus une demi-heure par le journal télévisé : 3 h 30 pendant lesquelles chaque Brésilien s'accroche littéralement à son poste de télévision.

Les *novelas* durent en moyenne six mois. Réalisées au fur et à mesure de leur diffusion de façon à suivre le goût des téléspectateurs et à s'y adapter en permanence (si la tournure des événements leur déplaît, elle est immédiatement rectifiée), leur succès auprès d'un public aussi vaste qu'hétéroclite est étonnant. Peinture du Brésil d'aujourd'hui ou d'hier, elles parlent du quotidien sous ses différents aspects, mais toujours d'une façon comprimée, de telle sorte que la réalité décrite semble être la seule existante.

L'univers du feuilleton est par essence manichéen. Il y a les riches, malheureux ou mauvais, les pauvres, heureux et bons, des amours contrariées voire impossibles, des rêveurs s'opposant à des pragmatiques… Tous ces personnages évoluent dans un contexte où il faut choisir entre bien ou mal, matériel ou spirituel, argent ou sentiments. Les clins d'œil sur le monde politique ne sont pas absents, de même que les allusions aux conflits sociaux, bien qu'abordés de manière superficielle. Le *happy end* est toujours le même : les pauvres deviennent riches, les mauvais sont vaincus par la souffrance ou sévèrement punis par la justice ou par les circonstances ; aucun personnage ne reste seul. Miroir aux alouettes où les pauvres Noirs se mêlent aux riches Blancs dans une grande utopie sociale ? Seul le scénario change. Les ficelles et les rôles demeurent.

## La littérature :
### de l'indépendance à la maturité

L'explosion du baroque en Europe, au XVIIe s., porte son écho au Brésil, en particulier dans la personne du poète bahianais Gregório de Matos Guerra (1623-1696), connu sous le nom de *Boca do inferno* (bouche de l'enfer) à cause de sa critique satirique de la société. Il est, en fait, le premier grand poète brésilien.

Au XVIIIe s., également sous l'influence européenne, on assiste à la création d'un mouvement néo-classique. C'est la période où l'intérêt pour les arts et les sciences se développe. De nombreuses académies et sociétés littéraires réunissant intellectuels, artistes et écrivains sont créées. Ce courant est représenté par l'École de Minas Gerais, formée par les poètes Cláudio Manuel da Costa (1729-1789), nourri de l'œuvre du poète portugais Camões, Tomás Antônio Gonzaga (1744-1807), Basílio da Gama (1741-1795), entre autres. Formés à Coimbra, essentiellement influencés par l'Europe, ils ont toutefois conscience d'appartenir à une nation brésilienne naissante. Les quatre premiers seront ainsi impliqués dans le soulèvement nationaliste de l'*Inconfidência mineira*.

Mais ce n'est véritablement qu'au XIXe s. que la littérature gagne un caractère autonome. Un mouvement romantique prend forme, dans lequel les auteurs vont exprimer les particularismes nationaux en même temps que les aspects les plus intimes de la vie affective. Gonçalves Dias (1823-1884) s'impose ainsi comme le premier grand poète romantique brésilien. Encore lié à la tradition portugaise et à ses poètes classiques, il n'en produit pas moins une œuvre vibrante et lyrique qui est la première grande expression de la nature et de l'ambiance brésiliennes où le héros portugais est remplacé par l'Indien. C'est toutefois dans la prose que le romantisme va trouver le moyen d'exploration privilégié de la « brésilité ». Cette période voit la naissance du roman au Brésil. Le grand initiateur, tirant son inspiration de la réalité sociale locale, en est Joaquim Manuel de Macedo (1820-1882) avec *A Moreninha*.

Quant au maître incontesté du romantisme, José de Alencar (1829-1877), il va entreprendre de réaliser une « somme romanesque » du Brésil, du Nord au Sud, du littoral et du *sertão*, du présent et du passé, de l'Indien, du Blanc et du Noir. Il introduit l'usage brésilien de la langue portugaise dans la littérature, d'où des expressions en tupi-guarani, ainsi que du parler local. Ses principaux romans sont *O Guarani*, épopée de la formation de la nationalité brésilienne, *Iracema*, fable indienne du Ceará, *Senhora*, analyse critique de la société bourgeoise de Rio.

Parmi les autres romanciers de l'époque, citons aussi Manuel Antônio de Almeida (1831-1861), Bernardo Guimarães (1825-1884), précurseur du roman régionaliste et auteur d'un roman abolitionniste devenu

> ### Machado de Assis (1839-1908)
> C'est le grand nom de la fiction réaliste brésilienne de la fin du XIXe s. Il introduit dans le roman brésilien le récit non linéaire, non chronologique. Dans ses romans et contes en effet, le narrateur interrompt l'histoire pour commencer un dialogue avec le lecteur, tantôt pour livrer quelque commentaire à propos d'un personnage, tantôt pour lui confier ses réflexions sur une partie de l'intrigue, tantôt pour commenter le développement général de l'intrigue, etc. Humour amer, pessimisme, ironie et sarcasme sont constants dans son œuvre. L'analyse psychologique des personnages n'en est pas moins profonde. Également auteur de théâtre et de poésie, ses ouvrages majeurs sont *Memórias póstumas de Brás Cubas*, *Quincas Borba* et *D. Casmurro*.

célèbre : *L'esclave Isaura* (adapté en *telenovela*), Visconde de Taunay (1834-1899), Franklin Távora (1842-1888).

Du côté de la poésie romantique, Castro Alves (1847-1871) inaugure une poésie engagée. Défenseur de la cause abolitionniste, il réussit à parler du Noir de façon objective. Son œuvre d'un lyrisme exacerbé chante la plénitude sentimentale et charnelle de l'amour.

## Bouillonnement littéraire

La période est marquée par une profonde effervescence de la production littéraire. Au romantisme font suite dans la prose, naturalisme et réalisme, et dans la poésie, parnasse et symbolisme. Citons notamment Aluísio de Azevedo, premier auteur de roman social, *O cortiço*. Le courant parnassien est constitué par Alberto de Oliveira, Raimundo Correia et sa figure de proue, Olavo Bilac. Mais le symbolisme, qui arrive vers 1880, va aussi exercer son influence : ce sont les poètes João da Cruz e Sousa et Alphonsus de Guimaraens.

Au tournant du XXe s., à l'approche du centenaire de l'indépendance, divers tendances marquent le panorama littéraire du pays. Le modernisme pointe son nez avec les pré-modernistes, dont les traits anticipent ceux du mouvement de 1922 : Euclides da Cunha et son *Os sertões*, une pièce maîtresse de la littérature brésilienne ; Monteiro Lobato avec *Urupês* et divers contes pour enfant ; Lima Barreto avec *Triste fim de Policarpo Quaresma* et Graça Aranha avec *Canaã*...

## L'esprit de 22

L'année 1922 sera celle de la rupture politique et intellectuelle de la société brésilienne avec ses vieilles structures. C'est l'année du centenaire de l'indépendance du pays ainsi que celle de la fondation du parti communiste. De jeunes auteurs, influencés par les manifestations artistiques du XXe s., organisent une semaine d'Art Moderne dont l'objectif est de rompre avec le modèle en place et de revisiter la réalité brésilienne. Leur objectif est de créer un art et une littérature qui expriment l'époque dans laquelle ils vivent.

Parmi les auteurs de la première génération de modernistes : Mário de Andrade (1893-1945), Oswald de Andrade (1890-1954), entre autres. Mário de Andrade, figure de proue du mouvement, l'inaugure avec son livre de poésie *Paulicéia Desvairada* ; il est aussi l'auteur du roman *Macunaíma*. Oswald de Andrade, personnalité dynamique, auteur d'un *Manifesto de poesia Pau-brasil*, est l'initiateur du mouvement «anthropophage»; son œuvre originale (*Memórias sentimentais de João Miramar, Serafim Ponte Grande…*) jouera un rôle décisif dans la littérature contemporaine brésilienne.

## L'âge mûr du modernisme et l'affirmation du roman brésilien

À partir des années 1930, le modernisme gagne équilibre et maturité et s'incorpore définitivement dans l'art brésilien. Mário de Andrade fait un bilan de la Semaine de 22 et conclut qu'«une conscience créatrice nationale est consolidée». Une fois réalisée la rupture avec la mentalité conservatrice et académique, le temps est venu de critiquer les excès et de revivifier certaines traditions littéraires (le symbolisme dans la poésie et la tradition romanesque dans la prose). La production littéraire des auteurs de la première génération fait preuve d'une plus grande maturité. D'autres écrivains apparaissent. Dans la poésie, citons Carlos Drummond de Andrade (également auteur de chroniques), Murilo Mendes, Cecília Meireles, Jorge de Lima, Vinícius de Moraes (également auteur de chansons). En effet, avec la rupture moderniste, l'expression poétique a été le genre qui a peut-être le plus conquis de thématiques nouvelles. Dans la prose, des auteurs modernistes commencent à produire des romans régionalistes. L'évocation du Nordeste, de ses conditions naturelles (sécheresse) et sociales (structure de la société encore fondée sur le modèle colonial), inaugure le courant le plus important de cette phase : le roman nordestin. Une série de grandes œuvres romanesques se succèdent. Inspirés du Paraíba : *A Bagaceira* de José Américo de Almeida et ses romans regroupés dans un cycle du sucre et un cycle du mysticisme et de la sécheresse, José Lins do Rego. Du Ceará : *O Quinze* de Rachel de Queiroz. De l'Alagoas : *Vidas Secas* de Graciliano Ramos. De Bahia : *Cacau, Jubiabá, Gabriela cravo e canela, Dona Flor e seus dois maridos,* etc., de Jorge Amado. Dans cette même phase, Érico Veríssimo évoque le Rio Grande do Sul, ses origines et sa formation sociale, dans son roman historico-régionaliste *O tempo e o vento*. Cette ligne régionaliste va définitivement marquer la culture brésilienne. Son influence est encore présente, elle ne se restreint pas au domaine de la prose, mais s'étend à d'autres domaines, notamment poésie, théâtre, musique, cinéma, arts plastiques.

## Le néo-modernisme

La nouvelle génération d'auteurs qui apparaît à partir de 1945, est moins concernée par les questions sociales et politiques et, au contraire, plus préoccupée par les aspects formels, littéraires, stylistiques… Ces auteurs vont essayer de donner une dimension esthétique à leur œuvre, en élaborant un langage narratif et en fouillant le monde intérieur de l'homme. Parmi eux, on trouve l'un des plus grands écrivains brésiliens : Guimarães Rosa (1908-1967), mais aussi Clarice Lispector (1924-1977) qui, avec ses romans introspectifs (*Perto do coração selvagem, Paixão segundo G.H.*), est considérée comme la plus grande romancière brésilienne. De même que Guimarães Rosa, Clarice Lispector s'intéresse inlassablement au langage et à l'universalité du roman brésilien.

> ## Guimarães Rosa
>
> Ce grand écrivain a été comparé à James Joyce et à Borges par sa fusion entre le régional (notamment la vie du *sertão* du Minas) et l'universel. Il change complètement la façon de concevoir la parole, prise comme un faisceau de significations, références sémantiques, mais aussi signe esthétique, véhicule de sons, de formes où se mêlent signifié et signifiant. Son écriture abolit les barrières entre le récit et le lyrisme (poésie et prose), utilise les ressources de la poésie, rythme, allitérations, ellipses, onomatopées, métaphores, métonymies... D'où ses romans et contes qui sont de véritables poèmes narrés : *Sagarana, Corpo de baile* et surtout *Grande sertão : Veredas*.

La poésie brésilienne du moment est marquée par João Cabral de Melo Neto (1920) qui inaugure un style nouveau en écrivant une poésie objective, dépourvue de sentiment. *Morte e vida Severina* est une analyse sociale de l'environnement nordestin.

### Les tendances contemporaines
À partir des années 1950, se développent et se popularisent, dans la fiction, deux genres littéraires : le conte et la chronique. Parmi les auteurs, Adonias Filho, Autran Dourado, Dalton Trevisan, Lígia Fagundes Telles, Rubem Fonseca, Nélida Pinõn, Fernando Sabino. Pour ce qui est de la poésie contemporaine, citons les poètes du concrétisme Ferreira Gullar, Décio Pignatari, les frères Haroldo et Augusto de Campos.

## Les arts plastiques
Arrivant au Brésil, les Portugais ne rencontrent pas de civilisation indigène véritablement organisée. L'Indien n'a pas de tradition artistique capable d'influencer la vie du colonisateur. Ses expressions plastiques les plus significatives (plumes, céramique, peinture corporelle, tressage) ne laisseront leur empreinte que dans certaines manifestations d'art populaire. Ce n'est qu'assez récemment que les cultures indiennes de l'île de Marajó ont été découvertes ; les céramiques aux décors pleins de stylisations géométriques révèlent un degré de civilisation avancé.

### La naissance du baroque religieux
La période de peuplement se caractérise par une fusion de l'art et de la religion, c'est-à-dire que l'art existe seulement comme une manifestation intégrée à l'église. Cette fonction religieuse s'exprime dans les constructions. Les décors sont importés. Ainsi, les premières églises sont assez sobres, rudimentaires. Ce n'est que peu à peu que l'art sacré se développe au Brésil, engendrant les premières sculptures en bois, puis des constructions de plus grande valeur artistique : la basilique de Salvador, le monastère São Bento de Rio. Ce dernier concentre d'ailleurs les meilleures productions artistiques de l'époque avec la boiserie en jacarandá de Domingos da Conceição (1643-1718)

et les peintures de Ricardo do Pilar († en 1700) dont l'expressif *Seigneur des Martyres*… De cette période, on retiendra également les statues en argile du moine Agostinho da Piedade († en 1661), considérées comme la première manifestation d'art érudit au Brésil, ainsi que les peintures et sculptures de son disciple, le moine Agostinho de Jesus (né en 1600), premier peintre né au Brésil.

L'invasion hollandaise (1624-1654) bouleverse le panorama de l'activité artistique. Elle ouvre une brèche profane dans cet art jusqu'alors immergé dans la religion. Les premières commandes non religieuses apparaissent, dont le peintre Frans Post offre l'expression la plus originale.

## Le XVIIIe s., grand siècle baroque

Les découvertes d'or dans le Minas Gerais et la prospérité de Salvador et Recife vont ouvrir de nouvelles possibilités pour l'épanouissement artistique dans la colonie. Le baroque va trouver sur la terre brésilienne un terreau où se recréer, se prolonger avec un grand pouvoir d'invention. Immense et diversifié, l'univers du baroque brésilien ne cessera ainsi de se développer jusqu'en 1816, avec la venue de la mission artistique française.

Ce sont les artistes locaux et autodidactes, inspirés par les modèles européens, qui vont produire des chefs-d'œuvre d'architecture, de peinture et de sculpture. Dans le domaine de la peinture, trois grandes écoles s'imposent : *Escola fluminense de pintura* (Rio) ; *Escola baiana de pintura* (Bahia) ; *Escola mineira de pintura* (Minas Gerais). Celles-ci introduisent la perspective dans la peinture brésilienne. Membre de l'école bahianaise, José Joaquim da Rocha (1737-1807) est l'auteur de la peinture en trompe-l'œil du plafond de l'église N.-D. da Conceição da Praia à Salvador. Manuel da Costa Ataíde (1762-1830), de l'École du Minas, réalise l'un des travaux les plus importants de la peinture coloniale : le plafond de l'église da Ordem Terceira de São Francisco de Assis, à Ouro Preto, trompe-l'œil également.

Dans le domaine de l'architecture et de la sculpture, deux hommes dominent par leur génie l'art du XVIIIe s. brésilien. Il s'agit du sculpteur et architecte Antônio Francisco Lisboa (1730-1814), dit «*Aleijadinho*» (voir encadré, p. 188), et Valentim († en 1750). Le second réalise fontaines, jardins publics et divers monuments à Rio. Le premier (1730-1814), auteur notamment de l'église de saint François d'Assise à Ouro Preto et des statues des prophètes grandeur nature se trouvant dans l'église Bom Jesus dos Matosinhos à Congonhas, réussit à donner à son œuvre une forme authentiquement nationale, se servant aussi de matériaux locaux tels que la pierre savon.

C'est l'explosion du baroque. Peu à peu, l'atmosphère de faste, de richesse, de profusion si typique du genre atteint également l'architecture civile. Les constructions de *sobrados* aux façades, fenêtres et portes si caractéristiques avec leurs boiseries peintes, balcons et ornements en pierre savon (Minas) se développent. Dans le Nordeste, les besoins du logement des esclaves ont fait naître un autre type de demeure : le *solar*. À Rio, l'architecture s'urbanise et produit des places, des arcs, des palais publics, etc.

## L'influence française et le poids de l'académisme

En 1816, la mission artistique française arrive au Brésil. En effet, le comte de la Barca, ministre de D. João VI, veut créer à Rio une École des sciences, arts et offices destinée à former des talents locaux. C'est ainsi que sous la direction de Joachim Lebreton, secrétaire de l'Académie des beaux-arts de l'Institut de France, les peintres Nicolas Antoine Taunay et Jean-Baptiste Debret, le sculpteur Auguste Marie Taunay, le graveur Simon Pradier et l'architecte Grandjean de Montigny, pour ne citer qu'eux, apportent leurs conceptions esthétiques néo-classiques. La peinture brésilienne déserte l'intérieur des églises et le baroque autodidacte. L'architecture abandonne, elle aussi, le style baroque sous l'influence des principes d'aération et d'hygiène de Montigny. Des éléments décoratifs en fer et en pierre sont incorporés à ce néo-classicisme.

Les mouvements romantiques et réalistes qui apparaissent en Europe mettent ainsi plus de temps à gagner le Brésil, toujours sous l'influence de la mission française. Les tendances romantiques ou réalistes, qui s'expriment vers la fin du XIXe s., restent des exceptions. De fait, jusqu'au début de notre siècle, la peinture brésilienne demeure une peinture académique, européenne et transplantée. Parmi ces peintres académiques, auteurs de nombreuses scènes historiques : Pedro Américo, Victor Meirelles, Rodolfo Amoêdo... Almeida Júnior et Pedro Weingartner sont parmi les seuls à explorer une thématique personnelle.

Durant cette période, l'architecture, déjà influencée au plan mondial par la Révolution industrielle, doit faire face, au Brésil, à de constantes mutations. L'abolition récente de l'esclavage demande, en particulier, une nouvelle économie de construction. On va chercher des solutions à l'étranger. C'est l'époque du fameux carnaval architectural, tant les styles et les influences sont mélangés.

Dans les premières années de la République, trois peintres, malgré une forte influence de l'avant-garde européenne, atteindront une expression originale : João Baptista Castagneto, Antônio Parreiras et Eliseu Visconti. En 1913, le peintre lituanien Lasar Segall réalise la première exposition d'art moderne au Brésil. Ses tableaux, inspirés par l'expressionnisme allemand, laissent le public indifférent. En 1917, c'est au tour d'Anita Malfatti d'exposer. Ce début de rénovation des arts plastiques se consolide à partir de 1922.

## Brésilité, modernité, maturité

La Semaine d'Art moderne marque l'origine du modernisme. Ce courant veut rompre avec les conventions académiques et créer un art nouveau dans la forme et multiple dans son expression. Il n'en subit pas moins l'influence des événements européens. Ainsi, la deuxième génération de modernistes tente d'arriver au plus près de l'esprit brésilien et fait ressortir ce qui « jaillit du sol naturel, inconsciemment, comme une plante ».

Parmi les peintres modernistes (Di Cavalcanti, Flávio de Carvalho, Vicente do Rego Monteiro, entre autres), Tarsila do Amaral a sans doute été l'artiste qui s'est le mieux rapprochée de cet idéal de langage pictural national et a le mieux réussi, au travers de couleurs pures et lignes simples, à capter la réalité brésilienne. Si le mouvement

moderniste dans son ensemble a permis de libérer la peinture du carcan des académismes, il a aussi fait naître l'intérêt pour les arts indigènes et populaires.
Vers la fin des années 1930, la peinture brésilienne vole de ses propres ailes : marines de José Pancetti, paysages du Minas de Alberto Guignard, paysages *paulistas* de Volpi et Rebolo, scènes de favelas de Clovis Graciano, scènes lyriques de Djanira, etc. Mais c'est surtout l'œuvre de Cândido Portinari (1903-1962) qui se détache. Il peint la terre, ses drames, les fêtes et les joies populaires. Inspiré par les muralistes mexicains, on lui doit les fresques *Guerre et Paix* que l'on peut voir à l'ONU et *Découverte et colonisation* de la bibliothèque du Congrès à Washington.
À partir des années 1950, l'abstractionnisme arrive au Brésil avec notamment Cícero Dias, Milton da Costa, Manabu Mabe. Cette tendance ne va cependant pas supprimer l'orientation figurative de la peinture brésilienne, qui gagne d'ailleurs certains aspects régionaux. Ainsi Bahia, sous l'impulsion en particulier de Mário Cravo, Genaro de Carvalho, Jenner Augusto, devient un nouveau centre des arts plastiques. Parmi les artistes contemporains, citons parmi tant d'autres, Antônio Dias, Glauco Rodrigues, Ione Saldanha.

## La révolution Le Corbusienne
À partir des années 1920, s'est également fait jour, dans l'architecture, une préoccupation d'autonomie et une volonté de trouver des formes brésiliennes. Les projets des jeunes architectes, tels que Flávio de Carvalho et Gregori Warchavchik sont toutefois rejetés. C'est seulement à la suite de la visite de Le Corbusier au Brésil que les nouvelles idées vont être mises en valeur.
En 1930, le président Vargas invite Lúcio Costa à la direction de l'école des Beaux Arts. Pour autant, l'architecture tropicale ne va pas faire école tout de suite. Les projets de la jeune équipe brésilienne constituée par Lúcio Costa, Afonso Reydi, Carlos Leão, Ernani M. de Vasconcelos, Jorge M. Moreira et Oscar Niemeyer pour le nouveau ministère de l'Éducation, sont écartés au profit d'autres, plus académiques. À la dernière minute, le ministre de l'Éducation décide de payer le prix aux gagnants mais d'engager Lúcio Costa et ses amis pour la construction du ministère. Ce bâtiment à la structure autonome appuyée sur des piliers libérant le niveau du sol, aux toits rebaissés couverts de jardins, devient la pierre angulaire de l'architecture contemporaine brésilienne. Les noms d'Oscar Niemeyer et de Lúcio Costa vont ensuite se trouver liés à la construction de Brasília, qui sera le couronnement de ce cycle innovateur commencé dans les années 1920. Parmi les noms plus récents de l'architecture moderne brésilienne, mentionnons ceux de Henrique Mindlin, Arthur Pontual, Lina Bo Bardi, Jaime Lerner.

# Un colosse aux pieds d'argile
L'expression consacrée des manuels de géographie a le mérite de traduire, aujourd'hui peut-être mieux qu'hier, la réalité économique du Brésil, mélange de forces et de faiblesses, de potentialités exceptionnelles et d'impasses patentes.

## Crise de croissance, surchauffe financière
Le Brésil fait effectivement partie des grandes puissances au regard de son PNB. Mais si l'on considère la répartition de ce même PNB par tête d'habitant, il est du coup relégué parmi les pays relativement pauvres de la planète. L'économie brésilienne est de toutes les économies mondiales celle qui a connu au cours des cent dernières années, la plus forte croissance : un taux moyen annuel de 10 % pendant la période 1968-1973 dite du «miracle brésilien». Mais à partir de 1973, elle n'en est pas moins entrée dans une période de crise. Après une forte baisse du PIB entre 1974 et 1980, malgré une croissance supérieure à 5 % par an, les années 1980 ont vu les difficultés s'accentuer : crise financière avec incapacité de faire face au service de la dette, inflation galopante, baisse du PIB, croissance ralentie...
La décennie 1990 s'annonçait pleine de promesses avec l'avènement du gouvernement Collor et de son plan de redressement. L'espoir est vite déçu, le plan échoue, l'inflation atteint son plus haut niveau en 1993 (2 657 %). Quant à la dette, elle détient toujours le record du monde des pays en voie de développement : 134 milliards de dollars pour un PIB de 145. En 1994, un nouveau plan est lancé comprenant la mise en place d'une nouvelle monnaie, le real et l'établissement d'une parité artificielle avec le dollar. L'inflation est réduite à deux chiffres. Mais les prix des produits flambent faisant subir aux Brésiliens, une nouvelle perte de leur pouvoir d'achat.

## Une agriculture d'exportation et de grosses exploitations
Possédant une grande variété de climats et de sols, le Brésil a tout pour devenir une grande puissance agricole. Il est de fait le 1$^{er}$ producteur mondial de café, de sucre, d'oranges, de bananes, de sisal ; le 2$^e$ pour le manioc et le soja ; le 3$^e$ pour le maïs ; le 4$^e$ pour le tabac, le cacao et le bois ; le 5$^e$ pour le coton ; le 9$^e$ pour le riz.
Pourtant, son agriculture pour puissante qu'elle soit, drainant un important secteur agro-alimentaire et faisant du Brésil l'un des plus grands fournisseurs de denrées alimentaires du monde, pâtit des politiques gouvernementales. Celles-ci ont toujours privilégié les cultures d'exportation au détriment des cultures vivrières, telles que riz, haricot, maïs. À cet état de fait qui rend le Brésil autosuffisant, il faut ajouter son corollaire, une distribution des terres inégalitaire et sa conséquence, l'exode rural avec son cortège de misère et de violence urbaines.
La structure foncière concentre la terre aux mains de quelques propriétaires qui sont loin de les exploiter entièrement, moins de 25 % du total des terres sont cultivées, les laissant aux bons soins de la spéculation. La pratique de la monoculture extensive entraîne l'épuisement du sol. Seul le Sud connaît la petite propriété et la polyculture tournée vers le marché interne. Si les développements récents de l'agriculture tendent à privilégier exploitations intensives, polyculture par rotation, techniques d'enrichissement des sols, mécanisation et emploi d'une main-d'œuvre plus qualifiée, une chose ne semble pas prête de bouger : c'est le sujet de la réforme agraire.
Quant à l'élevage bovin, le Brésil est aujourd'hui l'un des plus grands éleveurs du monde, 2$^e$ producteur de viande, 10$^e$ pour le lait. En 1990, le cheptel s'élevait à environ 134 millions de têtes, ce qui équi-

vaut toutefois à un rapport par habitant très bas : 0,8 contre, par exemple, 1,5 pour l'Australie. Des problèmes de qualité diminuent en outre sa valeur économique.

## Des activités d'extraction prédatrices

Le Brésil est un important producteur d'essences végétales extraites : hévéa, palmier à huile, palmier à cire, noix du Brésil, noix de cajou et nombreux bois précieux (jacarandá, acajou...). Cette activité, essentielle dans l'économie de l'Amazonie, constitue cependant une exploitation très rudimentaire et dévastatrice des richesses végétales et de la forêt. En 1984, quelque 27 millions de m$^3$ étaient détruits pour l'exploitation du bois. En 1986, une loi était adoptée conférant une déduction fiscale de 80 % pour ceux qui reboisent. Le problème est que le reboisement est souvent réalisé avec des espèces venues d'autres régions ayant une poussée rapide, d'où un déséquilibre écologique qui ne fait que se déplacer. En 1990, 97,5 millions de m$^3$ de bois étaient coupés pour l'exploitation forestière et végétale, dont 81 millions pour la seule région Nord.

Le Brésil possède un sous-sol très riche en quantités et en variétés de minerais. Avec des réserves de fer parmi les plus importantes de la planète, il est le 1$^{er}$ producteur mondial de ce minerai (principales zones d'extraction : Minas Gerais, Pará, Mato Grosso do Sul). Il arrive au 1$^{er}$ rang pour l'étain, au 4$^e$ rang pour la bauxite, au 5$^e$ rang pour le manganèse. Il produit également divers autres métaux ferreux et non-ferreux : étain, cuivre, nickel, zinc, plomb, or (production variable et mal contrôlée). Citons aussi d'importants gisements d'uranium (Minas, Ceará, Goiás). Reste que ces richesses sont loin d'être toutes recensées, en particulier pour ce qui est du sous-sol amazonien. Nouvelle menace écologique pour le poumon de la Terre ?

## Les non-sens de la politique énergétique

Le pétrole reste la principale source d'énergie nationale, malgré les changements intervenus depuis le premier choc pétrolier. De 1953 à 1975, la Cie Petrobras a détenu le monopole de l'activité, de la prospection au transport. Mais le gouvernement, dans sa volonté d'augmenter la production, a confié à des firmes étrangères le droit de prospection, de production, de raffinage, d'importation et de transport. Ainsi, la production a-t-elle plus que triplé entre 1973 et 1985 (563 000 barils par jour). En 1997, le Brésil a battu le record historique de production, avec un million de barils par jour.

Cependant, ce n'est qu'à partir de 1982 que l'énorme potentiel hydro-électrique du pays a commencé à être mieux exploité. La production a été multipliée par 12 entre 1982 et 1987. Pour autant, cette capacité ne représente que 23 % du potentiel exploitable. Cette richesse énorme alliée à la maîtrise de la technologie hydro-électrique rend absurde le programme nucléaire lancé sous la mégalomanie des militaires, au travers d'un accord signé avec l'Allemagne. En 1987, le gouvernement pouvait annoncer que le Brésil maîtrisait la technique d'enrichissement de l'uranium. Reste que jusqu'à présent l'usine d'Angra (la seule construite sur les trois prévues) ne fonctionne ni de manière permanente, ni à plein rendement. Le programme nucléaire civil est aujourd'hui arrêté.

À noter aussi qu'à la suite du choc pétrolier de 1973, le gouvernement a décidé de lancer un programme de substitution de l'essence par l'alcool de canne. La production d'alcool énergétique est ainsi passée de 1 milliard de litres par an en 1976 à 12 milliards de litres en 1986 et à environ 14 milliards de litres en 1997. Si le consommateur continue de payer un peu moins cher son litre d'alcool que son litre d'essence, le coût de production de l'alcool n'en reste pas moins plus élevé et donc subventionné par l'État !

## Un puissant parc industriel

L'essor industriel du Brésil a débuté au lendemain de la Seconde Guerre mondiale. En 1946, la Cie sidérurgique nationale est créée à Volta Redonda dans l'État de Rio, entraînant dans son sillage le développement d'autres secteurs (construction navale, automobile, bâtiment). Dans les années 1950, l'économie devient internationale et plusieurs firmes étrangères s'implantent au Brésil. Le modèle industriel brésilien se caractérise ainsi par une prédominance du capital public dans divers secteurs fondamentaux et/ou stratégiques (électricité, pétrole, sidérurgie, mines, chemins de fer, etc.) ainsi que du capital étranger au détriment des capitaux privés nationaux, qui restent concentrés dans les secteurs traditionnels.

Dans ces années, l'industrie connaît une croissance record supérieure à celle de l'économie globale (12 % par an, entre 1957 et 1961, contre 8,3 %). Le parc industriel va se trouver fortement concentré dans la région Sudeste (73 %) surtout dans l'État de São Paulo (53 %). C'est en fait le surplus du café qui finance le développement industriel de la région.

Les industries alimentaire et textile sont les activités les plus traditionnelles du pays, connaissant depuis quelques décennies un déclin relatif. Les capitaux privés s'orientent plutôt vers les secteurs dynamiques tels que l'automobile, la mécanique, la chimie, la pétrochimie… Avec une production de plus de 22 millions de tonnes en 1983, la sidérurgie brésilienne arrivait parmi les dix premières mondiales. L'industrie automobile, qui non seulement approvisionne le marché interne mais exporte aussi, place le Brésil au rang du 10e producteur mondial d'automobiles. En 1984, après vingt ans de régime militaire, le Brésil est devenu le plus grand exportateur d'armes du tiers monde, atteignant le 8e rang mondial. L'industrie aéronautique connaît de bons résultats à l'international avec trois types d'avions : le *AMX* militaire, le *Brasília*, les *ERJ* 145 et 135 pour le transport de passagers et l'*Ipanema* pour les utilisations agricoles.

Forte d'un secteur industriel puissant, moderne, diversifié et dynamique (les exportations de produits manufacturés et semi-industriels sont supérieures à celles des produits de base), l'économie brésilienne a entrepris un processus d'ouverture progressive depuis 1990. Après plusieurs décennies de protectionnisme, les entreprises brésiliennes se trouvent confrontées à une nouvelle réalité internationale, devant déployer, non sans difficultés, des efforts considérables pour une meilleure compétitivité (qualité et prix des produits). Parallèlement, la quasi-saturation du pôle industriel du Sudeste provoque la migration des investissements vers les régions développées, le Nordeste en particulier.

## Le déficit social

Richesse naturelle, puissance industrielle : reste pourtant l'aigu problème du partage du revenu national, marqué par des déséquilibres régionaux et sociaux et une réalité, celle de la misère, qui dément la vision d'un Brésil prospère, moderne et développé. L'expression populaire dit que le « gâteau a grandi, mais n'a pas été partagé ». La concentration de revenus ne cesse d'augmenter. La santé et l'éducation demeurent des secteurs extrêmement négligés. L'enseignement public est ainsi très en retard, même par rapport à des pays dont le revenu national par habitant est inférieur. Or, quel avenir sans éducation ? Il y a donc là un défi essentiel à relever.

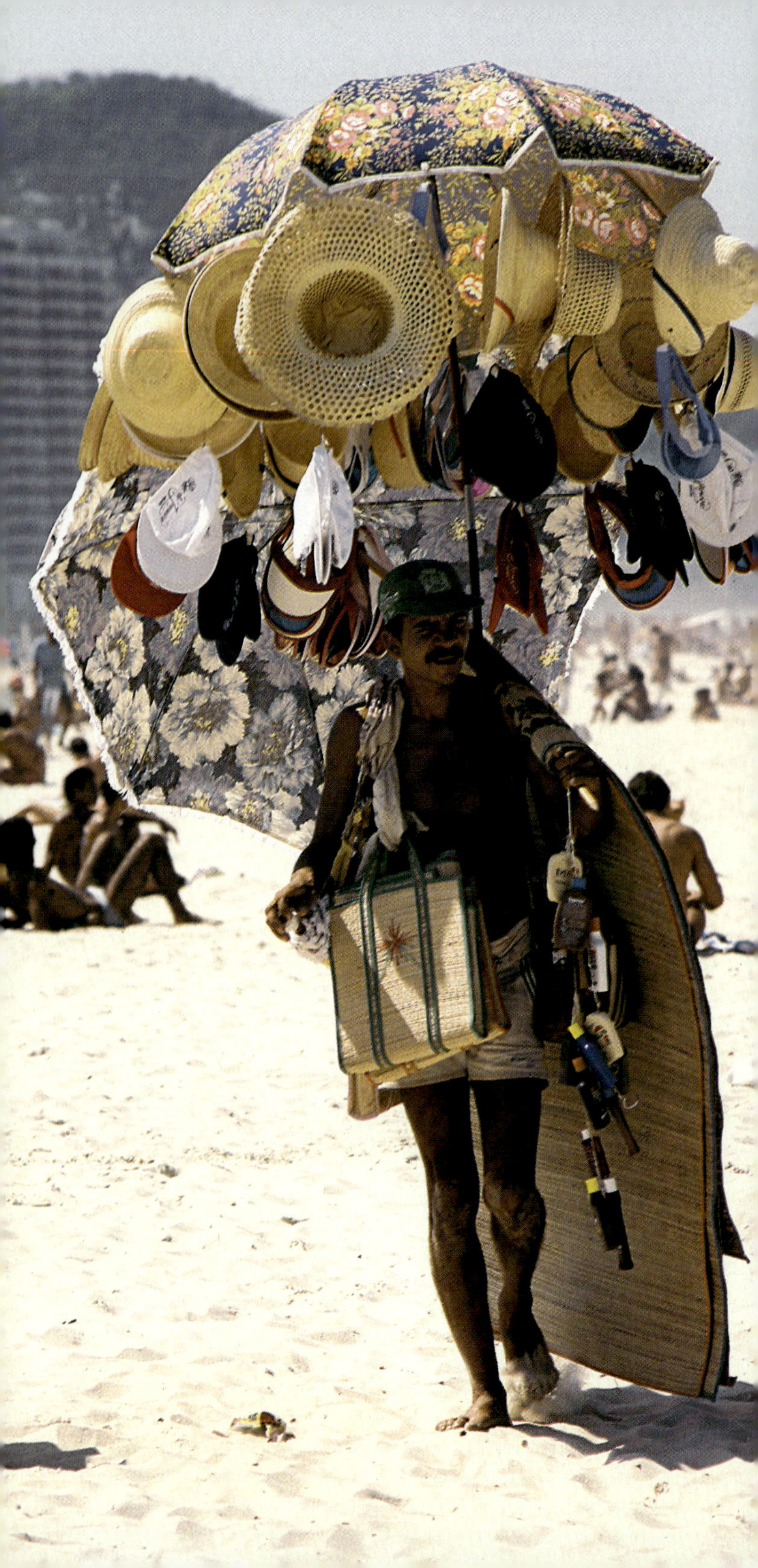

# LE SUDESTE

*Rio, Teresópolis et Petrópolis, la Costa do Sol et Búzios, Parati et la Costa Verde, São Paulo, le littoral, Belo Horizonte et les villes historiques du Minas Gerais*

---

**B**eauté des paysages, relief le plus mouvementé du Brésil qui s'élève vers le littoral atteignant jusqu'à 2 000 m d'altitude, formant avec l'océan des baies, anses, îles magnifiques. Splendeur et magie de Rio, rythme effréné de São Paulo, richesse de la vie culturelle et nocturne de ces grands centres urbains, trésors d'architecture de la coloniale Parati et du baroque Minas Gerais.

Cette région, la plus importante du Brésil, comprend les États de São Paulo, Rio de Janeiro, Minas Gerais et Espírito Santo et concentre 43 % de la population sur à peine 11 % du territoire. Fort développé et industriel (72,5 % de la production industrielle du pays : 52 % pour l'État de São Paulo, 9,3 % pour celui de Rio, 8,3 % pour le Minas, 2,9 % pour celui de Espírito Santo), le Sudeste est traditionnellement la terre d'accueil des migrants brésiliens, notamment nordestins.

À l'instar du pays, elle n'est cependant pas homogène. Les inégalités et les structures archaïques cohabitent avec un fort développement et un peuplement élevé; les modes et les niveaux de vie comparables à ceux des pays industrialisés (ainsi dans une grande partie de l'intérieur paulista) contrastent avec des structures agraires archaïques (nord du Minas Gerais et Espírito Santo); la richesse et le luxe des grands centres urbains côtoient la misère de la rue.

---

**Les vendeurs ambulants passent sans cesse sur les plages : huiles de bronzage, paréos, chapeaux, colliers, bijoux... Un véritable marché à sable ouvert !**

# RIO DE JANEIRO***

Difficile de ne pas succomber au charme de la *cidad maravilhosa* (ville merveilleuse). Située le long de la baie de Guanabara — «belle et édentée», chante Caetano Veloso — l'une des trois plus belles baies du monde avec celles de São Francisco et de Hong-kong, coincée entre les montagnes et l'océan Atlantique, Rio de Janeiro possède une géographie bouleversante. Chaos parfait de *morros*, rochers, anses, lacs, forêts, plages magnifiques, ce site naturel exceptionnel, qui fait l'orgueil des *Cariocas*, a reçu les hommages de très nombreux poètes, écrivains, compositeurs, peintres brésiliens et étrangers.

Élue capitale du plaisir, Rio est aussi devenue un cliché. Si les fêtes populaires, notamment le carnaval, objet de récupération touristique, y ont un peu perdu de leur spontanéité, la ville n'a rien perdu de sa magie. Vous montez une rue ou traversez une corniche et un paysage sublime fait irruption : la mer au large, les tourments de la baie, la lagune Rodrigo de Freitas, le Corcovado, le Christ Rédempteur ouvrant ses bras sur fond de ciel bleu ou gris orage.

Quant au *Carioca*, il est versé dans l'art du bavardage. De contact facile, agréable, frivole et inconstant, vous le perdrez de vue aussitôt faite sa connaissance. Les autres Brésiliens se plaisent à raconter que les habitants de Rio vous invitent chez eux sans vous donner leur adresse ! Les relations avec les *Cariocas*, «éternelles tant que ça dure» selon la formule du poète Vinícius de Moraes, sont souvent éphémères mais toujours intenses. Vous saurez profiter de ces instants imprévus et garder d'inoubliables souvenirs des moments passés autour d'un *choppinho*, des bains de mer et des soirées s'étirant à l'infini.

Mais ne cherchez pas à tout comprendre, Rio est par essence irrationnelle et contradictoire : entre la banlieue nord et la zone sud, une réalité urbaine faite d'inégalités, de cruauté et de violence où les immeubles de luxe se dressent sur fond de favelas accrochées à flanc de collines. Délicieuse tranquillité de Santa Teresa, animation fiévreuse du centre, sensualité d'Ipanema ou de Copacabana, délire du Maracanã : à vous de découvrir votre Rio.

## Histoire du carnaval de Rio

Grande fête populaire et nationale transformée en attraction touristique, le carnaval a acquis, à Rio, un caractère luxueux avec ses écoles de samba exposant des costumes rivalisant de richesse, de paillettes et de plumes.

Les origines du carnaval remontent au violent *entrudo* importé par les Portugais, lequel consistait à salir les passants avec eau, vinaigre, vin et farine ; un jeu qui a duré jusqu'au XXe s. et n'a disparu qu'avec l'apparition des serpentins, des confetti et des *lança perfumes*. Le son des tambours et des *zabumbas* a été introduit au XIXe s. par Zé Pereira. Cependant, depuis l'époque coloniale, dans les rues des quartiers populaires, parallèlement aux festivités des élites blanches, les Noirs dansaient et jouaient de la musique dans des *batuques* très animés et attrayants, mal vus des autorités redoutant une africanisation du Brésil. Pendant longtemps, le carnaval a ainsi été divisé en classes sociales. À partir de 1840, cette séparation devient encore plus évi-

## Assister au carnaval

Pour assister aux défilés pendant le carnaval, vous devez soit acheter des places numérotées dans les *camarotes* (loges), mais les billets coûtent très cher, soit aller dans les *arquibancadas* (tribunes) sans places numérotées. Vous pouvez tout de même choisir les secteurs : ceux du milieu offrent une meilleure vue, si possible à partir du n° 12 ; autrement, il faudra arriver très tôt pour avoir une bonne place.

Les billets pour les loges et les tribunes s'obtiennent auprès d'une agence et cela, très à l'avance. Si vous arrivez à la dernière heure, vous payerez deux, trois ou quatre fois le prix normal. Prévoyez également très à l'avance vos réservations d'hôtel, car, lors du carnaval, Rio est bondée de touristes. Sachez aussi que les écoles se préparent pour rentrer sur la Passerelle de la Samba praça XI sur l'av. Présidente Vargas. Si vous n'avez pas peur de la foule, il est également intéressant d'explorer les alentours du sambodrome.

Hors période de carnaval, en été, ne ratez pas les répétitions des écoles de samba. Celles de **Académicos do Salgueiro** (*rua Silva Teles 104, Tijuca* ☎ *(021) 238.55.64*) et de **Estação Primeira da Mangueira** (*rua Visconde de Niterói 1 072, Mangueira* ☎ *(021) 567.4637*) sont très réputées.

dente avec l'apparition des bals de Carnaval, organisés sur le modèle des bals masqués européens. Théâtres, clubs sportifs, associations organisent leurs propres bals et se distinguent par leur assemblée et la musique jouée et dansée : tangos, polkas, charleston, *maxixe* pour les riches, rythmes du *lundu* africain pour les Noirs.

À l'aube du XXe s., le carnaval de rue s'organise autour des *ranchos* et des *blocos*. Depuis 1899 et la *marcha abre-alas* de Chiquinha Gonzaga à nos jours, la musique a énormément changé : aux premiers tambours de Zé Pereira se sont ajoutés notamment les tambours de basque et les tambourins. Mais le rythme, qui deviendra à jamais celui du carnaval de Rio, ne descendra des *morros* qu'en 1917 : *pelo telefone*, la première samba-chanson écrite par Donga.

Les écoles de samba voient le jour en 1929, dans le quartier Estácio. Pendant quelques années, les autorités essayeront de les boycotter, en donnant des licences pour défiler aux seuls *ranchos* et *blocos*. Mais les *sambistas Cariocas* vont les rejoindre. Et la marée de devenir irrésistible ! La passion pour la samba *do criolo doido* (samba du nègre fou) gagne la ville ; impossible de retenir les écoles de samba qui descendent des *morros*. En 1932, le carnaval, organisé par la mairie, devient une institution : création du bal du théâtre municipal avec le concours des écoles de samba.

Aujourd'hui, tout se passe autour du sambodrome **I-D2**, construit à l'initiative du gouverneur Brizola d'après un projet de Niemeyer pour rendre le carnaval moins dangereux que dans le centre-ville.

## Son déroulement

Le carnaval a toujours lieu 50 jours avant le vendredi de Pâques, du samedi au mercredi matin des Cendres. Ce sont quatre jours de folie, d'orgie et de samba. Le samedi a lieu la sortie des *blocos* : dans leur quartier d'origine ou dans le centre, des groupes organisés défilent au

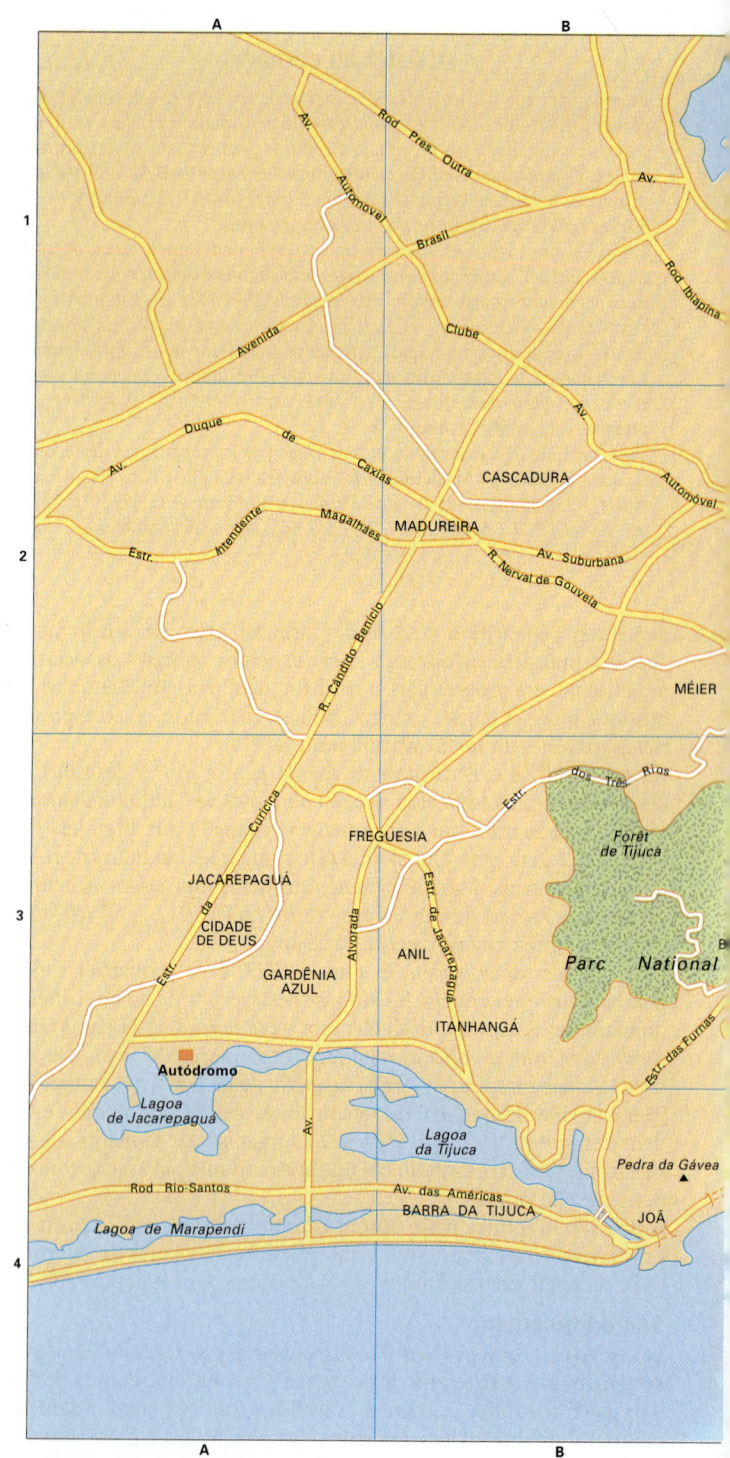

Rio I : plan d'ensemble

# RIO DE JANEIRO

- Île do Governador
- AÉROPORT INTERNATIONAL DU GALEÃO
- PENHA
- Brasil
- Baie de Guanabara
- Île du Fundão
- Cidade Universitária
- BONSUCESSO
- Pont Rio-Niterói
- Clube
- Brasil
- SÃO CRISTÓVÃO (voir pp. 128-129)
- GAMBOA (voir pp. 110-111)
- Quinta da Boa Vista
- Av. Pres. Vargas
- Campo de Santana
- CENTRO
- AÉROPORT SANTOS DUMONT
- Estádio do Maracanã
- SANTA TERESA
- Museu Chácara do Ceu
- GLÓRIA (voir pp. 118-119)
- CATETE
- FLAMENGO
- RIO COMPRIDO
- GRAJAÚ
- ANDARAÍ
- TIJUCA
- LARANJEIRAS
- Pão de Açúcar (Pain de Sucre)
- Passos
- COSME VELHO
- Morro Dona Marta
- MUDA
- USINA Pedra da Gávea
- URCA
- ALTO DA BOA VISTA
- Av. Edson
- de Tijuca
- Estr. do Redentor
- Corcovado
- BOTAFOGO
- Parc Lage
- LAGOA
- LEME
- Estr. Dona Castorina
- Av. Atlântica
- Jardim Botânico
- Lagoa Rodrigo de Freitas
- COPACABANA
- Vista Chinesa
- GÁVEA
- LEBLON
- IPANEMA
- Av. Antônio Carlos Jobim (Av. Vieira Souto)
- SÃO CONRADO
- (voir pp. 122-123)
- OCÉAN ATLANTIQUE

0   1   2 km

son des tambours et autres percussions. Le *domingo gordo* (dimanche) est le grand jour des défilés (qui se poursuivent jusqu'au lundi) des écoles de samba sur la rue Marquès de Sapucaí qui mène au sambodrome. Le défilé se fait par groupes. Chaque école appartient à un groupe ; le groupe 1 est le plus intéressant à voir car il est constitué des écoles les plus traditionnelles. Le mardi est consacré au défilé des meilleures écoles du dimanche et à la décision finale ; puis c'est la fin. Dès le mercredi des Cendres, la ville paraît s'endormir. L'ordre revient, non dépourvu de la nostalgie des exploits vécus, des amours rencontrés et perdus… jusqu'à l'année prochaine.

### Les écoles de samba

Il en existe beaucoup et de toutes les tailles. Elles sont devenues, pour la plupart, des entreprises à grande échelle. On peut regretter l'importance accordée aux costumes luxueux, au goût d'un public de plus en plus étranger. En se stylisant, les chorégraphies des sambas originales ont perdu de leur spontanéité. Parmi les écoles les plus importantes :

| Écoles | Couleurs | Création |
| --- | --- | --- |
| Portela | bleu et blanc | 1923 |
| Estação Primeira da Mangueira | vert et rose | 1928 |
| Império Serrano | vert et blanc | 1947 |
| Beija Flor | bleu et blanc | 1948 |
| Académicos do Salgueiro | bleu et blanc | 1953 |
| Mocidade Independente de Padre Miguel | vert et blanc | 1955 |

## ■ MODE D'EMPLOI

### Accès

**En avion.** Vous atterrissez à l'aéroport du Galeão I-C1, situé sur l'île du Governador à environ 12 km de la ville, le souffle coupé par la splendeur aperçue du hublot. Pour rejoindre la ville, comptez environ 30 mn. Le plus simple est de prendre un taxi. Moins cher (environ 4 $), vous pouvez emprunter le bus de la compagnie Real (la ligne Aeroporto-Alvorada) qui longe le littoral en passant par le centre, les plages de Flamengo, Botafogo, Copacabana, Ipanema, Leblon, São Conrado, jusqu'à Barra da Tijuca, s'arrêtant devant les principaux hôtels bordant la plage. Les bus partent toutes les 35 mn. Premier départ le matin à 7 h de l'aéroport et à 5 h 40 de Alvorada. Dernier départ à 1 h 40 de l'aéroport et à 0 h 20 de Alvorada.

**En autocar.** Le terminal Menezes Cortes, rua São José 35 (quartier de Castelo) ☎ (021) 533.7577, dessert certaines villes de l'État de Rio. Pour toutes les autres capitales d'État et grandes villes, la gare routière Novo Rio est située av. Francisco Bicalho ☎ (021) 291.5151, à São Cristóvão.

**En train.** Le seul train, excepté les trains de banlieue, vient de São Paulo. Il arrive à la gare Barão de Mauá ☎ (021) 502.6100, à São Cristóvão.

### Se repérer

La géographie extraordinaire de Rio, avec ses rochers se lançant dans la mer, son chapelet de plages, la lagune Rodrigo de Freitas, les *morros*, le Pain de Sucre, le Corcovado, vous permettra de vous guider facilement. Coupée par la forêt da Tijuca, la ville peut être divisée en trois grandes parties :

**La zona norte** (zone nord) comprend les quartiers populaires, ouvriers, sans accès à la mer de Méier, Maracanã, São Cristóvão, Madureira, Penha, Bonsucesso, etc. Une vaste banlieue qui ne cesse de s'étendre. Ne vous y aventurez pas tout seul au risque de vous y perdre. Du point de vue touristique, les seuls coins à visiter sont le stade du Maracanã V-B2 et, à São Cristóvão, la Quinta da Boa Vista.

**Le centro** (centre) est le cœur historique de la ville, mais aussi le quartier des affaires. Situé à l'est, sur la baie, il regroupe les principaux monuments à voir.

**La zona sul** (zone sud) comprend les quartiers chics, bordés par les plages, le long de l'océan surtout, lieux de promenade, de farniente et de loisir; nombreux restaurants, hôtels et magasins. Les adresses les plus réputées sont celles du front de mer (Leme, Copacabana, Ipanema et Leblon), de la lagune Rodrigo de Freitas et Gávea. Leme et Copacabana sont séparés par l'av. Princesa Isabel, principale voie d'accès au centre. Ipanema et Leblon sont séparés par un canal reliant la lagune à l'océan Atlantique. Les autres quartiers — Botafogo, Flamengo (sur la baie), Jardim Botânico (derrière la lagune), Glória et Santa Teresa (sur les collines vers le centre) — sont aussi charmants, mais plus éloignés des plages les plus fréquentées.

## Circuler

**À pied.** C'est une façon sympathique de connaître la ville. Cependant, pour aller d'un quartier à l'autre, il vous faudra prendre un autre moyen de transport, le bus par exemple.

**En voiture.** Il n'est pas très difficile de conduire dans la zone sud. Le littoral atlantique et la lagune sont de bons repères. Évitez, en revanche, l'immense banlieue nord et le centre-ville avec ses embouteillages, l'absence de parking, ses sens interdits et ses rues piétonnières. Pour s'y rendre, même les *Cariocas* préfèrent prendre le bus ou le métro. De façon générale, faites attention à la conduite à la « Ayrton Senna » des Brésiliens et à l'imprudence des piétons.

**En taxi.** Nombreux et peu onéreux. Les chauffeurs conduisent comme des fous et, bien que sympathiques, sont fort enclins à l'arnaque. Avant de prendre un taxi, renseignez-vous sur le meilleur chemin à prendre et donnez vos instructions au chauffeur. Ça peut marcher !

**En bus.** Ils vous emmènent partout pour des sommes très modiques. Cependant, il n'y a pas de plan disponible. Les bus affichent sur le devant leur origine et leur destination et, sur le côté arrière, les principales rues, avenues, quartiers traversés. Évitez-les aux heures de pointe. Et accrochez-vous : les chauffeurs se prennent aussi pour des pilotes de Formule 1 ! Pour les promenades touristiques plus calmes, prenez les *jardineiras* (minibus) qui longent la côte, vous faisant découvrir les plages successives. Leurs sièges manquent de confort, mais elles présentent l'avantage d'être ouvertes et aérées. Il existe aussi les *frescões* (bus climatisés), ne prenant que des passagers assis, un peu plus chers, pas aussi nombreux que les bus normaux, mais plus confortables.

**En métro.** Propre, pratique et efficace, il fonctionne de 6h à 23h sauf le dimanche. Son utilisation est très simple étant donné qu'il n'y a qu'une seule ligne faisant un « V », à partir de la station Estácio. Démarrage à Botafogo en passant par Flamengo, Glória, le centre (stations Cinelândia, *Carioca*, Uruguaiana…). Un tronçon se dirige vers la zone nord en passant par le stade du Maracanã, tandis que l'autre, bien plus petit, se termine à Tijuca (rien à voir avec Barra da Tijuca).

## Fêtes et loisirs

**Le Réveillon.** C'est surtout la fête de Iemanjá, le 31 décembre. Toutes les plages s'illuminent de bougies. Rendant hommage à leur *orixá*, les adeptes des cultes afro-brésiliens, vêtus de blanc, s'y rendent, à minuit, pour déposer leurs offrandes; des roses sont jetées à la mer, des feux d'artifice tirés, tandis que des bateaux décorés se lancent dans la mer pour déposer des présents, au plus près de la déesse, à qui on demande paix et santé, entre autres.

**Le carnaval.** Les plus fêtards conjugueront occasionnellement le dimanche de délire au sambodrome et le carnaval de rue d'autres villes, notamment celui de Salvador. Si vous voulez faire de même, prévoyez à l'avance. Les dates sont en effet mobiles : 14 février 1999, 5 mars 2000.

**Les bals.** Parallèlement au sambodrome, à la rue, il y a les fameux bals de carnaval (il faudrait faire les deux). Au son ininterrompu de l'orchestre, on danse au milieu du salon ou sur les tables. Les costumes traditionnels cèdent la place aux bikinis. Plus élitistes, ces bals sont fréquentés par des artistes, chanteurs, personnalités, nationaux et internationaux. Les plus connus sont ceux du Théâtre Municipal, du Club Monte Líbano, du Yacht Club, de l'Hôtel Copacabana Palace.

## Les sports à Rio

Le football (voir Maracanã, p. 128) reste la passion numéro un. Mais il y a aussi le volley de plage (avec chaque été, en février, des championnats sur les plages d'Ipanema ou Leblon), les *Cariocas* étant d'ailleurs les meilleurs joueurs du Brésil et parmi les meilleurs mondiaux ; le deltaplane, partant du *morro* Pedra Bonita et atterrissant plage du Pepino à São Conrado ; le surf, le windsurf et autres sports nautiques.

Les *Cariocas* adorent faire du sport et, à l'instar des Californiens, pratiquent un culte exacerbé du corps. Jeunes ou vieux, hommes ou femmes, s'ils ne pratiquent pas un sport particulier, font de la gymnastique, du vélo, de la marche ou du jogging, notamment sur l'enchaînement des avenues de front de mer — Atlântica à Copacabana, Vieira Souto à Ipanema, Delfim Moreira à Leblon —, lesquelles sont fermées à la circulation le week-end. Si vous allez à la plage, vous comprendrez facilement pourquoi il importe tant de maintenir coûte que coûte la beauté de ses formes !

Les parcs de Rio sont aussi très recherchés (Parc national da Tijuca, parc Laje, parc du Flamengo, tour de la Lagoa Rodrigues de Freitas, jardin botanique). Faire du sport, voilà bien une façon de vivre à Rio à la manière de ses habitants !

## Programme

Rio présente quelques monuments intéressants à visiter, mais c'est surtout son atmosphère et son style de vie qui sont à découvrir. Quelques jours sont un minimum pour plonger dans l'âme du *Carioca* qui, plus que quiconque, vénère sa ville. La première chose à faire, c'est de comprendre la ville elle-même. Pour ce faire, deux étapes essentielles : le Corcovado et le Pain de Sucre. Visites éminemment touristiques, mais points de vue époustouflants. La vue depuis le Cristo Redentor est exceptionnelle et vous permet d'embrasser toute la ville. Deux visites inoubliables à compléter par le tour des plages et un tour à la plage, la visite du centre et des excursions aux environs, sans oublier les sorties nocturnes et le shopping pour les amateurs.

**Journaux.** Les quotidiens *Jornal do Brasil* et *O Globo* offrent dans leurs pages culturelles tous les renseignements sur les concerts, programmations des bars avec musique live et autres spectacles. Tous les vendredis, le *Jornal do Brasil* sort un cahier entièrement consacré aux informations loisirs/culture.

Pour trouver des journaux français et étrangers, allez dans le centre, sur l'av. Rio Branco où les kiosques offrent un grand choix. Autrement, il y a les librairies dans les aéroports et celle de l'hôtel Méridien pour les publications françaises.

## Le centre

C'est là que vous découvrirez les vestiges du passé de Rio. Hormis le monastère São Bento et le couvent de Santa Teresa, très peu d'exemples de l'architecture du XVIIe s. C'est en effet au XVIIIe s. que Rio doit son essor architectural : église da Ordem Terceira de São Francisco da Penitência, Paço Imperial ou Palais des vice-rois, Convento Santo Antônio, église da Glória do Outeiro. Le XIXe s. est marqué par l'influence du néo-classicisme français avec Grandjean de Montigny, conducteur de la Mission française de 1816. Si nombre de ses œuvres ont été détruites, vous pouvez encore voir le portique de l'ancienne Académie des Beaux Arts, situé dans le jardin botanique, la Maison France-Brésil, la fontaine de la praça Afonso Viseu, dans le Alto da Boa Vista I-C3. Objet de plusieurs rénovations, le centre présente aujourd'hui un mélange de constructions anciennes et de bâtiments modernes.

### De la praça Mauá II-B1 à la praça 15 de Novembro II-C2

Vous pouvez découvrir ce quartier à pied. Plusieurs balades sont possibles. Commençons par la praça Mauá, devant le port, le bas-fond *Carioca* du début du siècle, qui était avec ses nombreux cabarets le lieu préféré des marins étrangers de passage dans la ville. Prenez l'av. Rio Branco II-B1C1-2-3, artère principale du centre-ville. Tournez à gauche sur la rue D. Gerardo II-BC1 pour vous rendre au monastère de São Bento II-C1. Reprenez ensuite l'av. Rio Branco jusqu'à son croisement avec l'av. Getúlio Vargas II-AB2, la plus grande de la ville. Sur votre gauche, se trouve la Candelária II-C1 ; en poursuivant sur cette voie, vous passez ensuite devant la Maison France-Brésil II-C1, le Centre culturel Banco do Brasil II-C2, puis la rue do Ouvidor II-C2, l'Arc de Teles avant d'arriver sur la praça 15 de Novembro.

♥ **Le mosteiro et igreja de São Bento**\*\*\* II-C1 (*rua D. Gerardo 68, centre* ☎ *(021) 291.7122; o*uv. *de 8h à 11h et de 14h30 à 17h30; messes avec chants grégoriens du lun. au sam. à 7h15 et le dim. à 10h*). Édifié au XVIIe s. par les Bénédictins, sur une colline, le monastère est l'une des plus belles constructions religieuses du Brésil concentrant la meilleure partie de la production artistique de l'ordre. La construction du couvent (1633-1641) est antérieure à celle de l'église baroque (1691) dédiée à N.-D. de Mont Serrat. L'extérieur, austère, laisse peu présager de la richesse de la décoration intérieure. Notez le splendide travail baroque en bois sculpté du moine portugais Domingos da Conceição et les peintures du moine allemand Ricardo do Pilar, à qui l'on doit aussi celles de la sacristie N.-D. dos Martírios et les dix tableaux du chœur du monastère.

**L'église N.-D. da Candelária**\*\* II-C1 (*praça Pio X, centre* ☎ *(021) 233.2324, ouv. du lun. au ven. de 7h30 à 12h et de 13h à 16h30, sam. et dim. de 9h à 13h*). L'Église actuelle datant de 1775-1898 surprend par son aspect monumental et sa façade baroque. Notez la porte en bronze travaillé, l'intérieur d'influence italienne, couvert de marbre polychrome, la belle sacristie, les sculptures en jacaranda (bois précieux). Les peintures murales sont de Zeferino da Costa, aidé par Bernadelli et Cartagneto, entre autres. La coupole fut construite plus tard, au XIXe s.

**La casa França-Brasil*** II-C1 (*rua Visconde de Itaboraí 78 ☎ (021) 253.5366/0332; ouv. du mar. au dim. de 10h à 20h*). Ce bâtiment, œuvre de Grandjean de Montigny, est considéré comme le plus bel exemple de l'architecture néo-classique de Rio. Construit en 1819 pour être le siège de la Douane, il devient par la suite, après avoir été restauré, la Maison France-Brésil.

**Le Centro cultural Banco do Brasil*** II-C2 (*rua 1° de Março 66 ☎ (021) 216.0237; ouv. du mar. au dim. de 10h à 22h*). Dans ce bâtiment du XIXe s., ancien siège de la Banque du Brésil, diverses expositions, dont une permanente, sur l'histoire de la monnaie brésilienne. Salon de thé.

**L'église Santa Cruz dos Militares*** II-C2 (*rua 1° de Março*), construite entre 1780 et 1811. Les boiseries du sanctuaire représentant la passion et la mort du Christ sont l'œuvre de Valentim.

**La rua do Ouvidor*** (1829) est une petite rue sinueuse qui a été jusqu'à la construction de l'av. Rio Branco la scène exclusive de la vie élégante de Rio. Dans ses magasins chic, le français était d'usage. Aujourd'hui, la partie la plus intéressante est celle qui est comprise entre les rues 1° de Março et do Mercado. Vous noterez les *sobrados* irréguliers, les boutiques colorées, les petits restaurants pittoresques.

En passant par la travessa do Ouvidor, vous verrez l'**Arco de Teles***, construction du XVIIIe s. qui servait à relier le parvis du Carmo à la rua do Ouvidor; c'est le dernier des nombreux arcs qui existaient dans la ville. Pendant la période des vice-rois, la bonne société *Carioca* venait y admirer l'image de N.-D. dos Prazeres.

Au bout de la rua do Ouvidor, se trouve la très belle église **N.-D. da Lapa dos Mercadores*** II-C2 (*ouv. de 8h à 14h du lun. au ven. ☎ (021) 231.2339*), construite entre 1747 et 1755. Ensemble intérieur équilibré et original.

## La praça 15 de Novembro* II-C2

Partie la plus ancienne du centre, c'est l'antique parvis du couvent des Carmes II-C2 réalisé par José Aipoim. L'ensemble, qui débutait au quai Pharoux, comprenait le palais impérial et l'Arc de Teles. C'est sur le quai Pharoux, le premier de la ville, que l'on prend le bateau pour se rendre à l'île de Paquetá et à Niterói. Les vendredis et samedis s'y tient un petit marché d'antiquités. Malheureusement la construction de l'av. Pres. Kubitschek II-C2 a enlevé un peu du charme de l'endroit. Sur la praça Quinze, comme on l'appelle, vous trouverez le **Chafariz da Pirâmide** II-C2 (1789) et la **statue du Gen. Osório**, deux œuvres de Valentim, ainsi que le restaurant Albamar, ouvert depuis 1906. En face, vous pouvez voir l'**île Fiscal** II-D1 où se tint le dernier bal de D. Pedro II avant son départ en exil. À voir aussi rua 1° de Março II-C2 :

**L'église N.-D. do Monte do Carmo**** II-C2 (*rua 1° de Março*), contiguë à l'ancienne Catedral metropolitana. Notez la boiserie intérieure rococo et le bénitier en marbre, œuvres de Valentim. Les autels latéraux représentent la Passion du Christ. Au premier étage, un musée. À côté, coincé entre l'église et le couvent, l'oratoire tout revêtu d'*azulejos*, carreaux de faïence bleue de tradition portugaise, garde l'image de N.-D. do Cabo da Boa Esperança.

L'ancienne **Catedral metropolitana**\*\* ou **N. S. do Carmo da Antigua Sé** II-C2 *(rua 1° de Março, centre ☎ (021) 242.7766 ; ouv. du lun. au ven. de 8h à 17h, le dim. de 7h à 12h).* L'actuelle construction commença en 1761, selon un projet de Manuel Alves Setúbal, inspiré de l'église du Carme de la ville de Porto. Boiseries de Ferreira Pinto. Chapelle royale de 1808 à 1822, puis impériale de 1822 à 1889, pour devenir cathédrale métropolitaine de 1890 à 1976, c'est la seule Église d'Amérique ayant sacré un roi (D. João VI) et couronné deux empereurs (D. Pedro I et II). Elle abrite la dépouille de Pedro Álvares Cabral.
Sur la praça 15, du côté de la baie, se trouve le **Paço Imperial**\* II-C2 *(☎ (021) 232.8333; ouv. du mar. au dim. de 11h à 18h30).* Inauguré en 1743 pour servir de résidence aux gouverneurs du vice-royaume du Brésil, il témoigne d'une architecture brésilo-portugaise coloniale. En 1808, il devient pour un temps résidence de la famille royale portugaise. Devenu palais impérial de 1822 à 1889, il deviendra le siège de la poste, puis en 1985, un centre culturel. La princesse impériale y a signé l'abolition de l'esclavage. Vous pouvez y voir la maquette de la ville et des expositions temporaires intéressantes.
À proximité, rua São José, derrière le **Palácio Tiradentes** II-C2 ou Assemblée législative, ainsi nommée en hommage au héros du premier mouvement indépendantiste, **l'église São José**\* II-C2 est l'une des plus anciennes de Rio. Église Matriz de Rio de 1659 à 1734, reconstruite au XIXe s., ses boiseries intérieures, de style rococo tardif, ont été réalisées par Simão de Nazaré, disciple de Valentim. Dans l'une des tours, l'un des plus puissants carillons de la ville datant de 1883.

## Le Castelo II-D3

Quartier érigé à la place du *morro* do Castelo, abattu en 1921 pour des raisons d'urbanisme, son nom vient d'un fort édifié à l'époque de Mem de Sá et rasé au XVIIIe s. Avec le *morro*, on a aussi détruit l'une des plus anciennes églises jésuites du pays. À côté, l'aéroport Santos Dumont II-D3, construit d'après le projet conçu en 1944 par les frères Roberto. Le Consulat français se trouve aussi dans ce quartier où l'on peut visiter plusieurs monuments :
**Le Museu Histórico Nacional**\*\*\* II-D2 *(praça Mar. Âncora ☎ (021) 240.9529 ; ouv. du mar. au ven. de 10h à 17h30, week-ends et j.f. de 14h30 à 17h30).* Installé dans un ensemble de bâtiments d'origine militaire construits à partir du XVIIIe s. pour la défense de la ville, ce musée offre une visite intéressante racontant au travers de meubles, argenterie, vaisselle, objets divers et véhicules terrestres des XVIIIe et XIXe s., notamment le superbe carrosse de D. Pedro II, l'histoire et les traditions du Brésil. Importante collection de tableaux aux thèmes historiques de Georgina de Albuquerque, Eduardo de Martino, Leandro Joaquim, Victor Meirelles…
Notez la belle architecture XIXe s. de **l'hôpital Santa Casa de Misericórdia**\* II-D2-3 *(rua Santa Luzia 206)* réalisé par Cândido Guilhobel, élève de Montigny, abritant le **museu da Farmácia**. À côté, l'église jésuite baroque **N.-D. do Bom Sucesso**\* II-D2, œuvre de Pinto Alpoim. Plus bas, vous passerez par la petite **église Santa Luzia** II-D3 *(rua Santa Luzia),* le plus ancien lieu de culte catholique de la ville malgré ses successives reconstructions, dont la dernière, datant de 1872, lui a donné une apparence néo-classique.

# VISITER LE BRÉSIL

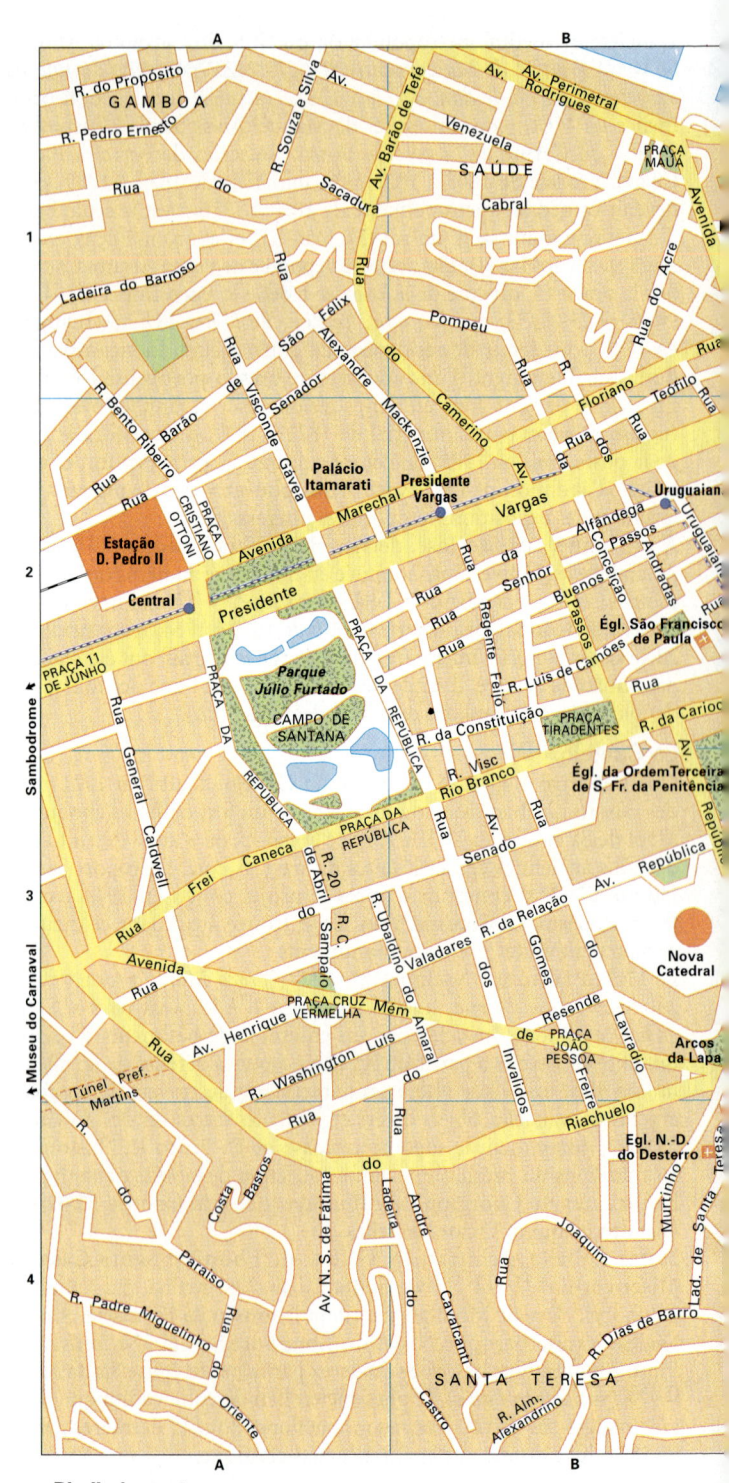

**Rio II : le centre**

# RIO DE JANEIRO

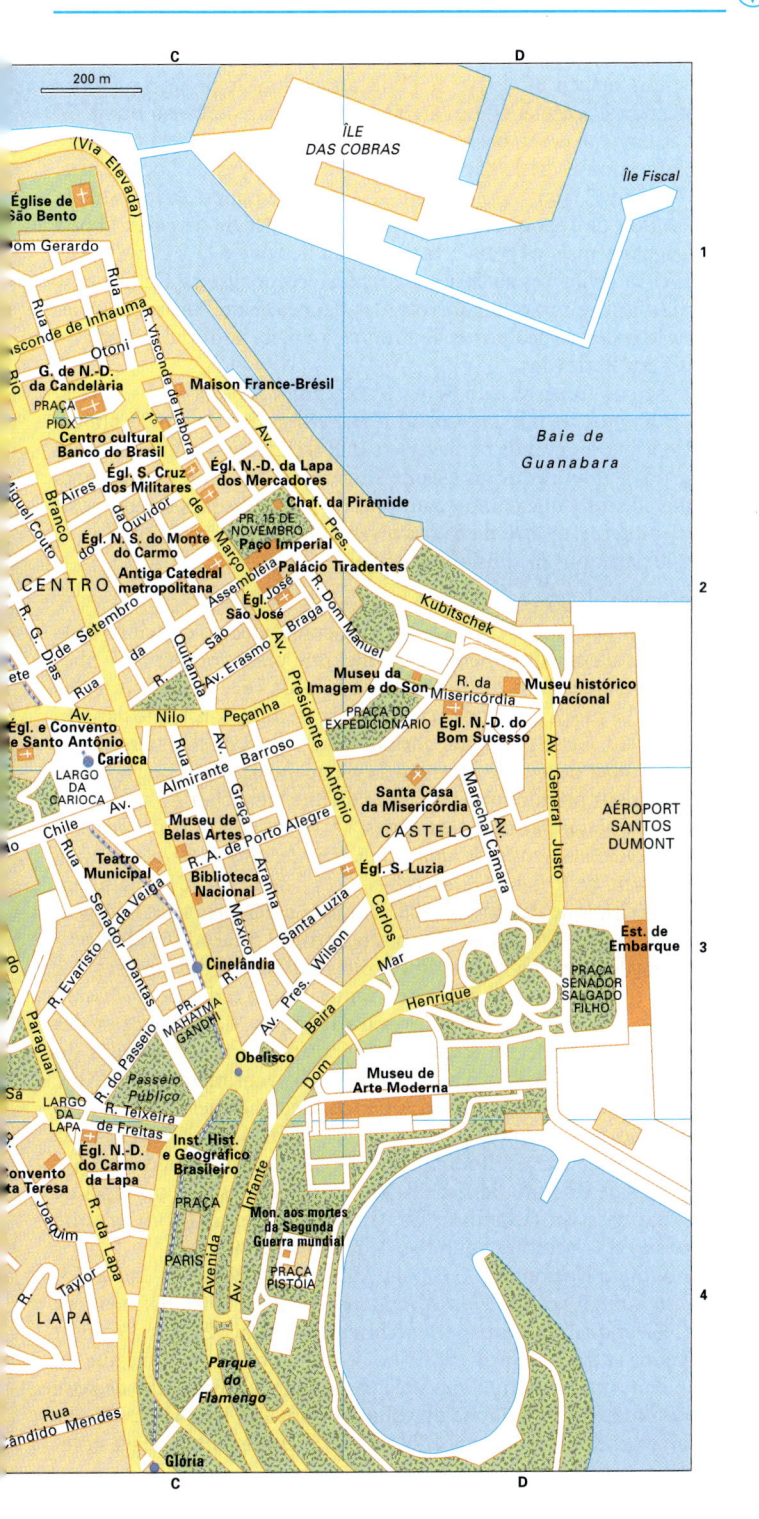

111

**Île das Cobras**
**Île Fiscal**
**Baie de Guanabara**

- Église de São Bento
- Dom Gerardo
- Rua de Inhauma
- Visconde de Inhauma
- Otoni
- G. de N.-D. da Candelária
- PRAÇA PIO X
- Centro cultural Banco do Brasil
- Maison France-Brésil
- Égl. S. Cruz dos Militares
- Égl. N.-D. da Lapa dos Mercadores
- Chaf. da Pirâmide
- R. do Ouvidor
- Égl. N. S. do Monte do Carmo
- PR. 15 DE NOVEMBRO
- Paço Imperial
- Antiga Catedral metropolitana
- Palácio Tiradentes
- Assembléia
- Égl. São José
- R. Dom Manuel
- CENTRO
- R. G. Dias
- Av. Pres. Kubitschek
- Rua da Quitanda
- Av. Erasmo Braga
- Av. Nilo Peçanha
- Museu da Imagem e do Son
- R. da Misericórdia
- Museu histórico nacional
- PRAÇA DO EXPEDICIONARIO
- Égl. N.-D. do Bom Sucesso
- Égl. e Convento de Santo Antônio
- Carioca
- LARGO DA CARIOCA
- Av. Almirante Barroso
- Av. Presidente António
- Santa Casa da Misericórdia
- Rua Chile
- Rua Graça Aranha
- R. A. de Porto Alegre
- Museu de Belas Artes
- CASTELO
- Av. Marechal Câmara
- AÉROPORT SANTOS DUMONT
- Teatro Municipal
- Biblioteca Nacional
- Égl. S. Luzia
- R. México
- Santa Luzia
- R. Senador Dantas
- R. Senador da Veiga
- Cinelândia
- Carlos
- Wilson
- Est. de Embarque
- PRAÇA SENADOR SALGADO FILHO
- R. Evaristo
- PR. MAHATMA GANDHI
- Av. Pres. Beira Mar
- Henrique
- R. do Passeio
- Passeio Público
- Obelisco
- R. Teixeira de Freitas
- LARGO DA LAPA
- Égl. N.-D. do Carmo da Lapa
- Inst. Hist. e Geográfico Brasileiro
- Museu de Arte Moderna
- Convento Sta Teresa
- R. da Lapa
- Joaquim
- PRAÇA PARIS
- Mon. aos mortos da Segunda Guerra mundial
- PRAÇA PISTÓIA
- Av. Infante Dom
- Taylor
- LAPA
- Rua Cândido Mendes
- Parque do Flamengo
- Glória

200 m

**Le Palácio Gustavo Capanema\***, ex Palais de la Culture (*rua da Imprensa*), ancien ministère de l'Éducation, dont le projet fut fondamental pour l'acceptation de l'architecture contemporaine au Brésil. En effet, le jury, qui devait décider de la construction du nouveau ministère de l'Éducation et de la Santé, avait rejeté les projets de Lúcio Costa, Afonso Reidy, Oscar Niemeyer, etc. À la dernière minute, le ministre de l'Éducation de l'époque, Gustavo Capanema, décide de payer le prix aux gagnants mais de confier la réalisation de l'ouvrage à Lúcio Costa. Celui-ci va inviter ses collègues, mais aussi leur maître Le Corbusier, à travailler sur le projet final. Notez les panneaux de Portinari sur les parois latérales, les sculptures de Bruno Giorgi, les jardins de la terrasse réalisés par Burle Marx.

**Le museu da Imagem e do Som\*** II-D2 (*praça Rui Barbosa 1* ☎ *(021) 262.0309; ouv. du lun. au ven. de 13h à 18h*). Plus de 10 000 photos de Rio avant les grands bouleversements architecturaux du début du siècle; des gravures originales de Rugendas, de Debret et d'autres artistes; discothèque comprenant plus de 50 000 disques de compositeurs et interprètes brésiliens; archives Almirante regroupant plus de 200 000 partitions de musique populaire.

## Cinelândia II-C3

Vers la fin des années 1910, le gouvernement décide d'inclure dans son projet d'embellissement de la ville, une place comprenant cinémas et théâtres afin de répondre à la plus récente passion des *Cariocas*. La praça Floriano ou Cinelândia est ainsi construite dans les années 1920. Cette place, qui abritait aussi salons de thé, bars et restaurants, allait devenir le centre de la vie nocturne. Vous pouvez vous y arrêter pour prendre une *caipirinha* ou une bière chez Amarelinho.

**Le museu Nacional de Belas Artes\*\*\*** II-C3 (*av. Rio Branco 199* ☎ *(021) 240.0068, gratuit le dim. et t.l.j. pour les plus de 60 ans; ouv. du mar. au ven. de 10h à 18h, le week-end et j.f. de 14h à 18h*). Bâtiment de style éclectique datant de 1908, le musée a démarré avec la collection particulière de D. João VI, roi du Portugal exilé au Brésil. Il renferme également des toiles de l'école *fluminense*, des œuvres des peintres français Taunay et Debret, venus dans le cadre de la Mission artistique de 1816, des sculptures du Français Marc Ferrez et des médailles de son frère, le graveur Zéphyrin Ferrez, des toiles du Hollandais Franz Post et d'artistes brésiliens ayant marqué le XIXe s. comme Victor Meirelles, Pedro Américo (deux héritiers du néo-classicisme, surtout inspirés par des thèmes historiques), Zeferino da Costa, Almeida Júnior, Rodolfo Amoêdo, Henrique Bernadelli et des sculptures de Rodolfo Bernadelli. Vous y verrez aussi les paysages de João Baptista Castagneto et de Antônio Parreiras (dont la toile *Sertaneja*) et la peinture figurative de Eliseu Visconti.

**La Biblioteca Nacional\*\*** II-C3 (*av. Rio Branco 219* ☎ *(021) 262.8255; ouv. du lun. au ven. de 9h à 20h, le sam. de 9h à 15h*). Bâtiment de style éclectique réalisé par les architectes français Hector Pépin et Taupenot entre 1905 et 1910, la bibliothèque trouve son origine en 1810, dans une collection apportée par la famille royale. Elle dépasse aujourd'hui les 3,5 millions de volumes dont 185 incunables. Notez les tableaux de Rodolfo Amoêdo sur l'escalier menant à l'étage et les colonnes corinthiennes.

Le Teatro Municipal** II-C3 (*praça Floriano* ☎ *(021) 297.4411*). Construit entre 1905 et 1909, inspiré de l'Opéra de Paris, ses principales toiles sont l'œuvre d'Eliseu Visconti. Les décors intérieurs sont un mélange de baroque, de néo-rococo et d'art nouveau. Les huit grands panneaux illustrant l'histoire de la danse au travers les siècles sont de Rodolfo Amoêdo et les mosaïques de Henrique Bernadelli. Le théâtre accueille aujourd'hui une importante troupe de ballet nationale et de l'opéra. Vous pouvez boire un verre au **café do Teatro**, situé à l'entrée latérale, décorée de bas-reliefs de type assyrien.
Si vous prenez l'av. Rio Branco vers le sud, vous arrivez praça Mahatma Gandhi II-C3. Outre l'obélisque en granit érigé pour commémorer l'ouverture de l'av., voir le **Passeio Público*** II-C3, plus ancien jardin public de Rio. Construit en 1783, son plan d'aménagement (terrasses, pavillons, statues, porte d'entrée), semblable au jardin botanique de Lisbonne, est l'œuvre de Valentim. Il reste peu d'éléments du projet original : la porte et la fontaine des Jacarés. Remodelé en 1860, le jardin offre une promenade agréable sous les amandiers, figuiers et autres arbres centenaires.

## Le largo da *Carioca* II-C2-3
Une grande place un peu désordonnée qui s'emplit d'échoppes d'artistes et vendeurs d'artisanat, située entre l'av. Almirante Barroso et la rua da Carioca, (*M° Carioca*). Autour, plusieurs monuments et églises :
**Le convento de Santo Antônio**\*** II-C2 (☎*(021) 262.0129; ouv. du lun. au ven. de 14h à 17h*). Sa construction a duré pendant tout le XVIIIe s. L'église date, quant à elle, de 1615. Notez le chœur recouvert de feuilles d'or, les sculptures en bois polychrome des saints franciscains et l'autel aux colonnes torses. Les tableaux du sanctuaire sont l'œuvre du moine Ricardo do Pilar, précurseur de l'école *fluminense*. Belle sacristie : sol en marbre de Carrare, meubles à tiroirs en jacarandá, murs couverts d'*azulejos* et plafond avec tableaux enchâssés dans des caissons dorés. Le couvent, plus sobre, a servi de refuge à la population pendant la guerre contre les Français. Il abrite de nombreuses sépultures de la famille royale ainsi que des portraits. Ébénisterie de Manuel Setúbal. Beau parvis plein d'arbres et vue sur la mer.
**L'église da Ordem Terceira de São Francisco da Penitência**\*** II-B3 (☎*(021) 262.0197; ouv. du lun. au ven. de 14h à 17h*). Cette église baroque aux décors intérieurs feuillés d'or a été construite entre 1653 et 1773. Ses dimensions, plus larges que hautes, la distinguent un peu des autres. Vous remarquerez les boiseries en jacarandá, les peintures et sculptures du portugais Manuel de Brito, le plafond peint par Caetano da Costa Coelho, introducteur de la perspective dans la peinture brésilienne et principale figure de l'école *fluminense*. Sur place, un petit musée d'art religieux.

## La praça São Francisco II-B2
**L'église São Francisco de Paula*** II-B2. Construite de 1759 à 1800, elle se caractérise par ses tours revêtues d'*azulejos*. Sanctuaire en bois sculpté de Valentim. Voir aussi à l'intérieur, la chapelle des Vitórias avec d'autres boiseries de Valentim et des peintures de Manuel da Cunha.
**L'église N.-D. da Conceição e Boa Morte*** (*rua do Rosário*). Construite entre 1735 et 1833. Frontispice et maître-autel de Valentim. Dans la sacristie, des toiles de Leandro Joaquim et Raimundo da Costa e Silva.

## La praça da República ou campo de Santana II-AB-2

Un peu plus loin du centre, autour de l'av. Pres. Vargas II-A-B2 (4 km de long, 80 m de large), vous trouverez un quartier très mouvementé. La construction de l'av. reliant le centre à la zone nord, imposée par l'augmentation de la circulation, a complètement modifié le centre. Inaugurée en 1944, elle a nécessité la destruction de quatre églises, d'un marché, de la mairie et de quelques 500 édifices.

**Le campo de Santana** II-A2-3 (*praça da República, à côté de la gare D. Pedro II, M° Central; ouv. t.l.j. de 8h à 18h*). Parc public composé de 155 000 m² d'arbres, de petits lacs, de jardins où quelques agoutis se promènent librement. Le parc a été le théâtre de deux événements historiques majeurs : acclamation de D. Pedro comme empereur et proclamation de la République.

Plus au nord, se trouve le **Palácio do Itamarati**\*\* II-A2 (*av. Mar. Floriano 196 ☎ (021) 253.2828; ouv. lun., mer., ven. de 14h à 17h*), ancien ministère des Affaires Étrangères (1897-1970), intéressant bâtiment néo-classique rose abritant une belle collection de mobilier, tapis, porcelaines, statues et peintures.

En descendant l'av. Pres. Vargas, rua Marquês de Sapucaí, vous arrivez au **Sambodrome** : une avenue de 700 m de long, entourée de tribunes se terminant par un grand arc en béton, où d'aucuns voient les fesses d'une mulâtresse en bikini (précisément lorsque, debout, celle-ci tenterait de toucher ses pieds avec ses mains). Construit en 1984, sous le gouvernement de Brizola, le Sambodrome est un ouvrage un peu pharaonique vivement critiqué, qui s'est toutefois révélé nécessaire dans la mesure où l'av. Getúlio Vargas ne pouvait plus accueillir la foule. Sur la praça da Apoteose, le **museu do Carnaval** II-A3 hors plan raconte l'histoire des écoles de Samba (*entrée sur la rua Frei Caneca ☎ (021) 293.9996; ouv. du mar. au dim. de 11h à 17h*).

## Lapa II-C3-4

Ce quartier fut, dans les années 1930, le centre de la bohème *Carioca*. Le soir, il était impossible, racontent les chroniques de l'époque, de trouver une table dans les cafés bondés de Lapa, où abondaient bars, restaurants, bordels, fréquentés par les intellectuels, les musiciens et les bandits. Les filles du quartier étaient d'ailleurs les muses officielles des grands sambistas brésiliens comme Noël Rosa, Leonel Cartola, Heitor dos Prazeres. On y allait pour danser, chanter, jouer au billard ou bavarder. Une atmosphère de fête régnait dans ce quartier aux demeures anciennes et aux murs déjà noircis. Mais en 1937, pour mettre un terme à la prostitution, la police ferme les cabarets. Le quartier a néanmoins gardé son côté pittoresque.

**L'église N.-D. do Carmo da Lapa do Desterro**\* II-B4 (*largo da Lapa*). Le couvent a été détruit par un incendie. Notez les tours recouvertes d'*azulejos* (rares, du XIXe s.) et les images des apôtres recouvertes d'argent réalisés par Valentim.

**L'Arcos da Lapa**\*\*\* II-B3 ou aqueduto da *Carioca* (*près du largo da Lapa*). Construit en 1732 à la manière des aqueducs romains, il faisait partie intégrante de l'aqueduc qui liait le morne de Santa Teresa à celui de Santo Antônio (rasé). Ces deux ouvrages ont été construits sur le fleuve *Carioca*, afin d'apporter l'eau au centre-ville; 42 arcs de pierre sur 270 m de long et 64 m de haut. Depuis 1986, le tramway reliant le quartier colonial de Santa Teresa y circule. Meilleure vision de l'ouvrage depuis la nouvelle cathédrale de Rio, en face.

**La Catedral metropolitana São Sebastião\* (Nova Catedral) II-B3** (*av. Rep. do Chile 245; ouv. de 8h à 16h et le sam. matin; messe le dim. à 10h*). Construite entre 1964 et 1976, cet édifice de forme pyramidale d'un diamètre interne de 96 m et d'une hauteur de 80 m, peut recevoir plus de 20 000 personnes ; l'autel fait dans une seule pièce de granit pèse 8,5 t ; la croix suspendue sur l'autel mesure 10 m ; les quatre vitraux symbolisent l'église unique (vert), sainte (rouge), catholique (bleu) et apostolique (jaune). Derrière la cathédrale, les amateurs d'architecture moderne apprécieront aussi les trois immeubles du « Triangle des Bermudes », ainsi nommés car ils sont les sièges de compagnies qui ont été des gouffres de l'argent public. L'un d'eux, celui de la Petrobras, est l'œuvre de Roberto Gandolfi.

**L'aterro do Flamengo\*\* II-C4**
Ce terre-plein gagné sur la baie, le long de 5 km de plage, réalisé pour débloquer le passage de la zone sud vers le centre, qui s'étend des environs de l'aéroport à la plage de Botafogo, abrite le parc du Flamengo : 1 200 000 m² de vert, de multiples terrains de football, volley-ball, basket-ball, piste de vélo. Dans le parc, vous verrez :
**Le museu de Arte Moderna (MAM)\* II-D3** (*av. Infante D. Henrique 85 ☎ (021) 210.2188; ouv. du mar. au dim. de 12h à 18h*). Exemple d'architecture moderne dû à Afonso Reidy (les jardins ont été créés par Burle Marx) construit entre 1957 et 1967, il possède une importante collection d'art moderne brésilien (l'incendie de 1978 a détruit pas mal d'œuvres). Celle-ci n'est pas toujours visible en raison de nombreuses expositions temporaires d'un intérêt souvent limité. Renseignez-vous avant de vous y rendre. Devant le musée, notez la passerelle en béton de Reydi.
**Le Monumento aos mortos** de la Seconde Guerre mondiale (*praça Pistóia*) **II-C4**, édifié en 1960. En dessous, un musée expose armes et instruments utilisés pendant la guerre. Au sous-sol, le tombeau des soldats. La sculpture est d'Alfredo Ceschiatti, le panneau métallique de Júlio Catelli, le panneau en céramique d'Anísio Medeiros.
Plus proche de Botafogo, vous verrez le monument dédié à Estácio de Sá, fondateur de la ville ayant chassé les Français de la baie de Guanabara, réalisé par Lúcio Costa en 1973. Il y a aussi le petit **museu Carmen Miranda**.

## La zone sud

### ♥ Santa Teresa\*\* II-B4
Près du centre, sur une butte s'appuyant sur les collines de la forêt da Tijuca, se trouve le quartier le plus pittoresque de la ville. C'est le Rio « *das ladeiras* » (des rues en pente) : maisonnettes anciennes, chaussées étroites, ruelles pavées, ateliers d'artistes, petits restaurants, coins charmants… La vue sur la baie de Guanabara y est magnifique. Pour y aller, prendre le tramway au largo da Carioca II-C2-3 (*M° Carioca*) passant par l'Arcos da Carioca. Il fonctionne de 6h à 22h depuis 1896, les habitants y sont très attachés (attention aux pickpockets).
**Le convento et igreja de Santa Teresa\*\* II-C4** (*ladeira de Santa Teresa 52*). Ce couvent jésuite, de style baroque, a été construit de

1750 à 1765 par l'architecte militaire Alpoim. On remarquera l'entrée principale recouverte d'*azulejos* de la première moitié du XVIIIe s. avec des thèmes de l'Ancien Testament, les boiseries intérieures rococo attribuées à Valentim, le mobilier ancien et quelques tableaux de José Oliveira Rosa et Manuel da Cunha.

**Le museu Chácara do Céu**\*\*\* I-D3 (*rua Murtinho Nobre 93 ☎ (021) 224.8981; ouv. du mer. au dim. de 12h à 17h*). Dans une magnifique villa, la collection de la Fondation Ottoni de Castro Maia, propriété d'un riche collectionneur et mécène : peinture orientaliste du XVIIIe s., toiles de Monet, Picasso, Dali, œuvres d'artistes brésiliens des XIXe et XXe s. (à noter les toiles de Portinari et de Di Cavalcanti, célèbres peintres contemporains brésiliens), mobilier brésilien et oriental, argenterie brésilienne; sculptures chinoises, brésiliennes et françaises. Du jardin, vous pouvez accéder directement au Centre culturel Laurinda Santos Lobo. Vue sublime sur Rio.

## Glória

**L'église N.-D. do Outeiro da Glória**\*\* III-C1. Située au sommet de la colline da Glória, cette charmante église (la seule de style baroque) fut construite entre 1714 et 1738. Notez les décors intérieurs en *azulejos*, les panneaux venus de Lisbonne représentant des scènes bibliques, les bénitiers de marbre de l'entrée et les boiseries fin rococo/début néo-classique. De forme octogonale, l'église se caractérise par sa tour unique de 61 m de haut offrant une magnifique vue sur l'anse da Glória et la baie de Guanabara. Du petit parvis, belle vue aussi sur le parc du Flamengo. Petit **museu de Arte Sacra** (*ouv. du lun. au ven. de 8h à 12h et de 13h à 17h, le week-end jusqu'à 12h ☎ (021) 225.2869*).

## Catete et Flamengo III-C1

Mi-ancien, mi-rénové, ce quartier fut autrefois un lieu sophistiqué, résidence des présidents de la République et de riches familles. Devenu commercial au fur et à mesure que la haute société le désertait, il garde encore quelques rues charmantes et son parc, parque do Flamengo I-D3, qui s'étend du centre, de l'aéroport Santos Dumont, à la plage de Botafogo.

**Le museu da República**\*\*\* ou **Palácio do Catete** III-C1 (*rua do Catete 153 ☎ (021) 225.4302; ouv. du mar. au dim. de 12h à 17h*). Construit entre 1858 et 1867, en style néo-classique, mais avec une façade à la manière des palais de la Renaissance italienne, il fut d'abord une demeure. En 1896, il devint le siège du gouvernement fédéral puis la résidence des présidents de la République. C'est ici que Getúlio Vargas se suicida en 1954.

Il fut transformé en musée en 1960, lorsque Brasília devint capitale fédérale. Mobilier français et brésilien, toiles d'artistes brésiliens (Henrique Bernadelli, Batista da Costa, Décio Vilares, Rodolfo Amoêdo, etc.); objets, armes, documents retraçant l'histoire nationale et le quotidien des hommes politiques qui y ont séjourné de la fin de l'empire jusqu'en 1960. Remarquez l'imposant escalier de marbre et de bronze de l'entrée. Des concerts de musique classique gratuits y ont lieu le mercredi; il faut venir chercher son entrée le matin.

## Botafogo III-C2

Ce fut le quartier des ambassades lorsque Rio était la capitale du Brésil. Quartier du Yacht club et du premier port sur la baie de Guanabara, il se caractérise par des constructions basses, avec assez peu de buildings. Botafogo ne présente pas d'intérêt particulier, hormis quelques bonnes adresses de restaurants et de petits musées. Si vous êtes sur place, vous pouvez visiter :

**La Casa de Rui Barbosa\*** III-B2 (*rua São Clemente 134* ☎ *(021) 286.1297; ouv. du mar. au ven. de 13h à 16h, le week-end de 14h à 17h, visite guidée en français*). Demeure néo-classique, décors Belle Époque. L'ancienne résidence du juriste et intellectuel Rui Barbosa, l'un des grands idéologues de la République, fondateur de l'Académie brésilienne de Lettres.

**Le museu Villa-Lobos\*** III-B2 (*rua Sorocaba 200* ☎ *(021) 266.3845; ouv. du lun. au ven. de 10h à 17h30*). Disques, programmes de concerts, partitions des compositions du célèbre chef d'orchestre et compositeur brésilien Heitor Villa-Lobos, grand connaisseur de la musique folklorique brésilienne, dont l'œuvre, influencée par celle de Debussy, s'imposa par son originalité et son imprégnation des traditions afro-brésiliennes et indiennes.

**Le museu do Índio\*** III-B2 (*rua das Palmeiras 55* ☎ *(021) 286.8799; ouv. du mar. au ven. de 10h à 18h et le week-end de 13h à 17h, gratuit*). Collection de plus de 12 000 photos, livres, revues, instruments de musique, masques, céramiques, plumes, objets de cérémonie des Indiens du Xingu, Pará, Maranhão et des tribus du Sud et du Paraguay.

## Lagoa et Jardim Botânico III-A3

♥ **Le Jardim Botánico\*\*\*** (*rua Jardim Botânico au 1008 pour les voitures, au 920 pour les piétons; t.l.j. de 8h à 17h*). Une superbe promenade pour les amoureux de la nature. Dès son arrivée au Brésil, en 1808, le prince régent João VI fit construire un jardin pour la famille royale. De cette époque datent les superbes palmiers royaux, hauts de plus de 30 m, qui bordent l'allée principale. On raconte que le capitaine Luís de Abreu, fait prisonnier par les Français et enfermé à l'île Maurice, s'enfuit en emmenant avec lui des plantes et des graines du jardin Gabrielle qu'il offrit au roi. Ce dernier les fit planter dans le jardin royal. Ce sont aujourd'hui 141 ha de jardins, plus de 5 000 variétés de plantes du Brésil et d'ailleurs, des arbres fruitiers, dont les exotiques jaquiers et jambosiers, et plusieurs espèces de fleurs, dont de magnifiques orchidées, six lacs avec de superbes nénuphars amazoniens géants (floraison en février et mars). Soit l'une des plus grandes expositions de plantes vivantes réunies dans un jardin botanique. Vous verrez aussi deux statues de Valentim (la *déesse Cerès*, première statue fondue au Brésil, et une *Diane*), le portail de Montigny, la fontaine centrale.

**Le parque Lage\*** III-A3 (*rua Jardim Botânico, 414 ; ouv. t.l.j. de 9h à 17h*). Siège de l'Institut d'arts visuels et jardin public, réalisé en 1840 par le paysagiste anglais John Tyndale, il a subi depuis diverses réformes. Le bâtiment de l'Institut est de style éclectique ; le parc avec ses 93,5 m$^2$, de beaux palmiers, de petites grottes, des ponts et plans d'eau, où se déroulent de temps à autre des pièces de théâtre en plein air, est un lieu de promenade apprécié des *Cariocas*.

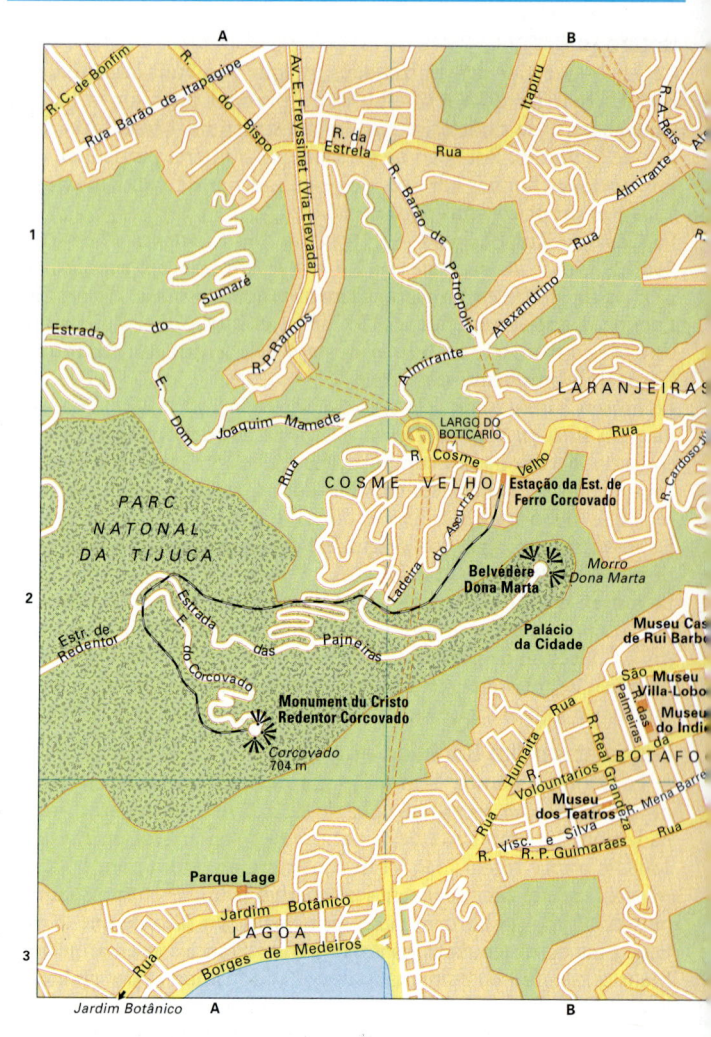

Rio III : le sud

## Corcovado et Cristo Redentor*** III-A2

▶ *Par le funiculaire, construit en 1885, du chemin de fer Corcovado, la montée dure env. 20 mn (rua Cosme Velho 513 ☎ (021) 285.2533; t.l.j. de 8 h 30 à 18 h 30, toutes les 30 mn). Que vous vous y rendiez par le funiculaire ou en voiture, vous devrez encore gravir 225 marches.*

Symbole de la ville, magnifique point de vue sur Rio : visite très touristique, mais non moins obligatoire ! Le **Corcovado** (dérivé de l'adjectif « bossu ») est une montagne de 704 m de haut dont la forme fait penser effectivement à un bossu, sur laquelle se dresse la **statue géante du Christ Rédempteur**. Cette œuvre de l'ingénieur brésilien Heitor da Silva Costa et du sculpteur français Paul Landowski, inaugurée en 1931, après cinq ans de travail, est un monument en pierre savon haut de 38 m (30 m de statue et 8 m de support), pesant 1 145 t. Avec ses bras ouverts (28 m d'une main à l'autre) embrassant la ville, il personnifie le confort des âmes, l'accueil et l'hospitalité de Rio dans toute sa splendeur. De droite à gauche : les plages de Leblon et d'Ipanema, séparées par un canal liant la lagune Rodrigos de Freitas à la mer ; Copacabana derrière les *morros;* les plages de la baie de Guanabara, l'anse de Botafogo, Flamengo, les quartiers de Glória, Santa Teresa, le centre, le pont Rio-Niterói, le stade Maracanã. Ce panorama prodigieux vous permettra de comprendre parfaitement la configuration de la ville. Pour une meilleure vue sur le Pain de Sucre et le quartier de Urca, allez au belvédère Dona Marta **III-B2**. Ce dernier qui est, paraît-il, toujours dégagé permet de ne pas rater la visite en cas de nuages. En hiver, il fait un peu frais là-haut, prenez un pull-over.

## Le Pão de Açúcar ★★★ III-D2

➤ *Prendre le téléphérique (av. Pasteur, Praia Vermelha, Urca ☎ (021) 541.3737 ; t.l.j. de 8 h à 22 h, départ toutes les 30 mn).*

Autre symbole de Rio, autre visite à ne pas manquer ! Le **Pão de Açúcar** est un rocher de granit de 395 m de haut, s'avançant sur l'entrée de la baie de Guanabara, sorte de cœur tellurique de la ville.

Deux étapes jusqu'au sommet. La première au **morro da Urca** : 217 m, une première vue de la ville, un endroit toujours animé avec bar, restaurant, discothèque, théâtre où se déroulent souvent des concerts le soir. Pour passer au Pain de Sucre, il vous faudra prendre un deuxième téléphérique. Sur place, une vue grandiose (différente de celle que l'on a depuis le Corcovado) : d'un côté, Copacabana, les plages d'Ipanema et Leblon, le Corcovado, de l'autre, Flamengo, le centre, le chaos de la baie de Guanabara, ses rochers, ses îles surgissant de la mer jusqu'à la ville de Niterói, de l'autre côté de la baie. La plus belle heure pour découvrir ce spectacle saisissant est la fin de l'après-midi, lorsque les lueurs du soleil couchant s'éternisent sur les rochers et que s'allument les lumières de ville.

Après cette visite, vous pouvez déambuler sur le **caminho dos Beija-Flores**★★ ou piste Cláudio Coutinho. Accès par la praia Vermelha (Urca), vue superbe.

## Les plages★★★

Les quartiers longés par la mer puisent leur animation dans les plages. C'est toute une page de la vie *Carioca* qui se noue autour de ces 40 km de sable s'étirant du Flamengo à Grumari. Côté baie, on ne se baigne pas en raison de la pollution. Plus que la plage cependant, c'est la rue qu'affectionnent les *Cariocas*, qui restent très peu chez eux.

L'animation constante du front de mer donne à Rio l'atmosphère unique d'une grande ville où l'on ne ressent jamais le stress des grands centres urbains, un air de douce villégiature inimitable. À l'instar des *Cariocas*, allez à la plage avec le minimum de choses et sans objets de valeur.

### Leme et Copacabana IV-D1

Sur la même anse, une même plage, deux noms, deux ambiances. Leme est plus calme, moins peuplée que Copacabana qui a inspiré tant de musiciens. De la première, où les riverains continuent de se rendre surtout en semaine, même si la propreté n'y est pas toujours assurée (regardez l'indication sur le panneau : *própria* ou *imprópria*), vue d'ensemble de la plage. Copacabana, très fréquentée la semaine par les retraités et les familles du quartier, est envahie le week-end par les habitants des *morros* et des favelas.

Le quartier de Copacabana, qui s'étend derrière l'av. Atlântica, plus ancien quartier résidentiel des plages de Rio, a fêté ses cent ans en 1992. Devenu le centre du commerce populaire, bruyant, encombré par le flux des voitures, piétons, échoppes des camelots, on y verra quelques vieux gratte-ciel des années 1930, souvenir de l'époque où Copacabana gagna une renommée internationale.

Le fameux **Copacabana Palace** avec son casino et sa boîte de nuit reste le symbole vivant de ce lustre passé, de ces années folles marquées par une profonde transformation des mœurs : les femmes se libèrent, participent à la vie nocturne (fin des maisons de passe), les maillots de bain rétrécissent, la peau bronzée et le teint mat deviennent à la mode, sensuels.

## Ipanema IV-C2 et Leblon IV-B2

Après le fort de Copacabana et le parc do Arpoador IV-C2 ou Garota de Ipanema (hommage à Carlos Jobim et Vinícius de Moraes) formant séparation avec Copacabana, se trouvent successivement Ipanema et Leblon : entre une belle anse sur l'océan et la lagune, quartier plus chic, plus aéré et plus vert que le précédent. Les immeubles de l'av. littoral Vieira Souto IV-C2 (le dimanche, une partie de l'avenue devient piétonne) sont plus modernes et moins hauts, d'où l'atmosphère moins oppressante. On y trouve commerces de luxe, restaurants, bars, boîtes à la mode, rues résidentielles (vers Lagoa surtout pour ces dernières).

**La plage do Arpoador** IV-C2, 500 m de long, entre le Fort de Copacabana et la rue Francisco Otaviano, qui marque le début de la piste cyclable, est, avec ses grosses vagues, la plage des surfeurs.

**La plage de Ipanema** IV-BC2 est très sélective. Les *postos* (à l'origine, postes de sauvetage) démarquent les limites de chaque groupe social, par exemple, le six est celui des homosexuels. S'il y a trop de monde le week-end, l'ambiance est très sympathique pendant la semaine. Charme de la plage brésilienne, les vendeurs qui passent toutes les cinq minutes. Un grand marché ambulant ! En face, les îles Palmas, Cagarras, Comprida et Rasa, où l'on pratique la pêche sous-marine. Sur la droite, vous pouvez observer le *morro* Dois Irmãos IV-A2 **hors plan** et la pierre da Gávea IV-A2 **hors plan**.

Après la plage, les *Cariocas* aiment bien se réunir pour prendre un verre. Les bars sont nombreux : du célèbre Barril 1800, à Ipanema, au Caneco 70, à Leblon, en passant par le bar do Veloso.

C'est sur la rua Visconde de Pirajá IV-C2, à hauteur de la praça N.-D. da Paz, que vous trouverez le plus de magasins et les boutiques les plus intéressantes. L'ambiance est toujours animée, mais plus bourgeoise. On peut visiter les **musées des bijoutiers-joailliers H. Stern et Amsterdam Sauer**\*\*, qui se trouvent respectivement au 113 de la rue Garcia d'Ávila (*ouv. du lun. au ven. de 9h à 18h, le sam. de 9h à 12h*) et au 105 de la rue Garcia d'Ávila (ouv. *du lun. au ven. de 10h à 17h, le sam. de 9h30 à 13h*). Même si vous ne voulez pas acheter des pierres ou des bijoux, un coup d'œil vaut la peine (incroyable collection de pierres précieuses brutes ou taillées).

Le quartier de Leblon est séparé d'Ipanema par le jardin d'Alá IV-B2, canal reliant Lagoa et la mer, sur lequel on a construit un jardin. L'av. Delfim Moreira IV-B2, qui continue l'av. Vieira Souto, est aussi élégante que cette dernière. Le quartier qui s'étend derrière l'est moins. Le Baixo Leblon (Bas Leblon), entre les rues Dias Ferreira IV-AB2 et Ataúlfo de Paiva IV-B2, est très animé le soir. Ambiance jeune et décontractée. Leblon (qui disparaît un peu chaque jour, la marée montant jusqu'à la chaussée) est plus calme qu'Ipanema, l'ambiance y est plus familiale. Il s'y déroule de nombreux matches de volley de plage.

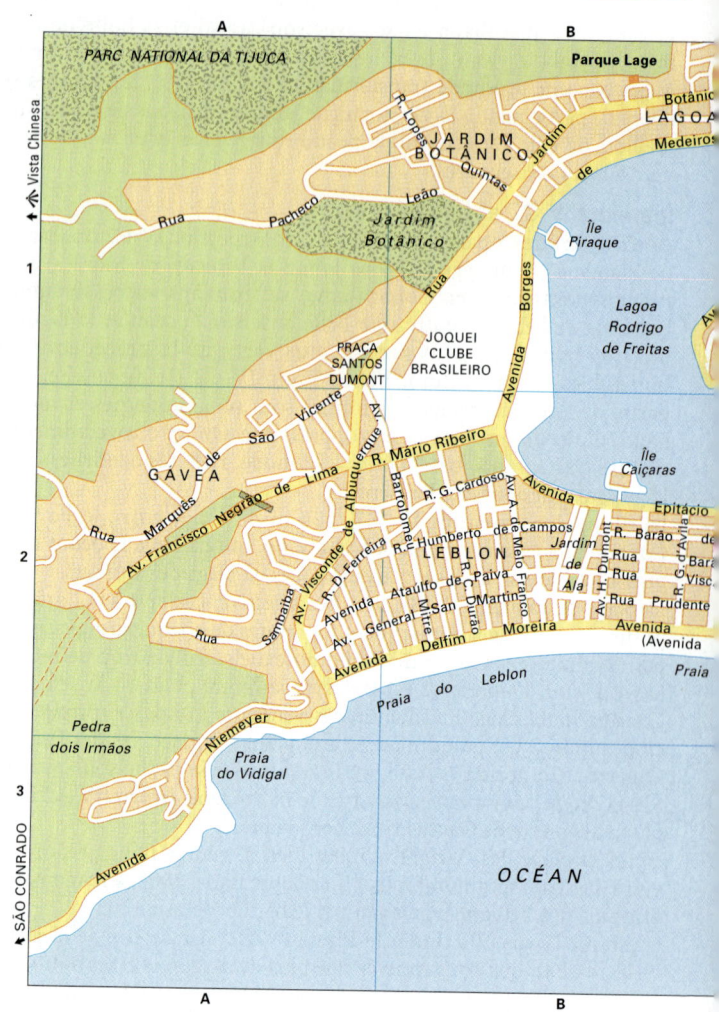

Rio IV : les plages

## São Conrado, Barra da Tijuca IV-A3 hors plan

La zone sud s'étend désormais vers ces plages, au-delà du *morro* Dois Irmãos. Pour s'y rendre, emprunter l'av. Niemeyer qui relie Leblon à São Cristóvão par la côte. Le panorama y est époustouflant.

À **São Conrado**, vous pouvez rejoindre la forêt da Tijuca I-B3 par la route da Canoa. Sur place : le Gávea Golf club, l'hôtel Intercontinental, la plage du Pepino, IV-A3 hors plan, la préférée des jeunes, des artistes et des surfeurs, commençant av. Niemeyer et allant jusqu'au tunnel de São Conrado. De là, vous apercevrez les vols de delta-plane partant de Pedra Bonita IV-A2 hors plan (706 m d'altitude), dans le Parc national da Tijuca.

Vous arrivez ensuite à **Barra da Tijuca** I-B4. Au large : l'île do Meio, plus loin, les îles Alfavaca et Pontuda. Ces dernières années, Barra da

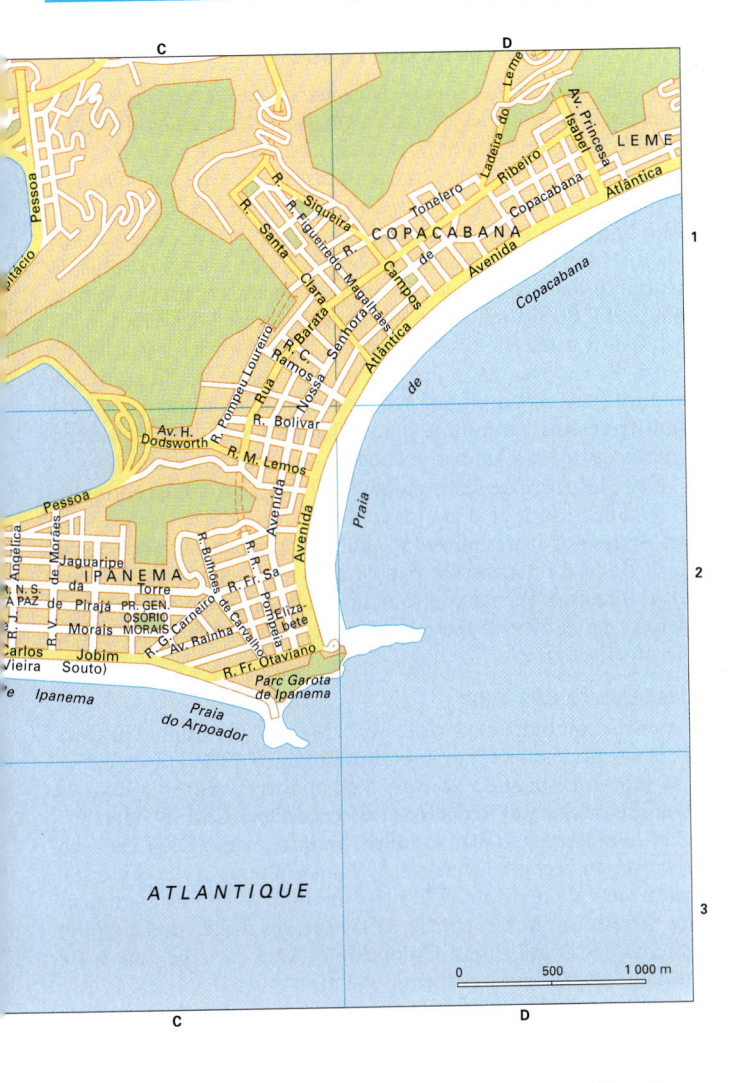

Tijuca a connu un formidable essor. Vous y trouverez shopping centers, immenses condominiums à l'américaine, hôtels, restaurants, boîtes de nuit et motels ! Plage de sable blanc et végétation typique des terrains aréneux et salins du littoral : la *restinga*. L'océan se fait plus violent car il ne s'agit plus d'anses ou de baies, mais de mer ouverte.

Plus vous continuez vers le sud, plus la plage devient déserte, sauvage. À **Recreio dos Bandeirantes**, sorte de presqu'île, vous pouvez voir la lagoa de Marapendi I-A4 ou continuer jusqu'aux plages de Prainha et Grumari, toutes deux excellentes pour le surf. Joli paysage entouré de montagnes.

Un peu plus loin, sur l'av. Sernambetiba, la **praia do Lokau**\*\* I-A4 hors plan offre ses eaux cristallines et quelques bons restaurants. Cette très belle promenade peut être complétée par un bon repas à Barra de Guaratiba : bons poissons et huîtres, pour pas cher.

## La forêt da Tijuca***

▶ *Accès par São Conrado (routes da Canoa ou das Furnas), par le jardin botanique ou encore par Cosme Velho. Nous déconseillons l'entrée à partir de la zone nord, depuis les quartiers de Tijuca et Usina (la route n'est pas belle). Si vous n'avez pas de voiture et que vous êtes plusieurs, prenez un taxi. Autrement, des agences proposent des circuits.*

Située à l'intérieur du Parc national da Tijuca, la Tijuca est la plus grande forêt urbaine du monde. La végétation de la forêt est celle de la luxuriante *mata atlântica* qui, originellement, recouvrait la plus grande partie du littoral brésilien. Détruite pour l'exploitation du bois, puis du café, elle fut replantée ici en 1861 à l'initiative de D. Pedro II. Ce premier reboisement écologique de l'histoire du Brésil aurait été accompli par six esclaves, qui y auraient travaillé pendant treize ans. On estime que 10 000 arbres ont été replantés : *ipês, peroba, pau-ferro,* jaquier, *jabuticabeira* (arbre du *jabuticaba*).
En 1943, à l'initiative de Raimundo Ottoni de Castro Maia, entrepreneur et collectionneur d'art, la forêt fut remodelée, les grottes, écluses, serres ont été restaurées à l'aide de l'architecte Alves de Sousa et de Burle-Marx. Traversée par cinq rivières, elle possède deux grands sommets, le Papagaio (975 m d'altitude) et le Tijuca (1 020 m). Au détour des routes serpentées, vous découvrirez plusieurs points de vue superbes sur Rio.

### La découverte des lieux

Vous pouvez combiner cette visite avec celle du Corcovado. Plusieurs itinéraires sont possibles. Par le **Jardim Botânico**\*\*\* IV-AB1, ce chemin se fera forcément en voiture. Vous pourrez visiter le Parc, la forêt, admirer le Cristo Redentor et descendre par Cosme Velho III-A-B2 et Laranjeiras III-B1. À l'aller, prendre la rue Leão Pacheco pour arriver au premier belvédère, la **Vista Chinesa**\*\* (vue chinoise). Son nom vient de ce qu'au XIXe s., les immigrants chinois y auraient planté du thé. Sur votre gauche, la lagune, les plages de Leblon et d'Ipanema, les îlots Palmas, Comprida et Rasa au large ; sur votre droite, la Pedra da Gávea, rocher de 842 m.
Vous continuez sur la même route, maintenant appelée «Estrada Vista Chinesa», vous passez par la **Mesa do Imperador**\*\*, un autre beau point de vue ainsi nommé car l'empereur aimait y pique-niquer.
Continuez vers le sommet, dans le Alto da Boa Vista. À gauche, vous pouvez visiter le **museu do Açude**\*\* IV-A1 hors plan (*estrada do Açude 764* ☎ *(021) 492.2119 ; ouv. du jeu. au dim. de 11h à 17h*) qui fait partie de la Fondation Castro Maia. Vous y verrez des statues en céramique de la fabrique de Santo Antônio de la ville de Porto, des fresques en *azulejos* ornant les murs de la véranda, une collection d'aquarelles de Debret, des gravures de Rugendas, Pallier, Arago et des porcelaines de Porto dans le jardin.
En continuant la route do Açude, vous rejoignez, après un détour, la route do Imperador, au cœur de la forêt. Vous pouvez aussi rejoindre la forêt par la porte principale, en prenant la route da Cascatinha qui se trouve plus en haut de la route do Açude. Sur le parking du restaurant Cascatinha se trouve un plan de routes que vous pouvez emprunter ainsi que les chemins pour balades pédestres.

À l'intérieur de la forêt, vous verrez plusieurs petites cascades, des grottes, des pics, des rivières, des points de pique-nique. Arrêtez-vous à la **Cascatinha Taunay***, petite cascade à deux niveaux du nom du peintre français qui habita aux environs.

À voir aussi : la **Capela Mayrink***, petite chapelle abritant des fresques de Portinari et le **Açude da Solidão***, écluse autour d'un joli plan d'eau. Les passionnés de marche pourront emprunter les pistes du **Pico da Tijuca*** et du **Pico do Papagaio**, deux sommets offrant un superbe panorama.

Au retour, prenez la route do Redentor, belle route donnant sur la zone nord, le Maracanã, Tijuca, Vila Isabel et même plus loin, jusqu'à l'île do Governador **I-CD1**, sur la Guanabara. Vous arriverez ensuite sur le Corcovado. Le week-end et les jours fériés, il est impossible d'accéder en voiture jusqu'au pied du Christ, qu'il vaut mieux rejoindre à pied. Les *Cariocas* se rendent aux **Paineiras** (nom de cette partie interdite de la route hérité d'un hôtel aujourd'hui fermé) pour faire du vélo, du jogging, se baigner dans une petite cascade. L'accès en voiture est payant (environ 4 $ par véhicule).

Après avoir visité le Christ, descendez par la route das Paineiras où vous pourrez faire un petit saut au **Mirante Dona Marta**\*\* **III-B2**, pli de montagne à 362 m, où vous aurez la vision la plus complète de la ville et peut-être la plus belle vue sur l'anse de Botafogo et le Pain de Sucre. Une fois arrivé à Cosme Velho, arrêtez-vous au **largo do Boticário*** *(rua Cosme Velho, 822)*, charmante ruelle sans issue, pavée de petites pierres irrégulières, bordée de maisons coloniales aux couleurs vives.

Si vous choisissez de passer par **Cosme Velho** et **Laranjeiras**, profitez-en pour visiter Laranjeiras, charmant quartier vert où subsistent quelques demeures de l'époque des barons du café ainsi que le largo do Boticário et Cosme Velho. Prenez la rua das Laranjeiras, qui devient rua Cosme Velho. À gauche, tournez à ladeira do Ascurra, route das Paineiras. Voyez le **belvédère Dona Marta** et le **Cristo**. Traversez le parc vers le Alto da Boa Vista et entrez dans la forêt da Tijuca. Après avoir visité la forêt, prenez la route da Vista Chinesa pour descendre au jardin botanique.

Si vous passez par **São Conrado**, empruntez la route da Canoa ou la route das Furnas. Sur cette dernière, prenez à gauche la route Quebra Cangalhas et la route da Paz, qui passe par le Vale Encantado à une altitude de 300 m. Au milieu d'une végétation luxuriante, la vue sur la Barra da Tijuca, Marapendi, Recreio dos Bandeirantes et Grumari est splendide.

## La zone nord

Les quartiers ne sont pas très intéressants, mais vous devez quand même vous rendre à São Cristóvão pour le musée d'Histoire naturelle situé dans le parc da Boa Vista, le stade de Maracanã et, surtout, la **Feira de São Cristóvão**\*\* **V-B1**. Chaque samedi soir et jusqu'au dimanche matin : nourriture, artisans nordestins, beaucoup d'animation !

♥ **Le parc Quinta da Boa Vista**\*\* **V-B1** (*São Cristóvão, ouv. de 8h à 19h*). Superbes jardins abritant l'imposante demeure de D. João VI, qui fut la résidence de la famille impériale jusqu'en 1889. En 1918, on y a installé le plus grand musée d'Histoire naturelle du pays (*ouv. du*

# LES TRANSFORMATIONS DE RIO

*Le 1er janvier 1502, les Portugais découvrent la baie de Guanabara, mais c'est seulement en 1531 qu'ils y envoient une expédition colonisatrice. Le 1er mars 1565, Estácio de Sá fonde la ville de São Sebastião du Rio de Janeiro.*

## Couronnée par le hasard de l'histoire

Saint Sébastien du Fleuve de Janvier : les premiers colons y ont vu l'embouchure d'un fleuve. Vainqueur de la guerre contre les Français, Mem de Sá transfère la ville au morro do Castelo à partir duquel elle va se développer.
Avec le commerce de la canne à sucre, puis l'écoulement de l'or du Minas, Rio prend à la fin du XVIIIe s. l'allure d'une cité marchande. En 1763, elle devient capitale de la colonie, ce qui donne le signal de grandes transformations : création de jardins, du Passeio Público, du premier quai. Ainsi naît la passion que les *Cariocas* vont vouer à leur ville et son influence dans la vie de la nation. En 1779, Rio est déjà la principale ville du pays par sa population (environ 51 000 hab.) et son développement socio-économique.
Mais c'est la venue de la famille royale portugaise en exil, en 1808, qui va donner au nouveau siège de la monarchie sa vraie splendeur.

Rio commence à rayonner culturellement : épanouissement des arts plastiques, apparition des meilleurs tailleurs de bois et d'argent de l'histoire de la colonie, grands travaux d'aménagement, expansion des activités portuaires.
La ville se modernise grâce aux bénéfices du café : organisation du transport urbain, infrastructure sanitaire, éclairage public au gaz, liaison transatlantique avec l'Europe, ligne de tramway à traction animale, écoles, hôpitaux, bâtiments publics, etc. En 1852, a lieu le premier carnaval de rue.

**Les vestiges historiques sont rares à Rio : en raison de la topographie de la ville, l'espace est limité et il faut détruire avant de pouvoir construire.**

## Sauvée des miasmes

Au tournant du XXe s., Rio, voit son essor s'accélérer. L'élite promène son élégance dans les rues étroites du centre. La ville est un immense marché. Le va-et-vient des marins, des dockers en font un lieu de distraction et de plaisir. Mais l'insalubrité est telle que les navires ne jettent plus l'ancre dans le port de Rio. Les étrangers et l'élite fuient vers la montagne, loin des miasmes de la moiteur tropicale.
Le gouvernement de Rodrigues Alves lance alors un grand projet d'urbanisation : réaménagement

**La favela Rocinha s'accroche à flanc de montagne, elle représente le plus grand bidonville de l'Amérique latine. L'ampleur du phénomène des favelas est telle qu'il échappe à tout contrôle et une société parallèle s'y développe.**

**Le pain de Sucre, qui garde l'entrée de la baie de Guanabara, est depuis toujours le symbole de Rio.**

**Ipanema est le centre de la mode. De luxueuses boutiques en bordent les rues ; la plage du même nom est le lieu de rendez-vous de la jeunesse dorée de Rio.**

du port, élargissement des rues, destruction des taudis, dégagement du centre, 175 000 m$^2$ de baie remblayés, 614 édifices construits en 9 mois.

Dès 1906, Rio est l'une des plus belles villes du monde. L'av. Central (depuis 1912 av. Rio Branco), construite sur le modèle des grands boulevards français, devient l'épine dorsale du monde des finances, de la culture et le temple de la flânerie.

Mais l'expansion de la ville demande de constants aménagements. Des *morros* sont rasés (Castelo en 1921, Santo Antônio en 1954). Les projets d'embellissement font inaugurer, au sommet du Corcovado, la statue du Cristo Redentor (1931) et de nouvelles avenues (Getúlio Vargas en 1944, Brasil un peu plus tard). Les fêtes étourdissantes attirent des milliers de visiteurs. Copacabana acquiert sa renommée et Rio son surnom de ville merveilleuse.

## Détrônée pour un rêve

En 1960, Rio perd son titre de capitale fédérale au profit de Brasília. Elle n'en conserve pas moins un rôle de premier plan : deuxième centre industriel, l'un des principaux ports, le siège de nombre d'institutions culturelles, de deux des quatre plus grands journaux nationaux et de la chaîne de télévision *Globo*. Les grands travaux d'amélioration continuent : remblaiement de la plage de Copacabana, construction du pont reliant Rio à Niterói, du métro, du nouvel aéroport du Galeão dans les années 1970.

Dans les années 1980 : édification du sambodrome, et plus récemment, création de la *Linha Vermelha*, voie express reliant les zones nord et sud.

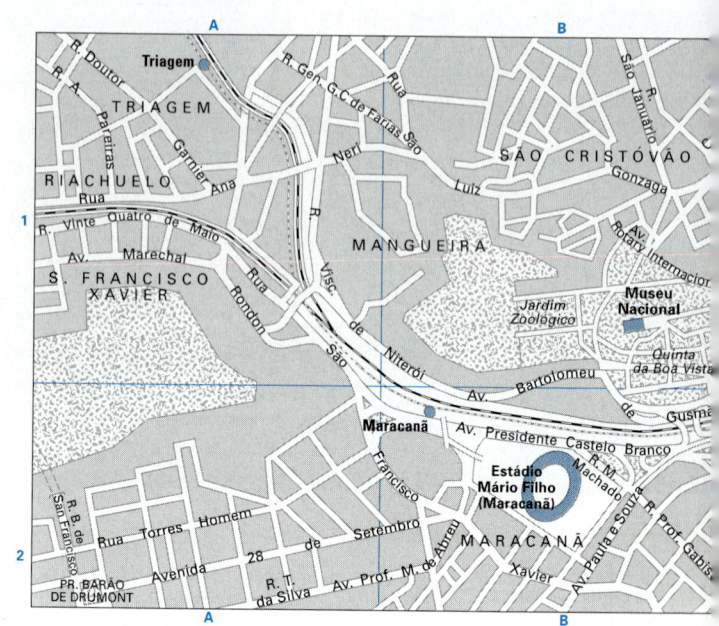

**Rio V : les quartiers nord**

*mar. au dim. de 10h à 16h* ☎ *(021) 567.6316)*. Vous y verrez le plus grand météorite (5 t) tombé en Amérique du Sud.

**Le Maracanã**\*\* **V-B2** (*av. Maracanã, M° São Cristóvão* ☎ *(021) 264.9962)*. Le plus grand stade du monde a été construit pour la Coupe du Monde de 1950, il a une capacité de 150 000 à 180 000 personnes. Les amateurs de football ne manqueront pas d'assister à un match : drapeaux par milliers, supporters en délire, applaudissements, gémissements, feux d'artifice… Soyez cependant disposé à marcher car le stade est gigantesque. On peut conseiller les places dans les *arquibancadas* avec une préférence pour les sièges les plus hauts qui, bien qu'éloignés, offrent une vue excellente, sans aucun pilier pour gêner la vision du spectacle sur la pelouse et dans les tribunes. Les hôtels proposent des forfaits aller-retour, mais ils achètent généralement des places numérotées, ce qui offre une expérience moins délirante.

## La baie de Guanabara\*\*\*

C'est ce magnifique «bras de mer», comme l'appelaient les Indiens, qui donne à Rio son cadre exceptionnel. Les *Cariocas* vénèrent tant la Guanabara qu'ils affirment que Dieu a fait le monde en six jours, plus un jour entier pour Rio ! Séparée de l'océan par un goulet d'à peine 1,5 km, fermée par des massifs montagneux, la baie (dont les eaux sont polluées) s'élargit vers l'intérieur, formant ainsi 142 km de plages. À environ 40 km de l'océan, elle est dominée par la serra dos Órgãos, hérissée de pointes et de pics, formant un extraordinaire paysage de montagnes vertes et de rochers tombant abruptement sur Rio ou dans la mer. On dit que les contours de la baie, semblables à un triangle de côtés irréguliers, ressemblent à la configuration même du Brésil.

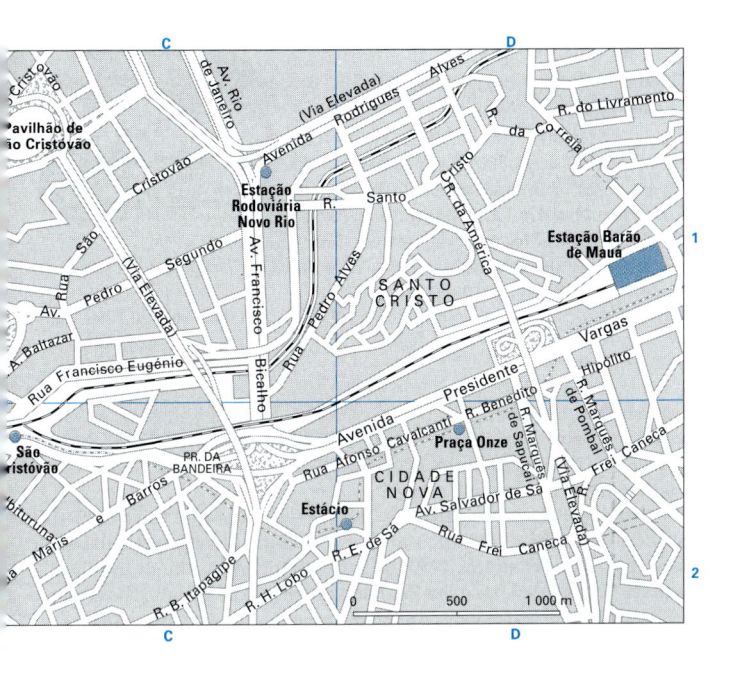

Du nord au sud, la Guanabara s'étend sur près de 30 km et 20 km de largeur maximale. Le pont reliant Rio et Niterói (long de 14 km, haut de 60 m avec une suspension qui permet le passage des navires de plus de 300 m), construit en 1975, a facilité la liaison entre les deux villes. À l'intérieur de la baie, s'égrènent une centaine d'îles et d'îlots. Les plus grandes sont Ilha do Governador, Paquetá et Flores.

Si vous disposez de plus de cinq jours pour visiter Rio, vous pouvez prévoir de vous rendre sur **l'île de Paquetá**\*, deuxième île de la baie et la plus belle. Elle fut le lieu de l'une des promenades favorites des habitants de Rio à l'époque impériale. Surnommée « île des amours », elle est devenue célèbre après que l'écrivain Joaquim Manuel de Macedo en fit le cadre d'une histoire d'amour dans son roman *A Moreninha*. Sans circulation, avec ses rues de terre battue, elle offre son calme ombragé aux promeneurs (excellente pour les balades à vélo). On peut également y voir de vieilles maisons coloniales, dont celles de D. João VI et de José Bonifácio, homme politique qui fut à la tête du mouvement pour l'Indépendance, ainsi qu'une église et quelques plages polluées. Pour y accéder, prendre le bateau (*praça Quinze, 1h de trajet avec escale dans Ilha do Governador; départs 5h30, 7h10, 10h15, 13h10, etc.*) ou l'aéroglisseur (*en semaine, départ toutes les 2h à partir de 10h et le week-end toutes les heures dès 8h*).

# LES BONNES ADRESSES

## Hôtels

### Leme IV-D1 hors plan

▲▲▲▲ **Le Méridien**, av. Atlântica 1020 ☎ (021) 275.9922 et n° vert 0800.11.1554. *496 ch.* Visa, AE, MC. Très bien situé, vue sur Copacabana. Confort international, restaurants gastronomiques (le Saint-Honoré et la brasserie Café de la Paix).

▲▲▲ **Leme Othon Palace**, av. Atlântica 656 ☎ (021) 275.8080. *172 ch.* Visa, AE, DC, MC. Confort international.

▲ **Acapulco**, rua Gustavo Sampaio 854 ☎ (021) 275.0022. *60 ch.* Visa, AE, DC, MC. Derrière l'hôtel Méridien. Vieillot, confort moyen, mais proche de la plage et pas cher.

### Copacabana IV-D1

▲▲▲▲ **Copacabana Palace**, av. Atlântica 1702 IV-C2-D1 ☎ (021) 548.7070. *161 ch.* Visa, AE, DC, MC. Le palace des années 1930 est une véritable institution *carioca*. Entièrement rénové.

▲▲ **Miramar Palace**, av. Atlântica 3668 IV-C2-D1 ☎ (021) 521.1122 et n° vert 0800.23.2211. *140 ch.* Visa, AE, DC, MC. Beau décor de cet établissement qui date des années 1950. La suite est très sympathique avec vue superbe depuis la s.d.b. Toutes les chambres ont des baignoires, chose rare au Brésil. Petit déjeuner dans le salon de thé avec vue sur Copacabana.

▲▲ **Oceano Copacabana**, rua Hilário de Gouveia 17 ☎ (021) 548.4260. *90 ch.* Visa, AE, DC, MC. À l'angle de l'av. Atlântica, seules quelques chambres ont une vision latérale de la plage. Récemment inauguré, bon service et confort. Petit deck en haut, avec piscine et sauna.

▲▲ **Luxor Copacabana**, av. Atlântica 2554 IV-C2-D1 ☎ (021) 548.2245. *120 ch.* Visa, AE, DC, MC. Hôtel des années 50, dont le confort n'est pas à la hauteur des étoiles. Seules les chambres avec vue valent la peine.

▲ **Debret**, av. Atlântica 3546 IV-C2-D1 ☎ (021) 522.0132. *104 ch.* Visa, AE, DC, MC. Hôtel ancien au confort relatif, mais belle vue et bon emplacement.

### Ipanema IV-BC2

▲▲▲▲ **Ceasar Park**, av. Vieira Souto 460 IV-C2 ☎ (021) 525.2525 et n° vert 0800.15.0500. *221 ch.* Visa, AE, DC, MC. Chambres climatisées, équipées de chaînes de télé internationales, vidéo, musique. Sauna et hydro massage. Restaurant gastronomique.

▲▲ **Praia Ipanema**, av. Vieira Souto 706 IV-C2 ☎ (021) 239.9932. *105 ch.* Visa, AE, DC, MC. Vue sur la belle anse de Ipanema et petit balcon. Petite piscine sur le deck, petit-déjeuner avec vue.

▲ **Mar Ipanema**, rua Visconde de Pirajá 539 IV-BC2 ☎ (021) 274.9922. *81 ch.* Visa, AE, DC, MC. Pas loin de la plage, chambres correctes, climatisées. Réduction de 30 % possible.

▲ **Vermont**, rua Visconde de Pirajá 254 IV-BC2 ☎ (021) 522.0057. *84 ch.* Visa, AE, DC, MC. Un peu ringard, mais assez propre. Possibilité de réduction.

▲ **San Marco**, rua Visconde de Pirajá 524 IV-C2 ☎ (021) 239.5032. *56 ch.* Visa, AE, DC. Pour ceux qui n'ont pas l'intention de rester à l'hôtel et qui cherchent juste un endroit propre et bien placé pour dormir.

### Leblon IV-B2

▲▲ **Leblon Palace**, av. Ataúlfo de Paiva 204 IV-B2 ☎ (021) 512.8000. Visa, AE, DC, MC. À deux pâtés de maison de la plage du Leblon, bon emplacement pour les sorties du soir et confort correct.

### Vidigal IV-A2-3 et São Conrado I-C4
▲▲▲▲ **Sheraton Rio & Towers**, av. Niemeyer 121 IV-A2-3 ☎ (021) 274.1122 et n° vert 0800.21.0750. *600 ch.* VISA, AE, DC, MC. Luxueux. Grand parking.

▲▲▲▲ **Intercontinental Rio**, av. Pref. Mendes de Morais 222 ☎ (021) 322.22.00 et n° vert 0800.11.8003. *437 ch.* VISA, AE, DC, MC. Luxueux.

### Appart-hôtels
Si vous avez l'intention de prolonger votre séjour, ces hôtels-résidences sont une bonne option.

**Rede Protel**, rua Marquês de S. Vicente 188 IV-A2 ☎ (021) 239.4598. Dispose de plusieurs établissements dans la ville, en particulier à Ipanema et Barra da Tijuca, où ils vous loueront un appartement à la semaine ou au mois.

## Restaurants
La qualité des restaurants change beaucoup d'où la difficulté de dresser une liste fiable. Si vous comprenez un peu le portugais, essayez de suivre les recommandations d'Apícius, critique gastronomique du *Jornal do Brasil*. Le *Guia dos Restaurantes do Rio* de Danúsia Bárbara, édité par Editora Record, peut aussi vous aider.

### Cuisine brésilienne
♦♦♦ **Clube Gourmet**, rua Gl. Polidoro 186, Botafogo III-C2 ☎ (021) 295.3494. VISA. Déjeuner, buffet copieux, dîner à la carte. Le chef Celidônio fait une cuisine brésilienne légère et non dénuée d'influences étrangères qu'il vaut le coup d'essayer. Bonne *caipirinha* (juste dosage).

♦♦ **Final do Leblon**, rua Dias Ferreira 64, Leblon IV-AB2 ☎ (021) 294.2749. Excellent pour manger la *feijoada* du samedi, des *picadinhos com quiabo, peixe com pirão*. Depuis plus de 30 ans, les propriétaires portugais font une cuisine familiale, raison pour laquelle les *Cariocas* l'aiment toujours.

♦♦ **Mistura Fina**, av. Borges de Medeiros 3207, Lagoa IV-B2 ☎ (021) 537.2844. AE. Toujours bondé, ambiance très animée, piano, *feijoada xadrez* (avec haricots blancs et noirs) le samedi, *cozido* le dimanche et pour ceux qui sont fatigués de la cuisine brésilienne, des plats plus internationaux.

♦♦ **Siri Mole & Cia**, rua Francisco Otaviano 50, Copacabana IV-C2 ☎ (021) 267.0894. VISA, AE, DC, MC. Petit restaurant de cuisine bahianaise, pour ceux qui n'iront pas à Bahia.

♦ **Bar do Arnaudo**, rua Almirante Alexandrino 316 B, Santa Teresa ☎ (021) 252.7246. *F. le lun.* Minuscule bar, très bonne adresse, pas chère, pour déguster *cachaça* et cuisine du Nordeste. Essayez la liqueur de Jenipapo et la *carne do sol* (viande séchée au soleil).

♦ **Barreado**, estr. dos Bandeirantes, 21295, Vargem Grande ☎ (021) 9974.6990. VISA, AE. *Ouv. t.l.j. sf lun. de 18 h à 24 h, dim. de 12 h à 20 h.*

♦ **Escondidinho**, beco dos Barbeiros 12 A/B, centre ☎ (021) 242.2234. La propriétaire, D. Maria de Lurdes, prépare une bonne cuisine mineira. Essayez son poulet cuit au sang ou le porc à la brésilienne.

♦ **Petisco da Vila**, av 28 de Setembro 238, vila Isabel, zone Nord, quartier de Noël Rosa ☎ (021) 272.5652. Cartes de paiement non acceptées. Il réunit *sambistas* et gens du quartier. Lorsqu'il y a du monde, les garçons sortent de la cuisine avec les commandes ainsi qu'avec des amuse-gueule sortis du feu que vous pouvez choisir à la vue. Un endroit sympathique pour boire un *choppinho* en grignotant des amuse-gueules.

### Churrascarias

Voici les meilleures *churrascarias* de Rio selon les *Cariocas* et les critiques gastronomiques.

- ♦♦ **Marius**, rua Francisco Otaviano 96, Ipanema ☎ (021) 521.0500. VISA, AE, DC, MC. Décor hollywoodien, ascenseur panoramique et tout le toutim. Plus de 15 types de viandes au choix en plus d'un buffet de salades des plus abondants. Il existe d'autres établissements, mais les décors ne sont pas aussi soignés. Ainsi à Leme : **Marius Leme**, av Atlântica 290 ☎ (021) 270.7939.
- ♦♦ **Porcão**, rua Barão da Torre 218, Ipanema ☎ (021) 522.0999. VISA, AE, DC, MC. Viandes de très bonne qualité et à l'instar des autres, copieux buffet de salades.
- ♦♦ **Esplanada Grill**, rua Barão da Torre 600, Ipanema IV-BC2 ☎ (021) 239.6028. VISA, AE, DC, MC. Les amuse-gueules sont toujours délicieux, les viandes de bonne qualité et l'ambiance un peu BC BG.
- ♦♦ **Grill One**, av. Rio Branco 1, 10e étage G, centre II-BC2 ☎ (021) 518.1331. VISA, AE. Les cadres et PDG s'y rendent pour continuer leurs affaires et manger de la bonne viande. Belle vue.
- ♦♦ **Plataforma**, rua Adalberto Ferreira 32, Leblon IV-A2 ☎ (021) 274.4022. VISA, AE, DC, MC. Ambiance très animée, un peu trop bruyante peut-être mais typiquement *Carioca*. Bien que les mauvaises langues disent que la nourriture n'est plus aussi bonne, elle est toujours bondée. Quel est le secret ?

### Cuisine française

La cuisine française est bien représentée mais les restaurants français affichent des prix assez élevés.

- ♦♦♦♦ **Le Saint-Honoré**, av. Atlântica 1020, 37e étage, Hôtel Méridien, Leme IV-C2-D1 ☎ (021) 546.0880. VISA, AE, DC, MC. *F. le dim.* Bonne cuisine, excellent service, à la lumière des bougies, au son d'un piano avec une belle vue sur Copacabana. Prix très élevés.
- ♦♦♦♦ **Claude Troisgros**, rua Custódio Serrão 62, Jardim Botânico IV-AB1 ☎ (021) 537.8582. AE. *F. le dim.* Le célèbre chef de Roanne a amené son succès jusqu'à Rio où il a ouvert une filiale. Son élève Antônio Costa da Silva maintient une cuisine inventive de qualité.
- ♦♦♦ **Monseigneur**, av. Pref. Mendes de Moraes 222, hôtel Intercontinental, São Conrado I-B4 ☎ (021) 322.2200. VISA, AE, DC, MC. *F. le lun.* Si vous n'êtes pas intimidés par la mise en scène somptueuse et les prix très élevés, vous allez passer une excellente soirée et dîner d'une cuisine savoureuse et raffinée. Piano, service méticuleux.
- ♦♦♦ **Hippopotamus**, rua Barão da Torre 354, Ipanema IV-BC2 ☎ (021) 247.0351. Très bon restaurant situé à l'étage au-dessus de la boîte de nuit du même nom : de quoi vous assurer une agréable soirée. Excellent poisson du chef Claude Lepeyre. Ricardo Amaral, le propriétaire, est l'un des promoteurs les plus connus des soirées *Cariocas*.
- ♦♦♦ **Le Pré Catelan**, av. Atlântica 4240, Hôtel Rio Palace, Copacabana IV-C2-D1 ☎ (021) 521.3232. VISA, AE, DC, MC. Le décor art nouveau est l'un des plus beaux de Rio. Le chef Milton Schneider prépare une cuisine créative et soignée.
- ♦♦ **Le Bec Fin**, av. N.-D. de Copacabana 178-A, Copacabana IV-D1 ☎ (021) 542.4097. Visa, AE, DC, MC. Existe depuis plus de 40 ans. C'est l'un des plus traditionnels restaurants de Rio. Piano et service sympathique.
- ♦♦ **Les Champs Élysées**, av. Pres. Antônio Carlos, 58, 12e étage, centre II-C2-D1 ☎ (021) 220.4713/4129. Au sommet de l'immeuble Maison de France, ce restaurant offre une belle vue, un décor de bon goût et de bons plats bourgeois.

### Cuisine italienne

♦♦♦ **Quadrifoglio**, rua Maria Angélica 43, Jardim Botânico IV-AB1 ☎ (021) 226.1799. Dc. Cadre simple mais charmant. À la mode depuis presque dix ans. Les raviolis de pomme à la sauce au fromage ainsi que le poulet au poivre rose sont exquis.
Une filiale tout aussi bonne pas très loin : **Quadrifoglio café**, rua J.J. Seabra 19, Jardim Botânico ☎ (021) 294.1433.
♦♦♦ **Satyricon**, rua Barão da Torre 192, Ipanema IV-BC2 ☎ (021) 521.0627. Visa, ae, dc, mc. Très bons poissons et fruits de mer, service soigné. Essayez le carpaccio de poisson épée et la langouste à moda.
♦♦♦ **Cipriani**, av. Atlântica 1702, Hôtel Copacabana Palace IV-C2-D1 ☎ (021) 545.8747. Visa, ae, dc, mc. Le chef italien vient de l'hôtel Cipriani de Venise; cuisine italienne riche mais pure, sans excès. Délicieux gnocchis à la sauce tomate et au basilic.
♦♦ **Arlecchino**, rua Prudente de Moraes 1387, Ipanema IV-BC2 ☎ (021) 259.7745. Visa, ae, dc, mc. Les artistes de la *Globo* y vont souvent.
♦♦ **Enotria**, rua Frei Leandro 20, Jardim Botânico IV-AB1 ☎ (021) 246.9003. Dc, mc. Ouv. en semaine pour le déjeuner et le dîner, le sam. pour le dîner et le dim. pour le déjeuner. Bon rapport qualité/prix.

### Cuisine portugaise

♦♦♦ **Antiquarius**, rua Aristides Espínola 19, Leblon ☎ (021) 294.1049. Dc. Ambiance animée, célébrités, choix de morue, fruits de mer, viandes, service sympathique.
♦♦ **Adegão Português**, Campo de São Cristóvão 212, São Cristóvão ☎ (021) 580.7288. Ae. Cadre très simple, mais cuisine délicieuse authentiquement portugaise même si les propriétaires sont espagnols. Essayez le ven. la morue à la mode Zé do Pipo, la *farofa* de banane.
♦♦ **Adega do Valentim**, rua da Passagem 176, Botafogo ☎ (021) 541.1166. Visa, ae, dc, mc. Petit restaurant qui ressemble à une épicerie tant il y a de produits suspendus. Commencez par les boulettes de morue. Fado en haut, le week-end.
♦ **Senta aí**, rua Barão de São Félix 75, centre ☎ (021) 233.8350. Visa, ae, dc, mc. F. le lun. Restaurant pittoresque à côté de la gare. Excellents vins portugais, pas chers. Cuisine simple mais savoureuse.

### Poissons et fruits de mer

♦♦ **Margutta**, av. Henrique Dumont 62, Ipanema IV-B2 ☎ (021) 259.3887. Visa, dc, mc. Spécialités de poissons et fruits de mer préparées avec des herbes et sauces légères.
♦ **Albamar**, pça Mar. Âncora 184/6, centre ☎ (021) 240.8378. Dc, mc. Sur la pça Quinze, dans les restes de l'ancien marché municipal. Vue sur l'île fiscale et le pont Rio-Niterói. Ancien point de rencontre des hommes politiques. Les propriétaires ont changé, mais le menu demeure. Le riz *de Murua* (sorte de risotto de fruits de mer gratiné) est-il toujours aussi bon ? À vous de juger.
♦ **Cabaça Grande**, rua do Ouvidor 12, centre II-C2 ☎ (021) 509.2301. Visa, ae, dc. Vieux de presque 100 ans. La soupe de fruits de mer *Leão Veloso*, l'une des plus connues de Rio, est à essayer.
♦ **Rio Minho**, rua do Ouvidor 10, centre II-C2 ☎ (021) 509.2338. Visa, ae, dc, mc. Depuis 1940, dans un cadre simple, spécialités de fruits de mer et poissons.
♦ **Lokau**, av. Sernanbetiba 13500, barra da Tijuca ☎ (021) 982.0549. Bons poissons et fruits de mer. Belle vue sur la lagune Marapendi.
♦ **Quatro Sete Meia**, rua Barros de Alarcão 476, Pedra de Guáratiba ☎ (021) 417.1716. Ae. F. le lun. et le mar. Installé dans une vieille maison de pêcheur, ce restaurant offre tout un éventail de fruits de mer et de *moquecas capixaba*. Assurez-vous d'obtenir une table qui vous permette de contempler à votre aise la mer.

### Pizzeria

♦ **Pizza Palace**, rua Barão da Torre 340-A, Ipanema IV-C2 ☎ (021) 267.8346. Visa, dc, mc. Fréquenté par les jeunes. Bonnes pizzas à pâte fine.

### Cuisine japonaise

♦♦♦ **Madame Butterfly**, rua Barão da Torre 472, Ipanema IV-BC2 ☎ (021) 267.4347. AE, DC. Chic, à la mode, sushi et *california rolls* des plus colorés et délicats.

♦♦ **Mariko**, av. Vieira Souto 460, Hôtel Caesar Park, Ipanema IV-BC2 ☎ (021) 287.3122. Visa, ae, dc, mc. Cuisine légère à la beauté plastique; sushis et sashimis à volonté le vendredi.

♦♦ **Sushi Leblon**, rua Dias Ferreira 256, Leblon ☎ (021) 274.1342. Visa, ae, dc. L'un des premiers japonais de la ville où vous pouvez créer, selon votre désir et votre goût, des combinaisons de sushi. Vous vous laisserez aussi tenter par les huîtres à la milanaise.

## Salons de thé

♦♦ **Colombo** ♥, rua Gonçalves Dias 32, centre II-BC2 ☎ (021) 232.2300. *F. sam. après-midi et dim.* Existe depuis plus de 100 ans, une plongée dans le Rio de la Belle Époque. Allez-y !

♦ **Manon**, rua do Ouvidor 187, centre II-C2 ☎ (021) 221.0246. Lorsque vous êtes dans le centre, vous promenant sur la rue du Ouvidor, jetez un coup d'œil sur cette maison et prenez-y une glace : cela fait partie des traditions de Rio.

## Bars

♦♦♦ **Antônio's**, Bartolomeu Mitre 297-C, Leblon IV-B2 ☎ (021) 274.8548. Le bar préféré des écrivains, poètes, artistes *Cariocas*. Tous les plats sont dédiés à un artiste célèbre : filet Chico Buarque, poulet grillé Vinícius, risotto Di Cavalcanti.

♦♦ **Academia da Cachaça**, rua Conde de Bernadotte 26, Leblon ☎ (021) 239.1542. Pour s'initier à l'art de la bonne *cachaça*. Essayez les *batidas de pitanga* (fruit exotique), un régal. Bons amuse-gueule.

♦♦ **Bar Lagoa**, Epitácio Pessoa 1674, Lagoa IV-BC1 ☎ (021) 287.1135. Cinquante ans d'existence, ambiance sympathique, tables sur une terrasse, garçons folkloriques réputés pour leur mauvaise humeur, connaissant tous les habitués.

♦♦ **Caneco 70**, av. Delfim Moreira, 1026 Leblon IV-B2 ☎ (021) 294.1180. Date de l'époque de la coupe du monde de football au Mexique remportée par le Brésil. Aujourd'hui point de rencontre des jeunes. Commandez *chopp* et pizza.

♦ **Bar Brasil**, av. Mem de Sá 90, centre II-A-B3 ☎ (021) 509.5943. *F. le dim.* Cuisine plus allemande que brésilienne. Fréquenté depuis toujours par les artistes et les musiciens.

♦ **Amarelinho**, pça Floriano 55 B, centre ☎ (021) 240.8434. À Cinelândia, à côté du théâtre municipal, de la Bibliothèque Nationale et des cinémas, bar traditionnel de Rio. La bière est glacée comme l'aiment les *Cariocas*. Un excellent endroit pour la fin de journée. Attention aux pickpockets!

♦ **R9**, rua General Venâncio Flores 173, Leblon ☎ (021) 239.6680. C'est Ronaldinho qui est propriétaire de ce véritable temple du football, rempli d'objets mémorables.

## La nuit à Rio

Les *Cariocas* aiment beaucoup sortir, s'amuser, lancer des nouveautés. Tous les étés vient une nouvelle mode que ce soit dans le sport, la danse, la nourriture. Les habitudes changent donc très vite et avec elles les endroits. Restent cependant les établissements qui traversent les modes.

# RIO DE JANEIRO

## Musique live

Il y a toujours beaucoup de concerts à Rio, les musiciens sortent pratiquement chaque année de nouveaux albums dont ils assurent la promotion par des présentations. Selon leur audience, ils se produiront au Canecão, au Ballroom, au Metropolitan, dans des théâtres… Les pages culturelles du *Jornal do Brasil* ou *Globo* vous renseigneront à cet égard.

Si vous voulez écouter de la bonne musique populaire brésilienne, bossa nova, jazz, il y a de nombreux bars à Rio où artistes de renom et jeunes talents se produisent. Voici les plus traditionnelles :

♦♦ **Mistura Fina**, av. Borges de Medeiros 3207 ☎ (021) 537.2844. Ambiance animée. Plutôt du jazz et de la musique instrumentale.

♦♦ **Teatro Rival**, rua Álvaro Alvim 33, centre ☎ (021) 240.4469. Un bar avec scène, accueillant plusieurs des plus célèbres musiciens brésiliens et des grands talents de la scène locale.

♦♦ **Hippódromo up**, pça Santos Dumont 108, Gavea ☎ (021) 294.0095. Présente des petits concerts de musique brésilienne et de jazz autochtone, aussi bien vocaux qu'instrumentaux.

## Shows

Shows folkloriques de qualité, conçus pour les touristes, dont les prix sont assez élevés. Un peu l'équivalent du Moulin Rouge et du Lido.

**Pão de Açúcar**, Urca ☎ (021) 541.3737. Danse au rythme de la pagode et de la samba, tous les mardis à partir de 19 h.

**Plataforma**, rua Adalberto Ferreira 32, Leblon IV-AB2 ☎ (021) 274.4022. Possède sa propre troupe de danseurs, plus souvent des mûlatresses.

**Roda Viva**, av. Pasteur 520, Urca ☎ (021) 295.4045. Présentation de groupes de pagode, nouveau rythme dérivé de la samba, très en vogue actuellement.

**Vinícius**, rue Vinícius de Moraes 39, Ipanema ☎ (021) 287.1497. Spectacles de musique brésilienne.

## Pour danser la samba

**Acadêmicos do Salgueiro***, rua Silva Teles 104 à Andaraí, Tijuca ☎ (021) 238.5564. C'est une vraie fête.

**Estação Primeira de Mangueira***, rua Visconde de Niterói 1072 à Mangueira V-AB-1 ☎ (021) 234.4129.

**Beija Flor**, rua Pracinha Wallace Pães, Leme 1025 à Nilópolis ☎ (021) 791.1353.

**Mocidade Independente de Padre Miguel**, rua Col. Tamarindo, 38 à Padre Miguel ☎ (021) 332.5823.

**Portela**, rua Clara Nunes 81 à Madureira ☎ (021) 390.0471.

## Bals populaires

**La Estudantina**, pça Tiradentes 79, centre II-B2 ☎ (021) 232.1149. Pour danser la *gafieira* (nécessairement à deux), c'est l'adresse de toujours, antérieure à la mode des années 1980, qui avait attiré les classes moyennes. On en parle moins mais les vrais amateurs continuent d'y aller. C'est un peu difficile de bien danser la *gafieira*, mais vous rencontrerez sur place plein de monde heureux de vous initier.

**Asa Branca**, av. Mem de Sá 17, centre II-A-B3 ☎ (021) 224.2342. Le *forró*, que l'on danse aussi à deux, au rythme de l'accordéon est très en vogue à São Paulo et à Rio en raison de l'influence grandissante des Bahianais et des *Paraíbas* (gens du Paraíba).

## Night-clubs

**Le Maxim's Club**, rua Lauro Muller 136, Tour Rio-Sul, Botafogo ☎ (021) 541.9342. La maison offre à ses fortunés clients une vue splendide sur Rio depuis le 44$^e$ étage de l'immeuble.

**Mustarda**, rua Epitácio Pessoal 980, Lagoa ☎ (021) 523.1747. Au premier étage, un bar débordant d'énergie et au second, trépidante piste de danse.

## Sports

**Le football.** Les aficionados du ballon pourront assister à un grand match au Maracanã mais aussi essayer d'en jouer un, informel, au parc du Flamengo, le week-end notamment.

**Le deltaplane.** La vue est magnifique. Ricardo, instructeur et propriétaire du Tandem Flight-Asa Delta, vient vous chercher à votre hôtel. **Tandem Flight-Asa Delta**, est. Velha da Tijuca 142 ☎ (021) 571.4801. Autrement contactez l'**Associaçao Brasileira de Vôo Livre**, av. Prefeito Mendes de Morais, s/n, Sao Conrado ☎ (021) 322.0266.

**L'U.L.M. Ceu**, av. Embaixador Abelardo Bueno 671, Jaguarepagua ☎ (021) 441.1880 et 221.6489. Fritz Meier régira la balade.

**Les sports nautiques** (ski, voile, pêche, plongée, etc.). Vous pouvez contacter le **Saveiros Tour** ☎ (021) 224.0313/6990. Pour louer des équipements de plongée ou prendre des cours : **Deep Dive** ☎ (021) 205.8102. Pour le yachting, allez au **Yate Clube do Rio de Janeiro**, av. Pasteur 333, Urca. Les surfeurs peuvent aller à la plage du Arpoador, à Ipanema, ou à celle du Pepino à São Conrado.

**Louer des vélos.** À Rio, ville unique qui s'étend en bordure de mer, vous pourrez profiter des pistes cyclables, avec vue panoramique. De Leme à Leblon, en passant par Copacabana, le Forte, le parc Garota de Ipanema, la piste de 10 km est clairement signalisée. La lagoa Rodrigues de Freitas possède également une belle petite piste qui longe la lagune. Pour la location d'un vélo, **av. Atlantica**, devant les numéros 3370, 3892, à l'angle de la rue Miguel Lemos et Santa Clara.

**Le golf.** Le **Gávea Golf Club** offre un 18 trous, estrada da Gávea 800, São Conrado ☎ (021) 322.4141. Plus loin, à Barra da Tijuca, le **Itanhangá Golf Club**, estrada da Barra 2005 ☎ (021) 492.2507.

**La marche.** Le jogging est très populaire à Rio, où vous trouverez des sentiers idéaux pour vous mettre dans le rythme des cariocas. Les week-ends, les avenues Atlantica à Copacabana et Vieira Soto à Ipanema deviennent piétonnes. Les marcheurs ne rateront pas la **pista Cláudio Coutinho**, praia Vermelha, Urca. C'est un chemin étroit de 1 250 m entre le Pain de Sucre et la mer, ouv. t.l.j. de 7 h à 17 h, il offre une excellente vue. Ceux qui n'aiment pas marcher, faites un effort !

**L'équitation.** La **Sociedade Hípica Brasileira**, av. Borges de Medeiros 2248, Lagoa ☎ (021) 527.8090. Pour les courses hippiques, l'**Hipódromo do Jockey Clube Brasileiro**, pça Santos Dumont 31, Gávea ☎ (021) 274.0055. Très beau cadre, entre le jardin botanique et la lagune Rodrigo de Freitas. Nocturnes le lun. à 19 h, ven. à 16 h, sam. et dim. après-midi, début à 14 h.

## Adresses utiles

**Aéroports.** Galeão, av. 20 de Janeiro I-C1 ☎ (021) 398.5050/6060, vols internationaux et nationaux. **Santos Dumont**, pça Salgado Filho II-D2 ☎ (021) 210.2457. Pont aérien pour São Paulo ☎ (021) 272.5239.

**Agences de voyages.** BTR, av. Copacabana 330, salle 402 ☎ (021) 235.1320. **Around Rio Tour**, av. N. D. de Copacabana 1241/1121, Copacabana ☎ (021) 267.0162. **Rio Total Turismo**, rua Genaral Polidoro, 20/01 ☎ (021) 295.7671. **Agenda Tur Turismo**, av. Presidente Vargas 482/913, centre ☎ (021) 263.1116.

**Banques.** Elles ouvrent de 10 h à 16 h 30 mais chacune a, pour le change, des horaires spécifiques. **Banco do Brasil**, rua do Acre 15, centre ☎ (021) 276.4384 ; av. N.-D. de Copacabana 691A ☎ (021) 255.8992 (agence ouverte 24 h sur 24 à l'aéroport, 3e étage ☎ (021) 398.3652) ; **Banerj**, av. Nilo Peçanha 155, centre ☎ (021) 212.3344 poste 3346 ; **Banco Francês e Brasileiro**, av. Rio Branco 193, centre ☎ (021) 292.0123 ; **Citibank**, rua Da Assembléia 100, centre ☎ (021) 276.3636.

**Bureaux de change.** Casa Universal Câmbio, av. N.-D. da Copacabana 371, loja E ☎ (021) 548.6696; **Antares**, rua Visconde de Pirajà 550 loja 220, Ipanema ☎ (021) 294.2434.
**Bateaux pour faire la traversée Rio/Niterói.** Conerj, Cie de navigation de l'État, pça 15 de Novembro ☎ (021) 533.6661. Sortie toutes les 15 mn pour Niterói et plusieurs départs dans la journée pour Paquetá.
**Compagnies aériennes.** Air France, av. Pres. Antônio Carlos 58, 9$^e$ et 10$^e$ étages et centre ☎ (021) 220.8661, réservations ☎ (021) 532.3642; **Canadian Airlines**, rua Alm. Barroso, 63, 2$^e$ étage, centre ☎ (021) 220.5343; **Swissair**, av. Rio Branco 108, 10$^e$ étage, centre ☎ (021) 297.5177; **TAP**, av. Rio Branco 311.B, centre ☎ (021) 210.1277; **Varig**, av. Rio Branco 227, centre ☎ (021) 220.3821, rua Rodolfo Dantas 16-A, Copacabana ☎ (021) 541.6343, rua Visconde de Pirajá 351-D, Ipanema ☎ (021) 287.9440; **Vasp**, rua Santa Luzia 735, centre ☎ (021) 292.2112; rua Visconde de Pirajá 444, Ipanema ☎ (021) 292.2121; **Transbrasil**, rua Santa Luzia 651 ☎ (021) 297.4477 ; rua Maria Quitéria, 77 Ipanema ☎ (021) 297.4422. **Rio Sul**, aeroporto Santos Dumont ☎ (021) 221.3131. **Tam**, aéroport Santos Dumont, centre ☎ (021) 220.5435.
**Compagnies maritimes.** Cruzeiros Costa, av. Rio Branco 134, 10$^e$ étage, centre ☎ (021) 224.6167; **Orerio**, rua da Assembléia 10, 36$^e$ étage, centre ☎ (021) 531.1344.
**Consulats.** Belgique, av. Visconde de Albuquerque 694, Leblon ☎ (021) 252.2967; **Canada**, rua Lauro Müller 116, salle 1104, Botafogo ☎ (021) 275.2137 et (021) 542.7593; **France**, av. Presidente Antônio Carlos 58, 6$^e$ ét., centre ☎ (021) 210.1272 (*ouv. du lun. au ven. de 8 h 30 à 17 h*), dans ce même immeuble, la Chambre de commerce France-Brésil, l'Alliance française et la Maison de France; **Suisse**, rua Cândido Mendes 157, 11$^e$ étage, Gloria ☎ (021) 221.1867.
**Gares de chemin de fer.** Estação Leopoldina ou Barão de Mauá, av. Francisco Bicalho, São Cristóvão ☎ (021) 273.3198. **Trem prata** : train spécial pour São Paulo, réservations et informations, rua Visconde de Pirajá, 8$^e$ étage, Ipanema ☎ (021) 293.4071.
**Gares routières.** Rodoviária Novo Rio, av. Francisco Bicalho 1 ☎ (021) 291.5151 (tout le pays); **Terminal Rodoviário Menezes Cortes** (Teresópolis, Petrópolis), rua São José, 35 Castelo ☎ (021) 533.7577.
**Informations touristiques.** Embratur (Institut brésilien de tourisme), rua Uruguaiana 174, 8$^e$ étage ☎ (021) 509.6017. **Turis Rio** (Cie de tourisme de l'État de Rio), rua da Assembléia 10, 7$^e$, 8$^e$ étages ☎ (021) 531.2965, *ouv. pdt la sem.* **Riotur** (Cie de tourisme de la ville de Rio), rua da Assembléia 10, 10$^e$ étage ☎ (021) 217.7575, *rens. t.l.j. de 8 h à 20 h* ☎ (021) 541.7522 et 542.8004/8080. C'est le guichet officiel pour l'achat des places du carnaval, vous pouvez même en trouver la veille (paiement en espèces). Il existe plusieurs bureaux d'informations de la Riotur, dans tous les aéroports, à la gare routière Rodoviária Novo Rio et au débarquement. À Copacabana, vous pouvez aller au centre **Integrado de Atendimento ao Turista**, av. Princesa Isabel 183.
**Location de voitures.** Méga, av. N.-D. de Copacabana 314 ☎ (021) 295.8197 et aéroport Galeão, secteur A débarquement ☎ (021) 398.3361; **Hertz**, av. Princesa Isabel 334 loja B, Copacabana ☎ (021) 275.7440 et aéroport Galeão, secteur A débarquement ☎ (021) 398.4338; **Interlocadora**, aéroports Galeão et Santos Dumont ☎ (021) 240.0754 et (021) 398.3181; **Localiza**, av. Princesa Isabel 214, Copacabana ☎ (021) 275.3340 et n° vert 0800.99.2000 et aéroports; **Unidas**, av. Princesa Isabel 350, Copacabana ☎ (021) 275.8299 et n° vert 0800.11.8066.
**Poste.** Ouv. 24 h sur 24 à l'aéroport international, 3e étage, secteur A; av. Presidente Vargas 3077, centre ☎ (021) 563.8166 et av. N.-D. Copacabana 540, loja A ☎ (021) 563.8398.

**Téléphone.** Telefônica Telerj, av. N.-D. de Copacabana 540, Copacabana, ouv. 24 h sur 24 ; rua Visconde de Pirajá 111, loja 5, Ipanema ; pça Tiradentes 41, centre.

**Police spéciale touristes**. Av. Afrânio de Melo Franco s/n, Leblon, devant le théâtre Casa Grande ☎ (021) 511.5112/5767.

**Radio taxi.** Coopatur ☎ (021) 290.1009; **Cootramo** ☎ (021) 270.1442; **Freetaxi** ☎ (021) 439.1527; **Copa** *Carioca* ☎ (021) 253.3847; **Ligue taxi** ☎ (021) 717.8442.

**Taxis aériens.** Aerocoop, rua Tambaú 211/101 ☎ (021) 260.9628; Costair, pça Salgado Filho ☎ (021) 253.0341; **Helitur** (hélicoptères), av. Alvorada 2541 ☎ (021) 325.1809.

**Urgences.** Santa Casa da Misericórdia ☎ (021) 297.6611; **Clínica Copa**, av. N.-D. de Copacabana 492 ☎ (021) 255.9966/3530.

**Dentiste 24 h sur 24**. Policlínica, rua Barata Ribeiro 51, Copacabana ☎ (021) 275.4691/4133.

**Pharmacies 24 h sur 24.** Piauí, rua Barata Ribeiro 646, Copacabana ☎ (021) 255.3209 et av. Ataúlfo de Paiva 1283A, Leblon ☎ (021) 274.7322; Cruzeiro, av. N.-D. de Copacabana 1212 ☎ (021) 287.3636.

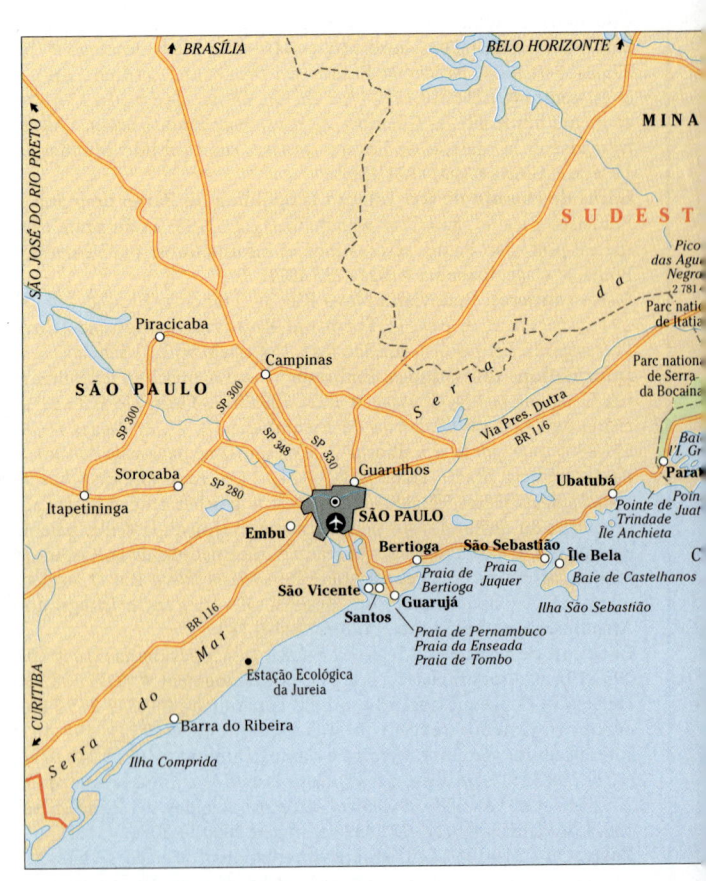

**Le littoral entre Rio et São Paulo**

# AU NORD DE RIO : LES VILLES DE MONTAGNE**

Au fur et à mesure que l'on progresse vers l'intérieur, on voit apparaître une belle chaîne de montagnes, la serra dos Órgãos. Les paysages sont magnifiques, la route vaut à elle seule le voyage. En été, vous verrez la verdure se parer des fleurs d'hortensias, *ipês*, *quaresmeiras*.

## Teresópolis*

▶ *91 km de Rio.* Située à 910 m d'altitude, elle est entourée des pics Dedo de Deus (1 650 m) et Nariz de Frade (1 919 m) ; ce dernier offre un splendide panorama sur la descente de la serra.

Teresópolis voit l'origine de sa fondation au projet, vers 1850, d'une route plus courte reliant Rio de Janeiro au Minas Gerais. Sur le chemin, sous l'exacte protection du Pic Dedo de Deus (doigt de dieu) fut ainsi créé Santo Antônio do Paquequer. En 1891, on décida de rendre hommage à la reine Thérèse en lui donnant une ville : Teresópolis. Par son climat vivifiant et agréable, par son superbe paysage, la cité devint vite une station de montagne des plus prisées.

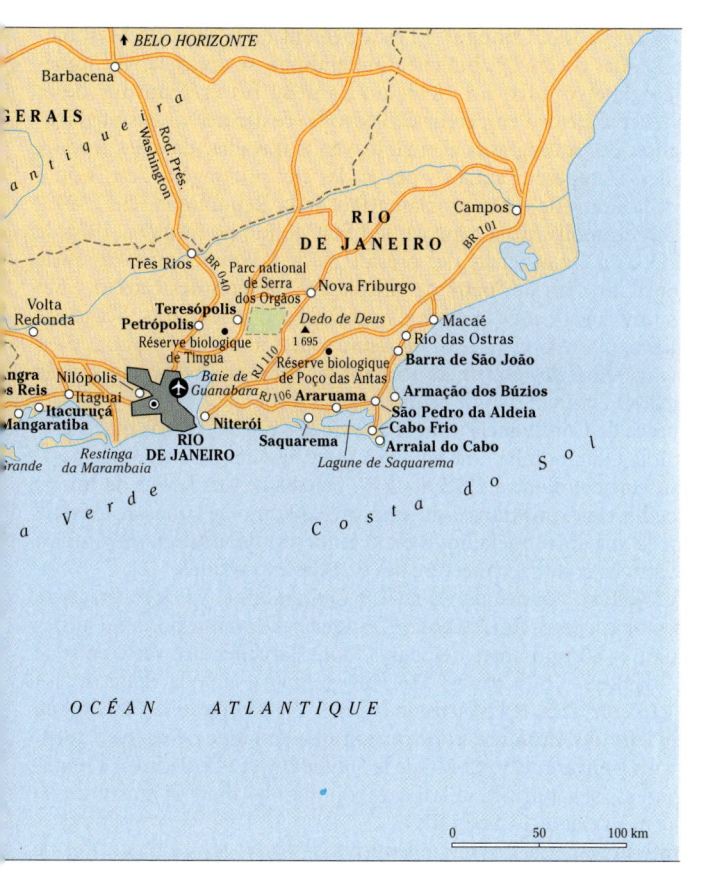

Teresópolis offre assez peu de choses intéressantes à visiter, elle vaut avant tout par son environnement. Un conseil : commencez par elle et réserver l'après-midi pour Petrópolis, dont le superbe musée n'ouvre qu'à ce moment-là. Néanmoins, profitez-en pour découvrir le **Parc national de la serra dos Órgãos** (*av. Rotariana, à 6 km du centre ☎ (021) 642.1070*) : 10 000 ha d'une superbe végétation dressée de pics, cascades, peuplée d'oiseaux. Pour une belle vue de la baie de Guanabara, montez la serra dos Órgãos vers la Pedra do Sino, qui culmine à 2 253 m d'altitude. Très beau panorama depuis le Mirante do Paraíso.

> **Les bonnes adresses**
> ▲▲▲ **Hotel e Fazenda Rosa dos Ventos** ♥, situé sur la serra dos Órgãos à 1 250 m d'altitude, km 22,6 sur la route RJ-130. Réservation ☎ (021) 724.8833. VISA, AE. *41 ch.* Hôtel de charme dans une fazenda de 100 ha, interdit au moins de 16 ans. Idéal pour les amoureux.
> ♦♦ **Dona Irene**, rua Yeda 730 ☎ (021) 742.2901. *F. les lun. et mar.* Si vous aimez la bonne cuisine russe, vous ne serez pas déçu par la cuisine du couple Campos, détenteur des secrets de Dona Irene, Brésilienne de 80 ans qui a longtemps vécu en Russie.

## Petrópolis**

➤ *66 km de Rio.* Contiguë à l'escarpement de la serra do Mar, baignée par les rivières Piabinha et Quitandinha, se dresse la ville impériale de Petrópolis. En 1843, un hameau fut créé autour de la résidence d'été de l'empereur D. Pedro II ; ce dernier vit ensuite l'installation des immigrants allemands venus travailler dans les travaux publics. L'empereur aimait y passer des étés prolongés. C'est là qu'il reçut la nouvelle de la proclamation de la République. De 1894 à 1903, Petrópolis fut la capitale de l'État de Rio et, jusqu'en 1974, la résidence d'été officielle des présidents de la République. Elle reste aujourd'hui l'un des lieux de villégiature préférés des *Cariocas*. Ses rues sont très fleuries, pleines d'hortensias. Avec les petits villages de Itaipava, Corrêas et Ararás, qui sont sous son administration, c'est aussi la vallée des gourmets abritant les meilleurs restaurants de la région. On visitera dans le centre :

La **praça da Confluência**\*, sur la rive de la rivière Piabinha où celle-ci reçoit la Quitandinha, une agréable place, qui était le lieu des expositions horticoles entre 1875 et 1877. En 1884, dans le but de mieux accueillir ces expositions, a été importé de France le **Palais de Cristal**\* dont la structure métallique est typique du début de la révolution industrielle et de l'architecture des grandes expositions.

L'**av. Kœler**\*, coupée par la rivière Quitandinha, va de la praça da Catedral à la praça Rui Barbosa. C'est une belle avenue bordée d'arbres feuillus et d'imposantes demeures, dont l'architecture varie entre le néo-classique (n° 42 et n° 376 par exemple), le style chalet suisse (n° 215 et n° 255) et l'éclectisme (n° 90). Vous visiterez la **Catedral de São Pedro de Alcântara**, construction néo-gothique débutée en 1884, où vous trouverez le tombeau de la famille royale : D. Pedro II, l'impératrice, sa fille la princesse Isabel et son mari le comte D'Eu, ainsi que le poème d'exil de D. Pedro II.

**Le museu Imperial**\*\* (*rua Imperatriz 220 ☎ (024) 242.7012; ouv. t.l.j. de 12 h à 17 h 30, sf lun., Jour de l'An, carnaval et Noël; visites guidées sur rés.*). Le musée a été créé, en 1943, dans l'ancien palais impérial :

mobilier d'époque, bijoux de la famille royale, porcelaines et autres objet, notamment la couronne de D. Pedro II avec 639 « brillants » et 77 perles, son manteau entièrement brodé en or et son trône en cèdre polychrome.

**La Casa Santos Dumont*** (*rua Riachuelo 22; du mar. au dim. de 12h à 17h*). C'était la maison d'été de l'aviateur brésilien, une sorte de chalet alpin à trois niveaux. À l'intérieur, quelques curiosités : l'escalier en zigzags (pour le monter il faut commencer par le pied droit), la douche à alcool inventée par Santos Dumont. Décor très intéressant avec exposition de ses principaux exploits.

**L'Orquidário Binot** (*rua Fernando Vieira, 390* ☎ *(024) 242.0833, Bom Retiro*), présente plus de 500 espèces d'orchidées. Dans le quartier de Independência, superbe vue de la baie de Guanabara en prime.

Non loin de là, vers la sortie de la ville, vous pouvez voir l'ancien **casino Quitandinha*** de style normand (c'est aujourd'hui un immeuble privé). Il fut inauguré en 1994 à la veille de l'interdiction du jeu au Brésil. Plusieurs artistes s'y sont rendus : Orson Wells, Henry Fonda, Carmen Miranda...

## Les bonnes adresses

Si vous voulez séjourner à Petrópolis, à l'exception de **Chico Veríssimo** et **Dical Braconnot**, tous les restaurants qui suivent sont aussi des *pousadas* et les plus agréables du coin.

♦♦♦♦ **Locanda della Mimosa**, al. das Mimosas 30, Fazenda Inglesa ☎ (024) 242.5405. AE. Situé dans une belle auberge, cadre superbe, l'adresse des gourmets de Rio. Parmi les spécialités, vous pouvez goûter le *Mocotó* de veau aux haricots blancs, les raviolis noirs farcis aux crevettes, le filet de canard à la sauce de mandarine. Bonne carte des vins. Le dimanche soir, ils ne servent que des pizzas au feu de bois.

♦♦ **Alcobaça**, rua Agostinho Goulão 298, Correias ☎ (024) 221.1240. VISA, AE. Dans une belle demeure du début du siècle, beau jardin, piscine, cadre très sympathique et bonne cuisine.

♦♦ **Chico Veríssimo** ♥, rua Agostinho Goulão 632, Correias ☎ (024) 221.3049. VISA, AE. Cadre agréable dans la propriété de Chico Veríssimo. Du restaurant, vue sur sa maison, une cascade, un très joli jardin. Ambiance informelle, cuisine variée de tendance française. Essayer la *carbonada*, viande cuite dans la bière et servie à l'intérieur d'un pain.

♦♦ **Dical Braconnot**, rua Agostinho Goulão 169, Correias ☎ (024) 221.2300. VISA, AE. Dans une charmante maison de campagne, le chef suisse Braconnot prépare sa cuisine avec ses propres produits. Le gigot d'agneau à la sauce à l'ail et le soufflet de mandarine sont délicieux.

♦♦ **Pousada dos Sabiás**, estrada União Indústria 2360, Pedro do Rio ☎ (024) 222.2668. Ambiance tranquille, cuisine bahianaise mais aussi de bonnes viandes grillées. Vous pouvez rencontrer de nombreux artistes.

# À l'est de Rio : la Costa do Sol**

La côte du Soleil s'étend de Niterói à la lagune Feia, près de Macaé. Vous y verrez de superbes lagunes formées par des bancs de sable, de magnifiques plages encore vierges au sable blanc très fin. L'idéal est de visiter la côte en voiture pour découvrir chaque plage, chaque joli coin par vous-même. En allant vers Búzios par l'autoroute RJ-106, vous passerez par la région des lacs bordés par les pittoresques villages d'Araruama, São Pedro da Aldeia et Cabo Frio. Les surfeurs pourront faire un saut aux plages de Saquarema (102 km de Rio).

## Niterói*

▶ *20 km de Rio.* Fondée en 1573 sous le nom de São Lourenço, Niterói va rester un petit hameau indien jusqu'à ce que Rio devienne la capitale du Brésil, en 1763. C'est en 1835 qu'elle prend son nom actuel (signifiant « eaux arrêtées »), devenant ainsi la capitale de l'État, et ce jusqu'en 1975. Son véritable développement n'aura lieu qu'à partir de la construction du pont Rio-Niterói. Aujourd'hui, avec plus de 300 000 hab. vivant surtout du commerce, elle sert de cité-dortoir de Rio. Dépourvue d'intérêt majeur, si ce n'est d'être un point de passage par le fameux pont en direction de la côte, on peut néanmoins y visiter quelques monuments :

**L'église São Francisco Xavier*** (*praia Saco de São Francisco*). Construite en 1572, son architecture simple avec des lignes baroques n'est pas dépourvue de charme. À l'intérieur, belle statue en bois de São Francisco Xavier.

**Le musée Antônio Parreiras*** (*rua Tiradentes 47*). Antônio Parreiras, fluminense de Niterói, fut élève de l'Académie des beaux arts de Rio. Sa peinture, académique mais influencée par son professeur allemand Jorge Grimm, va sortir des ateliers, libérer couleurs et thèmes. Outre les 231 toiles du fondateur de l'école de peinture à l'air libre, une importante collection d'œuvres d'artistes nationaux et étrangers.

Les plages de Niterói ne sont pas mal du tout. Si vous voulez un changement par rapport à Rio, essayez **Itacoatiara**, plage océanique dont les fortes vagues sont le paradis des surfeurs, **Prainha** et la sauvage **Itaipuaçu**.

## Cabo Frio*

▶ *168 km de Rio.* Bien que découvert par Amerigo Vespucci en 1503, le cap ne fut peuplé qu'à partir de 1615. À l'écart de l'économie des *canaviais*, la cité de Cabo Frio connaîtra un très faible essor. C'est seulement depuis deux décennies qu'elle est devenue une station balnéaire importante et renommée. Ses belles plages, quelques-unes sont agrémentées de dunes, offrent un excellent cadre pour la pratique des sports nautiques et subaquatiques. La pêche demeure l'activité économique majeure, l'exploitation des salines ayant débuté depuis peu. À Cabo Frio, vous visiterez :

**La chapelle N.-D. da Guia*** (*morro da Guia*). Édifiée en 1740, cette chapelle servait de point de repère aux navigateurs se rapprochant du cap.

**Le couvent et l'église Santa Maria dos Anjos*** (*largo de Santo Antônio, centre*). La construction, débutée en 1686, dura dix ans et servit de centre au cimetière, au parvis sur lequel les moines instruisaient les Indiens convertis et à la ville elle-même. Intéressante boiserie de l'autel, œuvre d'artistes inconnus et petit musée d'Art religieux.

Reste que ce sont bien les plages qui attirent l'essentiel des visiteurs : **praia do Forte**** aux dunes magnifiques et le **fort de São Mateus** construit en 1650 ; **praia das Conchas***, petites dunes, superbe couleur bleue de la mer, possibilité de louer des chevaux et des kayaks ; **praia do Peró***, la préférée des surfeurs et des pêcheurs.

À voir dans les environs : **Arraial do Cabo***, hameau nettement moins touristique que Cabo Frio. Beau paysage de montagnes tombant dans la mer. Dommage qu'on y ait construit une usine chimique.

## Búzios**

▶ *192 km de Rio. En voiture, compter env. 2h30 de route. En bus, gare Novo Rio, Viação 1001 (départs quotidiens à 6h30, 10h15, 14h15, 16h45, 19h15 ☎ (021) 516.1001). En avion, aéroport Santos Dumont (la Costair effectue quatre vols par semaine depuis Rio). Certaines pousadas viennent vous chercher à Rio.*

Charmant village de pêcheurs subordonné à l'administration de Cabo Frio, Búzios est devenu célèbre après le séjour de Brigitte Bardot dans les années 60. Le tourisme est depuis l'activité principale, suivi par la pêche. Le village est situé sur une péninsule extrêmement découpée de 8 km de long, offrant 22 superbes plages, tantôt donnant sur une mer ouverte aux eaux agitées, tantôt situées à l'intérieur de petites anses délimitées par des rochers et des *morros*. Quoique devenu un lieu de villégiature et de week-end des plus prisés, Búzios a su se protéger des promoteurs immobiliers, des constructions à étages (interdites) et d'un développement désordonné destructeur du site. Il a conservé ses ruelles pavées, son cachet de petit village de pêcheurs, surtout sur la **praia da Armação**, cœur historique du hameau de Armação de Búzios. La tranquillité des jours de semaine, ou hors saison, offre un contraste saisissant avec la foule des week-ends et des vacances, moments où Búzios devient le lieu de rendez-vous des stars nationales, moyennant quelques augmentations de prix. Si le village y perd un peu de son originalité, les plages magnifiques, la présence quasi permanente du soleil, la bonne qualité de l'hôtellerie n'en restent pas moins autant de raisons de découvrir le Saint-Tropez brésilien.

**De nombreuses plages et pour tous les goûts !** En partant du centre vers le nord, on trouve :

**La praia da Armação**, la plus pittoresque avec ses bateaux de pêche et ses maisonnettes coloniales, elle est le lieu de départ des bateaux de promenades, mais pas terrible pour le bain.

**La praia dos Ossos**, sur une petite anse, où l'on verra de magnifiques yachts et voiliers ; elle non plus n'est pas bien pour la baignade, mais on pourra y rejoindre à pied la **praia Azeda** aux eaux calmes et transparentes, idéales !

**La praia João Fernandes** borde une petite anse, c'est l'une des plus fréquentées ; nombreuses échoppes et beau contraste avec la végétation de cactus sur les rochers. En descendant vers le sud-est, un point de vue vous permet d'apercevoir la magnifique et presque sauvage **praia Brava** (excellente pour le surf).

**La praia da Ferradura**, grande anse aux eaux calmes, parfaite pour les sports à voile. Vous pouvez y louer des kayaks et des planches à voile.

**La praia de Geriba**, plage océanique, offre de nombreux bars et la possibilité de louer des chevaux. Si vous êtes en voiture, ne manquez pas de vous rendre à **Barra de São João****. Vous serez enchanté par le charme de ce hameau qui a servi de décor au film de Walter Lima Jr. *Iracema*. La route coupe la ville en deux ; tout de suite après le pont, tournez à droite pour vous arrêter quelques minutes dans la petite église coloniale, devant le cimetière, située sur une bande de terre à l'embouchure du fleuve São João.

### Les bonnes adresses

Búzios possède une quantité considérable de *pousadas* ou auberges. Elles proposent un hébergement en chambres ou bien en bungalows individuels; l'ambiance est généralement des plus accueillantes et sympathiques. Les prix des *pousadas* sont un peu élevés, surtout en haute saison.

▲▲▲ **Vila Boa Vida**, praia da Ferradura ☎ (024) 623.6767. Visa, DC. Sur une colline, des bungalows offrant une vue superbe sur la petite anse de Ferradura, confortables et bien isolés. Accueil sympathique. Petit déjeuner un peu trop germanique peut-être. Le prix de la chambre comprend des drinks et un service de navette pour vous emmener en mer et venir vous chercher.

▲▲ **Martin Pescador** ♥, enseada do Gancho ☎ (024) 623.1449. Visa, DC. Sur la plage de Manguinhos, *12 ch.* climatisées avec vue sur la mer, s.d.b., téléphone. Restaurant, bar, piscine, sauna, planche à voile, kayak. Cadre sympathique et excellent accueil.

▲▲ **Vila do Mar**, travessa dos Pescadores 88, centre ☎ (024) 623.1298. DC, MC. *16 ch.* avec balcon, petites, confortables. Décor rustique de très bon goût. Excellent accueil.

♦♦♦♦ **Satyricon**, rua das Pedras 500, centre ☎ (024) 623.1595. Visa, AE, DC, MC. Vue sur la mer. Prix élevés, mais excellente cuisine : les meilleurs fruits de mer et poissons de la région. Son succès est tel qu'une filiale à Rio a été ouverte.

♦♦♦ **Le Streghe**, rua das Pedras 201, centre ☎ (024) 623.6858. Bonne cuisine du nord de l'Italie.

♦♦ **Au Cheval Blanc**, rua das Pedras 181 ☎ (024) 623.1445. DC. Un ancien bistrot français, excellent. Terrasse donnant sur la mer.

♦♦ **Todos os Prazeres**, recanto da Prainha 5, Arraial do Cabo ☎ (024) 622.2365. Cadre simple ; cuisine délicieuse à base d'ingrédients typiques. Essayez les *farofas de coco* et cacahuètes qui sont des accompagnements.

A **Estalagem**, rua das Pedras 156 ☎ (024) 623.1243. Bar-jazz. Musique live, surtout le week-end jusqu'à 7 h du matin.

**Chez Michou**, rua das Pedras 90. Bar et crêperie, point de rencontre des jeunes, musique disco le soir.

### Loisirs

**Bateaux.** Bruma Seca, praia dos Ossos ☎ (024) 623.2400 ; **Queen Lory** ☎ (024) 623.1179 ; **Buziana**, rua das Pedras, centre ☎ (024) 623.6760 ; **Lady Gabi** ☎ (021) 623.2312.

**Planche à voile.** Yucas Beach club, praia de Tucuns.

**Plongée.** Ponto Mar, rua das Pedras 212, centre ☎ (021) 623.2173 ; École de plongée Casamar (loue aussi des bateaux), travessa dos Pescadores 90, centre ☎ (021) 623.2441. Visa, AE, DC.

## Au sud-ouest de Rio : la Costa Verde***

*Voir carte pp. 138-139.* Cette magnifique côte, tantôt montagnes recouvertes de forêt qui envahissent l'océan, tantôt mer découpée de baies qui s'enfoncent dans la serra, s'étire du petit village d'Itacuruçá jusqu'à l'État de São Paulo : près de 300 km de côte formée de plus de 300 îles, de dizaines de plages, d'anses et de caps. La Costa Verde est un vrai paradis pour les amateurs de voile, sports nautiques, pêche ainsi que pour les amoureux des beautés de la nature. Elle est desservie par une route littorale passant par plusieurs villages et par des endroits intéressants. Notre coup de cœur va toutefois à Parati, dernière ville de l'État située à 260 km de Rio.

## Itacuruçá*

➤ *85 km de Rio. Restaurant :* ♦ ***Kakau Marina****, av. do Canal* ☎ *(021) 780.1215. Devant le Yacht Club. Pour déguster poissons et crustacés locaux.* Sympathique petit village proche de Rio où vous pouvez vous rendre pour la journée. Plusieurs plages. Vous vous promènerez le long de la **baie de Sepetiba**\*\* (100 km), fermée par la restinga de Marambaia, sorte de banc de sable. Vous y trouverez divers îlots et îles, dont celle de **Jaguanum**\*\*, encore sauvage avec de superbes plages (excellent endroit pour la pêche et tous les sports nautiques).

## Mangaratiba*

➤ *105 km de Rio, env. 2h de voiture.* Cette toute petite ville coloniale du XVIIe s. a été, au début du XIXe s., un important port d'exportation du café et d'«importation» d'esclaves. Dès lors, jusqu'à Angra dos Reis, ce ne sera plus qu'un défilé de belles plages : végétation de la *mata Atlântica* d'un côté, côte accidentée de l'autre. Dans le centre, vous pourrez observer quelques constructions coloniales dont la petite **église de N.-D. da Guia**\* datant de 1785 (noter le parterre en *azulejos* de la nef et la tour revêtue elle aussi d'*azulejos*). Vous pourrez également vous rendre à **Ilha Grande**\*\* qui est la plus grande île de la baie de Sepetiba : végétation et plages magnifiques, relief impressionnant.

### Hôtels

▲▲▲ **Portobello**, km 48 de la route Rio-Santos ☎ (021) 689.3000 et n° vert 0800.11.8618. *86 ch.* VISA, AE, DC, MC. Loin de Angra, près de Mangaratiba, hôtel-villégiature, en bord de mer, sur une belle plage privée. Terrains de football, sports nautiques, promenades dans la *serra*, buffet copieux.

▲▲▲ **Club Méditerranée**, village Rio das pedras, km 55 de la route Rio-Santos ☎ (021) 688.5050 et n° vert 0800.21.3782. *329 ch.* VISA, AE, DC. Ouvert de juillet à avril. En bord de mer.

## Angra dos Reis**

➤ *154 km de Rio.* Cette ville d'environ 82 000 hab., située sur une étroite bande de terre entre la serra do Ariró et la mer, est un pôle touristique important, résidence d'été de nombre de riches *Cariocas*. Le site, découvert dès le 6 janvier 1502, d'où son nom de «Anse des Rois Mages», a connu très tôt une importante activité portuaire. Oubliée pendant longtemps, la ville a été redécouverte dans les années 1930, date à laquelle elle a été reliée à Rio par le chemin de fer et la route. Depuis lors, l'industrie de la pêche et le tourisme se sont beaucoup développés. Dans les années 1970, elle a été choisie pour abriter une usine atomique. Le programme nucléaire signé avec l'Allemagne prévoyait l'implantation de trois usines nucléaires. Une seule est aujourd'hui en service, Angra I, de façon irrégulière. Le 1er janvier, Angra vit, en hommage à Iemanjá, une grande procession marine.

Angra dos Reis conserve quelques constructions historiques qui méritent d'être visitées. Sur la praça Gen. Osório, notez l'architecture coloniale des maisons, notamment des n° 3 à 13, 19 et 35. Cette place est entourée par l'église do Carmo et son couvent. Sur la rua do Comércio, se trouve l'église de Santa Luzia (1632). Rua Dr. Bastos, vous verrez la **chapelle N.-D. da Lapa da Boa Morte**\*\* (collection de statues en terre cuite). À côté, le **Mercado do peixe** (1914), marché

aux poissons où les pêcheurs débarquent leurs prises et les vendent aux particuliers. À voir aussi : l'église N.-D. da Conceição (1625-49). La mairie propose des visites de la ville (*t.l.j. à 10h*).
C'est cependant la nature alentour qui présente le plus grand intérêt. Le relief montagneux se déchire en une succession de petites baies, criques toutes plus belles les unes que les autres. La mer a des couleurs et une transparence étonnantes. À partir du quai du centre-ville, location de bateaux pour explorer les 365 îles des environs. Vous pouvez rejoindre **Ilha Grande**\*\*, mais ne manquez pas les **Ilhas Botinas**\*\* et leurs rivages bordés de cocotiers.

### Les bonnes adresses

▲▲▲ **Portogalo**, 71 km de la route Rio-Santos, praia de Itapinhoacanga ☎ (024) 365.1022. VISA, AE, DC, MC. À 15 mn de Angra, hôtel-villégiature, situé sur une colline avec téléphérique menant à la plage et à la marina. Belle vue. Confort, buffet copieux. Courts de tennis, windsurf, kayak. Moins cher en basse saison.

▲▲ **Angra Inn**, estrada do Contorno 2629, praia Grande ☎ (024) 365.3005. VISA, AE, DC, MC. A l'avantage d'être à 4 km de la ville. *60 ch.* Climatisation, piscine, bar, restaurants, courts de tennis.

▲▲ **Porto Aquarius**, 102 km de la route Rio-Santos, Itapiporã ☎ (024) 365.1642 et à Rio (021) 521.9989. VISA, AE, DC, MC. À 13 km de Angra, chambres climatisées avec vue sur la marina, piscine devant la mer.

La région n'est pas très bien pourvue en restaurants. Mis à part les restaurants des hôtels qui servent une cuisine internationale, vous pouvez essayer les suivants :

♦ **Bar do Porto Rei do Mocotó**, rua Júlio Maria 100, centre ☎ (024) 365.1855. Cartes de paiement non acceptées. Très simple.

♦ **Geninho's**, av. das Caravelas, Ponta dos Borges ☎ (024) 365.1343. Cartes de paiement non acceptées. Dans le Yacht Club Aquidabã, spécialité de poissons.

### Adresses utiles et loisirs

**Cours de plongée.** Aquamaster, praia da Enseada ☎ (024) 365.2416.
**Informations touristiques.** Centre d'informations touristiques, largo da Lapa s/n ☎ (024) 365.1175.
**Location de bateaux et d'équipement.** Traineiras (bateau de pêche), quai de Santa Luzia, dans le centre. **Lanchas** auprès de **Norway Turismo** ☎ (024) 65.0926, **Capitains Yacht** ☎ (024) 65.1766, **Dock Line** ☎ (024) 65.1022.
**Promenades.** En *saveiros* ou en *escunas* : **Big Tour** ☎ (024) 365.3092 ; **Gênesis**, rua Visconde de Cabo Frio 78 ☎ (024) 365.3653. AE, DC ; **Mar de Angra**, av. Júlio Maria 70 ☎ (024) 365.1067 ; **Summer Breeze** ☎ (024) 365.4656.

## Mambucaba*

Ce petit village du XVIe s. doit son essor, au cours du XIXe s., au commerce des esclaves, à l'exportation du café et à la production d'eau-de-vie. Comme toute la région, Mambucaba est tombée dans l'oubli après l'abolition de l'esclavage. Des rues anciennes de son passé colonial, il ne reste que la rua das Flores avec douze *sobrados* en ruine et quelques maisonnettes. Dans l'**église do Rosário**\*\* (1834), on verra un beau maître-autel et la statue en terre cuite de N.-D. do Rosário qui date du XVIIe s. La **trilha de Mambucaba**\* est l'ancien chemin utilisé pour le transport des esclaves vers la vallée du Paraíba et les plantations de café. Vous pouvez encore voir son pavage ancien.

# LA COSTA VERDE

## ♥ Parati***

▶ *240 km de Rio. Fêtes : les manifestations les plus importantes sont celles de la Semaine sainte (processions et cérémonies dans les églises) et du Divino Espírito Santo (jour de la Pentecôte). Du 19 au 21 août, se tient le Festival de la Pinga (eau-de-vie). La Maré alta, production du domaine du prince d'Orléans-Bragance, compte parmi les meilleures avec la Murycana et la Corisco.*

Cette cité historique offre l'un des plus riches ensembles architecturaux du Brésil colonial. Sur la seule voie de communication entre São Paulo, le Minas Gerais et Rio de Janeiro, ce village, originellement habité par les Indiens Guaianás, existait dès 1597. Le premier peuplement de colons s'initie sur le morro do Forte, au nord du fleuve Perequê-Açu, où a été édifiée une chapelle. Le développement urbain commence avec le cycle de l'or, dont Parati est le grand port d'exportation. La cité accueille les caravelles venues chercher les richesses du Minas Gerais débarquant à l'aller les produits de la métropole. L'exploitation de la canne à sucre prend ensuite le relais, suivie par l'exportation du café qui assure la richesse de la ville.

Cette période de prospérité prend fin, d'une part, avec l'abolition de l'esclavage qui provoque l'abandon des plantations et un exode massif de population et, d'autre part, avec la construction de la voie de chemin de fer entre Rio et São Paulo qui fait perdre au port tout son intérêt. Suit alors pour Parati une longue période de déclin et d'oubli. Un abandon qui va cependant se révéler miraculeux pour la préservation de la cité coloniale et de ses trésors d'architecture civile et religieuse. Isolée, ignorée pendant plus de 50 ans, Parati doit à ce long abandon d'être parmi les villes brésiliennes des XVIIe et XVIIIe s., celle qui est la mieux conservée : un véritable bijou architectural à découvrir ! Classée monument historique national en 1966, Parati (du nom d'un poisson, le mulet) vit, depuis cette date, du tourisme.

Vous noterez l'impressionnante harmonie de son architecture, les pavés irréguliers des rues appelés « *pé-de-moleque* », ses nombreux *sobrados* avec leurs portes et fenêtres colorées, leurs balcons de fer forgé (dessins attribués à la Maçonnerie), l'inclinaison des rues permettant l'écoulement des eaux de pluie ainsi que celui des grandes marées de pleine lune.

### *La visite*

**La praça da Matriz\*\*\*** ou **praça do Imperador.** Magnifique ensemble de maisons coloniales. L'imposante église jaune de style néo-classique, qui se trouve au milieu de la place, est l'église **Matriz N.-D. dos Remédios\***. Sa construction, par la bourgeoisie locale en hommage à la sainte patronne de la ville, s'étend sur plus d'un siècle, de 1787 à 1873. Elle abrite aussi la pinacothèque de la ville recélant quelques importantes toiles d'artistes brésiliens.

**L'église N.-D. das Dores\*** (*rua Fresca, face à la mer*). C'est la plus récente église de Parati, construite en 1800. Jadis interdite aux Noirs et aux métis. Sa structure est en train de s'écrouler, d'où l'impression de déséquilibre des formes. Noter les saillies internes. Un peu plus loin dans cette même rue, vous verrez le beau *sobrado* des Orléans-Bragance\*\*.

**La rua da Praia\*\*\*** est inondée pendant les grandes marées. Elle conserve néanmoins intact un superbe ensemble de maisons coloniales,

certaines agrémentées de petits balcons en fer forgé, d'autres décorées d'*azulejos* avec des portes et des fenêtres peintes de couleurs vives.
Au marché, vous pourrez voir l'arrivée des pêcheurs en pirogue.
**L'église Santa Rita et le museu d'Arte Sacra**\*\*\* (*praça Santa Rita*). Construite en 1722 par les métis libres en style baroque jésuite, c'est la plus ancienne église de Parati et, selon l'architecte Lúcio Costa, la plus précieuse au plan architectural. On notera la belle façade baroque avec trois fenêtres et balconnets en fer forgé, la boiserie polychrome du maître-autel de style rococo, le mobilier d'époque, les lanternes de cuivre et les bénitiers en pierre de taille. Le bâtiment d'à côté, qui est l'ancienne prison de la ville, est le siège de l'office du tourisme.
**L'église N.-D. do Rosário**\*\* (*rua do Comércio*). Comme la plupart des églises qui portent ce nom, elle fut construite pour les esclaves, ici en 1725. Remarquez l'unité et l'élégance de la boiserie des autels latéraux ; l'autel central fut réalisé bien plus tard.
**Le sobrado dos Bonecos**\* (*rua do Comércio*). Cette maison à étages typiquement portugaise possède une particularité, son *beiral* (partie du toit qui va au-delà des murs) en porcelaine. Dans la maison à côté, vous pourrez voir deux des sept petits autels utilisés lors des processions de la Semaine sainte ; un troisième peut être vu sur le mur latéral de l'église Santa Rita.
**Le Chafariz da Pedreira.** Sur le joli largo da Pedreira, cette fontaine en marbre fut construite, en 1851, pour approvisionner la ville en eau.
**Le forte Defensor Perpétuo.** Ce fort fut édifié en 1763, au sommet du morro Pontal do Forte, colline marquant l'origine de la ville. Outre le panorama, on y verra les vieux canons, la maison des poudres et le Centre des Arts et des Traditions populaires (*ouv. du mar. au dim. de 9h à 11h30 et de 13h30 à 17h*) : expositions permanentes d'artisanat local.
**Les plages.** Le tour de la ville étant vite fait, vous aurez encore du temps pour découvrir les belles plages situées à proximité de la ville : **Prainha** à 10 km au nord, **Parati-Mirim** à 16 km au sud et surtout la splendide **Trindade**\*\* à 30 km au sud en direction de São Paulo, dans le Parc national de la serra da Bocaína. Promenades également intéressantes dans les îles : Ilha do Algodão, Araújo, Cedro, etc.
**Les engenhos.** Il reste quelques *engenhos* datant du XVIIe s. dont la visite n'est pas sans intérêt. L'*engenho* Murycana (*à 6 km de la ville, au début de la Serra, estrada de Cunha*), qui produit encore de l'eau-de-vie, possède un petit musée où sont exposés outils, machines servant au travail de la canne, mobilier de la *Casa Grande*, etc. À 8 km de Parati, sur la route Rio-Santos, se trouve l'*engenho* Boa Vista, un ancien *engenho* à vapeur fabriquant une excellente eau-de-vie, distillée dans des alambics de terre cuite et feuilles de mandarine. L'*engenho* Bom Retiro de la *fazenda* Nico Gama produit une bonne eau-de-vie.

> ### Les bonnes adresses
> Parati possède plusieurs auberges. En voici deux qui nous ont paru fort agréables :
> ▲▲▲ **Do Sandi** ♥, largo do Rosário 1 ☎ (024) 371.2100 et n° vert 0800.15.9100, fax 371.1236. VISA, AE, DC, MC. *26 ch.* Dans une jolie demeure du XVIIIe s. qui fut le premier collège de la ville. Décoration intérieure de style anglais. Préférez les chambres du haut, plus sympathiques avec leurs fenêtres donnant sur les rues pittoresques du centre.

▲▲ **Porto Paraty**, rua do Comércio ☎ (0243) 71.2323. Visa, ae, dc, mc. *52 ch.* avec téléphone et s.d.b. Devant l'église da Matriz, un *sobrado* colonial. Décors d'époque.
Et parmi les restaurants :
♦♦ **Candeeiro**, rua Maria Jacome de Mello 335 ☎ (0243) 71.1219. Visa, mc. Cadre simple, bon accueil et portions géantes. Essayez les fruits de mer ou les crevettes à la crème de citrouille. Les poissons sont également bons.
♦ **Do Hiltinho**, rua Mar. Deodoro 233 ☎ (0243) 71.1432. Bonne cuisine, surtout des poissons.
**Bar do Abel**, rua do Comércio 40 ☎ (0243) 71.1130. Fréquenté par les autochtones, bonne ambiance.

### Adresses utiles et loisirs
**Agence de voyages.** Paraty Tours ☎ (024) 371.1327. **Gare routière.** Parque Imperiale ☎ (024) 371.1177. **Informations touristiques.** Secretaria de turismo, praça macedo Soares ☎ (024) 371.1266. **Plongée.** Narwal ☎ (024) 371.1399 ; Alpha Dive ☎ (024) 371.1547. **Promenades en bateau.** Teresa et Jacques Rey, Saveiro Porto Seguro, rua Dona Geralda 73 ☎ (024) 371.1254. Elle est brésilienne, il est français, ils organisent des balades dans la baie de Parati à bord de leur voilier de 13 m., de type goëlette, avec découverte des îles, criques, plages. **Urgences.** Santa Casa, av. D. Pedro de Alcântara ☎ (024) 371.1623

# SÃO PAULO**

Mégalopole de 38 municipalités, plus de 18 millions d'habitants, sur un territoire de 7 951 km$^2$, São Paulo est devenue la cinquième ville du monde ! Sa croissance est l'une des plus élevées de la planète. Centre commercial, financier et industriel de premier plan, São Paulo possède une richesse supérieure à celles de presque tous les États brésiliens, à l'exception de ceux du Sudeste et du Rio Grande do Sul. Malgré son intérêt touristique mineur, elle n'en reste pas moins une ville attirante, où s'expriment plusieurs mondes, une vraie diversité culturelle.

## La métropole du café

Vers 1850, São Paulo n'est encore qu'un gros bourg rural de quelque 20 000 hab. Dans la vallée d'Anhangabaú, quelques plantations, de thé notamment. Le centre du village compte une demi-douzaine de rues sinueuses, quelques bâtiments publics, une humble cathédrale et un monastère. Aux alentours, des maisonnettes en pisé. Une vie plus ou moins isolée, car les routes sont trop mauvaises pour que les visiteurs s'y aventurent.

C'est alors qu'éclate le boom du café. De 1885 à 1900, les plantations, jusqu'alors restreintes à la consommation domestique, connaissent un formidable essor. Les barons du café quittent leurs fazendas pour s'installer à São Paulo, qui ne tarde pas à devenir la métropole du café, le premier produit d'exportation national. En 1890, la gare Estação da Luz est inaugurée ; en 1892, c'est au tour du viaduc du Chá (thé), qui doit permettre la croissance de la ville vers l'ouest. São Paulo entre dans le XXe s. avec 240 000 hab. et un esprit de modernité : éclairage public au gaz, plantation de jardins, d'arbres, construction de chaussées, de places, entre autres, entreprise de grands travaux. Suivent l'électrification et le tramway.

L'afflux des immigrants contribue à la croissance rapide de la ville. Ces derniers vont représenter 55 % de la population (350 000 hab. en 1910). De nouveaux quartiers se forment. Se sentant étouffée par ces nouveaux venus, l'élite quitte le centre pour les terres du sud-ouest y ouvrant de larges avenues (Paulista et Higienópolis), y faisant construire des demeures majestueuses.

Les bénéfices du café sont tels que la nouvelle aristocratie investit dans l'industrie (dès 1920, São Paulo accueille le plus gros parc industriel du pays). Cette dernière se développe au fur et à mesure que l'économie du café perd de sa vitalité. De fait, attirées par les profits de l'« or vert », de nouvelles plantations se créent entraînant surplus de production, baisse des cours mondiaux, tandis que s'accroît la production de café colombien au début du XXe s.

L'édification progressive d'un parc industriel va, à son tour, élargir les limites de la ville. Le bâtiment connaît un essor fantastique. Apparaissent alors très vite des problèmes d'urbanisation, de circulation et de pollution. On tente de les résoudre par la construction de voies périphériques, de nouvelles artères, de ponts, de viaducs et d'espaces verts. Mais le cancer urbain progresse inéluctablement.

# SÃO PAULO

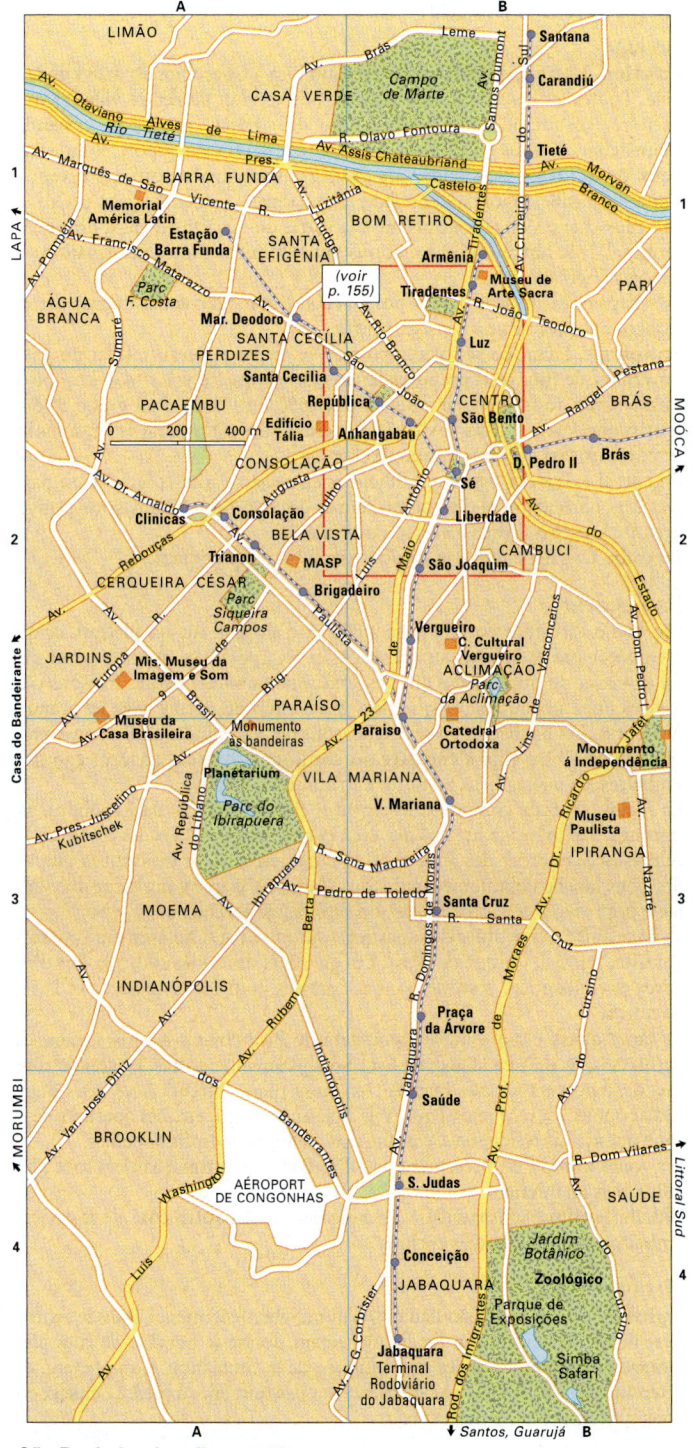

**São Paulo I : plan d'ensemble**

## ■ MODE D'EMPLOI

### Arriver

**En avion.** L'aéroport international de Cumbica à Guarulhos est à 28 km de la ville. Toutes les heures, un bus EMTU vous conduit au centre-ville où vous prendrez ensuite un taxi pour rejoindre votre hôtel, ce qui vous reviendra moins cher. Si vous tenez à prendre un taxi depuis l'aéroport, il en existe deux types : taxis classiques (*comuns*) des compagnies, qui desservent le centre de la ville, praça da República, taxis spéciaux (*radiotáxis* ou Co-Op) un peu plus chers. Vous les trouverez à la sortie du débarquement à droite. Au terminal 1, le bureau d'informations vous donnera toutes informations et fera vos réservations.

Si vous venez de Rio par le pont aérien, vous arrivez à l'aéroport de Congonhas I-A4, situé à 8 km du centre.

**En voiture.** L'État de São Paulo possède le meilleur réseau routier du pays. En venant de Rio, vous prendrez la *via* Dutra à quatre voies (430 km) ou la *Costa Verde*, route littorale plus longue (650 km) mais d'un grand intérêt touristique. Arriver dans la ville géante en voiture est un vrai enfer, à moins de payer un taxi qui vous montre le chemin.

**En car.** Il existe des lignes quotidiennes entre São Paulo et le reste du pays. Des bus partent toutes les demi-heures de Rio. En arrivant vous pouvez prendre le métro si vous n'êtes pas trop chargé.

**En train.** Une ligne relie São Paulo à Rio. Départs quotidiens.

### Se repérer

São Paulo est située en moyenne à 800 m d'altitude sur un plateau, ce qui n'empêche pas les collines aux pentes assez escarpées. Les énormes gratte-ciel du centre et du quartier des affaires contrastent avec les petites maisons collées les unes aux autres des quartiers résidentiels ou encore avec les grandes demeures. Les banlieues, en revanche, sont des villes industrielles, ouvrières, sans charme. La ville s'encastre au confluent de trois rivières égouts : Pinheiros, à l'ouest, Tietê, au nord, Tamanduateí, à l'est.

La **région centrale** comprend le centre II (praça da Sé et da República, av. Ipiranga, São João, viaduc du Chá, etc.) et quelques quartiers des environs. Le centre est le quartier des affaires et du commerce, où se trouvent la plupart des bons hôtels. Pollution et trafic fou. Mais c'est là que vous aurez une véritable impression de São Paulo, de son rythme, de ses couleurs.

La **zone sud** est constituée des quartiers « *Jardins* » I-A2, notamment América, Paulista, Europa, Cerqueira César. Les quartiers des zones sud, à la fois d'affaires et résidentiels, sont de bonnes adresses pour les restaurants et la vie nocturne.

La **zone ouest** comprend les quartiers de Pinheiros I-A2 hors plan, de Perdizes I-A1, de Vila Madalena I-A2 hors plan, entre autres. La grande zone sud descend vers Cidade Jardim I-A2 hors plan, Butantã I-A3 hors plan, Indianópolis I-A3, Moema I-A3, Vila Mariana I-A-B3, etc. Les quartiers de la zone ouest, plus résidentiels, comportent quelques endroits bohèmes.

Les **zones nord** et **est** présentent peu d'intérêt. Les autres quartiers sont plus industriels ou ouvriers.

**Cidade Jardim** et **Morumbi** I-A2 hors plan, de l'autre côté de la rivière Pinheiros, sont résidentiels et chics.

### Circuler

**À pied.** Pour connaître São Paulo, il faut marcher lentement ! Dans le centre, c'est même le seul moyen de circuler, étant donné le nombre de rues piétonnes, de la complexité des sens uniques, de la circulation. Compte tenu de l'étendue de la ville, vous ne pourrez certes pas tout faire à pied. Le mieux est donc d'alterner bus, métro et taxi.

**En bus.** Ils sont nombreux. Vu le trafic, il vaut mieux les éviter sous peine de perdre beaucoup de temps. Certaines lignes valent néanmoins le coup surtout au regard de leur prix modique.

**En métro.** Ouvert il y a une vingtaine d'années, il existe peu de lignes. C'est dommage car il fonctionne très bien. Un certain nombre de lignes intégrées permettent de poursuivre en bus avec le même ticket. Le centre est desservi par deux stations : São Bento II-C3 et Sé II-C4 (axe N-S) et praça da República II-A3 (axe E-O); les Jardins sont desservis par les stations de l'av. Paulista (axe E-O). Vous devez le prendre, ne serait-ce que pour voir les expositions d'œuvres d'art.

**En circuits organisés.** Certaines agences de voyages organisent des visites en minibus. Pour ceux qui ont peu de temps ou ne veulent pas se mêler à la ville.

**En voiture.** Du suicide ! Crise de nerfs assurée. Hormis le samedi après-midi et le dimanche, le trafic est infernal.

## Programme

Les points touristiques les plus intéressants se trouvent dans le centre et ses proches environs. Indispensable : une balade dans le centre et aux environs de l'av. Paulista I-AB2, la première pour vous faire une idée du melting-pot existant, de la vitesse avec laquelle les voitures, les gens, le temps passent, du mélange de luxe et de pauvreté, de l'impression de communion et de solitude, la seconde pour voir une autre facette de São Paulo, austère, riche, chic, moderne. Si vous disposez de plus de deux jours, vous pourrez faire d'autres visites selon vos centres d'intérêt personnels. Le musée d'Art (MASP) I-A2 est très intéressant. Le musée d'Art sacré est l'un des plus importants musées d'art sacré du Brésil.

## Fêtes folkloriques

**En juin :** Festa junina da igreja do Calvário, rua Cardeal Arcoverde 950, Pinheiros, zone ouest I-A2 hors plan ☎ (011) 881.7604. Tous les week-ends à partir de 16 h. Depuis plus de quinze ans, une grande kermesse très animée.

**En août :** N.-D. Achiropita, rua 23 de Maio, Bela Vista, centre, I-B2 ☎ (011) 283.1294. Du 31 juillet au 29 août les samedis et dimanches. Fête traditionnelle des immigrants italiens, en hommage à la Sainte. Nourriture, musique, danses. Très animé.

**En septembre :** San Gennaro, rua Gennaro, Moóca, zone est I-B2 hors plan ☎ (011) 270.1503. Du 10 septembre au 2 octobre, le week-end à partir de 18 h. Les Italiens rendent hommage à saint Gennaro. Les plats typiques italiens sont servis à volonté dans un grand restaurant en plein air.

# Le centre en une journée**

*Voir plan p. 155.* Vous pouvez faire cette visite par étapes. Le centre se partage en deux, le vieux centre et le nouveau, coupés pratiquement par le Vale do Anhangabaú II-B3 et reliés par deux viaducs, celui de Santa Ifigénia et celui du Chá.

## Le vieux centre

Vous pouvez commencer votre périple par le largo São Bento (*M° São Bento*) II-C3 où vous verrez le **monastère São Bento**\*\*\* II-C3, datant de 1598. Si l'église, mélange de styles roman et gothique, a été édifiée par l'abbé Miguel Kruse, dans les années 1920, les moines ont voulu y perpétuer la tradition de l'ordre bénédictin, gardien de la culture et promoteur des arts, d'où les peintures très originales à l'intérieur. Celles-ci ont été réalisées en 1914 et en 1937 par les moines de l'École d'art du monastère de Beuron, en Allemagne, dont le Hollandais

> ### L'art dans le métro
> 
> Moderne et propre, le métro de São Paulo ne fonctionne pas seulement comme un moyen de transport efficient : il est aussi galerie d'art. Éparpillées dans 19 stations, vous y trouverez les 71 œuvres de 43 artistes de renom. À la station Sé : Cláudio Tozzi, Mário Gruber, Alfredo Ceschiatti, Marcelo Nitsche… La station Trianon-MASP propose des expositions, par roulement, comportant parfois des tableaux de la propre coll. du MASP. À la station Consolação, ne ratez pas les panneaux de Tomie Othtake représentant les quatre saisons.

Adelbert Gresnicht. Celui-ci a également réalisé les vitraux, les peintures du plafond et les images de la petite chapelle du Santíssimo Sacramento, à droite de l'autel central.

Si vous suivez la rue São Bento, vous arrivez sur la bouillonnante praça Antônio Prado, épicentre financier de São Paulo. Devant, sur la droite, se trouve l'**édifice Martinelli** qui, inauguré en 1929, a été pendant des années le bâtiment le plus haut de la ville.

À gauche, prenez la rue 15 de Novembro II-C3. Vous y observerez plusieurs bâtiments intéressants, de style éclectique mais avec une influence anglaise assez sensible, qui sont généralement le siège de grandes banques. Au bout de la rue, prenez la rue Anchieta où vous verrez la cour de l'ancien **colégio de São Paulo**** II-C3. C'est le cœur de São Paulo (là où fut édifiée la première chapelle des jésuites). L'église actuelle n'est qu'une copie de l'originale, dont vous ne verrez qu'un bout de mur en pisé, sur le côté. Vous pourrez visiter le **museu Histórico Anchieta***, hommage au jésuite José de Anchieta, grand pacificateur des Indiens et des Blancs ! *(ouv. du mar. au dim. de 9h à 16 h 30, ☎ (011) 239.5722)*. Derrière, vous verrez la rivière Tamanduateí qui, avec Pinheiros et Tietê, enclave la ville.

À droite de la cour du collège, prenez la ruelle qui vous emmène au n° 1. Cette maison de style chalet suisse construite au siècle dernier est collée à l'ancienne demeure de la marquise de Santos, maîtresse de D. Pedro I. Le **Solar da Marquesa de Santos**** *(rua Roberto Simonsen 136 ☎ (011) 606.2218; ouv. du mar. au dim. de 9h à 17h)* est le dernier exemple de l'architecture résidentielle urbaine du XVIIIe s. restant à São Paulo. De retour à la cour du collège, prenez à gauche, en direction de la très animée **praça da Sé** II-C4 *(M° Sé)*. Vous y remarquerez sur la droite la **Catedral da Sé**** et, à gauche, le Palais de Justice. Cette place, coin préféré des *pivetes*, a été entièrement refaite. L'actuelle construction de la cathédrale, débutée en 1911, se caractérise par son style gothique et ses dimensions géantes : deux clochers de 100 m de haut, un carillon de 61 cloches, cinq nefs, un orgue de 10 000 tubes; sa capacité est de 8 000 personnes.

En continuant la rue Benjamin Constant, à droite de l'église, vous arriverez sur le largo São Francisco II-B4, où vous noterez, à gauche, l'une des premières facultés de droit, fondée en 1827, ainsi que la sculpture *le Baiser* du Suédois W. Zadig (1920). À côté : les églises coloniales de **São Francisco*** (1644) et **da Ordem Terceira*** (1676-1791).

# SÃO PAULO

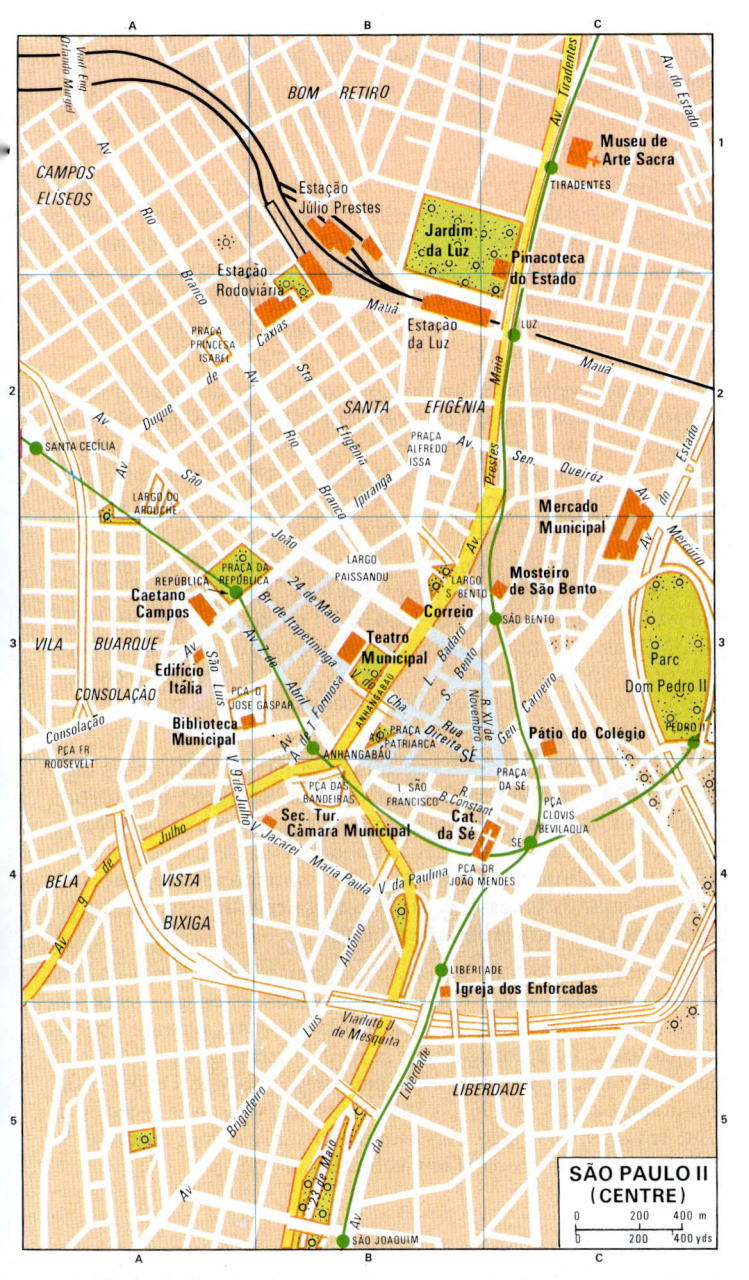

**São Paulo II : le centre**

Plus bas, vous verrez, à l'angle, l'immeuble Art-Déco **Saldanha Marinho**, inauguré dans les années 1930. En arrivant sur la praça do Patriarca **II-B3**, sur la gauche, se trouve l'austère immeuble Patriarca construit en 1938 par un immigrant italien, le Comte Matarazzo. Au sommet de l'immeuble se trouve un jardin réunissant 400 types d'espèces venues de tout le Brésil. Sur la place, l'église **Santo Antônio*** (XVIe s.) garde un retable de style rococo.

## Le nouveau centre

Le **viaduc du Chá** II-B3 relie la praça do Patriarca à la praça Ramos, dans le nouveau centre. Son actuelle construction métallique date de 1938. Sur la droite, vous verrez ce qui reste du vallon d'Anhangabaú : quelques palmiers impériaux. Propriété du baron d'Itapetininga qui y avait une plantation de thé, il a été transformé au début du siècle en parc. Au loin, vous pouvez apercevoir le viaduc Santa Ifigênia, dont la structure métallique a été rapportée de Belgique en 1911.

Après avoir traversé le viaduc du Chá, vous verrez sur votre droite le **Teatro Municipal*** I-B3. Construit entre 1903 et 1911, inspiré de l'Opéra de Paris, récemment rénové, il essaye de maintenir la tradition des années 1940, lorsqu'il accueillait de grands noms de l'opéra comme Maria Callas, en invitant des artistes de renom, des grandes compagnies de ballet, des orchestres symphoniques.

En suivant la rue São João, vous arrivez au carrefour sans doute le plus connu du Brésil : celui des av. São João et Ipiranga II-B3. Vous pouvez boire un verre au São João 677, l'un des plus anciens de la ville. Montez ensuite l'av. Ipiranga vers la praça da República. Vous noterez les cinémas qui, avec ceux de l'av. S. João, formaient, des années 30 aux années 60, la zone de Cinelândia, principal point de rendez-vous des *Paulistanos*.

La **praça da República** II-AB3 est un jardin public où quelques hippies vendent des bijoux artisanaux. En face, se trouve un quartier piéton dont les principales rues, Barão de Itapetininga et 24 de Maio II-B3, abritaient les plus riches boutiques de la ville, à l'époque du café. Aujourd'hui, il ne reste que des commerces populaires et quelques grands magasins. Dans une galerie de l'av. Barão de Itapetininga se trouve la librairie française.

Si vous montez encore un peu l'av. Ipiranga au n° 336, à l'angle de l'av. São Luís (siège de presque toutes les compagnies aériennes, agences de voyages, bureaux de change et nombreux hôtels), vous verrez le fameux **Terraço Itália*** I-A3, inauguré par la reine Élizabeth II en 1956. Cette tour en arrondi, de 46 étages, est la plus haute de la ville. Du bar et du restaurant, ouverts en 1967, à 165 m de haut, vous avez le meilleur point de vue sur São Paulo. Plus haut encore sur l'av., vous admirerez le chef-d'œuvre de Niemeyer : **l'immeuble Copan** (1951).

## ♥ Bixiga II-A4

Quartier coincé entre l'av. Paulista et le centre, lui-même situé dans le quartier Bela Vista, il présente peu de choses à visiter. C'est surtout un lieu de divertissement, en particulier le soir. Au début du XXe s., les immigrants italiens s'y sont installés. Avant eux, des Portugais, des Anglais et aussi nombre d'esclaves affranchis. Moins italien aujourd'hui, Bixiga reste un lieu plein d'animation avec de nombreuses *cantinas*, bars, petits théâtres.

## La zone centrale

**Luz** II-BC1-2. Ce quartier comprend les alentours de la gare **Estação da Luz** (*M° Luz*) II-B2. Inaugurée en 1901, pendant l'époque du boom du café, de style victorien, ses structures furent entièrement importées d'Angleterre.
Si vous descendez l'av. Tiradentes II-C1, vous trouverez sur la gauche le **Jardim da Luz**, vestige de la belle époque *paulistana* où l'élite locale se rendait pour pique-niquer, se promener. À côté : la **Pinacoteca do Estado**\* *(av. Tiradentes 141 ☎ (011) 227.6329; ouv. du mar. au dim. de 10h à 18h).* Ce bâtiment néo-classique abrite une collection de peintures brésiliennes, du XVIIIe s. au début du XXe s., assez intéressante.
Plus en haut, au n° 676, vous trouverez le **monastère da Luz** *(☎ (011) 227.1124)* (1774-1822) logeant le **musée d'Art sacré**\*\*\* II-C1 *(M° Tiradentes ☎ (011) 227.7694; ouv. du mar. au dim. de 13h à 18h)* : pièces de plusieurs églises du pays, du XVIe s. à nos jours, œuvres d'artistes, des baroques jusqu'aux modernistes : Frei Agostinho da Piedade, Agostinho de Jesus, Aleijadinho, Manuel da Costa Ataíde, Mestre Valentim jusqu'à Anita Malfatti, José Antônio da Silva et Benedito Calixto. Vous remarquerez les statues de saints, les oratoires en or et les pierres précieuses baroques du Minas Gerais, ceux moins travaillés, en peinture végétale, de São Paulo et les collections de bijoux en or. Vers le n° 800 de l'av. Tiradentes, vous verrez la **Vila inglesa**\*, charmante ruelle bordée de maisonnettes en brique de style victorien, construite pour héberger les ingénieurs employés du chemin de fer.
**Le Memorial da América Latina**\*\* I-A1 *(rua Mário de Andrade 664, M° Barra Funda ☎ (011) 3823.9611; ouv. du mar. au dim. de 9h à 18h).* C'est un espace multiculturel conçu par Darcy Ribeiro, écrivain et ethnologue brésilien, dans le but de promouvoir l'intégration latino-américaine. Il est situé dans un ensemble assez froid d'édifices imaginé par Oscar Niemeyer. À l'intérieur, de nombreuses activités : une bibliothèque regroupant 30 000 volumes sur l'Amérique latine, une vidéothèque présentant différents films (de 12h à 18h), des galeries d'art, une phonothèque réunissant des enregistrements de musique brésilienne et latino-américaine. Voir notamment le Pavillon de la Créativité présentant une exposition d'art populaire précolombien. Des concerts gratuits sont souvent organisés. Le théâtre a d'ailleurs, avec sa scène centrale, une architecture intéressante. Le week-end, sur la praça Cívica, se tiennent aussi des spectacles de groupes folkloriques (de 14h30 à 18h).

## La zone sud

Résidentiel à l'origine, ce secteur est devenu un important quartier d'affaires. Les demeures des barons du café et des riches commerçants, qui faisaient de la «Paulista» le symbole de São Paulo, la plus belle avenue de la ville, ont été presque entièrement démolies. À la place, on trouve des gratte-ciel, sièges de grandes sociétés ou de banques.
**Le musée d'Art de São Paulo** (**MASP**)\*\*\* I-A2 *(av. Paulista 1578, M° Trianon ☎ (011) 251.5644, ouv. du mar. au dim. de 11h à 18h, le jeu. de 11h à 20h* (tarif réduit)*).* Cet impressionnant musée fut l'œuvre du mécène Assis Chateaubriand, propriétaire de la plus grande chaîne de communication du pays, de l'architecte Lina Bo Bardi et du professeur

# SÃO PAULO, TERRE PROMISE DES NORDESTINS

*São Paulo attire une importante communauté nordestine. Ces immigrants, travailleurs fuyant la précarité des conditions de vie, la pauvreté, la sécheresse de leur terre natale, n'ont pas trouvé sur place la fortune de leurs rêves. Dans l'enfer pauliste, ils gardent vivaces leurs traditions et leur culture.*

### Méprisés par l'élite paulista

Combien sont les Nordestins ? 10 %, 20 % de la population de la grande São Paulo ? Les *Quatrocentões*, comme s'appellent les *Paulistas* qui se targuent d'être les plus européens des Brésiliens, s'indignent de l'invasion croissante de leur ville par les Nordestins. Les premiers les regroupent sous le terme de *baianos*, qui est ainsi devenu avec son dérivé *baianada* synonyme de ringardise péquenaude. Violence, saleté, mauvais goût, décadence, tous les maux de São Paulo leur sont attribués.

### Ouvriers non qualifiés, femmes de ménage, camelots

Du travail ? Beaucoup en ont trouvé : emplois non qualifiés

**La forêt des tours du centre-ville fait paraître bien petites les quelques églises et bâtiments plus anciens, vestiges d'un passé récent. São Paulo est un microcosme du Brésil où les oppositions sociales reproduisent celles qui marquent tout le pays. La ville reflète le modèle brésilien en juxtaposant luxe et pauvreté.**

dans l'industrie, bâtiment et métallurgie en tête, ou petits boulots (employé de maison, gardien d'immeuble, de parking, laveur de voitures, camelots en tout genre), travail certes modeste et dur, mais certainement plus rémunérateur que celui qu'ils avaient dans leur pays natal. On est loin de la terre promise. Cependant, les Nordestins continuent de débarquer à São Paulo, formant une communauté à part qui, forte des mêmes expériences et traditions, se rencontre, se regroupe, s'appropriant certains quartiers et les transformant. Unie dans les difficultés, mais aussi dans les fêtes. Ah, ces fêtes ! Elles qui avaient généralement commencé dans le taudis de Mané sont devenues trop populaires. Il a fallu de grands espaces pour les accueillir. Les *Paulistanos* ont tôt fait d'y voir un nouveau marché. De gros investissements ont été réalisés pour multiplier les bals populaires, et les conservateurs, héritiers de la belle époque

*Les enfants sont les premières victimes du mirage de la grande ville.*

*Les petits métiers sont le lot quotidien des Nordestins venus chercher l'Eldorado à São Paulo.*

*paulistana*, de se plaindre de la prolifération de ces lieux remplis de Bahianais et de leur musique sentimentalo-ringarde…

**Little Nordeste**

São Paulo regorge de ces îlots nordestins. Chaque samedi, sur la pça Agente Cícero, la **Feira do Norte** est un immense marché très animé de produits du Nordeste. Le **Centro de Tradição Nordestina** (*rua Israel Cerqueira de Barros, Bairro do Limão, zone nord*) reçoit environ 20 000 personnes par semaine : musique, danses, restaurants typiques, chapelle, musée retraçant la vie du très populaire prêtre nordestin Cícero. Au viaduc Santa Ifigênia, c'est la foule des vendeurs ambulants d'herbes médicinales. La plaça da Sé change de visage les week-ends, abandonnant l'effervescence des jours de semaine pour gagner cette atmosphère de détente, de *namoro* (flirt), si caractéristique des dimanches nordestins. Les écrivains publics attendent les clients qui viennent leur commander des lettres d'amour. On tue la nostalgie du pays en se réunissant le dimanche praça Sílvio Romero, où arrivent tous les quinze jours les camionnettes du Nordeste apportant (et emportant) lettres, nouvelles, colis, mais aussi emmenant et ramenant compatriotes et amis.

Ces dernières constituent un réseau informel de communication. Les chauffeurs, originaires de là-bas, connaissent bien le coin, les familles qui, vivant pour la plupart dans des villages perdus, préfèrent leur donner leurs missives plutôt que de marcher des kilomètres à la recherche d'une poste.

et critique d'art Pietro Bardi. Le musée est né en 1947 lorsque Chateaubriand décide de mettre dans une exposition permanente sa collection particulière de toiles. L'actuel siège a été construit bien après. D'apparence froide et simple, l'édifice possède, en fait, une architecture audacieuse. Monté sur quatre piliers en béton, sans point d'appui intermédiaire, c'est le plus grand intervalle libre de l'histoire de l'architecture. Lina Bo Bardi y a jeté un défi aux conceptions classiques de stabilité et de sécurité. Pietro Bardi y a lancé un concept dynamique de musée, dans lequel ce dernier doit être un centre intégré de culture, un promoteur d'expositions didactiques et de manifestations artistiques non traditionnelles, comme le design.

Si Chateaubriand a su réunir de grosses sommes d'argent pour augmenter la collection, c'est le professeur Pietro Bardi qui, à la direction du musée, a su choisir ses nouvelles acquisitions. Avec plus de 5 000 œuvres, le MASP est l'un des plus importants musées de l'Amérique Latine : Le Greco, Raphaël, Delacroix, Gauguin, Renoir, Picasso, Degas, Almeida Júnior, Portinari, Anita Malfatti, Vicente do Rego Monteiro, Di Cavalcanti. Hélas, faute d'espace, ces œuvres sont exposées par roulement, au 2e étage. Au 1er étage, se trouvent les salles d'expositions temporaires. Au premier sous-sol, les salles de concert, au deuxième sous-sol, le restaurant et le café Degas.

**L'av. Paulista** I-A2 est coupée par la rue Augusta, qui fut, dans les années 1960-1970, le haut lieu de la mode brésilienne. Aujourd'hui, son commerce n'est plus aussi chic qu'autrefois; cependant, vous y trouverez encore de bonnes boutiques de tissus fins, de chaussures et d'accessoires. Les rues adjacentes, notamment la rue Oscar Freire I-B2, ont gagné de bonnes adresses tant pour les vêtements, que pour les antiquaires, les galeries d'art, les restaurants, les bars, les cafés, etc. Le coin, très animé et élégant, est l'un des rares endroits au Brésil où il est encore possible de tout faire à l'air libre : se promener, boire un verre, faire des achats, des courses, rencontrer des gens, sans être obligé d'aller dans un centre commercial.

**Le musée de l'Image et du Son (MIS)** I-A2 *(av. Europa 158 ☎ (011) 852.9157)*. Soyez attentifs, car il y a souvent des programmations gratuites intéressantes : festivals de cinéma, de musique, expositions de photos.

**Le Musée da Casa Brasileira** I-A2-3 *(av. Brig. Faria Lima 774 ☎ (011) 210.2564; ouv. du mar. au dim. de 13h à 17h, gratuit)*, où vous pourrez voir l'évolution du mobilier paulista du XVIIIe s. à nos jours. C'est le nouveau quartier des affaires au commerce plus populaire, surtout au largo da Batata.

**Le parc Ibirapuera**\*\* I-A3. Aménagé en 1954 pour le quatrième centenaire de la ville. Plusieurs architectes, dont Niemeyer et Burle Marx, ont participé au projet du parc *(ouv. t.l.j. de 6h à 22h)*. D'emblée, vous verrez le **monumento às Bandeiras**, ces expéditions de *bandeirantes* partant à la conquête de l'intérieur du pays, des richesses et des Indiens. Le monument en granit représentant tous les types brésiliens, œuvre du moderniste Victor Brecheret, a eu une histoire mouvementée, nécessitant plus de trente ans pour l'inaugurer.

Le parc offre une agréable balade. Outre des terrains de football, de tennis, de volley-ball, des voies pour le vélo, le jogging, pendant le week-end, il est souvent le lieu de concerts de musique classique ou populaire. S'y trouvent également les bâtiments du musée d'Art moderne (MAM), du musée d'Art contemporain (MAC), du musée du Folklore, du musée de l'Aéronautique, quatre lacs, le Pavillon japonais, le Jardin des plantes, le Planétarium, le café Terraço, etc.

**Le musée d'Art contemporain**\*\*\*. Inauguré en 1963, possède près de 5000 œuvres d'artistes nationaux et internationaux. Il est installé dans deux bâtiments, celui du Ibirapuera et celui de l'Université de São Paulo (USP). Dans le MAC Ibirapuera, situé dans le Pavillon de la Biennale d'Art (*☎(011) 573.9932 ; ouv. du mar. au dim. de 12h à 18h, gratuit*), vous trouverez de façon permanente une synthèse de la sculpture et de la peinture brésiliennes des années 1920 à nos jours (Tarsila do Amaral, Anita Malfatti, Victor Brecheret, Lígia Clark, Volpi). Modigliani, de Chirico, Chagall, Miró ne sont pas toujours présentés. Le MAC de l'USP (*rua da Reitoria 160, Cidade Universitária ☎ (011) 3327.3039; ouv. du lun. au ven. de 12h à 20h, le sam., de 9h à 13h, gratuit*) maintient une exposition permanente des «tendances de l'art au XXe s.» incluant des œuvres de plusieurs mouvements : expressionnisme, futurisme, surréalisme, art abstrait (Arp, Boccioni, Braque, Picasso, Matisse, Kandinsk…), etc.

**Le musée d'Art moderne**\*\* (*Grande Marquise, à côté du MAC ☎ (011) 549.9688; ouv. mar., mer. et ven. de 12h à 17h30, le jeu. de 12h à 22h, le week-end de 10h à 17h30*). Œuvre de Niemeyer inaugurée en 1948, il réunit plus de 1800 œuvres brésiliennes, allant du modernisme à l'actualité. À l'extérieur, 25 sculptures forment le jardin des sculptures de Burle Marx.

**Le musée du Folklore**\*\* (*porte 2, pavillon Lucas Nogueira Garcez, ouv. du mar. au ven. de 13h à 17h, le week-end de 10h à 17h, gratuit*). Tout sur l'artisanat brésilien, 30000 objets exposés, parmi lesquels on trouve de magnifiques retables.

**Le Planétarium**\*\* (*☎(011) 575.5206, séances sam., dim. et j.f. à 15h30 et 17h30*). Sous la coupole de 20 m, projections sur les mouvements des étoiles, la vie des astres. Un super divertissement pour les enfants et les adultes.

### À voir aussi dans le secteur sud

**Le musée Lasar Segall**\*\* I-B3 (*rua Berta III, Vila Mariana ☎ (011) 574.7322; ouv. du mar. au dim. de 14h à 18h30*). La maison où vécut l'artiste russe naturalisé brésilien. Avant de venir au Brésil, il est passé par l'Allemagne, où il a participé au mouvement expressionniste allemand. Sa peinture en témoigne.

**Le Morumbi** I-A4 hors plan . Si vous traversez la rivière Pinheiros à hauteur de l'av. Cidade Jardim, vous arrivez dans le quartier résidentiel du Morumbi, oasis de vert et de tranquillité qui a été, pendant des années, l'adresse des fortunes issues de l'industrie. En prenant, à gauche, la rue eng. Oscar Americano, vous passez par le bois du Morumbi (végétation native, animaux en liberté : toucans, paresseux, écureuils, etc.) et par le **Palais des Bandeirantes**\*\* I-A3 hors plan (*av. Morumbi 4500 ☎ (011) 845-3280, ouv. le sam. de 13h à 16h 30, le dim. de 9h à 17h, gratuit*). Conçu pour abriter l'Université Matarazzo, ce palais est depuis 1970 le siège du Gouvernement de l'État.

Vous pouvez également visiter la **Fondation Oscar Americano**\* I-A3 hors plan (*av. Morumbi 3700 ☎ (011) 842-0077; ouv. du mar. au ven.*

*de 11h à 17h, le week-end de 10h à 17h*). Riche collection de meubles et objets ayant appartenu à la famille royale brésilienne et œuvres d'art de la période impériale, tels que les gravures de Rugendas et les paysages de Franz Post. À l'intérieur : un agréable salon de thé avec vue sur le parc. Fréquents concerts le dimanche matin.

## La zone ouest

**L'Institut Butantã**\*\*\* I-A2 hors plan (*av. Vital Brasil 1500* ☎ *(011) 813.7222 ; ouv. du mar. au dim. de 9h à 17h*). Plus important institut de recherche scientifique et de production de sérum de l'Amérique latine, son **Serpentário**, en particulier, offre une visite fort intéressante : fosses en plein air avec une variété incroyable de serpents. L'institut possède 55 000 serpents appartenant à plus de 400 espèces et sous-espèces. Le public n'en verra qu'une partie. À voir le musée des animaux venimeux (certains vivants) : araignées géantes, scorpions…
Dans le même quartier, vous pouvez jeter un coup d'œil à la **Cidade Universitária**\* et à la **Casa do Bandeirante**\* I-A2 hors plan. La Cité universitaire est un vaste espace vert bien aménagé où les *Paulistanos* aiment bien se rendre, surtout le week-end pour faire du vélo, du jogging… Vous y trouverez une partie du **musée d'Art contemporain**\*\* et le **musée de l'Anatomie** (☎ *(011) 818.4234*). La **casa do Bandeirante** (*praça Monteiro Lobato s/n* ☎ *(011) 211.0920; ouv. du mar. au dim. de 9h à 17h*) est une maison *paulista* typique du XVIIe s., où est racontée la vie des *bandeirantes*.

## La zone est

**Le quartier japonais da Liberdade**\*\* II-BC5. Non loin du vieux centre, au sud de la praça da Sé, vous visiterez ce quartier toujours très animé. Les immigrants japonais *Gaijins* arrivent au Brésil vers 1908. Le pays accueille aujourd'hui la plus grande colonie japonaise en dehors du Japon. Vous verrez les lampadaires rouges, les symboles héraldiques sur la chaussée, le portail Torri, copie des temples japonais sur le viaduc Cidade d'Osaka, av. Radial Leste, ainsi qu'un petit musée (*rua São Joaquim 381*) retraçant l'histoire de l'immigration japonaise. Vous pouvez terminer cette balade dans l'un des nombreux restaurants du quartier. Tous les dimanches, la **Feira da Liberdade** (*praça da Liberdade*) présente nourriture et divers produits typiques.
**Le parc da Independência**\*\*\* I-B3 est assez loin du centre, dans le quartier Ipiranga (nom d'une petite rivière). Vous visiterez le **musée Paulista** ou **musée do Ipiranga** I-B3 (☎*(011) 215.4588; ouv. du mar. au dim. de 9h à 17h*). Fondé en 1895 à l'endroit où D. Pedro I lança, en 1822, le fameux cri «l'Indépendance ou la mort». C'est un bâtiment de style néo-classique, réalisé par l'architecte italien Tomazzo Bezzi, qui conserve des pièces significatives de l'histoire du Brésil ainsi que des objets retraçant l'évolution du quotidien. À l'entrée, en haut de l'escalier : la statue de D. Pedro I. Au premier étage, dans le salon principal, la toile de Pedro Américo représentant la proclamation de l'Indépendance du Brésil. Dans le parc, se trouve l'imposant monument inauguré pour le centenaire de l'Indépendance. C'est le projet classique de Ettore Ximenez qui a été choisi plutôt que ceux des modernistes brésiliens. Ces derniers sont exposés dans le **museu da Rua**.

# LES BONNES ADRESSES

## Hôtels

São Paulo possède un large éventail d'hôtels, concentrés essentiellement dans le centre et les environs de l'av. Paulista et la rue Augusta. Confortables et modernes, le cadre reste impersonnel. Méfiance à l'égard des grands noms, car ils sont assez chers et n'offrent pas forcément un bon service.

### Centre I-B1-2

▲▲▲▲ **Ca d'Oro**, rua Augusta 129 ☎ (011) 263.4300 et n° vert 0800.11.8618. *294 ch.* VISA, AE, DC, MC. Piano-bar, excellent restaurant gastronomique, gymnastique, sauna, piscine, théâtre. Le confort n'est plus à la hauteur de ses étoiles. Restent de beaux décors en bois, une certaine opulence. Un peu cher pour ce qu'il offre.

▲▲▲▲ **Hilton**, av. Ipiranga 165 ☎ (011) 256.0033 et n° vert 0800.11.8044. *380 ch.* VISA, AE, DC, MC. Piano-bar, restaurant 24 h sur 24, salles de gymnastique, sauna, massage. Hôtel de luxe offrant un intéressant rabais pour les paiements comptant.

▲▲▲ **Othon Palace**, rua Líbero Badaró 190 ☎ (011) 239.3277 et n° vert 0800.11.8990. VISA, AE, DC, MC. *237 ch.* Restaurant, bar. En plein centre, dangereux le soir.

▲▲ **Planalto**, av. Casper Líbero 117 ☎ (011) 230.7311. VISA, AE, DC, MC. Bon accueil, emplacement un peu dangereux le soir, chambres confortables, télé par câble. Bon rapport qualité/prix.

▲▲ **Bourbon**, rua Vieira de Carvalho 99 ☎ (011) 250.0244 et n° vert 0800.11.8181. *124 ch.* AE, DC, MC. *122 ch.* Quatre étoiles, bel édifice. Bon confort.

▲▲ **Thamisa**, rua Martins Fontes 277 ☎ (011) 258.0011. *90 ch.* climatisées. VISA, AE, DC, MC. Restaurant 24 h sur 24, bar. Toutes les commodités. Bon rapport qualité/prix.

▲ **Alfa**, av. Ipiranga 1152 ☎ (011) 228.4188. *64 ch.* VISA, AE, DC, MC. Bar, salle de jeux. Adresse économique, surtout si l'on obtient un rabais (jusqu'à -20 %).

### Jardins I-A2

▲▲▲▲ **Caesar Park**, rua Augusta 1508 ☎ (011) 253.6622 et n° vert 0800.11.1164. *173 ch.* VISA, AE, DC, MC. Gymnastique, sauna, piscine, bon restaurant japonais Minako, bar, excellente feijoada le sam., ambiance très animée.

▲▲▲▲ **Maksoud Plaza**, al. Campinas ☎ (011) 253.4411 et n° vert 0800.13.4411. *415 ch.* VISA, AE, DC, MC. Ascenseur panoramique. Six restaurants 24 h sur 24, sauna, massages, piscine, cinéma, terrain de golf, théâtre avec de bons concerts et bars avec musique live et artistes connus. Le plus cher de São Paulo.

▲▲▲▲ **Sheraton Mofarery**, al. Santos 1437 ☎ (011) 253.5544 et n° vert 0800.11.6000. *244 ch.* VISA, AE, DC, MC. Deux restaurants 24 h sur 24, sauna, massages, piscine, héliport. À côté de l'av. Paulista. Somptueux hôtel, addition à la hauteur !

▲▲▲ **Crowne Plaza**, rua Frei Caneca 1360 ☎ (011) 253.2244 et n° vert 0800.12.7696. *223 ch.* VISA, AE, DC, MC. Bon restaurant, super petit théâtre avec programmation intense, accueil agréable, sauna, piscine, massage, 15 % de discount : une bonne adresse.

▲▲ **Metropolitan Plazza**, al. Campinas 474 ☎ (011) 287.4855. *95 ch.* Visa, ae, dc, mc. Restaurant 24 h sur 24, sauna, piscine. Très bon confort.
▲▲ **Regent Park**, rua Oscar Freire 533 ☎ (011) 3064.3666. *70 ch.* Visa, ae, dc, mc. Petit déjeuner avec buffet diététique, restaurant, sauna, piscine. À deux pas des bonnes adresses nocturnes.

## Restaurants

La ville cosmopolite, dépourvue d'une véritable cuisine locale, a su attirer une gastronomie riche et variée. Un vrai voyage qui est l'une des grandes attractions de São Paulo !

### Cuisine brésilienne

♦♦♦ **Baby Beef Rubaiyat**, av. Dr Vieira de Carvalho 116, centre I-B1-2 ☎ (011) 222.8333. Visa ; ou alameda Santos 86, Paraíso I-A2 ☎ (011) 289.6366 ; ou av. Brig. Faria Lima 533, Itaim Bibi ☎ (011) 829.9488. Cette chaîne de restaurants sert des viandes de qualité. Mercredi et samedi : bonne *feijoada*, cochon de lait croquant. Celui de l'al. Santos sert le vendredi un buffet de poissons et de fruits de mer.
♦♦♦ **Bassi**, rua 13 de Maio 334, Bela Vista I-AB2 ☎ (011) 604.2375. Visa. Viandes grillées avec des coupes exclusives, « créées » par le propriétaire Marcos Bassi. Plats copieux (un pour deux suffit). Si vous êtes quatre, essayez la *picanha* de buffle.
♦♦♦ **Esplanada Grill**, rua Haddock Lobo 1682, Jardins I-A2 ☎ (011) 881.3199. Visa. Adresse sympa, toujours pleine de monde et d'animation, notamment au bar. C'est l'un des premiers restaurants de viande qui garde accueil agréable et bonne qualité de viande. Le pain de fromage, servi en hors-d'œuvre, est délicieux.
♦♦♦ **Rodeio**, rua Haddock Lobo 1498, Jardins I-A2 ☎ (011) 883.2322. Visa, ae, dc, mc. La plus traditionnelle des churrascarias. Animation surtout au bar.
♦♦ **Bargaço**, rua Oscar Freire 1189, Jardins I-A2 ☎ (011) 853.5058. Visa, dc, mc. Cuisine bahianaise, une filiale du Bargaço de Salvador. Spécialité de *moquecas* de crevette, poisson, crabe. La plus sûre est celle de crevette.
♦♦ **Moraes**, pça Júlio Mesquita 175, centre I-B1-2 ☎ (011) 221.8066 et plusieurs autres adresses. Visa, ae, dc, mc. Depuis 1928, ses filets de bœuf sont célèbres. Leur succès a dépassé les limites de la ville.
♦ **Consulado Mineiro**, praça Benedito Calixto 74, Pinheiros ☎ (011) 3064.3882. Visa, ae, dc, mc. *F. le lun.* C'est l'adresse la plus recherchée de cette petite place où se tient le samedi un petit marché à la brocante. Ambiance très animée. Cadre simple. Cuisine familiale du Minas.

### Autres cuisines

♦♦♦♦ **Antiquarius**, al. Lorena 1884, Jardins I-A2 ☎ (011) 282.3015. Visa, ae, dc, mc. Portugais très chic. Même propriétaire que celui de Rio. Beaucoup de poissons. Essayez le *risotto* aux fruits de mer délicieux et très copieux. La brochette de Tamboril est très bonne aussi.
♦♦♦♦ **Ca'd'Oro**, rua Augusta 129, Bela Vista I-A2 ☎ (011) 256.8011. Visa, ae, dc, mc. Excellente cuisine du nord de l'Italie.
♦♦♦♦ **Fasano**, rua Haddock Lobo 1644, Jardins I-A2 ☎ (011) 852.4000. Visa, ae, dc, mc. De la grande cuisine italienne, dans un cadre magnifique. Les *risottos* du chef Luciano Boseggia sont fameux.
♦♦♦♦ **Laurent**, al. Jaú 1606, Jardins I-A2 ☎ (011) 853-5573. Visa, ae, dc, mc. Le chef Laurent Suaudeau, disciple de Paul Bocuse, venu de Rio, est le plus créatif des chefs français du Brésil, intégrant épices et produits brésiliens à la cuisine française. Essayez la mousseline de manioc au caviar, le gnocchi de maïs au fromage, le poisson grillé à la sauce d'anchois. Menu le midi. Un peu froid, mais vaut la peine.

♦♦♦♦ **Roanne**, rua Henrique Martins 631, Jardim Paulista ☎ (011) 887.4516. Visa, ae, dc, mc. L'ancien restaurant de Claude Troisgros tenu par le chef Emmanuel Bassoleil.

♦♦♦♦ **Marquês de Marialva**, av. 9 de Julho, 5871, Jardim Europa I-A2 ☎ (011) 852.1805. Visa, ae, dc, mc. Portugais chic. Bon accueil. La morue *à Marialva* est délicieuse ainsi que les crevettes aux amandes et au vin.

♦♦♦ **Amadeus**, rua Haddock Lobo 807, Cerqueira César ☎ (011) 3061.2859. Ae. Dans un cadre sympathique, poissons du littoral brésilien ou saumons et haddocks importés.

♦♦♦ **L'Arnaque**, rua Oscar Freire 518, Jardins I-A2 ☎ (011) 280.0081. Visa, ae, dc, mc. Ambiance branchée. Air de brasserie.

♦♦♦ **La Casserole**, largo do Arouche 346, centre I-B1-2 ☎ (011) 220.6283. Visa, ae, dc, mc. Le jour, c'est l'adresse préférée des hommes d'affaires. Le soir, l'ambiance devient plus chaude. Fréquenté par les artistes et la haute société. Un charme de bistrot. Bonne cuisine.

♦♦♦ **La Coruña**, rua Joli 52, Brás I-B2 ☎ (011) 692.1766 et rua prof. Arturo Ramos 183, Jardim Paulistano ☎ (011) 813.1232. Visa, ae, dc, mc. L'adresse du Brás, l'une des plus anciennes de la cuisine espagnole à São Paulo. Très bonne et copieuse paella.

♦♦♦ **La Traineira**, av. Brig. Faria Lima 2992, Jd Paulistano ☎ (011) 282.5988. Visa, ae, dc, mc. Grand, bondé, excellents poissons et fruits de mer frais, surtout grillés.

♦♦♦ **La Vecchia Cucina**, rua Pedroso Alvarenga 1088, Itaim Bibi ☎ (011) 282.5222. Ae, dc, mc. Le chef Sergio Arno a 36 recettes.

♦♦♦ **Santo Colomba**, al. Lorena 1165, Jardins I-A2 ☎ (011) 3061.3588. Visa, ae, dc, mc. Dans un appart-hôtel, beau cadre, superbe comptoir du début du siècle venu de l'ancien Jockey Club de Rio. Le chef Alencar fait un faisan au poivre vert et riz à la milanaise succulents.

♦♦♦ **Suntory**, Al. Campinas 600, jardins ☎ (011) 283.2455. Visa, ae, dc. *F. le dim*. Bonne cuisine japonaise. Cadre luxueux.

♦♦ **Spot** ♥, al. Min. Rocha Azevedo 72, Jardins I-A2 ☎ (011) 283.0946. Ae. À coté de l'av. Paulista, bonne cuisine. Le menu change constamment. Rendez-vous des branchés de la ville. Il vaut la peine d'y aller au moins prendre un verre.

♦♦ **Marina Grill**, rua Delfina 163, Vila Madalena ☎ (011) 813.8793. Dans une petite maison de ce quartier résidentiel, cadre simple, bons fruits de mer grillés, dont la langouste grillée à la sauce au beurre et aux herbes (demandez-la pas trop grillée).

♦♦ **Brahma**, av. São João 667, centre I-B2 ☎ (011) 223.6720. Visa, ae, dc, mc. En plein centre-ville, un classique et aussi un bar. Bonne *feijoada* les mercredis et samedis. Musique live après 20 h.

♦♦ **Bolinha**, av. Cidade Jardim 53, Jardim Europa ☎ (011) 852.9526. Ae, dc, mc. *Ouv. tard le soir*. Sans doute, l'un des restaurants les plus anciens de la ville. La *feijoada*, spécialité de la maison, est connue dans tout le pays. Préparée au feu de bois, elle est spécialement savoureuse. Prix élevés.

♦♦ **Gero**, rua Haddock Lobo 1629 ☎ (011) 3064.0055. Visa, ae, dc. Autre création de la famille Fasano. Cadre moins chic mais moderne, fréquenté par les «branchés» chics de la ville. Bons hors-d'œuvre et pâtes, dont le ravioli à la mozarella di buffala.

♦ **Gombe**, Tomás Antônio Gonzaga 22, Liberdade ☎ (011) 279.8499. *F. le dim*. Un japonais à la décoration intérieure en bois foncé agréable. Le déjeuner commercial (*teishoku*) est varié et pas cher.

♦ **Jardim de Napoli**, rua Martinico Prado 463, Higienópolis ☎ (011) 3666.3022. Cartes de paiement non acceptées. *Cantina* de tradition, excellente cuisine à prix modérés, raison de son succès.

♦ **Restaurante do MASP**, av. Paulista 1578, au sous-sol du musée I-A2 ☎ (011) 289.7744. Visa, ae, dc, mc. Self-service, cuisine correcte, ambiance très sympa.
♦ **Almanara**, plusieurs adresses, dont celle de la rua Oscar Freire 523, Jardins I-A2, et Vieira de Carvalho 109 et 123, centre. Cuisine arabe (falafel, quibe cru, etc.). Pas cher.
♦ **Camelo**, rua Pamplona 1873 ☎ (011) 887.8764. Pas de cartes de paiement. La meilleure pizza de mozzarelle du monde ! Cadre simple, toujours bondé, surtout le dimanche soir, jour de la pizza à São Paulo.
♦ **Cantina do Piero**, rua Haddock Lobo 728, Jardins I-A2 ☎ (011) 852.9635. Visa, ae. Superbes et copieuses salades. Normalement bondé.
♦ **Cilentano**, Barão de Capanema 208, Jardins I-A2 ☎ (011) 852.7553, Visa, mc. Bonne cantina. Viandes et pâtes aux sauces fortes du sud de l'Italie.
♦ **Z Deli**, L. Lorena 1214, Jardins I-A2 ☎ (011) 280.5644. Pas de cartes de paiement. *F. le dim.* Delicatessen juive. Agréable.
♦ **Famiglia Mantini**, rua Avanhandava 81, Bela Vista I-A2 ☎ (011) 256.4320. Visa, ae, dc, mc. File d'attente folklorique, l'adresse préférée des familles de la classe moyenne *paulistana*.
♦ **Il Vitelloni**, rua Conde Sílvio Álvares Penteado 31, Pinheiros ☎ (011) 813.1588. Cartes de paiement non acceptées. L'une des meilleures pizzas de la ville.
♦ **Posilippo**, rua Paim 277, Bela Vista I-A2 ☎ (011) 256.7092. Visa, ae, dc, mc. Ouvert t.l.j. depuis plus de 40 ans. Plats si copieux qu'un seul suffit pour deux, voire trois.

## Boire un verre
**Cachaçaria Paulista**, rua Mourato Coelho 593, Pinheiros, zone ouest ☎ (011) 815.4756. Dans ce bar, on sert 230 sortes de *cachaças*.
**L'Arnaque** (voir restaurants p. précédente). L'un des bars les plus chics de la ville.
**Martinelli-Midi**, rua Líbero Badaró 508, centre II-C3 ☎ (011) 3104.6825. Visa, ae, dc, mc. Dans un vieux bâtiment du centre, l'un des plus beaux cafés de la ville. On sert aussi de la bière.
**Mercearia São Roque**, rua Amauri 35, Itaim, zone ouest ☎ (011) 853.6647. Bar au cadre agréable, intérieur maison de campagne, extérieur à l'ombre d'un joli *seringueira*. Coin de drague.
**Café Paris**, av. Waldemar Ferreira 55, Butantã, zone ouest ☎ (011) 813.5158. La musique commence à 21 h 30. Depuis plus de 18 ans, ce café est connu pour avoir été le rendez-vous de l'opposition au régime militaire, notamment des artistes et des intellectuels.
**Rei das Batidas**, av. Waldemar Ferreira 231, Butanta, zone ouest ☎ (011) 211.5795. Cadre simple. Bar fréquenté par les étudiants. Énorme variété de *batidas* aux noms grivois. Essayez la *escada de macaco* (lait sucré, cacahuète, cachaça et œuf de caille) et le saucisson *calabreza* à l'alcool.
**Ritz**, al. Franca 1088, Jardins I-A2 ☎ (011) 280.6808. Bar toujours plein, coin des « modernes » de la ville, mais après une certaine heure, il n'y a plus que des *gays*. Petits plats servis.
**Terraço Itália**, av. Ipiranga 344, 42e étage, centre II-A3 ☎ (011) 257.6566. Visa, ae, dc, mc. Version du bar new-yorkais *Rainbow and Stars*, lieu intéressant en fin d'après-midi surtout pour la vue sur la ville (le restaurant est moyen).
**Pirajá**, av. Nova Faria Lima 64, Pinheiros ☎ (011) 815.6881. Inspiré des meilleurs bars bohèmes carioca, la bière y est servie glacée.
**Frangó**, Igo. da Matriz 168, Freguesia do Ó ☎ (011) 875.7818. Cadre simple, plats copieux, c'est le meilleur bar de quartier où l'on se détend toujours. La maison se spécialise dans les bières, plus de 100 sortes, de toute provenance.

**Piratininga**, rua Wizard 149, Vila Madalena, regiao sudoeste ☎ (011) 210.9775. Décoré d'objets retro, ce bar a une ambiance très sympathique. Les lundis, à partir de 18 h 30, piano au rythme du jazz. Clientèle d'intellectuels et de chanteurs de la scène paulistana.
**Morro São Paolo**, rua Leopoldo C. Magalhães Jr 928 ☎ (011) 829.0320. Véritable paradis tropical qui vous attend. Clientèle jeune et animée.
**Havana Club**, Alameda Santos 2233 (Hôtel Renaissance), Cerqueira César ☎ (011) 3069.2233. VISA, AE, DC, MC. *F. le lun*. Entrée payante après 23 h. Tel que son nom l'indique, c'est le bar des cigares et des meilleurs, cubains mais aussi dominicains, jamaïcains et panaméens. Clientèle d'hommes d'affaires et bien sûr des amateurs des *Havanos*.

## Écouter de la musique live
**Blue Night Jazz Bar**, av. São Gabriel 558, Itaim Bibi ☎ (011) 884.9356. AE, SOLLO. Bar traditionnel. Groupes ou solos de musiciens de jazz et de blues pas très connus mais talentueux.
**Sanja**, rua Frei Caneca 30, Bela Vista I-AB2 ☎ (011) 255.2942. Pour les amateurs de jazz, souvent de très bons musiciens.
**Vou Vivendo**, rua Elvira Ferraz 966, Vila Olímpia ☎ (011) 820.6963. DC, MC. Traditionnel rendez-vous des amoureux de la musique populaire brésilienne : *chorinho*, samba, bossa-nova.
**All of Jazz**, rua João Cachoeira 1366, Vila Olímpia ☎ (011) 829.1345. VISA, DC, MC. Excellents concerts de jazz et de *bossa nova*. Il y a encore des vidéothèques, librairies et ventes de CD.
**Bourbon Street Music Club**, rua dos Chanés 127, Moema ☎ (011) 5561.1643. Inspirée du modèle new-yorkais, cette boîte de jazz met en vedette des musiciens d'élite. Ambiance des plus animées.

## Danser
Les adresses sont très nombreuses. Voici celles qui existent depuis longtemps et sont toujours en vogue. N'hésitez pas à suivre les conseils hebdomadaires de la revue du journal *Folha de São Paulo* ou de *Veja São Paulo* de l'hebdomadaire *Veja*.
**Carioca Club**, av. Cardeal Arcoverde 2899, Pinheiros ☎ (011) 212.3782. *F. lun. et mar*. Véritable temple de la samba, aux murs tapissés de photos des plus célèbres sambistas du pays. Ambiance très chaleureuse, impossible de ne pas se laisser aller à danser au son des rythmes brésiliens. Clientèle mixte.
**Forró Andrade**, rua Artur de Azevedo, 874, Pinheiros ☎ (011) 280.8658. En réalité, un grand restaurant avec buffet copieux et musique typique du Nordeste. Adresse «*brega-chique*» (ringard-chic) de la ville, d'autant plus que la culture nordestine et populaire en général est à la mode.
**The Gallery**, rua Haddock Lobo 1626, Jardim Paulista ☎ (011) 881.8833. VISA, AE, MC. L'adresse de la bourgeoisie paulistana. Musique variée plutôt américaine.
**Kremlim**, rua Franz Schubert 193, Jardim Europa ☎ (011) 816.3747. AE, DC. Musique live, deux bars, piste de danse de 700 m$^2$. Le mercredi, musique des années 60-70 ; le jeudi, des années 70-80 ; le vendredi, des années 80-90. Une bonne adresse pour les 30-45 ans. Beaucoup d'ambiance.
**Miller Goddard & Cia**, av. Morumbi 8163, Brooklin, zone sud I-A4 ☎ (011) 535.5007. Fréquenté par les plus de 30 ans et les moins de 50 ans. *Happy hour*. Ancien siège de la Cie Mala Real Inglesa de Charles Miller, celui qui a introduit le football au Brésil.
**Mistura Brasileira**, rua Alferes Magalhães 103, Santana ☎ (011) 299.8866. *Ouv. du lun. au dim*. Entrée payante. Située dans un quartier périphérique, cette boîte de samba et de pagode est très à la mode. Foule bigarrée, ambiance des plus chaleureuses. Clientèle d'habitués surtout les week-ends lorsqu'on joue de la musique live.

**Pauliceia**, rua da Mata 70, Itaim Bibi ☎ (011) 883.0300. *F. le dim.* Entrée payante. Il y a plusieurs salles dont une salle d'exposition en retrait de la trépidante piste de danse. Ambiance de plaisir toute paulista. Musique présentée par un disc-jockey.

## Shopping

**Feira de Antiguidades e Artes**, pça Benedito Calixto, Pinheiros, zone ouest. Le sam. de 9 h à 18 h. Vieux disques, vêtements, meubles… un peu de tout. Les *Paulistas* aiment bien s'y rendre. Ambiance animée et bons restaurants aux environs.
**Feira de Arte e Artesanato**, pça da República, dans le centre II-AB3 . Tous les dimanche. Artisanat, vêtements, chaussures, bijoux des années 60-70.
**Feira de Artesanato do Bexiga**, pça D. Orione, centre. Le dim. de 10 h à 18 h. Un petit marché aux puces sympathique, seulement si vous êtes de passage dans le coin.
**Feira do Norte** ♥, pça Agente Cícero, en face de la gare de chemin de fer Roosevelt II-A3 , le sam. matin. Grand marché de produits typiques du Nordeste.

## Les sports

**Stades de football.** Morumbi, pça Roberto Gomes Pedrosa, s/n Morumbi, zone sud I-A4 hors plan ☎ (011) 842.3377. Capacité de 115 000 pl. **Pacaembu**, pça Charles Miller s/n Pacaembu, zone ouest ☎ (011) 256.9111. Capacité de 50 000 places. **Palmeiras** ou **Antártica**, rua Turiassu 1840, Água Branca, zone ouest ☎ (011) 263.6344. Capacité de 32 000 places.
**Formule I.** Les courses automobiles ont lieu dans le circuit **Interlagos**, av. Teotônio Vilela 269, Interlagos, zone sud ☎ (011) 521.9221. Grand Prix du Brésil en janvier.
**Golf.** Le Guarapiranga golfe e country club, estrada Jaceguava s/n, zone sud ☎ (011) 520.0391; le **São Fernando golf Club,** Rod. Raposo Tavares, km 28,5. Cotia, zone ouest ☎ (011) 492.5544, etc.
**Tennis et squash.** Le Sumaré Ténis, rua Zaira 117, Sumaré, zone ouest ☎ (011) 864.1897; **Ténis SESC**, rua Lopes Neto 89, Itaim Bibi, zone sud ☎ (011) 828.9473, etc.

## Adresses utiles

**Aéroports.** Aéroport International de **Cumbica** à **Guarulhos**, à 35 km du centre ☎ (011) 954.2945/2111; **Congonhas**, *ponte aérea* (pont aérien pour Rio) I-A4 ☎ (011) 534.0216, vols à l'intérieur de l'État ☎ (011) 536.3555.
**Alliance française.** Rua Gen. Jardim 187, centre ☎ (011) 259.8211.
**Agences de voyages.** Maringá turismo, av. São Luís 165 ☎ (011) 255.5077; **Fishing Pass Tour** ☎ (011) 881.4244; **CVC**, rua da Consolação 348 ☎ (011) 231.1222; **CWB**, av. São Luís 50 ☎ (011) 257.5477.
**Banques et bureaux de change.** Banco do Brasil, rua São Bento 465 ☎ (011) 234.1122; Banco Francés et Brasileiro, rua 15 de Novembro 268 ☎ (011) 252.3000. Sur l'av. São Luís, dans le centre, il y a plusieurs bureaux de change.
**Chambre de Commerce Brésil-France.** ☎ (011) 867.8866.
**Compagnies aériennes.** Varig, rua da Consolação 362, centre ☎ (011) 231.9400 ou n° vert ☎ (011) 0800.99.7000; **Vasp**, av. São Luís 91, centre ☎ (011) 604.1241 ou n° vert ☎ 0800.99.8277; **Transbrasil**, av. São Luís 250 ☎ (011) 228.2002; **Tam**, rua da Consolação 257 ☎ (011) 577.7711 ou 0800.123100; **Rio Sul**, aéroport ☎ (011) 231.9164 et 240.3044; **Pantanal**, av. Brigadeiro Faria Lima 1344, Jardins ☎ (011) 866.4955 n° vert ☎ 0800.12.5833; **Nordeste**, aéroport ☎ (011) 531.3960 et 542.2591; **Brasil Central**, aéroport Congonhas ☎ (011) 542.5082 et 578.8155; **Air France**, av. Paulista 1776, 18e étage ☎ (011) 289.2133; **Canadian Air Lines**, av. Araújo 216 ☎ (011) 259.9066; **Swissair**, rua Cincinato Braga 340, 9e étage

☎ (011) 251.4000. **Tap**, av. São Luís, 187 lj 47, centre ☎ (011) 255.5366. **Tam**, rua da Consolação, 257 ☎ (011) 5582.8809 ou n° vert ☎ 0800.12.3100.
**Compagnies maritimes.** Viagens Costa, av. Ipiranga 318, bloco B, 5e étage ☎ (011) 258.0999 (Nordeste, de Natal à Porto Seguro); **Linea C**, rua 7 de Abril 97, centre ☎ (011) 284.7911 (Rio, Angra dos Reis, Santos et Buenos Aires).
**Consulats. Belgique** : av. Paulista 2073, ed. Horsa I, Jardins ☎ (011) 287.7892 ou 6749, ouv. du lun. au ven. de 9 h à 13 h. **Canada** : av. Paulista, 854, 5e étage ☎ (011) 287.2122 ou 285.5099, ouv. du lun. au jeu. de 9 h à 17 h, le ven. de 9 h à 14 h. **France** : av. Paulista 37, 17e étage ☎ (011) 287.9522, ouv. du lun. au ven. de 8 h 30 à 12 h. **Suisse** : av. Paulista 1754, 4e étage ☎ (011) 235.4951 ou 6652, ouv. du lun. au ven. de 9 h à 12 h.
**Gares de chemin de fer.** ☎ (011) 825.7022.
**Gares routières.** Terminal do Tietê, M° Tietê ☎ (011) 235.0322 (gare internationale et pour tout le reste du pays); **Jabaquara**, M° Jabaquara ☎ (011) 581.0856 (cars pour le littoral).
**Informations touristiques.** SET (Secretaria de Esporte e Turismo de l'État), rua 15 de Novembro 347 ☎ (011) 607.5642, ou aéroport Guarulhos, au débarquement ☎ (011) 954.2380, ouv. t.l.j. de 9 h à 22h. **Anhembi** (pour la ville), ouv. t.l.j. de 9 h à 18 h, pça da República, devant la rua 7 de Abril, et pça da Liberdade, à côté de la bouche de métro; ouv. du lun. au ven. de 9 h à 18 h : São Luís, devant la pça Dr José Gaspar, de l'av. Paulista, devant le MASP, d'Iguatemi, av. Faria Lima ☎ (011) 267.2122 poste 627.
**Location de voitures.** Avis, rua Araújo 216/232, centre, n° vert 0800 118066, VISA, AE, DC, MC; **Budget**, rua da Consolação 328, centre ☎ (011) 256.4355, VISA, AE, DC, MC; **Hertz**, rua da Consolação 293, 12e étage, centre ☎ (011) 258.8422, VISA, AE, DC, MC; **Interlocadora**, av. Washington Luís s/n, aéroport ☎ (011) 536-9611, VISA, AE, DC, MC; **Localiza**, rua Vieira de Morais 1960 ☎ (011) 231.3055 n° vert ☎ 0800.31.2121, VISA, AE, DC, MC; **Unidas**, rua da Consolação 335, centre, n° vert 0800.12.1121, VISA, AE, DC, MC.
**Poste et téléphone.** Correio central, pça do Correio 390; **Telefônica**, rua 7 de Abril 295.
**Police tourisme.** Av. São Luís 115, centre ☎ (011) 254.3561.
**Radio taxis.** Apolo ☎ (011) 914-8244; **Omega** ☎ (011) 885.8168; **Chame táxi** ☎ (011) 869.8373; **Coopertax** ☎ (011) 941.2555.
**Hélicoptères. Tam** ☎ (011) 577.1366.
**Urgences.** Ambulance ☎ (011) 192; aide médicale ☎ (011) 136; Hospital das Clínicas (HC), av. Dr Enéas de Carvalho Aguiar 255 ☎ (011) 282.9370; poste **urgences** 4226.

# AUX ENVIRONS DE SÃO PAULO

*Voir carte pp. 138-139.*

## Embu*

➤ *27 km de São Paulo. Prendre le bus Embu au terminal Rodoviário Tietê (M° Tietê) ou le bus Engenho Velho sur l'av. Brig. Faria Lima, dans la zone sud. En voiture, prenez la route Régis Bittencourt, BR-116.*
Cette petite ville historique offre avec ses maisonnettes coloniales, ses nombreux ateliers d'artistes, son marché d'artisanat et arts plastiques (très réputé dans les années 1970), une charmante balade.
Les *Paulistanos* aiment bien s'y rendre pour la journée, surtout le week-end. Promenez-vous dans la rue Joaquim Santana*, la plus pittoresque de la ville, et visitez le **musée d'Art Sacré*** (*ouv. du mar. au dim. de 9h à 17h*). La ville possède quelques bons restaurants typiques.

## Ayrton Senna

La passion d'Ayrton (1960-1994) pour les courses commence à l'âge de quatre ans, lorsqu'il monte dans un petit kart assemblé par son père, propriétaire d'une fabrique de pièces détachées. À partir de ce moment, il lui faudra moins de dix ans pour remporter sa première victoire en karting. Il collectionne les titres en kart, Formule Ford et Formule 3, avant de se consacrer à la F1. En dix ans de carrière, Senna a accumulé 41 victoires en courses, 65 pôles positions et 3 titres de champion du monde. Pilote fougueux, technicien brillant, fort d'un insatiable appétit de victoire, il a régné sur les circuits internationaux. Par son caractère impulsif et téméraire, il a suscité des passions mais aussi des querelles, notamment avec Alain Prost. Les Brésiliens sont devenus des inconditionnels de Senna, même si dans un premier temps, sa rivalité avec l'autre champion brésilien, Nelson Piquet, les avait partagés. Son audace et sa ténacité en ont fait la figure qui manquait au Brésil : un symbole de réussite.

Le 1er mai 1994, le pilote, victime d'un terrible accident au Grand Prix d'Imola en Italie, meurt. Le deuil national est décrété. La tombe du champion, enterré à São Paulo, est devenue l'objet d'un culte entretenu par ses admirateurs venus des quatre coins de la planète.

## Le littoral*

➤ *Deux « autoroutes » vous y mènent. L'une à deux voies, nommée « Anchieta », l'autre à quatre voies, nommée « Imigrantes ». La troisième route, ou « Caminho do mar », date de l'époque de D. Pedro II ; elle offre de superbes panoramas mais elle est très souvent fermée.*

São Paulo étant située à 800 m d'altitude, pour rejoindre la mer, vous devrez descendre la serra do Mar, chaîne de montagnes qui s'étend de l'État de Rio, sur tout le littoral, jusqu'au Rio Grande do Sul. Si vous voulez connaître le littoral *paulista* jusqu'à Rio (voir Rio p. 145), prenez la belle **Linha Verde**** (ligne verte) qui, en partant de Santos, s'étend sur plus de 400 km de plages, baies, anses, bancs de sable, îles, embouchures de fleuves, marais, ainsi que plusieurs petites villes côtières intéressantes. Non seulement vous aurez de beaux points de vue, mais vous traverserez aussi la luxuriante végétation atlantique. La descente des *Paulistas* vers la mer est quelque chose de folklorique, surtout en période de vacances ou de week-end prolongés. Étant donné la foule qui fuit la chaleur du béton, vous risquez d'y passer des heures !

**La Costa Verde, ainsi nommée en raison de la végétation luxuriante qui domine le littoral jusqu'à la mer, est parsemée de plages innombrables.**

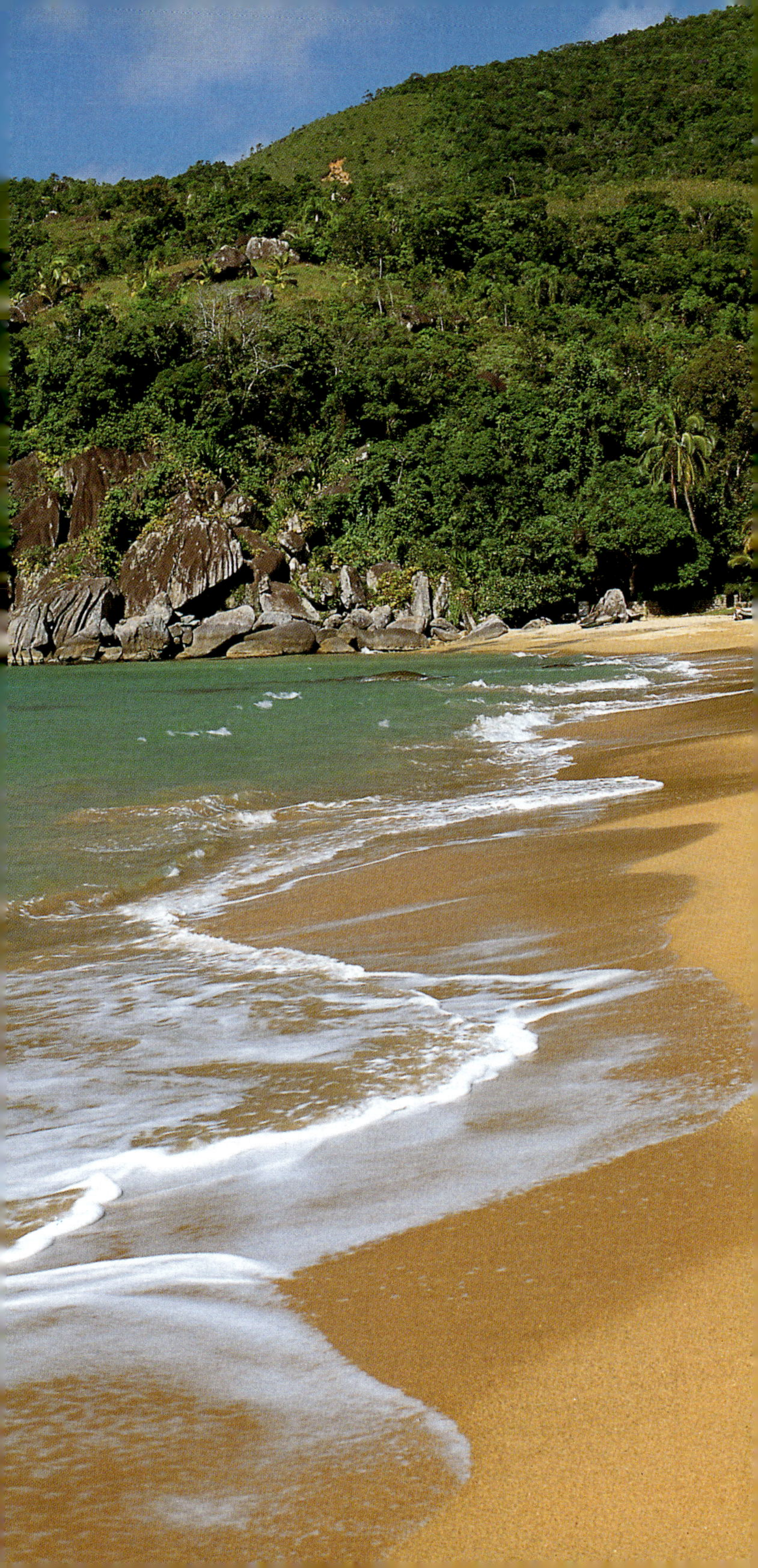

## Santos*

➤ *Prendre le train qui fait la navette (sam., dim. et j.f.) depuis 1938, au Terminal Intermodal Barra Funda. Départ à 8h15 de São Paulo, arrivée à 12h05 à Santos; retour à 17h30 de la gare Estação Ana Costa, arrivée à 20h55 à São Paulo. Rens. : Fepasa ☎ (019) 294.6866 et n° vert 0800.55.1881.*

La descente de la serra est superbe : nombreux ponts, viaducs, tunnels, cascades… La ville du roi du football, Pelé (voir encadré p. 40), située à 68 km de São Paulo, dans la partie orientale de l'île de São Vicente face à la baie de Santos, est avant tout une cité portuaire qui n'a presque rien gardé de son passé. Fondée au XVIe s., son développement commercial ne s'est fait que dans la seconde moitié du XIXe s., où elle va devenir le grand port d'exportation du café. Son port est aujourd'hui l'un des plus importants du pays. Le flux d'étrangers, hommes d'affaires liés aux activités portuaires surtout, fait de Santos une ville assez cosmopolite. De ses 200 km de littoral, seuls 6 km sont des plages de sable noir, peu intéressantes.

Vous pourrez visiter l'ancienne **Casa da Câmara e Cadeia**, construite en 1837 sur la praça dos Andradas. Sur la rua do Comércio aux n° 94, 96, 98, vous noterez les maisons aux façades en *azulejos*, construites entre 1865 et 1869. Ce sont des demeures typiques des «commissaires du café» qui effectuaient la commercialisation, l'exportation et le transport de l'«or vert», s'assurant ainsi la plus grande partie du gâteau. Rua Tiro Onze, vous pourrez voir la Casa do Trem (XVIIe s.) qui a servi de dépôt pour l'arsenal de guerre pendant la Guerre du Paraguay.

## Guarujá*

➤ *À 90 km de la capitale. Prendre les routes dos Imigrantes, de Piassaguera, où se trouve le pont reliant Guarujá au continent, ou passer par Santos en traversant le bras de mer en ferry. Prendre un bus au Terminal (M° Jabaguara).* Cette station balnéaire est le lieu de villégiature préféré des *Paulistas*. Vous ne trouverez rien d'intéressant dans la ville elle-même. Les seuls témoignages du passé se trouvent sur l'île Santo Amaro (forte de Barra Grande) et sur Praia Grande (forte São Felipe).

Il y a une vingtaine de plages. On préférera celles du Nord : Pernambuco et Perequê. Cette dernière a une ambiance très sympathique : nombreux restaurants de fruits de mers, poissons très frais et amuse-gueule délicieux. Essayez les *casquinhas de siri* (sorte de crabe), les *croquetes de camarão* (boulettes de crevettes), les *espetinhos de camarão* (petites brochettes de crevettes). En ville, la plage da Enseada est séparée de celle das Pitangueiras par le mont Maluf. Sur l'av. Miguel Estefano, longeant la plage da Enseada, vous trouverez quelques bons restaurants, des bars et des hôtels. Essayez le *camarão na moranga* (crevettes cuites dans une sorte de citrouille), plat typique de la région.

### Les bonnes adresses

▲▲▲ **Casa Grande**, Miguel Estefano 999, praia da Enseada ☎ (013) 355.2300. *160 ch.* VISA, AE, DC, MC. Grande demeure de style colonial mais assez impersonnel. Piscine, terrains de football, courts de tennis, golf, sauna, gymnastique, restaurants, bars, boîte de nuit.

▲▲ **Golden Beach Hôtel Résidence**, rua Benjamin Constant 201 ☎ (013) 355.2513, praia das Pitangueiras, *109 appartements* climatisés à une, deux

ou trois chambres avec petit salon, cuisine, balcons. Certains ont vue sur la mer. En plus, tous les services d'un hôtel : une bonne alternative aux hôtels chers et vieillots de la praia da Enseada.
♦ **Rufinos**, av. Miguel Estefano, praia da Enseada ☎ (013) 351.9557. DC, MC. Spécialité de poissons et fruits de mer.
♦ **Faro**, rua Iracema 38, praia da Enseada ☎ (013) 351.9318. VISA, AE. Cuisine italienne.

## São Sebastião et Ilhabela**

São Sebastião est une petite ville historique située à 207 km de la capitale *paulista*. La présence du port a enlevé tout son charme à la ville, qui avait gardé un peu de son passé colonial. Vous y passerez cependant pour vous rendre à Ilhabela ou si vous longez la ligne verte. Si vous avez le temps, allez au n° 32 de l'av. Altino Arantes pour visiter cette belle maison du XVIIIe s. qui fait l'angle de la rue. Les peintures du plafond représentent des scènes mythologiques valent le détour.

En face de São Sebastião, se trouve **Ilhabela** (Belle Île) : superbes plages, notamment celles situées sur l'océan, qui gardent encore un caractère sauvage. La végétation primitive de la forêt tropicale couvre encore une bonne partie de l'île. S'y trouvent aussi de belles maisons modernes et coloniales. Les amateurs de sports nautiques, et surtout de voile, chercheront les plages de Siriúba, Barreiros, Santa Teresa, au nord, et Curral, au sud. La plongée y est légendaire : on rêve de trouver un trésor parmi la cinquantaine de navires coulés aux alentours ! Les meilleures plages pour la pêche sont celles de Jabaquara et Borrifos.

### Les bonnes adresses

▲▲ **Porto Pousada Saco da Capela**, plage d'Itapema, Saco da Capela ☎ (012) 472.2255. *15 ch*. AE, DC, MC.
▲ **Da praia**, av. P. Paula de Morais 578, plage de Saco da Capela ☎ (012) 472.1218. *27 ch*. VISA, AE. Sympa car situé sur la plage.
▲ **Maison Joly**, rua Antônio Lisboa Alves 270, Hôtel maison Joly ☎ (012) 472.2213. AE. Vous pouvez vous régaler avec la cuisine inventive de Junior Joly dont le filet de poisson à la sauce mangue.

## Ubatuba*

➤ *À 235 km de São Paulo.*

Cette station balnéaire possède 100 km de plages (certaines sont encore inexploitées) avec piscines naturelles. Belle promenade à l'île Anchieta. Par bateau, départs t.l.j. à 10h30 et 15h30 de la plage Saco da Ribeira.

Si vous êtes déjà à Ubatuba, vous devez absolument faire encore quelques km (70 env.) pour découvrir la sublime cité coloniale de **Parati**\*** (voir autour de Rio. p. 147).

### Les bonnes adresses

▲▲ **Recanto das Toninhas**, praia das Toninhas ☎ (012) 442.1425. Rés. à São Paulo ☎ (011) 288.2022. VISA, AE, DC, MC. Situé en bord de mer. *60 ch*. avec balcons, décorées avec des produits locaux, bois, paille, liane. Piscine, courts de tennis, bars, restaurant. Un peu dans le style villégiature avec des accompagnateurs pour les enfants, salle de jeux, etc.
♦ **Solar das Águas Cantantes**, route Saco da Ribeira 253, praia do Lázaro ☎ (012) 442.0288. VISA. Poissons et fruits de mer. Bonne cuisine.

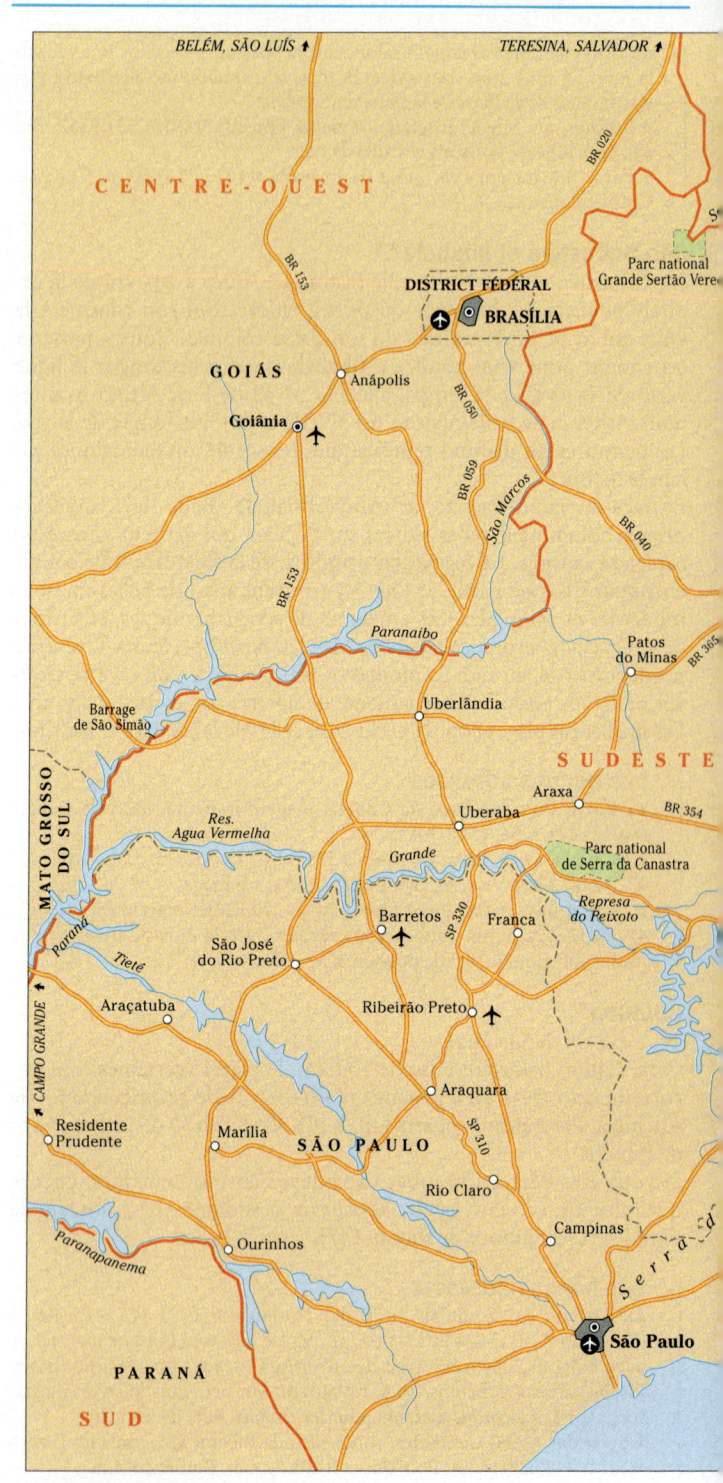

**Le Minas Gerais**

# LE MINAS GERAIS

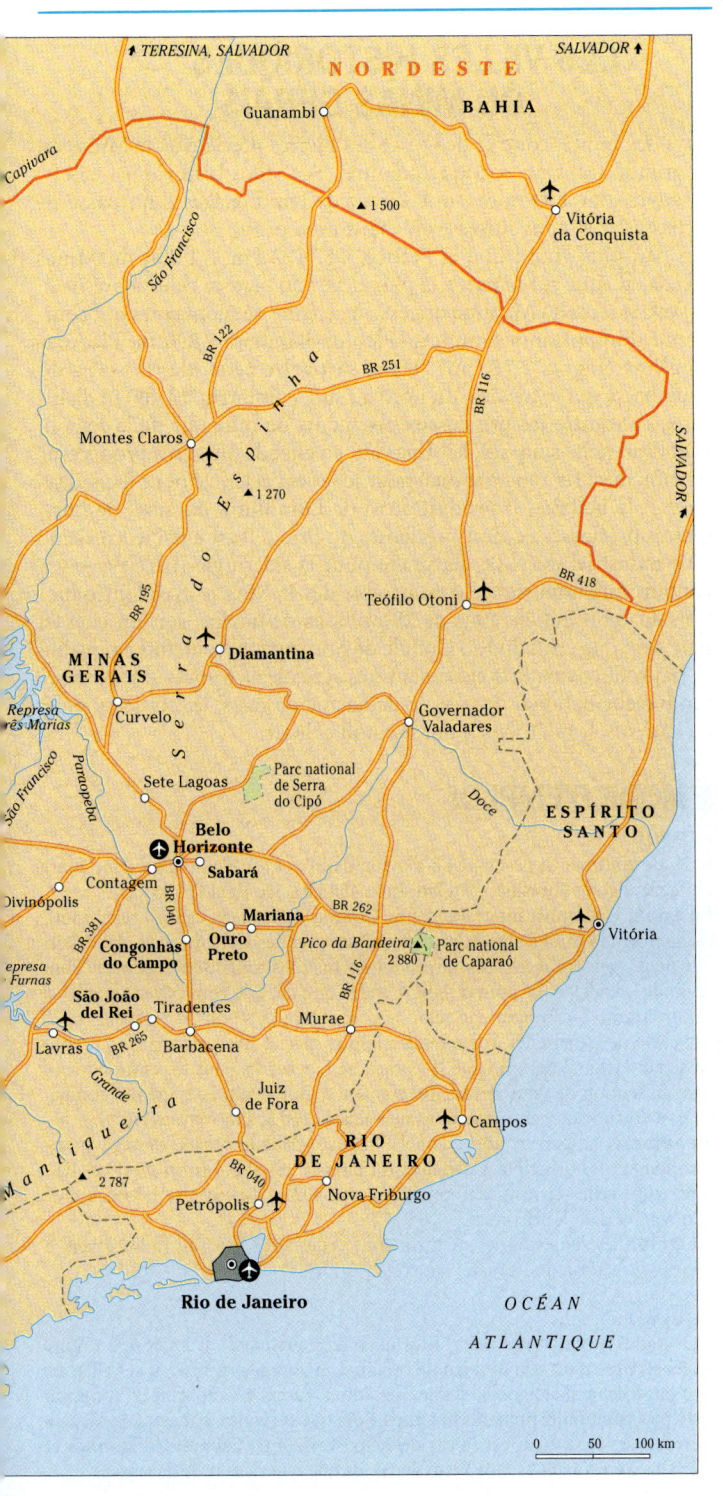

# LES VILLES HISTORIQUES\*\*\*
# DU MINAS GERAIS

Pays des mines, contrée de l'or et des pierres précieuses, le Minas est la grande terre du baroque colonial. Ses villes historiques, chefs-d'œuvre d'architecture, sont autant de témoignages d'un passé de richesses et de convoitises (voir « Histoire » p. 49).

Un peu plus grand que la France (587 172 km$^2$), l'État du Minas Gerais est situé sur la partie la plus élevée du plateau central brésilien. À l'est, la serra da Mantiqueira est une chaîne de montagnes qui comprend d'importants sommets (Pico da Bandeira 2 890 m, Pico das Agulhas Negras 2 787 m). Dans sa partie centrale, la serra do Espinhaço, qui le traverse du nord au sud, culminant à 1 400 m d'altitude, concentre les principaux gisements de minerais de la région. Fort d'un riche sous-sol, le Minas est, en effet, le plus gros producteur de minerais (1er rang national pour le fer et l'acier, 2e pour le manganèse et la bauxite, il produit aussi de l'uranium, du zinc, de l'or), pierres précieuses et semi-précieuses du Brésil. Il est aussi le troisième pôle industriel du pays, deuxième pour la sidérurgie... L'élevage y a conquis une importance considérable dès le XIXe s. avec l'introduction du zébu indien ; plus de 20 millions de bovins, soit un cheptel plus petit que celui du Rio Grande do Sul, gagnant toutefois en qualité et en productivité. État également très agricole, le Minas est le premier producteur national de café, le deuxième de maïs, le troisième pour les haricots, le quatrième pour le coton et le riz.

## ■ MODE D'EMPLOI

### Arrivée

À 5 h de voiture, 7 h de car et 1 h d'avion de Rio et São Paulo, Belo Horizonte est facile d'accès (Brasília : 716 km, Rio : 434 km, São Paulo : 586 km).

**En avion.** L'aéroport international de Confins (40 km du centre) relie quotidiennement la capitale du Minas à toutes les grandes villes du pays. Au débarquement, vous trouverez un bureau d'informations touristiques **Belotur**. Pour rejoindre la ville, vous pouvez, soit prendre un taxi, que vous payez au guichet **Coopertramo** ou **Cooperlago** selon la compagnie (environ 30 $ payable aussi par carte de paiement), soit prendre le bus spécial Executivo Útil, qui vous laisse au terminal de tourisme JK, praça da Liberdade, dans le centre. Si vous avez l'intention de vous rendre directement à Ouro Preto, ces mêmes compagnies de taxi, vous y emmèneront (aller simple 110 $, aller-retour 170 $).

**En autocar.** La gare routière Israel Pinheiro, dans le centre, dessert quotidiennement les principales capitales du pays et les villes historiques. Les liaisons entre celles-ci sont, par contre, moins sûres. Il peut être nécessaire de retourner à Belo Horizonte.

**En train.** Les seules lignes de train sont celles avec Rio (du lun. au ven. à 18 h 30) et Vitória do Espírito Santo (t.l.j. à 7 h).

### Circuler

Pour toutes les visites des villes historiques, il est préférable de louer une voiture ou les services d'un taxi ou bien de prendre un voyage organisé. Si ces villes ne sont pas tellement éloignées les unes des autres, l'accès en transport en commun reste peu commode, prenant du temps alors que certaines peuvent être visitées en quelques heures. C'est le cas de Belo Horizonte, Sabará, Congonhas et Mariana. En revanche, Ouro Preto demande que l'on s'y attarde davantage.

## Programme

Belo Horizonte, première ville planifiée du pays, a un intérêt touristique mineur si ce n'est celui d'être une voie d'accès aux cités historiques. Trois jours vous suffiront pour découvrir Belo, Sabará, Congonhas, Ouro Preto et Mariana. En revanche, si vous voulez visiter toutes les villes historiques, notamment São João Del Rei et Tiradentes, comptez une semaine.

## Belo Horizonte*

La capitale du Minas Gerais, fondée le 12 déc. 1897, est aujourd'hui la troisième ville du Brésil (2 091 448 hab. en 1996). Le projet initial de construction de la première ville planifiée du pays, conçu pour 200 000 hab., prévoyait deux maillons orthogonaux superposés formant un angle de 45° entre eux, avec une avenue principale plus large que les autres (av. Afonso Pena), à partir de laquelle la ville s'étendrait vers la périphérie. Cette sorte de double échiquier était constitué verticalement de rues parallèles au nom des États brésiliens suivant un ordre nord-sud et, horizontalement, de rues portant le nom de tribus indiennes.

L'av. Afonso Pena, qui commence à la gare routière, s'étend aujourd'hui jusqu'à Mangabeiras, quartier résidentiel constitué de jolies villas. Toutefois, l'expansion de la ville l'a éloignée du projet initial. Dans les années 1930, Belo, ou BH (prononcer «beaga») comme ses habitants aiment l'appeler, doit s'adapter à sa nouvelle condition de grand centre financier, commercial et industriel induite par la création de la ville industrielle de Contagem, proche de la capitale. Le maire de l'époque et futur président du Brésil, Juscelino Kubitschek engage sa modernisation, faisant appel à Oscar Niemeyer et à Burle Marx.

## Visite

Le quartier de la Pampulha est le plus intéressant à découvrir; cet ensemble architectural moderne a été construit au bord d'un lac artificiel pendant les années 1940, sous l'administration de Kubitschek. Distant du centre, ce quartier est avant tout une zone de loisir et de détente avec jardin zoologique, école d'équitation, stade de football (le deuxième plus grand du pays avec une capacité de 130 000 places), bars, restaurants, jolies villas et plusieurs édifices de Niemeyer, en particulier le musée d'Art, la Chapelle, le Salon de bal et le Yacht club.

**La capela São Francisco de Assis\*** *(av. Otacílio Negrão de Lima, Pampulha. Du lun. au ven. de 8h à 13h; le sam. de 8h à 13h30 et de 14h à 16h; le dim. messe à 10h30).* Construite par Niemeyer, en 1943, elle a un style très original. Objet de vives controverses, les autorités ecclésiastiques ne l'ont reconnue comme lieu de culte qu'en 1960. Fait d'une succession de voûtes partant directement du sol, le clocher est séparé de l'église. On y notera le mural du peintre brésilien Portinari, situé derrière l'autel, représentant saint François se débarrassant de ses vêtements pour se dédier à la pauvreté. Les peintures de la *via sacra*, les *azulejos* du baptistère ainsi que le panneau de la façade extérieure, autres scènes de la vie du saint, sont également de Portinari. Le font baptismal a la forme curieuse d'un point d'interrogation; sa sculpture en bas-relief est l'œuvre de Ceschiatti. Les jardins entourant la chapelle sont de Burle Marx.

**Le museu de Arte\*** *(av. Otacílio Negrão de Lima 16585, Pampulha ☎ (031) 443.4533, t.l.j. de 8 h à 18 h).* Œuvre de Niemeyer, casino à l'origine, il est inspiré des principes fonctionnalistes de Le Corbusier. L'intérieur reflète les éléments essentiels du baroque *mineiro* : emploi de larges espaces, de perspectives illusoires, combinaisons de murs avec des miroirs, de courbes et de rampants. Les jardins ont été réalisés par Burle Marx. Les amateurs de peinture brésilienne contemporaine y verront des œuvres de Di Cavalcanti, Manabu Mabe, Tomie Ohtake, etc. Dans le centre, on visitera :
**Le museu mineralógico\*** *(rua Bahia 1149, centre ☎ (031) 238.4203, ouv. t.l.j. de 8 h 30 à 17 h 30).* Dans un bel édifice de style gothique manuélin, inauguré en 1914 pour servir de siège à la Chambre municipale, une intéressante exposition de plus de 5 000 pièces comprenant quartz, pierres précieuses et minerais divers. L'attraction principale, que l'on voit dès l'entrée, est le quartz géant *o Patriarca*. Pesant 5,5 t, il semble être le plus grand du monde.
**Le parque municipal\*** *(av. Afonso Pena, centre ☎ (031) 273.2001, ouv. du mar. au dim. de 6 h à 20 h).* Lieu de promenade et de loisir avec petits lacs, courts de tennis, piste de jogging, orchidées, etc. Sans oublier une autre œuvre de Niemeyer : le palácio das Artes.
**La praça da Liberdade**, au bout de l'av. João Pinheiro, avec ses palmiers impériaux, son jardin, sa fontaine et sa statue en marbre de Carrare, réunit autour d'elle une série de bâtiments néo-classiques de la fin du XIXe influencés par la Mission artistique française.
**Le museu Histórico** *(rua Bernardo Mascarenhas, Cidade Jardim ☎ (031) 296.3847. t.l.j. sf mar. de 10 h à 17 h).* Seul bâtiment subsistant de l'époque de Curral d'El-Rey (nom de Belo Horizonte jusqu'en 1901), cette demeure coloniale abrite un musée exposant mobilier, maquettes et documents liés à la mémoire de la ville.

## Les bonnes adresses

### Hôtels

▲▲▲ **Othon Palace**, av. Afonso Pena 1050 ☎ (031) 273.3844. *300 ch.* Visa, ae, dc, mc. Bien situé dans le centre, devant le parc. Belle vue sur la ville. Service correct mais pas à la hauteur de ses étoiles.
▲▲▲ **São Francisco Flat**, rua Álvares Cabral 967, Lourdes ☎ (031) 291.4522. *130 ch.* Visa, ae, dc, mc. Luxueux. Ascenseur panoramique.
▲▲ **Palmeiras da Liberdade**, rua Sergipe 893, Savassi ☎ (031) 261.7422, *62 ch.* climatisées. Visa, ae, dc, mc. Décor un peu froid mais correct. Bon emplacement, quartier sympa pour les sorties et les courses.
▲▲ **Savassi**, rua Sergipe 939, Savassi ☎ (031) 261.3266. *82 ch.* Visa, ae, dc, mc. Sauna, piscine, télé par câble, chambres pas tellement spacieuses mais propres. Bien situé.

### Restaurants

♦♦♦ **Café Ideal**, rua Rio de Janeiro 273, Savassi ☎ (031) 223.9986. Cartes de paiement non acceptées. Superbe décor faisant penser à un restaurant de Barcelone. Bonne cuisine. Point de rencontre des hommes d'affaires et des branchés chic de la ville. Aussi une bonne adresse pour prendre un verre tout simplement.
♦♦ **Dona Lucinha**, rua Padre Odorico 38, S. Pedro ☎ (031) 227.0562. Visa, ae, dc, mc. Le restaurant de cuisine mineira, le plus connu. D'autres filiales dans la ville.

> ### La cuisine mineira
> Elle comporte quelques plats typiques, combinaison des habitudes indiennes, noires et portugaises, à base de haricots, riz, farine, chou, viande de porc, *linguiça* (variété de saucisse).
> Un peu lourd mais savoureux, vous expérimenterez le *feijão tropeiro*, mélange de chou, haricots, farine de manioc et tranches de porc. Autres spécialités locales : le *tutu mineiro* et le *frango ao molho pardo* (poulet cuit au sang). Le fromage de Minas est une sorte de fromage frais blanc conservé dans un liquide à l'instar de la mozarella. À goûter absolument : le *pão de queijo* (pain au fromage) servi chaud, délicieux. Le Minas produit aussi de la bonne *cachaça*, *Salinas* à Sabará et *Milagre de Minas* à Ouro Preto.

♦♦ **Mala & Cuia**, Gonçalves Dias 874, Funcionários ☎ (031) 261.3059. Cartes de paiement non acceptées. Cuisine locale au feu de bois. Goûtez le *frango ao molho pardo*. Musique live du jeu. au dim.
♦♦ **Nini**, av. Cristóvão Colombo 631, Savassi ☎ (031) 227.9298. Cartes de paiement non acceptées. *F. le lun.* Cadre et cuisine simples mais délicieux. Essayez le *badejo* (poisson) cuit au four à la feuille de vigne.
♦♦ **Raja Grill**, av. Raja Gabaglia 3375, São Bento ☎ (031) 297.2210. VISA. *Churrasco* à volonté ou à la carte. Plats mineiros aussi. Belle vue sur la ville.
♦♦ **Cervejaria Brasil**, rua Aimorés 78, Funcionários ☎ (031) 225.1099. VISA, DC, MC. L'une des plus anciennes adresses, très bonne viande grillée, cadre simple mais agréable.
♦♦ **Xapuri**, rua Mandacaru 260, pampulha ☎ (031) 496.6198. VISA, AE, DC, MC. Ambiance agréable. Cuisine préparée au feu de bois.

### Bars et dancings
**Do Lulu**, rua Leopoldina 415, Santo Antônio ☎ (031) 296.6868. Prenez un verre dans le bar le plus ancien de la ville. Ambiance très agréable et animée dans le quartier culturel de la ville (magasins, shows, concerts…).
**Sky**, Alameda do Ingá 650, 6 pistas ☎ (031) 286.4706. Quoiqu'un peu éloigné du centre, ce dancing dispose d'une vidéo, d'un bar-internet et d'un sushibar. Il vibre au son de la musique disco.
Dans les cinémas **Belas Artes**, rua Gonçalves Dias 1583, pça da Liberdade ☎ (031) 222.4924 et **Usina Banco Nacional de Cinema**, rua Aimorés 2422, Santo Agostinho ☎ (031) 337.5566, se trouvent des bars, cafés fréquentés par des jeunes, des artistes et des intellectuels. Très agréable.

### Shopping et marchés
**Artisanat de la vallée du Jequitinhonha**, av. do Contorno 4777, Serra ☎ (031) 273.6498. Céramiques, couvertures, vannerie, etc.
**Centre d'artisanat Mineiro**, av. Afonso Pena 1537, Palácio das Artes ☎ (031) 222.2544. Porcelaine Monte Sião, artisanat de tout l'État, etc.
**Feira do Artesanato**, av. Afonso Pena entre la rua Bahia et Guajajaras. Pendant le week-end, plus de 3 000 artisans, de 8 h à 14 h.

### Adresses utiles
**Aéroport.** International Tancredo Neves, estrada velha de Confins, 40 km du centre ☎ (031) 689.2700 ; **da Pampulha**, pça Bagatelle 204, Pampulha ☎ (031) 441.2000 (vols pour Brasília, Rio, São Paulo et l'intérieur de l'État).

**Banques et bureaux de change.** Banco Sudameris, av. João Pinheiro 214, Funcionários ☎ (031) 277.3134 ; **Nascente Turismo**, rua Rio de Janeiro 1314 , centre ☎ (031) 273.5900 ; **Cambitur**, av. Carlos Luz 1142, lj. 3001 ☎ (031) 415.6220.

**Compagnies aériennes.** Varig, rua Espírito Santo 643 ☎ (031) 291.9292 et n° vert 0800.99.7000 ; **Vasp**, av. Olegário Maciel 2221 ☎ (031) 292.2955 et n° vert 0800.99.8277 ; **Transbrasil**, rua Tamoios 86, centre ☎ (031) 274.3533 ou 4678.

**Agences de voyages.** Ouro Preto Turismo, rua Alagoas 1314, sala 806, Savassi ☎ (031) 221.1222 (voiture avec chauffeur particulier ou groupes, visites capitale et villes historiques, très bon service). **Consulats.** France, rua Bernardo Guimarães 1020 lj. 18, Savassi ☎ (031) 261.7805 ; **Belgique et Luxembourg**, av. Carandaí 1115, 26e étage, Funcionários ☎ (031) 219.1493 et 222.3880 ; **Suisse**, av. Getúlio Vargas 447, 6e étage ☎ (031) 282.5001.

**Gare routière.** Estação rodoviária Gov. Israel Pinheiro, pça Rio Branco s/n, centre ☎ (031) 201.8111.

**Gare de chemin de fer.** Estação ferroviária, pça Rui Barbosa s/n, centre ☎ (031) 201.8813.

**Informations touristiques.** Alobelô ☎ (031) 220.1310 (rens. t.l.j. de 8 h à 10 h). **Belotur**, rua Tupis 149, 10e étage, centre ☎ (031) 277.7666 et bureaux à l'aéroport de Confins, à la rodoviária, au parc municipal et ☎ (031) 491.6176.

**Location de voitures.** Avis, rua Aimorés 1043, Funcionários ☎ (031) 226.3886 ; **Hertz**, av. João Pinheiro 341, centre ☎ (031) 224.5166 ; **Localiza**, av. Bernardo Monteiro 1567 et dans les aéroports ☎ (031) 212.2121 et n° vert 0800.99.2000 ; **Lokamig**, av. do Contorno 8639, Guitierrez ☎ (031) 335.8977 et n° vert (031) 800.2332 avec agences dans les aéroports.

**Poste.** Correio central, av. Afonso Pena 1270, centre (du lun. au ven., de 9 h à 19 h ; le sam., 9 h à 13 h) ; **Telefônica-Telemig**, av. Afonso Pena 1180, centre 7 h à 22 h, rua Tamoios 311, centre, 24 h sur 24.

**Taxis.** ☎ (031) 197 ; **Cooperlago** ☎ (031) 681.2349.

**Urgences.** Medrado Socorro 24 h sur 24, av. Cristiano Machado 9577 ☎ (031) 449.4600.

## Sabará***

➤ *Un bus de la viação Cisne (☎(031) 201.8660) part de la gare routière de Belo Horizonte, pratiquement toutes les heures de 6 h à 23 h. Sur place, vous pouvez circuler à pied.*

Ville historique, située à 14 km de Belo Horizonte, sur la rive droite du Rio das Velhas, Sabará a été fondée en 1674. L'or trouvé en 1702 attira chercheurs et aventuriers venus de toutes les régions du Brésil. Sabará devient vite l'une des cités les plus peuplées de l'époque. En raison de son sous-sol riche en minerais, notamment de fer, sa principale source de revenu est aujourd'hui la sidérurgie.

**L'église N.-D. do Ó*** ♥** *(ouv. t.l.j. sf lun. de 9 h à 12 h et de 14 h à 18 h)* Cette toute petite église à la façade très simple, probablement construite en 1720 (œuvre d'un inconnu) possède un intérieur sublime. Vous noterez la boiserie polychrome du maître-autel, les sept panneaux en style et motif chinois en or sur fond bleu et rouge.

**L'église N.-D. da Conceição**** *(F. le lun.)* dans le plus pur style jésuite du XVIIIe s., cette église est la plus grande et plus somptueuse de la ville. Magnifique boiserie dorée et décors du plafond.

**L'église N.-D. do Carmo**\*\*\* *(ouv. du mar. au sam. de 9h à 18h, le dim. de 13h à 18h).* Édifiée en 1763, les sculptures en pierre savon de la façade sont attribuées à Aleijadinho ainsi que le chœur, les chaires, les deux balustrades en jacarandá et les statues latérales de São João da Cruz et São Simão Stock. La peinture du plafond est l'œuvre de Joaquim Gonçalves da Rocha.

**La rua D. Pedro II**\*\*. C'est la seule rue qui conserve intact son aspect du XVIIIe s. Vous y noterez le pavage de pierre, les lampadaires, la *Prefeitura municipal* (mairie) datant de 1773, le *solar* de D. Sofia ou *Biblioteca municipal* ainsi que le Teatro municipal de style élisabéthain.

**Le museu do Ouro**\*\*\* *(rua da Intendência, ouv. de 12h à 17h30 t.l.j. sf lun.).* Dans l'ancienne maison de fonderie (1720) où la Couronne portugaise exigeait le *quinto* de l'or extrait à Sabará. Ce musée retrace le processus d'extraction de l'or, de ses débuts jusqu'à ce que l'épuisement de l'or de surface conduise à faire appel à une technologie plus avancée. Le bâtiment servait aussi de maison à l'intendant. Vous verrez ainsi mobilier d'époque, ustensiles domestiques ou servant dans les mines, armes, une belle statue de saint George réalisée par Antônio Pereira dos Santos.

## Ouro Preto\*\*\*

▶ *De Belo Horizonte, la viação Pássaro Verde (☎ (031) 271.3000 à Belo et ☎ (031) 272.1811 à Ouro Preto) assure plusieurs liaisons quotidiennes de 6h à 20h15. Des départs ont lieu tous les soirs depuis Rio (482 km ; viação Útil) et São Paulo (696 km ; viação Monte Castelo).*

**Fêtes.** *La Semana santa (mobile entre avril et mars) : processions, messes. La Semana da Cidade (festival d'hiver en juillet). La Semana do Aleijadinho et la Semana da Inconfidência Mineira (du 18 au 21 avril) en hommage à Tiradentes : compétitions athlétiques, concerts, chorales.*

**Shopping.** *Ouro Preto conserve une tradition d'artisanat. Vous y trouverez objets et statues en pierre savon, pierres précieuses et semi-précieuses, le topaze impérial notamment, objets en bois sculptés, etc.*

C'est une véritable ville-musée qui se dresse sur la coupure de la serra : dans des horizons pointus de pierre et de terre aride, un magnifique ensemble architectural baroque. À 99 km de Belo Horizonte, dominant la vallée du Rio Ribeirão Funil à 983 m d'altitude, Ouro Preto (Or Noir) doit son nom aux pépites d'or recouvertes d'une fine couche d'oxyde de fer qui y ont été découvertes vers la fin du XVIIe s. L'exploitation minière qui s'ensuit entraîne prospérité et faste de la cité : elle devient le centre financier et culturel de la colonie du Brésil, puis capitale de l'État de 1823 à 1897 sous son ancien nom de Vila Rica (Ville Riche). Sortant peu à peu le pays de son système latifundio-féodal pour l'insérer dans un système d'administration bureaucratique de contrôle lié à la perception du *quinto* (le cinquième, ou impôt sur l'or perçu par la couronne portugaise) et de répression des premiers mouvements indépendantistes, c'est ici que s'esquisse l'État brésilien moderne. Habitée par une société étonnamment lettrée pour son époque, Ouro Preto voit au XVIIIe s. le système esclavagiste traditionnel changer de visage : l'esclave local est un *garimpeiro* (chercheur d'or ou de diamants) qui peut trouver dans la terre le moyen de son affranchissement. Nombreux sont ceux qui

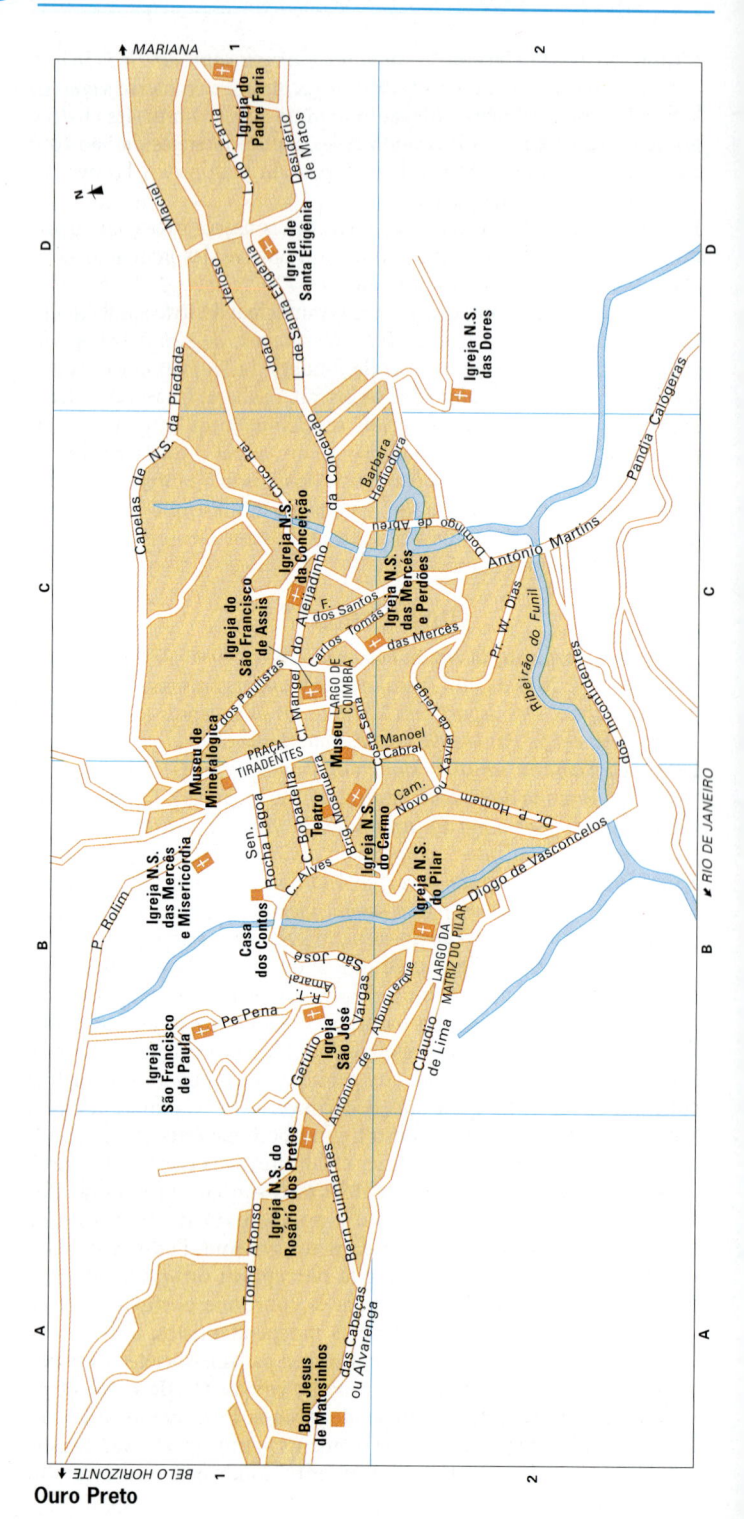

## Ouro Preto

vont ainsi acquérir leur liberté. La mobilité sociale permet à beaucoup de Noirs et de métis de devenir des artistes, tout à la fois admirés et rejetés par l'élite blanche. Cette ambiguïté sociale éveille des sentiments contradictoires qui se traduisent dans leur travail, se mêlant aux éléments du baroque, lui-même art des contradictions. Le style va donc trouver là les conditions de son épanouissement. L'or qui n'est pas expédié au Portugal est employé pour la construction des églises et l'art en général. Si le XVIIIe s. est bien le siècle de l'or, le XIXe s. va progressivement imprimer sa décadence.

Aujourd'hui, avec ses rues pentues aux tracés et pavés irréguliers, ses maisons aux superbes balcons de bois ou fer forgé, ses fontaines sculptées, sa vingtaine d'églises richement décorées, Ouro Preto, déclaré monument historique mondial en 1980, offre le souvenir superbe de ce grand siècle de l'or et du baroque colonial. La petite ville de 45 000 hab. (beaucoup de jeunes et d'étudiants) séduit par son charme et son animation.

## La praça Tiradentes*** C1

Cœur de la ville, cette magnifique place abrite le Musée de la Inconfidência d'un côté, le Musée de minéralogie de l'autre et la statue de Tiradentes au centre. Jadis, cette place séparait la ville : à l'est, le Pilar, quartier des riches, à l'ouest, Antônio Dias, celui des pauvres.

**Le museu da Inconfidência**\*** C1 *(t.l.j. sf lun. de 12h à 17h30)*. L'édifice, construit entre 1784/1855 par le gouverneur Luis da Cunha Menezes pour loger la Chambre municipale et la prison, est devenu un musée en 1944. Belle collection d'objets d'époque (mobilier, costumes) et d'art sacré du Minas. Deux salles sont aussi consacrées à l'histoire de l'indépendance du Brésil.

**Le museu da Mineralogia**\*** B1 *(ouv. du lun. au ven. de 12h à 17h, le week-end de 9h à 17h, f. 1er janvier, carnaval, Ven. saint, jours d'élections et 25 décembre)*. L'ancien Palais des Gouverneurs construit en 1741 par Manuel Francisco Lisboa d'après le projet d'Alpoim, de conception austère, se distingue par sa protection qui lui donne l'allure d'un fort et sa façade en marbre, rare dans la région. Siège, depuis 1876, de l'École des Mines et Métallurgie, le fondateur de cette école, le Français Claude-Henri Gorceix, y a aussi créé un musée réunissant plus de 20 000 pierres et minerais du monde entier.

## Vers le quartier du Pilar

**L'église N.-D. do Carmo**\*** B1 *(rua Brigadeiro Mosqueira. t.l.j. sf lun. de 13h à 16h45)*. Édifiée entre 1766 et 1772, son premier projet fut de Manuel Francisco Lisboa, père de l'Aleijadinho, qui le modifiera plus tard. Construite en même temps que l'église de São Francisco (les deux confréries se sont d'ailleurs disputées à l'occasion pour savoir laquelle était la plus belle et grandiose), elle possède l'une des plus belles sacristie du Minas. Dans le chœur, on verra des *azulejos* portugais, rares dans la région. L'esquisse du maître-autel ainsi que les peintures et dorures sont de Manuel da Costa Ataíde. Parmi les six autels latéraux, ceux de São João et de N.-D. da Piedade sont de l'Aleijadinho, probablement son dernier travail.

**Le Teatro Municipal**\** B1 *(rua Brig. Mosqueira, ouv. de 13h à 17h30)*. Ce petit théâtre, inauguré en 1770, est le plus ancien théâtre en fonction de toute l'Amérique Latine. Son acoustique est parfaite. Le week-end, à 20 h, concerts de musique classique.

**Le museu Casa Guignard** B1 (*rua Conde Babadella 110, ouv. du mar. au ven. de 12 h 30 à 17 h 30, le week-end de 10 h 30 à 16 h*). Situé dans l'ancienne rua Direita, qui comprend un ensemble de bâtiments d'une valeur architecturale évidente, ce petit musée fut la résidence du peintre fluminense Alberto da Veiga Guignard (1896-1962), petit-fils de Français et créateur de l'École des beaux-arts de Belo Horizonte. À partir des années 1940, celui-ci vécut à Ouro Preto où il peignit ses meilleures toiles.

**L'église N.-D. do Pilar**\*\*\* B2 (*praça Mons. Castilho Barbosa. De 12 h à 17 h*). Construite en 1730, ce fut l'église préférée pour les cérémonies officielles. Noter le chœur, œuvre de Xavier de Brito, la magnifique boiserie, la porte du tabernacle. La sacristie abrite le **museu da Prata**\* (argenterie, objets d'art sacré).

**L'église N.-D. do Rosário dos Pretos**\*\* A1 (*largo do Rosário*). Construite en 1785, toute en pierre de Itacolomi (mont en face de Ouro Preto), selon le projet de José Pereira dos Santos et Manuel Francisco de Araújo, elle se distingue par son original aspect cylindrique. Décor intérieur assez pauvre cependant.

**L'église São Francisco de Paula**\* B1 (*sur la colline da Piedade, ouv. de 9 h à 11 h 30 et de 13 h à 17 h*). Plus récente construction de la ville (1804-1878), elle fut achevée sans l'abondance de l'or. D'où sa sobriété, sa froideur presque académique. Belle vue de la ville.

**L'église São José**\* B1 (*rua Teixeira Amaral, f. aux visites*). Son extérieur est très original. Aleijadinho s'est occupé du retable du chœur et de la tour.

**La rua São José**\* B1. Cette rue sinueuse débouche sur de superbes endroits et charmantes ruelles. À l'heure du déjeuner, vous pourrez sentir les effluves de cuisine sortant des maisons.

**La casa dos Contos**\*\* B1 (*rua São José 12. Du mar. au sam. de 12 h 30 à 17 h, le dim. de 8 h 30 à 13 h 30*). En 1783, João Rodrigues de Macedo, riche collecteur d'impôts, fait construire cet édifice baroque pour lui servir de résidence. En 1794, alors qu'il est endetté, le gouvernement s'approprie sa demeure. Cette dernière remplit alors plusieurs fonctions. Des conjurés y ont été emprisonnés, dont le poète, avocat et intellectuel Cláudio Manuel da Costa qui y est trouvé mort (assassiné ?) en 1789. Le lieu sert aussi de siège à la Trésorerie royale, d'où son nom (le *conto* est une ancienne unité monétaire). Il abrite aujourd'hui le musée de la Monnaie et le Centre d'études du cycle de l'or. Au rez-de-chaussée, on verra le four servant à fondre l'or et, au sous-sol, la *senzala*.

**L'église N.-D. da Mercês**\* B1 (*rua Padre Rolim, du mar. au dim. sans horaire défini*). Belle collection d'images de saints.

### Vers le quartier Antônio Dias

**L'église São Francisco de Assis**\*\*\* C1-2 (*largo de Coimbra, ouv. de 8 h 20 à 11 h 45 et de 13 h 30 à 16 h 45*). Construite en 1766, c'est un chef-d'œuvre de l'architecture coloniale *mineira* et de l'Aleijadinho. Celui-ci a signé le projet de l'église et du chœur, les chaires, le retable du maître-autel en pierre savon, le bénitier de la sacristie. Les peintures du

## Précieux Minas

Avec Bahia, le Minas Gerais est une région au sous-sol riche en pierres précieuses. Jugez-en.

Les plus beaux specimens de l'**aigue-marine**, une variété de béryl, de couleur bleue et d'un remarquable éclat, proviennent des États du Minas Gerais, de l'Espírito Santo et de Bahia.

La **topaze impériale**, cette pierre pâle transparente aux superbes couleurs allant du rose saumon au rouge cerise, s'extrait de l'unique gisement mondial situé à Ouro Preto. Il existe aussi des topazes bleues, moins rares, mais tout aussi belles, dans les États du Minas Gerais et de Rondônia. La topaze est le minéral le plus dur après le diamant et le corindon. On lui prête des propriétés mystiques. Elle est censée éloigner l'envie et la jalousie.

La **tourmaline**, que l'on trouve en particulier dans le Minas Gerais, au Ceará et à Goiás, est la pierre qui possède le plus grand nombre de couleurs, des plus claires aux plus foncées. Elle est une alternative aux pierres plus rares et plus chères.

Le **diamant**, peu représenté au Brésil, bien que figurant parmi le plus pur du monde, provient généralement du Minas Gerais, de Roraima, de Bahia, du Tocantins, du Mato Grosso et du Mato Grosso do Sul.

La **citrine**, qui doit son nom à sa couleur généralement citron, se trouve sous différentes teintes au Brésil, notamment au Minas Gerais, à Bahia, dans le Mato Grosso do Sul et dans le Rio Grande do Sul. Elle est souvent confondue avec la topaze impériale qu'elle peut en effet remplacer, surtout parce qu'elle coûte moins cher.

La **rubellite**, une variété de tourmaline dont la couleur va du rose au rouge sang, provient essentiellement du Minas Gerais. Dans ses tons les plus foncés, elle peut se substituer au rubis pour un prix raisonnable.

Mais le Brésil est riche d'autres trésors minéraux :

L'**opale**, à la couleur scintillante sans équivalent dans le monde des pierres, se trouve au Piauí et dans le Rio Grande do Sul.

Le **rubis** et le **saphir** sont des variétés de corindon, respectivement rouge et bleu. Le premier symbolise la passion, le second la chasteté. Au Brésil, les saphirs vont de la plus parfaite transparence au bleu le plus intense. Des gisements viennent d'être découverts à Bahia et dans le Mato Grosso.

L'**améthyste** est la variété de quartz la plus précieuse; ses couleurs varient du violet clair au violet foncé. Les régions de production sont les États du Tocantins, de Bahia, du Mato Grosso do Sul et du Rio Grande do Sul.

L'**émeraude** est une variété verte de béryl; de superbes spécimens ont été extraits du gisement de Jacobina, découvert, en 1974, dans l'État de Bahia et qui est devenu un important centre mondial de production. D'autres gisements existent, notamment dans le Goiás.

---

plafond de la nef ont été réalisées par Ataíde. L'agencement de la façade, tout en courbes et contre-courbes, fait sentir l'influence de Borromini.

**L'église matriz N.-D. da Conceição de Antônio Dias**\*\*\* C1 (*praça Antônio Dias, ouv. de 8 h à 11 h 30 et de 13 h 30 à 16 h 45*). L'architecte Manuel Francisco Lisboa a participé à la construction de cette somptueuse église (1727-1746). À côté, le musée Aleijadinho réunit une collection d'œuvres du maître, qui y a d'ailleurs été enterré.

**Minas de Chico Rei\*** (*rua D. Silvério*). Ancienne mine d'or ayant appartenu à un esclave affranchi, un roi africain. Un couloir la relierait à l'église Santa Efigênia. Une visite que les claustrophobes doivent éviter !

**Le Chafariz de Marília\*** (*largo de Marília*). L'une des plus belles des quatorze fontaines de la ville qui, au XVIIe s., approvisionnaient la population en eau qui venait aussi s'y asseoir l'après-midi pour bavarder. Elle date de 1759. Marília fut la fiancée du poète Tomás Antônio Gonzaga qui l'a rendue célèbre par son poème «Marília de Dirceu». Pour y arriver, vous passerez par le pont Marília.

**L'église Santa Efigênia\*\*\*** D1 (*t.l.j. sf lun. de 8 h à 12 h*). Il faudra gravir une colline pour y accéder. Le panorama sur la ville en vaut bien la peine. À l'intérieur, de riches décors avec une profusion d'anges et de remarquables boiseries.

**Le Chafariz Alto da Cruz\*** D1 (*rua Padre Faria*). La sculpture de cette fontaine (1757) est attribuée à l'Aleijadinho, qui l'aurait réalisée à l'âge de 19 ans.

**L'église do Padre Faria\*\*\*** D1 (*rua Padre Faria. Du lun. au ven. de 8 h à 13 h*). De l'extérieur, on imagine mal que cette chapelle, construite en 1710, recèle d'aussi splendides retables baroques, l'une des plus riches et fines boiseries baroques dans une parfaite unité décorative.

Prenez la rua Santa Rita où vous pouvez voir plusieurs entrées de mines.

## Les Bonnes adresses

### Hôtels

▲▲ **Pousada do Mondego**, largo do Coimbra 38, devant l'église São Francisco de Assis ☎(031) 551.2040. *24 ch*. VISA, AE, DC, MC. Rés. à Rio ☎(021) 287.3122, poste 601. Dans une belle maison coloniale de 1747. Chambres petites mais charmantes. Bon accueil.

▲▲ **Luxor**, pça Antônio Dias 10 ☎(031) 551-2244 et n° vert 0800.16.5322. *16 ch*. VISA, AE, DC, MC. Dans une maison coloniale avec décors d'époque, chambres avec baignoire, salle de jeux, restaurant.

▲ **Grande Hotel de Ouro Preto**, rua Sen. Rocha Lagoa 164 ☎(031) 551.1488. *35 ch*. VISA, AE, DC, MC. Le seul hôtel de Ouro Preto, œuvre pas très réussie de Niemeyer, manque de charme.

▲ **Chico Rey**, rua Brig. Mosqueira 90 ☎(031) 551.1274. Ni cartes de paiement, ni chèques de voyage. Dans une maison coloniale, à côté du théâtre, sympathique auberge, tenue par une vieille dame *mineira*. Il vaut mieux réserver car il y a très peu de chambres.

### Restaurants

À Ouro Preto, la cuisine y est plutôt *mineira*. Seul le restaurant de la *pousada* **Luxor** sert une bonne cuisine internationale. Entre 15 h et 19 h, les restaurants sont fermés, et après 22 h, difficile d'en trouver un ouvert.

♦ **Casa do Ouvidor**, rua Conde de Bobadela 42 ☎(031) 551.2141. VISA, AE, DC, MC. Plats copieux. Spécialités *mineiras* et cuisine internationale.

♦ **Taverna do Chafariz**, rua São José 167 C1 ☎(031) 551.2828. AE. Dans une agréable demeure coloniale, qui fut celle du poète Alphonsus de Guimarães.

♦ **Boca da Mina**, rua D. Silvério 108 ☎(031) 551.1749. À côté de la mine du Chico Rei, bonne cuisine. Accueil sympa de Biá, patronne et cuisinière.

---

**Ouro Preto présente une importante collection d'art et d'architecture : maisons aux balcons en fer forgé, vieilles fontaines sculptées, églises, musées.**

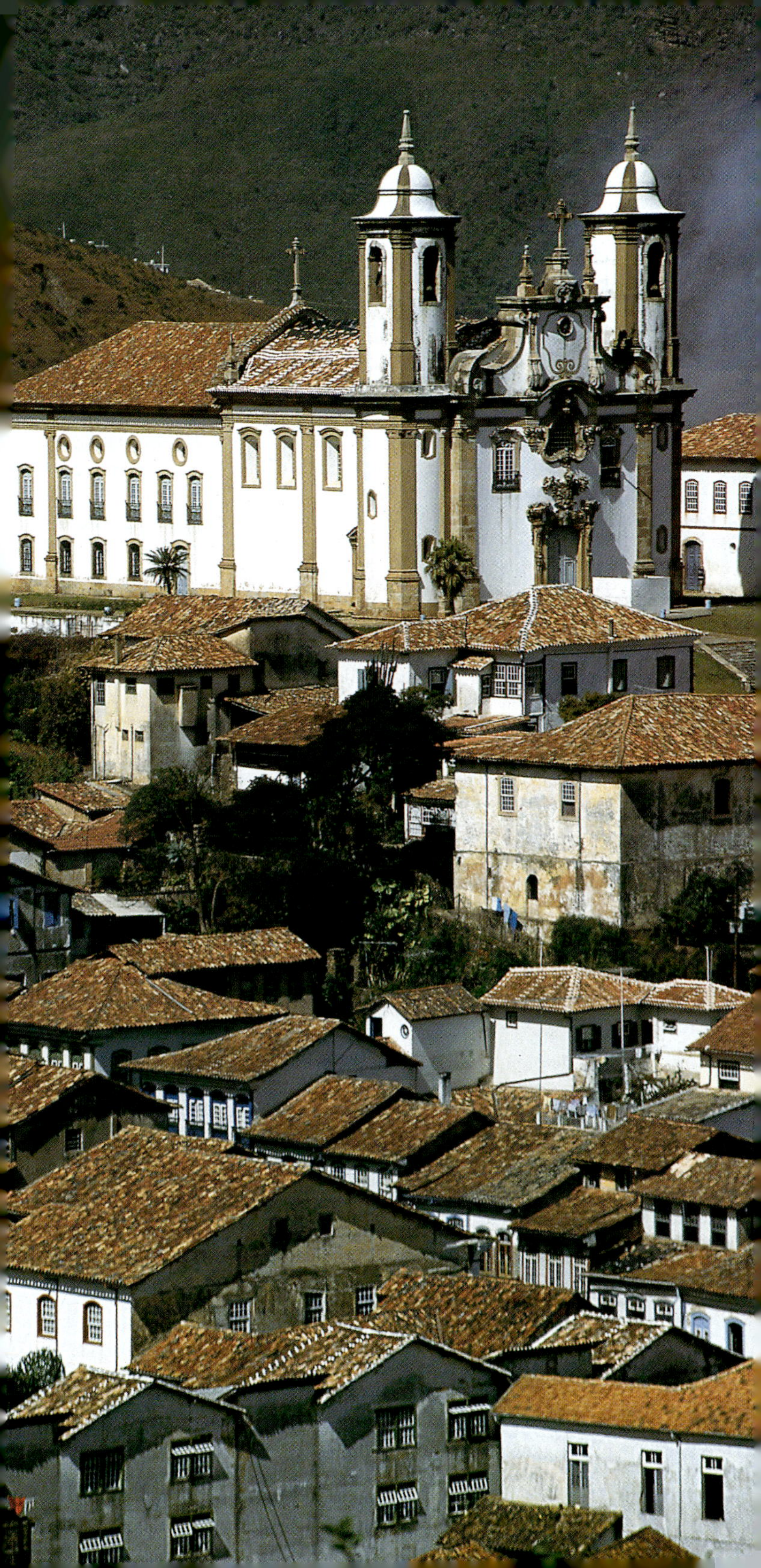

## Mariana***

➤ *À 12 km de Ouro Preto et 110 km de Belo Horizonte, dans la zone métallurgique mineira.* Mariana a été fondée en 1696, lorsque le *bandeirante* Salvador Furtado y découvre de l'or. Une chapelle est alors construite, autour de laquelle s'initie le hameau de Ribeirão do Carmo. Choisie pour être la première capitale de l'État, la cité est urbanisée et planifiée par l'architecte José Pinto de Alpoim. Cependant, en 1746, à la suite d'une grave inondation, le siège du gouvernement est transféré à Vila Rica (Ouro Preto). En 1748, elle accueille le premier évêque de Minas et prend le nom de Mariana en hommage à la reine portugaise Maria Ana d'Autriche. La ville natale de Manuel da Costa Ataíde, peintre majeur du baroque brésilien, est classée monument national en 1945. Dans le tracé irrégulier de ses rues, en grande partie pavée de pierres, de superbes édifices et églises coloniaux. Concerts les ven. à 11 h et dim. à 12 h.

**L'église da Sé**\*** (*praça da Sé, de 8h à 18h*). Sa construction date de 1710-1760. Intérieur richement décoré, notamment par l'Aleijadinho et Manuel da Costa Ataíde. Bel orgue allemand du XVIIIe s.

**Le museu Arquidiocesano**\** (*rua Frei Durão, t.l.j. de 9h à 12h et de 13h à 17h sf lun.*). Importante collection d'art sacré, mobilier, toiles, objets en argent d'auteurs inconnus (l'orfèvrerie était interdite dans la colonie).

**La praça Minas Gerais**\*. Sur cette place, vous trouverez la plus belle façade d'église de la ville, celle de **N.-D. do Carmo** (fermée pour restauration), l'**église São Francisco de Assis**, le **Pelourinho** (endroit où l'on torturait les esclaves et les assassins) au centre et la **Casa de Câmara e Cadeia** (actuelle mairie).

---

### Antônio Francisco Lisboa, dit « o Aleijadinho » (1730-1814)

Enfant naturel de l'architecte portugais Manuel Francisco Lisboa (lui-même auteur d'importantes églises à Ouro Preto) et de son esclave, l'Aleijadinho marque par son génie créateur le XVIIIe s. baroque brésilien. Mulâtre dans son sang, précurseur dans son art de la « brésilité », il sait capter avec maestria les passions et les aspirations de son époque, désireuse de prendre en main sa destinée. Tout à la fois architecte, sculpteur, décorateur de façade, personnage érudit et raffiné, artiste d'une extrême sensibilité et d'une expression dramatique étonnante, il utilise des matériaux locaux comme la pierre savon, sachant mêler les éléments plastiques les plus divers dans des compositions aussi harmonieuses que surprenantes.

On lui doit entre autres l'introduction des portails abondamment décorés et dentelés, celle des tours non carrées qui ont constitué une solution originale tant au plan plastique que fonctionnel, résolvant le problème des infiltrations d'eaux de pluie.

L'œuvre d'Antônio Lisboa est aussi le reflet de sa vie. Il est atteint en 1777 par une obscure maladie, une sorte de lèpre nerveuse qui va ronger ses doigts, ses membres et défigurer son visage (d'où son surnom « O Aleijadinho », le « petit estropié »). L'expression de ses sentiments, de ses émotions, de sa souffrance aussi va s'en trouver exacerbée. Obligé de se faire attacher ses instruments à ses moignons, il continue de mettre toute son énergie, sa sensibilité et son humanité dans son art.

**L'église São Francisco de Assis**★★★. Dans cette église en pierre, dont la construction s'est étalée de 1762 à 1794, on trouvera les plus importantes œuvres de Ataíde, qui y est d'ailleurs enterré : le plafond de la sacristie, les toiles représentant l'agonie et la mort de saint François. Le médaillon du frontispice en pierre savon est attribué à l'Aleijadinho.
**La rua Direita**★★. Dans cette rue typique bordée de *sobrados* et de maisons coloniales, vous verrez la maison du Baron de Pontal, gouverneur de Minas de 1831 à 1833, la seule à posséder un balcon en pierre savon, travaillé comme de la dentelle.
**L'église N.-D. do Rosário**★★ (1752-1775). La peinture du sanctuaire est l'œuvre de da Costa Ataíde. Beaux autels géants. Si elle est fermée, demandez à ce qu'on vous l'ouvre.
**La praça Gomes Freire**★★. À côté du museu Arquidiocesano. C'est la plus belle place de la ville, entourée de maisonnettes coloniales, petits bars et restaurants.

## Congonhas do Campo★★★

▶ *En car* : *à partir de la rodoviária de Belo Horizonte, la viação Sandra (☎ (031) 201.2927) assure plusieurs départs quotidiens à partir de 6 h 15.*
Située à 80 km de Belo Horizonte (et 60 km de Ouro Preto), à 1 000 m d'altitude, dominant une haute vallée, Congonhas regroupe l'une des plus importantes œuvres de l'Aleijadinho : les douze statues en pierre savon des prophètes et les 66 sculptures en bois de cèdre représentant les étapes de la Passion du Christ. Lieu de pèlerinage et de mysticisme, Congonhas (en tupi : « ce qui nourrit ») symbolise l'union de l'art et de la foi. Son ensemble architectural a été classé par l'Unesco.
**Le Santuário do Bom Jesus de Matosinhos**★★★. La construction de ce sanctuaire a commencé vers le milieu du XVIIIe s. Les sculptures en pierre savon distribuées sur le parvis, représentant les douze prophètes sont d'inspiration gothique et furent achevées bien plus tard par l'Aleijadinho qui a produit ici un véritable chef-d'œuvre. On remarquera les chevelures, spécialité du maître, les yeux obliques et le travail minutieux des vêtements. Les prophètes Isaïe et Jérémie occupent les premières positions de l'entrée ; plus en haut à gauche, Baruch ; à l'opposé, Ézéchiel avec le bras gauche levé ; encore plus haut à gauche, Daniel avec un lion ; à l'opposé, Ozéias à la barbe bouclée, un peu à gauche, Jonas regardant le ciel, et, de l'autre côté, Joël. Sur le parapet supérieur, Amos ; à g. de l'entrée, Nahum ; à l'opposé, devant l'entrée de l'église, Abdias et de l'autre côté, Habacuc montrant le ciel de sa main gauche. Aleijadinho a aussi réalisé les 66 statues grandeur nature en bois de cèdre (peintes par Manuel da Costa Ataíde) des chapelles extérieures représentant les scènes de la Passion du Christ. L'impression de mouvement et l'émotion dramatique qui s'en dégagent sont remarquables. De bas en haut : *la Cène, Jésus au Jardin des Oliviers ; la Prison ; la Flagellation, la Rencontre avec la Mère ; la crucifixion.*
À proximité de l'église, vous verrez le **Centro histórico-cultural**, ancienne auberge où les pèlerins descendaient pour la fête du *Júbilo de Bom Jesus* (du 7 au 14 septembre). Aujourd'hui, la plupart des 500 000 fidèles, qui arrivent dans la ville pour l'occasion venant de tous les coins du pays passent, seulement la journée. La grande majorité d'entre eux sont là pour remercier d'un vœu exaucé. En effet, on

# LE BAROQUE MINEIRO

*Au début du XVIIIᵉ s., l'art baroque trouve dans la province du Minas Gerais un terrain fertile. Ce style va non seulement nouer une relation directe avec les richesses du cycle de l'or, mais encore acquérir une place et une expression particulières, s'affirmant ainsi par rapport au modèle européen.*

## Vers un style national

Lorsque le baroque se manifeste au Brésil, il est déjà sur le déclin en Europe. Lié au départ à une conception ostentatoire de l'ordre jésuite, le baroque arrive à sa variante proprement *mineira* dès la seconde moitié du XVIIIᵉ s. L'interdiction des ordres religieux en 1759 et leur remplacement par des confréries permet, en effet, l'ascension progressive des artistes laïcs. Plus indépendants que leurs prédécesseurs vis-à-vis des impositions des églises, ils vont se montrer aussi plus ouverts aux nouvelles tendances stylistiques, naturellement plus sensibles à l'expression de la « brésilité » et plus enclins à incorporer des traits culturels locaux.

Le secret de l'architecture baroque du Minas réside dans la substitution des lignes droites par les courbes. Les sculptures du chœur et les chaires de l'église São Francisco de Assis, à Ouro Preto, sont l'œuvre de l'Aleijadinho.

## Fondamentalement rococo

Le concept de « baroque mineiro » naît du désir de trouver un art aux caractéristiques strictement nationales. Cette volonté ardente débouche, en pratique, sur un éventail stylistique très large : du maniérisme (église N.-D. da Conceição à Sabará) au baroque borrominique (N.-D. do Rosário dos Pretos à Ouro Preto, São Pedro dos Clérigos à Mariana), en passant par le rococo (N.-D. do Carmo ou São Francisco de Assis à Ouro Preto)… Singulier, le baroque du Minas l'est surtout par rapport au baroque du littoral : lourd, ostentatoire, plus lusitanien. Il est fondamentalement influencé par le rococo – un style dont le modèle est également importé de métropole, d'où la remise en cause par certains spécialistes du concept même de baroque *mineiro*. Il n'empêche : la main *mineira* a opéré. Entre transplantation et recréation, le baroque *mineiro* va tisser sa trame… Conservant les thèmes religieux typiquement

Chef-d'œuvre du Santuário do Bom Jesus de Matosinhos, à Congonhas (ci-dessus), les sculptures extérieures représentent les douze prophètes (p. 189).

L'église Matriz de Santo Antônio, à Tiradentes, est richement décorée d'or.

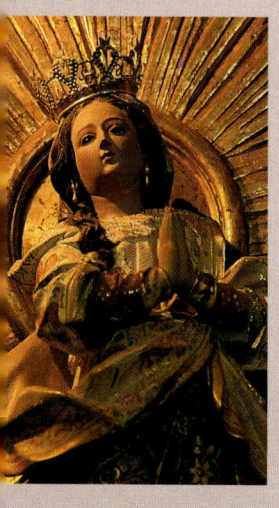

européens, les artistes *mineiros* introduisent matériaux (pierre savon), couleurs et éléments profanes locaux : costumes de saints, vierges aux traits mulâtres (comme on peut les voir sur le plafond de l'église São Francisco de Assis à Ouro Preto).

## Harmonie, raffinement, légèreté

Le Minas est la seule région où le rococo connaît des manifestations originales avec ses tours rondes, véritables leitmotive de l'architecture *mineira*, ses façades aux reliefs sculptés, ses ouvertures nombreuses produisant des espaces aérés où la lumière naturelle entre librement, ses plafonds peints en trompe-l'œil avec un espace vide au centre où se détache une *tarja* (ornement de peinture où flottent des personnages célestes). De proportions modestes, les églises du Minas dressent leur façade claire, souvent convexe et renflée dans leur partie centrale, ornée de simples bandeaux de pierre plus sombre ou d'un grand motif en pierre savon et le rejet en arrière des deux tours latérales à coupole ou à clocheton (églises São Francisco de Assis à Ouro Preto et São João del Rei). Leurs plans s'étirent entre le porche et l'autel ou bien forment d'harmonieuses combinaisons d'ellipses et de circonférences (N.-D. do Rosário dos Pretos à Ouro Preto). L'élégance brute de leur intérieur, la simplicité des matières tranchent avec le baroque somptueux des églises de Bahia. Ici, règnent une beauté tranquille, une harmonie paisible, un profond raffinement décoratif. La boiserie se conjugue à la peinture, la lumière aux couleurs pour produire une véritable symphonie dans une impression générale de légèreté, d'élévation.

attribue au Senhor Bom Jesus dos Matosinhos des pouvoirs miraculeux. Cette dévotion est née avec l'édification de l'église, lorsque le Portugais Feliciano Mendes a utilisé l'image du saint pour demander des dons destinés à construire le sanctuaire. Près de l'église, vous pouvez voir la salle dite «des miracles», où les fidèles déposent leurs ex-voto et récits des miracles obtenus.

## São João Del Rei**

➤ *De Belo Horizonte, cars quotidiens de la viação Sandra (Belo Horizonte ☎ (031) 201.2927, sur place ☎ (031) 371.7646), 4h de voyage, départs quotidiens pour São João Del Rei à 6h15, 8h30, 11h, 13h30, 15h, 16h45 et 19h. Si vous êtes à São João Del Rei, rendez vous à Tiradentes par la Maria Fumaça\*\*\*, petit train à vapeur inauguré par D. Pedro II en 1881, seul train au monde à circuler encore avec un écartement de voie de 76 cm (de la station ferroviaire ☎ (031) 371.7833), départs ven., sam., dim. et j.f. à 10h et à 14h15; 35 mn de trajet env.).*

**Fêtes.** La **Semana santa** est l'une des plus belles fêtes religieuses du pays. C'est une charmante petite ville coloniale qui s'élève à 185 km au sud de Belo Horizonte, dans une immense vallée recouverte d'eucalyptus entre les serras de São José et du Linheiro, sur les premiers contreforts de la serra du Espinhaço. Jadis, point de passage obligé pour se rendre de São Paulo dans le Minas Gerais, on finit par y découvrir de l'or, sur les rives du Rio das Mortes. Fondée sous le nom de Arraial Novo do Rio das Mortes, elle est rebaptisée, vers 1713, en hommage au roi D. João V. Grand centre minier pendant le cycle de l'or, la ville connaît ensuite une période de décadence. Mais la construction du chemin de fer en 1881, puis l'immigration italienne qui y développe l'agriculture contribuent à son nouvel essor.

La cité ancienne est aujourd'hui séparée de la ville moderne par la rivière Linheiro, enjambée par deux ponts de pierre du XVIIIe s. Si la ville coloniale conserve ses vieux quartiers et ses constructions baroques, qui se distinguent par leurs éléments décoratifs curieux, le développement du tissu commercial et industriel (textiles, meubles, extraction de calcaire, quartz et cassitérite) lui a sans doute fait perdre un peu du charme caractéristique des autres villes coloniales. Les rues ont ainsi été asphaltées, ce qui a créé une dispute entre les prêtres et le maire. En signe de mécontentement, les premiers se sont mis à ouvrir les églises selon leur bon plaisir de sorte qu'il n'est pas toujours possible de les visiter. Vous pouvez faire le choix de séjourner à Tiradentes et de passer la journée à São João.

En traversant les vieux ponts de style roman, le pont do Rosário (ou Francisco de Lima Cerqueira) et le pont da Cadeia, vous arriverez dans le cœur historique de la ville.

**La biblioteca municipal** (*praça Frei Orlando 90, ouv. de 8h à 16h30*), dans une belle maison coloniale appelée Casa de Bárbara Eliodora. **Le Chafariz da Legalidade**, fontaine construite en 1833. L'ensemble architectural de la **rua Santo Antônio** et le **museu de Arte Regional**\*\* (*rua Mar. Deodoro 12, ouv. du mar. au dim. de 12h à 17h30*), dans une belle demeure datant de 1859. Le seul exemple d'architecture impériale dans la région. Vous visiterez également les églises suivantes:

**La Catedral N.-D. do Pilar**\*\*\* (*rua Getúlio Vargas*), son intérieur très riche est une profusion de décors et d'autels dorés (début du XVIIIe s).
**L'église São Francisco de Assis**\*\*\* *(praça Frei Orlando, ouv. du lun. au sam. de 8h à 12h et de 13h30 à 18h, le dim. f. à 17h).* Sa construction date de 1774. Son extérieur, du plus pur style baroque, est un projet de l'Aleijadinho ayant subi des modifications, apportées par Francisco de Lima Cerqueira. Aleijadinho a aussi réalisé plusieurs statues de l'intérieur, dont celle de São João Evangelista. La statue du *Cristo do Monte Alverne* est l'œuvre d'un inconnu. Les gouttes de sang du crucifix de l'autel sont en rubis.
**L'église N.-D. do Carmo**\*\* *(praça Carlos Gomes, ouv. t.l.j. de 7h à 10h et de 16h à 18h).* Édifiée entre 1734 et 1824. Portail monumental sculpté. Francisco Lima Cerqueira a réalisé le frontispice et la tour. Intéressante statue du Christ mort et musée d'Art Sacré.

### Les bonnes adresses

▲ **Porto Real**, av. Eduardo Magalhães 254 ☎ (032) 371.7000. *30 ch.* Visa, AE, DC, MC. Confort correct. Restaurant servant une bonne cuisine régionale.
**Office du Tourisme**. Casa Bárbara Eliodora, pça Frei Orlando.

## ♥ Tiradentes\*\*

▶ *De Belo Horizonte, la viação Sandra assure des départs quotidiens via São João Del Rei (Belo Horizonte ☎ (031) 201.2927, sur place ☎ (031) 371.7646). Le train Maria Fumaça\*\*\* part pour São João les ven., sam., dim. et j.f. de 13h à 17h. Retour uniquement à 14h 15. Le trajet est sublime, entre la Serra Jão José et le Rio Das Mortes. Le prix du voyage inclut la visite au museu Ferroviário\*\* ☎ (032) 355.1269.*
À 195 km au sud de Belo Horizonte et à 12 km de São João Del Rei, l'ancienne cité est la ville natale de Tiradentes, le héros de l'*Inconfidência Mineira* (ou Conjuration mineira, voir p. 51). Au hasard de ses rues étroites, vous y visiterez, entre autres :
La très belle **église Matriz de Santo Antônio** (*rua da Câmara, de 8h à 18h*), richement décorée d'or, est l'œuvre de l'Aleijadinho.
La **casa do Padre Toledo**, lieu de réunions des conjurés, aujourd'hui un musée (*rua Padre Toledo 190, de 9h à 17h*). Vous y admirerez notamment le **Chafariz de São José**. Tiradentes est aussi connue pour ses thermes de Águas Santas.

### Les bonnes adresses

▲▲ **Solar da Ponte ♥**, pça das Mercês ☎ (032) 355.1255. Rés. à Rio, téléfax 287.3122 poste 601. *12 ch.* Visa, AE, DC, MC. Au pied de la serra de São José, une charmante auberge dans une demeure coloniale. Réservez !
♦♦ **Viradas do Lago**, rua Jogo de Bola 108 ☎ (032) 355.1157. Cartes de paiement non acceptées. Très bonne cuisine régionale.
♦ **Canto do Chafariz**, largo do Chafariz 37 ☎ (032) 355.1293/1377. F. le lun. Cuisine régionale aux accents exotiques.

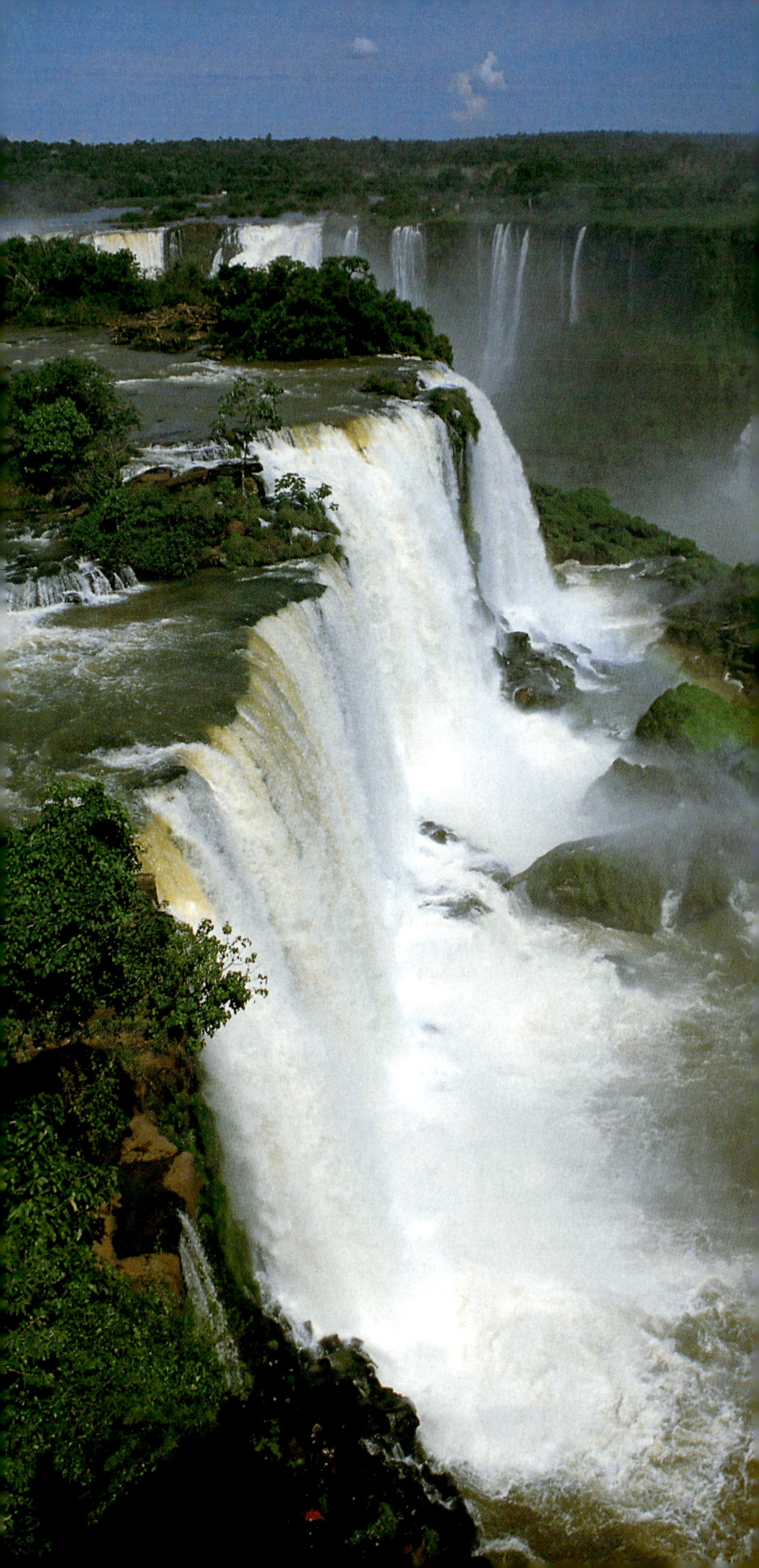

# LE SUD

*Foz do Iguaçu, Curitiba et le Paraná.
Florianópolis et Santa Catarina.
Porto Alegre et le Rio Grande do Sul.
Plages encore vierges, vastes plaines
herbeuses, montagnes boisées,
panoramas grandioses, fleuves puissants :
le Sud offre des paysages magnifiques
parmi lesquels l'exceptionnel site des chutes
d'Igaçu, l'un des joyaux naturels du Brésil.*

Sans doute, le climat tempéré ainsi que l'immigration européenne qui a fortement marqué la région enlèvent du dépaysement ressenti ailleurs. C'est un Brésil différent que vous découvrirez ici, loin des images de Tropiques, plus froid comme ses hivers aux montagnes parfois coiffées de neige, plus paisible, presque endormi, superbe par sa nature, étonnante alchimie de l'Europe.

**Les chutes d'Iguaçu, à la frontière du Brésil, de l'Argentine et du Paraguay, déversent sur 60 m 1 750 m$^3$ d'eau par seconde. Eleanor Roosevelt déclara, lors d'un séjour au Brésil, que ces cataractes faisaient ressembler les chutes du Niagara à un filet d'eau.**

À la frontière avec trois pays, l'Argentine, le Paraguay et l'Uruguay, la région Sud, située au sud du tropique du Capricorne, est constituée de trois États — Rio Grande do Sul, Santa Catarina et Paraná — couvrant plus de 570 000 km², soit une superficie supérieure à celle de la France, pour 23,5 millions d'hab. Son climat tempéré, comparable à celui de l'Europe avec quatre saisons bien distinctes, en a fait la terre d'élection de nombre d'immigrants venus s'installer au Brésil à la fin du XIXe s. et au début du XXe s., notamment Italiens, Espagnols, Allemands, Polonais, Ukrainiens, Hollandais et Japonais, qui se sont consacrés à l'agriculture. Leurs traditions ont fortement influencé la culture, l'architecture, les coutumes, la cuisine locale.

# LE PARANÁ

Peuplé par des descendants d'immigrants européens et japonais, le Paraná (près de 200 000 km² et 9,5 millions d'hab.) est un État essentiellement agricole, gros producteur de blé, maïs, soja, coton, haricots, café, pommes de terre. Le développement, au cours des dernières décennies, n'y a pas entraîné, comme c'est souvent le cas au Brésil, de fortes distorsions sociales. Du point de vue touristique, l'intérêt du Paraná, qui recèle encore de belles superficies de forêts (*mata atlântica* et forêt d'araucarias), se concentre essentiellement autour des chutes d'Iguaçu, de Curitiba et de ses environs.

## Foz do Iguaçu***

La plupart des visiteurs délaissent la ville même pour se rendre directement au Parc national où se trouvent les chutes. Situées sur la frontière entre le Brésil, le Paraguay et l'Argentine, les chutes d'Iguaçu, déclarées patrimoine mondial en 1986 par l'Unesco, s'imposent comme l'une des plus impressionnantes cataractes de la planète (la première en volume d'eau). Vous serez tout de suite envahi par une sensation de démesure et d'émerveillement. Des centaines de chutes étagées sur un large front ; les eaux s'élancent précipitamment d'une

### La légende du dieu serpent

Les Indiens Caigangues, habitants des rives du fleuve Iguaçu et adorateurs du dieu Tupã, honoraient le dieu serpent Mboi, son fils, lequel vivait dans les profondeurs du fleuve. Les Indiens lui offraient les plus belles vierges de la tribu. C'est ainsi que Naipi, la fille du cacique Igobi, si belle qu'elle faisait arrêter le cours des eaux, lui fut un jour promise. Mais Naipi qui aimait le jeune guerrier Taroba s'enfuit avec lui.
Furieux, Mboi se tordit sous les eaux de l'Iguaçu, provoquant une large fissure donnant ainsi naissance aux chutes. Dans leur fuite sur le fleuve, les amants furent engloutis dans l'abîme ainsi formé et Taroba fut transformé en arbre.
Depuis lors, il tend désespérément ses branches vers Naipi, rocher inaccessible au milieu des flots. Et sous cet arbre même, se trouve l'entrée d'une grotte où le dieu serpent, rancunier, guette pour l'éternité ses deux victimes.

hauteur moyenne de 65 m — 90 m au plus haut, la *Garganta do Diabo* (la Gorge du Diable) — produisant un bruit fracassant, de véritables rideaux d'eau et de vapeur qui entrent en contact avec les lumières du soleil pour former un arc-en-ciel permanent. Un son et lumière dans le décor fastueux et sauvage d'une végétation luxuriante. La nature dans toute sa force ! Les chutes d'Iguaçu ont été découvertes en 1541 par l'Espagnol D. Alvar Nuñez, surnommé «Cabeza de Vaca» (Tête de Vache), gouverneur des colonies espagnoles du Rio de la Plata. Ce dernier les a d'abord baptisées «chutes de Santa Maria», mais c'est leur nom indien qui sera conservé : «Iguaçu» signifie «grandes eaux». Si les scientifiques attribuent la formation des cataractes à une explosion volcanique ayant eu lieu il y a plus de 120 millions d'années, les Indiens voient leur origine dans la légende du dieu serpent.

## ■ MODE D'EMPLOI
### Arrivée
**En avion.** La meilleure façon de se rendre à Foz do Iguaçu, c'est incontestablement l'avion. Des vols relient quotidiennement le site aux principales capitales d'État du pays ainsi qu'à Buenos Aires (Argentine) et Asunción (Paraguay). Avant de choisir un vol, demandez systématiquement le nombre d'escales car celles-ci risquent de rendre le trajet interminable. Selon la direction par laquelle vous arrivez, vous bénéficierez peut-être en prime du survol des cataractes : un spectacle inoubliable ! Une fois arrivé à l'aéroport, selon le temps dont vous disposez, vous pouvez louer une voiture ou les services d'un taxi ou encore vous rendre directement à votre hôtel et utiliser les navettes parfois mises à disposition sur place ainsi que les tours d'agences qui vous y seront proposés.

**En bus.** Foz do Iguaçu possède également une gare routière internationale. Outre les cars venant des pays voisins (Argentine, Uruguay, Paraguay), liaisons directes en bus en provenance de Curitiba, de São Paulo (17 h de trajet), de Rio (près de 24 h de voyage) et de nombreuses autres villes brésiliennes.

**En voiture.** L'accès est assez long mais facile surtout depuis Curitiba (640 km) ; São Paulo *via* Curitiba (1 065 km) ; Rio *via* Ponta Grossa (1 480 km), *via* Curitiba (1 500 km).

### Circuler
**Louer une voiture.** Si vous disposez de temps et si vous voyagez à plusieurs, cela peut être une solution intéressante. Cependant, il faut avoir à l'esprit qu'en dehors des visites des sites naturels, il y a peu de choses à faire, en particulier la nuit, ce qui limite l'utilisation d'un véhicule. Trouver la bonne route, côté argentin, n'est pas tâche facile. À cet égard, attention : l'assurance ne vous couvre que sur 40 km au-delà de la frontière.

**Louer les services d'un taxi.** À condition de négocier prix et conditions à l'avance, c'est une bonne option. Les chauffeurs ont, en effet, l'énorme avantage de connaître parfaitement la route, les sites à visiter, les hôtels. Ils vous laissent faire calmement votre visite et sont sympathiques la plupart du temps. Si vous avez un doute de ce côté-là au départ, n'hésitez pas à refuser les services de l'un pour vous adresser à l'autre. Tous sont assurés pour conduire au-delà de la frontière.

**Vous joindre à une visite organisée.** Les voyages organisés sont souvent l'option la plus économique. Mais n'oubliez pas de demander préalablement le temps et le programme de l'excursion, les endroits visités ainsi que le nombre de participants. Il y a incontestablement un nombre limite à ne pas dépasser. En outre, certaines agences proposent des circuits exclusifs en voiture avec chauffeur-guide ou à bord de minibus.

## Programme

Vous pouvez effectuer la visite des chutes côté brésilien et côté argentin. La première visite vous prendra de 2 h à 3 h. La seconde nécessite au minimum 4 h à 5 h. Si vous disposez de plus de temps, vous pouvez y ajouter des excursions dans le Parc national pour découvrir la flore et la faune locales, ainsi que la visite du lac et du barrage d'Itaipu.

## Les chutes***

Elles sont formées par le fleuve Iguaçu qui parcourt, dans le sens E-O, 1 320 km jusqu'à son embouchure (*foz*) se trouvant au niveau de la ville frontalière argentine d'Iguaçu au sud (Puerto Iguazu) et du Paraguay à l'est (Ciudad del Este, l'ancienne Puerto Strœssner). Quinze km avant de s'unir au fleuve Paraná coulant jusque-là du nord au sud, ce dernier marque la frontière entre le Brésil et le Paraguay, l'Iguaçu tombe sur un important dénivellement de terrain qui, sur un front large de 4 km, précipite son cours sur environ 275 sauts (*saltos*) d'une hauteur moyenne de 65 m.

Avec un débit moyen de 1 800 m$^3$ par seconde, les eaux du fleuve se jettent en demi-cercle formant un amphithéâtre naturel des plus grandioses. Si la plupart des cascades, les plus belles, se trouvent du côté argentin, c'est bien du côté brésilien que vous aurez la meilleure vision d'ensemble du site. Au Brésil, on a ainsi l'habitude de dire que l'Argentine a ses cataractes et le Brésil sa vue. En Argentine, on explique plutôt que les Argentins donnent le spectacle et les Brésiliens le public. En tout cas, les deux côtés présentent des aspects différents à ne pas manquer !

### *Du côté brésilien*

Vous pouvez vous restreindre à la visite des chutes en parcourant les passerelles qui commencent devant l'hôtel *das Cataratas* ou aller visiter le **Parc national d'Iguaçu**\*\* (*ouv. de 7h à 19h*) qui a été créé en 1939. Ce dernier, situé dans le bassin de l'Iguaçu, où il occupe une zone de 180 000 ha, est l'une des plus grandes réserves végétales de l'Amérique du Sud. Le type de végétation prédominante est la forêt d'*araucarias* et la forêt subtropicale avec palmiers, *imbuias*, *caviúnas*, *erva-mate* (littéralement « herbe à maté » qui sert à préparer la fameuse infusion), et de nombreuses fleurs sylvestres, comme des orchidées jaunes, blanches et violettes. Vous trouverez également une faune encore préservée : grande variété d'oiseaux (toucans, perroquets, aras), très nombreux papillons ; vous aurez peut-être la chance d'apercevoir quelque cerf, coati, tapir, puma ou jaguar !

Mais la grande attraction reste, bien sûr, les cataractes. Les passerelles aménagées sur des talus en basalte conduisent à plusieurs belvédères offrant une meilleure vue sur les sauts argentins, avant d'arriver à une plate-forme qui, en avançant sur 100 m, vous rapproche de la **Garganta do Diabo**\*\*\*, l'une des cascades les plus importantes. Elle offre une scène absolument splendide. Le rebondissement des eaux est tellement puissant que des locations de cirés sont proposées pour éviter au public de se mouiller. Si le constant nuage de vapeur d'eau empêche la vision du fond de la chute, en revanche, au moindre rayon de soleil, se forme un arc-en-ciel.

Pour poursuivre la visite, vous pouvez prendre l'escalier ou l'ascenseur panoramique qui relie la base des chutes au niveau supérieur du fleuve.

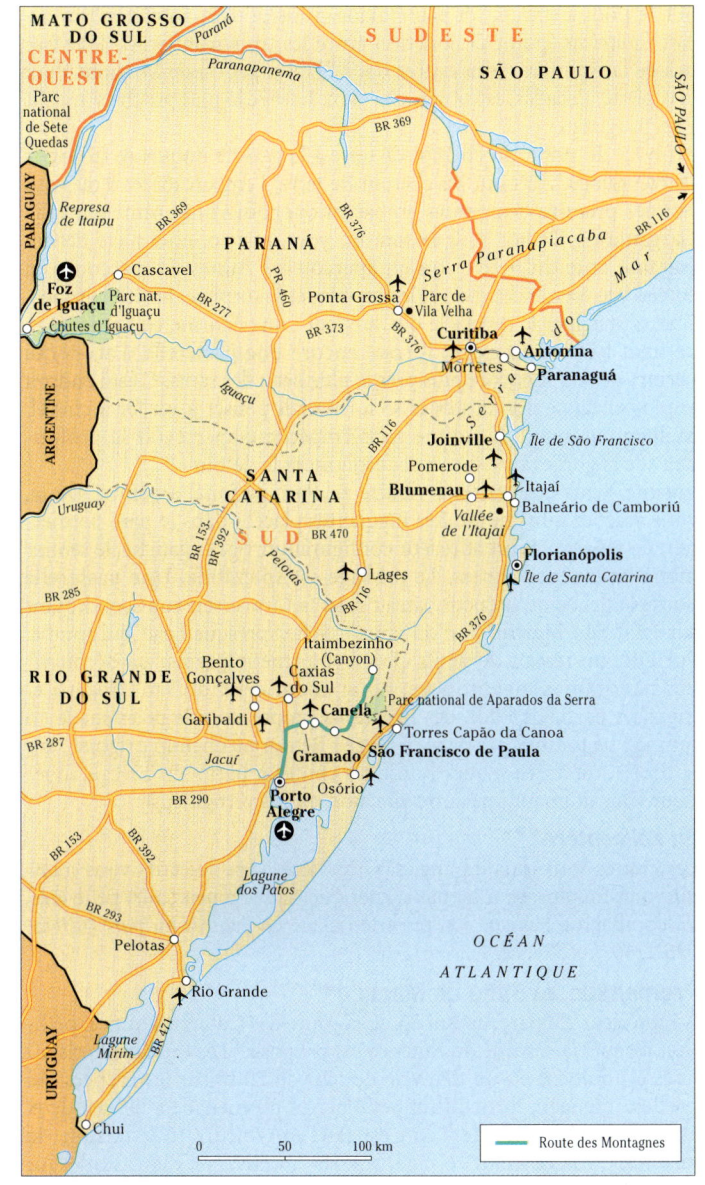

**La région du Sud**

## Du côté argentin

Après la douane, vous passez sur un pont qui sert de frontière entre le Brésil et l'Argentine, une frontière qui prend d'ailleurs de plus en plus d'importance avec le développement du commerce *Mercosul* (marché commun entre ces pays). N'oubliez pas de prendre votre passeport. Bien qu'il n'y ait pas besoin de formalité spécifique ou d'un quelconque visa, il y a parfois des contrôles.

Sur le pont à droite, un peu éloigné, vous pouvez voir le *marco das três fronteiras* (point de jonction entre les trois frontières). Une fois passée la frontière, vous entrez dans l'État argentin de Missions dont la capitale, Posadas, est située à 297 km. La ville la plus proche s'appelle Puerto Iguazu.

Au bout du pont, un chemin de terre à la gauche duquel se trouve le fleuve Iguaçu. Au bout du chemin de terre, l'embarcadère, d'où vous pouvez prendre des petites embarcations, qui vous emmènent à la **Garganta do Diabo**★★★. Il existait un pont, mais celui-ci a été détruit par une crue du fleuve; on en aperçoit les ruines. Le parcours en bateau a le mérite de réserver le suspense et la surprise. En effet, impossible d'imaginer le spectacle qui survient : une énorme chute de 90 m de haut ! Du vieux pont, il reste encore une passerelle d'accès qui permet de voir d'encore plus près le plus beau des sauts. C'est l'endroit le plus encaissé des chutes et sa forme fait penser à un fer à cheval. Malheureusement, la brume vous empêche d'apercevoir la profondeur de la gorge. La visite vaut absolument le détour.

Ensuite, vous pouvez vous rendre au Parc national argentin. De là, vous accédez aux chutes. Les maquettes placées dans le parc permettent de mieux comprendre leur configuration. Sur la gauche, le sentier mène en bas des chutes. Le paysage est splendide. Une passerelle borde le fleuve qu'un petit bateau vous fait traverser, vous conduisant sur l'îlot **San Martin**★★★ d'où vous touchez presque l'eau qui tombe. Sur l'île, un réseau de petits chemins tortueux permet de découvrir des panoramas magnifiques, notamment ceux du saut Bozetti et Bigua. À partir de l'îlot, des Argentins proposent une promenade en rafting : ne tombez pas dans ce piège ! Retour au chemin original : sur la droite, un autre sentier borde les chutes à partir du niveau supérieur vous donnant une autre vue, non moins vertigineuse.

### *En hélicoptère*★★★
Les chutes sous tous les angles. Grandiose ! Les adjectifs vous manqueront. En plus, ce n'est pas si cher que cela. Un peu court peut-être. La compagnie **Hélisul** assure cette balade (*à l'entrée du parc* ☎ *(045) 523.1190, fax 574.4114*).

## Promenade au Salto do Macuco★★
À l'intérieur du parc, au km 23 de la route das Cataratas, une expédition jusqu'à la cascade du Macuco est proposée. Les eaux sont cristallines et tombent en un dénivelé de plus de 20 m sur les rochers qui bordent l'Iguaçu, formant un petit lac. La promenade a lieu en deux étapes : la première de 7 km est faite en voiture tout-terrain; la seconde est la descente, à pied, sur 500 m env., vers la cascade. Au total, trois heures de balade à travers une végétation dense et humide rappelant celle de l'Amazonie. Si vous disposez de temps, faites-le (*circuits t.l.j., de 9h à 15h; rens. et rés.* ☎ *(045) 574.4244/4717*).

## Le barrage d'Itaipu★★
Ce barrage, le plus grand du monde (1 406 m de large et 185 de hauteur maximale pour le barrage principal), a été construit à partir de 1975, au prix de la disparition des sept chutes du fleuve Paraná, qui formaient un magnifique ensemble de cascades tombant d'une hauteur de 60 à 100 m. Le site abrite désormais l'usine hydroélectrique

d'Itaipu, située à 15 km du pont de l'Amitié, frontière entre le Brésil et le Paraguay. Sa capacité installée est aujourd'hui de 12 600 000 kW (18 turbines de 700 000 kW chacune). Elle fournit en énergie électrique le Paraguay et les régions sud, sudeste et centre-ouest du Brésil. Le service de relations publiques de l'usine organise des visites gratuites guidées *(t.l.j. sf le dim. et j. fériés, six visites quotidiennes entre 8 h et 16 h)*, comprenant explications techniques et touristiques, ainsi que la projection d'un documentaire.

## LES BONNES ADRESSES

### Hôtels

▲▲▲ **Das Cataratas**, rod. das Cataratas, km 28 ☎ (045) 523.2266 et n° vert 0800.45.2266, fax 574.1688. *200 ch.* Visa, AE, DC, MC. Hôtel de la chaîne Tropical-Varig situé devant les chutes. Des passerelles ont été aménagées sur 13 km vous permettant de visiter à pied le côté brésilien des cataractes. Superbe demeure rose de style colonial à deux étages, entourée de jardins et d'une végétation naturelle peuplée de coatis. Le restaurant sert le soir un buffet très copieux, varié et assez bon. En revanche, les snacks et autres sandwiches sont à éviter. Grande piscine, air conditionné, bar. Un hôtel qui vaut surtout par son cadre exceptionnel. En raison de son emplacement privilégié, réservez à l'avance chambre et transfert hôtel-aéroport-hôtel (il vous sera facturé, mais pas cher).

▲▲ **Bourbon**, rod. das Cataratas, km 2,5 ☎ (045) 523.1313 et n° vert 0800.11.8181. *311 ch.* Visa, AE, DC, MC. Établissement de confort international situé sur la route des chutes reliées par un service de navette propre à l'hôtel. Restaurant, night-club, piscine, tennis.

▲▲ **Carimã**, rod. das Cataratas, km 10 ☎ (045) 523.1818. *318 ch.* Visa, AE, DC, MC. L'un des plus grands hôtels de la région, situé près d'un petit bois. Grande piscine, salon de jeux, restaurant, *churrascaria*, boîte de nuit. Pas de navette pour rejoindre les cataractes.

▲ **Panorama**, rod. das Cataratas, km 12 ☎ (045) 523.1200. *155 ch.* Visa, AE, DC, MC. Établissement en demi-cercle situé dans un environnement naturel agréable, avec restaurant, piscine et service de navette pour visiter les chutes.

▲ **San Martin**, rod. das Cataratas, km 17 ☎ (045) 523.2323. *142 ch.* Visa, AE, DC, MC. Établissement de confort international avec restaurant, bar, boîte de nuit, piscine, tennis, mini golf, vélos, garderie pour les enfants.

### Restaurants

Foz do Iguaçu n'est pas une étape gastronomique. Il y a peu de restaurants à recommander. Ils servent généralement du poisson d'eau douce, en particulier le *surubim* et le *dourado* pêchés dans les eaux du Paraná, ainsi que de la bonne viande grillée. Les meilleurs restaurants sont ceux des grands hôtels, notamment Das Cataratas et Bourbon. Côté churrascarias, on citera :

♦ **Rafaien**, rod. das Cataratas, 6,5 km ☎ (045) 523.1177. Visa, AE. Énorme restaurant assez touristique et gentiment ringard avec show de musique et danse latino-américaines, servant à volonté une quantité impressionnante de salades, plats chauds et douze types de viandes différents.

♦ **Cabeça de Boi**, av. Brasil 1325 ☎ (045) 523.2100. Visa, AE. C'est également une grande *churrascaria* avec de la musique. Très bonne variété de viandes, légumes et poissons locaux.

### Shopping

Vous trouverez de l'artisanat régional, essentiellement des céramiques et des sculptures de bois d'influence indigène. Les artistes locaux sont affiliés à une coopérative qui s'occupe de la production et de la distribution située à Foz do Iguaçu et vous fournira tous renseignements ☎ (045) 574.5518.
Vous pouvez aussi vous rendre à Ciudad del Este, ville franche où vous trouverez de nombreux produits étrangers. Hormis le commerce, aucun intérêt. Le trafic de marchandises est aussi incroyable que florissant. Toutefois, les produits vendus, surtout pour ce qui est de l'électronique, sont réputés peu fiables.

### Adresses utiles

**Aéroport.** International de Foz do Iguaçu, rod. das Cataratas km 16 ☎ (045) 574.1744.
**Agences consulaires.** Argentine, trav. Consul E.-R. Bianchi 26 ☎ (045) 574.2969 ; Paraguay, rua Bartolomeu de Gusmão 480, centro ☎ (045) 523.2898.
**Agences de voyages.** Caribe Turismo, aéroport r.d.c. ☎ (045) 523.1230 ; BBTUR Viagens e Turismo, aéroport r.d.c. ☎ (045) 523.8547.
**Banques et change.** Banco do Brasil, av. Brasil 1365 ☎ (045) 523.2288. Sur l'av. Brasil, il y a de nombreux bureaux de change : **Coan**, au n° 1135 ☎ (045) 523.2422 ; **Bader**, au n° 28 ☎ (045) 523.8844 ; **Leocádio**, aux n° 735, 864 et 97 ☎ (045) 523.4441.
**Commissariat de police.** Datur, commissariat de police spécial touristes ☎ (045) 522.2331.
**Compagnies aériennes.** Varig, av. Brasil 821 ☎ (045) 523.2111 ; **Vasp**, av. Brasil 845 ☎ (045) 523.2212 ; **Transbrasil**, av. Brasil 1223 ☎ (045) 523.5205 ou 574.3836.
**Gare routière.** Rodoviária international de Foz do Iguaçu (gare routière), av. Costa e Silva ☎ (045) 522.2590.
**Informations touristiques.** Teletur ☎ (045) 1516. Informations de 8 h à 20 h.
**Location de voitures.** Localiza, aéroport ☎ (045) 523.4800, Hôtel Bourbon ☎ (045) 523.1632 et n° vert 0800.99.2000 ; **Unidas**, rua Xavier da Silva 532, centre ☎ (045) 574.2527, 523.2319 et ,° vert 0800.12.1121.
**Office du tourisme.** Foztur, rua Almirante Barroso 1300 ☎ (045) 574.21.96 ou à l'aéroport, devant le débarquement, où l'on vous fournira la liste des hôtels, des moyens de locomotion et des plans de visites.
**Poste.** Rua Eduardo Barros 281.
**Taxi.** Chauffeur de taxi sympa mais ne parlant pas français : **Osvaldo Wandscher** voiture ☎ (045) 574.1715.
**Urgences.** ☎ 100.

## Curitiba*

La capitale du Paraná, fondée en 1693 sous le nom de Vila N.-D. da Luz dos Pinhais, compte aujourd'hui 1,4 million d'hab. Malgré un rythme de croissance élevé ces trente dernières années, la ville a su structurer son développement, de telle sorte qu'elle peut se targuer d'avoir l'un des meilleurs niveaux de vie de l'Amérique latine. Son réseau de transport, intégré et moderne, est le plus efficace du pays. Curitiba est aussi la capitale écologique du Brésil avec 52 m$^2$ de verdure par habitant, un système de recyclage performant, une université libre de l'environnement et un programme d'éducation écologique dans les écoles et à destination du public. D'un point de vue touristique, Curitiba avec ses larges avenues et ses nombreux parcs s'impose surtout comme une étape vers le Sud ou un point d'attache à partir duquel on peut réaliser diverses excursions dans la région.

# LE PARANÁ

## ■ MODE D'EMPLOI

### Arrivée

**En avion.** De nombreux vols quotidiens relient Curitiba au reste du pays (15 vols pour São Paulo, 9 pour Rio, 6 pour Recife, 4 pour Salvador) et aux autres villes de l'État, y compris Foz do Iguaçu. L'aéroport se trouve à 18 km du centre. Tout de suite à gauche, à la sortie de la zone de débarquement, vous trouverez un petit bureau d'informations touristiques, **ABAV**, où vous pourrez vous procurer un plan de la ville. Un bus *Executivo* peut également vous y conduire. Mais les horaires ne sont pas toujours bien combinés avec les heures d'arrivée des vols. À vérifier donc.

**En bus.** Il existe des liaisons quotidiennes avec toutes les autres villes du Paraná, ainsi qu'avec les principales villes du pays et quelques capitales du cône sud-américain.

**En voiture.** Plusieurs routes relient Curitiba à d'autres villes brésiliennes, notamment la BR-116, au nord, qui rejoint São Paulo et, au sud, la BR-101 qui, longeant pratiquement tout le littoral brésilien, relie Porto Alegre *via* Florianópolis.

### Circuler

**En bus.** Vous pouvez vous déplacer uniquement en bus (rapide et très bien organisé). Un seul billet vous permet de faire tout un trajet. Il existe de plus la *linha turismo* (ligne tourisme) : un petit bus, dans le style de la « jardinière » de Rio et Salvador, qui vous emmène dans les endroits intéressants de la ville. Il peut même arriver que le chauffeur vous attende, le temps de votre visite, avant de repartir. Dans le cas contraire, il vous suffit d'attendre le prochain (*toutes les 30 mn de 8 h 30 à 17 h, t.l.j. sf lun.*). Le parcours total (33 km) se fait en 2 h. Vous pouvez vous procurer un plan du réseau de transports en commun dans les postes d'informations touristiques situés à l'aéroport et dans le centre-ville.

**En taxi.** Ils ne coûtent pas très cher. Vous pouvez, par exemple, opter pour le bus la journée et prendre le taxi, le soir.

**En voiture.** Étant donné la qualité des transports publics et le prix des taxis, il ne vaut guère la peine de louer une voiture. De plus, le centre est plein de rues piétonnières. Vous pouvez conduire sans problème : les rues sont normalement en sens unique et les embouteillages assez rares.

### Programme

Une journée suffit pour connaître la ville. Le plus intéressant reste cependant le voyage en train pour Paranaguá qui nécessite une journée.

## Un tour en ville

Pour visiter les points touristiques les plus intéressants dont l'**Ópera de Arame*** (construit en acier tubulaire et revêtu de fil de fer dans une structure inspirée de l'Opéra de Paris) et l'**Université libre de l'environnement*** (édifiée dans le but de former une conscience écologique), prenez le bus *linha turismo* sur la **praça Tiradentes*** dans le centre. C'est sur cette place, bordée d'*ipês* jaunes, que commence la ville. On y verra notamment la **basílica Menor de Curitiba*** reconstruite plusieurs fois, ce qui fait qu'elle a perdu de sa valeur architecturale.

Si vous montez à pied vers le **largo da Ordem**** (ancien abreuvoir), vous entrez dans le quartier historique de Curitiba, où se trouvent quelques constructions des XVIIIe et XIXe s. Ainsi, la maison de l'écrivain Romário Martins (la plus ancienne demeure de la ville); l'**église da Ordem Terceira de São Francisco***, première église de Curitiba, elle aussi plusieurs fois reconstruite.

Depuis le XVIIIe s., c'est autour du largo da Ordem que tourne la vie des habitants de la cité. Les colons y portaient leurs produits pour les vendre et acheter ce dont ils avaient besoin. Aujourd'hui, quelques restaurants et bars intéressants où vous pourrez vous restaurer.
Le week-end, l'endroit est très animé. S'y déroule notamment un genre de **petit marché aux puces**\*, avec des objets d'art et d'artisanat local *(le sam., praça do Relógio das Flores, le dim., praça Garibaldi, de 8h à 14h)*.
La visite du **Passeio Público**\*, un jardin-zoo situé en plein centre *(rua Presidente Carlos Cavalcanti)*, où les Curitibanos adorent se rendre en fin d'après-midi, pour faire du jogging, du vélo et boire une bière chez Pasquale, n'est pas dénuée d'intérêt.
N'hésitez pas à flâner sur la rue 15 de Novembro, également appelée **rua das Flores**\*, qui devient ensuite piétonne : animation constante jour et nuit, point de rencontre depuis toujours pour tous. Vous passerez par le **Teatro Guaíra**\*\*, l'un des plus vastes d'Amérique latine où se déroulent souvent le dimanche matin des concerts gratuits organisés par la municipalité. Le **museu do Paraná**, où sont regroupés des témoignages historiques, ethnologiques et archéologiques locaux, est intéressant *(rua das Flores, ouv. du mar. au sam. de 10h à 17h)*.
Après cette longue marche, allez déguster la célèbre *coalhada* (sorte de yaourt naturel), spécialité de la **confeitaria Schaffer**. Un peu plus bas, se trouve aussi le musée d'Art contemporain.
La promenade en bus touristique vous permettra de découvrir les édifices les plus modernes de la ville ainsi que ses nombreux parcs. Parmi ces derniers, le plus intéressant reste celui de Passaúna, doté d'un immense lac.

## LES BONNES ADRESSES

### Hébergement

▲▲▲ **Bourbon**, rua Cândido Lopes 102, centre ☎ (041) 322.4001. *167 ch.* VISA, AE, DC, MC. Hôtel de confort international, bien situé en centre-ville. Accueil et service à la hauteur du nombre de ses étoiles. Petit déjeuner abondant. L'adresse préférée des hommes d'affaires.

▲▲ **Braz**, Av. Luís Xavier 67, centre ☎ (041) 322.2829 et n° vert 0800.44.1133. *89 ch.* VISA, AE, DC, MC. Vieil hôtel des années 30 qui vient d'être entièrement rénové. Personnel très accueillant, ambiance agréable, sur une rue du centre très animée. Air conditionné, télévision, parking. Prix raisonnables, réduction de 30 % possible.

### Restaurants

Dans le quartier italien de Felicidade, vous trouverez plusieurs bons restaurants, en particulier ceux de la famille Madalosso.

♦♦ **Churrascaria Badida**, av. Batel 1486 ☎ (041) 243.0473. VISA, AE, DC, MC. Très courue par les Curitibanos, surtout pour la *picanha*, des plus savoureuses.

♦ **Sal Grosso Churrasco Bar**, largo da Ordem, 59 ☎ (041) 222.8286. VISA, DC. Ce petit restaurant au cadre simple semble toujours plein de monde. La bière brune pression est bonne et le couvert pas cher.

♦ **Famiglia Fadanelli**, av. Manuel Ribas 5667 ☎ (041) 273.4201, Felicidade. AE, DC, MC. Comme son nom ne l'indique pas, en hommage à la famille de la *mamma*, ce restaurant appartient à la famille Madalosso, qui possède d'autres établissements. Celui-ci est une version plus chic. Les hors-d'œuvre en particulier sont bons. Accueil sympathique.

♦ **Baviera**, rua Augusto Stelfed 18 ☎ (041) 232.1995. Visa, ae, dc, mc. Dans une ancienne distillerie, à la lueur des bougies, ambiance agréable et délicieuses pizzas.
♦ **Familia Caliceti**, rua Carlos de Carvalho 1367 ☎ (041) 223.7102. Ae, dc, mc. Autre italien assez connu, dans le centre.

## Adresses utiles

**Aéroport.** Afonso Pena, av. Rocha Pombo, São José dos Pinhais, 17 km de Curitiba dans la direction de Paranaguá ☎ (041) 381.1515.
**Agence de tourisme.** Onetur, rua Mar. Floriano 228 ☎ (041) 222.3491.
**Banques et bureaux de change.** Jade, rua 15 de novembro 467, centre ☎ (041) 322.8966 ; **Mansur Cambio**, rua 15 de Novembro 362, centre ☎ (014) 222.5155 ; **Banco Francês e Brasileiro**, rua Mar. Deodoro 26. Nombreuses autres banques sur la rue 15 de Novembro.
**Consulats.** France, rua Ubaldino do Amaral 927 ☎ (041) 264.5358 ; Belgique, rua mario Beraldi 240 ☎ (041) 257.2843.
**Informations touristiques.** Petit bureau à la sortie débarquement de l'aéroport ainsi qu'à la **Parano turismo**, rua Deputado Mário de Barros 1290 ☎ (041) 254.7273. Par téléphone, le **Disk Turismo** ☎ (041).1516.
**Gare routière et de chemin de fer.** Rodoferroviária, av. Afonso Camargo ☎ (041) 322.4344, 234.8441 et 321.7239.
**Location de voitures.** Mega n° vert 0800.11.8066 ; **Hertz** ☎ (041) 282.2571 et n° vert 0800.14.7300 ; **Unidas**, aéroport ☎ (041) 381.1487 et n° vert 0800.12.1121.
**Radio-taxi.** Teletáxi ☎ (041) 224.2424 ; **Curitiba** ☎ (041) 276.7676.

# Les environs de Curitiba

## ♥ Voyage en train*** pour Paranaguá et retour en car par la route Graciosa

Prendre le train, ou la *litorina* (petit train), à la Rodoferroviária. Vous pouvez demander à la réception de votre hôtel d'acheter pour vous le billet ou l'acheter sur place. Entre le train (départ à 7 h 30, 3h30 de trajet à vous couper le souffle) et la *litorina* (départ à 9 h), des possibilités t.l.j. sf le lun. Cette dernière s'arrête parfois à Morretes, il faut alors prendre un bus (1 h de trajet en bus normal) jusqu'à Paranaguá, ou bien rester à Morretes en attendant le bus de retour sur Curitiba. Si vous devez acheter un billet sur place, assurez-vous que le bus au retour passe bien par la route Graciosa (route pavée, bordée de fleurs) construite dans la montagne. Elle offre une splendide vue panoramique.

À l'aller, en train, la vue est meilleure à gauche : la descente de la *serra* offre de magnifiques paysages, entre autres, la **cascade Véu de Noiva**, le **pic de Marumbi** (1 539 m) et, par beau temps, la mer au loin, avec les baies d'Antonina et de Paranaguá (les meilleurs mois de ce point de vue sont janvier et février). Cette ligne de chemin de fer reliant Paranaguá à travers la serra do Mar a été construite au XIXe s. C'est un incroyable ouvrage d'art de 110 km de long, comprenant treize tunnels et plusieurs viaducs spectaculaires, comme celui de Carvalho. Érigé sur cinq piliers en bordure de roche, ce dernier donne l'impression de voyager dans l'espace.

### Morretes*

➤ *À 68 km de Curitiba, au pied de la serra do Mar.* Cette petite ville coloniale, fondée en 1721, a connu une certaine apogée à l'époque des *engenhos de erva-maté*, vers la fin du XVIIIe s. Promenez-vous dans la rue qui longe la rivière Nhundiaquara : nombreux restaurants où vous pourrez déguster des fruits de mer ainsi que le meilleur *barreado* du Paraná, à moins que ce ne soit celui de Madalozo (*rua Al. Frederico de Oliveira 16* ☎ *(041) 462.1410*). Les glaces sont aussi très bonnes, en particulier celles du Chafariz. La *cachaça* de Morretes est très réputée en raison de son embouteillage dans des barils de différentes essences de bois : essayez la *JD* ou celle de banane. Pendant les week-ends d'été, la ville est bondée. En revanche, en semaine, elle reste très calme.

### Antonina*

➤ *À 77 km de Curitiba. À l'extrémité occidentale de la baie de Paranaguá.* Sa fondation date de 1714. Antonina fut un important port d'exportation de maté. Elle est également réputée pour le *barreado* et les fruits de mer. Tous les troisièmes dimanches du mois, le train Maria Fumaça relie Morretes à Antonina. En août, a lieu la fête, très animée, de la sainte patronne de la ville, N.-D. do Pilar.

### Paranaguá**

➤ *À 91 km de Curitiba.* Ville portuaire historique, fondée en 1640 par les Portugais, elle est aujourd'hui encore le plus grand port du cône sud-américain pour l'exportation de céréales. Les constructions les plus anciennes se trouvent dans le centre, en particulier autour des rues Sinimbu, 15 de Novembro, Praia et de la praça Mon. Celso. Le centre regroupe plusieurs églises coloniales à l'architecture simple avec, cependant, quelques autels de style baroque. Vous pouvez aussi faire un saut au **museu Arqueológico e Etnográfico*** (*rua Gl. Carneiro* ☎ *(041) 422.1263*), dans l'ancien couvent jésuite fondé en 1752. Une exposition permanente y montre les étapes de la construction d'un *engenho*, la fabrication de la *cachaça* et de la farine de manioc, ainsi que divers objets populaires et autres fossiles.

De Paranaguá partent plusieurs excursions en bateau dans la baie ou en direction des îles côtières. La plus recherchée est **Ilha do Mel**, qui conserve quelques fortifications de l'époque coloniale. Vous pouvez y faire de très belles randonnées à pied. Il n'y a pas de véhicules sur l'île, quelques restaurants et auberges rustiques seulement.

## SANTA CATARINA

Ce petit État (un peu moins de 96 000 km$^2$), situé entre le Paraná et le Rio Grande do Sul, possède 530 km de plages atlantiques, un littoral isolé par la serra do Mar. Cette chaîne de montagnes fit pendant longtemps barrière au peuplement du reste de la région ; les arrivants (*Paulistas*, chercheurs d'or, Açoriens) restaient concentrés sur la côte. C'est seulement vers la fin du XIXe s., en particulier avec la venue des immigrants allemands, s'ajoutant aux fils d'esclaves et aux Italiens, que l'intérieur commença à être occupé.

L'État de Santa Catarina compte aujourd'hui une population multiethnique de 4,5 millions d'hab. Son économie est riche et prospère, tant sur le plan des ressources (charbon, bois) qu'au plan industriel (textile, industrie plastique, mécanique dans la vallée de l'Itajaí, céramique dans le sud, papier sur les plateaux boisés) et agricole (productions importantes de pommes, pommes de terre, ail, oignon, tabac, raisins, haricots). Une agriculture moderne basée sur de petites propriétés et intégrée à un secteur agro-industriel développé. Ce développement le place au cinquième rang des États de la fédération brésilienne.

# Florianópolis*

La capitale de l'État de Santa Catarina, qui compte un peu plus de 271 281 hab., est située à cheval entre le continent et une île côtière de 431 km$^2$. Avant la découverte du site par le Portugais Gonçalo Coelho en 1503, l'île de Santa Catarina était habitée par les Indiens Carijós. La ville elle-même est fondée en 1676 sous le nom de N.-D. do Desterro. Afin de la défendre des convoitises des pirates belges et hollandais et autres incursions espagnoles, la Couronne portugaise y fait venir des Açoriens. D'où la présence de la culture açorienne toujours visible dans l'île, en particulier dans les villages de Santo Antônio de Lisboa et Ribeirão da Ilha.

Alors que deux ponts relient aujourd'hui la terre ferme et l'île de Santa Catarina, Florianópolis (qui doit son nom à l'ancien président Floriano Peixoto) est, en pratique, deux villes en une : d'un côté, la Florianópolis continentale, de l'autre, la Florianópolis insulaire. Ces deux cités vivent à des rythmes différents : la première s'agite, tandis que la seconde a la saveur du temps qui s'écoule paisiblement. Quarante-deux plages à découvrir, la lagune da Conceição, diverses forteresses et constructions anciennes à admirer, des crevettes, des poissons à déguster : à quoi bon se presser ?

## ▌MODE D'EMPLOI

### Arrivée

**En avion.** L'aéroport se trouve à 11 km du centre. Étant donné la proximité des grands centres nationaux (São Paulo est à 1 h de vol) et régionaux (Porto Alegre à 45 mn), il est très facile d'y accéder. Vols quotidiens pour ces deux villes, d'où vous pouvez ensuite prendre des correspondances pour tout le reste du pays.

**En bus.** La gare routière se trouve sur l'île, en plein centre. Des liaisons relient chaque jour Florianópolis et les principales villes du sud et du sudeste. C'est un moyen de locomotion assez commode dans la mesure où les distances sont courtes : Rio est à 1 150 km, São Paulo à 709 km, Belo Horizonte à 1 295 km, Curitiba à 300 km et Porto Alegre à 476 km.

**En voiture.** Si vous venez de Curitiba et voulez découvrir la vallée de l'Itajaí, c'est la meilleure option. Attention cependant à la période de l'année : en été, la seule autoroute existante pour longer la côte et vous emmener vers la capitale est bondée.

### Circuler

Deux ponts, dont le superbe pont en suspension Hercílio Luz (en cours de restauration) relient les deux parties de la ville situées sur le continent et l'île de Santa Catarina. Après le pont, sur votre droite, se trouve le centre historique ; le Mercado Público est tout de suite repérable (bâtiment jaune). En prenant à gauche, au contraire, vous vous dirigez au nord-ouest ou à l'est de l'île vers la lagune da Conceição.

La visite du centre peut se faire à pied. En revanche, si vous désirez connaître quelques-unes des plages de Floripa (surnom affectueux donné par les habitués), il vous faudra une voiture. Mais si vous êtes pressé, le mieux est de recourir à une agence qui vous organisera des visites privés ou en groupe. En été, le microbus *Seletivo* partant du centre-ville fait le tour des plages.

### Fêtes
Les croyances religieuses et les traditions folkloriques des Açoriens venus s'installer dans l'île restent toujours vivantes. En mai, se déroule un cycle de fêtes religieuses, la **Festa do Divino Espírito Santo**. Les manifestations folkloriques du **Boi-mamão** ont lieu de janvier à février.

### Programme
Deux jours suffisent largement pour connaître l'île. À moins que vous ne souhaitiez profiter de ses plages.

#### Le centre-ville*
Il offre une sympathique petite balade à pied. Vous commencerez par le **Mercado Público**\*. Construit en 1898, ce marché abrite les étals de petits commerçants, vendeurs de poissons, légumes, fruits, artisanat local ainsi que des petits restaurants et bars, dont le « Box 32 ». À côté, se trouve l'ancienne Douane de la ville, de style néo-classique, datant de 1876. Ce bâtiment abrite aujourd'hui une exposition artisanale au rez-de-chaussée et un musée en haut (sans intérêt). Sur la praça 15 de Novembro, se trouve le célèbre figuier centenaire, vingt-cinq fois replanté. Sur la gauche en montant, faites un tour au **musée historique de Santa Catarina**\* *(ouv. du mar. au ven. de 10h à 19h, le week-end de 13h à 19h)* ; c'est l'ancien Palais du Gouvernement de style éclectique, construit au XVIIIe s. Dans la rue piétonne Filipe Schmidt, vous trouverez les deux plus vieux restaurants de la ville. Un peu plus loin, toujours dans le centre, vous pouvez vous rendre au **morro da Cruz**\*\* qui offre une vue panoramique de l'île et du continent.

#### Les plages de l'est**
Ces plages de mer ouverte sont les plus fréquentées de l'île. Leur accès est facile. On trouve d'abord la **lagune da Conceição**, la plus grande lagune de Florianópolis, qui est l'endroit préféré des habitants de la ville. Le **morro da Lagoa**\*\* offre un splendide coup d'œil sur le site et ses plages. Autour de la lagune, sur l'av. das Rendeiras, se trouvent les meilleures adresses pour manger la *sequência de camarões*.
Si vous traversez la lagune, vous tombez sur la **plage da Joaquina**, mondialement connue des surfeurs. En vous dirigeant vers le nord, vous découvrirez successivement le petit village de pêcheurs de Barra da Lagoa, puis la magnifique **plage de Moçambique**\*\*, 11 km de sable, absolument déserte. Pour y accéder, vous pouvez passer par le parc forestier (réserve d'*araucarias* et d'*eucalyptus*) ou abandonner la route et marcher dans le sable à partir de Barra da Lagoa.

#### Les plages du nord*
Ce sont les préférées des touristes. En quittant Florianópolis par le nord, vous passez tout d'abord par le petit village de **Santo Antônio de Lisboa**\*\* encore empreint de l'héritage açorien. La plage n'est pas bonne pour la baignade en raison de son sable boueux ; en revanche, une petite visite à l'église de Santo Antônio de Lisboa datant de 1750, ainsi qu'à la Maison açorienne, vaut la peine de s'arrêter.

En reprenant la route vers le nord, vous trouvez la **plage de Jurerê** avec ses eucalyptus et son fort en ruine, São José da Ponta Grossa. Vous pouvez vous baigner. Si l'eau n'est pas très claire, elle est propre. Vous pouvez aussi vous restaurer au Toca da Garopa, un bon restaurant de fruits de mer. Plus au nord encore, les plages de **Canavieiras** (location de bateaux), de **Brava** (baignade un peu dangereuse) et des **Ingleses**. Ces dernières sont jolies, mais déjà très exploitées et envahies de nombreuses constructions.

### Quelques plages du sud-est*
La partie sud de l'île est assez dépourvue d'infrastructures. Ce n'est que très récemment que ces plages ont commencé à être recherchées. Au sud-ouest, vous verrez le petit village de pêcheurs de Ribeirão da Ilha marqué par la colonisation açorienne, avec ses maisons aux couleurs vives et l'artisanat de *bilro* (dentelle au crochet). Côté sud-est, le **morro das Pedras** : plage sauvage, ses eaux vertes ne sont pas recommandées pour la baignade, contentez-vous de monter sur la butte pour en apprécier le point de vue et voir le monastère des jésuites. Le panorama sur la lagune du Peri et la **plage d'Armação** (belle mais dangereuse) est également superbe. Plus au sud encore, vous trouverez **Pântano do Sul**, plage de pêcheurs au sable foncé, très fréquentée en été mais déserte le reste de l'année, où vous pourrez déguster, au restaurant Arantes, de délicieux poissons et crevettes. En face de vous, les **îles Três Irmãs**.

## LES BONNES ADRESSES
### Hôtels
- ▲▲ **Florianópolis Palace**, rua Artista Bittencourt 14 ☎ (048) 222.9633. *99 ch.* VISA, AE, DC, MC. Le confort du seul cinq étoiles de la ville.
- ▲▲ **Diplomata**, av. Paulo Fontes 1210 ☎ (048) 224.4455. *95 ch.* simples. VISA, AE, DC, MC. Bien placé dans le centre, à côté de la gare routière. Un peu bruyant peut-être. L'hôtel possède pour ses clients une petite «cabane» sur la plage de Canavieiras.
- ▲ **Faial**, rua Filipe Schmidt 603 ☎ (048) 224.2766. *66 ch.* VISA, AE, DC, MC. Dans le centre.
- ▲ **Jurerê Praia**, Al. César Nascimento 200 ☎ (048) 282.1108, fax 282.1644. *58 cabanes.* Sur la plage de Jurerê, sports nautiques.

### Restaurants
Vous dégusterez à Florianópolis, les meilleures crevettes du sud brésilien ainsi que de nombreux poissons. Le plus typique et traditionnel est la *tainha*, préparée sur une tuile. Côté fruits de mer, l'incontournable spécialité locale : la *sequência de camarões* à déguster dans l'un des restaurants de l'av. das Rendeiras.

#### En ville
- ♦♦ **Peixe na Brasa e Cia**, trav. da Harmonia 50 ☎ (048) 223.1851. VISA, AE, MC. *F. le dim.* Un tout petit restaurant tenu par la patronne, Isabel. Accueil très sympathique. Poissons et fruits de mer d'une extrême fraîcheur, cuits à la braise.
- ♦ **Gugu**, rua Antônio Dias Carneiro 147 ☎ (048) 235.1688. *Ouv. t.l.j. sf lun.* Pas de cartes de paiement. Simple et informel, il offre des plats açoriens aux saveurs locales. La soupe de crevettes est exquise et les fruits de mer frais et délicieux.

♦ **Lindacap**, rua Filipe Schmidt 178 ☎ (048) 222.0558. Visa, ae, dc, mc. *F. le lun.* Spécialisé dans les fruits de mer.
♦ **Sorrentino**, av. Beira Mar 1128 ☎ (048) 222.7517. Visa, ae. Spécialités italiennes. Pâtes et fruits de mer à volonté. Plutôt fréquenté par les familles.
♦ **Pirão**, Torre Oriental do Mercado Público ☎ (048) 224.0758. Visa, ae, dc, mc. *F. le dim.* Bonne cuisine locale.

### Sur les plages
♦♦ **Retiro da Lagoa**, av. das Rendeiras lagoa da Conceição ☎ (048) 223.0049. Des fruits de mer dont la *sequência de camarão* sur l'avenue bordant la lagune. Jolie vue.
♦♦ **Toca da Garopa**, Acássio Mello 78, praia do Jurerê ☎ (048) 282.1188. Bonne cuisine de fruits de mer. Réservation nécessaire.
♦♦ **Bar do Arante**, praia do Pântano do Sul ☎ (048) 237.7022. Une bonne adresse pour la cuisine typique de l'île.

### Bars
♦♦♦ **Armazém Vieira Bar**, rua Aldo Alves 2, Saco dos Limões ☎ (048) 233.4687. Dans une maison coloniale, décor sympa, musique live et ambiance branchée. Des expositions y sont aussi souvent organisées. Vous pouvez déguster différentes cachaça, essayer le café *cachaça* et grignoter diverses choses. Tentez les fruits de mer fumés.
♦♦ **Box 32**, Mercado Público, centre. Endroit sympathique pour boire une bière en fin d'après-midi, surtout la semaine.
♦ **Porto Cais**, bar et restaurant, rua G. Xavier 2829, praia de Sambaqui ☎ (048) 235.1398. Musique live. Bons amuse-gueules de fruits de mer.

### Adresses utiles
**Aéroport.** Hercílio Luz, av. Diomício Freitas, Carianos ☎ (048) 236.0879. **Banques et bureaux de change.** Banco do Brasil, praça 15 de Novembro 20, centre ☎ (048) 222.8197 et 223.2046 ; **Ilhatur** (représentant American Express, change et tourisme), rua Jerônimo Coelho 185 ☎ (048) 224.6333. **Compagnies aériennes.** Varig, rua Felipe Schmidt 228, sala 3 ☎ (048) 236.1779 et n° vert 0800.99.7000 ; **Vasp**, av. Osmar Cunha 105, centre ☎ (048) 224.7824 ; **Transbrasil**, praça Pereira Oliveira 16 ☎ (048) 223.7777. **Gare routière.** Rodoviária Rita Maria, av. Paulo Fontes, centre ☎ (048) 224.2777. **Informations touristiques.** Disk Turismo ☎ 1516 ; **Setur**, office de tourisme de la ville, praça 15 de Novembro ☎ (048) 224.0024 et largo da Alfândega ☎ (048) 224.9200 poste 216 ; **Santur**, office de tourisme de l'État ☎ (048) 224.6300. **Location de voitures.** Localiza, av. Paulo Fontes 730, centre ☎ (048) 224.5578 et n° vert 0800.99.2000 ; **Locarauto**, av. Rubens de Arruda Ramos 200, centre ☎ (048) 222.8877 ; **Nobre**, rua Henrique Valgas 126, centre ☎ (048) 223.4848. **Unidas**, av. Dep. Dionísio de Freitas 3062, Carianos ☎ (048) 236.1424 et n° vert 0800.12.1121. **Poste.** Correio, praça 15 de Novembro, 242, centre ☎ (048) 224.3188. **Taxi.** ☎ 197, 24 h sur 24. **Téléphone.** Praça Pereira Oliveira 20, centre ☎ 106. **Urgences.** ☎ 192.

# La vallée de l'Itajaí*

▶ *La visite de la vallée de l'Itajaí se fait de préférence en voiture. Fête de la bière : du 7 au 23 oct.* Lorsque les immigrants allemands arrivent dans l'État de Santa Catarina, ils retrouvent dans la région, baignée par le fleuve Itajaí-Açu, un peu de leur pays natal. Ils s'installent sur les terres fertiles bordant le fleuve où ils fondent des villes, qui deviennent vite d'importants centres agricoles et industriels. Vivant isolés, contrairement à leurs compatriotes qui, à la même période, élisent domicile à São Paulo, ils gardent leurs traditions. C'est pourquoi la région surprend par son atmosphère germanique.

## Blumenau

➤ *Située à 136 km de Florianópolis; entrecoupée par le fleuve Itajaí-Açu.*
C'est avec Pomerode, la plus agréable de ces villes. Fondée en 1850 par Otto Blumenau, elle offre au visiteur son commerce intense (rua 15 de Novembro, surtout pour la maille de coton et les cristaux), ses jardins fleuris, une infrastructure hôtelière et des restaurants de qualité supérieure à celle de la capitale.

### Les bonnes adresses
▲▲▲ **Plaza Hering**, rua 7 de Setembro 818, centre ☎ (0473) 326.1277. *132 ch.* VISA, AE, DC, MC. Grand hôtel de la chaîne appartenant aux industries textiles Hering, réputées pour la qualité de leur coton. Bien situé, confort, chaînes de télévision du monde entier.

▲▲ **Garden Terrace**, rua Padre Jacob 45, centre ☎ (0473) 326.3544. VISA, AE, DC, MC. Confort moyen.

♦♦ **Frohsin**, morro do Aipim ☎ (047) 322.2137. VISA, AE, DC, MC. *F. le dim.* Musique live. Bonne cuisine allemande (mais évitez le veau). La plus belle vue panoramique de la ville.

♦♦ **Moinho do Vale**, rua Paraguai 66, Ponta Aguda ☎ (047) 326.3337. VISA, AE, DC, MC. Dans un cadre agréable, sur l'autre rive du fleuve avec une vue sur le centre, une sorte de moulin où l'on sert de la cuisine allemande.

♦ **Gruta Azul**, 8 rua Rodolfo Freygang ☎ (047) 326.2337. VISA, AE, DC, MC. *F. le dim.* Cuisine allemande et internationale. Grand restaurant un peu impersonnel. Bien pour le déjeuner.

# LE RIO GRANDE DO SUL

Le pays *gaúcho*, terre des pampas et des gardiens de bétail à cheval, reste attaché à ses particularismes. Il offre une grande diversité de paysages. Sa culture est fortement influencée par les immigrations européennes. Le Rio Grande do Sul est, par tradition, une terre d'élevage. Les missionnaires espagnols sont à l'origine de l'introduction du bétail. En 1824, les premiers immigrants allemands arrivent dans l'État et commencent à y développer une agriculture de petites propriétés ainsi que l'artisanat et la petite industrie. À partir de 1874, des Italiens s'installent, introduisant notamment la culture de la vigne. Côté politique, malgré la proclamation de la république en 1889, la frustration des *Gaúchos* ne s'atténue qu'avec l'arrivée au pouvoir en 1928 de l'un de leurs compatriotes, Getúlio Vargas. Économiquement, l'État perd son caractère de pays essentiellement d'élevage. Tout en gardant un important troupeau bovin (le deuxième du pays), ovin (premier au plan national) et porcin, le Rio Grande do Sul développe un secteur agricole qui le place au premier rang national pour diverses cultures (soja, blé, seigle, orge, riz, maïs, manioc, tabac, raisin, patate douce, oignons). Il est aussi devenu le troisième État le plus industrialisé du pays.

## Porto Alegre**

La capitale du Rio Grande do Sul, située sur la rive gauche du fleuve Guaíba, fut fondée le 26 mars 1772 par le gouvernement portugais, sous le nom de Porto de Casais. Toute l'histoire de la ville sera dès lors liée au Guaíba. Son développement, tout d'abord très lent, se fait autour du fleuve. La croissance du trafic fluvial la transforme progressivement en un important entrepôt agricole et industriel jusqu'à en faire le plus grand centre urbain et économique de la région sud.

Cœur de la ville, point de référence pour ses habitants, le fleuve Guaíba, formé juste en amont par la fusion de plusieurs rivières, avec ses légendaires couchers de soleil et ses airs de grand lac, avant de se jeter quelques km plus loin dans la lagune dos Patos (250 km de long), a aussi inspiré la plus grande fête religieuse de la ville, la célébration de N.-D. dos Navegantes. L'architecture début de siècle de Porto Alegre, fortement imprégnée d'influence européenne, est assez austère mais ses couleurs lui donnent un caractère accueillant, particulier. C'est de fait une ville pleine de charme et d'animation.

## ■ MODE D'EMPLOI

### Arrivée
**En avion.** Il existe plusieurs vols quotidiens reliant les grandes villes du Brésil ou des pays voisins. L'aéroport international de **Salgado Filho** est à 8 km du centre, que vous pouvez rejoindre aussi bien en taxi, en métro, en bus ou en voiture.

**En bus.** La gare routière se trouve dans la ville, non loin du centre, ce qui est assez pratique. Cependant, le car n'est pas le meilleur moyen pour se rendre à Porto Alegre au vu des distances. Seule Florianópolis est relativement proche (7 h de voyage quand même).

**En voiture.** Il existe peu d'autoroutes menant au nord. Attention donc aux périodes de vacances et week-ends prolongés. Même depuis la construction de l'autoroute longeant le littoral (dont les 100 premiers km sont à quatre voies), le trafic est infernal.

**En train.** Liaisons chaque jour avec les villes d'Urugaiana et de Livramento, dans la région des pampas, à la frontière avec l'Argentine, d'une part, et l'Uruguay, de l'autre.

### Circuler
Si vous descendez dans un hôtel du centre, la meilleure façon de se déplacer est la marche à pied. Le soir, pour vous rendre dans des restaurants plus excentrés, prenez un taxi. Ce n'est pas très cher. Les transports en commun sont aussi très commodes, efficients et assez confortables, surtout le microbus. Les rues piétonnes sont nombreuses dans le centre, la voiture particulière n'est donc pas indispensable.

### Fêtes
**Festa de N.-D. dos Navegantes\*:** elle a lieu le 2 février, en hommage à la sainte patronne protectrice de Porto Alegre. Processions de bateaux sur le fleuve Guaíba. Pèlerinage sur un parcours de 6 km réunissant quelques 850 000 personnes. Cantiques, prières, où se mêlent catholicisme et culte afro-brésilien. N-D des Navigateurs devient Iemanjá. Splendide vue sur la procession depuis l'ancienne usine du Gazomètre où se trouve le centre culturel. Rens. ☎ (051) 342.1120.

**Semana Farroupilha**, du 12 au 20 septembre. Spectacles, danse, musique, expos et défilé célébrant la révolution gaucha.

### Programme
Les meilleures périodes pour se rendre dans la région sont l'automne ou le printemps (l'hiver est trop froid, parfois 2-3 °C, et l'été trop chaud, jusqu'à 40 °C). Les Porto Alegrenses exaltent l'automne (avril à juin) comme étant la saison où le ciel devient plus haut, l'air plus calme, les couleurs, plus pro-

## Le gaúcho

À l'origine, les *gaúchos* étaient des hommes qui, fuyant la discipline militaire, se réfugiaient sur les terres n'appartenant ni aux Espagnols, ni aux Portugais. Devenus hors-la-loi, *bandoleros*, voleurs de bétail, trouvant à l'occasion quelque emploi de soldat ou de berger, ils abandonnaient peu à peu leur culture européenne. De la fin du XVIIe s. au début du XIXe s., leur présence allait être essentielle pour le maintien des frontières sud du Brésil. Devenus mi-ibères, mi-indiens, ils prirent l'habitude pour survivre de manger la viande et le suif de bœuf délaissés pour le seul commerce du cuir. Ainsi naquit l'image du *gaúcho* mangeant le *churrasco* et buvant le maté.

La ceinture de cuir, incrustée d'un médaillon et de pièces d'argent, est un élément précieux de l'équipement du Gaúcho ; elle se transmet de génération en génération.

Au début du XIXe s., l'introduction de l'élevage extensif marque pour les *gaúchos* la fin du nomadisme pastoral et le début d'un travail régulier dans les *estâncias*. Mais au tournant du XXe s., les *fazendas* n'ont plus besoin d'autant de travailleurs attachés. Nombre de *gaúchos* s'en vont alors vers la ville. Là-bas, dépourvus de leurs vêtements typiques (bottes, gilet et chapeaux de cuir, chemise blanche et écharpe rouge nouée autour de la taille) et de leurs accessoires (large couteau, éperons, lasso et *boladeiras*, soit trois boules de pierre ou de fer attachées à un gros fil de cuir leur servant pour attacher les animaux ou se défendre), ils perdent un peu de leurs traditions. Que reste-t-il aujourd'hui des *gaúchos* ? Le fameux « tchê », exclamation ponctuant leurs phrases. Un folklore qui se perpétue, des danses traditionnelles. Le goût pour le *churrasco*, l'usage du *chimarrão* pour boire le maté. Certains traits d'un caractère où dominent rétivité et bravoure. Un mythe… Leur image, exaltée dans la littérature populaire, reste inscrite dans l'inconscient collectif du sud.

Le gaúcho est le « cow boy » de la pampa Son chapelet lui sert à compter le bétail : chaque perle correspond à 50 têtes du troupeau.

---

fondes, dorées et violettes. Deux jours suffisent pour connaître la ville. On peut aussi envisager une journée pour faire une promenade en voiture dans l'intérieur.

## Visite

Si vous prenez la très animée rua da Praia (officiellement « rua dos Andradas ») dans le centre, vous passerez par les endroits les plus intéressants à visiter : le museu de Arte do Rio Grande do Sul (MARGS), la casa da Cultura Mário Quintana, le Mercado Público Municipal, l'édifice du Correio do Povo, le siège de la Banque Safra, les vitraux de la Banque Méridional, l'ancien bâtiment de la poste, le siège Varig, l'ancienne usine thermoélectrique du Gasômetro reconvertie en centre culturel, d'où vous pourrez voir le plus beau coucher de soleil du sud. Non loin de là se trouvent également le Palais Piratini et, dans le quartier de Bom Fim, le parc Farroupilha.

**Le museu de Arte do Rio Grande do Sul**\*\* (*praça da Alfândega s/n, centre* ☎ *(051) 227.2311, ouv. du mar. au dim. de 10h à 19h*). Bâtiment, de style néo-classique qui abritait l'ancien secrétariat des Finances de l'État. Le musée possède une collection variée de peintures, gravures, sculptures, objets d'art sacré, œuvres réalisées par des artistes *gaúchos* et nationaux, entre autres, Di Cavalcanti, Segall et Portinari.

**Le mercado Público Municipal**\*\* (*largo Glênio Peres s/n, centre, ouv. du lun. au ven. de 7h30 à 19h30, le sam. jusqu'à 18h*). Construction néo-classique de 1869, inspirée du marché da Figueira de Lisbonne. Le marché municipal, au cœur de la ville, est fourmillant de vie. Flânez parmi ses 117 échoppes et petits magasins, vous dénicherez les produits les plus divers : fruits, légumes, viandes, poissons, épices, mais aussi produits typiquement *gaúchos*, comme l'*erva-maté*, les *chimarrões*, le tabac en rouleau, la paille à cigares, les couteaux pour le *churrasco*. C'est un festival de couleurs et d'odeurs ! Vous y trouverez des restaurants comme le Gambrinus, des bars. Au n° 40, vous pourrez déguster le meilleur sorbet de la ville ainsi qu'une salade de fruits de rêve servie avec de la crème. Tout près, sur la place XV, se trouve le Chalé, café de style normand dont la structure en acier fut apportée de l'Exposition internationale de Buenos Aires de 1915.

**Le Palácio Piratini**\*\* (*praça Mar. Deodoro s/n, centre, ouv. du lun. au ven. de 9h à 11h30 et de 14h à 17h30*). Siège du gouvernement de l'État, ce palais fut construit en style Louis XV. Certaines pièces du décor intérieur ont d'ailleurs été importées de France. On verra notamment le mural comportant 18 panneaux peint par le Génois Aldo Locatelli, magicien des couleurs, racontant la légende du Noir du Pastoreio. À noter dans le jardin du palais, une construction datant de 1917 qui se veut la réplique des fermes typiques de la région. Autour de cette même place, se trouvent la cathédrale métropolitaine, érigée en 1929 dans un style Renaissance, et le **Teatro São Pedro**\*\* de style baroque portugais, inauguré en 1859 (restauré récemment).

**La Casa de cultura Mário Quintana**\*\* (*rua dos Andradas 736, centre, ouv. du lun. au ven. de 9h à 21h, les sam. et dim. de 10h à 21h*). C'est l'ancien hôtel Majestic qui a été transformé en centre culturel : musées, salles d'expositions, représentations théâtrales. Il a, en son temps, hébergé plusieurs personnalités, ainsi le poète *gaúcho* Mário Quintana et le président de la République João Goulart, alors qu'il était étudiant en droit. Rendez-vous au café de l'hôtel pour la magnifique vue sur le Guaíba et les couchers de soleil ♥ tant chantés, en prose et en vers, par les écrivains et poètes *gaúchos*.

**Le parque Farroupilha**\*\* (*av. Osvaldo Aranha s/n, Bom Fim* ☎ *(051) 221.3562*). Connu aussi sous le nom de «parque da Redenção». C'est le plus ancien parc de la ville : 37 ha d'arbres et de jardins, des attractions quotidiennes, expositions, concerts, spectacle de son et lumière.

**Le brique da redenção**\*\*\* (*parque Farroupilha, sam. de 14h à 18h et dim. de 8h à 13h*), sorte de marché aux puces où l'on trouve aussi des objets argentins et uruguayens.

# LES BONNES ADRESSES
## Hôtels
▲▲▲ **Plaza Porto Alegre**, rua Senhor dos Passos 154, centre ☎ (051) 226.1700. *160 ch.* Visa, AE, DC, MC. C'est le petit frère du traditionnel Plaza São Rafael, le meilleur cinq étoiles de la ville. On l'appelle ainsi le *Plazinha* (petit Plaza). Plus petit, et donc plus intime, le service et le personnel y sont très accueillants. Air conditionné, chauffage, restaurant et bar, vidéo, parking, etc. Très bien placé. Moins cher que son grand frère et tout aussi bien.
▲▲ **Master Palace Hôtel**, rua dos Passos 221, centre ☎ (051) 211.5711. *105 ch.* climatisées. Visa, AE, DC, MC. Piscine, sauna, restaurant, bar.
▲▲ **Alfred Porto Alegre**, rua Senhor dos Passos 105, centre ☎ (051) 226.2621/2555. *91 ch.* climatisées. Visa, AE, DC, MC. Piscine, sauna, restaurant, bar à un prix très modéré.

## Restaurants
De nombreuses *churrascarias* et divers *grelhados* servent à foison de la viande de qualité. La liste qui suit est très restrictive. N'hésitez pas à découvrir vous-même d'autres adresses. Les *churrascarias* géantes, plutôt conçues pour les touristes, proposent des spectacles de musique et de danses folkloriques. Il est intéressant de s'y rendre au moins une fois. Citons :
♦♦ **Barranco**, av. Protásio Alves 1578, Petrópolis ☎ (051) 331.6172. Visa, AE, DC, MC. C'est l'un des endroits les plus traditionnels de la ville. Très bonne viande et ambiance sympathique avec des tables installées sur le trottoir.
♦♦ **Nova Breschia**, rua 18 de Novembro 81 ☎ (051) 342.3285, quartier de São Geraldo, à proximité de l'aéroport. Visa, AE, DC, MC. Service à volonté ou à la carte, avec une incroyable variété de viandes. Nous en avons dénombré 23, y compris de la viande de buffle.

### Churrascarias plus petites et moins touristiques
♦♦♦ **Chef's Grill**, rua Miguel Tostes 424, Rio Branco ☎ (051) 330.8749. Visa, AE, DC, MC. Le cadre est chic, l'ambiance bourgeoise mais sympathique. La viande est excellente. Essayez le *Assado de tiras de costelas*. Il y a également de très bonnes salades composées.
♦♦ **Santo Antônio** ♥, rua Dr Timóteo 465 ☎ (051) 222.3130. Visa. Depuis plus de 50 ans, les viandes grillées sont la spécialité de la maison. Dans un cadre simple, les meilleurs filets mignons de la ville. La *picanha* est délicieuse. L'un des rares endroits du Brésil où l'on vous demande le degré de cuisson. Les garçons sont là aussi depuis des années comme les habitués dont ils connaissent les habitudes ! Ils assurent un service professionnel et sympathique. Goûtez le *filé* ou la *picanha a pé* servie avec un œuf et des frites ou *a cavalo* avec l'œuf sans les frites. Plats très appréciés des *gaúchos*. Mais la *picanha* simple n'est pas mal non plus.
♦♦ **Porto Alegrense**, av. Pará 913 ☎ (051) 343.2767/5981. Cartes de paiement non acceptées. Du *churrasco* mais pas à volonté. Bon marché, cadre simple mais très propre et accueil adorable. On peut voir le feu où les viandes sont préparées. Ambiance familiale.

### Pour ceux qui en ont assez de la viande
♦♦♦ **L'assiette**, rua Dr Florêncio Ygartua 106 ☎ (051) 222.4978. Visa, AE, DC, MC. Un petit restaurant tenu par des Français, le coin préféré de la bourgeoisie locale.
♦♦ **Terapia**, av. Cel. Marcos 2466, Ipanema ☎ (051) 248.3656. Poissons et fruits de mers frais. Le *chopp* y est servi glacé. Ambiance sympa, près du fleuve Guaíba.

> ### Une simple aquarelle
>
> Écrivain et intellectuel *gaúcho*, Érico Veríssimo (1905-1976) partage avec Jorge Amado la popularité du public brésilien. Son œuvre est partagée en trois phases dont la plus intéressante est la période historico-régionaliste de son roman épique *O tempo e o Vento* (Le temps et le Vent). Après s'être attaché aux crises spirituelles de l'homme moderne, avant de se tourner vers le roman plus politique, l'écrivain a produit une grande fresque retraçant l'histoire du Rio Grande do Sul.
> Romancier de la ville moderne, voici ce qu'il écrivit à propos de Porto Alegre : «Sans doute, le touriste peut-il penser qu'il manque à notre paysage la grandeur de la baie de Guanabara. Mais est-ce de notre faute si Dieu a décidé de peindre Rio de Janeiro avec de la peinture à l'huile, dans les couleurs les plus vives, en choisissant que Porto Alegre fusse à peine une simple aquarelle ? (…) D'avril à juin le vent s'arrête, le ciel reste plus haut, et dans l'air calme, marchent des tons d'or et de violet. La lumière du soleil gagne une tonalité mûre et, entre les êtres humains et la nature, un accord de paix doucement définitif semble être signé».
> *Lembranças de Porto Alegre*, Editora Globo, 1964. Il a été pendant trois ans directeur du Département des affaires culturelles de l'Organisation des États Américains à Washington.

♦♦ **Al Dente**, rua Mata Bacelar 210, Auxiliadora ☎ (051) 343.1841. VISA, AE, DC, MC. Cuisine italienne. L'un des plus anciens restaurants de la ville.
♦ **Gambrinus**, av. Borges de Medeiros 89 ☎ (051) 226.6914. Cuisine brésilienne. Le plus ancien restaurant de la ville, à l'intérieur du marché public municipal. Essayez la *tainha*, la *rabada* avec de la polenta et les filets.

## Bars

♦♦♦ **Café Concerto Majestic**, rua da Praia 736, centre ☎ (051) 228.5799. Dans la maison de la culture Mário Quintana, ancien hôtel Majestic. La vue et le coucher de soleil sur le Rio Guaíba sont célèbres. Musique live. Un endroit apprécié par les artistes et les intellectuels.
♦♦♦ **Café do Teatro São Pedro**, pça da Matriz. Des tables sur la terrasse du théâtre, un endroit agréable pour boire le verre dans le centre en regardant défiler les passants.
♦♦ **Clube de Cultura**, rua Ramiro Barcelos 1853 ☎ (051) 330.7749. Un bar institution existant depuis plus de quarante ans, considéré comme le coin des non-alignés de la ville. Ambiance sympa, bière glacée à la brésilienne et divers amuse-gueule. Musique live le week-end.
♦ **Solar Palmeiro**, pça Mal. Deodoro 14 ☎ (051) 225.0507.

## Adresses utiles

**Aéroport.** Internacional Salgado Filho, av. dos Estados s/n ☎ (051) 343.5638, Anchieta.
**Banques et bureaux de change.** Banco do Brasil, rua Uruguai 185, centre ☎ (051) 342.7954 ; Banco Francês e Brasileiro, rua Siqueira Campos 824, centre ☎ (051) 226.6088 ; Agência Platina, av. Independência 1211 ☎ (051) 225.4322 et av. Borges de Medeiros 445 ☎ (051) 221.6566 ; **Turispés**, rua dos Andradas 1089, centre ☎ (051) 225.3111.
**Compagnies aériennes.** Varig, rua dos Andradas 1107, centre ☎ (051) 337.4333. **Vasp**, rua dos Andradas 945, centre ☎ (051) 225.6611 ; **Transbrasil**, rua dos Andradas 1306, centre ☎ (051) 211.2800.

**Consulats. France**, rua Marcelo Gama 1412 cj. 504, Auxiliadora ☎ (051) 342.3410 ; **Belgique**, rua Uruguai 240 ☎ (051) 266.0311 ; **Suisse**, av. Viena 279, São Geraldo ☎ (051) 222.2025.
**Gare routière. Rodoviária de Porto Alegre**, largo Vespasiano Júlio Veppo s/n, centre ☎ (051) 228.0699 et 145.
**Informations touristiques. SETUR**, bureaux dans l'aéroport ☎ (051) 228.7749, à la gare routière ☎ (051) 224.4784, Casa da Cultura Mário Quintana, rua dos Andradas 736 ☎ (051) 221.7147 ; **Epatur**, office du tourisme de la ville, traversa do Carmo 84, Cidade Baixa.
**Location de voitures. Hertz**, av. Alberto Bins 860, centre ☎ (051) 221.9002 et n° vert 0800.14.7300 ; **Interlocadora**, av. Azenha 85, Azenha ☎ (051) 223.4436, aéroport ☎ (051) 342.2492, plaza San Rafael ☎ (051) 221.3668 ; **Localiza**, av. Farrapos 602, centre ☎ (051) 226.6977 et n° vert 0800.99.2000 ; **Unidas**, rua Santos Dumont 660 ☎ (051) 227.7115 et n° vert 0800.12.1121.
**Pharmacies.** Ouv. 24 h sur 24 : **Drobel**, av. Independência 1200 ☎ (051) 311.9106 ; **Panvel**, av. Borges de Medeiros 628 ☎ (051) 226.0466.
**Poste.** Agence centrale, rua Siqueira Campos 1100, centre ☎ (051) 225.8655 et rua dos Andradas 1001, centre ; du lun. au ven. de 8 h à 17 h et le sam. de 8 h à 12 h.
**Téléphone. Telefônica CRT**, av. Borges de Medeiros 512, centre ☎ 106, ouv. 24 h sur 24.
**Urgences. SOS ambulance** ☎ (051) 221.9505 ; **Hôpital Pronto Socorro**, av. Osvaldo Aranha s/n, Bom Fim ☎ (051) 330.9888 ; **Pronto Socorro Floresta** (possibilité de se déplacer, ambulances, etc.), av. Cristovão Colombo 2333 ☎ (051) 343.3399 ; **Pronto Socorro dentaire** 24 h sur 24 ☎ (051) 332.9287.

## Les villes de montagne**

➤ *Quitter Porto Alegre par la RS-20.* Au nord-est de Porto Alegre, à une altitude d'env. 800 m, un chemin d'hortensias traversant montagnes et vallées, dans une végétation d'araucarias, conduit à une série de petites villes charmantes et fleuries à forte influence germanique : Gramado (133 km de Porto Alegre), Canela (140 km) et São Francisco de Paula (116 km). À Gramado, où se déroule chaque année un festival de cinéma, ne ratez pas le café colonial, sorte de déjeuner très copieux et varié que l'on prend à 5 h.

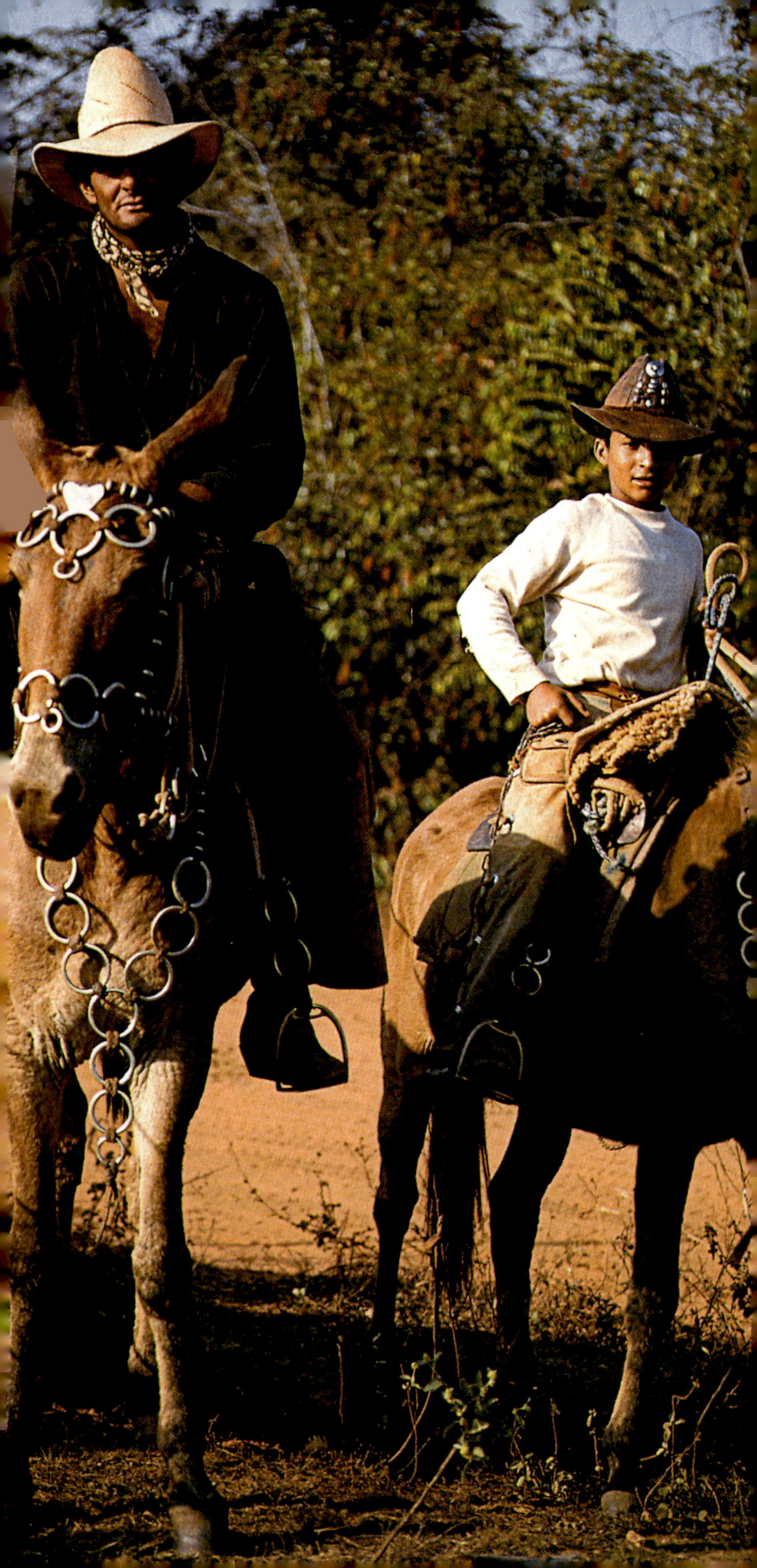

# LE CENTRE-OUEST

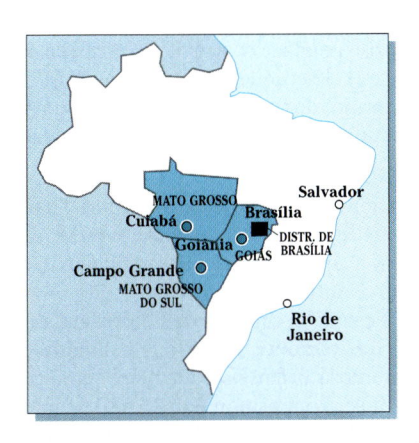

*Brasília, capitale futuriste
à la beauté indéniable, le Pantanal,
réserve naturelle unique en son genre.*

---

Formé par les États du Mato Grosso, Mato Grosso do Sul, Goiás et le District fédéral de Brasília, le Centre-Ouest fait figure de région pionnière. Vous visiterez Brasília, la capitale symbole du Brésil moderne à la conquête de son Ouest. Vous y découvrirez aussi l'un des plus vastes et étonnants sanctuaires écologiques de la planète : le Pantanal.
Région de *campos cerrados* (savane), *mata* tropicale et marécages dans sa partie orientale (Pantanal), le Centre-Ouest avec env. 1,6 million de km$^2$ et 10,5 millions d'hab. arrive au deuxième rang du pays pour la faiblesse de sa densité démographique (6,5 hab. par km$^2$ contre 2,9 en Amazonie). Son économie est dominée par l'élevage (plus grand troupeau bovin du Brésil) et la production céréalière. Le Goiás (341 289 km$^2$ pour 4,5 millions d'hab.), le plus rural des États de la région, est d'ailleurs considéré comme le Texas brésilien. Le Mato Grosso (901 000 km$^2$, 2,23 millions d'hab.) est non seulement une région d'élevage mais aussi un important producteur de céréales (soja, riz, maïs), de haricots, de sucre (pour la production d'alcool) et de café (au nord). Le Mato Grosso do Sul (357 000 km$^2$, 1,9 million d'hab.) produit surtout du soja et du sucre.

---

**Le Centre-Ouest est une immense région d'élevage, sorte de Far West brésilien avec sa panoplie de cow-boys, prospecteurs, spéculateurs, aventuriers en tous genres.**

# BRASÍLIA**

Pour Lúcio Costa, son créateur, Brasília a permis au Brésil de regarder vers l'intérieur de lui-même avec confiance… Née d'un rêve, d'une audace, ville futuriste, capitale controversée, érigée en 43 mois au milieu d'un plateau aride et désertique, la ville s'élève, belle et imposante. On appréciera la puissance de l'architecture moderne de Niemeyer, la hardiesse des conceptions urbanistes de Costa, son ciel bleu, ses espaces.

## Rêve récurrent, pari dément

Le 21 avril 1960, jour anniversaire de la mort de Tiradentes, Juscelino Kubitschek inaugure la nouvelle capitale fédérale du Brésil. Quatre ans plus tôt, il n'y avait rien sur ce plateau du Goiás, sorte de bout du monde à 1 171 m d'altitude.

Le transfert du siège de la capitale vers l'intérieur du pays est en fait une vieille idée qui remonte à l'époque coloniale. Entre exigences stratégiques (assurer la défense du territoire) et nécessités d'intégration nationale (briser l'opposition entre Brésil peuplé de la bande littorale et Brésil vide des immensités intérieures), ce projet a été maintes fois évoqué. L'idée d'une nouvelle capitale de l'intérieur, symbole de l'unité nationale édifié au point de rencontre des trois grands bassins hydrographiques formant le territoire brésilien (Paraná, São Francisco et Amazone) ne va prendre corps qu'en 1956, sous l'impulsion de Kubitschek. Pour ce dernier, seule une architecture novatrice est susceptible de charger de signification le vieux rêve brésilien. Il fait appel à l'architecte Oscar Niemeyer pour conduire le projet. Le plan urbanistique de Lúcio Costa, qui doit servir de base aux constructions de Niemeyer, est retenu. Une bataille de chaque instant est entamée pour l'édification de la ville… En 43 mois, à raison d'un travail de 24 heures sur 24, Kubitschek réussit à inaugurer Brasília avant la fin de son mandat.

## Le plan urbanistique de Lúcio Costa

Au centre du quadrilatère constituant le district fédéral (DF), le plan pilote de Lúcio Costa comprend deux axes se croisant en angle droit, rappelant la forme d'un oiseau en vol ou d'un avion, même si la version originale fait mention d'une croix. Quoi qu'il en soit, *l'eixo rodoviário* (axe courbe routier N-S) II-A6-B4-5, c'est-à-dire les « ailes » de l'oiseau, forme le secteur résidentiel de la ville, tandis que *l'eixo monumental* (axe droit, dit « monumental ») II-A4-BC5, constituant le corps, s'étend dans le sens E-O et dessert les diverses zones d'activité : bâtiments officiels, siège des institutions, secteur commercial, hôtelier, bancaire, secteur culturel et de récréation, secteur administratif du district fédéral, etc.

À son intersection avec l'axe monumental, l'axe N-S s'élève de façon à ce qu'aucun croisement ou feu ne vienne ralentir le trafic à grande vitesse, à l'instar des autres croisements ; aucun ne se fait à niveau, tout a lieu par l'intermédiaire d'échangeurs. De chaque côté de l'intersection centrale, en dessous de laquelle se trouve la *Plataforma rodoviária* (station des bus) II-B5, se trouvent les secteurs commercial, hôtelier, hospitalier et bancaire ; la *Rodoferroviária* (gare routière et ferroviaire) I-A2 est située au bout de l'axe monumental, côté ouest.

## Un créateur appelé Oscar Niemeyer

Liberté dans la création affranchie des inhibitions du rationalisme et du fonctionnalisme, voilà bien ce qui caractérise l'œuvre de l'architecte brésilien. Son langage artistique a acquis une dimension universelle : formes pures, volumes inédits, façades inclinées semblant s'envoler avec grâce et élégance, audace des structures, perfection plastique, monumentalité et lyrisme, inspiration pure et exploration des possibilités techniques offertes par les matériaux, le béton armé en l'occurrence (par opposition à l'acier ou au verre considérés comme trop chers), tout cela au service d'une architecture qui se veut nouvelle, humaine et belle à voir.

L'axe routier N-S, avec ses six voies, sépare et dessert les secteurs résidentiels qui, aussi bien dans l'aile nord que l'aile sud, sont constitués de *superquadras* I-A2-3-B1-2-3 (blocs d'immeubles ou pâtés de maison) numérotées (les centaines 200 et 400, côté est, 100 et 300, côté ouest). Celles-ci sont séparées par des voies perpendiculaires, où fonctionne le commerce local. Chaque ensemble de huit *superquadras* constitue une unité de voisinage, dotée de ses propres jardins, terrains de sports, activités de loisir, poste de police, ainsi que de son école et de son église.

La conception architecturale et urbanistique de Brasília, fondée sur la liberté de création et l'objectivisme, repose sur la fonction qui détermine l'esthétique (et non le contraire) et sur la capacité à séparer l'homme de son lieu de travail. Si, au départ, la vie sociale des quartiers résidentiels ne s'est pas créée selon ces conditions «idéalisées», apparaissant plutôt aux nouveaux venus comme un ensemble sans âme, les nouvelles générations s'en accommodent pleinement. Ces plans sont aujourd'hui dépassés. La ville compte plus de 1,7 million d'hab. alors qu'un maximum de 500 000 personnes avait été envisagé en l'an 2000. Le paysage urbain se modifie, les nouvelles constructions ne suivent plus le tracé originel.

## ▮ MODE D'EMPLOI

### Arrivée

**En avion.** La capitale fédérale est reliée par avion avec tout le reste du Brésil. Si elle ne dispose pas d'autant de vols internationaux directs que Rio et São Paulo, plusieurs liaisons quotidiennes avec ces deux villes ainsi que Salvador, Recife et Manaus assurent un accès facile. L'aéroport I-A3 est situé à 12 km du centre. Sur place, vous trouverez tous les services : bureau d'informations touristiques, location de voitures, bureaux de change, ainsi que des bus qui vous emmèneront à la station des bus II-B5, qui se trouve en plein centre, près du secteur hôtelier.

**En train.** Ce dernier, qui relie Belo Horizonte et São Paulo, est spécialement lent : 23 h de voyage !

**La route.** Huit routes rejoignent la capitale : depuis Belém (BR-010), Fortaleza (BR-020), Belo et Rio (BR-040), São Paulo (BR-040 et 050), Campo Grande (BR-060), Cuiabá (BR-070) et Manaus (BR-080).

**En car.** Liaisons en car avec Belém (2 096 km, 36 h de trajet) assurées par la Cie Transbrasiliana ☎ (061) 233.7563 ; Belo Horizonte (733 km, 11 h de voyage) et Rio de Janeiro (1175 km, 19 h) par la Cie Itapemirim

☎ (061) 361.4505; Campo Grande (1 426 km, 23 h) par la Viação Motta ☎ (061) 233.7810; Cuiabá (1 226 km, 18 h) par la Cie São Luíz ☎ (061) 233.7691; Foz do Iguaçu (1 690 km, 26 h) par la Cie Nacional Expresso ☎ (061) 233.7638; Salvador (1 522 km, 22 h) par la Cie Alto Paraíso ☎ (061) 363.3789; São Paulo (1 040 km, 14 h) par la Cie Rápido Federal ☎ (061) 233.7791.

### Se repérer
Rien de plus facile que de se repérer à Brasília. Dans le sens E-O, l'axe monumental va de la praça dos Três Poderes I-B2 à la gare ferroviaire I-A2 et routière II-B5. Dans le sens N-S, de chaque côté de l'axe routier se trouvent les quartiers résidentiels, intercalés par des rues commerciales. À l'intersection des deux axes : la gare de bus urbains avec, de chaque côté, le secteur commercial et hôtelier. Au sud de la praça dos Três Poderes, s'étend un lac artificiel, le Lago Parandá, qui longe la moitié du plan pilote (plan I).

### Circuler
Tout se fait en voiture, le plus commode est d'en louer une. Avec un plan de la ville (bureaux d'informations touristiques ou parfois auprès des sociétés de location), vous vous perdrez difficilement. Bien signalée, sans embouteillage, Brasília est l'endroit idéal pour vous entraîner à la conduite à la brésilienne. Vous pouvez vous joindre aux bons circuits qui sont organisés par les agences locales vous faisant faire le tour de la ville (voir agences de voyages p. 227).

### Fêtes
**Anniversaire de Brasília** : festivités tout le mois d'avr.; **Fête de N.-D. Aparecida** : le 12 oct., en hommage à la sainte patronne du Brésil et de Brasília.

### Programme
Une journée suffit pour connaître l'essentiel de la ville. Les ponts aériens avec Rio et São Paulo offrent la possibilité de venir pour la journée. Néanmoins, certaines attractions demandent deux à trois jours.

## Visite de la ville

En un jour plein à Brasília, seul ou en circuit organisé, vous visiterez :
**Le secteur résidentiel\*** I-A2-3-B1-2-3 avec ses *superquadras* et ses divisions internes.
**La petite église N.-D. de Fátima\*** I-B2 (*107/108 S*). Première église construite à Brasília, son format rappelle la coiffe d'une nonne.
**Le Santuário Dom Bosco\*\*\*** II-A5 (*av. w3 S, quadra 702*). Cette première réalisation de l'architecte Carlos Alberto Neves (en hommage à D. Bosco qui, en 1883, a rêvé l'apparition d'une nouvelle civilisation à l'emplacement de Brasília) est un chef-d'œuvre. Une belle église constituée de vitraux, dont la couleur bleue varie selon la position du soleil donnant un incroyable effet de luminosité ; au centre, un énorme lustre de cristal de roche.
**La Tour de Télévision\*\*** II-A4 (*eixo Monumental O*). Projet de Lúcio Costa, du haut de ses 218 m, elle domine la ville. Son 2e étage, à 75 m du sol, d'où le plan pilote surgit clairement, offre une vue surprenante.
**Le Centro Poli-esportivo\*** II-A4 (*eixo Monumental O*). Secteur de stades sportifs et gymnase dont on remarquera la façade constituée d'éléments ressemblant à des panneaux de basket-ball. Devant le centre sportif Prés. Médici, une curieuse sculpture en bronze, œuvre de Bruno Giorgio baptisée « dinamismo olímpico ».

# BRASÍLIA 223

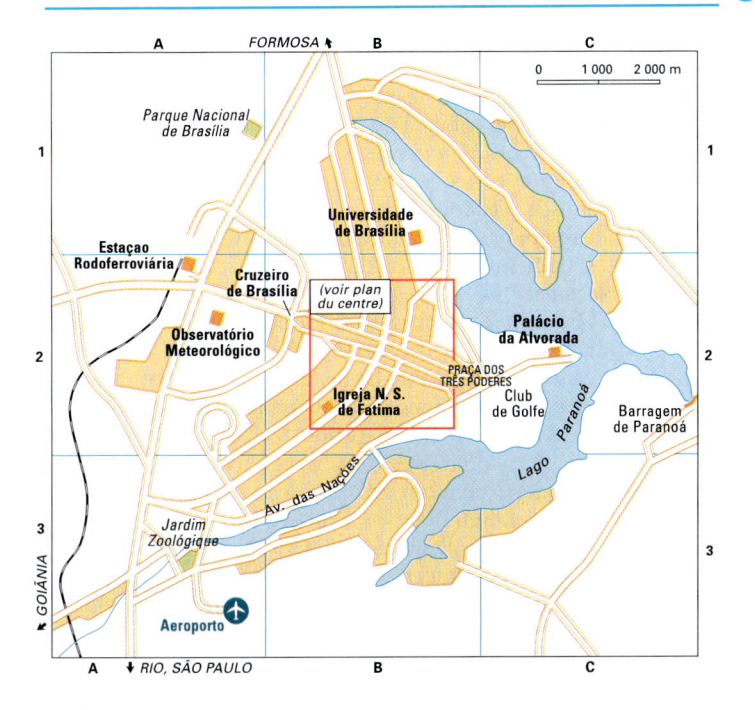

## Brasília I : plan général

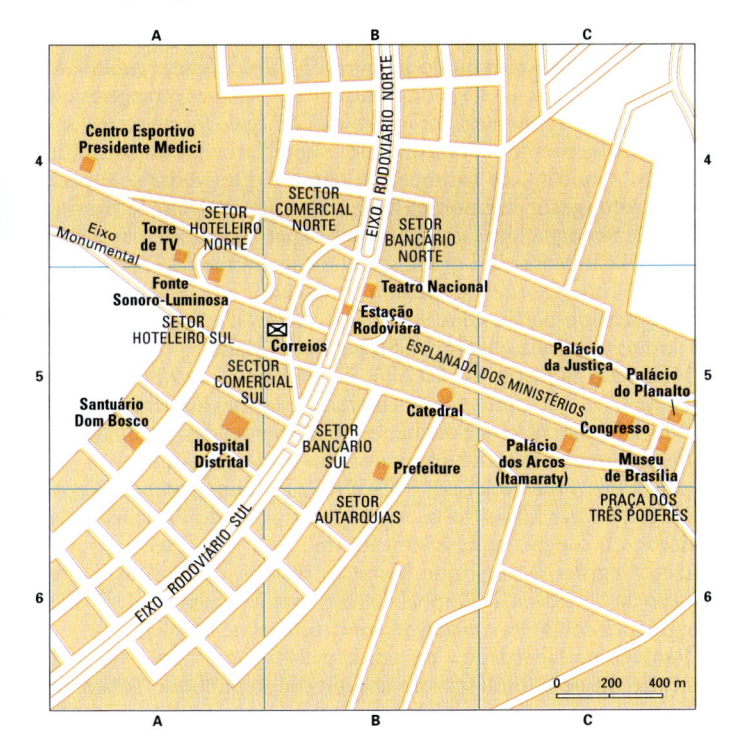

- Parque Nacional de Brasília
- Estaçao Rodoferroviária
- Cruzeiro de Brasília
- Observatório Meteorológico
- Universidade de Brasília
- Palácio da Alvorada
- Praça dos Três Poderes
- Igreja N. S. de Fatima
- Club de Golfe
- Barragem de Paranoá
- Lago Paranoá
- Av. das Nações
- Jardim Zoológique
- Aeroporto
- FORMOSA
- GOIÂNIA
- RIO, SÃO PAULO

## Brasília II : le centre

- Centro Esportivo Presidente Medici
- Eixo Monumental
- Torre de TV
- Setor Hoteleiro Norte
- Sector Comercial Norte
- Eixo Rodoviário Norte
- Setor Bancario Norte
- Fonte Sonoro-Luminosa
- Teatro Nacional
- Setor Hoteleiro Sul
- Correios
- Estação Rodoviára
- Esplanada dos Ministérios
- Palácio da Justiça
- Palácio do Planalto
- Sector Comercial Sul
- Santuário Dom Bosco
- Hospital Distrital
- Catedral
- Congresso
- Setor Bancario Sul
- Prefeiture
- Palácio dos Arcos (Itamaraty)
- Museu de Brasília
- Setor Autarquias
- Praça dos Três Poderes
- Eixo Rodoviário Sul

**La praça do Buriti\*** I-B2 (*eixo Monumental O*) regroupe les différents édifices administratifs : Palais Buriti, siège du gouvernement local, palais de Justice et tribunal des comptes.

**Le Memorial JK\*** (*eixo Monumental O, t.l.j. de 9h à 18h*) est aussi l'œuvre de Niemeyer, construite en hommage au président Kubitschek. Sous le piédestal de 28 m de haut portant la statue de Kubitschek, le tombeau du président, un petit musée avec objets personnels, livres, vidéo sur la construction de Brasília, auditorium…

**Le Teatro Nacional\*\*** II-B5 (*eixo Monumental, à côté de la Estação Rodoviária*). Ce projet de Niemeyer, en forme de pyramide aztèque, doit sa façade de cubes et de rectangles à Athos Bulcão. Le théâtre, l'un des plus grands d'Amérique latine, abrite trois salles de spectacles, des galeries d'art et la Fondation culturelle de Brasília.

**La Catedral de Brasília N.-D. Aparecida\*\*\*** II-B5 (*esplanada dos Ministérios, ouv. de 8h30 à 18h30*). Chef-d'œuvre de dynamisme plastique, la cathédrale, de forme arrondie, avec sa couronne dressée d'épines, ses seize colonnes de béton intercalées de vitres laissant entrer le ciel, s'élance dans l'espace. À l'intérieur, les trois anges suspendus au plafond du sculpteur Alfredo Ceschiatti semblent planer dans les airs. Belles peintures de Di Cavalcanti notamment. Sur le côté, une copie de la Pietà de Michel-Ange. Les quatre statues des apôtres à l'entrée de la passerelle sont aussi l'œuvre de Ceschiatti.

**L'Esplanada dos Ministérios\*** II-BC5 (*eixo Monumental E*). Elle réunit dix-sept bâtiments identiques, harmonieusement alignés : les sièges des différents ministères. À l'extrémité, deux édifices se distinguent par leur architecture : le palais de l'Itamarati et le ministère de la justice II-C5.

♥ **Le Palácio dos Arcos ou do Itamarati\*\*\*** II-C5 (*visites guidées du lun. au ven. à 16h*). Le siège du ministère des Affaires étrangères est d'une beauté et d'une élégance extrêmes. Édifice de forme carrée, ses quatre façades sont formées d'une succession d'arcs qui surgissent de l'eau et s'y fondent. Le bâtiment est entouré d'un véritable miroir d'eau prolongeant harmonieusement ses lignes. Dans le bassin, fleurs, plantes aquatiques, arbres organisés par l'architecte-paysagiste Roberto Burle-Marx ainsi que la sculpture en marbre de Carrare réalisée par Bruno Giorgio, le *Meteoro* symbolisant les cinq continents. À l'intérieur du palais, vous verrez des œuvres d'artistes brésiliens. Les jardins tropicaux ont été conçus par Burle-Marx.

**Le Ministério da Justiça\*** II-C5 (*ouv. du lun. au ven. de 9h à 11h30 et de 15h à 17h*). Autre projet de Niemeyer. Des arches immenses jaillissent de sa façade ; placées à des hauteurs différentes, des gargouilles de béton en forme de tuiles déversent de l'eau dans un bassin.

**La praça dos Três Poderes\*\*\*** II-C5 (*eixo Monumental E*). Cette place, conçue par Lúcio Costa, regroupe les palais du Planalto, de la justice et du congrès représentant les trois pouvoirs (exécutif, judiciaire et législatif) ainsi que le musée historique de Brasília, le Panteão da Liberdade, le Pombal de Niemeyer, la sculpture de Bruno Giorgi représentant les *candangos* (constructeurs de Brasília).

**Le Panteão da Liberdade** a été édifié par Niemeyer, en 1986, à la mémoire du père fondateur de la nouvelle République Tancredo Neves. Le monument rappelle l'envol d'une colombe, ainsi que la forme du Brésil. Il renferme l'une des œuvres d'art brésiliennes les plus extraordinaires, une fresque en noir et blanc retraçant, sur sept panneaux, l'histoire de la révolte de Tiradentes au XVIIIe s.

**Le Pombal**, colombier ressemblant à une pince à linge conçu par Niemeyer à la demande du président Jânio Quadros, est l'objet de plusieurs anecdotes. L'une d'entre elles prétend que Quadros l'aurait fait ériger en hommage à sa femme, une ancienne lavandière, et qu'il serait un abri pour les pigeons.

**Le museu da Cidade** (*ouv. du mar. au dim. de 9h à 18h*). Il retrace l'histoire de la construction de Brasília. Pas grand chose à voir. Sur la façade, tête en pierre savon de Kubitschek.

**Le Palácio do Planalto**\*\*\* II-C5 (*f. aux visites, relève de la garde, du lun. au ven., à 7h40 et 17h40*). Le palais du Plateau, siège du pouvoir exécutif, est une autre réalisation de Niemeyer, remarquable combinaison de lignes courbes et de droites.

**Le Palácio da Justiça**\*\* II-C5 (*ouv. du lun. au ven. de 12h à 18h*). Ce bel édifice de Niemeyer abritant le *Supremo Tribunal Federal* (Cour suprême) est, lui aussi, entouré d'un miroir d'eau, les jardins ont été conçus par Burle-Marx. Devant se trouve une œuvre de Ceschiatti, statue en granit représentant la justice aux yeux bandés.

**L'espaço Lúcio Costa** II-C5 (*praça dos Três Poderes*). Au sous-sol, un espace consacré à Lúcio Costa comportant une maquette de Brasília.

**Le Congresso Nacional**\*\*\* II-C5 (*ouv. du lun. au ven. de 10h à 12h et de 14h à 17h*). Le siège du pouvoir législatif est formé de deux bâtiments administratifs collés l'un à l'autre et de deux coupoles inversées. L'une, tournée vers le haut, «celle qui fait sortir les idées», loge la Chambre de députés; l'autre, renversée, «celle qui les étouffe», accueille le Sénat. Vaste collection de peintures, sculptures, œuvres d'artistes brésiliens. Jardin d'hiver de Burle-Marx dans la Chambre des députés. La visite prend tout son intérêt en période de session.

**Le Palácio da Alvorada**\*\*\* I-C2 (*f. aux visites*). Située au bord du lac Paranoá, la résidence officielle du président de la République fut le premier bâtiment inauguré à Brasília, en juin 1958. Réalisation de Niemeyer, il est soutenu par des colonnes devenues le symbole de la ville. Devant le palais, vous verrez, dans le bassin, la sculpture en bronze de Ceschiatti, *as Banhistas* (les Baigneuses).

**La Universidade de Brasília**\* I-B1. Le projet conçu par Lúcio Costa pour abriter l'université ressemble, avec ses espaces vides entre les immeubles et les jardins, à celui de la ville. Le bâtiment de l'Institut central de sciences, réalisé par Niemeyer, a une forme serpentine, allongée et courbe rappelant le tracé de l'axe N-S.

**Le secteur des Ambassades**\* I-B2-3 (*av. das Nações*). Édifiées sur des terrains donnés par le gouvernement brésilien, dans un style architectural évoquant généralement celui de leur pays d'origine, ces ambassades forment un ensemble étonnant, assez intéressant.

# LES BONNES ADRESSES

### Hôtels

Les hôtels, de toutes catégories, sont situés au centre de la ville, de chaque côté de l'intersection des deux axes : le *Setor hoteleiro N* (secteur hôtelier N) et le *Setor hoteleiro S* (secteur hôtelier sud). Les week-ends, pendant lesquels politiciens et hommes d'affaires retournent généralement chez eux et que la capitale se vide, certains offrent des réductions.

### Setor Hoteleiro S II-A5

▲▲▲▲ **Bonaparte**, quadra 02 bloco J ☎ (061) 322.2288 et n° vert 0800.61.9991. *266 ch.* Visa, ae, dc, mc. Confortable, moderne, très bon service. Fonctionne aussi comme hôtel-résidence.

▲▲▲ **Naoum Plaza**, quadra 05 bloco H/I ☎ (061) 322.4545. *190 ch.* Visa, ae, dc, mc. Confort international, adresse des hommes d'affaires, télévision par câble, piscine, sauna.

▲▲▲ **Carlton**, quadra 05 bloco G ☎ (061) 224.8819 et n° vert 0800.61.4800. *191 ch.* Visa, ae, dc, mc. Ch. agréables, télévision par câble, bon accueil, grande piscine, sauna.

▲▲ **Saint Paul**, quadra 02 bloco H lote 05 ☎ (061) 317.8400. *281 ch.* Visa, ae, dc, mc. Climatisation, piscine, sauna.

▲▲ **Das Américas**, quadra 04 bloco D ☎ (061) 321.3355 ou n° vert 0800.11.8844. *143 ch.* Visa, ae, dc, mc. Propre, télévision.

### Setor Hoteleiro N II-A4

▲▲▲ **Kubitschek Plaza**, quadra 02 bloco E ☎ (061) 316.3333 et n° vert 0800.61.3995. *267 ch.* Le propriétaire de cet hôtel moderne, décoré de photos de Kubitschek, est le gendre de l'ancien président. Bon service.

▲ **Aristus**, quadra 02 bloco O ☎ (061) 223.8675. *50 ch.* Visa, ae, dc, mc. Chambres climatisées, à 3 lits, simples mais propres avec télévision et téléphone.

▲ **Bittar Plaza**, quadra 03 bloco M ☎ (061) 225.7077. *75 ch.* Visa, ae, dc, mc. Propre, ch. climatisées.

## Restaurants

♦♦♦ **Piantella**, Comércio local S, quadra 202 bloco A Lj. 34 ☎ (061) 224.9408. Visa, ae, dc, mc. Bonne cuisine. Lieu fréquenté par les hommes politiques. Il fut le restaurant préféré de Ulisses Guimarães, cet homme d'État brésilien qui a combattu la dictature dans la légalité. Bar animé.

♦♦♦ **La Vecchia Cuccina**, Hôtel résidence Bonaparte SHS ☎ (061) 322.2288. Ae. L'homologue de l'établissement *paulista* garde la qualité d'une bonne cuisine italienne adaptée au goût local.

♦♦ **Academia**, Academia de Ténis de Brasília, Setor de Clubes Esportivos S, Trecho 14, Lt. 1-B ☎ (061) 321.3332. Visa, ae, dc, mc. Restaurant préféré de l'équipe économique de l'ancien président Collor.

♦♦ **Carpe Diem**, Comércio local S, quadra 104 bloco D Lj. 01 ☎ (061) 225.8883. Visa, ae, dc, mc. Très bonne ambiance. Lieu fréquenté par les artistes et les intellectuels de la ville (souvent des avant-premières, présentations de livres, etc.). Bonne cuisine. Piano-bar.

♦♦ **La Chaumière**, Comércio local S, quadra 408 bloco A Lj. 13 ☎ (061) 242.7599. Ae. Bonnes crevettes « à la française ».

♦♦ **Florentino**, Comércio local S, quadra 402 bloco C Lj. 15 ☎ (061) 223.7577. Filets, poissons, pâtes. Fréquenté par la classe politique.

♦♦ **Le Français**, Comércio local S, quadra 404 bloco B Lj. 27 ☎ (061) 225.4583. Visa, ae, dc, mc. Tenu par le couple français Monique et Jacques Guillaume. Leurs lapins font courir les Brasilienses.

♦♦ **Francisco**, Comércio local S, quadra 402 bloco B Lj 9 ☎ (061) 321.0769. La morue y est très réputée : essayez celle au four ainsi que la viande à la braise. Une adresse sympathique pour le déjeuner.

♦♦ **Lake's Baby Beef**, setor Habitações Individuais S, quadra 09 bloco E Lj. 24/48 ☎ (061) 248.3426. Visa, ae, dc, mc. Très bonnes viandes grillées.

♦♦ **Spettus**, SHS, quadra 05 bloco E ☎ (061) 223.9635. Visa, ae, dc, mc. Churrascaria à volonté appartenant au même propriétaire que le *Gaf*. Bonne viande et abondant buffet de salades.

### BRASÍLIA

♦ **Arabesk**, Comércio local S, quadra 109 bloco B Lj. 4 ☎ (061) 244.6996 et **Beirute**, CLS, quadra 109 bloco A Lj. 2 ☎ (061) 244.1717. Deux adresses pour manger sur le pouce. Cuisine arabe et brésilienne.
♦ **Bandeirante**, Mercado do Núcleo Bandeirante. Dans un marché, une excellente adresse pour une bonne cuisine typique du nordeste.
♦ **Dom Bosco**, Comércio local S, quadra 107 bloco D Lj. 20 ☎ (061) 243.7579. Une pizzeria qui a l'âge de Brasília. Fréquentée par tous.
♦ **Kazebre 13**, quartier résidentiel sud, quadra 504 bloco A Lj. 1/4 ☎ (061) 224.2802. VISA, DC. *F. le lun.* Bonnes pâtes et pizzas.
♦ **Lagash**, Comércio local N, quadra 308 bloco D Lj. 11 ☎ (061) 273.0098. Cuisine arabe. Petit mais sympa. Excellent service.
♦ **Roma**, setor comercial S, quadra 06 bloco A Lj. 218 ☎ (061) 226.9233. VISA, DC, MC. Cuisine simple avec portions très copieuses et prix modiques. L'un des plus anciens italiens de la ville.

### Bars
**Bier Fass**, Centro Gilberto Salomão, secteur sud du Lac. La jeunesse dorée de Brasília aime bien s'y rendre. Vous y trouverez aussi d'autres bars, cinémas avec écrans panoramiques, boîtes de nuit, etc.
Les restaurants **Piantello** et **Carpe Diem** ont chacun un bar, très animé.
**Bar do Afonso**. Ce bar, qui existe depuis la naissance de Brasília, reste le lieu de rencontre des hommes politiques surtout en période d'élections. Cadre très simple, plats du jour et bonne ambiance.

### Shopping
**Torre de Televisão** II-A4. une foire d'artisanat a lieu dans la Tour de Télévision les sam., dim. et j.f. de 8 h à 18 h.
**Artíndia**, setor S 702 Ed. Lex Térreo ☎ (061) 226.9525 (ouv. du lun. au ven. de 8 h à 18 h, les sam. et dim. de 10 h à 14 h). Magasin officiel de la FUNAI.

### Adresses utiles
**Aéroport.** Aéroport International de Brasília I-A3 ☎ (061) 365.1941.
**Alliance française.** Setor S 708/709 ☎ (061) 443.6464.
**Agences de voyages. Buruti**, Comércio local S 402 bloco A Lj. 27 ☎ (061) 225.2686 ; **Cristiano**, Comércio local S 215 bloco C Lj. 05 ☎ (061) 346.4400 ; **Presmic**, SHS, Galeria do Hotel Nacional ☎ (061) 225.5515.
**Banques et bureaux de change. Banco Francês e Brasileiro**, av. W3 Sul, quadra 506 bloco A Lj. 45 ☎ (061) 242.2300 ; **Banco do Brasil**, setor bancário S et aéroport ☎ (061) 321.6393.
**Compagnies aériennes.** Elles sont situées dans le secteur hotelier sud SHS, à l'Hôtel National. **Air France** lojas 39/40 ☎ (061) 223.4152 ; **Varig**, loja 45 ☎ (061) 327.3455; **Vasp**, lojas 53/4 ☎ (061) 322.2020; **Transbrasil**, loja 55 ☎ (061) 365.1188; **Swissair**, lojas 71/72 ☎ (061) 223.4382; **Tap**, loja 64 ☎ (061) 223.7138; **Tam** ☎ (061) 365.1560 et n° vert 0800.12.3100.
**Consulats.** Ils sont situés dans le secteur des ambassades SES, av. das Nações. **France** lote 4 ☎ (061) 312.9100 ; **Belgique** lote 32 ☎ (061) 443.1133; **Canada** quadra 803, lote 16 ☎ (061) 321.2171; **Suisse** lote 41 ☎ (061) 443.5500.
**Gare routière et ferroviaire.** Rodoferroviária, eixo monumental ☎ (061) 233.7200. **Informations touristiques.** Detur, Centro de Convenções, 3e ét. ☎ (061) 321.3318, bureaux à l'aéroport et praça dos Três Poderes.
**Location de voitures. Unidas**, aéroport et galeria Hotel Nacional ☎ (061) 233.8575 et n° vert 0800.12.1121; **Hertz**, SIA ☎ (061) 323.5671/3630; **Localiza** ☎ (061) 365.1288 et n° vert 0800.99.2000.
**Poste.** ECT, SBN Conj. 3 bloco A ☎ (061) 217.2323.
**Taxi.** Radio taxi ☎ (061) 344.3060 ; **Coopercar** ☎ (061) 321.8181.
**Urgences.** Hôpital de base du District fédéral (HBDF), secteur hospitalier S ☎ (061) 225.0070/325.5050.

# LE PANTANAL

Une mer intérieure qui aurait commencé à s'assécher il y a 65 millions d'années ? Cette plaine immense, périodiquement inondée, est l'une des plus grandes zones de marécages du monde. Cette vaste plaine alluviale d'environ 230 000 km² (presque la moitié de la France) est envahie six mois sur douze par les crues du fleuve Paraguay et de ses affluents, formant des baies, des lagunes temporaires et des salines pérennes. Elle constitue une entité à part, un monde unique : terre chargée d'histoire et de légendes, réserve naturelle dont l'équilibre primitif est à peine troublé par l'homme.

## Un sanctuaire écologique

À cheval sur le Mato Grosso do Sul (63 %) et le Mato Grosso (37 %), le Pantanal s'étend, à l'ouest, jusqu'aux *chacos* boliviens et, à l'est, jusqu'en bordure de la Chapada dos Parecis. Limité au nord par les premiers contreforts du plateau central et les bassins des *rios* Negro, Miranda et Taquari et, au sud, par la serra da Bodoquena et les montagnes d'Aquidauana, son altitude ne dépasse jamais 110 m. Traversée par le Paraguay et ses affluents, la plaine est inondée d'octobre à mars par les eaux du fleuve, elles-mêmes gonflées par les sources et les pluies de l'été austral qui déferlent des hauteurs environnantes. C'est ainsi que la région se transforme en une vaste étendue d'eau, d'où n'émergent que quelques arbres et les *cordilheiras*, ces îlots de terre sèche où le bétail se rassemble.

## Une flore exubérante

Le Pantanal est marqué par le mélange des végétations : savane, forêt, pâturages. On y trouve les espèces typiques des *cerrados*, des terres inondées aussi bien que celles de l'Amazonie (le Paraguay a des liaisons avec le bassin amazonien). Cependant, les *cerrados* couvrent la majeure partie de sa superficie. Cette végétation caractéristique peut toutefois être remplacée, dans les parties les plus basses et humides, par un tapis vert de graminées. Jamais inondés, les *campos cerrados* forment, durant la période de hautes eaux, des *cordilheiras*, où l'on trouve les magnifiques *ipês* aux variantes violettes, jaunes et roses, les *cambarás* aux fleurs jaunes (dont le bois sert à fabriquer les poutres des maisons), le figuier, des palmiers (*caranda, burutis, bacuris*, entre autres). Les *capões* (voir glossaire p. 356) sont fréquents. Dans les fleuves, baies et *corixos*, se trouve *l'aguapé*, sorte de jacinthe d'eau s'agglutinant en « camalote » servant d'aliment à certains poissons et oiseaux et de filtre à eau, essentiel contre la pollution.

Au printemps, lorsque les eaux quittent la plaine, le spectacle de la nature qui reprend ses droits est magnifique. On trouve plusieurs sortes d'orchidées, comme la géante *Cyrtopodium Paludicolum*, jaune avec des points rouges, qui pousse jusqu'à hauteur d'homme, ou *l'Harbenia Aricaensis*, exclusivité du Pantanal, l'une des seules orchidées à fleurir sur l'eau, poussant à plus de 1 m de profondeur. On verra aussi *l'Urumbeva* (ce cactus peut dépasser 8 m de haut) qui ouvre, la nuit, ses magnifiques fleurs blanches.

## Une prodigieuse réserve naturelle
Le flux et le reflux des eaux conditionnent toutes les formes de vie. La présence de l'homme est limitée par les inondations qui isolent la région, compliquent les communications et empêchent le développement d'une agriculture systématique. Cependant, les crues périodiques n'en restent pas moins essentielles à la préservation de la faune locale. Si le Pantanal n'est pas à l'abri des menaces de pollution et des agressions des braconniers, il demeure un sanctuaire écologique d'une formidable richesse. Ici, la vie animale se reproduit à grande échelle : des milliers de bêtes sauvages, 80 espèces de mammifères, 600 espèces d'oiseaux, 240 espèces de poissons, 50 espèces de reptiles… Seuls ou en bande, vous y verrez une quantité impressionnante d'animaux et d'oiseaux : un festival de plumes, de couleurs, de sons et toute la curiosité des comportements animaux ! L'abondance de l'eau et de la végétation a créé les conditions indispensables et spécifiques au développement, à l'adaptation et à la survie de nombreuses espèces. Certaines sont «nomades» en raison de la variation du climat et du mouvement des eaux. D'autres, à la saison des pluies, trouvent refuge dans les régions plus élevées, qui restent couvertes de végétation et qui ne sont pas atteintes par les inondations.

Quant aux rivières, elles sont extraordinairement poissonneuses. Au contraire de l'Amazonie, on y est d'ailleurs plus impressionné par la quantité que par l'exotisme des poissons. À la saison des pluies, des bancs entiers remontent les rivières à la recherche d'eaux calmes pour pondre leurs œufs en toute sécurité. Ce phénomène, la *piracema* (du tupi signifiant «sortie de poisson»), dépend de plusieurs facteurs (température, luminosité, pluies, augmentation du volume d'eau). Parmi les principaux poissons, citons le *dourado* (*Salminus Maxillosus*), le féroce *pacu* (*Piaractus Mesopotamicus*), la *traíra* (*Hopliasma*), le piranha, le *curimbatá* (*Prochilodus Abaricus*), le *jaú* (*Pauliceia Luetkeni*), le *pintado* (*Pseudoplatystoma*), pour n'en citer que quelques-uns. Le Pantanal est un vrai paradis pour les pêcheurs ! Cependant, la faune se caractérise par une nette prédominance des oiseaux aquatiques. Cela s'explique par le phénomène des décrues : lorsque les rivières retournent à leurs lits d'origine, certains micro-organismes (petits animaux marins, poissons) ne parviennent pas toujours à regagner leur milieu naturel. Ils restent alors bloqués dans des eaux peu profondes où les oiseaux trouvent une source de nourriture abondante. La végétation du bord des cours d'eau (lacs, mares) offre, en outre, un milieu particulièrement propice à la nidification.

## Safari-photo
Les vastes plaines du Pantanal se prêtent mieux à l'observation de la faune que la forêt amazonienne. En dehors des milliers d'oiseaux, vous pourrez observer assez facilement dans les *capões* ou *matas* (forêts), de nombreuses espèces d'animaux.

### Dans les forêts
**Les onças.** L'apparition du puma (*onças parda*), ocelot (*jaguatirica*), jaguar (*onça pintada*) se fait de plus en plus rare. Ces félins sont en danger d'extinction. Vous en verrez peut-être un traverser la route ou percher sur un arbre.

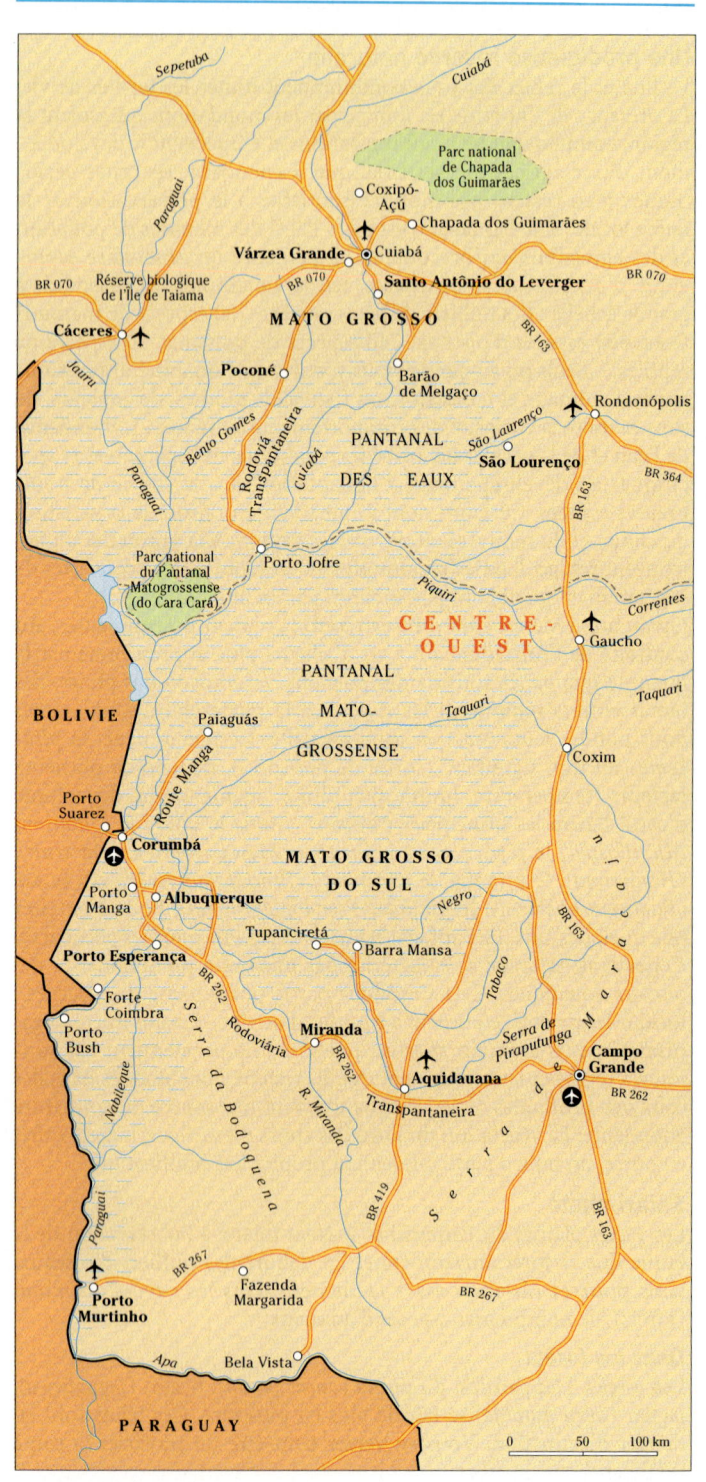

**Le Pantanal**

**Les singes.** Vous apercevrez, entre autres, capucins, *saguis* (les plus petits primates du Brésil, mesurant de 15 à 30 cm) sautant d'une branche à l'autre ou écouterez simplement leur cri, notamment celui du *búgio* (singe-hurleur ou alouate), résonnant dans la plaine, annonciateur, selon la légende, de changements météorologiques.

**Les pacas** (*Cunulus Pacas*). Petits rongeurs nocturnes, mesurant environ 60 cm de long, au pelage châtain-jaunâtre strié de chaque côté de cinq rayures blanches, ayant l'habitude d'enterrer les restes des fruits consommés, de sorte que les plantes repoussent naturellement.

**Les agoutis.** Ces derniers sortent plutôt en fin d'après-midi, à la recherche de nourriture et ont une drôle de réaction avant de s'enfuir, restant d'abord paralysés.

**Les caititus.** Cochons sauvages ou pécaris mesurant 90 cm de long, avec une queue minuscule ; très sociables, vous les verrez probablement en bandes.

## Au bord de l'eau

**Les paresseux.** Au bord des rivières et des lacs (voir pp. 256-257).

♥ **Les capivaras**\*\*. Le cabiai est le plus gros des rongeurs. Il peut atteindre 50 kg et 1,20 m. Excellent nageur, il se nourrit de plantes aquatiques et d'herbes poussant au bord des rivières. Extrêmement prolifique, il est toutefois menacé car recherché pour sa peau.

**Les serpents.** Le fameux *sucuri* du Pantanal, anaconda (donc constrictor), plus petit que celui de l'Amazonie, mesure quand même de 2 à 8 m. Les serpent venimeux sont rares et se restreignent à quelques espèces de serpents corail et au *jararaca*.

**Les alligators**\*\*\*. Le Pantanal renferme trois espèces différentes : le *jacaretinga* (*Caïman Crocodillus*), le *jacaré* (*Caïman Yacare*) et le *papo amarelo* (*Caïman Latrinostia*). Agiles dans l'eau, ils sont très maladroits sur terre. Le jour, vous les verrez en état de semi-léthargie prendre le soleil sur les bords des rivières ou sur les îlots. Ils forment de véritables hordes. N'attaquant pas l'homme, à moins d'être affamés ou provoqués, ils sont indispensables à l'équilibre écologique de la région en tant que prédateurs, notamment des piranhas. Ils sont cependant menacés, en particulier le *jacaretinga* qui, peu agressif, est une proie facile pour les chasseurs.

**Les lontras et ariranhas** (*Lutra Platensis* et *Ptenoura Brasiliensis*). Les loutres de rivière sont en voie d'extinction car recherchées pour leur peau.

## Dans la savane

**Les cerfs.** De taille modeste, de robe châtain, plus claire dans la région de la gorge, avec la partie inférieure des pattes blanche, les cerfs du Pantanal sont menacés par la maladie du bétail et la chasse.

**Les guarás.** Les chiens de savane sont souvent pris pour des loups, mais ils ne sont pas aussi féroces. Farouches, vous les verrez de loin seulement.

**Les tatous.** Le Pantanal compte 24 variétés de tatous. Ces petits édentés sont recouverts de lames cornées qui leur servent de bouclier.

**Les tamanduás bandeira**\*. Les tamanoirs, ou fourmiliers géants, symboles de la faune brésilienne, sont menacés d'extinction. Grands mangeurs de termites et de fourmis, leur longue langue leur permet d'aller chercher leurs proies 30 ou 40 cm à l'intérieur des trous.

## Une région longtemps isolée

Lorsqu'ils découvrent la région, les Espagnols lui donnent le nom de « mer des Xaraiés » du nom d'une tribu indienne. Avec son réseau de lagunes, *rios*, rivières, *furos* et *corixos*, ses eaux pas toujours douces en raison des pluies et des dépôts saumâtres, le lieu ne fait-il pas penser à une mer ? Les géologues ont depuis lors émis l'hypothèse que le Pantanal serait une mer intérieure qui se serait asséchée il y a 65 millions d'années en même temps que la mer amazonienne. Les Portugais vont d'abord appeler la région « *melgaço* » (marécage). Le terme « pantanal », beaucoup plus approprié, puisqu'il signifie « zone inondée », ne viendra que bien plus tard. Si la terminologie reste longtemps hésitante, c'est parce que la région est très mal connue car difficile d'accès. Hostilité des Indiens, maladies inconnues, insectes, serpents, piranhas, entre autres : autant de facteurs qui rendent la pénétration difficile, tandis que les fleuves demeurent les seules voies d'accès.

Les *bandeirantes* venus de São Paulo font de temps à autre quelques incursions. Bien que de l'or ait été découvert en 1718 au Coxipó, l'occupation de la région ne commence vraiment qu'au XIXe s. avec l'introduction de l'élevage. Le désenclavement véritable n'aura pourtant lieu qu'avec la construction de routes et du chemin de fer reliant Bauru à Campo Grande, ligne prolongée jusqu'à Corumbá au début des années 1950.

Région d'élevage, 99 % des terres du Pantanal appartiennent à de grands domaines privés ; le gouvernement ne possède que la réserve du CaráCará dans la région de Cáceres. Longtemps, le Pantanal a souffert de la rareté de main-d'œuvre locale. D'où la nécessité pour les propriétaires terriens de recourir à des *forasteiros* (aventuriers venus du reste du Brésil, du Paraguay ou de Bolivie). Les ressources de la pêche continuent d'échapper à la population locale, bien que les poissons du Pantanal soient commercialisés dans tout le pays.

## ■ MODE D'EMPLOI

### La meilleure période pour s'y rendre

Toute l'année on peut faire un safari-photo au Pantanal, mais l'intérêt de votre séjour variera selon la période choisie :

**De novembre à mars.** C'est le moment du spectacle des eaux. La période à éviter va d'octobre à décembre, moment où se combinent températures élevées, tempêtes de pluies et conséquentes inondations, qui rendent les communications difficiles et font disparaître les animaux. En février et mars, lorsque la plaine est complètement inondée, vous verrez de splendides paysages égayés par la présence de nombreuses fleurs et fleurs d'eau.

**D'avril à septembre.** C'est le spectacle de la vie. À la période sèche que la flore et la faune atteignent toute leur plénitude. Cette saison commence avec la décrue des fleuves et des rivières. Elle est la plus propice pour observer les animaux : alligators, *capivaras*, *veados* se promènent facilement sous vos yeux. Quant aux oiseaux, ils se retrouvent en très grand nombre, formant d'incroyables *ninhais* ♥. D'avril à juillet, de superbes papillons peuplent le Pantanal. La période de juillet à septembre est la plus favorable pour l'observation des oiseaux, les températures deviennent plus agréables (passant de 18 °C en mai à 31 °C en septembre). Les amateurs de pêche choisiront la période de juillet à octobre, où ils trouveront toutes les espèces de poissons.

## Accès et programme

Le Mato Grosso a 1 h de décalage avec Brasília. Vous pouvez arriver par Cuiabá, Campo Grande ou Corumbá. Il est fortement recommandé de prendre un guide. Le mieux est d'organiser votre aventure à l'avance. Si vous ne l'avez pas déjà fait avant de partir, à Rio ou à São Paulo, des agences de voyages organisent des formules d'accès et de séjour. En arrivant sur place, vous pouvez contacter directement les agences ou les guides locaux.
Prévoir au moins trois nuits sur place.

## Que faut-il emporter ?

Tenue légère mais couvrant le corps, chapeau et chaussures de marche sont de rigueur. Ne pas oublier l'anti-moustiques, la crème solaire pour les promenades en bateau ou la pêche, les jumelles, et bien sûr l'appareil photo accompagné d'un bon stock de pellicules. Pour la pêche (interdite du 30 nov. au 28 fév., époque de la reproduction), outre une pièce d'identité, il vous faut un permis de pêcheur amateur que vous pouvez vous procurer dans les mairies du Pantanal.

## Hébergement

Les grands modes d'hébergement sont les *fazendas* et les *pousadas*. Les hôtels classiques, souvent médiocres, sont réservés aux centres urbains dont l'intérêt touristique est mineur. Si certaines *fazendas* sont assez luxueuses, elles offrent en général un confort correct. Outre la pension complète, des excursions et des activités (promenades fluviales, safaris-photos, marches, parties de pêche) vous sont proposées. Les *pousadas* sont souvent installées au bord d'une rivière, et sont entourées d'appartements indépendants. Évitez celles des villes. L'intérêt majeur du Pantanal est, en effet, la nature. Dernière possibilité enfin, la croisière avec hébergement dans des *botels* (bateaux-hôtels) dont le confort est variable.

## Recommandations

Faites attention aux agences qui vous envoient dans leurs propres *pousadas* ou hôtels, qui ne sont pas forcément bien aménagés ou bien situés. En règle générale, tous les tour-opérateurs vous proposent plus ou moins le même programme : promenades fluviales, marches matinales ou nocturnes, « focage » d'alligator, visites de nids, etc. Avant de louer les services d'une agence ou d'un guide, assurez-vous que vous n'allez pas vous retrouver dans un groupe trop important. Le maximum acceptable est de cinq à sept personnes. Certaines *pousadas* ont leurs propres guides et proposent sur place presque les mêmes activités que les tour-opérateurs ; il vous suffit de le demander à l'avance.

# Le Pantanal Nord

## Accès

Pour accéder à la partie nord du Pantanal située dans l'État du Mato Grosso, vous devez vous rendre à Cuiabá et rejoindre ensuite Poconé, Barão de Melgaço ou Cáceres.

**En avion.** C'est la solution la plus pratique en raison des distances. Il existe depuis Cuiabá des vols réguliers (pas toujours directs) pour Rio, São Paulo, Manaus et Brasília. Une fois à Cuiabá, vous pouvez, selon votre programme, prendre une voiture ou un taxi-aérien (en période sèche car les pistes d'atterrissage sont souvent inondées) pour arriver au Pantanal proprement dit.

**En car.** Il existe des liaisons directes avec São Paulo et Brasília (les autres comprennent des arrêts). Le voyage est très long : Cuiabá est à 1 751 km de São Paulo, 2 180 km de Rio, 1 142 km de Brasília, 936 km de Goiânia et 708 km de Campo Grande. L'entreprise Andorinha assure des liaisons depuis Rio ☎ (021) 253.7289 et São Paulo ☎ (011) 6959.8200.

**En voiture.** C'est un long voyage ! Vous devez passer par le Goiás ou par São Paulo et Campo Grande. À partir de Cuiabá, l'accès au Pantanal par Cáceres (240 km) se fait par l'autoroute BR-070, qui est goudronnée et dotée de quelques stations-service. L'accès par Barão de Melgaço (137 km) se fait en partie par l'autoroute BR-364 (asphaltée), puis par la route de terre MT-361. Par Poconé (100 km), prendre la BR-364 puis la fameuse route **Transpantaneira**\*\* qui commence à Poconé et s'étend jusqu'à Porto Jofre.

## Cuiabá

La capitale de l'État du Mato Grosso est une ville assez rustique de 433 000 hab., située au centre géodésique de l'Amérique du Sud. Elle offre essentiellement un point de chute en direction du Pantanal.

Fondée en 1719 par le *bandeirante paulista* Pascoal Moreira Cabral autour du gisement d'or découvert par Miguel Sutil, Cuiabá ne possède guère de passé historique et culturel. Une fois la fièvre de l'or terminée, la cité est presque laissée à l'abandon pendant deux siècles. Ses relations sont alors plus intenses avec les pays voisins qu'avec le reste du Brésil. Cet isolement ne prend fin qu'au XXe s., en particulier dans les années 1960, lorsque le Brésil adopte une politique d'expansion de ses frontières agricoles. Son rôle politico-économique s'est de nouveau affaibli avec la division du Mato Grosso en deux États, en 1979.

### *Visite*

C'est la ville jumelle de Várzea Grande, dont elle est séparée par le *rio* Cuiabá (l'un des plus importants affluents du Paraguay). La chaleur tropicale humide en fait une ville à deux visages : triste pendant la journée, surtout vers midi lorsque le soleil est à son zénith, étonnamment vivante à partir de 18 h.

Dans le vieux quartier, vous pouvez visiter le **Mercado do peixe**\* (marché aux poissons) et jeter un coup d'œil à la **Casa do Artesão** (produits d'artisanat local) située dans la rua 13 de Junho. En vous dirigeant vers le centre, dans les rues piétonnes do Meio et de Baixo, vous verrez quelques vestiges du passé colonial. Rua de Baixo, vous visiterez le **museu de Pedra Ramis Bucair**\* *(ouv. du lun. au ven. de 7h à 12h et de 13h à 16h)* : pièces paléontologiques venues de la région de Chapada dos Guimarães : fossiles de poissons, tyrannosaures, etc. En descendant vers Prainha, quartier où la ville est née, on trouve l'**église baroque de N.-D. do Rosário**, construite en 1722. Sur le morro do Seminário, vous trouverez l'**église Dom Despacho**\*, édifiée en 1720, elle abrite un petit musée d'Art sacré.

Au sud-ouest de la ville, vers le district du Coxipó, à l'intérieur du campus universitaire, vous visiterez le **museu do Índio Cândido Rondon**\*\* *(ouv. du lun. au ven. de 8h à 11h30 et de 13h30 à 17h30, le sam. de 9h à 13h)*. Collection d'artisanat, armes et ornements des Indiens Xavantes, Bororos, Guaicurus. Vous pouvez voir aussi le **Jardim zoológico** qui reproduit l'environnement naturel *pantaneiro;* il peut être intéressant d'y aller, surtout si vous ne restez pas longtemps au Pantanal.

## LES BONNES ADRESSES

### Hôtels

▲▲▲ Eldorado, av. Issac Póvoas 1000 ☎ (065) 624.4000 et n° vert 0800.17.1888. *187 ch.* Visa, AE, DC, MC. Proche du centre, le meilleur de la ville. Climatisation, piscine et mini-zoo.

▲▲▲ **Novotel Paiaguás**, av. Rubens de Mendonça 1718 ☎ (065) 624.5353 et n° vert 0800.11.1790. Visa, ae, dc, mc. Piscine, restaurant.
▲▲ **Aurea Palace**, av. Gen. Mello 63, centre ☎ (065) 322.3377. 78 *ch.* climatisées, piscine et sauna. Bon restaurant de cuisine régionale.
▲ **Jaguar Palace**, av. Getúlio Vargas 600, centre ☎ (065) 322.9044. *88 ch.* climatisées avec télévision, vidéo et téléphone inter États. Visa, ae, dc, mc.

## Restaurants et bars

Les poissons d'eau douce, très savoureux, sont préparés le plus souvent dans une sauce, genre ragoût. Essayez la *mojica de pintado*. Vous aurez peut-être l'occasion de manger de l'alligator. Les pâtes de fruits à la citrouille, de *cajú* ou de patate douce sont délicieuses. En digestif, goûtez la liqueur de Pequi.

♦♦ **Cacalo Peixaria**, av. 31 de Março 203 ☎ (065) 322.7778. Bons poissons de la région. En entrée, essayez la salade de tomates caqui.
♦♦ **O Regionalíssimo**, rua 13 de Junho ☎ (065) 322.3908. Installé dans la Casa do Artesão, un buffet de cuisine locale. Si vous voulez du poisson grillé, commandez à l'avance.
♦ **Flutuante**, rua Sarita Baracat s/n ☎ (065) 381.5157. Sur le fleuve, cuisine locale.

**Choppão**, pça 8 de Abril s/n ☎ (065) 322.9101, *ouv. tard le soir*. Bar traditionnel depuis plus de 20 ans pour prendre une bière bien glacée. Ambiance très animée.

## Shopping

Plusieurs adresses pour produits et objets d'artisanat locaux : céramique, bois, fibres, vannerie indienne.
**Casa do Artesão**, praça Maj. João Bueno ☎ (065) 321.0603.
**Artíndia**, rua Pedro Celestino 317 ☎ (065) 323.1675. Boutique officielle de la FUNAI.
**Guaraná Maués**, av. Isaac Póvoas 611 ☎ (065) 321.6621.

## Adresses utiles

**Aéroport. Marechal Rondon**, Várzea Grande, 7 km de Cuiabá ☎ (065) 682.2213.
**Agences de voyages. Anaconda**, rua Comandante Costa 649, centre ☎ (065) 624.4142, fax 624.6242. Visa, ae, mc. Vicente, le propriétaire connaît bien la région et vous propose tous les types de programmes y compris des safaris-photos en groupe dans des endroits (autour de la *Transpantaneira*) difficilement atteints par les autres tour-opérateurs. Demandez le programme **Anaconda Dundee**. Autrement, contactez les agences : **Confiança** ☎ (065) 624.1386 ; **Kanzen** ☎ (065) 624.6755 ; **Pantanal Explorer** ☎ (065) 682.2800.
**Banques. Banco do Brasil**, av. Pres. Vargas 915 ☎ (065) 624.1211 ; bureaux de change sur la rue Cândido Mariano aux n° 402, 398 et 465.
**Compagnies aériennes. Tam**, R. Campo Grande 423 ☎ (065) 624.0055/682.3650 et n° vert 0800.12.3100 ; **Transbrasil**, rua Barão de Melgaço 3508 ☎ (065) 624.2000 et n° vert 0800.15.1551 ; **Varig**, rua Antônio João 258 ☎ (065) 682.1140 et n° vert 0800.99.7000 ; **Vasp**, rua Pedro Celestino 32 ☎ (065) 682.3737 et n° vert 0800.99.8277.
**Consuls honoraires. France** : ☎ (065) 321.8792. **Canada** : ☎ (065) 322.0888.
**Gare routière.** Terminal Rodoviário, av. Mar. Deodoro ☎ (065) 621.3512.
**Informations touristiques.** Sedtur, pça da República, à côté de la poste ☎ (065) 624.9060. **Location de voitures.** Localiza, av. D. Bosco 965 ☎ (065) 624.7979 et n° vert 0800.99.2000 ; **Unidas**, pça do Aeroporto ☎ (065) 682.2112 et n° vert 0800.12.1121 ; **Lemans**, av. Tenente Coronel Duarte 930 ☎ (065) 381.2821/624.7244. **Poste.** Correio central, pça da República 101 ☎ (065) 321.4008. **Taxis.** Radiotáxis ☎ (065) 322.3344.

Taxis aériens. À l'aéroport, plusieurs compagnies dont **Jm** ☎ (065) 682.5462, av. Gov. Ponce de Arruda 220 ; on trouve aussi **Protáxi** ☎ (065) 381.2241. **Urgences**. Hospital, rua Com. Costa 1262 ☎ (065) 623.5599.

## Chapada dos Guimarães*

▶ *À 64 km de Cuiabá au nord du Pantanal.* Ce beau site naturel recèle des formations géologiques semblables à celles de l'île de Pâques ou de Vila Velha au Paraná, plusieurs canyons dont le **Cidade de Pedra** (350 m) et le **Portão do Inferno** (100 m de profondeur), des rochers aux formes les plus curieuses, de nombreuses cascades dont le **Véu de Noiva** (86 m de haut) et la **Cachoeira das Andorinhas**. La région offre de superbes marches et escalades. Située à 800 m d'altitude, son climat doux, mais parfois froid, contraste avec la chaleur de Cuiabá. La faune locale mélange espèces amazoniennes et autochtones. C'est ici que se trouve le véritable centre géodésique de l'Amérique du Sud, où les deux grands bassins amazoniens et le fleuve Plata ont leur origine. La ville de Chapada dos Guimarães a été fondée à la même époque que Cuiabá, bien que, officiellement, on évoque plutôt 1751, date à laquelle une mission jésuite y fonde l'église de Sant'Ana, rare vestige du baroque subsistant dans le Mato Grosso.

## Poconé et la rodoviária Transpantaneira***

▶ *Le tronçon Cuiabá-Poconé (BR-364, 100 km) est asphalté. Piste d'atterrissage à Poconé pour les taxis aériens.* La ville de Poconé, fondée en 1777, connue ensuite sous le nom de « ville rose », probablement dû à la couleur de sa terre, est le point de départ de la Transpantaneira. Cette route de terre, construite pour relier Cuiabá à Corumbá, qui s'arrête cependant à Porto Jofre (140 km de Cuiabá), traverse toute la région du haut Pantanal. Malgré la poussière qui s'élève de la route, le chaos des trous, vous y serez ébloui par la présence des animaux aperçus en bordure ou traversant la chaussée : alligators prenant le soleil ; *sucuris* en pleine digestion ; familles entières de *capivaras;* oiseaux de toutes sortes.

La nature est superbe avec ses *ipês*, papyrus et le curieux arbre étrangleur de palmiers. Poconé marque bien la séparation entre les *cerrados* et la végétation du Pantanal. Plus vous avancez sur la Transpantaneira, plus vous rencontrerez une faune et une flore abondantes. Dans les *campos* du Jofre, il y a encore plus d'alligators et l'on observe facilement des jaguars. Évitez de faire la route pendant le week-end, le monde, le trafic de voitures augmentent la poussière et risquent d'éloigner les animaux. Depuis Poconé, il n'y a qu'une seule station-service, à la *pousada* Pixaim, et pas plus de quelques *pousadas,* où il est d'ailleurs intéressant de s'arrêter pour un safari-photo ou une promenade sur les *rios*. Vous pouvez faire cette route en voiture, toutefois la présence d'un guide est recommandée. Non seulement celui-ci s'occupera de tout (hébergement, bateaux pour les promenades, safaris, etc.), mais il vous fera partager en plus sa connaissance de la région, de la faune et de la flore. Les conditions de circulation sur la Transpantaneira sont meilleures d'avril à novembre ; le reste de l'année, en raison des inondations, la route n'est pas toujours praticable.

On peut conseiller le périple suivant : départ très tôt le matin de Cuiabá ; arrivée en début d'après-midi à la *pousada* Beira Rio ; promenade fluviale dans l'après-midi en descendant la rivière Pixaim; «focage» d'alligator le soir; départ le lendemain à l'aube vers le sud de la Transpantaneira (région de Porto Jofre), idéale pour la pêche sur le Cuiabá, où vous resterez une ou deux nuits.

### Hébergement
▲▲ **Porto Jofre Pantanal**, sur les rives du Cuiabá à Porto Jofre. *14 appartements et 4 chalets. F. du 1ᵉʳ nov. au 1ᵉʳ mars.* Salle de bain privée, climatisation et frigo-bar. Excellent endroit pour la pêche. Rés. au ☎ (065) 321.0263.

▲ **Pousada Tayaman**, Porto Jofre, rés. à Cuibá ☎ (065) 637.1263. *14 ch.* Située dans une zone encore sauvage, idéale pour la chasse et la pêche.

▲ **Pousada Beira Rio**, sur les rives de la rivière Pixaim, le long de la *Transpantaneira*, à 62 km de Poconé. *13 ch.* avec douche, ventilateur. Restaurant buffet. Bateaux, canoës, chevaux et jeeps pour vous emmener à Porto Jofre. Ce n'est pas la peine d'y séjourner plus d'une nuit. Seul intérêt : les promenades alentour. Rés. à Cuiabá, rua Barão de Melgaço 3505 ☎ (065) 321.9445 et 721.1861.

## Cáceres*

▶ *À 210 km de Cuiabá. Pour rejoindre Cáceres, prendre la BR-070 asphaltée ou un taxi aérien.* Cette petite ville historique, fondée en 1778, sur la rive gauche du Paraguay, présente quelques constructions anciennes. L'intérêt majeur reste cependant la nature alentour : innombrables baies, lagunes, plages fluviales. C'est ici qu'apparaît le paysage caractéristique du Pantanal. C'est d'ailleurs dans la région que sont réalisées, après chaque crue du fleuve, les principales recherches sur la faune et la flore. Parmi les curiosités : sur la lagune d'Uberaba à certaines périodes de l'année, des *tapagens* ou *batumes*, qui sont des îles mouvantes formées par des plantes aquatiques, nénuphars et autres arbres où l'on peut voir *capivaras, jacarés, sucuris,* cormorans, hérons, *tuiuius*...

La **descente du Paraguay**\*\* est une promenade inoubliable. Vous rencontrerez moins d'animaux et de mammifères qu'ailleurs, mais le mouvement des oiseaux est féerique. Vous verrez la rivière Jauru, l'une des plus poissonneuses de la région. Au fur et à mesure de votre descente du fleuve qui, à certains endroits, dépasse 1 km de largeur, vous noterez le changement de paysage, de végétation, qui devient assez dense. Sur les rives, vous verrez d'anciennes plantations de canne à sucre, aujourd'hui transformées en fermes d'élevage. Vous goûterez les piranhas, en particulier le *caldo de piranha* préparé à la mode locale. Plus loin encore, vous visiterez la **Estação Ecológica** de l'île de Taiamã qui couvre plus de 11 000 ha; c'est un centre de recherche sur la faune et la flore *pantaneiras*. Si vous descendez encore vers la confluence du Paraguay et du Cuiabá, vous atteindrez le Parc national du CaráCará (135 000 ha).

### Hébergement
▲▲ **Pantanal Rios**, sur les rives du Paraguai, hôtel situé à 40 km de Caceres (env. 1 h de bateau depuis Caceres). *24 apts.* Salle de bain privée et climatisation. Bateaux, matériel de pêche. Le voyage est long mais la région vaut le déplacement ☎ (065) 291.1047 et 241.1183. Rés. à São Paulo ☎ (011) 258.7211.

## Barão de Melgaço*

➤ *À 140 km de Cuiabá, sur les rives du rio du même nom. Depuis Cuiabá, en période de pluies (janvier à mars), prendre la BR-364, puis la route de terre MT-050 (env. 3h30). De juin à déc., à la saison sèche, le chemin est plus court, passez par Santo Antônio do Leverger et la route de terre MT-361 (env. 2h30).* Cette petite ville doit son nom au Français Auguste de Leverger, qui a reçu le titre de baron de Melgaço après avoir commandé l'armée de l'État pendant la guerre du Paraguay.

En période de crues, la région est le lieu d'un phénomène extraordinaire : les baies de Chacororé et Siá Mariana se rejoignent pour former une grande baie de 800 km$^2$, soit deux fois la baie de Guanabara. C'est le ♥ **Pantanal des eaux**\*\*\*. Les rives de la baie de Chacororé se perdent dans l'horizon et il y a même des vagues. La baie de Siá Mariana possède de superbes plages de sable blanc. Vous trouverez ici les fameux *ninhais*. Le spectacle du coucher de soleil est magique lorsque le ciel rougeoyant se peuple de nuées d'oiseaux regagnant les arbres où ils passeront la nuit. Avant de se poser, les hirondelles se croisent dans une chorégraphie époustouflante, tandis que les cris des oiseaux forment une mélodie étrange. Il est recommandé de prendre un guide. Pour plonger dans la nature, trouver le maximum d'oiseaux, atteindre les petites criques, encore inexplorées, il est indispensable de bien connaître la région.

### Hébergement

▲▲ **Rio Mutum**, à 18 km du village de Mimoso, par la route transmimosiana ; rens. à Cuiabá ☎ (065) 623.7022. Agréable *pousada* située sur les sables du Mutum, entourée de manguiers et autres arbres de la région. *5 chalets dont 2 apts.* Chambres avec s.d.b. individuelle. Ambiance très conviviale. Chevaux, bateaux, matériel de pêche, organisation de safaris-photos, etc.

▲▲ **Sapé Lodge**, rés. Caixa postal 2241 Cuiabá, MT 78020-970 ☎ et fax (065) 664.3069. Au bord du Cuiabá, dans une belle région de baies poissonneuses. Bateaux à moteur pour pêche ou promenades fluviales, safaris-photos, marche….

# Le Pantanal Sud

## Accès

Les villes d'accès au Pantanal sud sont Corumbá, Porto Murtinho et Miranda. Campo Grande n'est qu'une escale.

**En avion**. Liaisons avec les grandes villes brésiliennes, notamment São Paulo et Brasília. L'aéroport international de Campo Grande est situé à 7 km de la ville, av. Duque de Caxias ☎ (067) 763.1184. On trouve sur place, service de taxis et bureau d'informations touristiques. L'aéroport international de Corumbá est à 3 km de la ville, rua Santos Dumont ☎ (067) 231.3222.

**En train**. Il existe une ligne de chemin de fer entre São Paulo et Corumbá (correspondance à Bauru) ; quatre trains circulent chaque jour. Si vous ne voulez pas dormir à Bauru, il est préférable de prendre l'express, qui part de São Paulo (départ à 23h tous les mar., jeu. et dim., arrivée à Bauru à 5h). Une véritable expédition ferroviaire !

**En voiture**. Vous pouvez rejoindre Corumbá, depuis Campo Grande (400 km). Cette route, la Transpantaneira (BR-262), traverse le Pantanal en passant par Aquidauana et Miranda. Elle est en bon état jusqu'à Porto Esperança, 71 km avant Corumbá. Station-service dans la direction de Salobra.

À Corumbá, la route Manga pénètre sur 118 km à l'intérieur du Pantanal. L'accès est impossible pendant la période de pluies. Mieux être accompagné d'un guide.

## Corumbá**

▶ *À 415 km à l'ouest de Campo Grande.*

Corumbá est connue comme la véritable capitale du Pantanal. Son nom vient du tupi signifiant « endroit distant » ! Située sur la rive gauche du Paraguay, elle fait face à la ville bolivienne de Puerto Suarez. Fondée en 1776 par les Portugais, la cité frontalière a vécu sous la domination espagnole de 1801 à 1865. Elle est devenue, vers la fin du XIXe s., un important entrepôt de commerce fluvial. Ce dernier a perdu toutefois de son importance avec l'ouverture du chemin de fer. Corumbá vit aujourd'hui du commerce de bétail et de la drogue. Elle est l'une des plaques tournantes du trafic de drogue international.

### Visite

Corumbá est une belle ville dotée de constructions anciennes. Mais il faut avouer que l'on ne s'y sent pas en extrême sécurité. Dans la ville, vous pouvez cependant vous promener autour du port, qui réunit un ensemble architectural du XIXe s., vestige de sa richesse passée, visiter les *palafites* (maisons sur pilotis), l'église **N.-D. da Candelária** (1872) et le **Fort Junqueira***, un ensemble de forteresses de 1871.

N'hésitez pas à parcourir les 62 km qui vous mèneront au site de **Porto Manga****. En continuant sur la **route Manga*****, vous arriverez dans la belle région de Nhecolândia.

La principale attraction de Corumbá est la découverte du Pantanal. Outre les croisières en *botels*, plus monotones sans doute, vous pouvez gagner une *pousada*, où vous séjournerez quelques jours. Les agences locales organisent excursions et safaris-photos dans les régions de Nhecolândia, Nabileque et Paiaguás. Au départ du port, des promenades de 4 h en bateau sur le Paraguay sont proposées quotidiennement.

Le voyage (7 h) jusqu'au **Fort Coimbra*** (accessible par bateau seulement) datant de 1776, est des plus intéressants. Situé sur les rives du Paraguay, au sud de Corumbá, ce fort a joué un rôle essentiel dans la défense des frontières brésiliennes en empêchant l'accès des Espagnols à la navigation sur le Paraguay, ainsi que les incursions des Indiens hostiles. Une fois dans la région, vous pouvez sillonner le fleuve et ses affluents, découvrir la **Gruta do Inferno** (grotte de l'enfer) et le **Buraco Soturno** (trou silencieux). Il est conseillé de faire cette excursion avec un guide officiel de l'Embratur.

# LES BONNES ADRESSES

## Hôtels à Corumbá

▲▲ **Nacional**, rua América 936 ☎ (067) 231.6868/6313. *100 ch.* VISA, AE, DC, MC. Le meilleur de la ville.

▲ **Internacional**, rua D. Aquino ☎ (067) 231.6343. *64 ch.* VISA, AE, DC, MC.

## Bateaux-Hôtels

**Arara Pantaneira**, rua Manuel Cavassa 47 ☎ (067) 231.5888. Deux possibilités : soit il remonte la rivière Lourenço, soit il la descend jusqu'à Porto Esperança. Cinq jours de voyage. Capacité de 16 personnes. *11 cabines* climatisées avec s.d.b. et eau chaude, télévision, vidéo.

# LE PARADIS DES OISEAUX AQUATIQUES

*Au Pantanal, les oiseaux sont incontestablement le clou du spectacle : 600 espèces des plus grandes aux plus petites, des plus étranges aux plus attachantes, une symphonie de formes, de couleurs et de sons.*

## Un immense marais

Le Pantanal est une vaste plaine parsemée de lagunes et de boqueteaux où le Paraguay dessine de nombreux méandres. Situé à peine à une centaine de mètres au-dessus du niveau de la mer, il est soumis à des inondations périodiques. À la fin de l'année, lorsque débute la saison des pluies, les eaux commencent à monter pour atteindre une hauteur maximale en mai ou juin. Le Pantanal est alors un immense marécage que l'on parcourt en barque. Quand s'amorce la décrue, une multitude d'oiseaux aquatiques vient rechercher sa nourriture dans les eaux peu profondes et sur les bancs de vases récemment exondés.

## À chacun son habitat

Le tantale, au plumage noir et blanc, est l'échassier le plus commun et ses colonies comptent souvent plusieurs centaines de couples. Les jabirus, autres grands échassiers à la livrée noire et blanche, avec une tête et un cou déplumés et colorés de rouge et de noir, sont aussi très nombreux, tout comme les ibis au bec long et recourbé.

Les spatules roses, qui balaient la surface de l'eau avec leur bec élargi en forme de cuillère pour capturer les petits crustacés, établissent leur nid dans les arbres, côte à côte avec ceux des tantales et des blanches aigrettes.

Parmi les nombreux hérons du Pantanal, le savacou, qui possède un large bec aplati et une longue huppe noire, est le plus étrange. Caché durant la journée dans les fourrés, il sort la nuit pour pêcher les poissons à l'affût, émettant à l'occasion des coassements ressemblant fort à ceux des grenouilles.

**Les Jabirus construisent leur nid volumineux dans les arbres isolés.**

**Les plumes des grandes aigrettes blanches ornaient les chapeaux des élégantes à la Belle Époque.**

*Les tantales nichent en colonie sur les arbres dont un seul peut abriter jusqu'à 25 nids.*

Les petits jacanas noirs, au bec surmonté d'une crête rouge, possèdent des pattes dont les doigts démesurément allongés leur permettent de courir avec agilité parmi les nénuphars et autres plantes flottantes sans s'enfoncer. Fait exceptionnel en zoologie, les femelles, plus grandes que les mâles, s'accouplent avec plusieurs d'entre eux et se chargent de la défense du territoire. Quant aux mâles, ils construisent un nid sommaire et assurent la couvaison.

### Tableau pointilliste

Le Pantanal est aussi le refuge de milliers de cormorans au plumage olivâtre et de millions de petits échassiers : chevaliers, barges et bécasseaux notamment.
Les canards sont particulièrement nombreux : canards musqués, ancêtres des canards dits de Barbarie, dendrocygnes fauves et dendrocygnes noirs rassemblés en foule sur les bancs de sable.

*Le jacana noir court sur les feuilles flottantes à la recherche des escargots et des insectes dont il se nourrit.*

Les kamichis à collier sont de curieux oiseaux dont l'aspect rappelle à la fois celui d'un dindon et d'une grosse oie. Nuit et jour, ils font retentir leurs appels qui ressemblent à une sonnerie de trompette.
Parmi la végétation dense des rives et les petits palmiers des sous-bois, on peut voir parfois quelques râles ou un couple de grébifoulques d'Amérique dont le plumage sombre et les mœurs secrètes leur permettent de passer généralement inaperçus.

Barão de Melgaço et Kayamã, rua Manuel Cavassa 219 ☎ (067) 231.1460. Remontée du fleuve Paraguay. Cinq jours minimum. Cabines climatisées, s.d.b. avec eau chaude. 14 et 12 personnes respectivement.
Cabexi, rua Manuel Cavassa 61 ☎ (067) 231.4683/1559. Part de Corumbá et suit la rivière Paraguay jusqu'à Porto Sucuri. 4 jours de voyage. *4 cabines* doubles, climatisées avec télévision et douche chaude.

### Pousadas

▲▲ **Fazenda Xaraés**, à 130 km de Corumbá, dans la belle région de Nhecolândia sur les rives de l'Adobral. Rés. à Corumbá, rua América 969 ☎ (067) 231.6777, fax 231.4119.

▲▲ **Quero-Quero**, *pousada* et *pesqueiro*, à 60 km de Corumbá dans la baie de Albuquerque. *13 ch.* à plusieurs lits avec télévision, frigo-bar, piscine. Une belle région, aussi bien pour la pêche que pour les safaris-photos. Rés. à Campo Grande ☎ (067) 382.7112, fax 382.0328.

▲ **Arara Azul**, dans la *fazenda* Baú à Porto da Manga, dans la région de Nhecolândia. *22 ch.* Rés. à Campo Grande ☎ (067) 383.3709 et 383.1924, fax 242.1242.

### Adresses utiles

**Informations touristiques.** Rua América 969 ☎ (067) 231.6996. **Aéroport** ☎ (067) 231.3322. **Agences de voyages.** Pantanal Tour ☎ (067) 231.4683 ; Corumbatur ☎ (067) 231.1532.

## Miranda**

➤ *Située sur les contreforts de la serra da Bodoquena à 200 km de Campo Grande, pratiquement à mi-chemin de Corumbá.* Endroit idéal pour la pêche sur le *rio* Miranda et pour les safaris-photos dans les lacs, rivières, criques alentour. Les Indiens se promènent dans les rues tranquilles du village proposant leur artisanat.

### Pousada

▲▲ **Caïman**, dans la ferme de la famille Klabin (industriels de la cellulose et du papier), une *pousada-fazenda* connue. *11 apts* climatisés avec s.d.b., restaurant, piscine, télé, vidéo, téléphone et fax, mini-musée. Liaisons aériennes directes proposées par la compagnie Tam ☎ (067) 242.1450. Rés. à São Paulo ☎ (011) 883.6622.

## Porto Murtinho**

➤ *À l'extrême sud du Pantanal, à la frontière avec le Paraguay. Accès depuis Campo Grande (462 km) par la BR-060 (233 km), puis la BR-267 (229 km), route de terre.* Enclavée entre les *serras* et la plaine, Porto Murtinho, fondée en 1892, fut la ville du cycle du maté. Le Paraguay et ses affluents très poissonneux vous y attendent entre mars et octobre pour d'excellentes parties de pêche et de superbes safaris-photos. La région se caractérise, en effet, par une faune et une flore très riches.
Excursions fluviales à l'île de Margarida, au Paraguay, et au village des Indiens Bororós dans le Pantanal paraguayen. Sur l'île, vous pouvez acheter des objets d'artisanat. Croisière sur le bateau Nabileque, qui part de Porto Murtinho et va jusqu'à la jonction des *rios* Branco et Paraguay : 12 cabines à deux couchettes avec climatisation et s.d.b. privée. Rés. à Campo Grande, rua 13 de Maio 984 ☎ (067) 383.1224.

## Campo Grande

Devenue un centre agricole important sous l'impulsion des immigrants japonais, Campo Grande (fondée en 1899) compte aujourd'hui plus de 600 000 hab. Son intérêt touristique est fort limité. Les visiteurs qui ne se rendent pas directement à Corumbá y feront éventuellement une étape avant de gagner le Pantanal. La visite du **museu Dom Bosco**\* donne un avant-goût du voyage : fossiles, animaux empaillés, papillons de toutes tailles et couleurs, matériel ethnographique provenant des tribus bororo, xavante, carajá, etc.

### Les bonnes adresses

▲▲ **Campo Grande**, rua 13 de Maio 2825, centre ☎ (067) 721.6061. *96 ch.* VISA, AE, DC, MC. Confort correct. Bon restaurant.

▲ **Buriti**, rua Antônio Maria Coelho 2301, centre ☎ (067) 384.2211. *72 ch.* VISA, AE, DC, MC.

♦♦ **Centurion**, rua da Paz 350 ☎ (067) 721.1060. AE. L'un des meilleurs restaurants de la ville.

♦ **Rádio Clube**, rua Padre João Crippa 1280 ☎ (067) 721.0131. VISA, AE, DC, MC. *F. le lun.* Bonne cuisine variée.

### Adresses utiles

**Aéroport.** Antônio João à 7 km du centre ☎ (067) 763.1184/2444.

**Agences de voyages.** Impacto Turismo, rua 15 de Novembro 939 ☎ (067) 724.3167, fax 382.5926.

**Compagnies aériennes.** Pantanal, av. Afonso Pena 2950, centre ☎ (067) 763.1322 et n° vert 0800.12.5833 ; **Varig** et **Rio Sul**, rua Barão do Rio Branco 1356 ☎ (067) 725.4070 et n° vert 0800.99.7000 ; **Vasp**, av. Calógeras 2129 ☎ (067) 721.4091 et n° vert 0800.99.8277 ; **Tam**, av. Afonso Pena 20 ☎ (067) 763.2438 et n° vert 0800.12.3100.

**Gare de chemin de fer.** Estação Ferroviária, av. Calógeras ☎ (067) 383.2762. **Gare routière.** Estação Rodoviária, rua Joaquim Nabuco ☎ (067) 383.1678. **Informations touristiques.** CODEMS, rua Cândido Mariano 1500 ☎ (067) 721.3386, rens. ☎ (067) 139 et bureau à l'aéroport.

**Location de voitures.** Unidas, av. Afonso Pena 746 ☎ (067) 384.5626 et n° vert 0800.12.1121 ; **Localiza**, av. Afonso Pena 318 ☎ (067) 382.8786 et n° vert 0800.99.2000 ; **Avis**, av. Mar. Rondon 1636 ☎ (067) 642.3088 et n° vert 0800.55.8066

**Taxi.** Coopertáxi ☎ (067) 761.1828/1111. **Taxi aériens.** Mato Grosso do Sul ☎ (067) 787.3432 ; Taq-Quartin ☎ (067) 741.4797. **Urgences.** Santacasa, rua Eduardo Santos Pereira 88 ☎ (067) 382.5151.

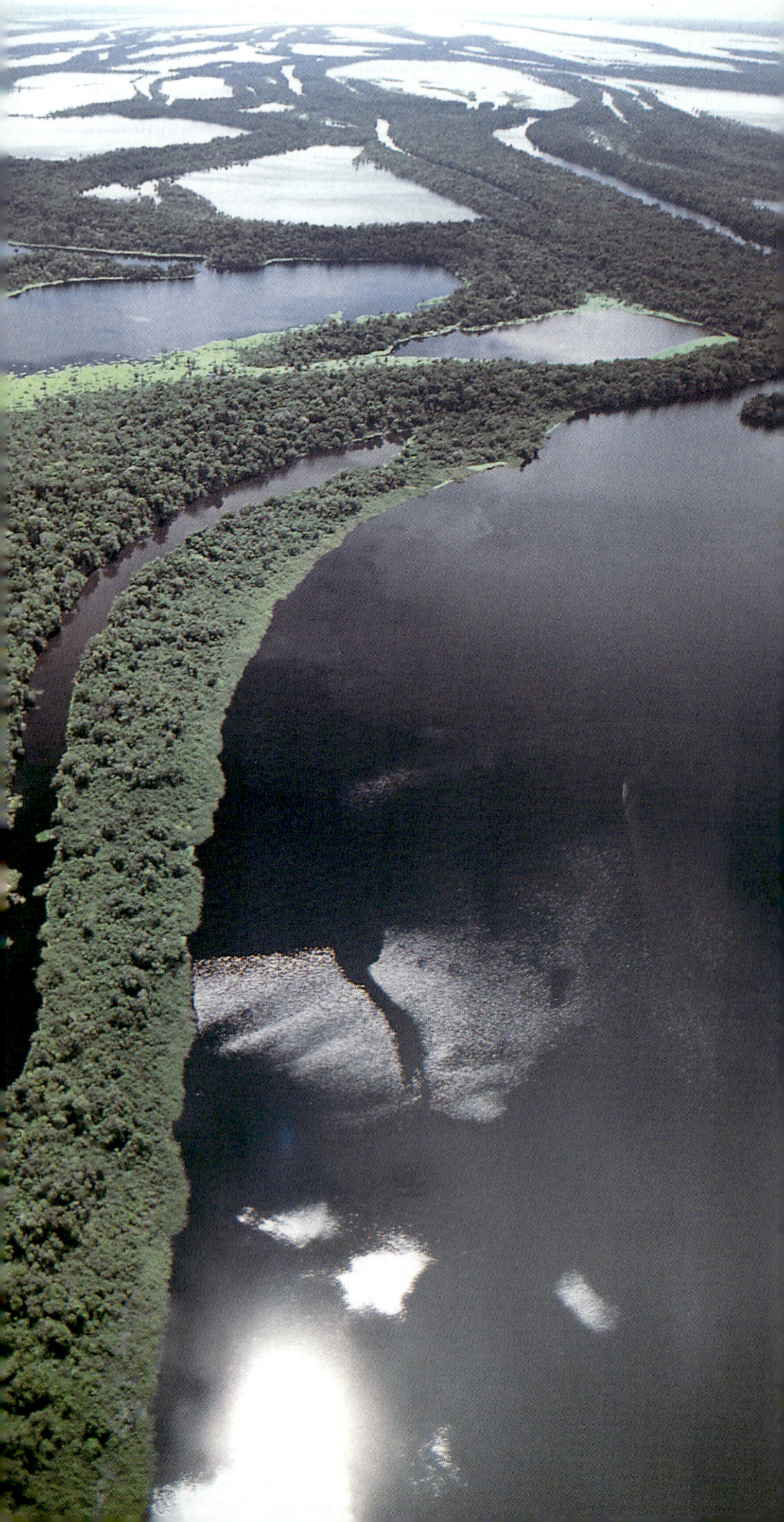

# L'AMAZONIE

*Le Pará, Belém et l'île de Marajó ; l'Amazonas,
Manaus, promenades sur le fleuve
et ses affluents, séjours en forêt.*

---

Plus grand bassin fluvial du monde, plus grand écosystème de toute la biosphère, plus grande réserve d'oxygène de la planète, l'Amazonie est avant tout un grandiose complexe géographique formé par la forêt et le bassin de l'Amazonas. Sa partie brésilienne, à elle seule, couvre un territoire vaste comme sept fois la France. Correspondant à plus de la moitié du Brésil (pour seulement 10 % de sa population), elle est représentée administrativement par la région Nord comprenant les États du Pará (Belém), d'Amapá (Macapá), de Roraima (Boa Vista), de l'Amazonas (Manaus), d'Acre (Rio Branco), de Rondônia (Porto Velho) et du Tocantins (Palmas do Tocantins).

## Le spectacle des eaux

L'Amazonas déverse dans l'Atlantique, en un seul jour, l'équivalent de la Tamise en une année. En moins de 28 secondes, il peut fournir un litre d'eau à chaque habitant de la planète. Premier fleuve du monde par son débit (entre 100 000 et 220 000 m³ par s), sa longueur totale est un sujet de controverse. Si on le considère depuis sa naissance, dans les Andes péruviennes, incluant donc les fleuves Marañon et Solimões, il atteint 6 868 km de long. D'une largeur moyenne de 4 à 5 km (jusqu'à 50 km), sa profondeur moyenne varie de 40 à 50 m

**Les méandres de l'Amazonas. Grossi de 17 affluents principaux, parmi lesquels on trouve dix des vingt plus grands fleuves du monde, le bassin de l'Amazonas couvre un territoire plus vaste que l'Europe, encore partiellement exploré et habité.**

> ### Un labyrinthe de terre et d'eau
>
> C'est à la saison des hautes eaux (de mai à août) que l'alchimie entre la forêt et les eaux prend toute sa dimension. Les crues de l'Amazonas et de ses grands affluents, appelés aussi « rios », inondent la plaine formant un dédale de rivières, lacs, canaux, cours d'eau… On y distingue principalement :
> **les igarapés**, nom indien signifiant « chemin d'eau », c'est-à-dire les multiples bras, sous-affluents du fleuve, criques, ruisseaux étroits ou plus larges rivières ;
> **les igapós**, la forêt dense inondée, sans doute l'un des paysages les plus typiques de l'Amazonie avec ses arbres à demi-inondés (bambous, palmiers) qui étirent leurs branches vers le ciel, hors de la surface des eaux claires et calmes ;
> **les furos**, nom donné par les *caboclos* aux petits cours d'eau reliant les lacs aux *igapós* formant autant de raccourcis pour leurs embarcations ;
> **les paranás** sont des bras de fleuve formant des îlots et des canaux de liaison entre les différents *rios*.

(100 m à son maximum, dans la ville d'Óbidos), en l'absence pourtant de toute déclivité. Ainsi, avec son lit bien en dessous du niveau de la mer, le fleuve, en période de grandes crues (juin et juillet), liées aux pluies de l'hémisphère nord et à la fonte des neiges andines, s'élève jusqu'à 27,5 m de haut (record en 1953 avec 29,6 m) pénétrant jusqu'à 60 km à l'intérieur des terres.

Le bassin amazonien constitue, à lui seul, un cinquième des réserves d'eau douce du globe. Outre l'Amazonas, il est composé de plus de mille affluents comptant parmi eux dix des vingt plus grands fleuves de la planète. Au total, avec leurs milliers de sous-affluents, ils forment un réseau de plus de 20 000 km de voies navigables. Pour la seule Amazonie brésilienne, ce sont près de 4 000 km$^2$ d'eau irriguant 47 % de la superficie du pays. Le fleuve a des allures de mer découpée dans l'océan végétal de la forêt.

## La forêt, ventre de la planète

La forêt couvre 75 % de la plaine amazonienne. La plus grande réserve écologique de la planète est le sanctuaire d'une prodigieuse biodiversité : 1,4 million d'espèces animales et végétales, soient 50 % des variétés constituant la faune et la flore terrestres, une formidable réserve naturelle dont seulement 30 % sont connus de la science. La forêt amazonienne renferme 60 000 espèces de plantes, 2 000 espèces de poissons et, pour sa seule partie brésilienne, 428 espèces de mammifères, 1 622 espèces d'oiseaux, 467 types de reptiles, 1 400 types de poissons, 516 types d'animaux amphibies, 1 800 espèces de papillons, 200 variétés de moustiques, 1 700 espèces d'arbres. Parmi les essences utilisées en pharmacie et en médecine au plan mondial, 25 % sont extraites de ce biotope unique.

**Trois grandes zones.** Aux abords des fleuves, se trouve la *mata de igapó* (partie de la forêt constamment inondée), constituée de sous-bois denses, d'arbres aux racines élevées, enchevêtrés, ne dépassant pas 20 m de hauteur.

Plus à l'intérieur, on passe à la *mata de várzea* (partie de la forêt périodiquement inondée), moins touffue, avec des arbres pouvant s'élever jusqu'à 40 m, dont le fameux arbre à caoutchouc.

Enfin, on gagne la *mata de terra firme* (partie plus élevée, jamais inondée) où se dresse la forêt telle qu'on se l'imagine avec ses lianes colossales. Cette forêt sratifiée est dominée par des arbres géants pouvant atteindre 60 m de hauteur. C'est sur ces terres que se trouvent le plus grand nombre d'espèces, les arbres les plus anciens. On y rencontre la plupart des essences précieuses, en particulier, le *guaraná*, très utilisé par les indigènes et dans l'industrie pour fabriquer une boisson gazeuse devenue aussi populaire que le coca ainsi que la *castanha do Pará* ou *tocari* (noix du Brésil), dont la récolte constitue une importante source de revenus pour les habitants de la région.

Dans cette immensité végétale, la faune n'est pas facilement visible. Nombre d'animaux amazoniens, surtout mammifères herbivores ou carnivores, sont des animaux nocturnes. La forêt ne se livre que progressivement. C'est ainsi qu'avec une certaine pratique et, surtout, l'expérience des guides *caboclos*, vous découvrirez ses secrets.

## Une occupation sauvage

À l'époque pré-colombienne, elle était déjà peuplée de diverses tribus indiennes. Cependant, les Européens, attirés par le mythe de l'Eldorado, organisent plusieurs expéditions pour explorer la forêt. Amazonie, c'est le nom donné à la région par Francisco Orellana qui, en 1539, est le premier à descendre le fleuve, où il dit avoir dû livrer combat à de farouches et superbes guerrières ressemblant aux amazones grecques. Mais les Portugais, ayant acquis la souveraineté sur ces terres, décident de les occuper. Cette conquête progressive se fait avec l'aide des missionnaires. Peu à peu, la réalité se fait jour, au rêve de l'Eldorado se substitue l'idée d'explorer les richesses de la forêt et de ses essences : cannelle, *urucum*, vanille, bois précieux….

L'hévéa, connu depuis longtemps des Indiens, ne va pourtant susciter la fameuse explosion économique de la région qu'à partir de 1842 (voir Manaus, p. 263). Le boom du caoutchouc, entre 1880 et 1914, marque un nouveau tournant pour le développement de l'Amazonie. Son exploitation se trouve dès lors aussi bien axée sur l'agriculture et l'élevage que sur l'exploitation forestière. De nouvelles villes sont fondées. Celles qui existaient déjà, comme Manaus et Belém, connaissent un formidable essor. Les tribus indiennes sont peu à peu repoussées vers le sud du bassin amazonien.

Mais à partir de 1914, le caoutchouc amazonien est détrôné par le caoutchouc du sud-est asiatique. Cette situation de déclin va perdurer jusqu'à la Seconde Guerre mondiale, au lendemain de laquelle débute le peuplement du territoire. Le gouvernement entreprend de distribuer des terres à de nouveaux colons, en majorité des paysans pauvres venus du Nordeste. « Une terre sans hommes pour des hommes sans terre », le slogan a de quoi séduire. Toute une infrastructure est mise en place pour répondre aux besoins du désenclavement régional. Des ports, des aéroports sont construits ainsi que des routes, dont la fameuse Transamazónica (5 300 km) qui doit servir d'épine dorsale à l'implantation des colons et se trouver à terme jalonnée de nouvelles villes. Dans les années 1960, la zone franche de Manaus est créée afin

de faciliter l'importation de produits nécessaires à l'expansion économique de la région.
Mais vers la seconde moitié des années 1970, l'ambitieuse stratégie se révèle un échec. Les colons endettés, découragés par les difficultés de la mise en valeur (les promesses des autorités n'ont pas été tenues), quittent leurs terres pour s'entasser dans les bidonvilles des villes amazoniennes ou sont expulsés par les grandes compagnies. Le gouvernement mise alors sur ces dernières pour occuper économiquement l'Amazonie, y développer l'élevage, l'agriculture et exploiter les richesses minières : fer de Carajás (plus grand gisement du monde), bauxite de Trombetas, étain, argent, or, nickel, plomb, zinc, amiante, manganèse, uranium.

### Une catastrophe écologique

C'est un euphémisme de dire que le développement de l'Amazonie, en particulier au cours de ces vingt dernières années, s'est accompli aux dépens de la forêt. De plus, l'exploitation des richesses naturelles s'est surtout faite au profit de grandes compagnies étrangères, de multinationales ou d'entreprises appartenant à d'autres régions du Brésil. Le bilan est désastreux : les déchets chimiques (mercure, déchets de l'exploitation minière, entre autres) gagnent les rivières; le déboisement ne cesse de s'accélérer. En 1994, la superficie déboisée atteint 14 896 km$^2$ par an, soit 0,4 % de la superficie de la forêt. Le taux représente une augmentation de 34 % par rapport aux données de 1990 et de 1991. Ce processus a engendré une rupture de l'équilibre écologique. La destruction des arbres entraîne la disparition de l'ombre qui, elle-même, nuit à la production d'humus portant ainsi atteinte à la fertilité des sols. Parallèlement, le déboisement entraîne un changement dans le régime des pluies et dans le niveau des crues. Autant de phénomènes aux effets irréversibles.
Chaque heure, six espèces disparaissent. Chaque jour, 500 000 arbres sont abattus pour leur bois, coupés ou brûlés à des fins de défrichement pour des raisons d'exploitation minière, de plantations (maïs, manioc, riz, canne à sucre) qui usent et appauvrissent les sols non adaptés à la production agricole prolongée. Tous les deux ans, c'est un morceau de forêt grand comme les Pays-Bas qui disparaît.
Pour combattre les chercheurs d'or illégaux, responsables de la pollution des rivières au mercure, ainsi que les éleveurs pratiquant illégalement les *queimadas* (brûlis), les autorités ont mis en place des mesures incitatives au reboisement.

## ■ MODE D'EMPLOI

### Accès

**En avion.** Plusieurs lignes relient quotidiennement les principales capitales. Étant donné les distances, donnez la préférence aux vols directs. De ce point de vue, Manaus n'est pas extrêmement bien desservie. Ayez donc soin de réserver un peu à l'avance si vous ne voulez pas mettre 12 h pour rallier Rio ! Avant de vous rendre dans une ville plus petite que Manaus ou Belém, assurez-vous, si vous disposez d'un Pass, que votre compagnie la dessert effectivement. **Varig**, **Vasp** et **Transbrasil** desservent les capitales de la région, notamment Manaus, Belém, Rio Branco, Porto Velho et Macapá ainsi que d'autres villes importantes comme Santarém. Enfin, des compagnies régionales comme **Taba** et **Brasil Central** desservent les villes plus petites.

Habitants les lieux depuis des milliers d'années, les Indiens avaient acquis une connaissance de la forêt leur permettant de s'en servir sans la détruire. Victimes de l'occupation sauvage de leur territoire, des incursions des grandes compagnies d'extraction et de déboisement et des chercheurs d'or, ils sont aujourd'hui moins de 200 000 à survivre dans des zones de plus en plus reculées de l'Amazonie.

**En voiture et en bus.** La route est longue et difficile, surtout en période de pluies. Pour les aventuriers peu pressés, toutes les capitales amazoniennes sont accessibles par la route, ce qui ne signifie pas nécessairement « route asphaltée » ! La BR-10 relie Belém à Brasília; la BR-80, Manaus à Brasília; la BR-316 Teresina à Belém; les BR-364 et 319 relient successivement Cuiabá à Porto Velho et Porto Velho à Manaus; la BR-163 part de Campo Grande, passe par Cuiabá et arrive à Santarém; quant à la Transamazônica (BR-230), elle relie João Pessoa à Benjamin Constant en passant par les villes d'Altamira et d'Itaituba. Ce parcours reste cependant théorique car la route n'est pas praticable partout.

**En bateau.** La liaison entre Belém et Manaus *via* Santarém, en descendant l'Amazonas existe. Cependant, sa durée est imprévisible : de 5 à 8 jours pour un parcours assez monotone, d'autant qu'à certains endroits le fleuve est tellement large que l'on n'aperçoit pas les rives. La « croisière » est assurée par la Cie Enasa : rua Mar. Deodoro 61, centre ☎ (092) 633.3280, fax 633.3093 à Manaus; à Belém, av. Pres. Vargas 41 ☎ (091) 223.3165, fax 223.3878.

## La meilleure époque

Le climat amazonien se caractérise par la chaleur et l'humidité, d'où cette végétation toujours verte et dense. La température moyenne annuelle est de 26 °C pour un taux d'humidité variant entre 70 et 90 % selon la période de l'année. Les pluies sont très abondantes de décembre à avril. L'année est ainsi partagée en deux saisons : saison des pluies et saison sèche. Cette dernière, qui s'étend de mai à novembre, est donc à conseiller pour la pluviosité moindre mais aussi parce qu'elle correspond au moment des crues du fleuve, qui envahit de façon spectaculaire la plaine et la forêt, permettant les promenades en canot sur les *igarapés*. Préférez en particulier les mois de juin et juillet où les eaux sont les plus hautes. La décrue s'amorce en août, le mois le plus chaud avec octobre (les températures peuvent atteindre 44 °C). La saison des pluies correspond en revanche aux basses eaux, d'où une nature profondément différente et moins intéressante, à moins de vouloir juger de la profonde transformation du paysage. La floraison (deux fois par an pour certaines espèces) a lieu de janvier à mars. La meilleure période pour les fruits se situe entre juillet et septembre.

## Les précautions à prendre
Trois recommandations essentielles : les vaccinations traditionnelles à jour, le vaccin contre la fièvre jaune, un traitement antipaludéen et l'usage exclusif d'eau minérale (voir Santé p. 22).

## Programme
Manaus est la principale ville d'accès à la forêt amazonienne. Un jour suffit pour la connaître. En revanche, il vous faudra au minimum deux nuits en forêt. Si vous avez du temps, arriver par Belém présente un réel intérêt. Deux jours sont nécessaires pour visiter la ville, admirer le spectacle du fleuve, respirer un avant-goût de l'Amazonie. De là, vous pouvez vous rendre sur l'île de Marajó avant de rejoindre Manaus par avion.

## Hébergement et excursions
Les grandes villes possèdent des hôtels de confort international et de diverses catégories. Pour aller en forêt, la meilleure option est de prendre **un voyage organisé**. Vous pouvez séjourner dans un lodge. Outre la beauté du cadre naturel alliée au confort de plus en plus présent, les lodges offrent des excursions très intéressantes (comprises dans le prix du séjour) : marches en forêt, exploration des environs, observation de la faune à l'aube ou de nuit, balades en canoë dans les *igarapés*, découverte du mode de vie des *caboclos*. Les lodges, qui disposent de guides professionnels, peuvent organiser, à la demande, des excursions plus aventurières (un ou plusieurs jours en forêt par exemple avec déplacements en canoë et à pied, nuit à la belle étoile dans des hamacs).

Si vous disposez d'un peu de temps, vous pouvez aussi prendre vous-même un **guide**. Vérifiez qu'il possède bien une carte professionnelle, garantie de sérieux. Tous les guides officiels doivent suivre un entraînement spécial de survie en forêt, dispensé par l'armée. Vous pouvez également suivre ce stage de survie (de un à trois jours), pour cela contactez l'agence Solução Assessória ☎ (091) 234.5400 à Manaus, qui se chargera de l'organiser. Au cours de ce stage, vous apprendrez tous les rudiments de la survie : se repérer dans la forêt, faire du feu, construire une cabane, quels animaux et plantes manger !

Vous pouvez également choisir l'option **croisière**. Mis à part l'ambiance, le parfum d'aventure et le luxe de certains bateaux, sillonner ainsi la forêt se révèle assez vite monotone en raison de la répétition du paysage et des activités à bord nécessairement plus limitées.

---

### Le pato no tucupi

Goûtez au canard sauvage cuit dans la sauce réalisée à partir du jus fermenté de la racine de manioc, servi accompagné de riz, de *farinha d'água* et de l'incontournable *pimenta de cheiro*. D'abord grillé, puis coupé en morceaux, l'animal doit mijoter dans la sauce au tucupi pour en absorber la saveur, avant d'être recouvert de feuilles de *jambu* bouillies (herbe locale, sorte de cresson sauvage). C'est assez net : on aime ou on déteste !

## Les fruits amazoniens

Le Brésil est le paradis des fruits tropicaux et l'Amazonie son grand jardin où poussent des fruits délicieux, trop méconnus y compris des Brésiliens. En flânant sur les quais des ports, sur les marchés aux abords des fleuves, vous sentirez leurs parfums profonds, poivrés, sucrés, découvrirez leurs formes et leurs couleurs singulières, écouterez leurs noms exotiques, sonores, juteux, autant de suggestions de leur succulence.

Le **cupuaçu**, acide, fortement parfumé, poivré, à l'écorce marron, d'aspect velouté, appartient à la même famille que le cacao. Ses graines servent à confectionner du chocolat blanc.

La **graviola** est très parfumée, plus douce, suave, sa pulpe blanche sert à la fabrication de fabuleux jus, sorbets ou mousses.

La **pupunha**, fruit d'un grand palmier poussant en grappes rouges et orange, est riche en vitamines. Il donne aussi de très bons cœurs de palmiers.

Le **buriti**, autre fruit d'un palmier riche en huile, sert à fabriquer de la liqueur.

La **castanha-do-pará** est la noix du grand arbre amazonien.

## La cuisine amazonienne

Très influencée par les saveurs indiennes, sa découverte peut être étrange pour un palais européen. Le manioc est l'ingrédient principal (fournissant la farine) ; on en extrait aussi le *tucupi* (jus) servant à confectionner les sauces accompagnant les produits locaux à savoir crevettes, crabes et surtout poissons amazoniens. Ces derniers sont la base de l'alimentation régionale. Belém est certainement le meilleur endroit pour vous initier à ces goûts très particuliers, héritage de la forêt revisité par les traditions africaines et portugaises.

Vous pouvez également expérimenter la *maniçoba*. Vous vous entêtez ? Tentez le *tacacá*, potage réalisé avec de la gomme de manioc, des feuilles de *jambu*, des oignons, des crevettes séchées et du piment. Goûtez le *vatapá* et le *caruru* du Pará, différents de ceux de Bahia. Si vous n'êtes toujours pas conquis par ces mets régionaux, après une entrée de *casquinhas e patinhas de caranguejo*, il vous reste tous les poissons à déguster : *tambaqui, jaraqui, tucunaré, pirarucu* (goûtez en particulier le *pirarucu* à la noix de coco) et même le piranha qui fait de bonnes soupes. La liste est longue. Bien que l'on puisse regretter qu'ils soient cuisinés un peu trop souvent de la même façon, grillés ou en *caldeiradas* (genre de ragoût, matelote sans vin), leur chair est le plus souvent excellente.

Un petit creux encore ? Ne cherchez pas à la carte tortues et autres alligators. Heureusement pour eux, ils sont protégés. En revanche, vous terminerez bien votre festin amazonien par un sorbet de quelque fruit local au goût unique, exotique, exquis !

# BELÉM***

C'est la porte d'entrée de la majesté brésilienne, le port d'embarquement vers le cœur de l'Amazonie. Située à l'est du delta de l'Amazonas, à l'embouchure du *rio* Guamá, face à la baie de Guajará, qui donne dans la baie de Marajó, Belém commande l'accès au fleuve.

Ville ancienne et moderne à l'urbanisation contenue, ce qui la différencie de Manaus, Belém, cité coloniale, profondément métisse, a de prime abord un charme paisible : larges avenues bordées de manguiers, brises adoucissant la chaleur, pluies quotidiennes rafraîchissant l'atmosphère, immeubles belle époque. C'est alors que Belém, mystérieuse et primitive, à l'atmosphère interlope de tous les grands ports du monde, inimitable, se découvre.

### Deux événements capitaux

Fondée par les Portugais en 1616, sous le nom de N.-D. de Belém do Grão Pará (nom de sa sainte patronne), la ville a d'abord connu un développement lent. Deux événements vont déterminer son essor : en 1867, l'ouverture de l'Amazonas à la navigation internationale ; puis, de 1870 à 1910, le boom du caoutchouc. La cité devient ainsi le principal port de l'Amazonas. Sa population augmente. Une série de grands travaux sont lancés : pavage des rues, électrification, égouts, tramways, constructions d'édifices publics, de théâtres. Mais le déclin du caoutchouc amazonien va porter un coup d'arrêt à tous ces progrès. Ce n'est que dans les années 1970 que l'exploration des richesses minières de l'État donne un nouveau coup de fouet à l'expansion de la ville. Belém, capitale administrative et universitaire de la région, compte un peu plus de 1,2 million d'hab.

## ■ MODE D'EMPLOI

### Arrivée

S'il existe de nombreuses liaisons en bus ainsi que des routes venant de Brasília ou du Nordeste, les distances (Brasília, 2 100 km ; Rio, 3 250 ; Salvador, 2 778 et même São Luís, 806 km) demeurent prohibitives, sauf pour ceux qui ont du temps. Belém est reliée par avion aux principales villes brésiliennes ainsi qu'à quelques métropoles sud et nord-américaines. L'aéroport se trouve à 16 km du centre. Il vaut mieux arriver de jour pour la vue impressionnante sur le fleuve et la baie de Guajará en espérant que les nuages ne soient pas trop bas... Vous trouverez dans l'aéroport un centre d'informations touristiques, Parátur, qui vous fournira renseignements et plan de la ville. Pour gagner le centre, au lieu de prendre un taxi des *cooperativas*, plus cher, optez pour un taxi normal, en ayant l'air de savoir où vous allez !

### Programme

Il n'y a pas de meilleure saison pour se rendre à Belém. Tout au long de l'année, le climat est chaud et humide. Les températures (moyenne, 27 °C ; minima, 20 °C ; maxima, 38 °C) atteignent leur niveau le plus haut de juillet à novembre. Belém est l'une des villes de la planète où il pleut le plus : les averses sont quotidiennes. Toutefois, les pluies les plus abondantes ont lieu de décembre à mai.

Pour visiter la ville, comptez de un à deux jours. Si vous désirez vous rendre à l'île de Marajó, prévoyez au moins une journée.

### Fêtes et folklore

Les **fêtes de la Saint-Jean** sont aujourd'hui liées aux choses de l'amour. Avec force feux d'artifice, musique, danse, boissons fortes et nourriture, les Brésiliens ont transformé le quadrille traditionnel en un rituel de conquête. La coutume veut que l'on saute les feux de la Saint-Jean en demandant un mari à Saint-Antoine. La femme voulant savoir le nom de son futur mari n'a qu'à, cette nuit-là, planter la lame d'un couteau dans le tronc d'un bananier ; le lendemain, le nom de son promis y sera gravé. Quant au bonheur, rien de mieux pour l'attirer que de prendre, le jour de la Saint-Jean, un bain aux essences de la région : patchouli, bois de rose, *caatinga de mulata*, *priprioca*...

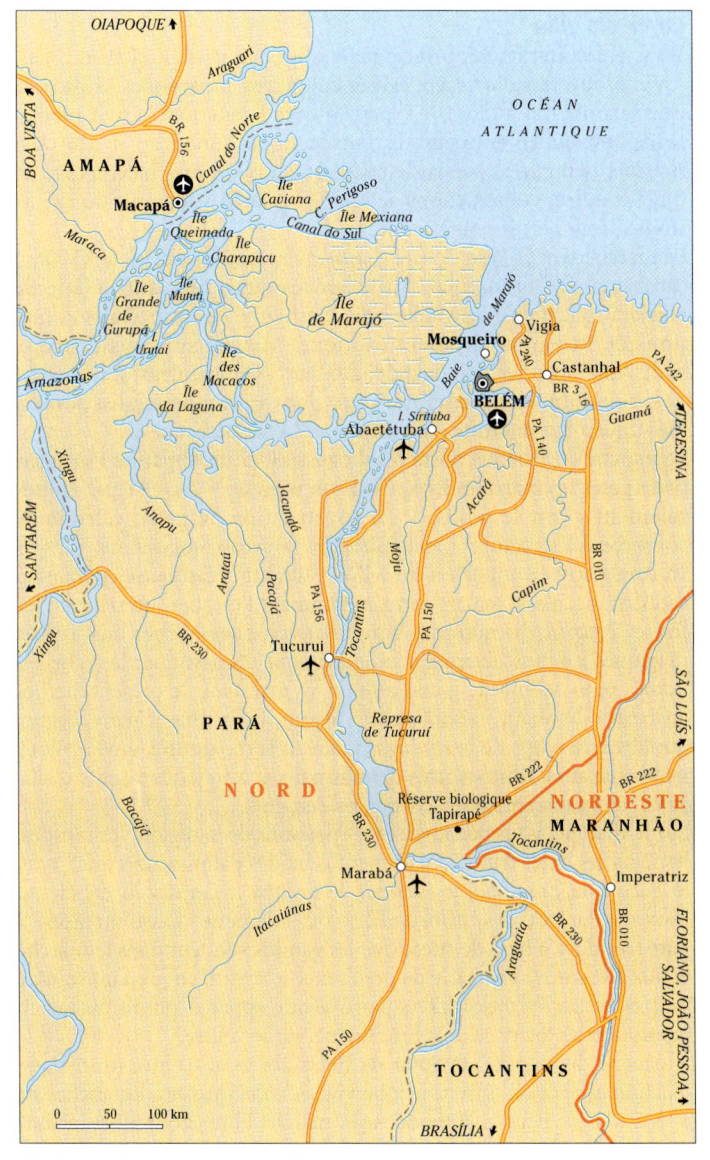

**Belém et l'embouchure de l'Amazonas**

Les **cordões de pássaros** sont une autre fête traditionnelle appelée aussi « ópera *caboclo* ». La manifestation allie musique, danses, chants sur fond d'un récit mélangeant personnages de la mythologie indienne et européenne (fées, animaux).
Le **carimbó** rythme, tout au long de l'année, la danse traditionnelle la plus populaire, sensuelle et coquine. D'origine africaine, héritage des esclaves bantous, s'y sont mêlées des touches indiennes.
Le **Círio de Nazaré** (voir encadré p. 259).

## La vieille ville★★★

Vous y découvrirez les principaux vestiges du passé de Belém : maisons recouvertes d'*azulejos*, églises coloniales et baroques, édifices et églises construits au XVIIIe s. par Antônio Landi dont le style maniériste pombalin est empreint de traits baroques annonçant le néo-classicisme, demeures, palais de style art nouveau aux balcons en fer forgé et autres constructions datant de la glorieuse époque du caoutchouc. Vous verrez notamment :

**Le marché Ver-O-Peso**★★★ (*av. Castilho França, t.l.j. depuis le XVIIe s.*) est le marché municipal. Situé sur les quais bordant la baie de Guajará tout près de la vieille ville, il est l'une des principales attractions de Belém, absolument exotique. Marché aux poissons, aux fruits, aux légumes, à la viande, aux herbes miraculeuses, à l'artisanat, aux animaux, y compris ceux dont la commercialisation est théoriquement interdite : serpents, paresseux, perroquets...

Le marché est l'ancien poste fiscal construit en 1688 par les Portugais pour peser les marchandises, d'où son nom de « Ver-O-Peso » (littéralement « voir le poids »). La construction actuelle, éclectique, conserve des structures métalliques Art nouveau, qui ont été réalisées en Angleterre et importées au XIXe s. durant la fastueuse époque du caoutchouc. Vous remarquerez notamment l'escalier intérieur en fer forgé. Autour du marché, vous trouverez les herbes aux vertus magiques les plus diverses : *uirapuru* pour domestiquer les rebelles, herbes pour séduire le grand amour ou maintenir le présent, herbes attirant le bonheur, faisant venir l'argent, la fortune, *cheiro cheiroso* qui libère le corps de la *caninga* (mauvais sort, jalousie, envie). Vous trouverez aussi toutes sortes de talismans et amulettes : dents d'alligator, animaux empaillés, cornes, os, serpents...

Sur le marché, vous découvrirez les poissons de la région, les viandes, les légumes et les fruits, notamment ceux des palmiers tels que l'*açaí*, le *bacuri*, la *pupunha*, le *tucumã*, le *bacabá*... Goûtez la délicieuse noix du Pará ou le *quebra-queixo* (littéralement « casse menton »), pâte très dure à base de sucre que les gamins vendent dans le marché et aux alentours. Visitez-le de préférence le matin, en prenant soin de ne pas tenter les pickpockets par quelque appareil photo ou sac en bandoulière. Portez-les à la brésilienne, sur le ventre.

À gauche du marché, le **Solar da Beira** abrite un centre touristique d'artisanat local, il offre une jolie vue. À côté, tous les dimanches de 17h à 22h, se tient la **Feira do Açaí**, marché libre (nourriture, artisanat et mille choses encore). L'ambiance est très animée ; profitez-en pour boire un verre.

Face au marché, entrez dans le cœur de la vieille cité coloniale, autour de la **rua Santo Antônio**★, où se trouve l'ancienne maison de commerce *Paris N'América*, exemple de l'architecture coloniale.

Sur la praça D. Pedro II (située à gauche du marché Ver-O-Peso, face à la baie), vous verrez le **palais Lauro Sodré**★, construit en 1771 par Landi, ancien siège du gouvernement reconverti en musée de l'État (*ouv. du lun. au ven. de 8h à 12h et de 14h à 18h ☎ (091) 225.3853*). À côté, en bleu, vous noterez le **palais Antônio Lemos**★ (*ouv. de 8h à 18h du lun. au ven. ☎ (091) 242.3344*), également édifié par Landi. Il

## Le Pará, une position stratégique

Lorsque les Européens montre un intérêt pour l'Amazonie, la couronne portugaise procède rapidement à l'occupation du territoire. En 1616, un fort est bâti dans l'estuaire de l'Amazonas, qui devient une zone stratégique sous la forme de l'État du Grão Pará, directement lié à Lisbonne et non au gouvernement colonial brésilien. Ce nom tiré de l'indien signifiant « grand » correspond à la réalité géographique : 1 248 042 km$^2$, soit le deuxième État du pays par sa superficie, équivalant à 14,66 % du territoire pour une densité très faible : 4 hab. par km$^2$, pour une population majoritairement *cabocla*.

Le relief est plat et bas : les plaines, qui se prolongent à partir des rives des fleuves, ne s'élèvent que très légèrement pour former les terres fermes, dont l'altitude ne dépasse pas les 100 m. Les seules élévations sont celles de la frontière nord (jusqu'à 900 m) et de la serra dos Carajás à l'est (600 m), riche en réserves minières. Sa géographie est embellie par l'embouchure de l'Amazonas (500 km séparés en deux bras par la vaste île de Marajó) et l'immense réseau aquatique formé par le fleuve et ses affluents, notamment l'Araguai, le Tapajós, le Xingu.

Couvert à 87 % par la forêt amazonienne, le Pará est à l'image de cette dernière : plein de ressources inexplorées. Exportateur de bois, de noix du Brésil, de cœurs du palmier d'açaí, de fruits tropicaux, son économie est aussi axée sur la pêche (crevettes, thon, *piramutaba*, qui est un poisson d'eau douce).

Grand éleveur de buffles, introduits dans l'île de Marajó à la fin du XIXe s., le Pará s'impose aussi comme l'une des plus grandes réserves minières du globe : fer, bauxite, cuivre, étain, manganèse, nickel, or, pierres précieuses. D'artisanale, jusque dans les années 1970, l'extraction minière y a pris une dimension industrielle, représentant 14 % du PIB de l'État.

---

abrite aujourd'hui la mairie et le **museu de Arte**\*\*, le Mabe, où se déroulent souvent des concerts et des spectacles de danse folklorique. Ces deux bâtiments contrastent avec les *sobrados* en *azulejos*, notamment le **Solar do Barão de Guajará**\* (*ouv. du lun. au ven. de 8h à 13h*), siège de l'Institut d'histoire et de géographie du Pará. Derrière les palais, sur le largo São João, vous visiterez l'**église São João**, de forme octogonale, autre œuvre de Landi.

À proximité, en direction du port, sur le largo da Sé, se trouve la **catedral da Sé**\*\* (*ouv. du mar. au ven. de 7h à 11h30 et de 14h à 18h, le sam. jusqu'à 19h et le dim. de 6h30 à 12h et de 16h à 21h*), construite entre 1748 et 1771 par Landi. Son autel en marbre et albâtre, offert par le pape Pie XI, est l'œuvre du sculpteur Luca Guarimini. Les décors de la voûte et la plupart des tableaux latéraux ont été réalisés par Domenico de Angelis, dont on retrouve également l'œuvre au Teatro Amazonas à Manaus. L'**église Santo Alexandre**\*, de style néocolonial, est l'ancien couvent des jésuites. Notez les autels et chaires baroques réalisées par Peter Traer.

À droite du largo da Sé, face à la baie, se dresse le **Forte do Castelo**\* (*ouv. t.l.j. de 8h à 23h ☎ (091) 223.0041*). C'est ici qu'en 1616 débarquèrent les Portugais afin d'expulser Anglais, Français et Hollandais.

# UN FABULEUX BESTIAIRE

*L'immensité et la compacité de la forêt amazonienne dissimulent une faune très riche et étonnante : animaux gigantesques, merveilleux, étranges avatars de l'évolution, espèces amicales ou inquiétantes, parfois menacées.*

### Sur les branches

Les forêts infinies de l'Amazone, qui bénéficient d'une chaleur élevée et constante tout au long de l'année et de la très forte humidité qu'entretiennent les pluies quotidiennes de l'équateur, abritent dans leurs profondeurs une multitude d'espèces animales et végétales dont beaucoup restent à découvrir. Les singes laineux, hurleurs, moines, capucins, sakis, ouakaris, sapajous, tamarins et ouistitis colonisent les hautes frondaisons. En revanche, les bradypes, ou paresseux, s'agrippent aux branches avec des mouvements lents et mesurés. Leur toison de poils longs et grossiers, envahie d'algues vertes, les rend difficile à apercevoir parmi les lianes où ils se tiennent tout au long de la journée. Les aras multicolores et les vertes amazones s'assemblent en troupes bruyantes à la cime des arbres où ils disputent aux toucans les fruits et les baies, même les plus durs, que leur bec puissant décortique aisément.

Les serpents, qui se glissent silencieusement parmi les lianes pour surprendre un singe ou un oiseau au nid, sont fréquemment de couleur éclatante, teintes irisées des boas arc-en-ciel, vert brillant ou rouge orangé vif des boas arboricoles.

**L'ararauna niche dans les arbres creux.**

### À tire d'ailes

Aux heures les plus chaudes de la matinée les colibris parcourent de leur vol bourdonnant les murs de verdure les plus exposés au soleil. Les papillons s'élèvent à coups d'ailes rapides pour butiner les fleurs les plus hautes ou s'abaissent mollement vers le sol pour se désaltérer au bord des flaques d'eau : morphos éclatant de mille bleus, jamais tout à fait le même bleu, agrias au vol rapide, aux teintes chatoyantes où se mêlent roses et carmins, héliconies, plus modestes mais innombrables, d'un noir velouté ponctué d'or ou de vermillon.

**Le toco est le plus grand et le plus connu des toucans.**

Comme les singes hurleurs (à g.), les paresseux, ou bradypes (à dr.), font retentir leurs appels dans les profondeurs de la forêt.

## Insectes innombrables...

Des milliers d'insectes et d'araignées vivent dans ces forêts. Sans doute moins du tiers a été décrit jusqu'à présent et leur biologie est généralement inconnue. Certes, les plus grandes espèces ne passent pas inaperçues : sauterelles vertes dont la stridulation est intense, gros coléoptères tels que les dynastes et les megasomes, noir brillant ou revêtus d'une pubescence dorée et armés de longues cornes, cétoines et buprestes d'un vert métallique et arlequins à la livrée de velours rose et noir.

## ... et félins agiles

Le jaguar hante la pénombre glauque des sous-bois, à la recherche des pécaris et des petits cerfs, ses victimes. Plus petit mais plus élégant, l'ocelot aux flancs parsemés d'ocelles oblongs et irréguliers se tient à l'affût sur les basses branches pour surprendre les agoutis et les pacas qui passent à sa portée. Très agile, le margay poursuit les singes jusqu'aux plus hautes branches.

Le jaguar (à g.) est le plus grand félin d'Amérique ; l'ocelot (à dr.), dont le commerce de la fourrure vient d'être interdit, fait désormais partie des espèces protégées.

Le fortin d'origine, en bois, qui donna naissance à la ville, a été remplacé en 1721 par l'actuelle construction. On y trouve aujourd'hui un bar et un restaurant offrant une magnifique vue sur la baie de Guajará. De l'autre côté du fort, vers le port, vous visiterez l'**église N.-D. das Mercês**\*, la plus ancienne de la ville ; sa construction primitive, de style baroque, date de 1640, mais elle a été restaurée, au XVIIIe s., ainsi que le couvent et l'ancienne Douane. Plus haut, sur la praça Maranhão, se trouve l'**église Sant'Ana**, œuvre de Landi, qui y est d'ailleurs enterré.

## Le centre commercial*

C'est le quartier qui se trouve autour de la praça da República, juste après la vieille ville. Rua Aristides Lobo, vous admirerez l'**église N.-D. do Rosário dos Homens Pretos**\*, œuvre de Landi. Sur la praça da República même, précisément sur le largo da Pólvora, se trouve le **Teatro da Paz**\*\* (*ouv. du mar. au ven. de 9h à 18h, parfois le sam.* ☎ *(091) 224.7355*), sorte de petit frère du Teatro Amazonas de Manaus, de style néo-classique. Riches décors intérieurs, escaliers en marbre de Carrare, balustre de fer travaillé, lustre central aux 6000 pièces de cristal, rideau de scène (peint à Paris par Carpezat) représentant une allégorie de la république, peintures du plafond réalisées par Balloni et Domenico de Angelis (*Apollon dans son chariot*). Il a été inauguré en 1878 par Grandjean de Montigny. La salle de spectacles avec sa conception technique parfaite peut accueillir 1100 personnes. Sur place, vous pouvez aussi prendre un verre au **Bar do Parque**, rendez-vous des artistes, intellectuels, journalistes, étudiants.

**La basílica N.-D. de Nazaré**\*\* (*praça Justo Chermont*). Inspirée de la basilique Saint-Paul de Rome et achevée au début du siècle. Notez les vitraux venus de Florence, le superbe balcon en bois sculpté, le panneau en mosaïque représentant la vierge sur fond de paysage amazonien. L'église garde l'image de la vierge qui aurait été sculptée à Bethléem, transportée à travers l'Europe, puis au Brésil, perdue et enfin retrouvée un jour d'octobre 1700, par Plácido. Ce dernier l'installa dans sa hutte, qui devint ainsi le sanctuaire de la vierge miraculeuse donnant naissance à l'une des plus grandes manifestations religieuses et folkloriques du Brésil : le **Círio de Nazaré**. La crypte de la basilique abrite aussi le **museu de Arte Sacra do Círio** (*ouv. du lun. au ven. de 9h à 13h et de 15h à 18h, le week-end de 9h à 12h*).

**Le museu Emílio Goeldi**\*\*\* (*av. Gov. José Malcher 295 ou av. Magalhães Barata 376* ☎ *(091) 249.1233, ouv. t.l.j. sf lun. de 9h à 17h*). Les horaires risquant de changer, téléphonez avant. Ce musée est aussi un parc zoologique disséminé dans un luxuriant jardin botanique : expositions permanentes sur l'histoire naturelle et l'homme amazoniens, institut de recherche, bibliothèque possédant une collection de livres rarissimes : sur 45000 m$^2$ en plein centre. Vous trouverez également plantes, arbres, poissons, oiseaux, mammifères, reptiles : un échantillon vivant de l'Amazonie ! Dans le jardin zoologique, l'un des plus intéressants de l'Amérique du Sud, vous découvrirez toute la richesse de la faune amazonienne ; prévoyez un arrêt spécial pour Maira, un lamantin femelle qui, avec ses 43 ans et ses 450 kg, adore les caresses. Du côté de l'aquarium ainsi que dans les bassins en plein air, les poissons : *poraquês* électriques, *pirarucus*, *tambaquis* et autres piranhas. Les allées du zoo sont, elles-mêmes, un agréable jardin botanique, où sont représentées 1200 variétés de plantes.

> ### Le Círio de Nazaré ♥
>
> Depuis deux siècles, tous les deuxièmes dimanches du mois d'octobre, Belém commémore le jour de sa sainte patronne par un gigantesque pèlerinage. La plus grande fête religieuse du Brésil réunit plusieurs centaines de milliers de participants.
> La veille au soir, l'image de la Vierge portant dans ses bras l'enfant Jésus est déplacée de la basilique de Nazaré à l'église da Sé, pour qu'au petit matin, les fidèles puissent accompagner son retour. L'image de la Sainte est transportée dans une luxueuse voiture entourée de cordes destinées à la protéger, symbolisant le lien du peuple et de la Vierge, d'où la véritable bataille que se livrent les pèlerins pour la tenir. La foule des fidèles suit la sainte relique pieds nus, à genoux ou portant de lourdes croix ou autres objets en remerciement de la grâce rendue… La procession dure près de 5 h sur un parcours de moins de 3 km, ce qui donne une idée de la ferveur. Depuis 1986, une procession fluviale se déroule la veille du matin de la grande procession.
> Après la procession, le profane prend la suite du sacré. La place de la basilique se remplit de dizaines d'échoppes vendant nourriture, boissons, objets d'artisanat, souvenirs du Círio. Après le *pato no tucupi*, la fête continue dans la musique et la danse. Les réjouissances durent deux semaines. Quinze jours après la première procession a lieu le *Recírio*, procession au cours de laquelle la Vierge réintègre son sanctuaire; ce dernier rituel clôture les festivités.

Les salles du musée renferment une importante collection de fossiles et de roches du bassin amazonien, ainsi que divers matériaux archéologiques (céramique des Indiens Marajós, entre autres), anthropologiques et ethnographiques intéressants et bien présentés. Le musée Goeldi est un must à ne pas manquer.

# LES BONNES ADRESSES
## Hôtels
Pour des raisons de commodité et d'environnement, préférez les hôtels dans le centre ou à proximité à ceux situés près de l'aéroport (Novotel, Vila Rica…).
- ▲▲▲ **Hilton**, av. Pres. Vargas 882, centre ☎ (091) 242.6500 et n° vert 0800.11.8229. *362 ch.* VISA, AE, DC, MC. Le seul cinq étoiles officiel de la ville. Confort international, prix correspondants, sans charme particulier, mais bien situé sur la praça da República.
- ▲▲ **Equatorial Palace**, av. Braz de Aguiar 612 ☎ (091) 241.2000. *189 ch.* VISA, AE, DC, MC. Rien d'équatorial, ni d'un quatre étoiles. Piscine, sauna, jeux, petites boutiques ainsi qu'une agence de voyages. Bon accueil. Établissement bien situé mais l'odeur d'humidité dans les chambres est désagréable.
- ▲ **Regente**, av. Gov. José Malcher 485 ☎ (091) 241.1222. *188 ch.* VISA, AE, DC, MC. Un peu triste, mais propre. Le service n'est pas performant, le petit déjeuner assez pauvre, mais l'emplacement est bien, non loin du centre.
- ▲ **Sagres**, av. Gov. José Malcher 2927 ☎ (082) 246.9556. *244 ch.* VISA, AE, DC, MC. Piscine, sauna, salle de gymnastique. Confortable mais sans caractère.

## Restaurants

♦♦ **Lá em Casa**, av. Gov. José Malcher 247 ☎ (091) 223.1212. AE, DC, MC. Bonne cuisine régionale, dans un cadre simple mais agréable. En fait, il y a deux salles différentes, deux restaurants en un pratiquement. Celui situé à l'extérieur, avec des tables sur la terrasse, est le plus agréable. Prix modérés. Buffet le midi. Un des meilleurs restaurants de la ville pour goûter les poissons locaux. Vous pouvez vérifier préalablement s'ils sont servis frais ou salés, en particulier le *pirarucu* et le *tucunaré*, que l'on trouve plutôt à Manaus. Le *pirarucu* salé au lait de coco est excellent à l'instar de la soupe de crabe.

♦ **Círculo Militar**, pça Frei Caetano Brandão, dans le fort do Castelo ☎ (091) 223.4374. VISA, AE, DC, MC. Cadre simple, salle à manger un peu trop vaste sans doute mais vue imprenable sur la baie de Guajará, à voir de jour. La cuisine est moins spectaculaire, mais des plus correctes. On y trouve les spécialités du cru. Vérifiez l'addition : l'arnaque semble systématique !

♦ **Miako**, rua Primeiro de Março 766 ☎ (091) 242.4485. VISA, AE, DC, MC. *Fermé le dim.* Un japonais, chinois, vietnamien, thaï adapté aux goûts et épices locaux, tenu par des nippons brésiliens. Intéressant ! L'endroit a ce côté immense typique. Ambiance animée. L'accueil est agréable et la cuisine plutôt bonne. En plus ça change !

♦ **Sabor da Terra**, av. Visconde de Sousa Franco 685 ☎ (091) 223.6820. VISA, AE, DC, MC. *Fermé le dim.* Restaurant-cabaret. Cuisine typique et shows folkloriques.

## Bars

**Bar do Parque**, sur la pça da República ☎ (091) 223.8798, ouv. 24 h sur 24. Le rendez-vous des artistes, intellectuels, étudiants et marginaux.

## Shopping

C'est à Belém que vous trouverez le plus bel artisanat indien : articles en fibres et en paille, objets en latex, bois, cuir, écailles de tortue... Le plus intéressant est sans doute la céramique indienne : vases, pots, vasques, jarres superbement travaillés. Les collections les plus importantes sont celles de l'île de Marajó (Indiens Marajós) et de Santarém (Indiens Tapajós). Vous pouvez observer ces pièces — dont les plus anciennes, remontent à 30 000 ans, avec leurs superbes couleurs, dessins et techniques de fabrication, témoignant de civilisations avancées — au musée Goeldi et en acheter des copies à la **Feira do Artesanato** de la Paratur (pça Kennedy, au milieu d'un parc, de 8 h à 12 h et de 14 h à 18 h, le dim. seulement le matin). Si vous êtes tenté par une céramique marajoara, le mieux est de vous rendre à Icoarací (environs de Belém, p. 261).

**Feira do Artesanato**, pça da República (dim. de 8 h à 18 h). **Mercado São Brás**, pça Lauro Sodré (ouv. du lun. au ven. de 8 h à 18 h, le sam. de 8 h 30 à 12 h 30). Dans un édifice Art nouveau, inauguré en 1911, à côté de la gare routière. Sur l'av. Pres. Vargas, plusieurs boutiques, dont **Artíndia** (Funai).

## Adresses utiles

**Aéroport.** International de Val de Cans, av. Júlio César s/n ☎ (091) 257.0522. Situé à 11 km du centre.

**Agences de tourisme.** Lusotur, av. Brás de Aguiar 612 ☎ (091) 241.2000/1011 (tour de la ville, excursion aux environs, Icoarací, île de Marajó) ; **Amazon Star**, rua Carlos Gomes 14, 1er étage ☎ (091) 212.6244 (tours en bateau, balades en forêt, voyage à Marajó, visite de la ville...) ; **Amazon Inn Coming** ☎ (091) 249.4904.

**Banques et bureaux de change**. Banco do Brasil, av. Pres. Vargas 248 ☎ (091) 216.4888 ; **Casa Francesa** (accepte les FF), rua Padre Prudêncio 40 ☎ (091) 241.2716 ; **Turvican**, av. Pres. Vargas 640 ☎ (091) 241.5465.

**Compagnies aériennes.** Varig-Nordeste, av. Pres. Vargas 768 ☎ (091) 224.3344 et n° vert 0800.99.7000 ; **Vasp**, av. Pres. Vargas 620 ☎ (091) 211.6083 et n° vert 0800.99.8277 ; **Transbrasil**, av. Pres. Vargas 780 ☎ (091) 224.3677 ; **Tam-Brasil Central**, av. Assis de Vasconcelos 457 ☎ (091) 212.2166 et n° vert 0800.12.3100.
**Compagnies maritimes**. Enasa, av. Pres. Vargas 41, centre ☎(091) 242.5870 et 223.3165.
**Consulat.** France, trav. Pernambuco 269 ☎ (091) 225.4106.
**Gare routière.** Pça do Operário s/n, São Brás ☎ (091) 246.7442.
**Informations touristiques**. Paratur, pça Kennedy s/n ☎ (091) 212.6601 ouv. de 8 h à 18 h la semaine, de 8 h à 12 h le sam., f. le dim. ; bureau d'informations à l'aéroport ☎ (091) 223.2130 et (091) 223.6198.
**Location de voitures.** Localiza, rua Pedro Álvares Cabral 200 ☎ (091) 212.2700 et n° vert 0800.99.2000 ; **Hertz**, rua Visconde de Sousa Franco 185 ☎ (091) 241.0011 et n° vert 0800.14.7300 ; **Unidas**, aéroport n° vert 0800.12.1121.
**Port fluvial.** Rua Siqueira Mendes 10, Cidade Velha ☎ (091) 241.6972.
**Poste.** Correio central, av. Pres. Vargas 498 ☎ (091) 224.0444, poste 147, ouv. de 8 h à 18 h.
**Taxi.** Águia ☎ (091) 226.1000 ; **RTB** ☎ (091) 224.5444.
**Téléphone.** Telefônica Telepara, av. Pres. Vargas, ouv. 24 h sur 24.
**Urgences.** Pronto-Socorro Municipal ☎ 192.

# Les environs de Belém

## Excursions sur le fleuve*

▶ *On peut aussi relier l'île Mosqueiro* en bateau ou par la route, un pont la relie au continent (1h30 de trajet).* Les plages fluviales de l'île Mosqueiro en font l'un des lieux de villégiature favori des habitants de Belém. Plusieurs agences locales proposent des excursions en bateau, en particulier sur le Guamá et son réseau d'*igarapés* et de *furos*. Balades agréables, mais moins sans doute que celles que l'on peut faire depuis Manaus.

## Icoarací*

À 18 km de Belém, la petite ville d'Icoarací est le principal centre de production de céramiques marajoara ♥, même si l'on y trouve aussi de la céramique tapajônica. Les ateliers de poterie sont intéressants à visiter. Les artisans, de véritables artistes, sont pour la plupart des *caboclos* qui se sont vu transmettre oralement la technique héritée de leurs ancêtres indiens. Objets, assiettes, vases, pots petits ou grands aux formes les plus diverses : craquerez-vous pour l'une de ces superbes jarres de terre cuite travaillées en relief, décorées de dessins géométriques dans des tons de terre ? Un achat certes un peu encombrant, mais à un prix tout à fait intéressant. Ne lésinez pas sur l'emballage, payant mais tout à fait indispensable et performant.

### Shopping

**Anísio Artesanato**, trav. Soledade 740 ☎ (091) 227.0127. Prix plus élevés qu'ailleurs mais justifiés par le choix, la qualité des poteries et l'efficacité des emballages.

## Île de Marajó**

Située dans le delta de l'Amazonas, entre les degrés 0 et 2 de latitude sud, Marajó est la plus grande île fluviale de la planète. Elle est nourrie par les alluvions charriées par le fleuve. Plus vaste que la Belgique

> ### La rencontre du fleuve et de l'océan
>
> Imaginez 200 000 m$^3$ d'eau douce qui, chaque seconde, se jettent dans la mer, repoussant l'eau salée atlantique sur des dizaines de km. La force de l'Amazonas à son estuaire, aussi vaste qu'une mer, est si prodigieuse que lorsque ses eaux entrent en contact avec celles, montantes, de l'océan, elles leur résistent avec une telle puissance qu'elles entraînent la formation d'énormes vagues. Ces dernières font jusqu'à 20 m de hauteur au moment des marées les plus fortes. Ce phénomène unique, appelé «pororoca» a lieu au large de l'embouchure; il provoque un bruit tel qu'on peut l'entendre jusqu'à 600 km à la ronde !

et les Pays-Bas réunis (50 000 km$^2$), très peu peuplée, elle est à demi-inondée six mois sur douze. Le paysage est extrêmement varié : plages d'eau douce ou salée, forêts, prairies, lacs, rivières, *igarapés*. La faune est très riche : nombreux oiseaux, poissons, tortues, alligators.
C'est le berceau de la civilisation marajoara aux origines et à la disparition mystérieuses, dont on peut voir de nombreux vestiges sur l'île. L'activité économique principale de cette île sauvage, mythique et fascinante est l'élevage des buffles (400 000 têtes), issus d'un croisement entre le bœuf et le zébu.
La meilleure époque pour se rendre à Marajó est la saison sèche. Le plus simple est d'utiliser les services d'une agence qui organisera votre voyage et votre séjour avec, par exemple, hébergement dans une *fazenda*, le tout à moindre frais. L'avion est le moyen de transport le plus rapide : 30 mn pour rejoindre Soure. Si vous voulez y aller par vos propres moyens, vous pouvez prendre un bateau de ligne de la Cie Enasa (pas très cher). Après une traversée d'environ 5 h, vous débarquez à Camará, petite localité liée à la ville de Salvaterra. Cependant, se déplacer sur place pose problème. En effet, la location de voiture est assez chère et pas toujours adaptée. L'infrastructure hôtelière est limitée. Outre les sites naturels et les plages, vous visiterez le **Teso de Pascoval**. Ce site, à l'est du lac Arari, comporte les vestiges de la civilisation marajoara (magnifiques poteries).

### Hébergement

▲▲ **Pousada dos Guarás**, av. Beira Mar, Praia Grande, Salvaterra, rés. à Belém ☎ (091) 765.1133. Visa, AE, DC. Chambres de style cabane, s.d.b. et climatisation. Cadre agréable, sur une belle plage dans la baie de Marajó.
▲ **Hôtel Ilha de Marajó**, pça Inhanganbai, Souré, rés. à Belém ☎ (091) 223.9397. À 15 km de la plage.

## MANAUS***

Manaus, porte d'entrée du paradis équatorial, ville historique, nom résonnant plein d'exotisme et de légendes. Îlot urbain arrimé dans l'océan végétal de la forêt, ville de symboles et de fantasmes, passée de la glorieuse époque du caoutchouc, dont elle fut l'extravagante capitale, à cette cité frontière de l'utopie brésilienne en marche vers l'ouest, Manaus est aujourd'hui un paradis industriel, fiscal et tropical, un mini Hong-kong au cœur de la forêt.
La réalité semble pourtant un peu plate : la capitale de l'État de l'Amazonas et de l'intérieur de l'Amazonie est une cité moderne de

1,6 million d'hab., à l'urbanisation mal contenue, un peu sale, un peu triste. Si ce n'étaient les vestiges de sa gloire passée, son port flottant adapté aux variations du *rio* Negro, la présence de ses quartiers populaires prolongeant la ville vers le fleuve avec leurs baraques sur pilotis enjambant les *igarapés*, on s'y sentirait n'importe où sauf à Manaus ! Erreur ! Le charme de la ville est bien là, déroutant dans ce va-et-vient entre rêve et réalité, dans la présence de la forêt que l'on perçoit avant de la découvrir, dans ce fleuve aux eaux noires s'insinuant partout.

## Le boom du caoutchouc

Du nom indien signifiant « terre de l'homme bas », Manaus a été fondée en 1848. Forte de 4 000 hab. à l'époque, elle devient avec Belém, à partir de 1880, l'entrepôt commercial le plus important de la région en raison de l'augmentation de la demande mondiale de caoutchouc. Le produit était depuis longtemps connu des indigènes mais c'est la découverte, en 1842, par Charles Goodyear, du processus de vulcanisation du caoutchouc qui donne le signal de son utilisation industrielle (pneumatique et automobile) déclenchant ainsi le fameux boom du caoutchouc.

La demande croissante entraîne une flambée des prix et crée parallèlement de véritables fortunes chez les grands propriétaires. Le cycle du caoutchouc provoque l'arrivée en masse de population dans la région, en particulier de 500 000 Nordestins attirés par le miracle économique de l'or mou (employés comme extracteurs de latex). Pour la région et ses deux grands ports, Manaus et Belém, l'ère du caoutchouc ouvre une formidable période d'expansion. Les deux petites villes se transforment en de véritables centres de la vie culturelle et mondaine. C'est une époque de luxe et de fêtes, de rayonnement cosmopolite, de splendeur artistique tournée vers l'Europe. Aventuriers de tous horizons, cocottes parisiennes et polonaises, commerçants, affairistes, arrivistes, chasseurs de fortune débarquent dans ce nouvel Eldorado.

---

### Le géant Amazonas

Le plus grand État du Brésil, avec ses 1,5 million de km² (18 % du territoire), est découpé par le fleuve Amazonas, d'où il tire son nom. Ce vaste territoire est resté pendant longtemps isolé du reste du pays, en proie à des conflits d'intérêts politiques et privés.

Dans les années 1930, émerge un mouvement de défense de la souveraineté des Amazoniens sur leur État. Parallèlement, est mise en place une nouvelle politique de développement. Le gouvernement fédéral s'engage dans une politique de peuplement et d'exploration des abondantes ressources naturelles. Des avantages fiscaux sont accordés afin de contribuer à l'essor de l'agro-industrie et de l'élevage. Le bilan s'est révélé assez maigre en termes de résultats, beaucoup plus lourd en termes de malversations et de détournements de l'argent public.

L'État de l'Amazonas est encore très peu peuplé : un peu plus de 2 millions d'hab. Les activités traditionnelles de cueillette restent très importantes. La contribution de l'agriculture à l'économie locale a toutefois pris le dessus : les cultures (jonc, manioc et, à plus petite échelle, bananes, canne à sucre, haricots, oranges) se sont surtout développées dans les *várzeas*, de même que l'élevage. Côté sous-sol, les productions de pétrole, de fer, de magnésium, entre autres, ont connu un essor notable.

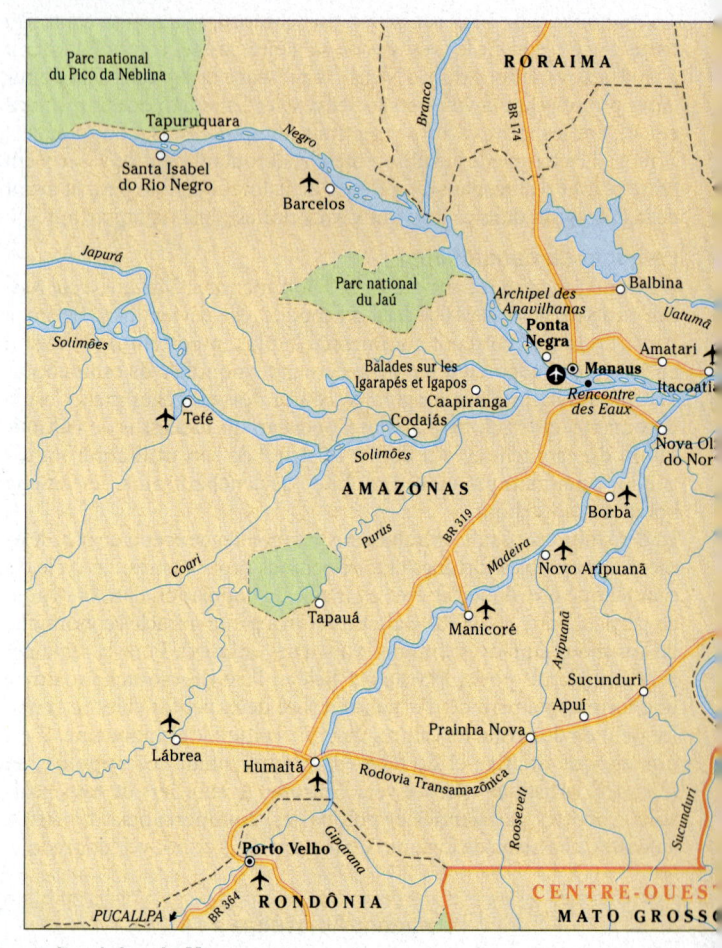

**La région de Manaus**

En 1892, le gouverneur Eduardo Ribeiro décide d'entreprendre une série de grands travaux : installation d'un éclairage public, construction d'avenues, de places, de palais, d'un port et d'un tramway électrique… Mais c'est surtout le théâtre Amazonas, édifié dans les années 1890 par Charles Peyroton, qui va devenir le symbole de cette époque fastueuse et folle.

## Concurrence et déclin

Mais la chute est proche. En 1876, l'Anglais Wickhan quitte le Pará pour les colonies britanniques de Ceylan et Singapour avec quelques graines du précieux hévéa en poche. Ces dernières, rationnellement cultivées, suffiront quelques années plus tard à mettre fin à l'hégémonie du caoutchouc amazonien. En 1910, l'afflux de la production sud-est asiatique provoque le krach : les cours du caoutchouc s'effondrent et, avec eux, le rêve du « Paris tropicale ». Manaus entre alors dans une longue période de décadence et de léthargie, d'où elle ne sortira que dans les années 1960, avec la création d'une zone franche. Manaus retrouve un certain dynamisme économique, redevenant une place commerciale internationale et même industrielle, produisant matériel électronique, informatique, optique, horlogerie... L'implantation de sociétés multinationales attirées par les incitations fiscales entraîne l'arrivée d'un nouveau contingent de population qui s'installe dans la ville de façon désordonnée envahissant la forêt de bidonvilles. Car les nouvelles industries, bien que créatrices d'emplois, ne vont pas réussir à absorber tout le flot de main-d'œuvre. Manaus se transforme ainsi en une sorte d'immense favela qui ne cesse de grossir, en l'absence de plan d'urbanisation, d'où des problèmes de distribution d'eau, d'électricité, d'évacuation des eaux, d'hygiène et cette apparence anarchique de la cité amazonienne.

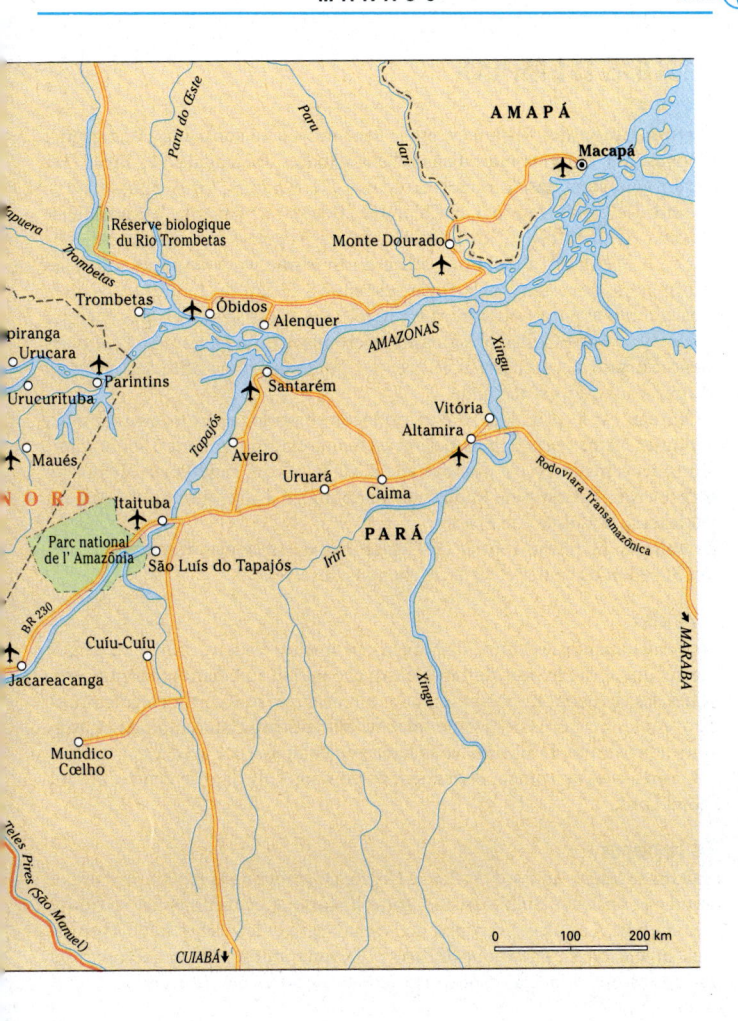

## ■ MODE D'EMPLOI
### Arrivée
**L'avion**, au vu des distances, est le seul moyen raisonnable pour gagner Manaus, que des vols quotidiens relient à toutes les capitales du Brésil. Les liaisons ne sont pas toujours directes ! De Manaus, vous pouvez aussi rejoindre le Pérou (Iquitos), la Colombie (Bogota), le Panama, le Mexique, le Guyana (Georgetown), les États-Unis (Los Angeles, San Francisco, New York). À l'aéroport, l'**Emantur**, office du tourisme, vous donnera toutes les informations nécessaires. L'aérogare est situé à 15 km du centre. La façon la plus commode pour rejoindre votre hôtel reste le taxi, qui n'est pas cher par rapport à d'autres villes brésiliennes. Certains acceptent les cartes de paiement. Surtout ne prenez pas le premier guide qui vous offre ses services ; assurez-vous qu'il est accrédité.

**Le bateau** est le principal moyen de locomotion local. Vous pouvez aussi remonter l'Amazonas depuis Belém *via* Santarém, moyennant 5 jours minimum de « croisière » ou prendre le *rio* Madeira, qui relie Porto Velho, ou encore relier Letícia puis Iquitos sur le Solimões. L'aventure pour ceux qui ont le temps ! Voir la Cie Enasa.

**En voiture.** Le réseau routier de l'Amazonas est assez peu développé : environ 3 000 km de routes et 90 % de chemins de terre.

### Circuler
Pour mieux sentir le charme de Manaus, promenez-vous au moins 1 h dans le centre, qui abrite le port flottant, le marché public aux denrées les plus exotiques, les vendeurs ambulants et, non loin de là, les rues commerçantes où se trouvent les magasins de la zone franche. S'il fait trop chaud, un taxi est toujours à proximité. D'ailleurs, vous ferez vite connaissance avec les chauffeurs qui, après chaque course, reviennent le plus souvent dans le centre, devant l'hôtel Lord.

### Se repérer
Manaus se trouve au bord du fleuve Negro, en amont de la rencontre entre ce dernier et le fleuve Solimões. Le centre historique et commercial se trouve près du port. Les plages fluviales de Ponta Negra et le célèbre hôtel Tropical sont au sud-ouest, en amont du fleuve ; la zone industrielle et l'aéroport au nord-nord-est ; le quartier de constructions lacustres des Educandos en aval du fleuve.

### Programme
La meilleure époque pour se rendre à Manaus va de mai à fin juillet, en raison des pluies moins importantes et de la température moins élevée, ainsi que du haut niveau des eaux nécessaires aux balades sur les *igarapés*. Une journée suffit pour avoir un bon aperçu de la ville. Concentrez-vous plutôt sur la découverte du fleuve et de la forêt alentour. Consacrez au strict minimum deux jours, soit une nuit, à un séjour en forêt.

### Le port
Commencez la visite par le quartier du **port flottant**\*\*\*, vivant, haut en couleur et plein d'exotisme. Les docks, construits en Angleterre au début du siècle et posés sur des cylindres d'acier flottants, permettent d'accompagner le fleuve Negro dans ses crues (de 7 à 10 m). L'**Alfândega**\*\* est le bâtiment des Douanes, également préconstruit en Angleterre et importé pièce par pièce en 1902. Autre construction anglaise importée au début du siècle : le **Mercado Municipal Adolfo Lisboa**\*\*\* *(ouv. t.l.j. de 5h à 17h la sem., le sam. de 5h à 15h, le dim. de 5h à 12h).*

> ### Les plantes médicinales
>
> **Le guaraná** est la plante amazonienne par excellence. Riche en caféine, amidon, glucose, fibres, ce fruit blanc avec un point noir, dont le nom indigène signifie «qui ressemble aux yeux», est vendu sous forme de poudre, en bâton ou en graine grillée. Il sert à confectionner une sorte de coca-cola amazonien, consommé sous forme de boisson ou bien de poudre un peu amère que l'on dissout dans l'eau. Le guaraná est réputé pour ses vertus tonifiantes, rajeunissantes et aphrodisiaques. Cardiotonique, il active les fonctions cérébrales et la circulation.
>
> **La copaíba** est une substance médicinale extraite de la *copaibeira* (arbre présent en très grand nombre dans la forêt amazonienne tant dans les zones de terres fermes que dans les *várzeas*). Elle est connue des Indiens depuis fort longtemps pour ses propriétés cicatrisantes et anti-inflammatoires. L'huile produite peut aussi être utilisée dans le traitement des ulcères et des pharyngites.
>
> **Le crajiru** est une plante dont les feuilles séchées servent à confectionner un thé contenant de la quinine. Elle est utilisée dans le traitement d'inflammations de toute nature, en particulier coliques intestinales, douleurs menstruelles.
>
> **L'urucum** est une baie utilisée traditionnellement par les Indiens ; elle produit une augmentation de la pigmentation du tissu adipeux, rendant la peau plus résistante et lui donnant une coloration naturelle. Riche en carotène, l'*urucu* sert à fabriquer un colorant naturel rouge employé pour teindre fibres et tissus, et en cuisine.

Inspiré des halles de Paris, ce marché de style Art Nouveau, dont la structure de fer a été préfabriquée à Glasgow, est un point de rencontre pour tous les habitants de Manaus et les *caboclos*, qui se rendent de temps en temps en ville pour y débarquer leurs marchandises (poissons, farine de manioc). Derrière les docks, vous verrez, en période de crues, s'entasser leurs barques, tandis qu'en période de basses eaux, le sable blanc cède la place aux échoppes. Le marché est divisé en plusieurs parties : d'un côté, les poissons, de l'autre, les viandes ; au centre, une halle réservée aux légumes, fruits, plantes, racines médicinales et à quelques objets d'artisanat peu intéressants. Tout autour circulent des vendeurs ambulants dans un bric-à-brac des plus pittoresques.

## Le centre

En face du port, les rues Mar. Deodoro, Guilhermo Moreira et les alentours concentrent les boutiques de la zone franche (*ouv. du lun. au ven. de 9h à 19h, le sam. de 9h à 14h*). Outre les marchandises détaxées à des prix assez peu intéressants, vous y trouverez toutes les adresses utiles de la ville. En tournant le dos au port, en montant, vous verrez :

La **catedral metropolitana** (*praça Osvaldo Cruz, ou praça da Matriz*) construite en 1875. Si son intérêt architectural est assez limité, la place avec son agréable jardin est un lieu de rendez-vous traditionnel.

La **Biblioteca Municipal**\* (*rua Barroso 57*) a été restaurée récemment. Son escalier en fer en demi-spirale et son toit gaufré méritent une petite visite. Vous y trouverez une importante collection d'ouvrages

# UNE VIE AQUATIQUE D'UNE PRODIGIEUSE DIVERSITÉ

*Tantôt limoneuses, tantôt cristallines, les eaux de l'Amazone et de ses milliers d'affluents renferment une multitude d'animaux aquatiques, notamment plus d'un millier d'espèces de poissons, et l'inventaire est loin d'être achevé.*

### Une pêche miraculeuse

Le plus célèbre poisson de l'Amazone, le pirarucú, appelé aussi arapaima, atteint 4,50 mètres de longueur et un poids de plus de 100 kg. Mais ceux que l'on trouve sur les marchés indigènes pèsent habituellement guère plus d'une trentaine de kilos. Sa chair, une fois séchée, est délicieuse. Certains silures, le *Brachyplastystoma* entre autres, ont parfois une taille et un poids supérieurs. Dans les endroits marécageux vit la gymnote, ou anguille électrique, qui mesure près de 2 mètres. Les décharges électriques par lesquelles elle foudroie ses proies peuvent étourdir les plus gros animaux et être fatales à l'homme. Bien que ne dépassant pas une trentaine de centimètres, les piranhas sont encore plus dangereux. Attirés par le bruit ou excités par le sang, ils fondent sur l'animal qui s'est aventuré dans l'eau et le dépècent en un instant à l'aide de leurs puissantes mâchoires armées de dents qui coupent comme des rasoirs. Parmi les petits poissons vivement colorés de l'Amazone, dont beaucoup sont élevés en aquarium, le minuscule guppy a été introduit dans toute les eaux tropicales du monde, car il est un gros consommateur de larves de moustiques et se reproduit avec une rapidité inégalée.

**Un poisson sanguinaire peuplant les eaux de l'Amazone : le piranha.**

**Les jacarés, dont la longueur est habituellement inférieure à 2 mètres, pullulent parfois au bord des eaux calmes.**

### Entre terre et eau

De nombreux reptiles habitent les eaux de l'Amazone : caïman à large museau, à front lisse, jacaré, encore appelé caïman à lunettes à cause de la crête qui relie les yeux, caïman noir, le plus grand et le plus dangereux de tous les caïmans mais celui dont la peau est la plus appréciée par les maroquiniers. Le crocodile de l'Orénoque, dont la taille dépasse 7 mètres de long, se rencontre aussi dans l'Amazone. Les tortues d'eau douce sont particulièrement

**L'anaconda est le plus gros serpent du monde.**

nombreuses. La tortue arrau, qui atteint 1 mètre de longueur, est actuellement menacée d'extinction bien que jadis elle ait été extrêmement abondante. De tout temps, les Indiens ont récolté les œufs dans le sable des berges pour extraire l'huile avec laquelle ils s'éclairent. De nos jours, il n'est pas nécessaire d'être Indien pour apprécier sa chair savoureuse. La matamata est une tortue curieuse à courte trompe et à la carapace bosselée.

L'anaconda, le plus gros, sinon le plus long serpent du monde, bien qu'il atteigne 8 mètres, mène une vie mi-aquatique mi-arboricole. Immergé jusqu'au yeux, il guette à la tombée de la nuit les animaux qui viennent se désaltérer.

## Mammifères aquatiques

Deux grands mammifères habitent les eaux de l'Amazone : l'inia et le lamantin.

L'inia, au museau allongé et de couleur grise, parfois rose, peut dépasser 3 mètres de long. Comme tous les cétacés, il doit remonter à la surface pour respirer, ce qu'il fait bruyamment. Les Indiens, qui prétendent que l'inia chante d'une voix mélodieuse comme les sirènes antiques ou se change en une femme d'une grande beauté, ne l'ont jamais chassé de leurs légendes.

**L'inia hante les légendes amazoniennes.**

Le lamantin, de taille presque égale et d'aspect massif, vit dans les eaux peu profondes où il recherche les plantes aquatiques dont il se nourrit exclusivement.

en français, souvenir du rayonnement culturel exercé par la France. En prenant sur votre gauche, vous arrivez devant l'ancienne demeure de la famille Furtado (*rua Nabuco 979*) dont le style Art Nouveau se mélange à des ouvertures, portes et fenêtres à l'orientale.

La rua Barroso débouche sur une première place où se trouve l'office du tourisme municipal, puis sur la praça São Sebastião où se dresse le **Teatro Amazonas**\*\*\* (*ouv. t.l.j. de 10h à 17h sf le lun. ☎ (092) 622.2420*). Le célèbre théâtre, inauguré en 1896, est le symbole de la splendeur de Manaus à l'apogée du boom du caoutchouc. Conçu et préfabriqué en Angleterre, sa construction a duré pratiquement vingt ans. Tous les matériaux employés ont été acheminés d'Europe : cristaux et tuiles de France, marbre d'Italie, lustres de Murano, ferronneries d'Angleterre, pierres du Portugal. L'œuvre de Charles Peyroton réunit plusieurs styles architecturaux : le bâtiment est de style Renaissance italienne, les escaliers et colonnes sont néo-classiques, le dôme est formé de 36 000 tuiles — vertes, jaunes, rouges et bleues, aux couleurs du drapeau brésilien — importées de France. Dans la salle en forme de harpe, qui peut accueillir 700 spectateurs, vous verrez notamment le plafond peint en France (*la Musique, la Danse et la Tragédie*) avec, au centre, une vision de la tour Eiffel vue d'en dessous. Le rideau de scène, peint à Paris par Crispim do Amaral, représente la rencontre des eaux des fleuves Negro et Solimões. Dans le hall d'entrée, décoré par Domenico de Angelis (entre autres, son tableau *le Guarani*), de superbes chandeliers et un magnifique parquet composé de 12 000 pièces de bois entièrement incrustées, sans colle, ni clous. Au temps glorieux du caoutchouc, le Teatro Amazonas était le grand lieu culturel local et même brésilien. Restauré à plusieurs reprises, la dernière fois en 1990, le théâtre est de nouveau le centre culturel phare de Manaus.

Juste derrière le théâtre, sur l'av. Eduardo Ribeiro, jetez un coup d'œil sur le **Palais de Justice**\*. En redescendant vers le port, sur la droite, non loin de la mairie, au bord du fleuve Negro, le **Centro Cultural Chaminé**\*\*, bâtiment en brique, qui, au début du siècle, était le siège d'une entreprise. S'y déroulent souvent expositions de peinture, de photographie (œuvres d'artistes locaux). On y trouve aussi un bar agréable. Le quartier, en particulier la rua Bernardo Ramos avec ses charmantes maisonnettes, offre une agréable balade.

De l'autre côté du centre, après l'av. Joaquim Nabuco, vous verrez le **Palácio Rio Negro**\*, ancienne résidence d'un *seringalista* et siège du gouvernement. Cet édifice est situé sur une presqu'île séparant deux *igarapés*, le Manaus et le Bittencourt, où vit, dans des baraques sur pilotis, la population la plus démunie de Manaus.

## Les musées

**Le museu do Índio**\*\* (*rua Duque de Caxias 356, ouv. du lun. au ven. de 8h30 à 11h30 et de 14h à 17h et le sam. de 8h30 à 11h30 ☎ (092) 234.1422*). Folklore, artisanat, ustensiles domestiques, armes de chasse et de guerre, parures, colliers des Indiens Tukanos, Dessanas, Tarianos, natifs de la région du haut fleuve Negro. Il y a également une boutique d'artisanat.

Dans l'ancienne caserne des pompiers, se trouve le **museu do Homen do Norte**\* (*av. 7 de Setembro 1385, ouv. du lun. au ven. de 9h à 12h et de 13h à 17h ☎ (092) 232.5373*). Il illustre de façon assez intéressante

le mode de vie, la culture, les coutumes des habitants de la région. Expositions d'objets, de photos retraçant notamment les principales activités économiques locales : récolte et production du *guaraná*, cueillette de la *castanha* et, bien sûr, une page consacrée à la grande aventure du caoutchouc.
**Le museu de Ciências Naturais**** *(estrada de Belém s/n, ouv. du mar. au dim. de 9h à 17h ☎ (092) 644.2799)*. Outre de magnifiques papillons, alligators, tortues, vous verrez une belle collection de poissons amazoniens empaillés ainsi que certains spécimens bien vivants dans un aquarium.
Une visite à l'INPA, **Institut de recherches de l'Amazonie*** *(av. André Araújo 1766, Aleixo, ouv. du mar. au ven. de 9h à 12h et de 14h à 16h, le week-end de 9h à 16h ☎(092) 642.3300/3192)*. Le centre d'études de la flore et de la faune amazoniennes est également intéressant. Dans la Maison des sciences, est expliqué l'écosystème amazonien. Outre les 50 000 espèces végétales du jardin botanique, vous découvrirez divers animaux : cerfs, paresseux, jaguars, oiseaux *mutum*, perroquets, alligators, lamantin...

## Les plages
En raison des crues périodiques du fleuve, il n'y a véritablement de plages à Manaus que de septembre à mars, lorsque les eaux sont basses. La plus fameuse est **Ponta Negra****. Elle est située en amont de la ville, sur le fleuve Negro, à 15 km du centre, devant l'hôtel Tropical. Entourée de terrains de football, de volley-ball, de pistes pour vélo, elle offre aux habitants, pendant six mois de l'année, 2 km de sable blanc faisant un joli contraste avec les eaux sombres du fleuve. Le coucher de soleil est à voir.
Pour vous y rendre, vous pouvez prendre le bus qui relie l'hôtel Tropical au centre, partant de la praça da Matriz. En chemin, se trouve le jardin zoologique du CIGS (Centre d'instruction de la guerre en forêt, *ouv. t.l.j. de 9h30 à 16h30 ☎ (092) 625.2044)*, qui est en fait un secteur de l'armée. Malgré son côté sinistre, il est intéressant de le visiter pour avoir une idée de la diversité de la faune amazonienne et observer des espèces déjà rares, comme le jaguar ou le chat sauvage, que vous aurez peu de chances de rencontrer lors de votre séjour en forêt.

## Promenades sur le fleuve et séjours en forêt
Tout est fonction du temps dont vous disposez. Plus vous avez de jours à consacrer, plus vous aurez la possibilité de vous enfoncer loin dans la forêt, en bateau, plus votre découverte de l'univers amazonien gagnera en authenticité et en intensité.

### En une journée
Vous trouverez facilement des excursions toutes faites de quelques heures ou combinées d'une journée, proposées par les agences spécialisées de Manaus. Elles vous feront visiter les musts alentour :
**O encontro das águas***** *(rencontre entre les eaux noires du Negro et celles, jaunâtres et limoneuses, du Solimões)*, qui se produit 10 km environ en aval de Manaus, et donne naissance à l'Amazonas. Spectacle étonnant que celui du cours de ces deux fleuves aux colorations très différentes qui, pendant 6 km, vont couler côte à côte sans se mélanger.

Ce phénomène est dû à des différences de densité, température, rapidité et surtout Ph entre les eaux des deux fleuves. Le fleuve Negro doit ses eaux très pures, limpides et acides (d'où l'absence de moustiques sur ses rivages) à un cours ancien traversant des sols siliceux et des régions peu accidentées, donc à la faible érosion. Leur couleur, d'un beau noir de jais, luisant, épais, visqueux presque comme du pétrole, provient de la décomposition de matières organiques. Le Solimões tire sa couleur jaune boueuse des nombreuses particules argileuses en suspension et des alluvions riches en sels minéraux qu'il charrie et qui fertilisent les terres riveraines. Quand il fait beau, la différence de couleur entre les deux fleuves est très nette.

**Balades sur les igarapés et igapós**\*\*\*. Les multiples sous-affluents serpentant dans la forêt inondée avec ces arbres à demi-submergés, ces innombrables palmiers, enchevêtrements d'épiphytes, nénuphars géants, offrent de magnifiques promenades. Vous découvrirez au passage des scènes de pêche, des villages *caboclos* aux maisons de bois flottantes ou sur pilotis. Vous verrez des oiseaux, peut-être quelques singes habitant le faîte des arbres. N'hésitez pas à vous plonger dans les eaux sombres, vaguement inquiétantes, mais si légères du fleuve Negro pour une baignade inoubliable.

**Le lac January**\*\* (45 mn en bateau de Manaus). Ce lac se trouve dans un parc écologique de 9 000 ha, où des animaux illégalement capturés ont été réinstallés, vivant désormais en liberté. De belles balades sur les *igapos* y sont proposées. Une passerelle vous conduit au lac des victoria-regias. L'endroit est un peu touristique mais agréable; un restaurant flottant y est installé. Les excursions proposées par les agences comprennent généralement le déjeuner ainsi que le passage par la rencontre des eaux.

### En trois jours

Deux possibilités s'offrent à vous : le **séjour en lodge**\*\*\* ou **en bateau**\*\*. Les lodges en forêt offrent à peu près tous les mêmes activités : promenades en canoë dans les *igarapés* et *igapós*, observation des animaux et des oiseaux au lever du soleil, marches en forêt, parties de pêche au piranha, visite de villages et maisons *caboclos*, chasse à l'alligator de nuit à la lampe électrique. Cette dernière est sans doute une scène un peu montée pour les touristes, mais la balade sous le ciel amazonien dans le bruit mystérieux de la forêt vaut la peine de se laisser piéger !

Les lodges se différencient toutefois par leur implantation, construction, charme plus ou moins typique. Préférez, de ce point de vue, les établissements plus petits (voir bonnes adresses, p. 274) à l'ambiance plus familiale. Attention, vous ne pouvez emporter que 5 kg de bagages, si vous accédez aux lodges par la voie des eaux. Le mieux est de demander à l'hôtel où vous êtes passé à Manaus de vous garder le reste de vos affaires. N'oubliez pas votre répulsif anti-moustiques. Les moustiques, bien que rares à proximité des eaux du fleuve Negro, peuvent toujours vous embêter. Les chambres des lodges sont protégées par des filets moustiquaires aux fenêtres. Pour le voyage, un chapeau et une crème solaire sont conseillés.

Pour le séjour en bateau, les produits sont à peu près similaires. Les bateaux sont dotés de tout le confort. Mais le séjour en lodge offre sans doute plus de variété et de mobilité. Parmi les meilleurs bateaux, citons : **Amazon Clipper** de l'agence Tarumã Turismo, **Tuna Boat** de l'agence Safari Ecológico, **Escuna** d'Amazon Explorers, **Cassiquiari** d'Amazon Nut Safaris.

### En une semaine
Vous pouvez pousser jusqu'à l'**archipel des Anavilhanas**\*\*\* (à 5 h env. de bateau en remontant le fleuve Negro). C'est le plus grand archipel fluvial du monde : 400 îles et îlots disposés en chaîne sur 90 km, conséquences de l'érosion. L'archipel est situé à l'intérieur d'une réserve nationale de 350 000 ha. Pendant les crues, les animaux vont se réfugier sur les îles à demi-submergées. La baisse des eaux découvre de magnifiques plages de sable blanc. L'endroit est tout à fait sauvage.

### Excursions en forêt à la « cabocla »
Si vous pouvez vous passer d'un peu de confort, vous pouvez contacter l'association des canotiers du port de Manaus, derrière le Mercado Municipal Adolfo Lisboa. Ces derniers, en compagnie de guides professionnels *caboclos*, organisent, à la demande, des excursions en forêt à bord de canoës à moteur. Le problème, c'est que peu de guides parlent des langues étrangères. Cette formule d'excursion constitue néanmoins une façon privilégiée pour appréhender la vie des *caboclos*, découvrir leur profonde connaissance de la nature.

Le circuit de quatre jours s'organise de la manière suivante : départ à 9 h du port de Manaus, descente du fleuve Negro en passant par la rencontre des eaux vers le *rio* Xiborena (affluent du fleuve Negro) pour remonter ensuite le Solimões jusqu'au petit village d'Iranduba où le déjeuner (poisson grillé pêché dans le fleuve, haricots, riz, farine de manioc) est servi dans la cabane d'un *caboclo*, où vous dormirez le soir même dans un hamac, comme les habitants du village. Auparavant, vous aurez fait deux sorties en canoë, l'une à 17 h 30 pour apprécier le coucher de soleil, l'autre après dîner pour observer les *jacarés*.

Le lendemain : réveil à l'aube pour une nouvelle promenade en canoë pour observer oiseaux et nénuphars. Après le petit déjeuner, petite partie de pêche. Après le déjeuner, descente du Solimões en passant par son affluent le Parácuba, visite du lac January, retour par des *furos* sur le Negro jusqu'à son affluent Arará, où une nouvelle étape vous attend dans la maison d'un *caboclo*. Sortie de nuit sur la piste des animaux. Le surlendemain : promenade en forêt vers les terres fermes où se trouve la forêt haute, dans un environnement de forte humidité. Enfin, le quatrième jour : retour vers Manaus en passant par l'archipel des Anavilhanas.

## LES BONNES ADRESSES

### Hôtels à Manaus
▲▲▲ **Tropical**, praia da Ponta Negra ☎ (092) 658.5000 et n° vert 0800.15.0006. *600 ch.* VISA, AE, DC, MC. Sur la plage da Ponta Negra, une villégiature à 18 km du centre et pas assez près de la forêt. C'est l'hôtel le plus chic de Manaus, même si ses chambres offrent un confort moyen, eu égard au standing dont se prévaut le nombre de ses étoiles et aux prix pratiqués. Bon restaurant, bar, grande piscine, boutiques, mini zoo.

▲▲ **Da Vinci**, rua Belo Horizonte 240, Adrianópolis ☎ (092) 663.1213. *81 ch.* Visa, ae, dc, mc. Un petit peu excentré, un hôtel récent de dimension moyenne, accueillant. Chambres peu spacieuses mais tout à fait confortables. Personnel agréable. Restaurant, bar, des jus de fruits exquis.
▲▲ **Lord**, rua Marcílio Dias 217, centre ☎ (092) 622.2844. *105 ch.* climatisées. Visa, ae, dc, mc. Hôtel récemment restauré, appartenant à la chaîne Best Western. Bien situé dans le centre, peut-être un peu bruyant, à l'angle d'une rue piétonne, proche des commerces, agence Varig… Bon accueil.
▲▲ **Novotel Manaus**, av. Mandi 4, Distrito industrial ☎ (092) 237.1211. Rés. à Paris ☎ 01.60.77.27.27. *169 ch.* Visa, ae, dc, mc. À 10 km du centre, dans la zone industrielle, établissement plutôt fréquenté par les hommes d'affaires.

### En forêt

▲▲▲ **Amazon Lodge** ♥ de l'agence Nature Safaris, rua Leonardo Malcher 734 ☎ (092) 622.4144, fax 622.1420, à Rio ☎ (021) 235.2840. *9 ch.* Visa, ae, dc, mc. Dans un lodge flottant sur le lac Juma, à 5 h de Manaus. Le trajet (bateau, bus et canoë) est certes long (il faut compter au moins deux nuits sur place) mais fantastique. Le site est paradisiaque. Le logde tout en bois s'intègre parfaitement au site. L'accueil et les guides sont très sympathiques et l'ambiance conviviale. Ch. simples, confortables, sans s.d.b. individuelles, douches communes très propres. Le forfait comprend les activités proposées sur place (marche en forêt, promenades en canoë, pêche…) et les repas. La seule critique concerne la nourriture : peu de produits locaux. Excursions de plusieurs jours en canoë, avec coucher à la belle étoile dans la jungle, accompagnées bien sûr d'un guide, organisées au départ du lodge, à demander et à préparer à l'avance.
▲▲ **Amazon Village** de l'agence Nature Safaris, situé sur le lac Puraquequara à 2 h de bateau de Manaus, dans un très bel endroit. Moins enchanteur que le premier, il est toutefois plus confortable, plus sophistiqué aussi : jolis jardins, paillotes en bois couvertes de lianes, escaliers, passerelles en bois *jabuti*, chambres dans de petites cabanes. Accueil sympa avec une *caipirinha* servie dans la coque de la noix du Brésil. Ombre au tableau : les jus de fruits… en boîte !
▲▲ **Apurissawa** de l'agence Amazon Nut Safaris, av. Beira Mar 43, São Raimundo ☎ (092) 671.3525/233.7282. *7 ch.* Sur les berges de la rivière Cuieiras, affluent du fleuve Negro, à 80 km de Manaus. Un bel endroit, pas très loin de l'archipel des Anavilhanas.
▲▲ **Ariaú Jungle Tower** de l'agence Rio Amazonas Turismo, rua Silva Ramos 41 ☎ (092) 234.7308/4731. Visa, ae, dc, mc. Grand lodge de *100 ch.* situé sur le lac Ariaú, pas très loin des Anavilhanas, accroché dans les arbres à 20-25 m du sol, ce qui n'est guère une tradition de l'habitat indien, mais offre une superbe vue. Ambiance un peu impersonnelle et modernité assez consternante : vidéos sur la forêt, jets skis, etc.
▲▲ **Lac Salvador** de l'agence Fontur, Hotel Tropical ☎ (092) 658.5000. *12 ch.* Restaurant et bar flottants, reliés par une passerelle en bois à la terre ferme où se trouvent les cabanes. Décor et ambiance idylliques.

## Restaurants

Goûtez les poissons du fleuve grillés, à la sauce *tucupi*, à la noix de coco, ou encore en *caldeirada*. Découvrez le *tambaqui*, le *pirarucu*, le délicat *tucunaré*, le populaire *jaraqui* ou la réputée soupe de piranha noir. Les autochtones apprécient la cuisine épicée. Prenez garde aux piments *malgeta*, *murupi* et *de cheiro*, parfumés mais néanmoins forts.
♦♦ **Caçarola**, av. Maués 188-A, Cachoeirinha ☎ (092) 233.3021. La meilleure adresse de la ville pour les poissons.

# MANAUS

♦♦ **La Barca**, rua Recife 684, Parque 10 ☎ (092) 263.8544. Visa, AE, DC, MC. Restaurant agréable, cuisine correcte, sans plus.
♦ **Paramazon**, rua Santa Isabel 1176, Cachoeirinha ☎ (092) 233.7768. Visa, AE, DC, MC. Spécialités de poissons.

## Shopping

L'artisanat proposé est, dans l'ensemble, d'assez mauvais goût. Quelques articles sont intéressants ou amusants : colliers de graines colorées, dents, paniers en paille colorés aux tracés géométriques des Indiens Tukanos, Baniwas ou Dessanas de la région du haut fleuve Negro, objets de bois sculpté des Indiens Tikunas, parures en plumes d'oiseaux amazoniens.

Dans le centre et le quadrilatère formé par la rua Dr Moreira et les av. E. Ribeiro, 7 de Setembro et Floriano Peixoto, le commerce des produits de la zone franche (électronique, photo, montres, porcelaine, vêtements, parfums…), vous ne ferez pas de folies (peu de choix et prix peu intéressants). Vous avez le droit d'acheter hors taxe l'équivalent de 2 000 $ de marchandises (quantité limitée par type de produit).

## Adresses utiles

**Aéroport.** International Eduardo Gomes, av. Santos Dumont, Flores, 15 km du centre ☎ (092) 652.1212. Situé à 17 km du centre
**Banques et bureaux de change** (ouv. de 9 h à 15 h). **Banco do Brasil**, rua Guilhermo Moreira 315 ☎ (092) 622.1090/3045 ; **Banco Francês e Brasileiro**, rua Marcílio Dias 156 ☎ (092) 622.3392 ; **Cortez Câmbio e Turismo**, av. 7 de Setembro 1199 ☎ (092) 622.4222 ; **TCL**, rua 24 de Maio 358 ☎ (092) 622.3633.
**Compagnies aériennes.** **Varig**, rua Marcílio Dias 284 ☎ (092) 622.3161 ; **Vasp**, rua 7 de Setembro 993, centre ☎ (092) 622.3470 ; **Transbrasil**, rua Guilherme Moreira 150 ☎ (092) 622.3738 ; **Tam**, centre ☎ (092) 233.7744.
**Agences de voyages.** **Amazon Explorers**, rua Nhamundá 21, pça Auxiliadora ☎ (092) 633.2075/3319 ; **Amazon Nut Safaris**, av. Beira Mar 43, São Raimundo ☎ (092) 671.3525 ; **Fontur**, Hôtel Tropical, Ponta Negra ☎ (092) 658.5000 ; **Nature Safari**, rua Leonardo Malcher 734 ☎ (092) 622.4144, bureau à Rio ☎ (021) 235.2840 ; **Safari Ecológico**, rua Monsenhor Coutinho 118 ☎ (092) 233.6910 ; **Selvatur**, pça Adalberto Vale s/n ☎ (092) 622.1173 ; **Tarumã Turismo**, av. Djalma Batista 134 ☎ (092) 642.2100.
**Compagnies maritimes.** **Enasa**, rua Mar. Deodoro 61, centre ☎ (092) 633.3280 et fax (092) 633.3093.
**Consulats.** **Belgique**, residencial Murici, Q/D casa 13, parque 10 de novembro ☎ (092) 236.1452 ; **France**, Conj. Jardim Espanha III Q/2 casa 19 ☎ (092) 236.3513.
**Informations touristiques.** Emamtur, av. Tarumã 379, centre ☎ (092) 234.5503 et 232.1646 et bureau à l'aéroport.
**Location de voitures.** **Unidas**, rua Torquato Tapajós 8887 ☎ (092) 651.2558 et n° vert 0800.12.1121 ; **Localiza**, rua Recife 2340 ☎ (092) 621.1176 et n° vert 0800.99.2000.
**Poste.** Correio, rua Mar. Deodoro, 177.
**Radio-taxi.** ☎ (092) 633.3211.
**Téléphone.** Telamazon, av. Getúlio Vargas 950.
**Urgences.** Pronto-Socorro Hospital Universitário, bl. Álvaro Maia, centre.

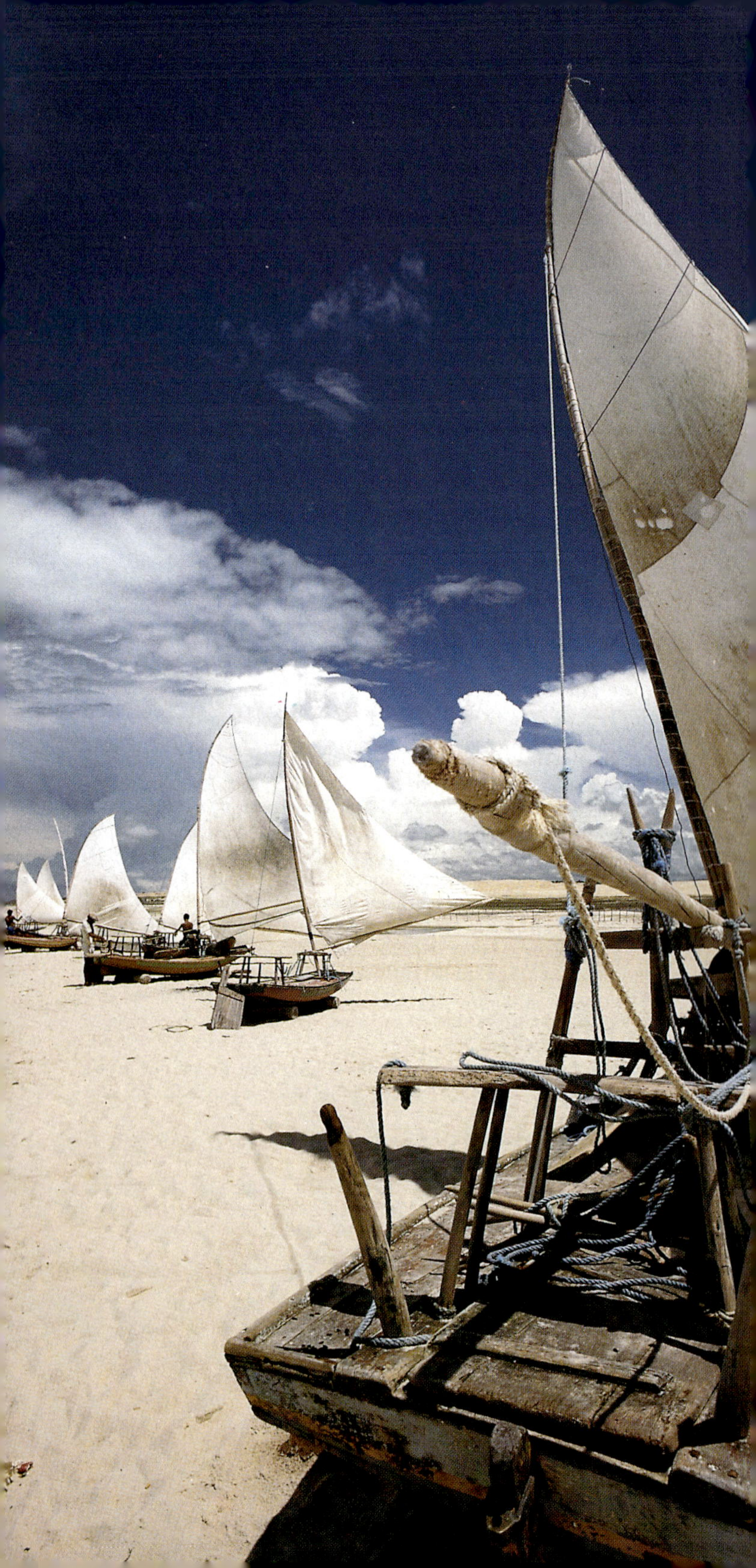

# LE NORDESTE

*Salvador et Bahia, Maceió et Alagoas, Recife/Olinda et le Pernambuco, Natal et le littoral du Rio Grande do Norte, Fortaleza et le Ceará, São Luís do Maranhão.*

---

Berceau du Brésil, le Nordeste est un monde en soi qui révèle, au fil du voyage, entre littoral baigné d'eaux tièdes et *sertão* (zone semi-aride de l'intérieur), son identité complexe : trésors d'architecture coloniale, églises baroques aux infinies richesses, maisonnettes simples et colorées, villages de pêcheurs humbles et pittoresques, agitation des grands centres urbains où s'entrechoquent luxe et misère.

Avec 1 548 672 km², soit 18 % du territoire national pour environ 30 % de la population brésilienne, neuf États composent cette région aux caractéristiques physiques et humaines originales : du nord au sud, Maranhão, Piauí, Ceará, Rio Grande do Norte, Paraíba, Pernambuco, Alagoas, Sergipe et Bahia.

Du point de vue humain et culturel, le Nordeste, marqué par des déséquilibres naturels et socio-économiques, se divise en deux zones : celle, agraire, du littoral et celle, méditerranéenne, de l'intérieur.

Le littoral agraire, qui s'étire le long de la côte, du Rio Grande do Norte à Bahia, se caractérise par le métissage entre Européens et Africains. Cette zone reste marquée par les structures héritées de la colonisation.

---

**Les *jangadas*, embarcations traditionnelles des pêcheurs du Ceará, sont l'une des composantes essentielles de la pêche côtière du Nordeste. De frêles radeaux pour d'humbles pêcheurs.**

> ## Un monde hétérogène
>
> Selon ses caractéristiques naturelles et socio-économiques, le Nordeste se divise en quatre sous-régions.
> La **zona da mata** est la bande de terre située le long du littoral, elle se caractérise par un climat tropical chaud et humide et des sols fertiles. Zone primitive de la forêt atlantique, elle concentre la majeure partie de la population, les principaux centres urbains et industriels.
> L'**Agreste** est la bande de terre étroite et longue faisant transition entre la zone *da mata* humide et le *sertão* semi-aride. Bénéficiant des altitudes les plus élevées de la région, son économie est dominée par la moyenne et petite propriété, la polyculture (coton, manioc, canne à sucre et fruits) et l'élevage.
> Le **sertão** est le vaste domaine aride de l'intérieur. Pluies rares et mal distribuées, végétation de cactées et d'arbustes épineux, c'est la *caatinga*; dans cet univers hostile et peu peuplé, l'homme vit de l'élevage extensif et des plantations de coton.
> Le **Meio Norte** est formé par les États du Maranhão et du Piauí. C'est la zone de transition, à cheval entre l'Amazonie chaude et humide, à l'ouest, et le sertão semi-aride, à l'est; le domaine des forêts de palmiers à huile. Quelques terres sont toutefois réservées à l'élevage. Son économie repose sur diverses plantations, notamment riz et maïs.

L'économie sucrière, qui se prolonge par celle du cacao dans le sud de l'État de Bahia, demeure un élément déterminant du paysage économique et social.

Le Nordeste méditerranéen comprend, quant à lui, l'intérieur de la région, du Maranhão jusqu'à Bahia. Son peuplement est lié historiquement à la présence des missions religieuses et à l'introduction du bétail. Le métissage ajoute ici l'élément indien, qui se traduit par la présence du *caboclo*, métis d'Indien et d'Européen, et du *mameluco*, métis d'Africain et d'Indien. Si les fermes d'élevage ont constitué le premier et principal centre social de la région, le développement de l'agriculture de subsistance et de l'extraction végétale (*carnaúba* et *babaçu*, voir glossaire p. 356) a contribué à diversifier le paysage humain. Reste que l'âpreté du milieu, la rudesse de la vie locale, les fréquentes sécheresses et leurs conséquences, en particulier les famines, ont aussi inspiré des phénomènes sociaux et culturels spécifiques : du *cangaceirismo*, c'est-à-dire le banditisme social (voir p. 55), à une abondante littérature locale (voir littérature de cordel, p. 336) en passant par un mysticisme profond et des pèlerinages fervents.

### Un legs historique ambigu

Première région du Brésil à avoir été colonisée, le Nordeste, pendant plus de deux siècles, bénéficie de la formidable prospérité de l'économie sucrière. Le développement de l'exploitation minière dans le Minas au XVIIIe s. et surtout l'essor agricole et industriel du Sudeste aux XIXe et XXe s., vont être la cause de son déclin progressif, accentué par l'effondrement de l'économie sucrière. La crise de l'économie locale entraîne un déplacement du centre de gravité du pays au profit du Sudeste, qui devient une terre d'immigration pour les Nordestins. Dès 1763, la région perd son rôle politique avec le transfert de la capi-

> ### Le fleuve São Francisco
>
> Parmi les grands fleuves brésiliens, le São Francisco est le seul à naître et mourir sur le territoire après avoir parcouru 3 160 km. Traversant cinq États (Minas, Bahia, Pernambuco, Alagoas et Sergipe), il est considéré comme le fleuve de l'intégration nationale en ce qu'il lie le Brésil central à l'océan. Grand moyen de communication — 1 371 km de voies navigables allant de Pirapora (Minas Gerais) à Juazeiro (État de Bahia) — le São Francisco agit comme un véritable pivot de l'économie rurale grâce à l'énergie électrique produite (usine hydroélectrique de Paulo Afonso à la frontière de Bahia et du Pernambuco) et à ses eaux d'irrigation.
>
> Malgré son importance fondamentale pour les populations riveraines, le vieux Chico est en danger. Déboisements et pollution causée par les égouts des villes sont responsables de l'érosion anormalement importante, qui entraîne la formation de bancs de sable menaçant la navigation. Force est déjà de constater que ces paysages si caractéristiques et variés ne sont plus tout à fait les mêmes.

tale à Rio. Oublié, marginalisé, c'est seulement à partir des années 1950 que le Nordeste va de nouveau susciter une préoccupation d'ordre national. À la suite de graves problèmes climatiques (sécheresses de 1952 et de 1958) qui viennent aggraver la misère endémique de la région, le gouvernement fédéral décide de créer un organe officiel pour promouvoir son développement, la SUDENE. L'action de la SUDENE, néanmoins, pèche par son inégale répartition. Concentrée à Recife et à Salvador, elle s'est appuyée sur l'implantation d'industries de haute technologie, inadaptées à une main-d'œuvre locale peu qualifiée, sans avoir résolu les problèmes les plus graves.

Considérée comme une région à problèmes, le Nordeste semble depuis peu contrarier les idées reçues. Les présidents Sarney et Collor, Cyro Gomes, ancien ministre de l'Économie, Antônio Carlos Magalhães, sénateur de Bahia et homme fort du PFL (parti majoritaire) sont autant de Nordestins décidés à explorer et à exploiter ses richesses mais aussi ses atouts touristiques.

# SALVADOR DE BAHIA***

Salvador, capitale de l'État de Bahia (voir p. 310), est une ville magique, la plus africaine de toutes les cités brésiliennes. Plus que ses trésors d'architecture, les splendeurs délirantes du baroque, le quotidien pittoresque de ses vieux quartiers, sa silhouette superbe de ville haute et basse, l'écrin naturel de la baie de Tous les Saints, ses îles, ses plages, c'est le lien d'intimité qu'elle établit d'emblée avec le visiteur qui fait son charme.

## La première capitale du Brésil

Le 1er novembre 1501, l'explorateur Amerigo Vespucci débarque dans une baie immense et majestueuse. En ce jour de la Toussaint, il lui donne le nom de São Salvador da Baía de Todos os Santos. La ville prend jusqu'à la fin du siècle dernier diverses appellations : São Salvador, Salvador da Bahia, Bahia, etc. — pour devenir Salvador.

## VISITER LE BRÉSIL

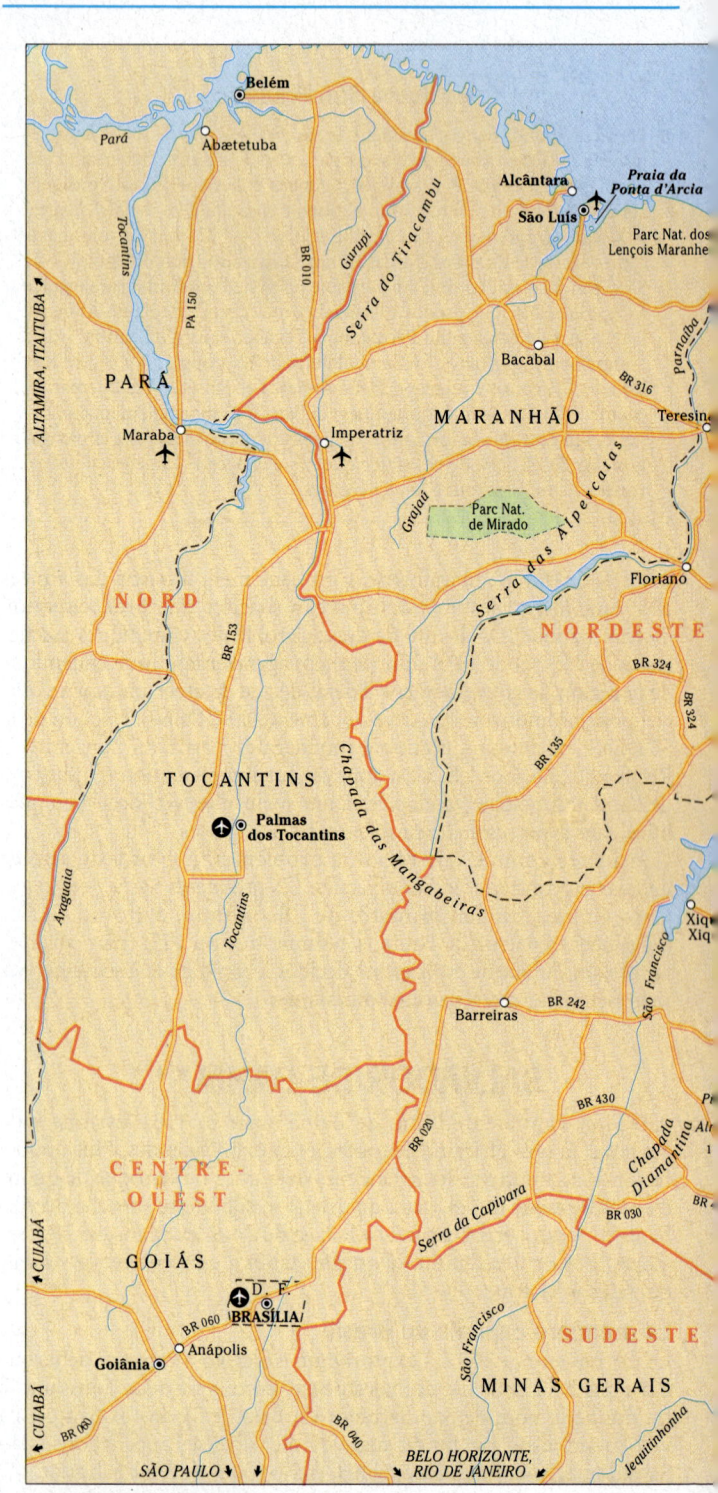

**La région du Nordeste**

# SALVADOR DE BAHIA

281

OCÉAN ATLANTIQUE

Parnaiba, Jericoacoara, Parc Nat. e Cidades, PI 210, CE 071, BR 343, Sobral, BR 222, Fortaleza, Parc Nat. de Ubajara, Aquiraz, *Praia do Morro Branco*, Ipu, BR 116, Aracati, Crateús, Icapúi, CEARÁ, CE 075, CE 021, BR 020, Serra Grande, Serra dos Cariris Novos, BR 304, Île Fernando de Noronha → (Parc National), 316, RIO GRANDE DO NORTE, Genipabu, Redinha, Natal, Picos, CE 090, Juazeiro do Norte, BR 427, BR 226, *Praia de Pipa*, *Chapada do Araripe*, BR 230, PARAÍBA, BR 101, Cabedelo, João Pessoa, BR 407, BR 316, BR 232, Campina Grande, *Ilha de Itamaracá*, arc Nat. a Serra a Capivara, Nova Jerusalém, Olinda, Recife, PERNAMBUCO, Caruaru, Barrage de Sobradinho, Petrolina, BR 423, BR 116, Paulo Afonso, Sobradinho, BR 235, São Francisco, ALAGOAS, Maceió, Serra o Francisco, BR 110, SE 216, Marechal Deodoro, BR 407, Penedo, SERGIPE, A 052, Jacobina, BR 304, Aracajú, BR 116, BA 052, Feira de Santana, BR 101, AHIA, BR 242, Santo Amaro da Purificação, Lençóis, Candéias, Camaçari, *Paraguaçu*, Nazaré, Salvador, Parc Nat. de Chapada Diamantina, Valença, *Baie de Tous les Saints*, Jequié, BR 116, Morro de São Paulo, BR 101, BR 330, Vitoriá da Conquista, OCÉAN ATLANTIQUE, Ilhéus, Olivença, BR 415, BR 116, Porto Seguro, Arraial d'Ajuda, Trancoso, Parc Nat. do Monte Pascoal

↓ BELO HORIZONTE, RIO DE JANEIRO     ↓ VITÓRIA, RIO DE JANEIRO

0   100   200 km

Le site n'est effectivement colonisé par les Portugais qu'en 1549, lorsque Tomé de Sousa, gouverneur général de la colonie, y est envoyé dans l'objectif de construire une cité-forteresse. Après la fondation de la ville, la culture de la canne à sucre est rapidement introduite se joignant à l'exploitation du bois Brésil et à la culture du coton. C'est une période de prospérité pour la cité : Salvador devient la vitrine de la colonie. Le XVIIe s. est marqué par l'importance économique du tabac et une plus grande diversification : canne à sucre, cuir, manioc, or (découvert à Jacobina). De 1624 à 1649, Salvador essuie plusieurs attaques hollandaises. Elle devient ensuite le centre de la lutte contre les Hollandais.

En 1763, la capitale est transférée à Rio consacrant ainsi le nouveau rôle économique joué par le Sud. Salvador va toutefois demeurer un grand centre d'importation d'esclaves et de produits européens et l'un des principaux centres exportateurs de sucre, tabac, coton. À la fin du XVIIIe s., elle reste la capitale de l'opulence, dominée par les riches propriétaires des *engenhos* de l'intérieur.

L'ouverture des ports au commerce international, en 1808, va soutenir le développement de la ville. Des mouvements successifs veulent séparer la province du reste du Brésil, sans succès. Bahia n'acquiert son indépendance que le 2 juillet 1823, consolidant ainsi celle du Brésil intervenue un an plus tôt. L'indépendance ne va cependant pas apporter la décentralisation tant espérée. La province continue d'être subordonnée à Rio et les mouvements en faveur du fédéralisme s'y succèdent. Salvador vit alors sous le signe de l'effervescence politique et culturelle. Mais, à partir de la seconde moitié du XIXe s., des signes de faiblesse s'annoncent. La crise du sucre et l'abolition de l'esclavage vont consommer ce déclin. Commence alors un long sommeil qui va durer près d'un siècle.

Ce n'est qu'à partir des années 1970 que Salvador retrouve un dynamisme économique et culturel. L'implantation d'un complexe pétrochimique dans sa périphérie, le développement des industries de matières premières et, plus récemment, l'essor du secteur agro-alimentaire et de la production de cellulose lui ont apporté le dynamisme nécessaire à ce renouveau. Le tourisme s'impose également comme une activité fructueuse pour la ville et l'État.

Avec 2,5 millions d'hab., Salvador est devenue une vaste agglomération urbaine. Cependant, malgré les ravages de l'industrie du bâtiment, Salvador n'en reste pas moins Salvador.

## Le carnaval

Cinq jours de fête, 1,5 million de personnes dansent chaque jour derrière les trios elétricos, *afoxés* et *blocos*. Carnaval de rue, il se déroule simultanément au Pelourinho, praça Municipal, praça Castro Alves, av. Sete, à Campo Grande, Barra et Ondina.

**Les afoxés.** Ces cortèges de Noirs jouant de l'*atabaque*, chantant en langue nagô et dansant, connus aussi sous le nom de « candomblés de rue », sont nés dans les années 1940 pendant le carnaval. En 1949, les dockers du port de Salvador, tous noirs ou métis, pratiquant des cultes afro-brésiliens, décident de se rassembler dans un petit groupe, les « Filhos de Gandhi », pour favoriser la divulgation du candomblé tout en affirmant leur négritude. Pour leur premier défilé, chaque membre utilise un déguisement des plus simples : costume blanc –

drap (tunique), serviette (turban), sandales blancs – et colliers de perles blanches et bleues. Cette *fantasia* originelle allait devenir tradition.
Symboles de la fraternité, les *afoxés* portent le chameau, l'éléphant et la colombe blanche. Leurs musiciens sont tous des *alabês* (voir glossaire, p. 355); leurs danses reproduisent celles des *orixás;* leurs chefs sont tous des *babalorixás* (voir glossaire, p. 355). Considérés comme la première manifestation ethnique de Bahia, les *afoxés* ont apporté au public *l'ijexá* (voir glossaire, p. 356). Mais les nouveaux *afoxés* obéissent de moins en moins à la tradition religieuse. Seul l'afoxé *Filhos de Gandhi* maintient cette liaison étroite entre religion et carnaval.

**Les trios elétricos.** Créé en 1950 par Dodô et Osmar, guitariste et musicien bahianais ayant introduit la guitare électrique dans le *frevo* pernambucano, le *trio elétrico* est devenu l'essence même du carnaval. Il a véritablement constitué une nouvelle façon de *brincar* (jouer) le carnaval. En effet, jusqu'à son invention, il n'y avait pas de genre musical particulier. À partir de la guitare bahianaise, Dodô et Osmar ont inventé le *frevo* bahianais, qu'ils vont jouer sur une vieille camionnette. Ainsi naît le *trio* et avec lui un carnaval plus libre, qui détrône les anciens défilés marqués par des distinctions raciales et sociales. Mais cette communion ne dure pas longtemps : bientôt les *blocos* entrent en scène, dotés de leurs propres trios, créant de nouveau un carnaval ségrégationniste. Il reste aujourd'hui plus d'une vingtaine de trios indépendants réjouissant le carnaval de Salvador.

**Les blocos.** Ce sont des groupes de personnes rassemblées par une corde, accompagnées d'un trio électrique, qui font un cortège à travers les rues de Salvador. Leur apparition, à la suite des trios électriques, a réintroduit des clivages sociaux dans le carnaval tout en contribuant à la disparition des écoles de samba bahianaise, samba qui était encore très populaire dans les années 1960.
Au départ, il y avait deux types de *blocos : blocos de Índios*, d'une part, formés par des pauvres, dont le plus connu fut celui des Apaches (réputé très violent); *blocos de barão*, d'autre part, constitués par l'élite blanche. Aujourd'hui, les *blocos de barão* sont appelés simplement «*blocos de trio*».
Dans les années 1970, le carnaval de Salvador a aussi gagné un nouveau genre de *blocos*, les *blocos afros*, notamment le célèbre Ylê Ayê, né en 1974 à Liberdade, immense quartier ouvrier noir et métis. Du point de vue idéologique, influencés par le mouvement noir américain des années 1970, le Black Power, la lutte d'indépendance des pays africains et la résistance culturelle afro-bahianaise du candomblé, ces *blocos afros* veulent changer l'image des Noirs. Le choix des thèmes et des costumes fait chaque année l'objet d'une recherche approfondie sur les peuples et les religions d'Afrique, de façon à instruire de manière informelle les Noirs sur leurs origines.
Musicalement, le Ylê s'est fondé sur le battement de *l'ijexá* à partir duquel il a développé des rythmes de percussion. Grand responsable de la formidable ascension de la musique afro-bahianaise à Salvador, puis dans tout le pays, le Ylê a aussi popularisé le style rastafari parmi les Noirs de Salvador. La participation des Blancs y est rigoureusement interdite. Tous les samedis de carnaval, le Ylê «sort» du Curuzu, secteur du quartier Liberdade. Vous pouvez aussi le voir passer à Campo Grande à l'aube du dimanche, vers 4h du matin, ou le lundi.

**Le littoral : de Salvador à Fortaleza**

## Blocos de carnaval

**Crocodilo**, av. 7 de setembro 2810, Barra ☎ (071) 336.0995.
**Pinel**, rua Belo Horizonte 164, Jd. Brasil ☎ (071) 336.0489.
**Eva**, av. Oceânica 55, Barra ☎ (071) 235.9941.
**Ylê Aiê**, rua Curuzu 197, Liberdade ☎ (071) 388.4969 et magasin au Pelourinho, rua Muniz Barreto 16.
**Olodum**, rua Gregório de Matos 22, Pelourinho ☎ (071) 321.5010.
**Filhos de Gandhi**, rua Gregório de Matos 53, Pelourinho ☎ (071) 321.7073.
**Filhas de Oxum**, Ladeira de São Miguel 31 ☎ (071) 321.3488.
**Araketu**, av. Oceânica 683, Barra ☎ (071) 247.6982.
**Timbalada**, Tv. Marques de Leão 293, Barra ☎ (071) 245.6999.

**Participer au carnaval.** Vous pouvez participer à des *blocos;* il vous suffit d'acheter la tunique ou le bermuda d'un *bloco* de *trio* ou *afro*. Il n'y a pas de règles, il vous suffit d'être prêt à *pular* (sauter) sans arrêt, autre verbe utilisé pour signifier sa participation au carnaval. Toute la question est de trouver le *bloco* qui vous convient. Les *afros* coûtent moins chers que les *trios* (environ 250 $ contre 500 $ par personne). Vous pouvez aussi opter pour les *blocos* alternatifs, créés récemment pour pallier la question du coût des autres *blocos*.

Vous pouvez aussi *sair de pipoca* (littéralement « sortir en pop-corn ») : les *pipocas* n'appartiennent à aucun *bloco*, ils changent de *bloco* à leur guise. Pour ceux qui veulent vraiment vivre l'expérience du carnaval, le mieux est certainement d'arriver quelques jours à l'avance et de se renseigner auprès des habitants et de l'office du tourisme pour connaître les meilleures options pour l'année en question.

Pour le carnaval, n'emmenez rien avec vous. Éviter de mettre de l'argent dans vos poches. Le plus sûr est d'utiliser une petite pochette que vous porterez sous vos vêtements. Il peut être un peu effrayant de vous trouver dans les parages d'un *trio*. Surtout ne paniquez pas !

## Autres traditions bahianaises

**La capoeira.** La *capoeira* a connu son plus fort développement à Bahia. C'est une sorte de lutte réelle, jouée ou dansée, qui consiste à faire tomber l'adversaire en le déséquilibrant. Exigeant adresse et souplesse, les mouvements sont rythmés par la musique et la cadence donnée par le son des *berimbaus*. L'introduction de la musique a sans doute eu pour objectif de camoufler le combat en le faisant passer pour un jeu. Ses origines sont mal connues et controversées. La *capoeira*, qui vient du guarani signifiant « terrain couvert de végétation peu épaisse », servait à désigner les zones déboisées de la forêt vierge non utilisées dans les plantations et laissées à la disposition des esclaves, où ils se mirent précisément à pratiquer la *capoeira*. Cette dernière va être ensuite utilisée par les criminels, *capoeiristas* noirs, pour mettre en échec les forces de police. Redoutable système de défense et d'attaque, elle est alors interdite. Sévèrement réprimée par les autorités, ce n'est qu'à partir des années 1960 qu'elle va prendre place en toute légalité dans la société brésilienne et devenir populaire. Sport de compétition depuis 1973, entre art martial et danse acrobatique (certains de ses éléments sont repris par l'armée comme exercices

## Salvador, capitale du syncrétisme musical

Plus que jamais, la musicalité africaine influence les musiques écrites et jouées à Bahia. Tous les artistes puisent leur inspiration à la source des rites religieux du candomblé et dans leurs percussions tribales.
Les *blocos de trio* ont commencé à jouer de la musique afro avec des instruments électriques donnant ainsi naissance à l'afro-pop. Les *blocos afro* ont ensuite repris le rythme syncopé du reggae : et la samba-reggae de voir le jour en 1987 !
Récemment a été inventée l'axé-music : mélange de rythmes africains développés à Bahia (du candomblé aux *blocos afros*) et du *frevo* bahianais (*frevo* électrique d'instrumentation pop), sa première expression fut le *fricote*, créée, dans les années 1980 par le chanteur de *trio* Luíz Caldas. Plus récemment, le percussionniste, auteur compositeur Carlinhos Brown a inventé la *timbalada* pour le carnaval de 1993. Quel sera le prochain rythme raz de marée ?

physiques), la *capoeira* attire un nombre croissant d'adeptes à Bahia et dans tout le Brésil. En dehors du Mercado Modelo, vous pourrez la voir pratiquer à l'Associação de Capoeira Mestre Bimba (Pelourinho ☎ *(071) 243.2506*) ou au Forte de Santo Antônio.

**Le candomblé.** Il s'impose comme l'une des expressions les plus fortes de la tradition africaine (voir les religions, pp. 74-76). Au départ interdit, il a survécu à une double menace : persécutions et machine syncrétique du catholicisme. On le retrouve aujourd'hui aussi bien chez les Noirs que chez les Blancs, mulâtres et métis de Salvador. Il n'est pas rare de trouver aux abords des carrefours, des ponts, des lacs, des parcs de la ville des *despachos* (offrandes) pour Exu (messager entre les hommes et les orixás).

Salvador et sa banlieue rassemblent un millier de *terreiros*. Bien que menacés par la prolifération d'autres cultes, pentecôtistes notamment, les *terreiros*, de plus en plus associés à la vie de la communauté, conservent une fonction sociale importante. Les *terreiros* de Salvador pratiquent surtout le candomblé de la nation nagô. Plus rares sont les candomblés des nations bantoues (Congo et Angola) et *caboclo*. Leurs cérémonies restent cependant semblables à celles de la nation nagô. On y distingue les fêtes ordinaires, en hommage aux *orixá*s, des cérémonies initiatiques, où les fidèles incarnent les divinités.

Assister à une cérémonie de candomblé est une expérience unique. À la vue de l'assistance réunissant des personnes de tous âges, milieux sociaux, s'ajoutent le spectacle des danses, des chants, des costumes magnifiques, mais aussi la vision impressionnante de la beauté mystique et plastique des fidèles en transe. Évitez les cérémonies montées à l'attention des touristes. La période des fêtes de candomblé varie selon les *terreiros*, de sorte qu'il est possible d'en trouver à tout moment de l'année.

# MODE D'EMPLOI

## Arrivée

**En avion.** L'aéroport international Deputado Luis Eduardo Magalhães I-B1, à 32 km de la ville, relie quotidiennement Salvador aux principaux centres régionaux et nationaux ainsi qu'à des villes européennes. Un service de bus avec air conditionné fait la liaison entre l'aéroport et le centre en longeant la côte jusqu'à la praça da Sé II-C2, au Pelourinho II-D2.

**En autocar.** La gare routière se trouve dans le quartier Iguatemi, près de la côte nord, un peu éloigné du centre. Il n'y a pas de bus spéciaux faisant la liaison avec ce dernier et les bus risquent d'être bondés. Vous pouvez cependant prendre le *Circular II* qui va jusqu'à Campo Grande I-A2 en passant par les plages.

## Se repérer

Salvador est située à la pointe nord de l'entrée de la baie de Tous les Saints. Elle a été construite, à l'instar de Porto et de Lisbonne, dans un site permettant sa défense sans pour autant empêcher son développement linéaire, d'où son relief particulier. Son centre se divise ainsi en deux parties : *cidade alta* (ville haute) et *cidade baixa* (ville basse). La **ville basse**, construite sur le modèle de Porto, est étroite, littéralement coincée entre la mer et la colline. Bordant la baie, elle commence par le quartier du Comércio. Vers l'intérieur de la baie, sur la péninsule d'Itapagipe I-A2, on trouve des quartiers anciens et résidentiels tels que Monte Serrat I-A2, Bonfim I-A1-2, Ribeira, agréables à visiter.

---

### Une cérémonie de candomblé

Le rituel commence le matin par le sacrifice d'un animal (coq, pigeon, bouc…) accompagné de chants et de danses sacrés. À cette partie de la fête prennent part seulement la mère de saint dirigeant le *terreiro*, le *axôgun* (celui qui sacrifie les animaux) et quelques filles de saint, les plus âgées.

C'est seulement vers la fin de l'après-midi qu'on réalise le *padê* ou *despacho* à Exu. Toutes les filles sont regroupées dans le grand salon, où est répandue une bouteille de *dendê* (sang rouge, symbole de la réalisation), puis divers récipients contenant de la farine (symbole de fécondité), de l'eau (élément fertilisant), de la *cachaça* (sang blanc, élément masculin) sont mis en place. Il s'agit d'obtenir des *orixás*, par l'intermédiaire de Exu, la permission de faire la fête. Tandis que l'on commence à jouer les *atabaques*, les filles ou fils de saints entament les chants pour Exu. L'une d'entre elles, parmi les plus anciennes initiées, est spécialement désignée pour danser autour de la nourriture sacrée qu'elle va s'appliquer à jeter à l'entrée du *terreiro*, dans un geste de partage avec l'homme de la rue. Une fois la nourriture distribuée, les filles de saint forment une ronde et vont, sous la direction de l'Iyá Têbeké, danser et interpréter les chants de chacun des *orixás* entrant peu à peu en transe. Chaque fille ou fils de saint est alors possédé par son propre *orixá*.

Après avoir dansé et chanté tour à tour, ils s'en vont ensuite à l'intérieur du *terreiro* pour se parer des vêtements et attributs de leur *orixá* respectif avant de retourner en scène dans le grand salon, où ils réapparaissent alors en tant que l'*orixá* lui-même. C'est une entrée triomphale accompagnée des *êkêdês* munies de serviettes blanches. L'Iyá Têbeké conduit à nouveau les chants spécifiques. Tandis que certaines personnes dans le public entrent également en transe, les filles de saint exécutent la danse de leur *orixá*. C'est un moment de grande solennité et d'une beauté puissante. Ainsi possédées par leur *orixá*, les filles de saint donnent des bénédictions à ceux qui le souhaitent.

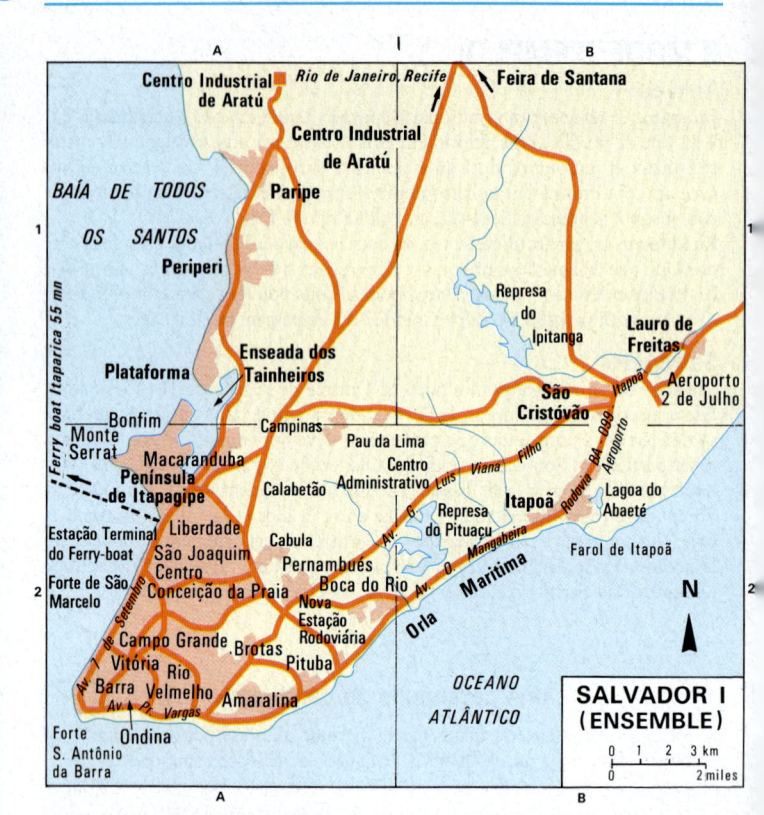

Salvador I : plan d'ensemble

Les quartiers de la **ville haute** II-D2 se trouvent sur le plateau : le Pelourinho, centre historique qui regroupe les quartiers du Carmo II-DE1-3 du Largo do Pelourinho, de Maciel II-C2-3 et de Terreiro de Jesus II-C2; la Sé II-CD2; São Bento II-A2; São Pedro; Campo Grande I-A2; Vitória I-A2. La ville haute se prolonge ensuite vers le bord de mer en passant par Barra I-A3 Ondina I-A2 (où se trouvent les meilleurs hôtels), Rio Vermelho I-A2 (quelques hôtels et bars), Amaralina I-A2, Pituba I-A2, Armação, Boca do Rio I-AB3 etc. jusqu'à Itapoã I-B2. L'intérêt de ces quartiers réside essentiellement dans leur bord de mer et leurs plages. Bien qu'il se soit urbanisé, le quartier d'Itapoã garde encore son cachet de village de pêcheurs; vous y découvrirez de très belles plages, ainsi que la fameuse lagune d'Abaeté I-B2.

Vous pourrez vous procurer un plan de la ville dans les bureaux d'informations touristiques. Il est assez facile de circuler : plusieurs lignes de bus font le tour des plages, le centre-ville en passant par Campo Grande, Vitória, etc.

## Circuler

**À pied.** C'est le meilleur moyen pour découvrir le centre historique (ville haute et basse). Vous vous perdrez dans les rues étroites et sinueuses, prendrez l'ascenseur Lacerda II-C1 ou les funiculaires pour passer d'une ville à l'autre ; laissez-vous guider par les odeurs et les couleurs de cette ville chaleureuse.

**En bus.** Outre le *frescão*, moins fréquent que le bus, des *jardineiras* longent le littoral vous emmenant jusqu'à la plage du Flamengo, au nord d'Itapoã. Tous les bus passent par Campo Grande, sorte de terminal.

> ### Terreiros de candomblé
>
> **Ilê Axé Opô Afonjá**, estrada de São Gonçalo, Cabula ☎ (071) 384.9801. La *Ialorixá*, Mãe Stella, très respectable, a soin d'étudier et de préserver les traditions. Ce *terreiro* fait aussi un important travail communautaire. Ses fêtes sont belles. Pierre Verger, anthropologue français, y participait.
> **Bate-Folha**, rua Pai João José da Silva 65, Mata Escura ☎ (071) 246.2163.
> **Pilão de Prata**, rua Tomás Gonzaga 289, Boca do Rio ☎ (071) 231.9055. Beau cadre et belles fêtes.
> **Gantois**, alto das Pombas 23, Federeção ☎ (071) 336.9594.

**En taxi.** Les taxis sont assez bon marché. Étant donné les distances, cela risque de devenir onéreux au bout du compte.
**En circuit organisé.** Fortement déconseillé, à moins que vous ne soyez pressé, ce qui est aux antipodes de l'esprit de Salvador ! Apprenez quelques mots de portugais et partez à la découverte de la ville. En revanche, pour découvrir les îles, vous pouvez prendre un circuit pour la journée.
**En voiture.** Les centres d'intérêt étant assez éparpillés, une voiture est utile. Longer les plages et la baie ne présente aucune difficulté, encore moins si vous avez une carte. Sachez qu'à chaque fois que vous garez votre voiture, des gamins ou des adultes viendront vous demander de la garder. Si vous ne parlez pas le portugais, un signe d'accord suffira pour vous faire comprendre. À l'instar des Bahianais, pour qui c'est une habitude (cela n'empêche pas les vols mais constitue une mesure de sécurité), à votre retour donnez toujours quelque chose (normalement entre 0,5 et 1 $).

## Programme

Si vous n'avez qu'une journée, allez visiter le Pelourinho et prenez l'ascenseur Lacerda ou un funiculaire pour descendre jusqu'à la ville basse, aux alentours du Mercado Modelo **II-C1** et de l'église Conceição da Praia **II-B1**. Mais si vous voulez prendre le temps de visiter la « ville aux 365 églises », de découvrir ses plages, ses îles, son arrière-pays, sa cuisine, un minimum de cinq jours s'impose.

## Fêtes et loisirs

Les 3 et 4 décembre se déroule au largo do Pelourinho la **festa de Santa Bárbara** en hommage à la sainte patronne des marchés. Le 4, messe dans l'église N.-D. do Rosário dos Pretos et procession.
Le 8 décembre a lieu la **festa N.-S. da Conceição da Praia** au largo da Conceição da Praia. Célébration de la sainte patronne du commerce et de tout l'État de Bahia, sainte de la ville basse. Messe, procession et fête profane.
Les 31 décembre et 1er janvier se déroulent la **festa da Boa Viagem** ♥ et la **procissão do N.S. dos Navegantes** ♥ dont le clou est la procession maritime du matin du 1er de l'An. Un cortège constitué de plus d'une centaine d'embarcations accompagne la galiote transportant l'image du saint protecteur des navigateurs à travers la baie de Tous les Saints. Après le Réveillon, qu'il est coutume de passer sur la plage (les Bahianais y viennent pour jeter des roses blanches à Iemanjá, assister à des feux d'artifice, danser), la tradition veut que l'on accompagne la procession du 1er de l'An en bateau. L'arrivée de l'image donne lieu à d'incroyables démonstrations de ferveur.
Le deuxième jeudi de janvier a lieu le **lavagem de N.-S. do Bonfim** ♥. La procession part au petit matin de l'église da Conceição da Praia se dirigeant vers l'église du Bonfim. On y voit les mères et filles de saint habillées de longues et amples jupes blanches brodées, portant pots et vases d'eaux parfumées (les

eaux d'Oxalá, qui est associé au seigneur du Bonfim, saint patron de Bahia) et de fleurs destinées à laver les escaliers du parvis de l'église du Bonfim, une tradition très ancienne profondément liée au candomblé.

Le 2 février la **festa de Iemanjá** donne lieu à une procession maritime accompagnant le bateau qui emporte en haute mer les cadeaux offerts à Iemanjá. Elle est organisée par les pêcheurs du Rio Vermelho.

Les **festas Juninas** sont très populaires, notamment celles de l'intérieur. La Saint-Jean de Cachoeira est l'une des plus prisées. Les festivités commencent la veille, le 23 juin au soir avec le marché du Port, au bord du fleuve Paraguaçu : feux d'artifice, quadrilles, musique, danse toute la nuit.

**Caruru de Cosme et Damião**, le 27 septembre. Les saints Cosme et Damião, frères jumeaux, ont la réputatoin de porter chance ; ce sont des *abre caminho* (ouvreurs de voies, c'est à dire qu'ils font disparaître les mauvaises énergies faisant obstacle à un projet). Ce jour-là, des messes sont célébrées en leur honneur dans les églises de Bahia et des dîners à base de *caruru* préparés pour l'occasion (voir glossaire, p. 355), sont offerts aux enfants pauvres.

## La ville haute***

Cœur historique de Salvador, vous y trouverez la plupart des monuments intéressants : la cathédrale basilique II-C2, l'église São Francisco II-C2, l'église et le couvent du Carmo au milieu d'une multitude d'autres églises (compter environ 1 $ pour la visite des plus importantes, les autres sont gratuites), mais aussi d'un formidable ensemble de maisons et de *sobrados* coloniaux… Soyez prêt à arpenter ses ruelles pavées, à monter ou descendre au bon vouloir de ses pentes.

### Le Pelourinho*** II-CD2

Classé patrimoine de l'humanité par l'Unesco en 1985, ce quartier historique regroupe quatre secteurs : Terreiro de Jesus, Maciel, largo do Pelourinho et Carmo. C'est un vrai morceau de Brésil colonial qui a presque entièrement été restauré en 1993.

#### *Le Terreiro de Jesus* II-C2

Cette grande place est entourée de trois belles églises et d'un remarquable ensemble de *sobrados* aux tons éclatants (rose vif, bleu foncé, bleu clair, jaune et vert tendre). Au centre, une fontaine, le **Chafariz do Terreiro**\* symbolise les quatre grands fleuves de Bahia : São Francisco, Paraguaçu, Pardo et Jequitinhonha. On y trouve aussi un bar, la Cantina da Lua, où l'on peut écouter de la musique ou apprécier la *capoeira*.

**La Catedral basílica**\*\*\* (*terreiro de Jesus* ☎ (071) 321.4573, *ouv. t.l.j. de 9h à 12h et de 14h à 18h*). Ancienne église du collège des jésuites construite au XVIIe s. (marbre et pierre de taille acheminés du Portugal), c'est l'un des chefs-d'œuvre du baroque colonial. Vous admirerez ses treize autels richement travaillés, parmi lesquels un remarquable maître-autel en boiserie dorée. Au centre du plafond, un énorme soleil en métal et bois porte le symbole de l'ordre. Au-dessus de l'autel principal, une belle statue en bois de São Salvador avec une intense expression des yeux. Parmi les cinq chapelles latérales, les premières sont les plus riches. Vous noterez aussi le détail des quatrièmes chapelles, surtout celle de droite. À gauche, dans la petite chapelle dédiée au Saint Sacrement, vous verrez la statue en argent de N.-D. des Merveilles. La sacristie est splendide (entrée à côté de la chapelle latérale de droite). Outre les beaux autels et lavabos en marbre, le superbe plafond, vous remarquerez les magnifiques commodes en *jacarandá*, considérées comme le chef-d'œuvre de l'art jésuite au Brésil. Les seize tableaux les surplombant ont été réalisés sur des plaques en cuivre et sont encadrés de boiseries baroques enrichies d'incrustations d'écaille, d'ivoire et d'os.

**Le museu Afro-Brasileiro**\* (*terreiro de Jesus* ☎ *(071) 321.0383, ouv. du lun. au ven. de 9h à 17h*). À côté de la cathédrale, dans l'ancien collège des jésuites (premier collège jésuite fondé au Brésil), transformé en hôpital puis en faculté de médecine (première faculté du pays). Intéressante exposition de costumes de candomblé, panneaux en bois sculpté de Carybé, artiste argentin résidant à Bahia, représentant les *orixás*, diverses sculptures afro-brésiliennes et photographies. Au sous-sol, un petit musée d'archéologie et d'ethnologie indienne.

**L'église São Pedro dos Clérigos**\* (*terreiro de Jesus, ouv. du lun. au ven. de 13h à 17h*). Construite, entre 1765 et 1780, sur le modèle des églises du XVIIIe s., sa décoration intérieure adopte un style de transition entre le rococo et le néo-classique. Outre sa boiserie dorée, la peinture du plafond représentant *Jésus en train de donner la clef du ciel*, notez la statue de saint Pierre, grandeur nature, du maître-autel.

**L'église da Ordem Terceira de São Domingos**\*\* (*terreiro de Jesus, dans le sens opposé de la cathédrale basilique* ☎ *(071) 242.4185, ouv. de 7h à 11h, le dim. de 7h à 10h*). Construite en 1731, elle se distingue par sa façade rococo et son entrée protégée par une grille. À l'intérieur, la peinture baroque du plafond représentant la vie de saint Dominique est l'œuvre de José Joaquim da Rocha (fondateur de l'école bahianaise de peinture sur panneaux du XVIIIe s.). Vous remarquerez aussi le superbe tabernacle et visiterez la sacristie.

Prenez ensuite la rue située à côté de l'église da Ordem Terceira de São Domingos. Le largo do Cruzeiro de São Francisco **II-C2** vous fait pénétrer dans le quartier du Maciel et vous conduit à l'église de São Francisco. Dans cette rue, outre quelques magasins intéressants, vous trouverez au n° 8 la maison natale du poète Gregório de Matos, qui est aujourd'hui le siège du centre de spiritisme de Salvador.

## Maciel II-C2

Avant sa restauration, c'était la partie la plus dangereuse du Pelourinho. Dans certaines ruelles, qui n'ont pas encore été réhabilitées, on peut encore apercevoir les façades délabrées des maisons, leurs couleurs fanées, respirer cette odeur de vieux et d'humide qui donne une idée de l'état d'abandon dans lequel la vieille ville avait sombré.

**L'église et le couvent de São Francisco**\*\*\* **II-C2** (*largo do Cruzeiro de São Francisco, derrière le Terreiro de Jesus* ☎ *(071) 243.2367, ouv. t.l.j. de 7h à 11h30 et de 14h à 18h, dim. de 7h30 à 11h30*). Construite entre 1686 et 1708, c'est la célèbre église d'or aux tours revêtues d'*azulejos* monochromatiques. Sa décoration intérieure est l'un des plus remarquables exemples du baroque de la première moitié du XVIIIe s. Dès l'entrée, la beauté des panneaux *d'azulejos* latéraux, la force du travail de boiserie, la délicatesse de ses arabesques vous séduiront. Les nefs latérales sont bien plus basses que la nef centrale et séparées de celle-ci par des arcades intercalées suggérant des chapelles. Sur le côté, admirez la statue de saint Pierre d'Alcântara et son expression de souffrance. Dans le sanctuaire, des tableaux *d'azulejos*, réalisés en 1737 à Lisbonne par Bartolomeu Antunes, représentent la

292  VISITER LE BRÉSIL

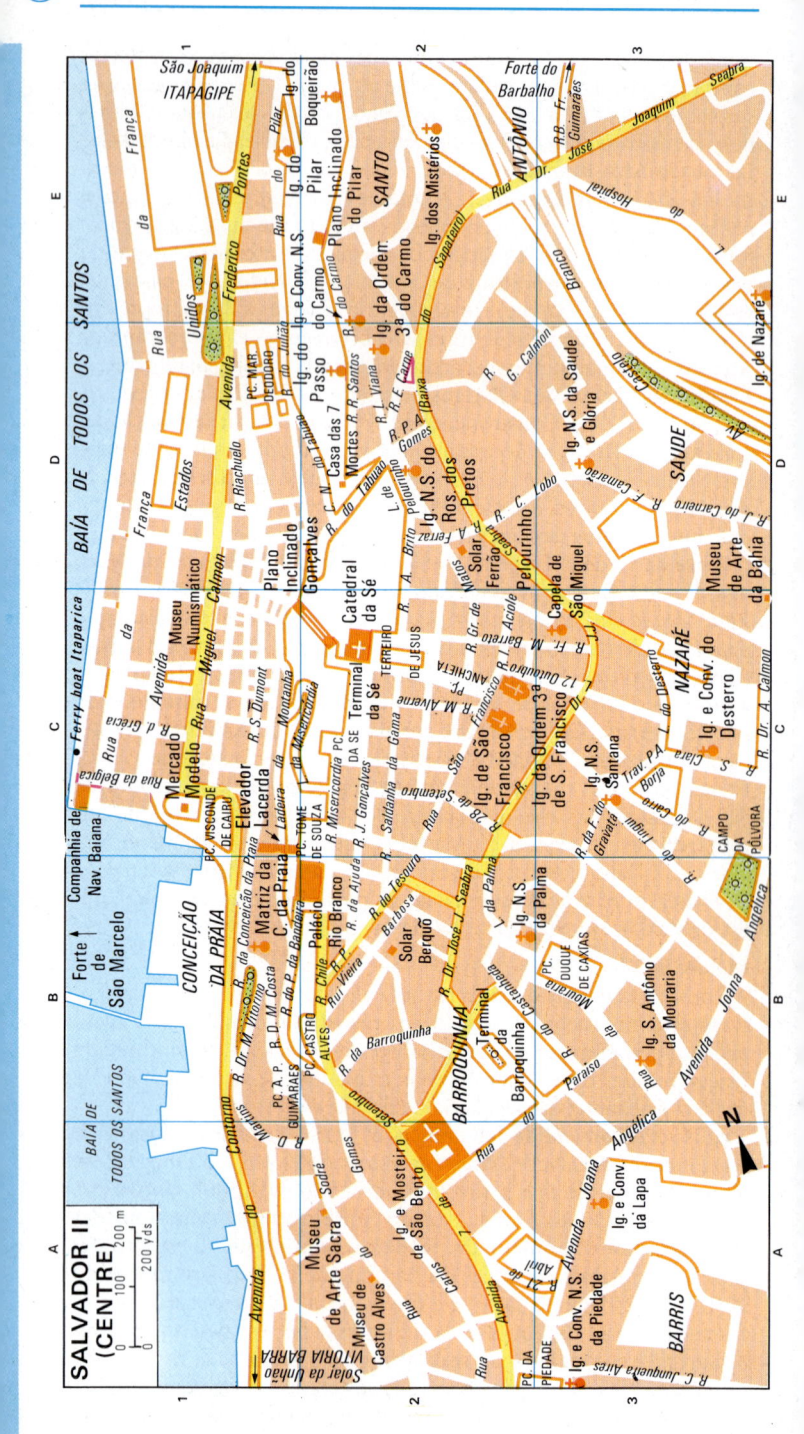

**Salvador II : le centre**

vie de saint François. À droite de l'église, vous gagnerez le cloître du couvent en passant par une salle décorée *d'azulejos* et de peintures (magnifique peinture du plafond : la Vierge vous regarde où que vous soyez). Le cloître est entièrement revêtu *d'azulejos* représentant pour la plupart des scènes bibliques.

**L'église da Ordem Terceira de São Francisco**\*\*\* II-C2 (*rua Inácio Acióli 01, collée à l'église de São Francisco* ☎ *(071) 321.6968, ouv. du lun. au ven. de 8h à 12h et de 13h à 17h*). Cette église du début XVIIIe s. (1703) offre un mélange entre architecture franciscaine du Nordeste et style plateresque (baroque, Renaissance espagnole), auquel on doit sa façade abondamment travaillée. Sa décoration intérieure est néo-classique. Notez les sept autels dont le beau maître-autel avec son frontal argenté orné d'un symbole en or, le tabernacle en argent, la statue en terre cuite de saint François sur la droite. À droite, un couloir vous amène à la Casa dos Santos, salle où vous verrez 25 statues de saints (statues de *roca* portées dans les processions). Au fond, donnant sur une cour intérieure, le cloître décoré de panneaux *d'azulejos* représentant des scènes de la vie à Lisbonne au XVIIIe s. En prenant sur la gauche, vous arrivez à une sacristie où se trouve un lavabo en mosaïque, unique à Bahia. En continuant dans le sens de la visite, on gagne ensuite le premier étage. Sur la droite, la salle du *Consistório* aux murs décorés de panneaux *d'azulejos* représentant des scènes de Lisbonne avant le tremblement de terre. Énorme table en *jacarandá* au centre et l'autel baroque dans le fond. Sur la gauche, un couloir dessert divers oratoires ayant appartenu à de riches familles.

De l'autre côté de la rue, au n° 6, vous remarquerez le *sobrado* restauré par Lúcio Costa. Si vous continuez tout droit, en descendant la rue, vous arriverez au largo do Pelourinho en passant par le **Solar do Ferrão** II-D2 et le **museu Abelardo Rodrigues**\*\* II-D2 (*rua Gregório de Matos 45* ☎ *(071) 320.9383, ouv. de 9h30 à 18h30, sam. et dim. de 11h à 17h, f. lun., gratuit*). Édifié entre 1690 et 1701, considéré comme la plus importante construction civile du Pelourinho, l'ancien séminaire des jésuites est aujourd'hui le siège de l'IPAC (Institut du Patrimoine artistique et culturel), responsable de la préservation des monuments. Il abrite également un musée où l'on peut voir une intéressante collection de pièces religieuses, dont plus d'une centaine de statues de la Vierge et quelques splendides oratoires, réunies par Abelardo Rodrigues, amateur d'art et collectionneur du Pernambuco.

## *Largo do Pelourinho* II-D2

L'ancienne place du pilori, cœur du centre historique, réunit un superbe ensemble de *sobrados* aux couleurs intenses. L'ambiance y est toujours très animée. Si la récente restauration a expulsé nombre de ses anciens habitants, la vie continue de ressembler à celle d'un village. Vous y trouverez le restaurant-école Senac installé dans un beau *sobrado* à côté de l'église N.-D. do Rosário dos Pretos ; juste à côté, le musée des Portes du Carmo, muraille de la ville découverte lors de la restauration du quartier ; la maison de **Jorge Amado**, énorme *sobrado* de couleur bleue faisant l'angle, avec 21 fenêtres sur le seul devant (photos de l'écrivain, adaptations publicitaires tirées de ses romans et petite librairie). Plus bas, au pied de la ladeira do Carmo, la **Casa do Benin,** un grand *sobrado* restauré par Lina Bo Bardi, qui abrite aujourd'hui la Maison de la culture et un restaurant africain.

**Le museu da Cidade** II-D2 (*largo do Pelourinho 3, à côté de la maison de Jorge Amado* ☎ *(071) 321.4400, ouv. du mar. au ven. de 10h à 18h, week-end de 13h à 17h, gratuit*). En cours de restauration. Collection de poupées représentant des femmes bahianaises de différents âges et époques. Toiles d'artistes locaux. Intéressante salle avec statues grandeur nature des *orixá*s. La collection de *carancas* devrait bientôt faire son retour.

**L'église N.-D. do Rosário dos Pretos**\*\* II-D2 (*largo do Pelourinho* ☎ *(071) 321.6280, ouv. de 8h à 17h, sam. de 8h à 14h, dim. de 8h à 12h*). Entièrement construite par les esclaves noirs au XVIIIe s., car ceux-ci n'avaient pas le droit de fréquenter les autres églises, elle se distingue par sa peinture extérieure bleu vif. À l'intérieur, le bas des murs est revêtu *d'azulejos*, la peinture du plafond représente N.-D. du Rosário, œuvre de Joaquim da Rocha, les chaires sont de style rococo. Les quatre statues de saints noirs : le saint Antoine de Categero, sainte Bénédicte, syncrétisée avec Ossaim, *orixá* des herbes, sainte Iphigénie et saint Elisbão, roi de l'Éthiopie. L'après-midi, Jorge Kalile, un jeune noir rastafari, membre de la confrérie de l'église, sera ravi de vous donner des explications.

Prendre ensuite la rue Luís Viana juste à côté de l'église pour gagner la prochaine étape : le largo du Carmo et son magnifique ensemble. En remontant la rue, vous verrez, à gauche, les fameux escaliers de **l'église do Paço**\* II-D2 (*rua do Paço, Santo Antônio, ouv. t.l.j. de 17h à 18h30*); intéressante peinture en trompe-l'œil baroque, œuvre d'un auteur inconnu.

### Largo do Carmo II-DE2

**L'église da Ordem Terceira do Carmo**\*\*\* II-D2 (*ladeira do Carmo* ☎ *(071) 242.2042, ouv. du lun. au ven. de 9h30 à 18h, dim. de 9h30 à 12h*). Dans la galerie du cloître, se trouvent la Casa da mesa (salle avec sa table monumentale), la Casa dos Santos renfermant plusieurs images de *roca*, dont celle de Jésus mort réalisée par Francisco das Chagas (esclave noir des Carmélites dont le génie fut comparé à celui de l'Aleijadinho), ainsi que quelques boutiques d'artisanat. Belle peinture du plafond de la nef, œuvre de Teófilo de Jesus et admirables sculptures en bois de Francisco das Chagas représentant N.-S. do Carmo, le Christ, sainte Thérèse et saint Elias.

**L'église et le couvent do Carmo**\*\*\* II-E2 (*ladeira do Carmo* ☎ *(071) 242.0182, ouv. t.l.j. de 8h à 12h et de 14h à 18h, f. le dim. après-midi*). C'est le plus grand monastère de Salvador, l'un des plus grands des Amériques. Construit au XVIe s. en style rococo, il a été pendant l'invasion hollandaise le quartier général des forces portugaises. C'est dans l'une de ses salles que les Hollandais ont signé leur capitulation en 1625. Le couvent possède deux cloîtres : le plus grand a longtemps abrité un hôtel, aujourd'hui fermé ; le plus petit loge un musée d'art sacré où l'on verra statues en bois polychrome, argenterie et vêtements de cérémonie brodés de fils d'or et d'argent. Dans l'église, on notera le beau tabernacle. La sacristie est somptueuse : boiserie dorée ; mobilier en *jacarandá* ; tableaux considérés comme des chefs-d'œuvre du baroque brésilien représentant *la vie de saint Elias* et le *Christ attaché à la colonne*, œuvres de Francisco das Chagas; lavabo en marbre de Carrare.

## Autres quartiers
### Santo Antônio* II-E2
Au sommet de la ladeira do Carmo, vous découvrirez une rue bordée de jolies maisons aux façades anciennes constituant un vieux quartier populaire. Autour de l'église du Carmo, plusieurs magasins où vous pouvez acheter pièces en argent et objets en pierre (cendriers, plateaux, échiquier, bijoux), notamment Gerson et Breits. Plus bas, après être passé par l'oratoire Cruz do Pascoal (1743) recouvert *d'azulejos* et surmonté d'une lampe à huile, vous verrez **l'église do Boqueirão** II-E2 (*rua Direita de Santo Antônio Além do Carmo*) avec sa belle façade rococo et son intérieur néo-classique. En arrivant au largo de Santo Antônio d'où vous aurez un joli panorama sur la baie, vous visiterez le Fort et l'église de Santo Antônio Além do Carmo.

### Les praças da Sé, Municipal, Castro Alves*
Retour à la praça do Terreiro de Jesus et à la praça da Sé, où vous trouverez bus, *frescões* ainsi qu'un funiculaire pouvant vous emmener dans la ville basse. Auparavant, rendez-vous sur ces trois places reliées entre elles par une même rue.

Praça da Sé, vous verrez le très abîmé Palácio Arquiepiscopal (1715), un beau portail en marbre portugais ainsi que quelques *sobrados* coloniaux. En prenant la rue da Misericórdia, vous passerez par le **museu da Santa Casa da Misericórdia**** II-C2 (*rua da Misericórdia, centre ☎ (071) 243.4722*). Magnifique collection *d'azulejos*, splendide Christ en ivoire sur une croix en argent, tableaux, porcelaine, cristaux. À côté, la toute petite chapelle de saint Antoine.

Vous arrivez ensuite sur la praça Municipal, origine de Salvador autour de laquelle la ville se développa où se trouve l'**ascenseur Lacerda*** II-C1 reliant les deux villes (inauguré en 1872). La construction actuelle date de 1930, la mairie (édifice moderne de 1986) d'un côté ; le **Palácio Rio Branco** II-B2 (initialement édifié en 1549, reconstruit en 1919) de l'autre ; de l'autre côté de l'ascenseur, le **Paço Municipal*** (1660, siège de la Chambre municipale).

À ce stade de votre visite, deux possibilités se présentent à vous : soit prendre la ladeira da Praça et vous promener dans une zone populaire de la ville sans monuments particuliers mais recelant toutefois l'âme de Bahia ; soit continuer tout droit en prenant la rua Chile II-B2 pour arriver à la praça Castro Alves.

Si vous choisissez la ladeira da Praça, soyez prêt à marcher. Vous trouverez dans le coin plusieurs antiquaires, rua Rui Barbosa II-B2 notamment, ainsi que de nombreuses librairies d'occasion, où vous pourrez dénicher des éditions rares, y compris en français.

Vous descendrez jusqu'à la **Baixa dos Sapateiros** II-B2, ou rua J.-J. Seabra, jalonnée d'échoppes de camelots, d'artisans, de petits magasins populaires de chaussures, meubles et tissus. Attention aux pickpockets : même les montres jetables risquent de disparaître !

Largo da Palma, devant l'église da Palma, se trouve la maison de Dona Flor (pour ceux qui ont vu le film *Dona Flor et ses deux maris*, tiré du roman de Jorge Amado).

En redescendant par la ladeira da Palma II-B2, vous pouvez tourner rua Castanheda, passer par le terminal de bus da Barroquinha II-B2, monter la ladeira da Barroquinha, spécialisée dans le commerce de cuir, pour arriver enfin à la praça Castro Alves. Du largo da Palma, vous pouvez aussi aller jusqu'à Nazaré et visiter l'église do Desterro II-C3, la promenade est un peu longue…

Au centre de la toute petite praça Castro Alves, sans grand intérêt, s'élève la statue du poète bahianais Castro Alves (1847-1871). Beau panorama sur la baie et le Fort São Marcelo I-A2. De là, prenez l'av. 7 de Setembro donnant sur l'église São Bento ou la rua Carlos Gomes qui vous conduira au superbe **museu de Arte Sacra**.

### São Bento

**L'église et le couvent de São Bento**\* II-A2 (*ladeira de São Bento* ☎ *(071) 243.6922, ouv. du dim. au ven. de 6h à 12h et de 16h à 19h*). Construit en pierre de taille, avec un bel escalier d'entrée, ce fut le premier monastère bénédictin de l'Amérique latine. En 1624, il fut envahi par les Hollandais et dévasté. Notez le paravent en bois polychrome haut de 3 m, la boiserie dorée formant une composition harmonieuse avec les couleurs bleues, blanches et or, la superbe peinture de l'intérieur, œuvre de Ricardo do Pilar, représentant le seigneur des martyrs. Dans le musée, belle collection de sculptures d'Agostinho da Piedade, parures, objets d'art sacré et mobilier en *jacarandá*.

### Santa Tereza

**L'église et le couvent Santa Tereza**\*\*\* II-A2 (*rua do Sodré 25* ☎ *(071) 243.6310, ouv. du lun. au ven. de 12h30 à 17h30*). Un bel ensemble entouré de jardins offrant une magnifique vue sur la baie. Le cloître du couvent aux murs revêtus *d'azulejos* est considéré comme le plus ancien du pays, il aurait été édifié par les carmélites entre 1666 et 1697. La peinture de la niche de la chapelle N.-D. do Rosário aux motifs chinois est attribuée à Charles Belville. Dans l'église, de superbes autels dont un splendide maître-autel en argent. La sacristie a été transformée en musée d'Art Sacré.

**Le museu de Arte Sacra**\*\*\* II-A2 (*rua do Sodré 25* ☎ *(071) 243.6310, ouv. du lun. au ven. de 12h30 à 17h30*). L'ancien couvent de sainte Thérèse rassemble une collection de 1 500 pièces du XVIe s. au XXe s. Magnifiques panneaux *d'azulejos* (ceux à fond jaune sont du type sévillan de la fin du XVIIe s., ceux à fond bleu sont du début du XVIIIe s.). Superbes sculptures en terre cuite, ivoire ou pierre savon, nombre d'entre elles sont attribuées à Frei Agostinho da Piedade, comme celle en terre cuite polychrome de N.-D. du Mont Serrat. Riche argenterie et splendide mobilier, dont un monumental chapier de plus de 10 m de long, surplombé d'une série de tableaux représentant sainte Thérèse.

### Nazaré

Dans ce quartier situé après la Mouraria, donc assez éloigné à pied de la praça Municipal, vous pouvez visiter **l'église et le couvent N.-D. do Desterro**\*\* II-C3 (*rua Santa Clara do Desterro, ouv. de 8h à 17h*), il suffit de sonner. Le 1er étage n'est pas toujours ouvert aux visites, tout dépend de l'humeur des sœurs. Avec sa tour bulbeuse, ce grand ensemble d'architecture coloniale offre l'un des rares exemples de rococo flamboyant de l'architecture bahianaise.

---

**Le charme de Salvador ne s'explique pas. Il est comme l'échange d'un regard, d'un sourire. Il se respire aux coins des rues comme les odeurs de dendê sortant des maisons et se mêlant aux effluves de pop-corn, de fruits et de poubelles ; c'est un écho perdu de fête, de carnaval : une émotion.**

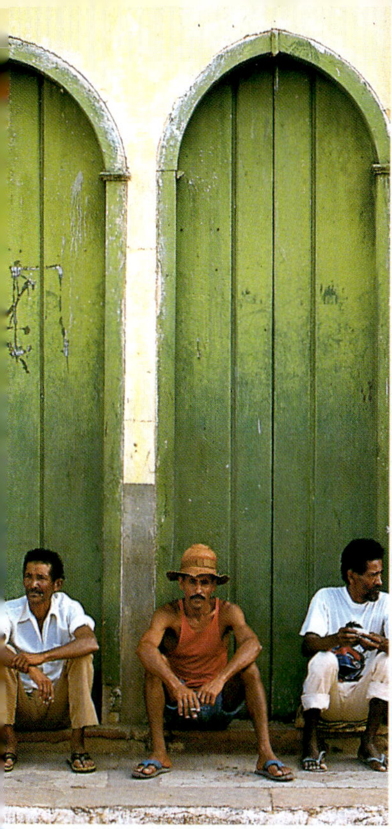

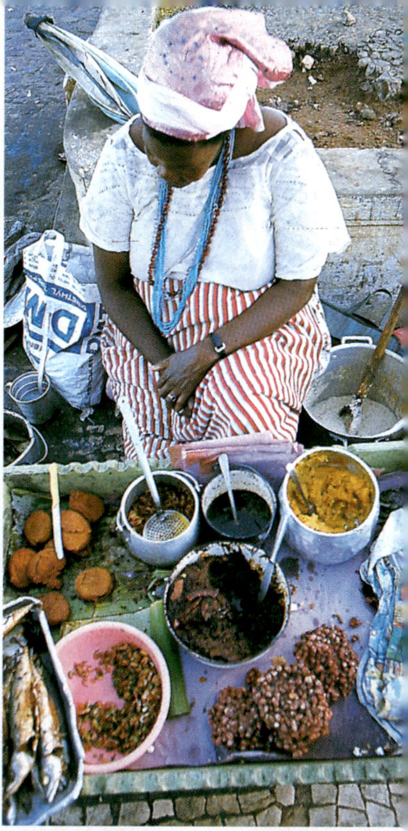

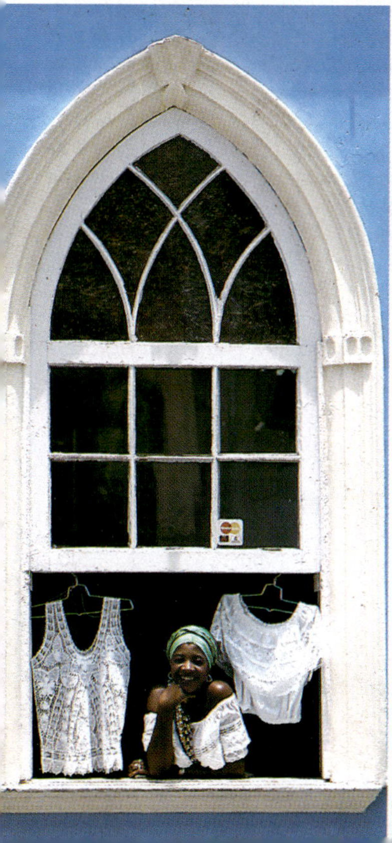

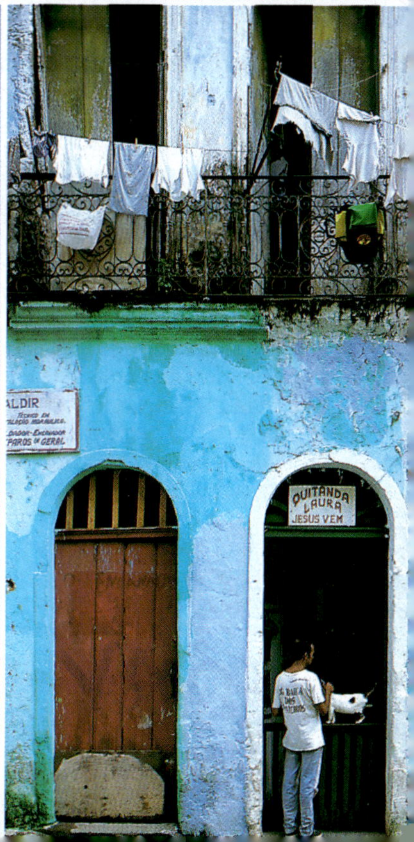
ALDIR
QUITANDA
LAURA
JESUS VEM

L'entrée se fait par la face latérale du couvent. Beau portail rococo du XVIIIe s. La porte donnant sur l'église n'étant presque jamais ouverte, il faut y accéder par le couvent. Vous remarquerez auparavant la frise de la corniche sculptée dans le calcaire aux motifs Renaissance de macarons et de feuilles. La grande porte d'entrée du couvent de couleur verte (XVIIIe s.) porte une grille en argent treillissée. Sur la droite, notez l'élégant palier de l'escalier allant de la chapelle au cloître. De la chapelle, admirez l'autel et le retable baroques ; la peinture du plafond est attribuée à Teófilo de Jesus. Bien que le décor baroque de l'église ait été détruit en 1844 et remplacé par un décor néo-classique, il en reste quelques pièces dont un tabernacle en argent et un Christ grandeur nature. Belle *azulejaria* de l'antichœur de l'église représentant des scènes de la Bible.

## La ville basse***

C'est le quartier des affaires, qui s'étend sur une étroite bande de terre entre la baie et la colline. Il s'élargit au fur et à mesure qu'il longe la baie et trouve la péninsule d'Itapagipe où se dresse l'église do Bonfim.

### Comércio

♥ **Le Solar do Unhão*** (*av. Contorno*). Intéressant ensemble d'architecture coloniale constitué d'une ancienne *Casa grande* et *senzala* du XVIIe s., d'une petite chapelle et d'un quai sur la mer, qui fut transformé au XIXe s. en une fabrique de *rapé* (tabac à priser), puis en *trapiche* (dépôt de marchandises importées ou à exporter). La *Casa grande* abrite aujourd'hui le musée d'Art moderne (MAM), ainsi qu'en bas, un restaurant assez touristique, avec show folklorique. Agréable jetée où l'on peut prendre un verre et apprécier le paysage de la baie. À côté, dans le parc des Esculturas, est exposée une intéressante collection de sculptures d'artistes brésiliens. Tous les samedis, à partir de 19h, on peut écouter du jazz.

**L'église N.-D. da Conceição da Praia**\*** (*rua Conceição da Praia, qui est en fait une contre-allée de l'av. Contorno, ouv. t.l.j. de 7h à 11h30 et de 15h à 17h, f. lun., sam. et dim. après-midi*). Construite initialement au XVIe s., reconstruite au XVIIe s. avec des pierres taillées et numérotées au Portugal, cette église est l'objet d'une grande dévotion populaire (le 8 déc. notamment). À l'intérieur, remarquez la peinture en perspective de José Joaquim da Rocha, la table en argent et le tabernacle de l'autel de gauche.

Au large de la côte, vous apercevrez le **Forte de São Marcelo*** I-A2. Bastion naval de forme circulaire, édifié sur des rochers entre 1650 et 1728 ayant servi de prison politique. Le héros de la révolution *gaúcha*, Bento Gonçalves, s'en évada de façon spectaculaire en 1835.

**L'ascenseur Lacerda**** II-C1 (*dans la même allée que celle de l'église da Conceição da Praia*) relie la ville haute, praça Municipal, à la ville basse, praça Cairu. Il a été mis en service en 1872. L'actuel système transporte en moyenne 30 000 personnes par jour.

**La rampa do Mercado Modelo** (*derrière le Mercado Modelo*). La rampe du marché modèle est un petit terminal maritime avec un quai flottant pour les canots, goélettes, bateaux de pêche venant du Recôncavo.

Juste devant : un petit marché. Sur place, liaisons quotidiennes (de 6h30 à 19h) pour Mar Grande, plage dans l'île d'Itaparica, départs d'excursions en bateau pour l'île des Frades comprenant baignade en haute mer, visite de l'île d'Itaparica, déjeuner et visite de la ville (départ t.l.j. à 9h, retour à 17h30 ☎ (071) 243.0741). Face à la Rampa, la sculpture géante de Mário Cravo, *a fonte* (la fontaine).

**Le Mercado Modelo**\*\* II-C1 (*praça Cairu sur l'av. Contorno*). Ancienne Douane (1861) en style néo-classique, plusieurs fois reconstruite, notamment en 1970 lorsque le bâtiment devint un marché d'artisanat. Ambiance très animée et sympathique, même si le lieu est sans doute un peu trop touristique. Hamacs, bijoux, objets en pierre, sacs en cuir et paille : de quoi ravir les amateurs de shopping. Les prix ne sont pas toujours intéressants : n'hésitez pas à marchander. À l'étage, un bar-restaurant avec une agréable vue sur le port. Le samedi matin, démonstrations de *capoeira*.

**La Casa dos azulejos**\* II-C1 (*praça Cairu, à gauche du Mercado Modelo*). Maison de la fin de XIXe s. de style néo-gothique, recouverte de faïences bleues et blanches. Elle loge aujourd'hui un supermarché, qui a détruit l'aspect originel de l'intérieur et les *azulejos* de la façade inférieure.

En continuant par la rue Miguel Calmon, vous arrivez au pittoresque **Mercado do Ouro**, derrière lequel se trouve la rue du Pilar, où l'on verra **l'église Santa Luzia do Pilar**\*\* II-E1 (*rua do Pilar 55 B ☎ (071) 242.0462, ouv. le dim. matin*). Restaurée après des écroulements successifs, on y admirera le plafond peint représentant N.-S. do Pilar entre des anges, l'élégant baptistère décoré de peintures et *d'azulejos*, la sacristie où trône une commode monumentale surplombée de toiles de João Joaquim da Rocha ainsi que des parures en or et pierres précieuses.

En prenant l'av. Jequitaia vers l'ouest et le bord de mer, on gagne la **Feira de São Joaquim**\*\* II-E1 (*t.l.j. sf dim. et j.f. nationaux*). C'est le marché le plus populaire et animé de Salvador. On y trouve de tout, produits de l'alimentation locale mais aussi céramique et vannerie. Juste à côté, on prend le ferry pour Itaparica (*départs de 5h à 23h n° vert 0800.71.4433*. Attention à la foule en période de vacances ou de jours congés. Vous pouvez acheter un billet à l'avance.

### Péninsule d'Itapagipe\* I-A2

Belle vue sur la ville, des quartiers populaires, un fort, des églises. Pour vous y rendre, prendre, devant l'ascenseur Lacerda, le bus Terminal da França qui vous conduit à l'église Boa Viagem et Mont Serrat ; le Bonfim vous emmène vers l'église do Bonfim et Ribeira au quartier da Ribeira.

### Boa Viagem

**L'église de Boa Viagem**\*(*Largo da Boa Viagem, ouv. du lun. au sam. de 8h30 à 11h30 et de 14h à 17h*). Petite église du XVIIIe s. dont la tour et la façade sont recouvertes d'*azulejos*. Accueille, chaque 1er janvier, la fameuse procession du Seigneur des Navigateurs.

### Mont Serrat

**Forte de Monteserrat**\*\*\* I-A2 (*ponta de Mont Serrat*). Édifié en 1583, reconstruit en 1724, sur un harmonieux promontoire dominant le

Salvador III : Barra-Vitória

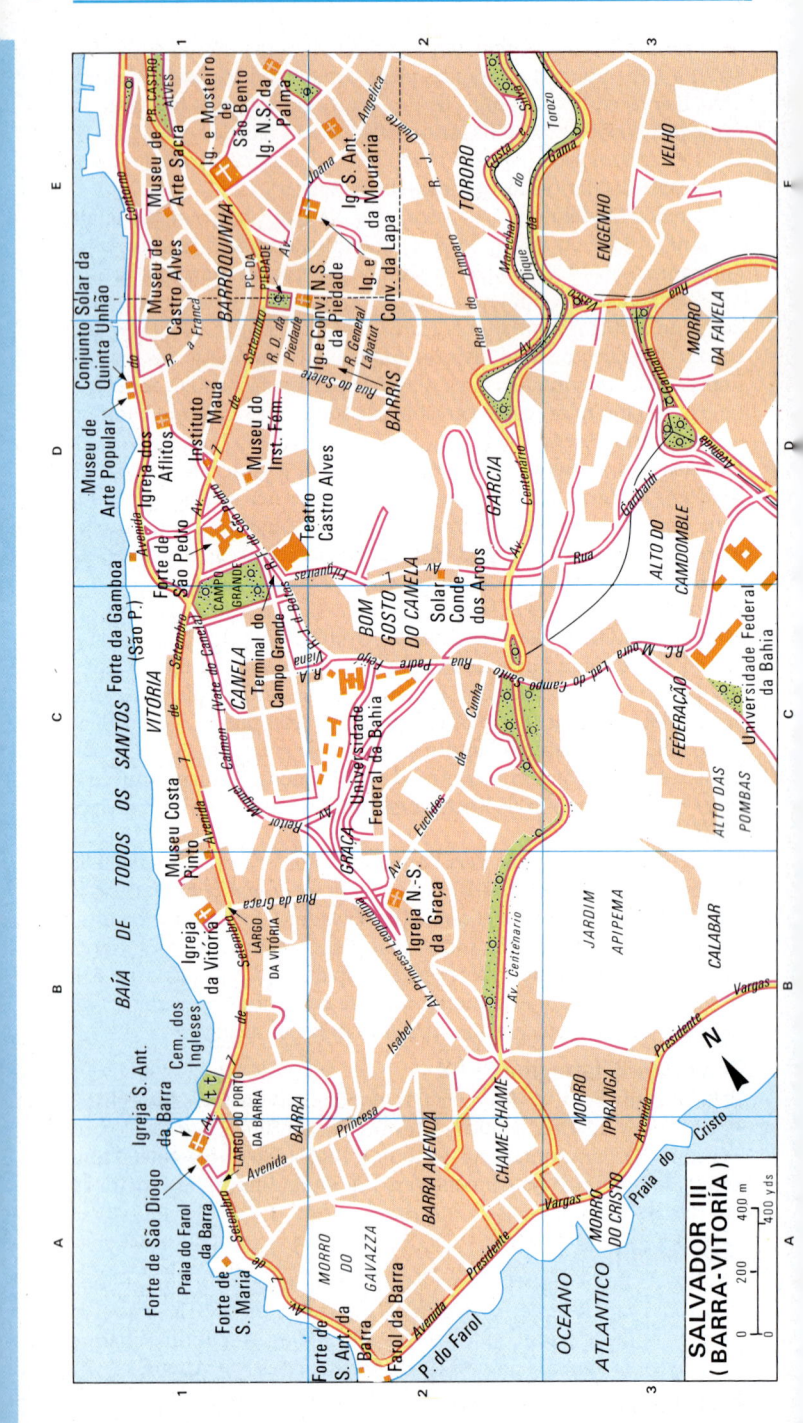

port et la barre de la baie, sa position stratégique ne l'a pas empêché d'être envahi et occupé par les Hollandais. Considéré comme la construction militaire la plus importante du Brésil colonial, sa couleur blanche fait un beau contraste avec le vert des palmiers qui l'entourent et le bleu de la mer qui lui sert de toile de fond.

**L'église et couvent N.-S. de Mont Serrat**\*\* I-A2 (*ponta de Humaitá* ☎ *(071) 226.3051*). Fermeture provisoire pour restauration. Très beau panorama sur la ville. La construction de ce petit monastère bénédictin a eu lieu de 1650 à 1679. Outre l'autel venant de l'église de São Bento, l'église recèle une richissime boiserie sculptée donnant une remarquable sensation de mouvement de ses anges et colonnes ainsi qu'une magnifique sculpture en terre cuite de saint Pierre (XVIIe s.), œuvre d'Agostinho da Piedade.

**L'église N.-S. do Bonfim**\*\*\* I-A2 (*largo do Bonfim* ☎ *(071) 312.0196, ouv. le lun. de 6h30 à 8h, les mar., mer., jeu. et sam. de 6h30 à 12h et de 14h30 à 18h30, les ven. et dim. de 5h30 à 12h et de 14h à 18h30*). Construite en 1740, sur la colline «sacrée», la seule dans la péninsule d'Itapagipe, cette église est le plus haut lieu de dévotion de Bahia. N.-S. do Bonfim est en effet le saint patron de Bahia. En janvier, l'église accueille la plus grande fête religieuse de Salvador (voir fêtes et loisirs, p. 289). Sa façade rococo est soulignée de guirlandes d'ampoules colorées permettant de la voir de loin le soir, lorsqu'elle est illuminée. Intérieur de style néo-classique : autels en bois de cèdre sculpté et doré, nombreuses toiles religieuses dont certaines sont l'œuvre de Teófilo de Jesus. Visitez la salle des miracles qui renferme une intéressante collection d'ex-voto. Sur place, vous trouverez aussi les fameuses *fitinhas* do Senhor do Bonfim (voir glossaire, p. 356).

### Ribeira\*
En longeant la baie, après l'église de Senhor do Bonfim, vous arrivez au cœur de la Ribeira. Quartier résidentiel d'où la vue sur Salvador est splendide.

## Les quartiers du bord de mer et les plages
En remontant le littoral depuis Vitória, on a successivement :
**Barra.** Largo da Vitória, en descendant la ladeira da Barra, vous arrivez à **Porto da Barra**, l'une des plages urbaines les mieux fréquentées de Salvador. Toujours très animée, point de rencontre des habitués, bondée le week-end (évitez le dimanche), elle offre un cadre pittoresque avec ses bateaux de pêche qui se reposent sur ses eaux calmes... De part et d'autre de cette petite anse, se dressent les forts São Diogo, Santo Antônio da Barra, à l'endroit précis du débarquement de Tomé de Sousa, fondateur de la ville, et Santa Maria.
**Farol da Barra.** De l'autre côté de l'anse et du fort de Santo Antônio da Barra, se dresse le phare da Barra. C'est un quartier animé l'été. La plage n'est pas appropriée pour le bain en raison de la présence de récifs et de fortes vagues qui la rendent dangereuse. Le coucher de soleil sur la mer est splendide.
**Ondina.** Ce quartier résidentiel abrite les plus grands hôtels de Salvador. La plage, fréquentée par les habitants du secteur et par les touristes résidents des hôtels, est formée par plusieurs petits bassins dont l'un a été transformé en piscine.

> ### La plage, plaisir sensuel et social
>
> Les meilleures plages de Salvador sont assez distantes de la ville et s'en éloignent chaque jour davantage sous l'effet de l'urbanisation et de la pollution. Véritable bonheur des sens, elles ont toutes une ambiance unique.
> Rien ne doit manquer à cette expérience épicurienne. Partout des baraques où s'attabler entre amis et se restaurer au moindre petit creux, à l'ombre des parasols, dans un air de musique. Pas besoin de bouger, des vendeurs ambulants passent sans cesse : noix de coco, fromages fondus, sorbets, huiles de bronzage, sandwiches, paréos, chapeaux, colliers, bijoux… Un véritable marché à sable ouvert ! Pour les Bahianais, la plage est plus qu'une simple bande de sable où l'on bronze, où l'on se baigne, où l'on fait du sport, dans une quête de bien-être plus ou moins solitaire. On y vient pour passer la journée entre amis, s'y retrouver pour déguster des fruits de mer et siroter des *caipirinhas* pendant des heures. Chacun y a ses habitudes !
> Lieu privilégié de détente, de rencontre, de rendez-vous et de drague (sans connotation péjorative, il s'agit bien d'un art de vivre), la plage est sans conteste l'un des maillons de la vie sociale.

**Rio Vermelho.** Ce sympathique quartier conserve encore quelques constructions coloniales et concentre nombre de bars. Les plages, en revanche, ne sont pas recommandées pour le bain. Sur celle de Santana, pittoresque petite anse avec ses barques colorées, les pêcheurs organisent la fête de Iemanjá (voir fêtes et loisirs, p. 290).

**Amaralina.** Malgré son joli nom, ce quartier est plutôt laid avec des maisons mal conçues ou vieillies. La plage, assez large et ouvrant sur la mer, n'est pas conseillée pour le bain. Sur le largo de Amaralina, des échoppes de Bahianaises *d'acarajé* et des vendeurs d'eau de coco.

**Jardim de Alá.** Ce fut pendant longtemps «la» carte postale de Salvador avec son joli jardin de cocotiers. Sable jaune et vagues fortes. C'est ici que commence la piste cyclable. Animée, le matin et l'après-midi par des promeneurs ou des sportifs.

**Terceira Ponte.** À partir de là, on peut se baigner sans crainte. Des travaux d'assainissement sur tout le littoral sont en cours. Jusqu'à Itapoã, une série de plages de sable clair, aux eaux limpides, enchaînent leurs cocotiers : **Corsário**, **Sesc** (idéale pour le surf), **Piatã**, **Placaford** : toutes sont pourvues de baraques avec chaises, tables, parasols. On peut y déguster crabes, poissons frits, siroter *caipirinha* et autres bières glacées.

**Itapoã.** La célèbre plage immortalisée par Dorival Caymi (chanteur bahianais) et Vinícius de Moraes est un ancien hameau de pêcheurs devenu un quartier résidentiel. Les plages sont entrecoupées de rochers formant d'agréables petits bassins.
Nos préférées sont celles de **Rua J** et de **Pedra do Sal** ♥. Cette dernière étant située au nord du phare d'Itapoã, aux environs du Sofitel Quatro Rodas. Pour y accéder, tournez à gauche tout de suite après un terrain vague avec une grosse et affreuse tête sculptée en béton. Si vous suivez la route, vous arriverez aux plages de **Flamengo** et de **Stella Maris**, prisées des jeunes et des surfeurs.

Ne manquez pas la fameuse **lagoa do Abaeté**, lagune d'eau sombre entourée de dunes de sable blanc produisant un joli contraste. Malheureusement, on a enlevé le sable des dunes, une végétation triste a poussé. La municipalité a construit un parc en béton autour, de sorte qu'il ne reste presque rien de cette merveille de la nature, repère, selon les légendes, des déesses Iemanjá et Oxum. Au nord d'Itapoã, vous trouverez d'autres plages magnifiques : Arembepe, Itacimirim, Forte (voir p. 308).

# LES BONNES ADRESSES

Salvador maintient très rarement la qualité de ses hôtels et restaurants. Pour éviter ces fluctuations, nous avons essayé de vous donner les adresses les plus anciennes, celles qui ont conservé une qualité constante ! Dans 99,9 % des cas, le service est très lent et peu efficace. Certains Brésiliens ironisent en disant que c'est à Bahia que le salaire minimum est le mieux payé, façon de dire que le service ne vaut même pas 130 $ par mois. Reste que le personnel est tellement gentil que l'on n'a guère le cœur à le réprimander. Prenez les choses avec décontraction et philosophie ou vous risquez de gâcher votre séjour.

## Hôtels

Salvador possède peu de bons hôtels, même parmi les hôtels de luxe. **Le Méridien** I-A2 par exemple, malgré son excellent emplacement (Rio Vermelho), n'est plus à la hauteur. Peu à peu, on voit apparaître de nouveaux hôtels, de catégorie intermédiaire. Les hôtels-résidences, en outre, se sont multipliés. Si vous projetez un séjour assez long, c'est une meilleure solution que la location d'appartement.

▲▲▲ **Bahia Othon Palace**, av. Pres. Vargas 2456, Ondina I-A2 ☎ (071) 247.1044. *277 ch.* avec vue sur la mer et petit balcon. Visa, AE, DC, MC. Ambiance un peu impersonnelle. Sauna, piscine, boîte de nuit animée.

▲▲▲ **Da Bahia**, pça 2 de Julho 2, largo do Campo Grande 02 III-CD1 ☎ (071) 336.0102. *292 ch.* Visa, AE, DC, MC. La chaîne Tropical Varig a acheté ce vieil hôtel, le premier grand hôtel de la ville, et l'a entièrement rénové. S'il a perdu un peu de sa tradition, il a conservé confort et qualité de service. Proche du centre historique, de la ville basse et de Barra.

▲▲▲ **Catussaba**, al. da praia de Guaritá 101, Itapoã ☎ (071) 374.0555. *140 ch.* Visa, AE, DC, MC. Situé face à la plage, cet hôtel-villégiature vous offre toutes les commodités dont vous avez besoin pour vous détendre.

▲▲▲ **Sofitel Quatro Rodas**, rua da Passárgada, praia d'Itapoã ☎ (071) 374.9611. *195 ch.* avec vue sur la mer et les dunes d'Itapoã. Visa, AE, DC, MC. Courts de tennis, golf, sauna, piscine… Petit raccourci pour arriver à pied à la plage d'Itapoã, où vous trouverez même la baraque d'un Français servant poissons frits et une excellente soupe de *sururu* (mollusque local réputé aphrodisiaque).

▲▲ **Bahia Park**, pça Augusto Severo, Largo da Mariquita s/n, Rio Vermelho I-A2 ☎ (071) 248.6588. *54 ch.* Visa, AE, DC, MC. Bar *via* Brasil avec musique live.

▲▲ **Bahia Praia**, av. Pres. Vargas 2483, Ondina I-A2 ☎ (071) 336.4531. *41 ch.* Visa, AE, DC, MC. Sommaire, décor simple mais propre. Bon accueil. Le quartier n'est pas très animé mais a l'avantage d'être bien placé avec facilité d'accès au centre et plages plus lointaines.

▲▲ **Catarina Paraguaçu** ♥, rua João Gomes 128, Rio Vermelho, I-A2, fax 247.1488. *29 ch.* confortables. Visa, AE, DC, MC. Belle demeure coloniale restaurée et aménagée par la propriétaire et architecte. Ainsi baptisée du nom d'une indienne de la tribu tupinambá. Décor local de bon goût,

> ### La moqueca de peixe
>
> Pour quatre personnes : 4 darnes d'un poisson bien ferme, par exemple du lieu jaune, 2 tomates, un peu de coriandre, 1 oignon moyen, 1 citron, du sel, 5 cuillères à soupe d'huile de palme, une petite bouteille de lait de coco.
> Laver tout d'abord le poisson au citron, puis l'essuyer avec un papier, le saler, le parsemer de coriandre et d'une partie de l'oignon coupé en tout petits morceaux. Laisser mariner 30 à 60 mn. Dans une cocotte, de préférence que vous pourrez poser sur la table, faire des couches successives d'huile de palme, de poisson, de tomates, d'oignon coupé en tranches et de feuilles de coriandre. Faire cuire à feu doux en laissant mijoter. Ajouter le lait de coco en fin de cuisson. Servir avec du riz et de la farine de manioc.

salle du petit déjeuner ornée *d'azulejos* de céramique de Maragogipe et, sur le bas des murs, des fresques *d'azulejos* modernes réalisées par Udo. Accueil très sympathique. Probablement la meilleure adresse de Salvador.
▲▲ **Mar Brasil**, rua Flamengo 44, Farol d'Itapoã, fax 249.7339/6896. VISA, AE, DC, MC. À côté de l'ancienne maison de Vinícius de Moraes, devant la plage, un hôtel-résidence, *20 apts* spacieux à la décoration simple mais confortable avec télévision par câble, véranda ; petite piscine pour le retour de la plage et buanderie gratuite en bas : idéal pour les séjours prolongés. Des bus, *frescão* et *jardineira*, passent devant l'hôtel. Itapoã offre toutes les commodités d'un quartier de bord de mer.
▲▲ **Sol Victoria Marina**, av. 7 de setembro 2068, Vitória ☎ (071) 336.7736. *141 ch*. VISA, AE, DC, MC. Près du centre, est aussi un hôtel-résidence avec piscine.
▲ **Grande hôtel de Bahia**, rua Forte de S. Diogo, Porto da Barra ☎ (071) 247.6506. *55 ch*. VISA, AE, DC, MC. Les locaux ne sont pas très bien entretenus mais assez confortables. Il a l'avantage d'être face à la praia do Porto.
▲ **Mar à Vista**, rua Helvécio Carneiro Ribeiro 01, Ondina ☎ (071) 247.3450, fax 247.3866. *25 ch*. VISA, AE, MC. DC. Petit hôtel simple, mais sympa.

### Restaurants
◆◆◆ **Bernard**, rua Gamboa de Cima 11, Aflitos ☎ (071) 321.9402. VISA, AE, DC, MC. *F. le dim*. Le seul restaurant véritablement français de Salvador. Existe depuis plus de 30 ans. Si vous avez la nostalgie d'un bon filet de bœuf sauce béarnaise ou d'un coq au vin !
◆◆◆ **Trapiche Adelaide**, marina Contorno, Comércio ☎ (071) 326.2211. VISA, AE, DC, MC. Restaurant très chic ; terrasse avec vue splendide sur la baie de Tous les Saints.
◆◆ **Bargaço**, rua P, quadra 43, Jd. Armação, Boca do Rio I-A2 ☎ (071) 231.5141. VISA, AE, DC, MC. Restaurant de cuisine bahianaise et de fruits de mer le plus connu de Bahia. Filiales à Recife et à São Paulo. Bons fruits de mer.
◆◆ **Casa da Gamboa**, rua Newton Prado 51 ☎ (071) 336.1549. VISA. Une des institutions de Salvador. « Filiale » au Pelourinho. Dona Conceição y sert, depuis plus de 25 ans, de la cuisine typique, notamment un fameux *bobó de camarão*, de bons poissons aux sauces tropicales à base de fruits (mangue, fruit de la passion, ananas). Essayez le *badejo* avec du risotto d'huîtres. Belle vue sur la baie.
◆◆ **Tempero da Dadá**, rua Teixera Mendes 55, Alto das Pombas ☎ (071) 331.4382. VISA, AE, DC, MC. Dadá, patronne et cuisinière, prépare soigneu-

sement les plats de la cuisine bahianaise. Ses *bolinhos de estudante* (beignets à base de manioc et de noix de coco) sont exquis.

♦♦ **Iemanjá** ♥, av. Otávio Mangabeira s/n, Boca do Rio I-A2 ☎ (071) 231.5770. AE. Une valeur sûre. Depuis des années, qualité constante, toujours plein de monde, touristes aussi bien qu'autochtones. Les serveuses portent le costume traditionnel bahianais. La *moqueca* de crevette ou l'*ensopado* pour ceux qui n'aiment pas trop le *dendê* (mêmes ingrédients, *dendê* en moins) sont délicieux. Et les *casquinhas de siri* (crabe mou) en entrée sont exquises.

♦♦ **Yacht Club da Bahia**, av. 7 de Setembro 3252, Ladeira da Barra I-A2 ☎ (071) 336.9011. VISA, AE, DC, MC. Belle vue sur la baie. Bonne cuisine. Un piano pour donner de l'ambiance.

♦♦ **Dona Chika-Ka**, Pelourinho ☎ (071) 321.1712. VISA, AE, DC, MC. Le chef, Dona Francisca, concocte soigneusement des plats bahianais comme son fameux poisson cuit à la feuille de bananier servi avec crème de haricots, *bobo de camarao* et *carne-de-sol com pirao de leite*.

♦♦ **Rodeo**, av. Otávio Mangabeira 2326, Jd. Dos Namorados ☎ (071) 240.1742. VISA, AE, DC, MC. Bonne viande grillée servie à volonté dans le meilleur style « gaucho ». Le buffet de salades est très varié.

♦ **À Porteira**, rua D. Eugênio Sales 96, Boca do Rio ☎ (071) 231.7924. VISA, AE, MC, DC. Cadre simple. Vous y dégusterez la meilleure viande sèche à la braise de Salvador ainsi que des poissons et crustacés grillés. Portions très copieuses. Une filiale a récemment été ouverte au Dique do Itororó. Ambiance très animée et agréable, terrasse extérieure avec vue sur l'écluse de l'Itororó.

♦ **À Portuguesa**, av. 7 de Setembro 699, centre II-AB2 ☎ (071) 241.2641. Cartes de paiement non acceptées. Dans un *sobrado*, au rez-de-chaussée un snack sert des beignets de morue, *empadas* et *coxinhas*. À l'étage, restaurant simple, toujours plein le midi, employés du centre notamment qui raffolent de la morue de Dona Carmina, notamment à la portugaise (au four), à Gomes de Sá (avec des pommes de terre). Et pour ceux qui n'aiment pas la morue, d'autres poissons, des steaks, du poulet grillé.

♦ **Bacalhau do Firmino**, rua do Saboeiro 38, Cabula ☎ (071) 231.5296. Cartes de paiement non acceptées. Dona Vanda et ses dix fils ont commencé avec une petite épicerie qui vendait des céréales et des viandes fumées. Pour leur propre goûter, elle faisait des amuse-gueule qui ont plu aux clients. Le restaurant fut donc créé en 1974 au-dessus de l'épicerie, qui existe toujours. Dans un cadre simple, vous dégusterez morue en salade, beignets de morue, *ensopado*, etc. Une filiale a récemment été ouverte au Pelourinho, rua João de Deus s/n ☎ (071) 321.2089.

♦ **Buteco do Farias**, Fim de Linha da Fazenda Garcia ☎ (071) 235.3193. Cartes de paiement non acceptées. Allez-y en fin d'après-midi ou le soir pour les fruits de mer dont les *lambretas* (genre de moules). Véritable fête le jeu. soir. Fruits de mer délicieux et plats du sertão. Un endroit populaire fréquenté par nombre d'artistes et branchés de la ville.

♦ **Há Tampa**, Jd. Brasília, quadra 03 Lt. 56, ☎ (071) 244.9144. Cartes de paiement non acceptées. *F. le dim*. Dans un quartier assez éloigné, un petit restaurant très simple, tenu en famille : la mère est à la cuisine, les deux filles au service et le père va à la pêche ! Cuisine entièrement maison allant des boissons — *cachaça* (distillée dans des feuilles et racines les plus diverses), *batidas* — aux desserts. Excellente *cocada* blanche au gingembre en passant par de délicieux plats de fruits de mer dont le *camapolvo* (ragoût de crevettes et de poulpe). En entrée, goûtez les *pititingas*, petits poissons fins et doux.

♦ **Juarez**, av. Federico Pontes 1, Mercado do Ouro, cidade baixa. Cartes de paiement non acceptées. Si vous n'êtes pas effrayé par la présence des mouches, allez goûter le filet mignon du Juarez frit, préalablement macéré dans le vin, l'ail et le cumin. D'autres plats typiques aussi dont la *rabada* (ragoût de queues de bœuf) le ven., la *quiabada* (*gombos* et viande séchée) le mer. L'établissement existe depuis plus de 40 ans, les garçons y sont depuis longtemps. Très fréquenté la semaine mais plus calme le samedi.

♦ **O Lagostão**, rua Arnaldo Cruz 12, Farol de Itapoã ☎ (071) 249.3646. Visa. Cadre simple. Fréquenté par les gens qui vont ou viennent des plages, bons plats sans prétention. Goûtez, en entrée, le *siri mole* à la milanèse. Excellent endroit pour connaître du monde.

♦ **Paraiso Tropical**, rua N.D. do Resgate 98, Cabula ☎ (071) 384.5300. Pas de cartes de paiement. Cadre simple. Cuisine inspirée du *sertão*. Au dessert, un vrai régal : énorme plateau de fruits les plus exotiques les uns que les autres.

♦ **Porto do Moreira**, rua Carlos Gomes 488, São Pedro ☎ (071) 242.8442. AE. Restaurant populaire et délicieux dans une ambiance chaleureuse. Il est toujours le rendez-vous des musiciens et du monde de la presse.

## Bars

Depuis que le Pelourinho a été restauré, ce quartier a vu éclore une infinité de cafés, bars, restaurants. Les jardins des *sobrados* ont été transformés en placettes, où l'on trouve bars et petites scènes destinées aux concerts ou aux représentations théâtrales. Parmi les endroits les plus sympas, citons :

**Pelourinho**

**Bar do Reggae**, rua Gregório de Matos, Pelourinho II-CD2. Il y a le I et le II : à vous de choisir celui qui vous plaît. C'est un lieu historique ! C'est ici que la samba-reggae est née, que plusieurs danses ont été inventées. On n'y joue que du reggae et on y sert le meilleur *cravinho* (mélange de *cachaça*, gingembre, etc.) du Pelô. Le mardi reste le jour le plus animé à cause des répétitions de l'Olodum qui ont lieu juste à côté.

**Cantina da Lua**, terreiro de Jesus 02, Pelourinho II-C2 ☎ (071) 321.0331. Celui-ci existe depuis toujours : une grande terrasse toujours pleine de monde et d'animation, parfait emplacement pour apprécier, l'après-midi notamment, la beauté du terreiro, ses églises, ses *sobrados*, la place elle-même avec ses *capoeiristas*, musiciens, vendeurs.

**Alambique**, rua João de Deus 25, 1er étage, Pelourinho ☎ (071) 322.5470. On trouve ici toutes les sortes de *cachaças* artisanales de la région.

**Barra**

**Academia da Cachaça**, av. Oceânica 68, Barra ☎ (071) 336.6611. L'atmosphère du quartier de Barra est tout à fait différente de celle du Pelourinho. Ce bar ne présente rien de spécial si ce n'est ses innombrables *cachaças*. Goûtez notamment celle à la *pitanga*.

**Rio Vermelho**

À Rio Vermelho, il y en a pour tous les goûts, voici les bars les plus anciens : **Pós-Tudo**, Free Shop Rio Vermelho ☎ (071) 245.5530. Bon pour ceux qui veulent faire des connaissances.

## Écouter de la musique

Tous les jours : concerts, shows, fêtes populaires, etc. Programme à suivre dans les journaux. Rendez-vous aussi à :

**Bar Canoa**, rua Fonte do Boi 216, Hôtel Méridien ☎ (071) 248.8011. Ce tout petit bar reçoit souvent des bons chanteurs, des stars de la musique brésilienne.

**Teatro Castro Alves**, campo Grande 331 III-D1 ☎ (071) 247.8722. La plus grande salle de la ville, bonne programmation mélangeant concerts de musique classique, ballet, grands noms de la *música popular brasileira*, pièces de théâtre, etc. Derrière, la **Concha Acústica**, en plein air où se déroulent des concerts de rock, musique afro-bahianaise, etc.

**Cine Rio Vermelho**, rua João Gomes, Rio Vermelho. Groupes de rock ou de musique locale du jeudi au dimanche.

## Shows folkloriques
**Alto de Ondina** ☎ (071) 337.5201, représentations t.l.j. à 21 h 30 sf lun seul. pendant l'été.
**Solar do Unhão**, av. Contorno III-D1 ☎ (071) 321.5588. Le plus fréquenté. Représentations quotidiennes à 21 h sf. dim.
**Teatro Miguel Santana** ♥, Pelourinho ☎ (071) 321.1155. L'excellente compagnie de danse, le ballet folklorique de Bahia, présente, du lundi au samedi à 20 h, quelques extraits de ses meilleures chorégraphies.

## Shopping
Il y a beaucoup de choses à acheter à Bahia : hamacs, peintures naïves, bijoux en pierre et en argent, sacs, sandales en cuir, objets décoratifs, service à thé, couverts, céramiques, cigares, sculptures en bois d'inspiration africaine, instruments de musique, etc. Les prix ne sont pas toujours intéressants. N'oubliez donc pas de marchander.
**Mercado Modelo**, pça Cairu, cidade baixa II-C1 ☎ (071) 243.4958, ouv. du lun. au sam. de 7 h à 18 h, dim. et j.f. de 7 h à 12 h. Plus de 200 boutiques mais aussi des restaurants, des bars, des manifestations folkloriques, plus des baraques aux alentours. Tout l'artisanat local ! Allez-y même si vous ne voulez rien acheter a priori…
**Instituto Mauá**, porto da Barra 02 III-D1 ☎ (071) 331.5440, ouv. du lun. au ven. de 8 h à 12 h et de 14 h à 18 h.
**Templo do Artista**, ceasa do Rio Vermelho, lj 14 ☎ (071) 359.6241. Vente d'artisanat utilitaire (plats, casseroles en terre cuite, bols, cuillères en bois, etc.) à ramener dans vos valises pour cuisiner bahianais.
Dans tous les marchés (**Feira de São Joaquim**, 7 portas à la Baixa dos Sapateiros) vous pouvez marchander l'artisanat et les produits alimentaires.

## Adresses utiles
**Aéroport.** Internacional Députado Luis Eduardo Magalhães, pça Gago Coutinho, São Cristóvão I-B1 ☎ (071) 204.1010.
**Alliance française.** Rua Recife 222, Jd. Brasil ☎ (071) 336.7599.
**Agences de voyages.** À contacter aussi pour des balades dans les îles. **LR Turismo**, av. Otávio Mangabeira 2365, Jd. dos Namorados ☎ (071) 245.0999 ; **Alameda Turismo**, av. Magalhães Neto 20, Pituba ☎ (071) 248.2977 ; **Bigtur Turismo**, rua Juracy Magalhães Jr 1120 ☎ (071) 341.7344.
**Banques et bureaux de change. Banco do Brasil**, av. Estados Unidos 561, Comércio ☎ (071) 320.5367 ; **Banco Francês e Brasileiro**, rua Miguel Calmon 382, Comércio ☎ (071) 241.3455 ; **Agência de Câmbio**, av. Oceânica 2402 ☎ (071) 247.6706.
**Compagnies aériennes. TAP**, av. Estados Unidos 137, s. 401 ☎ (071) 243.6122 ; **Varig**, av. Carlos Gomes 6, Santa Tereza ☎ (071) 243.9311 ; **Vasp**, rua Miguel Calmon 27 ☎ (071) 353.7044 ou 377.2464 ; **Transbrasil**, av. Marques de Leão 423, Barra ☎ (071) 399.7777 ; **Nordeste**, Tancredo Neves 1672 ☎ (071) 341.2866 ; **Tam**, av. Estados-Unidos 528 ☎ (071) 241.1222.
**Consulats. Belgique**, av. Tancredo Neves 274, Bl. A, sala 433, Pituba ☎ (071) 358.9542 (ouv. mar. et jeu. de 14 h à 18 h et ven. de 9 h à 12 h) ; **France** (honoraire), rua Francisco Gonçalves 01, sl. 805, Comércio ☎ (071) 241-0168 (ouv. lun., mar. et jeu. de 14 h 30 à 17 h).
**Gare routière. Rodoviária**, av. Tancredo Neves s/n, Iguatemi ☎ (071) 358.0124.
**Informations touristiques. Bahiatursa** (pour tout l'État), pça Municipal ☎ (071) 321.2463, Pelourinho, Porto da Barra, Mercado Modelo (ouv.

# LES SAVEURS DE BAHIA

*La cuisine bahianaise est incontestablement la plus riche des cuisines brésiliennes. La seule cuisine du Brésil ? La plus africaine en tout cas, elle est une expérience tout à la fois visuelle, sonore, spirituelle, gustative : un voyage dans le voyage !*

**Véritable art culinaire, la cuisine est à l'image de la culture locale : métisse. Le *xinxim* de galinha est une fricassée de poulet, crevettes sèches, arachides grillées et noix de cajou, cuisinée dans le *dendê* (huile de palme).**

### Les yeux

Ce sont les esclaves noirs soudanais qui ont donné à la cuisine bahianaise les ingrédients fondamentaux où elle puise l'originalité de ses saveurs, de ses parfums, de ses couleurs aussi : orange intense du *dendê*, blanc laiteux du lait de coco, rouge du piment *malagueta*, vert des légumes, *gombos*, coriandre et autres citrons verts.

L'apport indien est lui aussi présent : manioc, maïs, poisson séché, *cocadas* (confiseries). Manioc sous ses formes les plus diverses pour accompagner les plats ; *beiju*, sorte de biscuit que l'on déguste tout chaud avec du beurre qui fond dessus ; *mingau* de tapioca, genre de bouillie épicée de cannelle et clou de girofle que l'on mange le matin. Maïs : *mingau*, *mungunzá*, bouillie au lait et à la cannelle avec des morceaux de maïs blanc, *pamonha*, gâteau de maïs vert enveloppé dans les feuilles du maïs et cuit dans l'eau, que l'on consomme abondamment lors des fêtes *Juninas*, *canjica*, purée de maïs sucrée à la cannelle.

Au dessert, les *cocadas*, dont il existe toute une variété.

Aux Portugais, elle doit les *frigideiras*, poêlées de crabes, de crevettes ainsi que la plupart de ses gâteaux et sucreries dont les *babas de moça* (bave de jeune fille), dessert à base d'œufs et lait de coco avec une sauce, et les diverses pâtes de fruits, *goiabada*, *doces de caju*, entre autres.

Ah les fruits ! Tout un programme : l'un des grands chapitres de vos explorations gustatives : nature, en jus, en sorbets, ils sont partout, dans les *feiras*, dans les rues, sur la plage.

### Les mots

Leurs noms sont un prélude de leur succulence : *cajá*, petit fruit ovale de la famille de l'anacardier, différent du *caju*, doté d'un gros noyau, à la saveur aigrelette et qui fait d'excellent jus et sorbets, *acerola* (rouge, de la même famille que le *cajá*, acide faisant un délicieux jus), *mangaba* (à goûter en jus et sorbet), *umbu* (vert, petit, acide, avec un gros noyau), *graviola* (anone qui fait des jus blancs, suaves, délicieux), *sapoti* (sapote ou sapotille, grosse baie globuleuse que l'on mange

Ample et longue jupe blanche, coiffée d'un turban, parée de colliers et de bracelets, c'est le spectacle typique de la Bahianaise d'Acarajé (petit gâteau à pâte savoureuse de haricot *fradinho* frit dans le *dendê*) assise sur un petit banc sous un parasol qui, derrière son simple tabuleiro, plonge dans le liquide ambré la pâte de haricot qui devient beignet tout chaud, tout bon. blette), *jambo* (fruit du jambosier rouge à l'extérieur et blanc à l'intérieur, aussi appelé « pomme de rose » en raison de son parfum de rose), *jabuticaba* (petit, rond, noir, succulent), *pinha* ou *fruta do conde* (fruit de la famille des anonacées), *jaca* (énorme, étrange, mou ou dur, au parfum fabuleux), *cana* (canne vendue en rondelles sur les plages), *abiu* (baie pulpeuse blanche devenant violette vers l'écorce), etc. Couleurs, odeurs, senteurs, murmures exotiques : les mots tiennent déjà lieu de nourriture.

La cuisine bahianaise utilise généreusement des épices pour parfumer ses plats, dont les redoutables *pimentas malaguetas* aux couleurs et aux arômes forts.

> ### L'État de Bahia
>
> Avec ses 567 295 km² et environ 12,5 millions d'hab., Bahia est l'État le plus prospère du Nordeste. L'implantation du pôle pétrochimique de Camaçari et la création du centre industriel d'Aratu en périphérie de Salvador ont donné, dans les années 1970, le signal d'une forte croissance. Le secteur industriel représente 25 % du revenu de l'État. L'industrie de la cellulose s'y est fortement développée. Riche en cuivre, plomb (90 % de la production nationale) et zinc, Bahia contribue à 14 % de la production nationale de pétrole.

t.l.j. de 8 h à 19 h sf dim. pour ceux du Mercado Modelo et du port) ; **Emtursa** (pour la ville), rua Pará 508, Pituba ☎ (071) 248.2979 (ouv. du lun. au ven. de 13 h à 19 h) ; informations par téléphone ☎ 31.
**Location de voitures. Localiza,** av. Otávio Mangabeira, s/n, Amaralina ☎ (071) 336.8377 et n° vert 0800.99.2000 ; **Hertz,** av. Oceânica 3057, Ondina n° vert 0800.14.7300 ; **Locadora Aratu,** av. Barros Reis 1599 ☎ (071) 244.5111.
**Poste. Correio central,** pça da Inglaterra, Comércio, du lun. au ven. de 8 h à 18 h, sam. de 8 h à 12 h.
**Téléphone. Telefônica,** av. 7 de Setembro 533, Porto da Barra, 12 h à 24 h.
**Taxi. Rádio Táxi** ☎ (071) 243.4333 ; **Teletáxi** ☎ (071) 321.9988 (accepte les cartes de paiement).
**Urgences.** ☎ 192.

# AUTOUR DE SALVADOR

## Estrada do Côco et littoral nord**

Après Itapoã et l'aéroport, la route des cocotiers longe le littoral nord, lieu de prédilection des familles bahianaises qui y ont des résidences secondaires et d'été. Vous y découvrirez quelques coins magnifiques, certains encore déserts.
**Arembepe\*\*.** Ce village de pêcheurs, célèbre depuis le passage de Mick Jagger et de Janis Joplin, dans les années 1970, a été pendant longtemps l'un des endroits favoris des hippies. C'est aujourd'hui une ville ; ses plages, à marée basse, forment des bassins naturels. Ne ratez pas la visite de la surprenante *aldeia* hippie (hameau des hippies), préservé tel, devenu patrimoine de la ville. Après le pont enjambant le fleuve, se trouve la belle plage de **Foz de Jacuipe\***.
En continuant vers le nord, vous rejoignez ensuite la jolie plage d'Itacimirim, puis la superbe ♥ **plage do Forte\*\*** (78 km de Salvador). Malgré sa notoriété, son complexe touristique, ses hôtels, ses restaurants, le petit village de pêcheurs a gardé son aspect originel. Le coin aurait, paraît-il, été acheté par un Allemand, propriétaire d'un hôtel, qui se charge de le préserver : tant mieux ! Beaux cocotiers, piscines naturelles à marée basse, tortues de mer, ruines d'un château du XVIe s. sur une petite élévation et meilleurs poissons de la région : un agréable but de promenade.
Poursuivez sur la *linha verde* (ligne verte), qui conduit à l'État de Sergipe, vous trouverez d'autres coins sympathiques.

## Restaurant

♦ **Bar do Souza**, rua Principal. Poissons et fruits de mer. Essayez le *polvo a vinagrete* (pieuvre) et sirotez la *cocoroska* (vodka et noix de coco).

# La baie de Tous les Saints★★★

Magnifique, imprévisible, pleine de récifs, semée d'une trentaine d'îles et d'une dizaine d'îlots, sillonnée par barques, ferries, bateaux, l'illustre baie de Tous les Saints s'impose comme la plus grande du littoral brésilien. Avec plus de 1 000 km² de superficie et 300 km de côtes, une entrée majestueuse gardée par une barre et l'île d'Itaparica, elle offre de splendides promenades autour de ses îles enchanteresses.

**L'île de Maré**★★, avec sa petite église N.-D. das Neves sur le haut d'une colline et son artisanat de dentelles dans le hameau de Santana.

**L'île dos Frades**★★★, peut-être la plus belle avec ses anses, plages de sable blanc, sources d'eau minérale, cascades, son pittoresque village de pêcheurs regorgeant de fruits de mer, poissons. Ce dernier possède quelques constructions coloniales dont une petite église du XVIIe s.

**Madre de Deus,** avec ses jolies plages et sa mer tranquille, abrite malheureusement un vaste complexe pétrolier. **Bom Jesus dos Passos,** avec ses plages aux eaux calmes et transparentes. **Santo Antônio,** aux légendes de pirates et de trésors cachés. **Maria Guarda,** centre de réparation de bateaux et filets de pêche. **Les îles das Vacas**, **das Fontes,** etc. **Itaparica**★★ est la plus grande de toutes. Bien que touristique (le Club Méditerranée y est implanté), elle n'en est pas moins délicieuse avec sa végétation verdoyante, ses sources, ses belles plages (côté mer), son rythme ralenti, son village qui conserve quelques constructions coloniales, le charme bucolique de Mar Grande… Comment y aller ? Vous pouvez faire appel aux circuits proposés par les agences, ou, dans le cas d'Itaparica, y aller par vous-même. Du terminal maritime situé devant le Mercado modelo (☎ *(071) 243.0741*), des *lanchas* partent env. toutes les 30 mn de 6h30 à 19h jusqu'à Mar Grande, 45 mn de trajet. Pittoresque petit village dans l'île d'Itaparica où vous pourrez louer des vélos. De ce même terminal, vous pouvez aussi prendre un circuit pour la journée en *escuna*, qui passe à l'île dos Frades pour rejoindre ensuite Itaparica (*départ 9h, retour 17h30*). Si vous êtes en voiture, optez pour le ferry-boat à prendre au débarcadère situé à côté de la Feira de São Joaquim (n° vert 0800.71.4433). L'inconvénient est que vous arrivez à Bom Despacho, endroit de l'île d'Itaparica éloigné des plages. Pour rejoindre ces dernières ou le village, il faut donc attendre les *kombis* (minibus), à moins d'être en voiture.

# Le Recôncavo bahianais

L'arrière-pays de Salvador (voir carte, pp. 280-281) se distingue par son paysage vert, varié et suave. La forêt atlantique y a été remplacée par la nature ordonnée des plantations : canne à sucre, tabac, palmiers à huile, bananes… Cette région au sol fertile a commencé à s'enrichir sous l'impulsion de l'économie sucrière. Située sur la route des mines et du bétail, elle est vite devenue le principal entrepôt commercial du *sertão* bahianais. C'est ainsi que ses villes, en particulier Cachoeira, ont connu une grande prospérité aux XVIIe et XVIIIe s.

**Le musée du Recôncavo ou Wanderley Pinho**\*\* (*à 30 km de Salvador. Prendre la BR-324 en direction de Feira de Santana, tourner à g. au km 17 vers le port d'Aratu*). Ce musée (*ouv. mar. jeu. et dim. de 9h à 17h*) est installé dans l'ancien *engenho* de Matoim, dont la construction primitive date du XVIIe s. Il présente des aspects de la civilisation du Recôncavo bahianais, basée notamment sur l'économie de plantation et du sucre. Son ensemble architectural comprend l'usine à sucre, la *Casa grande* et l'église. Belle vue sur la baie de Tous les Saints.

## Santo Amaro da Purificação*

➤ *À 81 km de Salvador, sur la route de Cachoeira.* Cette petite cité coloniale a été fondée en 1693. En 1822, elle est la première ville du Recôncavo à se manifester en faveur de l'indépendance nationale. Cité natale de Caetano Veloso, Santo Amaro est une ville très accueillante et sympathique qui vaut la peine d'une visite.

**L'église Matriz de N.-D. da Purificação** (*praça N.-S. da Purificação, ouv. de 16h à 18h, dim. de 7h à 9h30*). Édifiée en 1668. Les matériaux ayant servi à sa construction ainsi que la statue de la vierge viennent du Portugal. Peinture du plafond réalisée par João Joaquim da Rocha. Bel autel en argent du début du XIXe s. ainsi qu'une considérable collection d'images et orfèvrerie religieuses. Du dernier dimanche de janvier jusqu'au 2 février, cette église est le siège d'une grande fête traditionnelle célébrée depuis 1700 : neuvaine, feux d'artifice, rituel de lavage du parvis, messe, procession.

**Le Sobrado colonial** (*rua da Matriz 9*) a été construit en 1881. Il a été la résidence du baron de Sergi, héros de la guerre du Paraguay.

**L'église N.-D. dos Humildes** (*praça Frei Bento*) a été édifiée en 1793.

> ### Restaurant
> ♦ **Ponto Vital** ♥, estrada dos Carnos. Un petit restaurant tout simple tenu par le patron Vital et sa femme. Excellents plats de cuisine du *sertão* et de Bahia. Les plus pittoresques sont la *moqueca* de viande sèche et les rognons.

## Cachoeira***

➤ *À 120 km de Salvador, au bord du fleuve Paraguaçu.* Très joli village, Cachoeira forme avec São Félix un seul centre urbain. São Félix est située de l'autre côté du fleuve, elle est reliée à Cachoeira par un pont de fer construit au XIXe s. Le village a été fondé en 1694, les premiers colons du lieu seraient les descendants du portugais Caramuru qui se maria avec l'indienne Catarina Paraguaçu.

Constitué seulement des *engenhos* et des fermes d'élevage, Cachoeira a acquis peu à peu une importance économique et gagné une véritable prospérité avec le développement de la culture de la canne à sucre, puis celle du tabac, dans la vallée du Paraguaçu. L'ouverture d'une route maritime fluviale a permis le développement de l'exportation des produits locaux ainsi que l'importation de denrées.

En 1822, Cachoeira prend la tête du mouvement pour l'indépendance de l'État. L'installation d'une ligne de chemin de fer, qui favorise le pouvoir centralisateur de Salvador au détriment des autres villes de la région, va se révéler un facteur de décadence pour la cité. Depuis le XIXe s., l'architecture de Cachoeira a subi les assauts de l'influence néo-classique, du temps et des crues du fleuve, inondations qui ont causé pas mal de dommages à ses monuments. De la vieille cité coloniale, il reste cependant un charme tout particulier que vous découvrirez en flânant au hasard de ses rues pavées de pierres, bordées de belles constructions anciennes aux tons jaunâtres. Quelques heures vous suffiront pour la visiter entièrement.

**L'église N.-D. da Ajuda**\*\* (*largo da Ajuda*), cœur originel de la ville autour de laquelle celle-ci s'édifia.

**L'église da Ordem Terceira do Carmo**\*\*\* (*praça da Aclamação*). D'apparence extérieure simple, la décoration intérieure de cette église est un exemple raffiné du baroque du XVIIIe s. Notez la belle boiserie dorée autour du maître-autel, la peinture du plafond, œuvre de Teófilo de Jesus. À droite de la chapelle, se trouve la salle des Catacombes (dessins en couleurs dans les couvercles des tombeaux).

**Le museu Regional** (*praça da Aclamação 4* ☎ *(075) 725.1123*). Résidence d'un baron qui a été construite vers 1723. Outre la collection de mobilier d'époque, superbe porte, plafond du salon principal réalisé par Teófilo de Jesus.

**La Casa da Câmara e Cadeia**\*\* (*praça da Aclamação*). Ancienne prison et siège de l'administration locale, c'est ici que D. Pedro I fut proclamé régent, défenseur du Brésil en 1822, puis empereur en 1823.

**L'église Matriz N.-D. do Rosário**\*\*\* (*rua Ana Nery*). Construite entre 1742 et 1793. Intérieur minutieusement décoré. Belles peintures dont celle du plafond réalisé par João Joaquim da Rocha. Remarquables fresques *d'azulejos*, les plus grandes du Brésil (3 à 5 m de hauteur), représentant des scènes de l'Évangile. Au 1er étage, intéressant musée d'orfèvrerie religieuse.

**Les maisons coloniales de la rua Ana Nery**\*\*. Au n° 1, à l'angle de la rue, une superbe demeure. En face, au n° 2, l'une des plus anciennes maisons de la ville qui a joué un rôle important dans les luttes contre la domination portugaise. Au n° 4, l'un des exemples les plus typiques de l'architecture populaire du XVIIIe s. avec une influence maure. Au n° 7, la maison natale d'Ana Nery, pionnière de l'infirmerie brésilienne ayant participé à la guerre du Paraguay. Au n° 25, un beau *sobrado* gardant encore son caractère original.

**La rua Benjamin Constant**\*\* fait partie des lieux les plus typiques de Cachoeira ; noter les maisons coloniales du XIXe s., entre autres celles des n° 1, 2 et 17.

**Le sobrado de la rua 13 de Maio**\*\* est l'un des plus grands *sobrados* de Cachoeira ; mais seule sa partie externe garde son aspect original.

**L'église Santo Antônio do Paraguaçu**\*\* est au bord du fleuve Paraguaçu, ruines du couvent à côté.

**L'église N.-D. de Belém**\*\* (*7 km de Cachoeira*) appartient à l'ancien séminaire de Belém. Fondée en 1686 par les jésuites, elle possède une tour revêtue de porcelaine de Macao et un beau décor intérieur.

### Les bonnes adresses

▲▲ **Pousada do Convento** ♥, rua Inocêncio Boaventura ☎ (075) 725.1716. *26 ch.* VISA. Hôtel de charme installé dans l'ancien couvent des carmélites. Meubles coloniaux, atmosphère qui fait remonter le temps, accueil chaleureux.

♦ **Gruta Azul**, pça Manuel Vitorino 2 ☎(075) 725.1295. *Ouv. de 11h à 18h.* Cadre simple mais cuisine excellente. Il faut goûter les *pititingas*, petits poissons tout fins et exquis pêchés dans le Paraguaçu.

## Nazaré**

> *À 65 km de Salvador par le ferry et 225 km par la BR-324.* Petite ville coloniale fondée en 1753, coupée par le fleuve Jaguaribe, Nazaré a joué aussi un rôle important dans le mouvement pour l'indépendance. Elle est réputée pour produire la meilleure farine de manioc du pays. On la surnomme d'ailleurs «Nazaré das Farinhas». Pendant la Semaine sainte, la ville est le siège de la célèbre **Feira de Caxixi** ♥, marché de céramiques. Le terme «caxixi» désigne tous les objets en céramique, mais le mot, qui signifie «ruse», proviendrait de ce que les habitants s'amusaient pour l'occasion à acheter divers objets et à cacher les plus petits à l'intérieur des plus grands. Ce marché, qui existe depuis plus de 250 ans, est l'une des manifestations les plus anciennes de Bahia.

Son origine est mystérieuse. On raconte qu'un potier aurait débarqué ici un jour avec quelques pièces pour en faire cadeau à ses amis. Mais sur le port, sa production rencontra un vif succès. Il décida donc de revenir chaque Semaine sainte pour vendre ses objets. Puis d'autres l'imitèrent. Depuis lors, du mardi au samedi de la Semaine sainte, bateaux et *saveiros* arrivent chargés de céramiques venues de Maragojipinho (à 12 km de Nazaré, en amont du fleuve Jaguaribe), principal centre de production de céramique artisanale de l'État de Bahia. Le meilleur jour de la fête reste toutefois le Vendredi Saint. La foire est un événement tout à la fois religieux, profane et commercial. Malgré la réticence des prêtres, la célébration religieuse se termine en carnaval.

## La Chapada Diamantina**

> *Au centre géodésique de l'État, à 425 km de Salvador. Desservi par la Cie Alto Paraíso, 7h d'autocar (départ t.l.j. à 7h30, 14h et 22h, retour à 9h, 16h et 22h ☎ (071) 358.1591). En voiture, l'accès par la BR-242 est assez difficile.*

Au cœur de Bahia, au milieu du paysage monotone du *sertão* bahianais surgissent des élévations abruptes. Le parc national de la Chapada Diamantina est une immense oasis de montagnes vertes, vallées, rivières, canyons, cascades, grottes, rochers couvrant 84 000 km$^2$. La région a été abandonnée avec l'épuisement de la production de l'or au XVIIe s., elle est redevenue prospère au XIXe s. avec la fièvre des diamants, avant de sombrer de nouveau dans l'oubli.

À l'époque du boom des diamants, Lençóis arrivait au troisième rang des cités de l'État après Salvador et Ilhéus, la capitale du cacao. Elle se remet peu à peu des dégâts causés par les chercheurs d'or et de pierres précieuses, et s'ouvre au tourisme.

**Le parc national de la Chapada Diamantina**\*\*. Faisant partie de la chaîne de montagnes du Espinhaço, qui commence au Minas, source inépuisable d'eau pour le *sertão*, la Chapada concentre des rivières temporaires qui se forment après chaque grande pluie et sillonnent rochers et terrains, formant des reliefs étranges et des piscines naturelles à travers une végétation parsemée de fleurs. Les orchidées de la Chapada sont absolument sublimes ; il en existe plus de 70 espèces connues, toutes ne sont pas répertoriées.

Plus vous pénétrez vers l'intérieur de la Chapada, plus vous avez la possibilité, au cours de votre randonnée, de tomber sur des animaux

sauvages tels que jaguars, cerfs, capivara (cabiai), caititus (cochons sauvages), singes, serpents et de nombreux oiseaux (56 espèces).
Encore peu exploitée, la région n'est pas très facile d'accès. Pour vos randonnées pédestres, le mieux est d'exploiter les chemins laissés par les chercheurs d'or à travers la serra do Sincorá dans le parc.
Des circuits locaux vous proposent des randonnées de un, deux ou trois jours. Prévoyez vêtements, chaussures, équipements pour la marche. La voiture est utile pour les visites plus lointaines car le parc est vaste.

### Lençóis**

➤ *Prendre la BR-324 reliant Salvador à Feira de Santana; juste avant Feira de Santana, prendre la BR-116 en direction de Rio. Après 70 km environ, prendre à droite la BR-242 reliant Bahia à Brasília.*

Petite cité historique au pied de la serra do Sincorá, à la confluence des fleuves Lençóis et São José, Lençóis doit son nom, qui signifie « draps », aux tentes couvertes d'un gros tissu qui servaient de maisons aux chercheurs de diamants. La découverte de gisements de diamants impulse son développement rapide à partir de 1845. Dès 1864, elle connaît opulence et prestige. Vers 1871, la concurrence des diamants sud-africains lui porte un coup fatal. Elle retrouve un bref regain de prospérité, vers 1880, lié à l'importance et aux cours élevés du *carbonado* (diamant noir) utilisé pour la construction de ponts mais aussi pour le forage de tunnels du canal de Panama.

Point de départ de plusieurs excursions, cette petite ville est agréable et colorée. Si l'architecture religieuse est peu présente, son ensemble de maisons et *sobrados* coloniaux n'est inférieur en nombre qu'à celui de Ouro Preto (Minas). Ces principaux trésors se situent autour de la place principale, praça Horácio de Matos et dans ses environs immédiats. Son charme, allié aux époustouflantes balades dans les chemins des *garimpeiros* à travers la Chapada Diamantina, vaut vraiment le déplacement. Il faut cependant aimer la marche et disposer d'au moins quatre jours sur place en comptant l'aller et le retour.

Vous pouvez visiter à pied la **cascata do Sossego*** située dans un canyon et le **Salão de Areia*** avec ses sables colorés. En voiture, vous pouvez vous rendre à **Poço Encantado\*\*\***, grotte et lac de 42 cm de profondeur. Prenez la route pour Itaité (146 km); au **Morro do Pai Inácio**\*\*, magnifique vue sur la Chapada (route Br-242, direction Seabra, 30km); **Grutas Azul et Lapa Doce**\*\* (route pour Irecê).

> #### La bonne adresse
> ▲ **Pousada de Lençóis**, rua Altina Alves 747 ☎ (075) 334.1102, à Salvador ☎ (071) 358.9395. AE. Sur une colline, entourée de verdure, belle vue sur la ville, décor simple mais accueillant, excellent et copieux petit déjeuner.

## Le littoral sud

*(voir carte pp. 280-281)*

### Morro de São Paulo*

➤ *À 273 km au sud de Salvador. Prendre le bus jusqu'à Valença, ensuite un bateau jusqu'à Morro de São Paulo ou bien en bateau directement depuis Salvador (terminal maritime situé devant le Mercado modelo, départ t.l.j. sf dim. à 12h, 1h20 de trajet; 14h, 4h de trajet; 16h, 2h de trajet).*

Connue pour être un important centre de production et de réparation de *saveiros*, cette petite ville historique est située sur la belle île de Tinharé aux plages paradisiaques et à la végétation luxuriante. Beau coucher de soleil sur le haut du *morro*, à côté du phare. Nombreuses promenades en bateau, notamment à l'île de Boipeba, paradis de 20 km de plages vierges, sable immaculé, multiples piscines naturelles à marée basse, cocotiers à foison, authentique hameau de pêcheurs. Du centre vers le sud de l'île, on trouve successivement les plages de **Primeira praia** (urbanisée avec maisons, *pousadas*, sable blanc et mer tranquille), **Segunda praia** (petite, bordée de récifs, formant des bassins à marée basse), **Terceira praia** (2 km de long, désertique), **Quarta praia** (4 km, sable fin, nudisme autorisé).

### La bonne adresse

▲▲ **Villegaignon**, Terceira praia km 2 ☎ (075) 783.1010, fax (075) 783.1012. *77 ch.* VISA. Hôtel-villégiature dans la végétation au bord de la plage, désertique. Restaurant, sauna, sports.

## Ilhéus*

➤ *À 470 km de Salvador. Prendre la BR-101 ; en car, avec la Cie Águia Branca (t.l.j. plusieurs départs ☎ (071) 358.4704) ; en avion, Nordeste et Vasp font des escales à Ilhéus sur des vols en provenance de Rio, Belo Horizonte, etc.*

L'intérêt de Ilhéus, située à l'embouchure d'un fleuve et terre du cacao, réside essentiellement dans la forêt atlantique et ses belles plages de sable blanc, celles du littoral sud notamment en passant par la station balnéaire de Olivença avec ses eaux thérapeutiques. Après les plaisirs balnéaires, ceux de la table : vous pouvez expérimenter les *kibes* de Nacib (personnage du roman *Gabriela* de Jorge Amado) au Vezúvio ou les *pitus* de Dona Lurdinha. Ceux qui s'intéressent à la culture du cacao, pourront visiter la Ceplac, centre de recherche sur le cacao.

### Les bonnes adresses

▲▲▲ **Jardim Atlântico**, estrada Ilhéus-Olivença km 02, rua A ☎ (073) 231.3483. VISA, AE, DC, MC. Également connu sous le nom d'« hôtel des Suisses ». Situé dans un endroit planté de cocotiers, en bordure d'une belle plage de sable blanc, un peu loin de la ville mais à mi-chemin de Olivença. Établissement confortable avec toutes les commodités ; courts de tennis, squash, piscine…

♦ **Vezúvio**, pça D. Eduardo 190, centre. Bar et restaurant simple qui demeure le point de rendez-vous le plus traditionnel de la ville. Cuisine bahianaise et *kibes* en entrée.

## Porto Seguro**

➤ *À 730 km de Salvador, Porto Seguro est un arrêt possible pour ceux qui veulent faire Rio-Salvador en car. Départs quotidiens à 21 h par la Cie Águia Branca (☎ (071) 358.4704). En voiture, à Porto Seguro prendre le radeau (transport des voitures), devant la gare routière pour rejoindre Arraial da Ajuda et Trancoso. Aéroport desservi par les Cies aériennes régionales.*

C'est ici que Pedro Álvares Cabral aborda le 22 avril 1500. La ville, superbe et animée, s'édifia autour de l'embouchure du fleuve Buranhém après que le premier noyau de peuplement apparut dans la partie haute, plus tard appelée *cidade alta* (quartier classé). Dans cette ville haute, vous trouverez un ensemble de constructions d'intérêt historique, dont certaines sont d'ailleurs en ruine : l'**église da Glória**, la plus ancienne du Brésil en est un exemple ; l'**église da Misericórdia**, l'**église da Pena**, le **Marco do Descobrimento**, colonne en marbre apportée du Portugal en 1503 pour marquer la Découverte. Dans la ville basse, rendez-vous à la **passerelle de l'alcool**, rue bondée de restaurants, bars, boîtes de nuit pour tous les goûts, âges, humeurs…

À quelques km du centre, à **Santa Cruz de Cabrália** ou **Coroa Vermelha**, vous pourrez visiter l'endroit où a été célébrée la première messe en terre brésilienne. Quelques Indiens Pataxós vivant encore dans les parages viennent vous proposer leur artisanat.

Porto Seguro offre aussi de nombreuses promenades en bateau parmi les récifs longeant le littoral. Devenue un important pôle touristique, la ville tend cependant à être un peu trop visitée par les touristes *paulistas* et européens. Après avoir exploré ce superbe site historique, vous lui préférerez, pour votre séjour, les villages de **Arraial da Ajuda** et surtout de ♥ **Trancoso**\*\*, charmant hameau où les voitures et les motos sont interdites. Ils possèdent tous deux de superbes plages.

### Les bonnes adresses

▲▲ **Pousada Capim Santo**, pça São João, Trancoso ☎ (073) 868.1122. L'entrée se fait par le Quadrado, la seule place du hameau ! 9 ch. Pas de cartes de paiement. Goûtez les langoustes à l'ananas, le filet de poisson à la sauce au yaourt ou l'exquis poisson aux noix et au basilic.

♦♦ **Anti Caro**, rua Assis Chateaubriand 26, Porto Seguro ☎ (073) 288.2683. Visa, AE, DC, MC. *F. le dim*. Vous pouvez y manger des langoustes à des prix raisonnables.

# MACEIÓ ET ALAGOAS

*(voir carte p. 284)*

L'attrait principal d'Alagoas réside dans ses superbes plages, ne manquez pas cependant de visiter les villes historiques de Marechal Deodoro et Penedo, à l'embouchure du São Francisco.

Le nom « Alagoas » vient du latin signifiant « lacs » ou « lagunes ». Vers 1545, les premiers peuplements se forment autour des lagunes de Manguaba et Mundaú. As Alagoas, qui deviendra plus tard Alagoas, est un foyer de troubles : luttes des colons portugais contre les Indiens Caetés, incursions françaises, occupation hollandaise, massacre des esclaves noirs réfugiés dans le Quilombo dos Palmares (voir Héritage, p. 50), révoltes contre le gouvernement impérial. Subordonnée à la capitainerie du Pernambuco, la région ne devient autonome qu'en 1817. Le siège du gouvernement est transféré de Marechal Deodoro à Maceió en 1839.

Aux XVIIe et XVIIIe s., Alagoas connaît une période de grande prospérité liée aux exportations (canne à sucre, coton, tabac, maïs, manioc, cuir, peaux et bois Brésil). En 1778, la région exporte déjà du coton tissé vers Lisbonne. Ce développement économique s'accompagne d'une vie culturelle intense.

Aujourd'hui, l'économie continue d'être dominée par l'agriculture. Troisième producteur national de tabac, important producteur de coton, haricots, riz, maïs, fruits tropicaux, ce petit État de 27 731 km$^2$

pour 2,6 millions d'hab. se distingue surtout par une importante production agro-industrielle de sucre et d'alcool de sucre (environ 9 % de la production nationale arrivant juste après celle de l'État de São Paulo, qui en assure à lui seul 47 %). Petit producteur de pétrole, de gaz naturel et d'amiante, il assure aussi une part croissante de l'extraction du sel gemme.

# Maceió*

▶ *À 630 km de Salvador, 295 km d'Aracaju au sud et 285 km de Recife au nord, Maceió est reliée par avion aux grandes villes du Nordeste ainsi qu'à Rio et à São Paulo. L'aéroport est situé à 23 km du centre, sur la BR-101 en direction de Recife. En bus, liaisons quotidiennes avec Salvador (env. 10h de trajet), Aracaju (5h), Recife (4h), Penedo (3h). La gare routière est à 4 km du centre.* De l'aéroport ou de la gare, le plus simple pour rejoindre votre hôtel (choisissez-le plutôt dans les quartiers de plage) est de prendre un taxi. Pour vous déplacer sur place, découvrir le littoral, profiter des plages en toute liberté, combiner les visites des villes historiques, la meilleure solution est la voiture. Capitale de Alagoas, située sur une pointe de terre entre la mer et la lagune de Mundaú, Maceió (650 000 hab.) présente le visage d'une agréable cité balnéaire. Créée au début du XVIIe s., autour d'un *engenho* à sucre, la ville, qui garde encore un air provincial, ne conserve pratiquement aucun monument de son passé colonial. Son intérêt majeur est, sans conteste, son littoral : défilé de plages bordées de cocotiers, réseau de piscines naturelles formées dans des récifs. N'oubliez pas de déguster les fruits de mer (langoustes, crevettes, crabes, *sururus*) délicieux.

La visite du centre-ville ne présentant aucun intérêt particulier, rendez vous directement sur les plages. Évitez Sobral et Avenida, non recommandées pour la baignade, allez plutôt sur les plages de **Pajuçara**, **Sete Coqueiros** (au nord), où vous pouvez prendre un bateau pour visiter les récifs, **Ponta Verde** et **Jatiúca**. Une balade en bateau à travers les divers canaux de la lagune Mundaú (coucher de soleil fantastique), entourée de pittoresques villages de pêcheurs, complétera votre visite.

**Les plages du littoral nord**\*\*. Au nord de Maceió, ce sont 100 km de belles plages abritées par des récifs, avec piscines naturelles, cocotiers à foison et refuge des *Peixes-boi* (lamantins). Impossible de toutes les nommer ! Prenez la route AL-101 pour découvrir **Garça Torta**\*\*, **Sonho Verde**\*\* à Paripuera, **Barra de Santo Antônio**\*\* à l'embouchure du Santo Antônio. Sur cette dernière, couverte de cocotiers et de manguiers, vous pourrez prendre le bateau, devant le restaurant Estrela Azul, pour vous rendre à l'île de Coroa. Si vous allez jusqu'à **Maragogi**\*\*, à la frontière du Pernambuco, baignez-vous dans les délicieuses piscines naturelles aux eaux calmes et transparentes.

**Les plages du littoral sud**\*\*. Bien plus fréquenté que le littoral nord, vous y trouverez des plages plus grandes. À 25 km de Maceió, la plage **do Francês**\*\* est magnifique. Elle est reliée plusieurs fois par jour par des *kombis* (départ de Maceió), mais il y a parfois un peu trop de monde. Sur place, un bon restaurant français et une *pousada* tenus par le même patron. C'est un endroit sympa où l'on peut séjourner.

En continuant vers le sud, vous arrivez à **Barra de São Miguel**\*, ancien village des Indiens Caetés à 35 km de Maceió. À l'embouchure du Niquim, protégée par des récifs formés par la sédimentation de sable, une mer turquoise, des cocotiers tordus par le vent. De là, vous pouvez vous rendre en bateau à la **praia do Gunga**\*\*, une belle anse bordée de cocotiers. À une trentaine de km encore plus au sud se trouve **Pontal do Coruripe**\*\*.

## LES BONNES ADRESSES

### Hébergement

▲▲▲ **Jatiúca**, rua Lagoa da Anta 220, praia de Jatiúca, Maceió ☎ (082) 355.2020. *96 ch.* Visa, AE, DC. Hôtel-villégiature en pleine ville (devant la mer), grande piscine, courts de tennis, bon restaurant. Cadre et accueil sympathiques.
**Pousada Praia das Garças** ♥, praia de Riacho Doce ☎ (082) 355.1080. Visa, AE, DC, MC. *20 ch.* Quoique un peu éloignée du centre, cette *pousada* est située sur une superbe plage. Bon petit-déjeuner.

### Restaurants

♦♦ **Bar das Ostras**, rua Teófilo Gama 200, Trapiche da Barra ☎ (082) 223.4061. AE, MC. Excellents fruits de mer, langoustes, huîtres, etc.
♦♦ **Divina Gula**, rua Eng. Paulo B. Nogueira 85, Jatiúca ☎ (082) 235.1016. Visa, AE, DC, MC. Bonne cuisine du Minas, en particulier la viande à la braise, les *picanhas* cuites devant vous. Excellents amuse-gueule, notamment le pain de fromage. Ambiance sympathique et artiste.
♦♦ **Restaurante das Alagoas**, hôtel Jatiúca, rua Lagoa da Anta 220, Jatiúca ☎ (082) 355.2020. Visa, AE, DC, MC. Bons poissons et viandes.
♦♦ **Chez Patrick**, loteamento Portais do Francês, praia do Francês ☎ (082) 231.1079. Cuisine française dans un décor rustique mais de très bon goût. Les Brésiliens raffolent de son filet au poivre.
♦♦ **Gstaad**, av. Robert Kennedy 2167, Ponta Verde ☎ (082) 231.6275. Visa, AE, DC, MC. Piano-bar, musique live le week-end, boîte en dessous. Cuisine à la française, bonnes viandes, notamment le filet à la sauce de mangue.

### Bars

**Divininha** ♥, av. Des. Valente de Lima 180, Jatiúca ☎ (082) 325.2603. Des *cachaças* rarissimes, du *caldinho de feijão* (consommé de haricots roboratif, typique du Nordeste) et plein d'autres amuse-gueule régionaux.
**Fellini**, av. Robert Kennedy, Ponta Verde. Le seul piano-mer du monde ! Piano sur le sable, très bonne ambiance, amuse-gueule. On peut y dîner.

### Adresses utiles

**Aéroport.** Campos dos Palmares à 23 km de la ville, Município de Rio Largo ☎ (082) 322.1300. **Agences de voyages.** Aeroturismo, rua Barão de Penedo 61 ☎ (082) 221.7747. **Change. Banco do Brasil**, rua do Livramento 120 ☎ (082) 221.3290. **Gare routière.** Rodoviária J. Paulo II, av. Leste/Oeste, km 4, Feitosa ☎ (082) 211.4615.
**Informations touristiques.** Ematur (pour l'État), av. Duque de Caxias, 2014, praia do Sobral ☎ (082) 221.9393 ; **Emturma** (pour la ville), rua Saldanha da Gama 71, Farol ☎ (082) 336.4409. **Location de voitures.** Localiza, av. Tomáz Espínola 433, Farol n° vert 0800.99.2000 ; **Interlocadora**, av. Fernandes Lima 2019, Farol ☎ (082) 241.2777.
**Taxi.** Maceió Radiotáxi ☎ (082) 221.4444.

## Marechal Deodoro*

▶ *À 30 km env. de Maceió. Prendre la route AL-101 au sud de Maceió, puis le pont enjambant la lagune Mundaú. La route est très belle : végétation typique de mangroves, manguiers, anacardiers. Fête : le 8 décembre est le jour de célébration de N.-D. da Conceição, sainte patronne de la ville.* Cette charmante cité coloniale, qui se dresse au bord de la lagune de Manguaba, a été la première capitale d'Alagoas et la ville natale du Maréchal Deodoro da Fonseca. Fondée par des moines franciscains, la ville garde encore quelques constructions coloniales, de joyeuses maisonnettes colorées et de charmantes placettes ombragées. Vous y visiterez :

**L'église et le couvent de São Francisco**\*\* (*praça João XXIII, ouv. du lun. au sam. de 9h à 13h*). L'actuel couvent a été construit en 1684. Dans l'église édifiée en 1692, admirez la boiserie du chœur, les motifs de feuilles de raisin et les chérubins dans le meilleur style baroque.

**Le museu de Arte Sacra**\*\* (*praça João XXIII, ouv. du lun. au ven. de 9h à 13h*). À côté du couvent São Francisco, collection de sculptures de saints en bois polychrome, mais aussi orfèvrerie, bijoux, images de *roca*.

**L'église Matriz N.-D. da Conceição**\*\*. Édifiée en 1755. Assez mal conservée, elle est envahie par les termites. Magnifique autel, belle peinture du plafond à l'entrée représentant la passion de saint François (notez son regard qui semble vous suivre).

**Le museu Deodoro** (*rua das Mortes, t.l.j. de 9h à 17h sf dim.*). Dans la petite maison où naquit le premier président de la République, exposition de photos, mobilier, objets liés à la vie de Deodoro.

## ♥ Penedo\*\*

▶ *À 170 km au sud de Maceió, au bord du São Francisco, qui marque la frontière entre l'Alagoas et Sergipe. Fête : le deuxième week-end de janvier, la Festa de Bom Jesus dos Navegantes comprend notamment une intéressante procession fluviale.*

Penedo est une ville coloniale remarquablement conservée. Elle a été fondée en 1535 par Duarte Coelho qui descendit le São Francisco à la poursuite des Indiens Caetés. Vous y verrez de superbes églises, toutes richement décorées, de splendides *sobrados* des XVIIe et XVIIIe s., ainsi que de pittoresques maisons coloniales. Vous visiterez notamment :

**L'église et le couvent N.-D. dos Anjos**\*\*\* (*praça Rui Barbosa, ouv. du mar. au dim. de 8h à 17h*). Construite entre 1660 et 1759, c'est l'une des plus belles constructions réalisées par les Franciscains. Notez le splendide maître-autel rococo feuillé d'or et la peinture en trompe-l'œil de la chaire. Dans la chapelle, admirez la peinture du plafond.

**L'église N.-D. da Corrente**\*\*\* (*praça 12 de Abril, t.l.j. de 8h à 12h et de 14h à 17h*). Cette église, édifiée en 1765 appartenait à une riche famille abolitionniste qui y hébergea des esclaves. Son nom vient des prières adressées par les pêcheurs locaux contre les crues du fleuve qui l'inondaient. Remarquez la magnifique boiserie dorée sur peinture bleue et rouge, les peintures du plafond de la nef et du chœur, les retables de style néo-classique recouverts *d'azulejos*, les chaires finement travaillées. Les murs de la nef et du sanctuaire sont aussi décorés *d'azulejos*. À côté, se trouve une demeure coloniale abritant une *pousada*.

**L'église São Gonçalo Garcia\*** (*av. Floriano Peixoto*). Édifiée en 1758. À l'intérieur, une intéressante collection de statues de saints.
**La Catedral Diocesana** (*praça M. Deodoro*). Édifiée en 1690. Elle a perdu son aspect original, seul l'extérieur est baroque. Sur cette même place, plus en bas, vous verrez deux demeures coloniales : la mairie et la Casa da Aposentadoria (maison de retraite), d'où vous avez une vue panoramique sur le São Francisco.
Entre la Prefeitura et la Casa da Aposentadoria, se trouve un escalier donnant sur le **quartier de Rocheira** qui borde le fleuve, où vous pourrez flâner. C'est de là que partent les bateaux pour les balades sur le São Francisco soit vers l'embouchure, soit en remontant le fleuve. Quelques km en amont, se trouve la ville de **Carrapicho** (Sergipe), connue pour son artisanat de céramiques, puis celle de **Própria**.

### La bonne adresse
♦ **Forte da Rocheira**, rua da Rocheira, Penedo. *Ouv. t.l.j. de 12h à 15h et de 18h à 23h.* Belle vue sur le São Francisco. Bons fruits de mer et poissons d'eau douce, dont le surubim.

# RECIFE, OLINDA ET LE PERNAMBUCO
(*voir carte p. 284*)
Petit État de 98 338 km² et 7,3 millions d'hab. env., le Pernambuco témoigne d'une histoire riche et mouvementée. Largement visitée par les contrebandiers de bois Brésil, notamment français, la région n'est colonisée par les Portugais qu'en 1534, date à laquelle ces terres sont données à Duarte Coelho. À la tête de la capitainerie du Pernambuco, celui-ci fonde les villes d'Igarassu et d'Olinda, choisissant cette dernière comme siège de son gouvernement. Il introduit parallèlement la culture de la canne à sucre et favorise la venue d'artistes européens, surtout des jésuites qui, dès 1651, s'installent dans la région où ils contribuent à la promotion et au rayonnement des arts et de la littérature.
De 1630 à 1657, le Pernambuco passe sous la domination des Hollandais. Leur présence va changer le sort d'Olinda, à laquelle ils préfèrent Recife. Malgré leur expulsion en 1657, la rivalité entre les deux villes reste bien vivante. De 1710 à 1714, la guerre dite « des Mascates » (marchands) oppose l'aristocratie agraire et sucrière d'Olinda à l'élite commerçante de Recife. Cette dernière en sort victorieuse et hérite, l'année suivante, du titre de *vila*. Au XIXe s., une série de révoltes contre le pouvoir central et le déclin de l'économie sucrière affaiblissent la puissance économique de la ville.
Aujourd'hui, le sucre constitue toujours la base de la richesse agricole du Pernambuco. Si les activités industrielles ont pris une certaine importance, c'est surtout les secteurs textile et alimentaire qui dominent. Recife exerce une influence régionale grandissante, disputant avec Salvador et Fortaleza le leadership de la région.

## ■ MODE D'EMPLOI
### Arriver
**En avion.** L'aéroport international des Guararapes, situé à 11 km du centre de Recife et à 17 km d'Olinda, a des liaisons quotidiennes avec les principaux centres urbains du pays. Il existe quelques vols internationaux. Vous trouverez

sur place bureaux de location de voitures et taxis. Pour vous rendre en ville, le plus simple est de prendre les taxis de la *Cooperativa*, payables à l'avance au guichet de la *Cooperativa*. Pour les taxis normaux, il faut traverser la place devant l'aéroport.

**En autocar.** À la gare routière TIP, à 18 km du centre sur la BR-232, des cars partent quotidiennement pour l'intérieur de l'État et les autres capitales du Nordeste : Salvador (833 km, 13 h de trajet), Fortaleza (799 km, 12 h), João Pessoa (120 km, 2 h), Maceió (255 km, 4 h), Natal (296 km, 4 h 30). Sans oublier Rio (2 461 km) et São Paulo (2 724 km).

## Se repérer

Recife est une grande ville dont la configuration semble à première vue assez complexe. Son vaste centre est coupé par les rivières Beberibe et Capibaribe et divers canaux qui la séparent en différents quartiers, reliés entre eux par des ponts. Face au « continent », de l'autre côté du Beberibe, se trouve l'île de Recife, quartier originel de la ville. Un peu plus au sud, la presqu'île regroupe les quartiers historiques de Santo Antônio et São José. En face, sur le « continent », au-delà de la Capibaribe, s'étend Boa Vista, le centre-ville plus moderne. En descendant vers le sud, le long du bord de mer, se succèdent les quartiers de Pina avec ses restaurants de poisson en bord de plage et de Boa Viagem, plus résidentiel. En quittant le centre, direction nord, on se dirige vers Olinda (7 km de Recife).

## Programme

Trois jours sont nécessaires pour connaître Recife et Olinda, magnifique cité coloniale superbement préservée. Cette dernière mérite une visite prolongée. Si vous voulez découvrir le littoral, prévoyez au moins deux jours supplémentaires. Recife et Olinda étant peu distantes l'une de l'autre, le mieux est de découvrir les deux à partir d'un même point de chute, hôtel à Olinda ou à Recife, de préférence dans le quartier de Boa Viagem, plus agréable avec sa promenade de front de mer et sa plage. Les plages d'Olinda, polluées, ne sont pas indiquées pour la baignade.

## Circuler

Pour se déplacer en toute liberté entre Recife et Olinda, en dehors des services d'une agence de voyages, la voiture reste la meilleure option. Le cœur historique d'Olinda se visite bien sûr à pied, tout comme le centre de Recife. Pour aller d'un quartier à l'autre, une ligne de métro allant de la gare routière à São José fonctionne conjointement avec les bus ; elle relie les principaux points de la ville. Avec un seul ticket, vous pouvez ainsi prendre métro et bus : achetez un *bilhete integrado* et gardez-en une partie pour la présenter dans le bus ou dans le métro.

# Recife**

Avec 1,3 million d'hab., la capitale du Pernambuco est le sixième centre urbain du Brésil, le cinquième si l'on considère la population de la « grande Recife » avec ses 2,5 millions d'hab. et sa ceinture de favelas. Construite entre les méandres des rivières Beberibe et Capibaribe, baignée par la mer, on l'a souvent surnommée la « Venise brésilienne ». Si la comparaison est fort exagérée, Recife n'est cependant pas dépourvue de charme.

La partie moderne de la ville présente peu d'intérêt en dehors de l'animation chic de Boa Viagem. Le vieux centre recèle de beaux monuments et églises, autant de chefs-d'œuvre de l'art baroque. Au hasard de ses ruelles, vous y sentirez aussi un peu de l'âme *pernambucana*, celle-là même que l'on retrouve partout, à la moindre occasion de faire la fête.

## Ribeira Marinha dos Arrecifes

Petit port vivant dans l'ombre d'Olinda, Ribeira Marinha dos Arrecifes (ainsi nommé en raison de la barrière de récifs qui s'étend tout au long de son littoral et qui forme, à marée basse, de superbes piscines naturelles), qui deviendra plus tard Recife, ne connaît un véritable développement qu'à partir de 1630, avec l'arrivée des Hollandais. Ces derniers vont y entreprendre une série de constructions et de grands travaux d'urbanisation, d'assainissement, de remblais, de ponts. Le développement des activités portuaires va vite conférer à la cité un rôle économique de premier plan, dépassant de facto celui d'Olinda. Après la défaite des Hollandais, il faut toutefois attendre 1827 pour que Recife devienne la capitale de l'État, supplantant définitivement sa rivale. Pour déterminante qu'ait été la période hollandaise, la ville en conserve toutefois très peu de traces architecturales.

### *Santo Antônio et São José\*\**

Noyau ancien de la ville, ces quartiers, originellement construits par les Hollandais, conservent peu de vestiges de leur présence. C'est au contraire le baroque des églises qui domine. Attention : le dimanche, nombre d'entre elles sont fermées.

Vous commencerez votre visite par la **praça da República**\*\*, située à la pointe de Santo Antônio. Cette imposante place avec ses palmiers impériaux est formée par le Teatro Santa Isabel, le Palácio do Campo das Princesas, siège du gouvernement construit en 1941, le palais de justice, le lycée des Arts et Métiers. Le **Teatro Santa Isabel**\* est un bel édifice néo-classique construit par Louis Vauthier (1850), puis reconstruit par Victor Fournier (1876).

**L'église et le couvent Santo Antônio**\*\*\* (*rua do Imperador 206* ☎ *(081) 224.0530, ouv. du lun. au ven. de 8h à 11h30 et de 14h à 17h, le sam. de 8h à 11h30, f. le dim.*). Ce couvent de l'ordre des Franciscains, fondé en 1606, transformé en forteresse en 1613 par les Hollandais, se distingue par son magnifique cloître avec voûtes et ses *azulejos*. À l'extérieur, entre le premier et le second étage du cloître, des *azulejos* hollandais. À l'intérieur, des tableaux *d'azulejos* portugais représentant des scènes de la Genèse. Vous remarquerez aussi le superbe revêtement en *azulejos* portugais de la coupole de l'église.

**La Capela Dourada**\*\*\* (*rua 15 de Novembro, ouv. de 8h à 11h30 et de 14h à 17h, f. sam. après-midi et dim.*). Cette splendide petite chapelle (XVIIe s.), date de l'apogée économique du Pernambuco : extérieur baroque non dénué de traits néo-classiques, intérieur entièrement revêtu de bois de cèdre feuillé d'or, superbes peintures, riche travail *d'azulejos*, chaires en bois de *jacarandá*. Le **museu Franciscano de Arte Sacra**\*\*\* (*ouv. de 8h à 11h30 et de 14h à 17h, f. sam. après-midi et dim.*) est une annexe de la chapelle.

**L'église N.-D. do Rosário dos Homens Pretos**\*\*\* (*rua Estreita do Rosário, ouv. de 7h à 12h et de 14h à 19h, f. le dim.* ☎ *(081) 224.0409*). Dans cette église, construite par les esclaves noirs entre 1662 et 1667, se trouvent un superbe maître-autel en bois et des statues de saints du XVIIIe s., notamment celle de saint Benoît (São Benedito).

**La Catedral São Pedro dos Clérigos**\*\* (*pátio de São Pedro, ouv. t.l.j. sf dim. et sam. après-midi, de 8h à 11h30 et de 14h à 16h* ☎ *(081) 224.2954*).

Construite en 1782, rénovée en 1857. Belle porte d'entrée travaillée, en bois de *jacarandá*. La décoration intérieure témoigne d'une influence plus néo-classique. Outre les tribunes et les chaires, le plafond à caissons du chœur en cèdre sculpté, vous y admirerez la peinture en trompe-l'œil du plafond, œuvre du peintre João de Deus Sepúlveda, la sacristie avec son chapier situé en dessous d'une boiserie dorée encadrant des toiles. Sur le parvis de l'église, le **Pátio de São Pedro**\* (*à l'intersection de l'av. Dantas Barreto et de la rua Direita*) est une pittoresque petite place animée par la présence d'échoppes d'artisanat, d'antiquités, de petits bars servant de la nourriture typique. L'un des points de rencontre favoris des artistes locaux les soirs de week-end : musique-live et représentations folkloriques.

À côté du Pátio de São Pedro, se trouve la vaste esplanade du largo do Carmo, où se dressent **l'église et le couvent N.-D. do Carmo**\*\*\* (*av. Dantas Barreto 646; ouv. du lun. au ven. de 8h à 12h et de 14h à 17h, sam. de 8h à 12h*). Cette église, commencée en 1685 et achevée en 1767, comprend des autels et retables de la fin du XVIIIe s. et du XIXe s. Elle offre l'une des plus belles silhouettes de Recife. Sa riche façade baroque taillée dans des arénites (sorte de grès) provenant des récifs et sa tour unique lui donnent un charme tout particulier. À l'intérieur, vous noterez les stalles en *jacarandá*, la statue en bois polychrome de N.-D. do Carmo, sainte patronne de la ville, les niches en boiserie rococo abritant des images de saints.

Dans la niche du maître-retable, saint Elias avec son épée de feu et la main droite tendue ; à côté, dans une autre niche, son disciple Santo Eliseu. Superbe plafond peint représentant le prophète Elias montant au ciel dans son chariot de feu. Vue sur la ville depuis le clocher de l'église, normalement fermé aux visiteurs, mais demandez l'autorisation ! À voir dans le cloître : le jardin tropical, les plafonds à caissons et les meubles.

En remontant un peu l'av. Dantas Barreto, prendre à gauche la rua Nova. Vous y verrez **l'église N.-D. da Conceição dos Militares**\*\*\* (*rua Nova 309, ouv. du lun. au ven. de 7h à 11h30 et de 13h30 à 16h, sam. de 7h à 11h, dim. de 10h à 18h*). Construite en 1757, elle se distingue par son fronton rococo et sa richissime boiserie baroque dorée entourant les peintures du mur et du plafond. Dans le chœur, de grands tableaux retracent la bataille des Guararapes qui, en 1654, opposa Portugais et Hollandais. En annexe, le musée d'Art Sacré.

Au bout de la rua Nova, prenez à gauche, le long de la rivière Capibaribe, pour arriver à la **Casa da Cultura**\*\* (*rua Floriano Peixoto ☎ (081) 224.2850, ouv. du lun. au sam. de 9h à 19h, dim. de 14h à 18h*). L'ancienne prison de la ville, édifiée entre 1855 et 1867, a été transformée en 1975 en centre artisanal et culturel. Beaux escaliers et balcons de fer forgé, boutiques d'artisanat installées dans les anciennes cellules (n'oubliez pas de marchander), manifestations folkloriques, bureau d'informations touristiques au rez-de-chaussée. Plus bas, sur la même esplanade, jetez un coup d'œil à l'ancienne gare reconvertie en petit musée du train et station de métro.

Vous pénétrez ensuite dans le quartier de São José. En prenant vers l'intérieur la rua São João, traversant l'isthme pour arriver côté mer, vous atteignez le **Forte das 5 Pontas**\* (*ouv. du lun. au ven. de 10h à*

*18h, week-end de 14h à 18h)*. Édifié par les Hollandais en 1630, ce fort de forme rectangulaire doit son nom à ses quatre bastions formant ainsi un polygone à cinq côtés. C'est ici que fut décapité Frei Caneca, le leader de la Confederação do Equador, en 1825. Il abrite désormais le musée de la ville de Recife, qui est moyennement intéressant.

Juste à côté, en remontant en direction de Santo Antônio, vous visiterez le **Mercado São José**\*\* et la **Basilique N.-D. da Penha**\* (*praça D. Vital, ouv. du mar. au sam. de 6h à 11h et de 15h à 17h, dim. à partir de 9h*). Avec sa halle métallique typiquement Art Nouveau, le marché São José a été construit entre 1872 et 1875 sur le modèle du marché de Grenelle à Paris. Tous les matériaux furent amenés du Portugal, de France et d'Angleterre. Endroit très animé, où vous trouverez tous les produits régionaux, des fruits et légumes à l'artisanat… La basilique (XVIIe s.) avec ses chapiteaux corinthiens tranche par sa sobriété. À l'intérieur, un bel autel et un petit musée.

## *Recife*\*

Ce quartier-île (accès depuis Santo Antônio par l'un des deux ponts reliant ces deux quartiers) est le berceau de la ville. Zone du port se prêtant à d'agréables balades à travers les constructions anciennes. Vous visiterez notamment :

**L'église da Madre de Deus**\*\* (*rua Madre de Deus, ouv. du lun. au ven. de 7h à 11h, dim. de 10h à 11h*). Église construite en 1715 avec des arénites provenant des récifs. Sa façade est animée par la présence de plusieurs portes et fenêtres. À l'intérieur, boiserie sculptée et dorée ; tribunes et sièges de style rococo.

**L'église N.-D. do Livramento**\* (*rua do Livramento, ouv. du lun. au sam. de 7h30 à 12h et de 14h à 17h, dim. de 10h à 12h*). Cette église (1830), aux dimensions exagérées, mélange les styles néo-classique et rococo. À l'intérieur, vous admirerez quelques boiseries dorées. La seconde tour est inachevée.

**L'église do Pilar**\* (*rua São Jorge*). Construite entre 1681 et 1693 à la place d'une forteresse, notez la coupole du chœur entièrement revêtue *d'azulejos*.

**Le Forte do Brum**\* (*à la pointe de l'île, face à Olinda*). Ce fort a été construit par les Hollandais, dès leur arrivée, à l'emplacement d'un fort portugais.

## *Musées*

**Le museu do Homen do Nordeste**\*\*\* (*av. 17 de Agosto 2187, Casa Forte ☎ (081) 441.5500, ouv. de 11h à 17h du mar. au ven., sam. et dim. de 13h à 17h*). Fondation composée de deux musées. Très intéressante exposition du quotidien du Nordestin, ses origines, sa culture, ses traditions. Dans le musée du Sucre, sur la gauche, tout le processus de production du sucre est retracé ainsi que la vie dans un *engenho*.

**Le museu do Estado de Pernambuco**\*\* (*av. Rui Barbosa 960, Graças ☎ (081) 222.6694, ouv. du mar. au ven. de 9h à 17h, sam. et dim. de 14h à 18h*). Dans l'ancienne demeure du baron de Beberibe datant du XIXe s., précieuse collection d'Art Sacré, quelques décors d'églises, images de saints dont la statue en bois polychrome et doré de Santa Gertrude et celle en terre cuite de la Vierge avec l'enfant Jésus.

**Le museu Francisco Brennand**\*\* (*Engenho São João, Várzea ☎ (081) 271.2466, ouv. du lun. au ven. de 8h à 17h*). Dans une fabrique de

# LE PERNAMBUCO, TERRE DE FOLKLORE

*Cet État garde de son histoire riche et mouvementée des traditions et un art populaire très vivants, particulièrement manifestes dans les fêtes folkloriques présentes tout au long de l'année.*

**Figurine peinte, en terre cuite, représentant un personnage typique du folklore (*bumba-meu-boi*).**

**La fête de la Passion du Christ est organisée tous les ans, à Nova Jerusalém, pendant la Semaine sainte.**

### Des rythmes originaux

Polka revisitée par les rythmes africains, le *frevo* est le rythme *pernambucano* par excellence. Plus populaire que strictement folklorique, il porte la frénésie des carnavals de Recife et Olinda : l'équivalent de la samba à Rio. Musique d'inspiration militaire, le *frevo* doit sa force aux cuivres. Danse agitée, acrobatique, il s'inspire de la capoeira. Les mouvements exécutés par les *passistas*, remarquables d'agilité, rivalisent de complexité. À l'origine spontanés, certains de ces pas sont devenus des classiques : *passo do caranguejo* (pas du crabe), du *corrupio* (tourbillon) ou encore *do parafuso* (boulon ou vis), l'un des plus difficiles : le danseur semble littéralement flotter !

Le *maracatu* est une autre danse locale sans chorégraphie établie. Les percussions dominent la musique qui l'accompagne. Jouée à l'occasion du carnaval, elle est reprise désormais par des groupes tout au long de l'année. Le *maracatu* a pour origine la danse dramatique, exécutée par les esclaves noirs, qui accompagnait les cérémonies de couronnement des rois du Congo. Cette représentation symbolique est devenue un divertissement local : un roi, une reine, des personnages de cour sont choisis pour défiler en costumes d'apparat.

### Dix mois sur douze

Les fêtes se succèdent, mi-religieuses, mi-profanes. L'année commence en janvier avec les **buscadas** (processions maritimes et fluviales) au cours desquelles les *jangadas* (canots décorés) promènent l'image de la sainte patronne célébrée.

Février est le mois du **carnaval**. Grand catalyseur de folklore, celui-ci voit défiler les différents groupes : clubs réunissant des corporations de métiers (bouchers, éboueurs) qui sortent dans les rues au son du *frevo*; groupes de quartiers improvisant leur rythme au son de la guitare et du *cavaquinho*; *caboclinhos* vêtus de costumes composés de plumes d'oiseaux, revivant les épopées guerrières des Indiens; cortège des *maracatus*…

Mars ou avril rendent hommage à la **Passion du Christ**. Si la Semaine sainte voit l'esprit religieux se manifester dans tout l'État, c'est à Nova

**Le *frevo* est la musique qui accompagne le carnaval de Recife. Le mot vient du portugais « fervura », qui signifie « ébullition ». Cette musique enflammerait donc ceux qui l'écoutent.**

**Le *Bumba-meu-boi* est une satire symbolique et haute en couleurs de la vie sociale. Le bœuf, fait d'une armature légère, recouverte d'une toile sombre richement brodée, en est le héros.**

Jerusalém qu'il se fait le plus spectaculaire. Bientôt juin arrive et avec lui les fêtes *Juninas* : Santo Antônio, São João, São Pedro. Autour des feux, on danse le *forro* et les quadrilles toute la nuit. Rendez-vous notamment à Caruaru !

En juillet, se déroule la messe do *vaqueiro*, célébration qui a lieu depuis 1971 à Serrita (577 km de Recife) depuis qu'un prêtre décida d'y rendre hommage à Jacó (figure légendaire des gardiens de bétail de la région). Un week-end de fête pour les *vaqueiros* vêtus de leurs habits de cuir traditionnels. La messe en plein air du dimanche réunit des milliers de personnes !

Août est un mois de réjouissances un peu partout : les *maracatus* et *caboclinhos* reviennent se joignant, entre autres, au *mamulengo* (genre de guignol), au *bumba-meu-boi* (voir p. 354).

Septembre est l'époque des rodéos (celui de Surubim est très réputé), grande fête traditionnelle du cycle du bétail typique de tout le Nordeste oriental, célébration aussi du solstice et de la fin de l'hiver, époque d'abondance dans le *sertão*, avant l'été et la sécheresse. Dans une incroyable démonstration d'adresse, le *vaqueiro* doit maîtriser le bœuf et le mettre à terre en le tirant par la queue.

Décembre débute avec les pièces religieuses d'origine portugaise célébrant Noël (*Fandango*, *Quisado* et *Pastoril*). Ce nouveau cycle de réjouissances annonce la fin de l'année : feux d'artifices et concerts avec des groupes locaux populaires. Il se prolonge jusqu'au 6 janvier ; l'Épiphanie donne lieu à des représentations de *pastoril* et *bumba-meu-boi* (p. 354).

poterie, située dans l'un des rares endroits du littoral où subsiste encore la *mata Atlântica*, Francisco Brennand expose ses sculptures et peintures sur céramique.

### Boa Viagem
Ce quartier résidentiel avec ses immeubles modernes et élégants, sa fameuse av. littoral Boa Viagem, promenade de front de mer plantée de cocotiers qui s'étire le long d'une plage, concentre les principaux hôtels, restaurants, bars, boîtes de nuit de la ville. Pas d'autre intérêt que son animation, son atmosphère de villégiature. Sur la plage, location de *jangadas* pour faire des balades. Les chaudes soirées d'été, un bain de mer nocturne est des plus agréables.

## LES BONNES ADRESSES

### Hôtels
▲▲▲▲ **Recife Palace Lucsim**, av. Boa Viagem 4070 ☎ (081) 465.6688 et n° vert 0800.81.3161. *294 ch.* VISA, AE, DC, MC. Luxe et cadre international. Prix en conséquence. Ne vous laissez pas intimider par les cinq étoiles : demander un rabais de 10 à 40 % !

▲▲▲ **Recife Praia Othon**, av. Boa Viagem 9, Pina ☎ (081) 465.3722 et n° vert 0800.81.3288. *225 ch.* VISA, AE, DC, MC. Au bord de la praia de Pina, en haut de Boa Viagem.

▲▲ **Onda Mar**, rua Ernesto de Paula Santos 284, Boa Viagem ☎ (081) 465.2833. *86 ch.* VISA, AE, DC, MC. Derrière le Recife Palace, hôtel de moyenne catégorie, confort et prix corrects.

▲ **Vila Rica**, av. Boa Viagem 4308 ☎ (081) 465.8111. *102 ch.* VISA, AE, DC, MC. Moins chic et moins cher que les précédents.

### Restaurants
♦♦ **Bargaço**, av. Boa Viagem 670, Pina ☎ (081) 465.1847. VISA, AE, DC, MC. Fruits de mer et cuisine bahianaise, donc à base d'huile de palme. Essayez la *moqueca* de crevette, poisson, *siri* (étrille) !

♦♦ **Baby Beef Spettus**, av. Domingos Ferreira 3980 ☎ (081) 326.2448. VISA, AE, DC, MC. Churnascania. Filiale de Salvador, entre autres.

♦♦ **Buraco da Olítia**, rua da Aurora 1231, Santo Amaro ☎ (081) 231.1528. VISA, DC, MC. Petit restaurant dans le centre, au bord du fleuve. Bonne cuisine.

♦ **Canto da Barra**, av. Bernardo Vieira de Mello 9150, Jabotão ☎ (081) 468.2621. VISA, MC. Musique live. Bons poissons et fruits de mer.

♦ **Costa do Sol**, av. Bernardo Vieira de Melo 8036, Jabotão ☎ (081) 468.2111. AE, MC. Musique live.

♦♦ **Edimilson da carne de sol**, av. Maria Irene 311, Jordão, à côté de l'aéroport ☎ (081) 341.0644 ou rua José Trajano 82, Boa Viagem ☎ (081) 325.3259. VISA, AE, DC, MC.

♦♦ **Leite**, pça Joaquim Nabuco 147, Santo Antônio ☎ (081) 224.7977. VISA, AE, DC, MC.

♦♦ **Marruá**, rua dos Navegantes 363, Boa Viagem ☎ (081) 465.1160. VISA, AE, DC, MC. Bonne viande.

### Bars et musique
Déambuler dans le Recife Antigo (ancien), c'est-à-dire dans la rua Bom Jesus et ses environs, est l'occasion de découvrir les bars les plus animés de la ville qui mêlent une population étudiante et branchée à un vieux tissu populaire.

**Estação do Chopp**, av. Boa Viagem 2286 ☎ (081) 465.2732. Bar sous une vaste paillote, *chopp* glacé, musique live certains soirs.
Les soirs de fin de semaine, concerts et événements divers ont généralement lieu au **Pátio de São Pedro**. Renseignez-vous, de même que pour connaître les derniers lieux à la mode où vous pourrez vous initier au *frevo*, *maracatu* ou *forro* (voir adresses Olinda, p. 332).

## Shoppping

L'artisanat est très riche : figurines en terre cuite de Caruaru, hamacs, articles de cuir (chaussures, selles, chapeaux, sacs), objets en céramique décoratifs ou utilitaires (vases, pots, services de table), sculptures sur bois (saints de José do Carmo à Goiânia et divers travaux à Olinda), *carancas* du São Francisco, dessins et xylographies naïves illustrant notamment les ouvrages de la littérature de cordel (voir encadré p. 336) ; les xylographies de J. Borges sont très connues. Vous trouverez également des articles plus chers : tapisseries, peintures, sculptures et céramiques de Francisco Brennand, bijoux en argent et or dessinés par Clementino Duarte.
**Casa da Cultura**, rua Floriano Peixoto, Santo Antônio, ouv. du lun. au sam. de 9 h à 19 h, dim. de 14 h à 18 h.
**Mercado São José**, pça D. Vital, São José, du lun. au sam. de 6 h à 17 h, dim. de 6 h à 12 h. Adresse moins touristique que la précédente.
**Feira de Artesanato de Boa Viagem** (mer., sam. et dim. soir).

## Adresses utiles

**Aéroport.** International des Guararapes, pça Salgado Filho s/n, Ibura ☎ (081) 464.4180.
**Agences de voyages.** Luck, rua Jorn. Paulo Bittencourt 163, Derby ☎ (081) 421.3777 ; **Petribú**, rua Ten. João Cícero 189, Boa Viagem ☎ (081) 465.1366 ; **Andratur**, av. Cons. Aguiar 3150 ☎ (081) 465.8588.
**Banques.** Banco do Brasil, av. Dantas Barreto 541, centre ☎ (081) 424.2122, Boa Viagem, av. Cons. Aguiar 3600 ☎ (081) 465.4055 ; **Banco do Nordeste**, av. Conde de Boa Vista 800 ☎ (081) 412.5011 ; **Citibank**, av. Mq. de Olinda 126, Recife ☎ (081) 424.2214.
**Compagnies aériennes.** Tam ☎ (081) 341.7373 et n° vert 0800.12.3100 ; **Tap**, av. Guararapés 111 ☎ (081) 224.2700/60 ; **Varig**, av. Guararapes 120 ☎ (081) 341.4411 ; **Vasp**, av. Manuel Borba 488 ☎ (081) 421.3611 ; **Transbrasil**, av. Conde da Boa Vista 1546 ☎ (081) 465.0806.
**Consulats.** Belgique, rua Rosa Amélia da Paz 388, Piedade ☎ (081) 361.1792 (ouv. de 15 h à 19 h) ; **France**, av. Cons. Aguiar 2333, 6e étage, Boa Viagem (ouv. du lun. au ven. de 8 h 30 à 12 h) ☎ (081) 465.3290 ; **Suisse**, av. Cons. Aguiar 4880, loja 32, Boa Viagem ☎ (081) 326.3144.
**Gare routière.** TIP, BR-232, km 14, Curado ☎ (081) 455.1999.
**Informations touristiques.** Empetur, centro de Convenções ☎ (081) 241.2111, bureaux à l'aéroport ☎ (081) 462.4960 et à la Casa da Cultura.
**Location de voitures.** Avis, n° vert 0800.55.8066 ; **Hertz**, av. Mal. Mascarenhas de Morais 6369, Imbiribeira n° vert 0800.14.7300 ; **Localiza**, aéroport n° vert 0800.99.2000 ; **Unidas**, Boa Viagem n° vert 0800.12.1121.
**Police tourisme.** ☎ (081) 326.9603 et 325.4685.
**Poste.** Correio central, av. Guararapés 250, centre (du lun. au ven. de 8 h à 18 h, sam. de 8 h à 12 h).
**Téléphone.** TELPE, rua Diana de Pernambuco, derrière la poste.
**Taxi.** Teletáxi ☎ (081) 421.4242.
**Urgences.** Geral de Urgência ☎ (081) 271.2044.

# Olinda ★★★

▶ *À 7 km de Recife. Fête : le carnaval, encore épargné par l'exploitation commerciale et la violence qui ont sévi ailleurs, est très populaire. Il repose en grande partie sur la participation des habitants de la ville, ce* qui crée une ambiance bon enfant, qui ne fait que renforcer le cadre lui-même. Pendant plus de dix jours, les blocos locaux dansent les frevos dans les rues sinueuses d'Olinda.

Classée monument national en 1968, déclarée patrimoine de l'humanité par l'Unesco en 1982, la cité aux huit collines est l'un des bijoux du Brésil colonial. Ruelles pentues aux pavés irréguliers, jeux d'ombre et de soleil, maisons coloniales pimpantes et colorées, *sobrados* aux balcons de fer forgé, couvents austères flanqués de leurs églises baroques aux incroyables richesses. Exubérante sur fond de ciel bleu, mer turquoise, horizon profond souligné par la barre sombre des récifs, « O linda » n'est pas seulement belle, elle est chaleureuse vraie, vivante ! Indolente sous la chaleur du jour, animée le soir, la ville a attiré nombre d'artistes, peintres, musiciens. Toute une vie bohème s'est installée ici, contribuant à l'atmosphère magique, en dehors du temps, qui fait le charme inimitable d'Olinda. Imaginez une Montmartre tropicale, dans des tonalités plus vives, plus denses, plus chaudes…

## Histoire

Olinda, fondée en 1537, connaît un essor rapide. La culture de la canne à sucre est le moteur de sa prospérité et cela, malgré les obstacles qui se font jour : résistance des Indiens Tabajaras et Caetés, manque d'assistance de la Couronne, invasions successives de pirates et d'aventuriers.

En 1630, préférant s'installer en bord de mer, à Recife, les Hollandais pillent et détruisent Olinda. Après leur départ, malgré des périodes de faste et de richesse, Olinda reconstruite perd progressivement son influence politico-économique au profit de Recife, qui devient la nouvelle capitale de la capitainerie en 1827. Malgré son importance culturelle, la ville ne reprendra jamais sa place.

Le XIXe s. voit des transformations dans son style de vie, tandis que les influences néo-classiques en vogue à la cour transforment un peu l'homogénéité de ses constructions. Mais c'est bien grâce à son déclin économique que la ville, centre d'une vie artistique et culturelle toujours intense, conservera intacte son authenticité jusqu'à nos jours.

## Visite

Pas question de faire une visite quadrillée d'Olinda ! Elle mérite que l'on s'y attarde : promenades au hasard des ruelles, flâneries sur la rua do Amparo et la praça João Alfredo, fins d'après-midi animées sur la praça da Sé, soirées qui s'éternisent… : prenez le temps de vous laisser pénétrer par la magie du lieu. Voici toutefois un petit circuit qui vous permettra de voir les principaux monuments.

**L'église N.-D. do Carmo*** *(praça do Carmo)*. Construite en 1588, incendiée pendant l'invasion hollandaise et reconstruite, ce fut la première église carmélite du pays.

**Le Convento de São Francisco**\*\*\* *(ladeira de São Francisco)*. Cet ensemble franciscain comprend trois parties : le couvent São Francisco, l'église N.-D. das Neves et la chapelle de São Roque. Incendié par les Hollandais et reconstruit en 1686, il offre sans conteste l'une des plus belles constructions religieuses du Brésil. L'intérieur est enrichi par la présence *d'azulejos*, notamment les tableaux *d'azulejos* du cloître représentant des scènes de la vie de saint François d'Assise. Magnifiques peintures du plafond.

**L'église N.-D. da Graça**\*\* (*rua Bispo Coutinho, ouv. du lun. au ven. de 8h à 12h et de 14h à 17h*). Construite en 1592, incendiée par les Hollandais et reconstruite, elle est considérée comme l'un des exemples les plus éloquents de construction jésuite du Nouveau Monde. C'est ce qu'il reste de l'œuvre de Francisco Dias, à qui l'on doit l'introduction de l'architecture religieuse au Brésil. Auteur du collège et de l'église de Santo Inácio de Rio, anéantis lors de la destruction du *morro* do Castelo, Francisco Dias réalisa aussi le collège et l'église de Jesus à Salvador. Depuis la tour, belle vue sur la ville.

**L'église da Sé**\* (*alto da Sé, ouv. du lun. au sam. de 8h à 12h, dim. de 14h à 17h*). Édifiée en 1576, elle fut largement modifiée par la suite. D'original, il ne reste plus que sa façade, qui garde l'aspect des peintures de Franz Post.

Sur la **praça da Sé**\*\* ♥, superbe point de vue sur Olinda et le littoral. Vous trouverez de nombreuses échoppes vendant produits locaux, artisanat, nourriture et boissons typiques. En fin d'après-midi, le week-end et le dimanche en particulier, lorsque les *Pernambucanos* se retrouvent sur la place pour boire leurs combinaisons insolites favorites — *reteteu* (vin, *cachaça* et miel), *caipiuva* (vodka, lait concentré et raisins), *pau-de-Índio* (racines, poudre de *guaraná* et *cachaça*) et autres déclinaisons délirantes de la *caipirinha* nationale — manger des *tapiocas* et autres fromages fondus à la braise et écouter de la musique. Le lieu est des plus animés.

**Le museu de Arte Sacra de Pernambuco**\* (*rua Bispo Coutinho 726* ☎ *(081) 429.0032, ouv. du lun. au ven. de 8h à 12h et de 14h à 17h*). Ce petit musée, installé dans l'ancien palais épiscopal d'Olinda, possède une intéressante collection de sculptures en bois polychrome.

**L'église da Misericórdia**\* (*largo da Misericórdia, ouv. du lun. au ven. de 14h30 à 16h, chants grégoriens à 18h*). Édifiée au XVIIe s., elle se distingue par la profusion de boiseries dorées (maître-autel, chaire), son plafond peint et de jolis tableaux *d'azulejos* dans le chœur et la nef.

Prenez ensuite la rua Saldanha Marinho jusqu'à l'église N.-D. do Amparo où vous prendrez, rebroussant chemin, la **rua do Amparo**\*\* où vous verrez un superbe ensemble de maisons, au n° 28 notamment : balcons d'influence mauresque, l'un des plus remarquables exemples des *sobrados* du XVIIIe s.

**Le museu de Arte Contemporânea**\* (*Antigo Aljube, rua 13 de Maio* ☎ *(081) 429.2587, ouv. du mar. au ven. de 9h à 17h, sam. et dim. de 9h30 à 17h*). Installé dans l'ancienne prison de l'Inquisition, probablement construite en 1765, transformée en musée par le mécène Assis Chateaubriand (le même que celui du MASP de São Paulo).

Vous arrivez ensuite à une intersection : en prenant, à gauche, la rua Bernardo Vieira de Melo qui coupe la rua 13 de Maio, vous arrivez au **Mercado da Ribeira**\* (*ouv. t.l.j. de 9h à 17h30*). Cet ancien marché aux esclaves construit au XVIIIe s., abrite aujourd'hui des ateliers de peinture et des boutiques d'artisanat.

En prenant à droite, la rua São Bento vous conduit finalement au **couvent de São Bento**\*\* (*dim., chants grégoriens à 10h*). Construit en 1599, lui aussi incendié par les Hollandais, il fut reconstruit au XVIIIe s. et servit de siège à la première faculté de droit du Brésil. À l'intérieur, pupitres de bois sculptés et, dans la chapelle principale, somptueux autel baroque avec des statues en bois de saint Grégoire et santa Escolástica.

## LES BONNES ADRESSES

### Hôtels

▲▲▲▲ **Sofitel Quatro Rodas**, av. José Augusto Moreira 2200 ☎ (081) 431.2955. Visa, ae, dc, mc. Au bord de la plage (baignade interdite pour cause de pollution) à quelques mn en voiture du centre historique. Vaste piscine, courts de tennis, confort international dans un décor assez typique. Service de navette gratuit vers Boa Viagem et le centre de Recife.

▲▲ **Pousada dos Quatro Cantos**, rua Prudente de Morais 441 ☎ (081) 429.0220. Visa, ae, dc, mc. *14 ch.* plus ou moins confortables. Toutes n'ont pas de s.d.b. individuelle ou d'air conditionné; préférez les suites du haut avec balcon. Dans une ancienne demeure coloniale, en plein cœur historique, une adresse sympathique. Agréable terrasse dans un délicieux patio.

▲ **Pousada São Francisco**, rua do Sol 127, Carmo ☎ (081) 429.2109. Visa, ae, dc, mc. *40 ch.* Sauna, piscine. Sommaire, un peu triste, mais propre. À 10 mn à pied du centre historique. Prix peu élevé.

**Auberge de jeunesse de Olinda**, rua do Sol 233, Carmo ☎ (081) 429.1592.

### Restaurants

♦♦♦ **Chez Georges**, rua Manoel Borba 350, pça do Jacaré ☎ (081) 435.1493. Visa, ae, dc, mc. *F. dim. et lun.* Cadre très agréable, cuisine française adaptée au goût local.

♦♦ **Mourisco**, pça João Alfredo 7, Carmo ☎ (081) 429.1390. Visa, mc. Au 1er étage de la première demeure d'Olinda, dans un décor gai et coloré aux murs garnis de tableaux d'artistes locaux, vous trouverez l'une des institutions de la ville. Mano, le garçon depuis plus de 20 ans, sert le soir un bon *ensopado de camarão* (crevettes en sauce). Spécialités de poissons et fruits de mer, mais on y trouve aussi de la viande.

♦♦ **Oficina do Sabor**, rua do Amparo 335 ☎ (081) 429.3331. Visa, ae, dc, mc. *F. lun.* Dans une petite maison typique au décor simple mais charmant donnant sur un petit jardin, Cesar Santos revisite la cuisine régionale et en tire quelques mélanges intéressants. Son plat phare, le *jerimum* (citrouille farcie de langouste à la crème de mangue) est un peu fade. Préférez d'autres plats comme le gratin de *macaxeira* (racine de la famille du manioc) et viande sèche.

### Musique

En fin de journée, rendez-vous sur la praça da Sé et dans les bars alentour. Les soirs de fin de semaine notamment, ne pas manquer de vous rendre au Mercado Eufrásio Barbosa ♥, situé à l'entrée d'Olinda en venant de Recife. Outre divers petits bars, vous pourrez assister à des concerts de musique locale et danser, dans une chaude ambiance, le *frevo* et le *maracatu*.

## Le littoral nord

*(voir carte p. 284)*

### Igarassu*

➤ *À 39 km de Recife. Prendre la BR-101.* Petite cité coloniale fondée en même temps qu'Olinda, Igarassu conserve la plus ancienne église du Brésil, édifiée en 1535, celle de **São Cosme e Damião*** (*rua Barbosa Lima*) où l'on verra aussi le couvent do Sagrado Coração de Jesus datant de 1742, ainsi que diverses constructions anciennes. On y visitera surtout l'ensemble formé par **l'église et le couvent Santo Antônio****. Troisième couvent fondé par les Franciscains au Brésil en 1588, il fut reconstruit en 1722 après avoir été détruit par les Hollandais. Dans l'église, admirez notamment les tableaux *d'azulejos* représentant la vie de saint Antoine et la peinture du plafond. Dans la sacristie, notez le superbe chapier, le lavabo en pierre de lioz ainsi que la peinture du plafond avec des anges portant instruments de musique et antiphonaires. Jetez également un coup d'œil à la Pinacoteca du couvent qui réunit une collection intéressante de tableaux de l'époque coloniale.

Un peu en dehors de la ville, allez voir **l'engenho Monjope**\* (BR-101 direction sud, prendre Cruz de Rebouças au km 45 ☎ (081) 543.0528). Dans ce vieux moulin à sucre de 1750, situé dans un agréable parc, vous verrez les constructions coloniales typiques incluant la Casa grande et la senzala.

Dans les environs d'Igarassu, ne ratez pas les plages de **Nova Cruz** et **Maria Farinha**\*\*, véritable paradis : eaux superbes, calmes, transparentes. Intéressante balade à bord du catamaran *Sea Paradise*, qui vous conduit à Coroa do Avião, Itamaracá, etc.

### L'île d'Itamaracá\*\*

▶ *À 47 km de Recife. Accès par Igarassu. Quelques km après Igarassu, vous rejoindrez cette petite île historique reliée au continent par un pont enjambant le fleuve Timbó.* Tout de suite après le pont, vous passerez par la prison agricole d'Itamaracá, une sorte de bagne en plein air. Les prisonniers ont d'ailleurs installé des petites baraques où vous pouvez vous rafraîchir d'une eau *de coco* ou d'un jus de canne à sucre.

**Vila Velha**\*. Si vous prenez sur la droite, après quelques km d'une route pittoresque à travers une plantation de cocotiers, vous arrivez dans ce charmant petit port, ancien siège de la capitainerie d'Itamaracá, là où les Hollandais débarquèrent, vous verrez l'église en *argamasa* (mortier à base de chaux et d'huile de baleine) de N.-D. da Conceição (XVIe s., restaurée en 1685) d'où vous aurez une belle vue sur le littoral.

**Itamaracá.** En continuant tout droit, après le pont, vous vous dirigez vers Itamaracá, d'où vous gagnerez les meilleures plages qui s'égrènent au nord et au sud de la praia do Pilar. Les plages restent l'intérêt majeur de l'île. Pratiquement vides la semaine, elles se remplissent le week-end et pendant les vacances. Avant de vous y rendre, faites un petit détour en prenant, sur la gauche, la route qui vous conduit au **Forte Orange**\*. Ce fort construit par les Hollandais en 1631, qui a aussi servi de prison pour les religieux catholiques opposés au calvinisme, fut abandonné et restauré à plusieurs reprises. Depuis 1980, il a été repris par l'artisan José Amaro, qui s'occupe de sa conservation avec le produit de la vente de son travail ainsi que celui des prisonniers d'Itamaracá. À l'intérieur, nombreuses boutiques d'artisanat. Sur la plage autour du fort, vous trouverez diverses baraques (dont la Cabana da Tuca) où vous pourrez déguster des fruits de mer ; par ailleurs, des bateaux à moteur vous emmèneront vers les piscines naturelles au large, notamment à l'île **Coroa do Avião**\*, un banc de sable formé il y a une vingtaine d'années.

### Les bonnes adresses

▲▲▲ **Amoaras**, rua Garoupa 525, Pontal de Maria Farinha ☎ (081) 436.1331. *58 ch.* VISA, AE, DC, MC. Hôtel villégiature dans un cadre parfait pour pratiquer les sports nautiques. Squash et tennis aussi. Ch. doubles en demi-pension incluant une balade en bateau à partir du deuxième jour.

▲▲ **Orange Praia**, praia do Forte Orange, Itamaracá ☎ (081) 544.1194 et fax (081) 544.1176. Visa, ae, dc, mc. Hôtel-villégiature un peu triste en dehors de la saison touristique d'été.

♦♦ **Porto Brasilis**, Vila Velha km 13 ☎ (081) 543.0366. Sur réservation seulement, sorte de table d'hôte. Bonne cuisine, cadre très agréable, vue superbe.

## Le littoral sud**

*(voir carte p. 284)*

➤ *En sortant de Recife, prendre la BR-101, mais c'est à partir de la PE-38 que votre voyage devient vraiment plaisant.*

Si vous voulez profiter du soleil, c'est au sud qu'il faut aller. Sable blanc bordé de cocotiers, eaux fantastiques protégées par des récifs dont la transparence vous laisse voir quantité de poissons tropicaux. Ce sont 120 km de plages paradisiaques où vous pouvez faire de la plongée, du surf, des promenades en *jangadas*, buggy…

**Cabo de Santo Agostinho** (33 km de Recife). Après avoir traversé des plantations de canne à sucre, vous arrivez tout d'abord dans cette commune historique. De là, vous pouvez gagner la baie de Suape et les plages de **Cabo** et **Gaibu**, et de cette dernière rejoindre à pied **Calhetas**\*\* et son petit village de pêcheurs. Magnifiques toutes les trois ! Vous pouvez aussi explorer le coin et visiter les ruines du couvent des carmélites de Cabo (XVIIe s.), le fort Castelo do Mar et le fort Suape.

♥ **Porto de Galinhas**\*\* (70 km de Recife), 14 km de sable blanc, une belle anse bordée de cocotiers et d'anacardiers. Toutes les plages sont superbes, leurs eaux transparentes sont plus ou moins calmes. Celle de Maracaípe, juste après Porto de Galinhas, au sud, avec ses vagues fortes, est idéale pour le surf à marée haute, tandis que la marée basse découvre les récifs sur plus de 5 km vers la mer. Pour vous rendre dans les piscines naturelles, à 200 m de la plage, vous pouvez louer sur place une *jangada*.

La ville de Porto de Galinhas (env. 1 500 hab.) est ainsi appelée en raison du mot de passe « les galinhas (poulets) d'Angola sont arrivés », servant à prévenir les acheteurs d'esclaves qui continuaient d'être importés, au siècle dernier, après l'interdiction de la traite.

**Ipojuca**. À proximité, vous pouvez aussi découvrir ce charmant petit village — maisons aux tons pastel, église et couvent de Santo Antônio datant de 1608 — ou continuer votre visite du littoral jusqu'à la limite de l'État de l'Alagoas, en passant successivement par les plages de Serrambi, Barra de Sirinhaém, Tamandaré.

### Hôtel

▲▲ **Ocaporã**, praia do Cupe, Porto de Galinhas ☎ (081) 552.1400. *46 cabanes* de style polynésien. Visa, ae, dc, mc. Cadre idyllique au bord de la plage. Nombreuses promenades en bateau. Bon restaurant avec vue sur la mer.

## L'Agreste**

*(voir carte p. 284)*

➤ *Depuis Recife, prendre la BR-232.* C'est la région intermédiaire de l'intérieur avant le *sertão*, une terre riche en folklore. Cette route traverse plusieurs villages pittoresques avec leurs maisonnettes carrées, colorées et fleuries, leurs anciens *engenhos*, etc. Après deux heures de route, vous arrivez à Caruaru.

## Caruaru**

▶ *À 130 km de Recife. Depuis celle-ci, accès possible en bus, plusieurs liaisons par jour et intéressant trajet en train le sam. à 7h30.* **Fête :** *La Saint-Jean de Caruaru dure 40 jours. Feux, concours de danses folkloriques, quadrilles, mises en scène de mariages, tout cela avec force forró et nourriture régionale. Un événement à ne pas manquer si vous êtes dans les environs. Des trains et des bus spéciaux sont mis en place au départ de Recife. Renseignez-vous auprès de l'Empetur.*

Caruaru (250 000 hab.) est la ville la plus prospère de l'Agreste. Selon l'Unesco, elle serait le plus grand centre d'art figuratif des Amériques. Elle abrite le plus grand marché artisanal à l'air libre du Nordeste, la **Feira de Caruaru**\*\*, principal pôle d'attractions pour le visiteur. Tous les samedis, elle réunit plus de 10 000 échoppes, baraques vendant toutes sortes de choses : objets d'artisanat les plus divers, cuir, bois, figurines de terre cuite, meubles, outils, antiquités… Vous y verrez aussi toute la faune bigarrée et étonnante des petits métiers traditionnels du Nordeste : repentistes qui déclament les plus récents événements arrivés dans la région, joueurs de guitare, vendeurs de littérature de cordel (voir encadré p. 336). Très intéressant aussi : le marché de troc où l'on peut tout échanger.

Caruaru est aussi la cité natale de Vitalino, célèbre sculpteur céramiste d'art populaire du Nordeste, créateur de ces figurines en terre cuite représentant les personnages typiques de la vie dans le *sertão* ou du folklore (*maracatu*, *bumba-meu-boi*). Pièces isolées, mais aussi

---

### La littérature de cordel

Sur le modèle de la littérature de colportage en France, la littérature dite « de *cordel* » trouve son origine dans la tradition orale et les récits des poètes populaires. Présente dans tout le Brésil, c'est dans le Nordeste qu'elle a acquis ses lettres de noblesse. Devenus très populaires, depuis la seconde moitié du XIXe s. au moins, les *folhetos,* ainsi que sont plus communément appelés ces ouvrages, sont le plus souvent écrits en vers. Il en existe de différents genres : *folhetos noticiosos* rapportant des faits, des événements (les plus petits), *romances* racontant des histoires de fiction.
On les trouve sur les marchés ou bien exposés dans les rues des centre-ville. L'acheteur qui, généralement, ne sait pas lire, feuillette le livre, mais pour savoir s'il lui plaît, il a besoin d'écouter le vendeur le déclamer. Ce faisant, les gens s'attroupent pour écouter cette lecture habile. Mais il ne s'agit, bien sûr, que d'un avant-goût : pour connaître le fin mot de l'histoire, il faut l'acheter !
L'illustration de la couverture est apparue plus tardivement. Cette xylographie est réalisée à partir d'un morceau de bois gravé pouvant illustrer plusieurs livres de thème semblable. Les quatrièmes de couverture contiennent des informations concernant l'auteur mais aussi des conseils pratiques, annonces diverses, horoscopes, publicités.
Les poètes populaires nordestins, véritables instruments de mémoire collective, ont inventé un langage où les vers, les rythmes, les images s'unissent à l'univers quotidien du Nordeste, qu'ils connaissent si bien. La vie de ces hommes n'échappe pas à la rudesse. Nombre d'entre eux travaillent comme ouvriers agricoles, d'autres sont leur propre éditeur et illustrateur. Tous voyagent entre monde rural et univers urbain, élargissant ainsi leur vision du monde.

ensembles représentant des scènes du quotidien local (mariages, voleur de poules conduit en prison, *retirantes* obligés de quitter leur terre pendant la sécheresse…), brutes ou peintes, ces miniatures sont réalisées de façon réaliste et minutieuse.

Pour admirer les créations de Vitalino, rendez-vous au **museu do Barro**\* à la Fundação da Cultura (5 km du centre). Rendez-vous aussi dans le quartier des ateliers du **Alto do Moura**\* où vous pourrez voir et acheter le travail des artistes locaux, qui perpétuent l'œuvre du maître et visiter le museu Mestre Vitalino, installé dans la maison où il a vécu. On y verra ses outils de travail, le four où il faisait cuire ses figurines, mais pas ses sculptures qui sont au museu do Barro. Dans ce quartier aussi, un intéressant marché de dentelles.

### Nova Jerusalém*

▶ *À 50 km de Caruaru et 180 km de Recife, dans la commune de Fazenda Nova. Prendre la BR-232 et la PE-145.* C'est une incroyable ville-théâtre, copie conforme de la Jérusalem de Palestine telle qu'en l'an 33 av. J.-C. En plein milieu d'un paysage semblable à celui de la Judée, des ruelles étroites, des places, des cours, des palais, des lacs, etc. : une reconstitution de 70 000 m$^2$ au total, ceinte d'une muraille de 7 m de hauteur.

Tous les ans, pendant la Semaine sainte, y est organisée une très intéressante reconstitution de la Passion du Christ : 50 acteurs et 500 figurants jouent les scènes de la vie de Jésus jusqu'à son jugement et sa mort. Mise en scène, effets spéciaux, jeu des acteurs et ferveur populaire se combinent pour donner au spectacle une formidable intensité dramatique. Pour assister aux représentations, renseignez-vous auprès de l'office du tourisme de Recife et des agences locales.

# NATAL
# ET LE RIO GRANDE DO NORTE

L'État le plus oriental du continent sud-américain, pionnier de l'aéropostale est surtout réputé pour ses plages et son soleil. Le Brésil farniente pour ceux qui ont peu de temps.

## Natal*

Paisible ville d'environ 700 000 hab., la capitale du Rio Grande do Norte, qui doit son nom à sa fondation le jour de Noël, est appréciée des Brésiliens pour ses immenses plages et dunes de sable blanc. Natal ne présente pas d'autre intérêt sinon la découverte de ses paysages marins étonnants, dunes, lagunes, marais salants, plages, récifs… sous le soleil toute l'année !

### ■ MODE D'EMPLOI

**En avion.** La ville est reliée aux capitales du Nordeste (Salvador, Recife, João Pessoa, Fortaleza) ainsi qu'à toutes les grandes villes brésiliennes. L'aéroport international Augusto Severo est à 15 km du centre (par la BR-101, située au sud). Sur place, vous trouverez des bus reliant le centre ainsi que des taxis et des services de location de voitures.

**En bus.** Liaisons quotidiennes avec Salvador (1 130 km, 21 h de voyage), Recife (300 km, 5 h), João Pessoa (185 km, 4 h), Fortaleza (540 km, 8 h).

**En buggy.** Pour vous déplacer sur le littoral et les plages alentour, le meilleur moyen de transport est le buggy que vous pourrez louer à l'aéroport ou depuis votre hôtel. Mais pour les balades à sensations fortes, *loopings* dans les dunes, un chauffeur local expérimenté est indispensable. Vous pouvez donc négocier voiture avec pilote directement sur les plages. Attention aux tarifs, très variables, qui restent chers dans l'ensemble : 50 $ pour une journée semble correct. La ville elle-même est située sur une péninsule dont le Forte dos Reis Magos marque l'extrémité; au sud, l'océan, au nord, l'estuaire du fleuve Potengui.

### Fêtes
Le carnaval, le **CarNatal**, a lieu en décembre. C'est un vrai moment de folie qui gagne les rues de la paisible Natal. Animé en partie par des bandes bahianaises, ce tout jeune carnaval, qui existe seulement depuis 1990, est déjà une tradition. Si vous voulez vous y rendre, mieux vaut vous y prendre à l'avance.

### Visite
**Le Forte dos Reis Magos\*** (*praia do Forte, ouv. t.l.j. de 8h à 17h*). Ce fort des Rois Mages auquel on accède après une marche de 500 m environ, a été édifié entre 1598 et 1628. Construction en chaux et huile de baleine en forme d'étoile. Il fut le premier palais du gouvernement de Natal.

**Le museu Câmara Cascudo\*** (*av. Hermes da Fonseca 1440, Tirol, ouv. le lun. de 13h à 16h30, du mar. au sam. de 8h à 16h*). Musée d'anthropologie et d'art indigène. Intéressante exposition sur les Indiens Potiguaras.

**Le Centro de Turismo\*** (*rua Aderbal de Figueiredo, Petrópolis, ouv. de 8h à 19h*). Dans l'ancienne prison de la ville dont chaque cellule a été transformée en petite boutique, sur le modèle de Recife et Fortaleza, vous découvrirez l'artisanat local : articles en paille, fibres diverses, objets en bois, cuir, céramique, bouteilles décorées avec du sable de couleur…

### Les plages urbaines
Du sud au nord, on trouve successivement : Ponta Negra, Areia Preta, dos Artistas, do Meio, do Forte. **Ponta Negra**, c'est la plage de Natal où sont concentrés les principaux hôtels de la ville et la plupart des bons restaurants. Sur 12 km, le long de la *via costeira* qui borde le front de mer jusqu'au sud de la ville, derrière une grande dune qui est une zone protégée, se trouve le parque das Dunas. Notez la différence de densité de végétation entre le côté intérieur et le côté mer.

À Areia Preta, où vous éviterez de vous baigner, vous trouverez de multiples petits restaurants traditionnels.

Rendez vous à **praia dos Artistas\*** surtout pour son animation, le soir en particulier : bars, restaurants, maisons de shows… Dans le prolongement de la précédente, on trouve **praia do Meio\***, animée aussi. Marche et visite du Fort des Rois Mages à praia do Forte.

# LES BONNES ADRESSES

### Hôtels
▲▲▲ **Parque da Costeira**, via costeira km 6,5, praia de Barreira Roxa ☎ (084) 211.8494. *90ch.* Visa, AE, DC, MC. Le plus récent quatre étoiles de Natal, piscine, tennis…

▲▲▲ **Vila do Mar**, via costeira km 9, praia de Barreira d'Água ☎ (084) 211.6000. *210 ch.* avec vue sur la mer et balcon. Visa, AE, DC, MC. Piscine.

▲▲ **Natal Mar**, av. Dinarte Mariz 8101, via costeira km 12, praia da Ponta Negra ☎ (084) 219.2121. VISA, AE, DC, MC.
▲▲ **Novotel Ladeira do Sol**, rua Fabrício Pedrosa 915, Petrópolis ☎ (084) 202.1133 et n° vert 0800.11.1790. *62 ch.* VISA, AE, DC, MC. À 150 m de la praia dos Artistas.
▲▲ **Genipabu**, Genipabu km 28 ☎ (084) 225.2063. *24 apts.* VISA, AE, DC, MC. Sur une colline avant d'arriver à la plage, dominant la mer au loin, cadre et architecture sympathiques. Apts. spacieux, piscine, restaurant agréable, possibilité de louer véhicule et buggy. Un peu trop perdu peut-être. Loin de la ville, il faut aussi une voiture pour rejoindre la plage de Genipabu.
▲ **Pousada do Francês**, rua Belém do Pará, Cotovelo ☎ (084) 237.2161. *9 ch.* VISA. À 150 m de la plage, cette *pousada*, propriété d'un français, dispose de chambres avec vue sur la mer.

## Restaurants

Au menu : poissons et fruits de mers, cuisine du *sertão*. En entrée, racine de manioc, puis poulet cuit au sang, viande séchée au soleil servie avec du beurre du Nordeste, riz au lait de chèvre, haricots en grain plus petits et de couleur verte, genre flageolets.
Ces plats du sertão sont toujours bon marché et servis très copieusement (un pour deux suffit souvent).
♦♦ **Recanto do Garcia**, rua Joaquim Fabrício 120, pium ☎ (084) 237.2042. VISA, AE, DC, MC. On y sert des repas copieux et l'ambiance est très agréable.
♦♦ **Paçoca de Pilão**, estrada de Pirangi, Parnamirim ☎ (084) 238.2088. VISA, AE, DC, MC. Excellente cuisine de *sertao*, la *carne-de-sol* (viande séchée) est parmi les meilleures de tout le Nordeste.
♦ **Camarões**, av. Eng. Roberto Freire 2610, estrada da Ponta Negra ☎ (084) 219.2424. VISA, AE. Cadre simple et rustique, bons fruits de mer.
♦ **Marina's Muriú**, praia de Muriú, littoral nord ☎ (084) 228.2001. VISA, AE, DC, MC. Fruits de mer à volonté, plats typiques du littoral et du sertão (viande sèche, *aipim*, etc.) et tous les fruits et *doces* de la région. Cadre rustique, sur la plage, on y va en maillot de bain.
♦ **Xaria**, hôtel Vila do Mar, via Costeira ☎ 211-6000. Une autre bonne adresse pour découvrir la cuisine du sertão.

## Musique

♦♦ **Banana Café**, rua Erivan França 22, Ponta Negra ☎ (084) 236.2438. Sympa pour boire un verre et manger des *casquinhas de caranguejo*.
♦♦ **Chaplin**, av. Pres. Café Filho 27, praia dos Artistas ☎ (084) 202.1188. Visa, AE, DC, MC. Restaurant, vidéo-bar et boîte. Ambiance animée. On joue un peu de tout : *axé-music* bahianaise, *forro*, tubes nationaux et internationaux.
♦ **Mandacaru Forró lambada**, av. do Jiqui 201, Neópolis. VISA. Bondé de touristes brésiliens et étrangers. Intéressante présentation de danses folkloriques. Après le show, tout le monde doit danser le *forro* et la *lâmbada*.
♦ **Zás-trás**, rua Apodi 500, Tirol ☎ (084) 211.1444. Shows de musique régionale et danse folklorique.

## Les adresses utiles

**Aéroport. International Augusto Severo**, estrada do Aeroporto, BR-101 Sud, Parnamirim à 15 km de Natal ☎ (084) 743.1811.
**Agences de voyages. International Tours**, av. Eng. Roberto Freire 2951, Bloco 1, Capim Macio ☎ (084) 217.6333 : Jean Posadeki, un Québécois installé de longue date à Natal, peut organiser pour vous tous types de prestations, balades le long du littoral, circuits à la découverte des paysages typiques du *sertão*, spectacle d'une *vaquejada*, visite d'une *fazenda*, etc.

**Banque. Banco do Brasil**, av. Barão do Rio Branco s/n, centre ☎ (084) 221.1411.

**Compagnies aériennes. Varig**, rua João Pessoa, ed. 21 de março ☎ (084) 221.1535 ; **Vasp**, rua João Pessoa 220, centre ☎ (084) 211.4453 ; **Transbrasil**, av. Deodoro 429, Petrópolis ☎ (084) 221.1806/321.3010 ; **Nordeste**, aeroport n° vert 0800.71.0737.

**Consulats. France**, rua Alfonso Magalhães 200, Ponta Negra ☎ (084) 741.1230 ; **Canada**, rua Elia Barros 8861, Ponta Negra ☎ (084) 217.2625.

**Gare routière. Terminal Rodoviário de Natal**, av. Capitão-Mor Gouveia 1237, Cidade da Esperança ☎ (084) 231.1170 poste 230.

**Informations touristiques. Emproturn**, via costeira, centre de Convenções, Ponta Negra ☎ (084) 231.7142.

**Location de voitures. Localiza**, av. Nascimento de Castro 1792, Lagoa Nova ☎ (084) 272.2557 et n° vert 0800.99.2000 ; **Avis**, av. Eng. Roberto Freire 776, Capim Macio, ☎ (084) 219.7300 et n° vert 0800.55.8066 ; **Unidas** ☎ (084) 212.2667 et n° vert 0800.12.1121 ; **Duna Rent a Buggy**, ☎ (084) 217.8242.

**Police tourisme.** ☎ (084) 222.9558.

**Taxis. Disque-Táxi** ☎ (084) 223.7388 ; **Radiotáxi** ☎ (084) 223.7800.

## Le littoral nord*

Prévoyez une journée pour votre visite et n'oubliez pas maillot de bain, crème solaire et autre chapeau. Votre périple commence à la plage de Redinha, village de pêcheurs où vous pouvez faire un tour au Mercado da Redinha. Vous trouvez ensuite la plage de Genipabu : magnifiques dunes, paysage étonnant de lacs, lagunes, kilomètres de sable blanc vous y attendent. On peut regretter l'exploitation très touristique du lieu bien vite envahi chaque matin par force buggies. Sur la plage de Genipabu, l'association des **Bugueiros Profisionais** (*☎(084) 225.2077, ouv. de 8h à 17h30*) propose des balades dans les dunes alentour : émotion garantie ! Plus tranquillement, vous pouvez prendre une *jangada* pour une promenade jusqu'aux récifs (à négocier avec les pêcheurs). De Genipabu, continuez jusqu'à Pitangui, plage avec un lac d'eau douce blotti au creux des dunes où vous pourrez boire un verre sur les tables installées les pieds dans l'eau. Possibilité aussi sur place de faire un tour en ULM, ce qui vous permet de découvrir le site sous un autre angle. Un peu plus loin encore, se trouve Jacumã : dunes, cocotiers, quelques maisons d'été et un arrêt obligatoire sur la lagune Jacumã, non seulement pour déguster les fameux *espetinhos* et beignets de crevettes et les langoustes du sympathique restaurant **Gaúcho**, mais aussi pour glisser du haut des dunes jusqu'à la lagune en *esquibunda* (littéralement « ski-fesse ») sur une planche de bois. Votre prochain arrêt sera Muriú, une plage de mer ouverte avec beaucoup de *jangadas* et autres petits bateaux très pittoresques. Vous pourrez faire le choix d'une balade en bateau jusqu'aux piscines naturelles et y déguster poissons et fruits de mer au **Marina's Muriú**.

## Le littoral sud**

La visite inclut nécessairement une balade en bateau parmi les piscines naturelles situées en pleine mer, en particulier à la plage de Pirangi où se trouve le plus grand anacardier du monde (paraît-il). Sur la plage de Tabatinga, la préférée des surfeurs, des dunes environnantes vous aurez une vue fantastique sur tout le littoral. En continuant vers le sud, entre les plages de Camurupim et Barreta, ne manquez pas la **Pedra Oca**, grotte sculptée par la mer sous des récifs. La plage de Barreta est superbe : un vrai désert de sable ! La visite du sanctuaire écologique de **Pipa**\*\*\* (à 80 km de Natal) vaut le détour : magnifiques plages désertes, eaux transparentes, falaises, tortues de mer, dauphins, sentiers de randonnée dans une belle végétation de *mata Atlântica*. La plage do Amor est fréquentée par les couples et les nudistes.

# FORTALEZA\*\* ET LE CEARÁ

Cette région a été tardivement occupée par les Portugais qui ont dû tour à tour en expulser Indiens, Français et Hollandais pour pouvoir s'y établir définitivement vers la seconde moitié du XVIIe s. L'occupation de l'intérieur s'est faite avec l'élevage, base de l'économie locale, à tel point que l'on a donné au style de vie local le nom de « civilisation du cuir ». Le Ceará n'a été séparé de la capitainerie du Pernambuco qu'au début du XIXe s. Ce siècle est pour la région une alternance de progrès et de crises. D'un côté, le développement des activités portuaires entraîne l'installation de lignes de navigation avec l'Europe et un conséquent afflux de progrès techniques et d'idées nouvelles. Le Ceará est le premier État à abolir l'esclavage le 25 mars 1884, quatre ans avant son abolition totale (voir Héritage, p. 55). De l'autre, des sécheresses successives provoquent de sérieuses pertes dans les troupeaux, par conséquent un fort exode rural. C'est à cette époque qu'un grand nombre de paysans, attirés par le boom du caoutchouc, émigrent vers l'Amazonie. C'est d'ailleurs grâce à l'argent gagné là-bas que l'économie locale se remet progressivement. En plein essor économique, le Ceara est passé d'un état essentiellement agricole, (premier producteur national de noix de cajou et deuxième, de coton à fibres longues), et pêcheur, (premier producteur brésilien de langoustes), à un état en voie d'industrialisation avec, notamment, la fabrication de tissus et de chaussures.

## Fortaleza\*\*

La capitale du Ceará est une grande ville moderne et dynamique qui conserve peu de traces de son passé colonial. Vous apprécierez tout simplement la douceur de vivre de ses plages de sable blanc bordées de cocotiers, le charme nostalgique de ses paysages de *jangadas* aux voiles découpées dans le soleil couchant, la richesse et la finesse de son artisanat, l'activité fiévreuse de son centre. Sans oublier, la gaieté de ses nuits !

### Prospérité contre cliché ?

Cinquième centre urbain du pays avec plus de 2 millions d'hab., Fortaleza dispute avec Recife et Salvador le leadership de la région Nordeste. Son nom vient du mot forteresse. La cité s'est, en effet, développée autour du fort N.-S. da Assunção, construit et reconstruit plusieurs fois par les Portugais. Fondée officiellement en 1736, Fortaleza n'a connu de véritables améliorations urbaines que vers la seconde moitié du XIXe s. (rues pavées, éclairage au gaz, chemin de fer…). Avec la richesse issue du caoutchouc amazonien au début du XXe s., la ville se modernise : création de la Faculté de droit en 1903, construction du Théâtre José de Alencar en 1910, etc.

Aujourd'hui encore, on sent l'effervescence du progrès. L'économie, en plein essor, est liée à plusieurs facteurs : port très dynamique, industrie textile en plein développement, tourisme florissant (en 1996, 520 millions de dollars de recettes), politiques gouvernementales actives et novatrices. Ces dernières ont contribué à détruire le cliché du Nordeste misérable et arriéré. On mentionnera entre autres : construction d'un immense réservoir pour lutter contre la sécheresse, gros investissements dans le secteur de la santé (baisse record de la mortalité infantile) ayant valu au gouvernement de recevoir le prix Maurice Patté de l'Unicef, importants investissements dans le tourisme.

## ▌ MODE D'EMPLOI
### Accès
**En avion.** L'aéroport Pinto Martins, relié à toutes les grandes villes brésiliennes, est à 6 km du centre. De là, il ne revient donc pas cher de prendre un taxi pour rejoindre votre hôtel. Plutôt que dans le centre-ville, affairé et bruyant, choisissez un hôtel dans les quartiers résidentiels de bord de mer, plus agréables, qui concentrent la majorité des hôtels et restaurants.

**En voiture.** Fortaleza se trouve à 540 km de Natal, comptez 7h en voiture. La route, une fois passé le premier choc causé par la découverte des paysages typiques du *sertão*, est assez monotone.

**En bus.** Liaisons quotidiennes avec Natal (8h de trajet), Recife (800 km, 12h), Salvador (1400 km, 20h), São Luís (1070 km, 17h), Belém (1600 km, 25h).

### Programme
Tout dépend de ce que vous recherchez ! Pour apprécier Fortaleza et son mode de vie (villégiature agrémentée de quelques visites et d'achats), deux jours semblent un minimum. En une journée, vous aurez certes fait la visite du centre ainsi que des principaux quartiers de bord de mer, mais il reste les environs à découvrir, les plaisirs de la plage, du shopping (riche artisanat local), la vie nocturne animée à expérimenter avec ses traditions, institutions et modes.

**Se déplacer.** En bus, vous pourrez prendre la *jardineira* qui fait le tour des plages. Mais pour circuler en toute liberté, découvrir les alentours, notamment les plages, il est préférable d'avoir une voiture. Si vous n'avez pas l'intention de faire des excursions éloignées et si vous voulez faire le tour des plages, un buggy est la meilleure option.

### Le centre
L'attrait principal de Fortaleza reste son bord de mer et son animation. Un tour dans le centre est toutefois intéressant et sympathique. La visite commence par la **praça do Ferreira**, point fort du commerce local, cœur de la ville. Pour commencer ou terminer votre balade, allez manger un morceau à la **Escala**, *lanchonete*-institution du quartier, propriété d'un Français, bondée au déjeuner. Plats du jour et divers casse-croûte, les feuilletés sont particulièrement bons.

**Le Teatro José de Alencar**\*\* (*praça José de Alencar, ouv. du lun. au ven. de 8h à 17h. Gratuit le mer.*). Construit entre 1908 et 1910 sur le modèle des théâtres-jardins, ce théâtre Art Nouveau avec sa structure métallique caractéristique a été superbement restauré. Pour connaître la programmation ☎ (085) 252.2324.

**Le Mercado central**\*\* (*entre les rues Conde d'Eu et Gen. Bezerril, ouv. du lun. au sam. de 8h à 18h, dim. de 8h à 12h*). Plus de 60 boutiques d'articles régionaux : articles de cuir, chaussures, confiseries, herbes, cachaça, dentelle, nappes, bijoux, etc. Très animé.

**Le Passeio Público**\* (*praça dos Martírios*). La plus ancienne place de la ville qui garde des arbres centenaires dont un baobab. À côté, le fort N.-S. da Assunção, construit en 1649 par Mathias Beck.
**Le Centro de Turismo**\*\* (*rua Sen. Pompeu 350, ouv. du lun. au sam. de 8h à 18h, dim. de 8h à 12h*). L'ancienne prison de la ville reconvertie en office du tourisme et en centre d'artisanat. Environ cent boutiques d'articles régionaux. Plus touristique que le Mercado Central, mais un vrai régal pour les amateurs de shopping. Également dans ces lieux : un petit musée des minéraux, le musée d'Art et Culture populaire, assez intéressant.
**Le museu do Ceará** (*rua São Paulo 51* ☎ *(085) 251.1502, ouv. du mar. au ven. de 8h30 à 17h30, sam. de 8h à 14h*). Musée d'histoire et d'anthropologie de la ville et de la région.

### Les quartiers du bord de mer

Depuis le centre, en allant vers l'ouest, vous découvrirez les plages d'Iracema, Meireles et Mucuripe. Couvertes d'un sable blanc très fin, bordées le plus souvent de cocotiers, elles ne sont malheureusement pas recommandées pour le bain pour cause de pollution, liée à la proximité du port et des égouts de la ville. Cependant, c'est autour d'elles que toute l'animation de Fortaleza a lieu. Les meilleurs hôtels, restaurants et bars y sont concentrés, chacune d'entre elles et son quartier alentour ayant leur attrait particulier.
**Iracema**\*\*. Un vieux quartier tout à fait charmant bordant la plage du même nom. Ruelles pittoresques, ambiance nostalgique et bohème, ateliers d'artistes, restaurants, bars, animation garantie le soir. Le lundi soir le plus fou de la planète au *Pirata* ! Ne ratez pas le célèbre coucher de soleil sur le pont métallique. Iracema reste le lieu de prédilection des artistes et des intellectuels.
**Meirelles**\*. Ce quartier de bord de mer avec sa plage qui fait suite à Iracema se prolonge vers l'intérieur par Aldeota formant une vaste zone résidentielle moderne et bourgeoise. Immeubles chics, hôtels de luxe, restaurants, bars, terrasses, boutiques, foire d'artisanat nocturne (tous les soirs). L'avenue de front de mer Beira-Mar est un lieu agréable et plein d'animation.
**Mucuripe**\*. En continuant vers l'Est, c'est la plage des pêcheurs par excellence, couverte de barques et de *jangadas*. Ne manquez pas le retour des *jangadeiros* qui a lieu entre 14h et 16h. Sur place aussi de nombreux restaurants de poisson et fruits de mer et un vieux phare, le **Farol do Mucuripe**\* (*av. Vicente de Castro s/n, ouv. t.l.j. de 7h30 à 17h30*) d'où vous aurez une belle vue sur le littoral. À voir aussi le **museu do Jangadeiro**\* avec une intéressante collection de photos des années 1930 et 1940, la copie d'une *jangada* et deux dentellières qui vous expliquent leur travail.

## LES BONNES ADRESSES
### Hôtels
▲▲▲▲ **Caesar Park**, av. Beira-Mar 3980, Meirelles ☎ (085) 263.1133 et n° vert 0800.15.0500. *230 ch.* VISA, AE, DC, MC. L'hôtel le plus sophistiqué de la ville, inauguré en 1992. Luxe et architecture post-moderne. avec vue sur la mer, piscine. Trois restaurants, dont le Mariko de cuisine japonaise comme ses homologues de Rio et São Paulo.

## Lèvres de miel

Le quartier d'Iracema doit son nom au roman homonyme de José de Alencar, écrivain *cearense* (1829-1877) qui fut en fait le premier romancier véritablement brésilien. Dans une atmosphère légendaire, exotique, il conte l'histoire d'amour de Martim, premier colonisateur portugais et d'Iracema «lábios de mel» (lèvres de miel), belle Indienne tabajara, fille d'Araquém, le chef spirituel de la tribu. Parti à la chasse en compagnie de son ami Poti, guerrier de la tribu potiguara, Martim s'égare. Arrivant dans les camps des Tabajaras, il rencontre Iracema. Ils tombent amoureux, se marient. Iracema quitte sa tribu. Mécontent et jaloux, le chef des Tabajaras entre en guerre mais sa tribu est vaincue. Déchirée entre l'amour de son mari et celui qu'elle porte à ses frères, nostalgique de la vie tribale, Iracema meurt en couches, laissant un fils, Moacyr, dont le nom signifie «fils de la douleur». Et Martim accablé de tristesse et de mélancolie s'en va.

▲▲▲▲ **Marina Park**, av. Beira-Mar 400 ☎ (085) 252.5253. *315 ch.* VISA, AE, DC, MC. Sur le front de mer, cadre très agréable, piscine, sauna, cours de tennis...

▲▲▲ **Praia centro**, av. Mons. Tabosa 740, praia de Iracema ☎ (085) 211.1122. *192 ch.* VISA, AE, DC, MC. Piscine sur la terrasse d'où l'on peut voir un beau coucher de soleil.

▲▲ **Novotel Magna Fortaleza**, av. Beira-Mar 2380, Meirelles ☎ (085) 244.9122 et n° vert 0800.11.1790. VISA, AE, DC, MC. Bien situé, avec piscine, mais la tenue de l'établissement laisse un peu à désirer.

▲ **Tabajara**, rua dos Tabajaras 532, praia de Iracema ☎ (085) 252.1355. AE, DC, MC. *48 ch.* Dans l'une des sympathiques rues d'Iracema, un petit hôtel-résidence avec vue sur la mer et cadre très agréable.

### Restaurants

Outre les poissons et fruits de mer, la cuisine *sertaneja* offre ses spécialités qui vont de la *peixada* (ragoût de poisson) aux rôtis de *carne do sol paçoca* (viande séchée pilée et mélangée à du manioc) en passant par le *baião de dois* (haricots, fromage caillé, potiron, viande et lard frit) qui accompagne les viandes séchées. Sur l'av. Beira-Mar, de Meirelles à Mucuripe, de nombreux restaurants. Vous pouvez aussi vous rendre un soir dans le quartier voisin de Varjota.

♦♦♦ **Cemoara**, rua Cel. Jucá, Varjota ☎ (085) 267.2233. AE, DC, MC. Délicieux poissons et fruits de mer dont la crevette flambée à la vodka, servie avec de la noix de coco.

♦♦ **Cantinho do Faustino**, rua Pereira Valente 1569 Varjota ☎ (085) 267.5348. DC, MC. *F. le lun.* Cadre et cuisine agréables. Bons poissons et fruits de mer.

♦♦ **Colher de Pau**, rua Frederico Borges 204 ☎ (085) 267.3773. VISA, AE, DC, MC. *F. le lun.* Cuisine régionale. Parmi ses spécialités, retenons la *carne-de-sol com baiao-de-dois* et *paçoca*.

♦♦ **João Branco**, rua Olga Barroso 404, Mucuripe ☎ (085) 263.1401. DC, MC. *F. le lun.* Ambiance chaleureuse. Les menus proposent une foule de bons poissons et de fruits de mer en sauce ou avec des herbes.

♦♦ **Telha do Mirante**, rua do Mirante 21, Mucuripe ☎ (085) 263.3309. AE, DC, MC. Poissons et fruits de mer avec une spécialité inusitée, le requin : *tubarão à moda da casa*.

♦♦ **Tudo em Cima**, rua do Mirante 107, Alto do Mucuripe ☎ (085) 263.2777. VISA, AE, DC, MC. Belle vue sur la ville, cadre rustique mais bonne cuisine dont le fameux *peixe na telha* (poisson dans la tuile). Fréquenté par les touristes et les autochtones.

♦ **Sobre o Mar**, rua da Paz 23 et av. Beira-Mar, Meirelles ☎ (085) 263.3999. Visa, ae, dc, mc. Agréable terrasse donnant sur le front de mer, poissons, fruits de mer, pâtes, plats régionaux.

## La nuit, la fête

Outre la période du carnaval (le très animé **Fortal** qui a lieu fin juillet), sept jours sur sept, la ville a des soirées plus animées les unes que les autres. Renseignez-vous car les adresses sont susceptibles de changer au fil des modes. Voici toutefois les nuits traditionnelles.

**Le lundi. Le Pirata ♥**, rua Dos Tabajaras 325, praia de Iracema. Selon le *New-York Times*, c'est le lundi soir le plus animé de toute la planète, à moins que ce ne soit de tout le continent américain ? Peu importe ! L'endroit est bondé et l'ambiance des plus chaudes. Toute la nuit, les accordéonistes jouent le *forró*.

**Le mercredi. Clube do Vaqueiro**, anel viário entre la BR-116 et la CE-040. *Forró* de 22 h à 4 h du matin sur la piste de danse de 1 000 m². Avant la musique, un rodéo nordestin.

**Le jeudi. Subindo ao Céu**, praia do Futuro. Visa, ae, dc, mc. Fruits de mer, musique et humour. **Chico do Caranguejo**, praia do Futuro, vers l'hôtel Praia Verde. Pas de cartes de paiement. Dans une grande baraque sur le sable, Chico est le pionnier et maintenant le roi du « crabe-musique ». Pendant que les uns dégustent les crabes, les autres dansent au son de l'axé-music bahianaise et du *forró*. Foule et ambiance assurées.

**Les autres jours. Obá Obá**, av. Washington Soares 3199, Bairro Edson Queiroz ☎ (085) 273.1820. Shows, dancing et live-music : *forró*, samba-reggae et musique populaire brésilienne.

**Oásis**, av. Santos Dumont 6061, Papicú ☎ (085) 234.4970. Boîte. Musique nostalgique le mardi.

**Versailles**, av. Santos Dumont 5779, Papicú ☎ (085) 234.6742. *Forró*, samba-reggae le ven., sam. et dim.

**Forró dos Três Amores**, estrada Eusébio Camará, à 23 km de Fortaleza ☎ (085) 260.1603. Le samedi, des milliers de personnes viennent danser le *forró*, l'axé-music et les hits nationaux. Parfois des concerts y sont organisés.

**London**, av. D. Luís 131, Aldeota ☎ (085) 244.2777. Ambiance jeune au son de l'axé-music. Du mar. au dim., ce dernier jour étant le plus animé.

## Shopping

Il y a plusieurs centres d'artisanat à Fortaleza. N'hésitez pas à marchander. Vous trouverez de superbes serviettes, nappes en lin, dentelles, vêtements de coton et de lin, bouteilles remplies de sable coloré, objets en cuir, céramiques... Dans les villages de pêcheurs aux alentours, vous pourrez acheter directement le remarquable travail de broderie et dentelle des femmes. En ville, plusieurs adresses :

**Le Mercado central**, rua Gen. Bezerril, du lun. au sam. de 7 h à 18 h 30.
**Le Centro de Turismo**, rua Sen. Pompeu, du lun. au sam. de 8 h à 19 h, dim. en été de 8 h à 13 h.

À Meirelles, tous les soirs sur l'av. Beira-Mar, une petite **foire d'artisanat** sympathique mais plus touristique et un peu plus chère. À Aldeota, la **CEART** (Cooperativa Artesanal de Fortaleza), rua Costa Barros 1650, du lun. au sam. de 8 h à 12 h et de 14 h à 17 h.

## Les adresses utiles

**Aéroport. Pinto Martins**, pça Brigadeiro Eduardo Gomes, à 6 km de la ville ☎ (085) 272.6166.

**Agences de voyages. Ego Turismo**, rua B. de Aracati 644, Aldeota ☎ (085) 221.6461 ; **Ernanitur**, av. Aquidabã 1337, praia de Iracema ☎ (085) 244.9363 ; **Mar Tur** ☎ (085) 263.1203 pour les balades en bateau.

**Banques et change. Banco do Brasil**, av. Des. Moreira 1135, Aldeota
☎ (085) 244.9009 et rua Floriano Peixoto, centre; **Acctur**, av. Mons.
Tabosa 1600, Meirelles ☎ (085) 261.3444/8900 et dans les grands hôtels
de l'av. Beira-Mar.
**Compagnies aériennes. Varig**, av. Santos Dumont 2727 ☎ (085)
266.8000 et n° vert 0800.99.7000; **Vasp**, av. Santos Dumont 3060, sl 800
☎ (085) 272.1353 et n° vert 0800.99.8277; **Transbrasil**, av. Santos
Dumont 2813, Aldeota ☎ (085) 272.4669 et n° vert 0800.12.3100; **Tam**
n° vert 0800.12.3100.
**Consulats. France**, rua Boris 90, praia de Iracema ☎ (085) 231.2822;
**Belgique**, rua Eduardo Garcia 909 ☎ (085) 264.1500.
**Gare routière. Rodoviária Eng. João Tomé**, av. Borges de Melo 1630,
Bairro de Fátima ☎ (085) 272.1566 à 3 km du centre.
**Informations touristiques. Cie de Desenvolvimento Industrial e
Turístico do Ceará**, rua Sen. Pompeu, centre ☎ (085) 212.3566. **Setur**
☎ (085) 272.1335.
**Location de voitures. Localiza** n° vert 0800.99.2000; **Unidas** n° vert
0800.12.1121; **Hertz** n° vert 0800.14.7300; **Loc Buggy**, av. da Abolicao 3524
☎ (085) 263.2981.
**Taxi. Radiotáxi** ☎ (085) 221.5744.
**Poste. Correio central**, rua Sen. Alencar 38, centre ☎ (085) 211.1333.
**Urgences. Pronto Soccoro**, av. Des. Moreira 2283, Aldeota ☎ (085) 244.2144.

## Le littoral sud-est

La plage **do Futuro** (à 9 km du centre) est une plage quasi-urbaine, polluée pour les uns, non polluée pour les autres : 8 km de sable fin, de multiples baraques, bars, restaurants. C'est la grande plage populaire de Fortaleza. Bondée le week-end, sympathique le soir, surtout les jeudis, où l'on vient y manger des crabes, siroter une *caipirinha* et danser les derniers hits régionaux : une autre institution de Fortaleza qui attire une foule incroyable ! Le **porto das Dunas-Beach Park** (à 22 km du centre) : belle plage qui tend à attirer trop de monde, surtout les fins de semaine. Le parc aquatique à l'américaine (avec piscines, toboggan de 24 m, jeux) accueille des milliers de personnes (*☎ (085) 360.1150, ouv. t.l.j. de 9h à 18h*).

### Aquiraz*

➤ *Accès par la CE-004, à 30 km au S-E de Fortaleza.* Cette cité coloniale, l'une des plus anciennes villes du Ceará et la première capitale de l'État, offre une sympathique étape. Sur la place da Matriz, couverte d'arbres et de magnifiques manguiers notamment, vous visiterez l'**église Matriz São José de Ribamar** datant du XVIIIe s. et son petit musée d'Art Sacré*. L'ancien marché de viande et la **Casa dos Ouvidores** (maison des juges, tribunal de l'époque coloniale) sont également intéressants. Les plages sont superbes. À 5 km d'Aquiraz, se trouve **Prainha***, 10 km de sable blanc ouvrant sur une mer magnifique avec de fortes vagues. Une plage quasi-sauvage hormis un authentique hameau de pêcheurs.
Un peu plus loin encore, un autre pittoresque village de pêcheurs, **Iguape***. Rues charmantes et colorées, plage sympathique, mer verte contrastant avec les dunes blanches, *jangadas*. Vous y verrez de vieilles dames vendant de superbes broderies et dentelles. Un centre d'artisanat a d'ailleurs été installé dans les *barracas* en bord de plage. Vous pourrez aussi vous restaurer de quelques beignets, crevettes ou poissons frits devant une *caipirinha* ou une *água de coco*.

## Beberibe

▶ *Accès par la CE-004 côtière, à 80 km de Fortaleza.* Cette ville de près de 40 000 hab., dont le nom tupi signifie « endroit où naît le canoë », possède de superbes plages alentour, des sources d'eau naturelles sur la praia das Fontes et un riche artisanat.

À 4 km environ de la ville, vous trouverez surtout la **praia do Morro Branco**\*\*\*. C'est ici que sont confectionnées, à partir des diverses colorations de sable existant dans la région, les fameuses bouteilles de sable coloré formant des paysages naïfs typiques du Ceará que vous trouverez dans tout le Nordeste. Outre le spectacle de cet artisanat délicat et minutieux qui occupe généralement les femmes des pêcheurs, vous admirerez sur place les falaises aux différentes tonalités formant un labyrinthe de grottes, sources ainsi que les sommets orangés des dunes. Celles-ci contrastent superbement avec le bleu de la mer, piqueté des taches de couleurs des bateaux de pêche : un véritable tableau pointilliste !

▲▲ **Praia das Fontes**, rua Cel. Antônio Teixeira Filho 1, praia das Fontes ☎ (085) 338.1179, réservations à Fortaleza ☎ (085) 281.5588. VISA, AE, DC, MC. *92 ch.* climatisées, sports nautiques.

## Aracati*

▶ *Accès par la CE-004 ou la BR-116 puis la BR-304 à hauteur de Boqueirão do Cesário, à 149 km de Fortaleza. En car, renseignements à la Cie São Benedito ☎ (085) 272.1232 à la gare routière.*

Située sur la rive gauche du Jaguaribe, la cité coloniale d'Aracati, quatrième ville fondée au Ceará, est restée en dehors de la zone de développement de l'État, ce qui lui a permis de conserver son architecture des XVIIIe et XIXe s.

La ville vit aujourd'hui de l'artisanat. Vous y verrez le **museu Jaguaribano**, installé dans l'ancienne demeure du Barão de Aracati, **l'église Matriz N.-D. do Rosário** (1769), les constructions coloniales du centre dont la **Casa da Câmara e Cadeia** (1779).

Aux alentours, vous trouverez de belles plages, comme celle de **Canoa Quebrada**. Lorsqu'elle a été découverte dans les années 1970, l'endroit n'était qu'un modeste hameau de pêcheurs. Elle est devenue la plage la plus fameuse du Ceará, chasse gardée des hippies du monde entier. Longtemps isolée par les dunes, la construction d'une route, en 1982, en a changé le paysage : bars, restaurants, *pousadas* s'y sont multipliés.

# Le littoral nord-ouest

## Cumbuco*

▶ *À 37 km de Fortaleza, accès par la BR-222 dans le quartier de Barra Ceará (dans le centre, prendre l'av. Bezerra de Menezes).*

Plage bordée de cocotiers dans un petit village de pêcheurs. Petits restaurants, *jangadas*, atmosphère agréable, coucher de soleil idyllique sur les dunes. Un peu trop touristique peut-être. Traditionnelles balades dans les dunes en buggy avec chauffeur ou à cheval.

## Jericoacoara***

▶ *À 270 km au N-O de Fortaleza, dans la commune de Gijoca. Accès par la BR-222 et la CE-165 depuis Sobral. En bus, rens. auprès de la Empresa Redenção ☎ (085) 256.1973, qui vous emmène jusqu'à Gijoca.*

Malgré son accès difficile en raison de son éloignement et du mauvais état des routes (prévoir au moins une nuit sur place), Jericoacoara, dont le nom signifie «lit de l'alligator», mérite cependant le voyage. Véritable paradis terrestre à l'état sauvage, d'ailleurs protégée par la loi fédérale, elle est souvent considérée comme la plus belle plage du littoral brésilien. Sable blanc, dunes géantes entrecoupées de lacs d'eau douce ou salée, grottes, *caatinga* avec cactus, *juazeiros* arrivant jusqu'en bord de mer. Le paysage y est époustouflant. Le village de pêcheurs est enclavé entre la mer et les dunes.

Pour vous rendre à Jericoacoara, le mieux est sans doute de vous adresser à la *pousada* où vous séjournerez sur place qui possède généralement un téléphone à Fortaleza et organisera le voyage. Certaines *pousadas* possèdent leur propre service de transport : *pousadas* **Matusa**, rés. à Fortaleza ☎ (085) 244.7729 ; *pousadas* **Hippopotamus**, rés. à Fortaleza ☎ (085) 244.9191.

# SÃO LUÍS DO MARANHÃO**

Ville-île, ville-musée, ville française, portugaise, indienne et surtout noire, la capitale du Maranhão est une cité nonchalante à l'atmosphère étrange, déroutante. Assoupie sous la chaleur de son éternel été équatorial, entre un passé qui n'en finit pas de se prolonger et un futur qui tarde à s'imposer, São Luís rassemble deux villes en une. D'un côté, une vague agglomération urbaine qui s'étend, moderne et sans grande personnalité, sur l'île du même nom ; de l'autre, juché sur une colline, un magnifique quartier historique qui garde intact le charme de ses ruelles pentues, la patine de ses maisonnettes coloniales et autres splendeurs de ses balcons de fer forgé, *sobrados* couverts *d'azulejos*, pour le plus grand bonheur du visiteur.

## Une histoire très particulière

São Luís do Maranhão est la seule ville brésilienne à avoir une origine française. Pourtant ses trésors d'architecture civile baroque en font la plus portugaise de toutes. Elle est fondée en 1612 par Daniel de la Touche, seigneur de La Ravardière et François de Rasilly. Ces deux émissaires de la couronne de France chargés de conduire une expédition visant à créer une France équinoxiale qui irait des Guyanes au Maranhão débarquent dans la grande île de la côte *maranhense* et y construisent le fort São Luís en hommage à Louis XIII. Mais le mariage de ce dernier avec Anne d'Autriche va conduire la France à se désintéresser de l'aventure. Sans appui, les Français sont défaits et chassés par les Portugais, qui s'installent définitivement sur l'île trois ans plus tard. Ils établissent, en 1621, l'État du Maranhão et Grão-Pará séparé du reste du Brésil et lié directement à Lisbonne.

Au XVIIIe s., la ville devient la quatrième cité la plus prospère de l'empire portugais grâce aux exportations de cannelle, girofle, sucre, puis coton ainsi qu'au flux des marchandises arrivant d'Europe. Cette riche époque, qui se prolonge au siècle suivant, voit la construction du magnifique ensemble architectural qui existe toujours. São Luís est aussi le centre d'une vie artistique et littéraire brillante. Mais l'abolition de l'esclavage et le déclin des cultures de plantation (sucre et coton) vont,

## Jangadas et jangadeiros

Radeau de bois à l'origine très ancienne puisqu'il était déjà utilisé par les Indiens, la *jangada* est l'embarcation traditionnelle des pêcheurs du Ceará mais aussi de tout le littoral jusqu'au Pernambuco. Elle est normalement constituée de quatre troncs d'arbre, de 8 à 9 pouces de largeur (une vingtaine de cm), unis les uns aux autres par deux chevilles de bois. Dans l'une, un trou où l'on plante le mât portant la voile de forme triangulaire, tandis que l'autre fait appui à un petit banc de 2 pieds de haut (65 cm environ) sur lequel s'assoit le *jangadeiro* afin de fuir les vagues qui, de temps à autre, recouvrent l'embarcation. Tout l'art du pilote consiste à faire contrepoids afin de rétablir l'embarcation lorsque le vent la soulève.

Malgré leur apparence frêle et précaire, les *jangadas* coulent rarement. On peut les voir filer à une incroyable vitesse aux abords des côtes composant des marines typiques et colorées. À bord, le strict nécessaire pour d'humbles pêcheurs : un piquet planté dans le haut du mât sert à pendre la nourriture, le panier à farine et la gourde d'eau fraîche, sans oublier, bien sûr, le panier à poissons.

---

vers la fin du XIXe s., plonger la cité (forte déjà de 32 000 âmes en 1872, plus peuplée à l'époque que São Paulo) dans un long et lent déclin.

Sa population dépasse aujourd'hui 700 000 hab. Endormie pendant toutes ces années, son réveil n'a eu lieu que dans les années 1980 avec le développement des activités du port sidérurgique d'Itaqui qui a été relié par une voie de chemin de fer au centre minéralier de Carajás. En 1988, le gouvernement a initié un ambitieux programme de préservation et réhabilitation du patrimoine historique de la ville. Le *Projeto Reviver* a permis la restauration de plus de deux cents édifices situés au cœur de la cité coloniale.

## ■ MODE D'EMPLOI

### Accès

**L'avion.** Étant donné les distances (Belém est à 806 km et Fortaleza à 1 070 km), l'avion reste le moyen le plus commode pour gagner São Luís. La ville est reliée par avion à Rio, São Paulo ainsi qu'à toutes les principales villes du Nordeste et du Nord. L'aéroport Hugo da Cunha Machado à Tirical se trouve à 15 km au sud-est du centre. Vous trouverez sur place une ligne de bus rejoignant le centre, des taxis et des loueurs de voiture, à moins que vous n'ayez prévu un transfert en bus assuré par les soins d'une agence.

**En car,** il existe des liaisons régulières entre São Luís et Belém (13 h de trajet env.), Fortaleza (17 h), Recife (24 h), ainsi qu'avec les capitales des États voisins et les villes du Maranhão. La gare routière est à 8 km au sud-est du centre. Sur place, bus ou taxi pour rejoindre le centre.

### Programme

Un jour suffit pour visiter São Luís, dont le principal intérêt reste le centre historique. Les amateurs de farniente et de baignade trouveront à travers le Nordeste, d'autres endroits beaucoup plus indiqués que les plages de São Luís. En revanche, Alcântara mérite qu'on lui consacre une journée supplémentaire.

## Se déplacer

Si le quartier historique se visite à pied, la grande île de São Luís (un peu plus de 40 km de long sur une vingtaine de large) suppose des déplacements motorisés. Le manque d'indications sur les routes est un véritable problème pour le visiteur. Dans ces conditions, il est plus pratique de louer les services d'un taxi que d'essayer de s'en sortir seul. Mais gardez toujours un œil sur le taximètre ! Si vous louez une voiture, préférez un tarif au kilométrage illimité, les distances sont longues. Vous pouvez aussi faire le choix de vous loger dans le centre historique en faisant l'impasse sur les plages, assez moyennes, ce qui limite les déplacements.

## Le centre historique★★★

C'est le grand pôle d'attractions de la ville, un magnifique ensemble d'architecture civile baroque édifié aux XVIIIe et XIXe s. à la glorieuse époque de São Luís. Visitez le Projeto Reviver de préférence en fin d'après-midi, lorsque la chaleur est moins forte et la lumière moins crue, plus dorée, plus chaude et qu'elle joue avec l'ombre des rues pentues, places pavées, sobrados, grilles et balcons de fer ouvragés, éclairant superbement les teintes terre des tuiles, la symphonie de pastels des maisonnettes coloniales et mille tonalités des azulejos. Le soir, le quartier s'anime ; on peut y rester pour boire un verre ou dîner.

La visite laisse une impression de musée, de mise en scène à laquelle rien ne manque. Avec la restauration de 1988, le quartier a perdu un peu de son âme et de son authenticité. Maisons de prostitution, petits vendeurs de rue, cordonniers et autres artisans ont déserté les lieux ; la plupart des maisons sont devenues des bars, restaurants, musées et autres magasins de souvenirs et d'artisanat. Reste la beauté de l'endroit, sa paix à l'écart de la circulation, l'impression que le temps s'est arrêté. Allez donc flâner dans les rues du Giz, de Nazaré, Formosa, dans les ruelles do Conto, do Sol, Portugal, Catarina et sur les places Gonçalves Dias, du Desterro, São Lisboa, vous y verrez les plus belles constructions coloniales.

Commencez la visite par l'av. D. Pedro II★★. En haut du vieux centre, cette avenue, qui forme la place du même nom, est l'un des principaux endroits historiques de la ville. Vous y trouverez le Palácio dos Leões, siège du gouvernement municipal, le Palácio do Arcebispo, l'église da Sé. Noter aussi, au n° 205, le beau bâtiment de la Banque du Maranhão avec ses neuf fenêtres aux balcons de fer forgé.

**Le Palácio dos Leões**★★ (*av. D. Pedro II, ouv. lun., mer. et ven. de 14h à 17h*). Construit par les Français, en 1776, selon une réplique du Grand Trianon de Versailles, il est actuellement le siège du gouvernement de l'État. Sa visite vaut surtout pour la superbe vue sur la baie de São Marcos et le fleuve Anil, à l'arrière.

**Le Palácio de la Ravardière**★ se trouve à côté du Palácio dos Leões, édifié en 1689 et plusieurs fois reconstruit, actuel siège de la prefeitura municipal.

**Le Palácio do Arcebispo** et **l'église da Sé**★ forment un seul ensemble datant de 1626. L'église da Sé, ancienne église N.-D. da Boa Morte construite par les jésuites, devenue la cathédrale métropolitaine, présente un autel baroque et un plafond décoré d'une fresque aux motifs de palmier à huile.

En prenant la rua G. Aranha, qui devient Beco dos Barqueiros, vous descendez vers le largo do Ribeirão, magnifique petite place où vous verrez la **Fonte do Ribeirão**★★♥. Cette fontaine aux tons bleus date de 1796, elle abrite derrière ses grilles de métal un réseau de souterrains qui auraient été utilisés pour le commerce des esclaves après l'interdiction de la traite. Outre ses cinq gargouilles travaillées, vous admirerez la parfaite unité architecturale des *sobrados* alentour.

**Le museu Histórico do Maranhão**★. (*rua do Sol 302, ouv. du mar. au ven. de 14h à 18h30*). Dans une magnifique demeure coloniale, il donne une idée intéressante de la vie quotidienne aux XVIIIe et XIXe s. : meubles, objets, etc. ayant appartenu à de riches familles locales. À côté, se trouve le **museu de Arte Sacra**★.

**Le Teatro Arthur Azevedo**★ (*rua do Sol*) a été construit en 1817. Sa façade est orientée sur la rua do Sol car les carmélites ont refusé qu'un bâtiment profane soit édifié face à leur couvent.

Sur le **largo do Carmo**★, endroit historique où se déroula la bataille entre les Hollandais et les Portugais, qui a aussi abrité le premier marché de la ville et un pilori, détruit après la proclamation de la République. Vous y verrez le bâtiment des Diários Associados, le *solar* des Belford et, surtout, l'église et le couvent do Carmo, belle construction datant de 1627. Le pavage en pierres blanches et noires, style mosaïque, de la chaussée est typiquement portugais.

Entre les rues Estrela (rebaptisée Cândido Mendes) et Trapiche (ou Portugal), se trouve la **Casa da Tulha**★★★, magnifique ensemble de forme carrée typiquement colonial abritant diverses échoppes et épiceries. C'est la **Feira da praia Grande**. Cette zone, autrefois habitée par les commerçants et bourgeois de la ville, est entourée de *sobrados azulejados*. Ces demeures servaient d'habitation au premier étage, d'abri pour les clients qui habitaient à la campagne au deuxième, tandis que le rez-de-chaussée était destiné au commerce et au logis des esclaves.

En remontant vers l'av. D. Pedro II, ne manquez pas la charmante **praça Benedito Leite**★, située au-dessus du niveau de la rue, avec jardin et bancs décorés à l'ombre de palmiers. Un peu plus loin encore, vous pouvez gagner, sur les rives du fleuve Anil, la **praça Gonçalves Dias**★, ornée de palmiers et de la statue du poète Gonçalves Dias.

En redescendant dans l'autre sens, vers le sud, jusqu'au croisement de la rua da Estrela avec la rua Jacinto Maia, vous visiterez l'ancien marché aux esclaves : le **Cafuá das Mercês**★ où se trouve le **musée du Noir** (*rua Jacinto Maia 43, ouv. du lun. au ven. de 13h30 à 17h*). Ce petit *sobrado* colonial, bas et sans fenêtres, était destiné à l'accueil des esclaves à leur arrivée. Ces derniers y étaient enfermés, exposés et vendus avant de rejoindre les plantations. Nombreux documents sur l'histoire de l'esclavage. Dans la cour intérieure, reconstitution du *pelourinho* (pilori).

En poursuivant encore un peu vers le sud, vous atteignez le largo do Desterro où se dresse l'**église do Desterro**★★. L'église actuelle a été construite à l'emplacement de la première église, édifiée en 1641 et profanée par les Hollandais. Elle a été achevée en 1863. C'est un mélange de styles néo-classique et byzantin. La place est entourée de ruelles typiques (da Capela, do Desterro et Precipício), mais elle a malheureusement perdu de son cachet et de son homogénéité architecturale avec la construction de deux horribles bâtiments modernes.

## Les sobrados de São Luís

Ces maisons aux façades recouvertes d'azulejos sont un héritage du passé colonial toujours présent à São Luís.

Les deux grandes richesses du cœur historique de São Luís sont les *sobrados* et les *azulejos*. Vous serez éblouis par le spectacle de ces maisons à étages, dotées de cours intérieures, collées les unes aux autres, et de leurs façades recouvertes d'*azulejos*. On dit d'ailleurs que la présence des *azulejos* a été imposée par le climat lui-même, les constructeurs portugais s'étant rendu compte qu'aucune peinture ne pourrait offrir meilleure résistance aux assauts conjugués des intempéries tropicales et de la salinité marine. Certaines de ces demeures possèdent aussi des balcons de fer forgé. Presque toutes étaient dotées de puits qui pouvaient toutefois être partagés par deux ou plusieurs habitations. Leur mobilier, que vous ne verrez pas, était lui aussi généralement importé du Portugal. Les *sobrados* du XVIIe s. se caractérisent par leurs portes de bois rectangulaires simples, alors que les plus récents ont des portes en arc se terminant par des linteaux de fer ouvragé.

# LES BONNES ADRESSES

## Hôtels

▲▲▲ **Vila Rica**, pça D. Pedro II 299, centre ☎ (098) 232.3535 et n° vert 0800.11.0144. VISA, AE, DC, MC. *223 ch.* climatisées. Bien situé, en plein centre historique de la ville. Restaurant, piscine, sauna. Demandez un rabais !

▲▲▲ **Sofitel Quatro Rodas**, av. Aviscência, praia do Calhau s/n ☎ (098) 235.4545 et n° vert 0800.11.1790. *109 ch.* VISA, AE, DC, MC. Le meilleur hôtel de São Luís, en bordure de la plage de Calhau, donc assez distant du centre historique (comptez 15 mn, sans détours, en voiture). Piscine, bars, restaurant, agréable buffet le midi.

▲▲ **Pousada Colonial**, rua Afonso Pena 112, centre ☎ (098) 232.2834. *26 ch.* VISA, AE, DC, MC. Dans une maison coloniale du quartier historique.

## Restaurants

Au menu d'un repas typiquement maranhense, vous trouverez le riz de *cuxá* (riz mélangé à un légume mi-épinard, mi-oseille), la *caldeirada* (ragoût) de poisson ou de crevette et autres poissons frits, *tortas* de crevette. En entrée, les *casquinhas de caranguejo*. En dessert, goûtez les *doces*, notamment celle de *bacuri, murici, jacá, carambola*, fruits tropicaux qui sont l'une des grandes découvertes de la région. Certains d'entre eux servent à confectionner des liqueurs.

♦♦ **Do Senac**, rua de Nazaré 242, centre ☎ (098) 232.6377. VISA, AE, DC, MC. *F. le dim*. Restaurant d'une école hôtelière pour défavorisés, dans une belle maison coloniale du quartier historique, décor raffiné. Malgré le service et l'atmosphère «coincés», le froid de la climatisation (prévoir un pull), l'endroit vaut le détour. La cuisine pseudo-française agrémentée de plats typiques est des plus correctes. À l'étage piano-bar.

♦ **Base da Lenoca**, av. D. Pedro II 181, centre ☎ (098) 232.0599. VISA, AE, DC, MC. Un peu caché sous une vaste terrasse, il domine la ville. Spécialité de poissons. Cadre rustique, service aussi, selon l'humeur du jour…

♦ **Cabana do Sol**, rua João Damasceno 24-A, Farol de São Marcos ☎ (098) 235.2586. VISA, AE, DC, MC. Cuisine régionale. Bonne viande.

### Les adresses utiles

**Aéroport.** Hugo da Cunha Machado, av. Santos Dumont (Tirirical), à 15 km du centre ☎ (098) 245.1515.

**Agences de voyages. Taguatur**, rua do Sol 141, Lj. 14 ☎ (098) 231.4197; **Atlântica**, rua 14 de Julho 20 ☎ (098) 232.8685.

**Banques et change. Banco do Brasil**, av. Gomes de Castro 46, centre, ☎ (098) 221.2237; **Banespa**, rua do Sol 404, centre ☎ (098) 222.1281.

**Compagnies aériennes. Transbrasil**, pça João Lisboa 432, centre ☎ (098) 232.1515 et n° vert 0800.15.1151; **Varig**, rua D. Pedro II 221 ☎ (098) 221.5066 et n° vert 0800.99.7000; **Vasp**, rua do Sol 43 ☎ (098) 231.4422 et n° vert 0800.99.8277; **Tam** n° vert 0800.12.3100.

**Consulats. France**, rua Santo Antônio 259, centre ☎ (098) 231.4459.

**Informations touristiques. Maratur**, rua Djalma Dutra 61-A, centre ☎ (098) 232.5355 et bureau aussi au **Ceprama**, rua de São Pantaleão 1232, Madre Deus ☎ (098) 232.2187.

**Location de voitures. Localiza**, av. Getúlio Vargas 2414, Monte Castelo ☎ (098) 245.1566 et n° vert 0800.99.2000; **Unidas**, aéroport n° vert 0800.11.1121; **Auvepar**, centre ☎ (098) 232.7051.

**Poste. Correio central**, pça João Lisboa 302.

**Urgences. Pronto Socorro Municipal**, rua do Passeio 590, centre ☎ (098) 231.8437 et urgences ☎ 192.

## Les alentours de São Luís

**Les plages.** Ce n'est certainement pas l'attrait majeur de São Luís, surtout si on les compare aux plages d'autres villes du Nordeste.

**Ponta d'Areia** (à 3,5 km du centre) est la plus populaire. Très fréquentée les fins de semaine, plus réputée pour les bars de reggae qui s'y trouvent que pour la baignade. Restaurant de cuisine locale **Tia Maria**.

**Calhau** (9 km du centre). Derrière le Sofitel, plage animée le week-end, bordée de bars, restaus sympas mais assez médiocres.

**Raposa**\* (à 35 km du centre) est un village de pêcheurs pittoresque et des plus authentiques avec ses maisonnettes en pisé aux toits de paille de *babaçu*. Les hommes vivent de la pêche et les femmes font de la dentelle. L'occasion d'une balade à travers une végétation de mangrove avec, peut-être à la clé, le retour des pêcheurs et quelque achat chargé d'un vrai souvenir.

## Alcântara**

> À São Luís, prendre le bateau à la Rampa Campos Melo, quai situé au bout de la rua de Portugal (ou Trapiche). Départ tous les jours à 7h selon le temps et la marée. La traversée dure env. 1h, retour à 15 h. Horaires variables à confirmer (sur place, seulement deux petites pousadas). En taxi aérien (beaucoup plus cher), 10 mn de trajet.
> *La fête du Divino de Alcântara a lieu la veille de l'Ascension jusqu'au dimanche de Pentecôte. Elle célèbre la descente de l'Esprit Saint aux apôtres. Mi-profane, mi-religieuse, mais fortement influencée par l'héritage africain, cette fête s'accompagne de messes, processions et de danses. Elle donne lieu au couronnement symbolique de l'empereur et de l'impératrice, choisis parmi les notables de la région; une cérémonie pleine de vie, de couleurs et de musique.*

Sur le continent, face à l'île de São Luís, de l'autre côté de la baie de São Marcos, se dresse Alcântara. Une ville-monument, superbe et décrépite, ancienne capitale de province déchue, cité fantôme luttant contre le temps, les lézardes et les mauvaises herbes. Une douzaine de rues, trois places, un morceau de l'histoire du Brésil colonial cependant.

### D'hier à aujourd'hui

Centre commercial de ce qui était au XVIIIe s. la province du Maranhão, Alcântara dominait la vie sociale et politique de la région. La cité se développe avec les Portugais. Plus importante alors que São Luís, Alcântara doit sa prospérité à l'exportation de la canne à sucre, relayée par celle du coton et du riz et par l'extraction du sel. Son économie florissante attire vite une riche aristocratie locale, alors que São Luís reste plutôt peuplée par les commerçants et les notables. Les seigneurs d'Alcântara envoient leurs fils étudier à Coimbra et en Europe, ce qui explique la forte influence européenne ayant marqué la région. Peu à peu appauvrie par la baisse des cours du coton, l'abolition de l'esclavage et la crise du sucre vont lui porter un coup fatal. Désertée par ses habitants les plus riches au profit de São Luís, Alcântara entre alors dans une longue période d'oubli et de déclin.

Classée patrimoine historique national en 1948, elle ne compte aujourd'hui qu'une humble population essentiellement constituée de pêcheurs habitant des maisonnettes en pisé éloignées des ruines. Elle a vu, ces dernières années, la construction d'un centre de lancement de satellites, l'un des plus modernes de l'Amérique latine, situé à 6 km du centre historique.

### Visite

De sa gloire passée, il reste peu de vestiges : églises coloniales, *sobrados*, petits palais aux portes de bois travaillé, grilles de fer forgé rococo, façades *d'azulejos* ainsi que des constructions néo-classiques. Le tour de la ville se fait en quelques heures. Les guides ne parlent que le portugais. La **praça da Matriz**** regroupe les plus beaux *sobrados* de la ville, l'édifice de la **Casa da Câmara e Cadeia****, les ruines de l'ancienne **catedral São Matias**** ainsi que **l'ancien pilori****, le mieux conservé de tout le pays (dans sa partie supérieure, les armes du Portugal). Vous y visiterez aussi le **museu histórico d'Alcântara** (mobilier, gravures, objets d'Art Sacré).

## Le Bumba-meu-boi

Riche, vivant, alchimie d'éléments profanes et religieux, de traditions portugaises, rites africains, croyances indiennes, métis par nature, tel est le folklore du Maranhão : festa do Divino Espírito Santo, Tambor de Mina et de Crioula, etc. C'est au Maranhão que le *Bumba-meu-boi*, fête folklorique de dimension nationale, trouve sa plus belle expression. Ces cérémonies, qui se déroulent de la seconde quinzaine de juin à la fin août, sont une satire symbolique et haute en couleur de la vie sociale.

Le bœuf, fait d'une armature légère recouverte d'une toile sombre richement brodée, animé par l'un des participants, en est le héros. L'histoire dramatisée, mimée dans la danse par des personnages traditionnels vêtus de magnifiques costumes, est pratiquement la même partout, seuls quelques détails diffèrent. Trois styles selon l'endroit : *Boi de Matraca*, *Boi de Zabumba* et *Boi de Orquestra*.

La trame : un fermier a un bœuf qu'il chérit tout particulièrement ; son employé a une femme, enceinte, à qui il prend le désir soudain de manger la viande de ce bœuf. Redoutant que son fils ne meure, l'employé tue le fameux bœuf car, selon la croyance populaire, les désirs des femmes enceintes doivent toujours être satisfaits sous peine de provoquer la mort du bébé. Mais le crime est découvert. Arrêté et jugé, l'employé pour obtenir le pardon du fermier, doit chercher un *pajé* afin de faire revenir l'animal. Après moult efforts, le sorcier ressuscite le bœuf, et tous les personnages de danser et chanter autour de lui.

**Rua Grande**\*\*, où vous découvrirez le plus haut *sobrado* de la ville, le **Cavalo de Tróia** (cheval de Troie) à trois étages, les ruines du **Palácio do Barão do Mearim** (palais de l'empereur) et du **Palácio do Barão de Pindaré**. La construction de ce dernier a commencé à la même époque que le précédent, rivalisant dans l'objectif d'accueillir l'empereur, mais n'a jamais été achevée. Au grand dam des deux propriétaires qui y consacrèrent beaucoup d'argent et d'esclaves, D. Pedro I ne visita ni l'un ni l'autre, en raison des événements de l'Indépendance qui l'empêchèrent de quitter Rio. Dans cette même rue, se trouve la **Pousada do Imperador**, rare hôtel de la ville.

La **rua Pequena**\* offre une belle vue sur la mer, la **capela N.-D. do Desterro**, la **Fonte das pedras**, fontaine réalisée par les Français, en 1613, pour approvisionner la ville. Les habitants y puisent encore de l'eau.

La **praça Frei Custódio Alves Serrão**\*, où se trouvent **l'église et le couvent do Carmo**\* datant respectivement de 1665 et 1646. Si le couvent est en ruine, l'église garde encore à l'intérieur un autel baroque.

**Rua Direita**\*, vous verrez les ruines de **l'église São Francisco de Assis** (1811).

**Caravela.** Dans ce quartier plus éloigné, auquel on accède en continuant la rua Direita, vous trouverez la **Fonte do Miritiva**, fontaine du début du XVIIIe s. dont les eaux posséderaient des propriétés thérapeutiques.

Sur le largo das Mercês (en revenant sur la praça da Matriz et en prenant la rua das Mercês), vous verrez la **capela das Mercês**, édifiée de 1651 à 1658. Belle statue en bois de la Vierge.

Le **porto** et la **ladeira do Jacaré**\* : du port jusqu'à la praça da Matriz, prenez la ladeira do Jacaré (pente de l'alligator) au pavage de pierres cabeça-de-negro, noires et irrégulières.

# GLOSSAIRE

**Aguapé :** plante aquatique flottante, sorte de jacinthe d'eau, qui suit le cours des fleuves et s'agglutine dans les lagunes et cours d'eau en agglomérats, servant d'aliment à certains poissons et oiseaux (Pantanal).
**Alabê :** joueur d'atabaqué des *terreiros* de candomblé.
**Aldeias :** villages édifiés par les jésuites pour protéger les Indiens.
**Atabaque :** tambour de guerre que l'on frappe avec les mains (carnaval, Salvador).
**Axé :** force (pouvoir) reçue des ancêtres et passée de génération en génération dans le candomblé.
**Azulejos :** carreaux de faïence émaillée multicolores à dominante de bleus venus du Portugal aux XVIIIe et XIXe s.
**Babaçu :** palmier à huile.
**Babalorixá :** chefs de *terreiros* dominant la langue Iorubá dans le candomblé.
**Banana da terra :** banane plantain.
**Barreado :** ragoût à base de viande de porc et de bœuf.
**Batuque :** nom générique des danses noires accompagnées de percussions.
**Berimbau :** sorte d'arc en bois flexible tendu par un fil de métal et une calebasse dans sa partie inférieure faisant caisse de résonance et rythmant la capoeira.
**Blocos :** groupes carnavalesques organisés se promenant dans les rues au son des percussions et des instruments à vent.
**Bumba-meu-boi :** fête folklorique des régions Nord et Nordeste, tirant son origine de la joie des esclaves qui se laissaient emporter par le rythme des tambours de cuir.
**Bondinho :** tramway.
**Buriti :** palmier d'env. 50 m de hauteur. On fait du vin avec ses fruits et de l'huile avec ses grains.
**Campos gaúchos :** prairies naturelles du sud.
**Capões :** portion de forêt peu dense, isolée au milieu des pâturages (Pantanal).
**Capoeira :** lutte importée d'Afrique par les esclaves, évoluant aujourd'hui entre danse et art martial.
**Carancas :** statues traditionnelles des proues de bateaux du São Francisco destinées à chasser les mauvais esprits.
**Carnaúba :** palmier à cire.
**Caruru :** mets typique de la cuisine bahianaise. Sorte de purée à base de gombos, crevettes sèches, cacahuètes grillées et huile de palme.
**Casa Grande :** maison de maîtres coloniale.
**Casquinhas e patinhas de caranguejo :** crabes et pinces de crabes farcis.
**Cocada :** genre de confiture de noix de coco. Par extension, tout ce qui est à base de sucre et de noix de coco.
**Confederação do Equador :** mouvement sécessionniste ayant réuni les provinces du Ceará, du Rio Grande do Norte, de Paraíba et du Pernambuco contre le gouvernement de l'empire.
**Corixo :** bras de fleuve, rivière, cours d'eau (Pantanal).
**Dendê :** huile de palme.
**Coxilha :** petite colline souvent couverte de pâturages (Sud).
**Cozido :** genre de pot-au-feu avec légumes et viandes séchées.
**École fluminense :** école de peinture du XVIIIe s. regroupant des artistes pour la plupart autodidactes (José de Oliveira Rosa, Francisco Muzzi, João de Sousa, Manuel da Cunha, Leardro Joaquim…), inspirés par les gravures religieuses étrangères baroques. Peinture aux couleurs intenses et aux formes mouvementées.

**Êkêdê :** femme s'occupant des filles de saint pendant la cérémonie de candomblé.
**Escuna :** genre de bateau à voile et moteur (Nordeste).
**Farinha d'água :** farine de manioc.
**Farofa :** farine de manioc mélangée avec du beurre.
**Feijoada :** plat national composé de haricots rouges ou noirs, selon les régions, et de viandes séchées, saucisson, porc et bœuf.
**Festa do Divino Espírito Santo :** fête religieuse des Noirs gegê-nago et métis célébrée à des dates mobiles, lors des fêtes de saints ayant leurs correspondances dans le panthéon des religions afro-brésiliennes.
**Fitinha do Senhor do Bonfim :** petit ruban porte-bonheur de toutes les couleurs. La tradition veut que quelqu'un vous l'attache au poignet en faisant trois nœuds et qu'à chaque nœud, vous fassiez un vœu. Ainsi, lorsque le ruban usé se casse, ces derniers sont exaucés.
**Forró :** musique du Nordeste, dont le nom provient de la contraction de « for all of you »... for all... forró. Née à l'époque de la construction des routes par les Anglais qui célébraient la fin de chaque étape en organisant une grande fête pour tous les travailleurs.
**Ijexá :** son, battement des cérémonies de candomblé ; ce rythme s'impose aujourd'hui comme une composante essentielle de la musicalité afro-bahianaise.
**Images de roca :** statues de saints en bois portées pendant les processions. ; seuls les mains, la tête et les pieds sont visibles, le reste du corps étant enveloppé dans une robe.
**Ipês :** acacias.
**Kibes :** gâteau de blé et viande hachée.
**Lanchonete :** endroit où l'on peut manger à toute heure sandwichs, pizzas et tira-gostos. Snack.
**Lundu :** danse d'origine africaine, suggestive et sensuelle.
**Malandros :** bandits.
**Maniçoba :** ragoût de manioc broyé cuit pendant 4 h, auquel il est ajouté viande de bœuf, de porc, poitrine fumée, saucisson.
**Maxixe :** première danse urbaine.

**Nagô :** nom générique donné aux cultures de plusieurs nations africaines comme les nations ijexá, egba, ketus (la plus influente dans les *terreiros* traditionnels) venues du S et du centre du Dahomey (actuel Bénin) et du S-O du Nigeria, ayant en commun la langue iorubás.
**Oxalá :** père de tous les saints dans le candomblé.
**Pajé :** sorcier.
**Pau-brasil :** bois de braise dont on extrayait un colorant très recherché en Europe pour la fabrication de tissus et de papiers.
**Pé-de-moleque :** pavés irréguliers des rues.
**Pelourinho :** pilori.
**Picanha :** morceau de bœuf situé entre filet et rumsteck.
**Pierre de lioz :** marbre portugais compact employé pour la statuaire.
**Pimenta de cheiro :** piment.
**Pitus :** grosses crevettes d'eau douce.
**Pousada :** sorte d'auberge.
**Rabada :** queue de bœuf.
**Saveiro :** bateau de pêche long et étroit. Sorte de goélette.
**Senzala :** maison des esclaves.
**Seringalistas :** propriétaires des plantations d'hévéa (Amazonie).
**Seringueiros :** saigneurs d'hévéa (Amazonie).
**Talha dourada :** boiserie sculptée et dorée dont la profusion est caractéristique du baroque portugais.
**Tapiocas :** galettes de fécule de manioc.
**Terreiro :** lieu où se réunissent les fidèles pour pratiquer leur religion d'origine africaine, surtout le candomblé de la nation nago. Désigne aussi la communauté des fidèles.
**Trio elétrico :** camion aménagé en scène transportant un groupe musical.
**Vatapá :** purée avec mie de pain, pâte de poisson ou crevettes, arachide et dendê.
**Vaqueiro :** gardien de troupeaux.
**Vaquejada :** rodéo nordestin.
**Várzeas :** terres périodiquement inondées.
**Xinxin de galinha :** fricassée de poulet, crevettes sèches, cacahuètes grillées et noix de cajou, cuisinée dans le dendê.
**Zabumbas :** grands tambours.

# QUELQUES MOTS DE PORTUGAIS

## Compter

| 0 | zero | | |
|---|---|---|---|
| 1 | um | 12 | doze |
| 2 | dois | 20 | vinte |
| 3 | três | 30 | trinta |
| 4 | quatro | 40 | quarenta |
| 5 | cinco | 50 | cinquenta |
| 6 | seis | 60 | sessenta |
| 7 | sete | 70 | setenta |
| 8 | oito | 80 | oitenta |
| 9 | nove | 90 | noventa |
| 10 | dez | 100 | cem |
| 11 | onze | 1000 | mil |

## Mots courants

Après-demain : depois de amanhã
Au revoir : adeus, tchau
Aujourd'hui : hoje
Beaucoup : muito
Bon après-midi : boa tarde
Bonjour : bom dia
Bonne nuit : boa noite
Bonsoir : boa noite
Comment ça va ? : como vai ?
De rien : de/por nada
Demain : amanhã
Enchanté de faire votre connaissance : muito prazer em conhecê-lo (la)
Excusez-moi (pour demander le passage) : com licença
Hier : ontem
Je m'appelle : me chamo
Je ne comprends pas : não compreendo
Je ne parle pas portugais : não falo português
Je parle français : falo francês
Jour férié : feriado
Jour ouvrable : dia útil
L'après-midi : à tarde
Le matin : de manhã
Le soir : à noite
Mal/un peu : mal/um pouco
Merci : obrigado (a)
Pardon : desculpe
S'il vous plaît : por favor
Salut : oi
Vacances : férias

## Les jours et les heures

Lundi : segunda-feira
Mardi : terça-feira
Mercredi : quarta-feira
Jeudi : quinta-feira
Vendredi : sexta-feira
Samedi : sábado
Dimanche : domingo
Quel jour sommes-nous ? Que dia é hoje ?
Quelle heure est-il ? que horas são ?
Il est 2 h moins 20 : vinte para as duas
Il est 3 h 30 : três e meia

## Au restaurant

Bière : cerveja
Bière pression : chopp
Bœuf : boi
Café : café
Crabe : caranguejo
Crevette : camarão
Crustacés : mariscos
Eau gazeuse : àgua com gás
Eau plate : àgua sem gás
Fruits de mer : frutos do mar
Gardez la monnaie : fique com o troco
Jus de fruit : suco de fruta
L'addition svp : a conta por favor
La carte : o cardápio
Langouste : lagosta
Monsieur, il y a une erreur : o senhor se enganou
Mouton : carneiro
Poisson : peixe
Porc : porco
Poulet : frango
Thé : chá
Viande : carne
Vin rouge/blanc : vinho tinto/branco

## Shopping

| | |
|---|---|
| Bon marché : | barato |
| Cher : | caro |
| Combien ça coûte ? | quanto custa isto ? |
| Je voudrais : | gostaria |
| Plus grand : | maior |
| Plus petit : | menor |
| Pourriez-vous me donner… ? | o senhor/a senhora pode dar-me… ? |
| Taille : | tamanho |

## En voyage

| | |
|---|---|
| Bon voyage : | boa viagem |
| En voiture : | de carro |
| Un billet pour… | um bilhete para… |
| Aller et retour : | ida e volta |
| Où se trouve la rue… ? | a rua… por favor ? |
| C'est à gauche : | é à esquerda |
| C'est à droite : | é à direita |
| Tout droit : | em frente |
| La route de… | a estrada para… |
| Sortie d'autoroute : | entrada (de la ville) |
| Station-service : | posto de gasolina |

# DES LIVRES, DES DISQUES, DES FILMS

## Ouvrages généraux

*Brésil*, PEKIC (Vojislav) et Pinheira J.-C., Belfond, 1992. Géographie, histoire, culture, vie quotidienne, loisirs, à travers de nombreuses photographies.

*La Littérature brésilienne*, STEGAGNO PICCHIO (Luciana), PUF, « Que sais-je ? », 1981. Une bonne introduction à une littérature peu connue du grand public.

*Le Brésil*, THÉRY (Hervé), Masson, 1995. Pour en savoir plus sur la géographie, la société et l'histoire. Un classique.

*Le Brésil*, PEBAYLE (Raymond), PUF, « Que sais-je ? », 1992. Pour une première approche.

*Salvador de Bahia*, AMADO (Jorge), SNEP, 1984. Présentation de « sa ville » par le célèbre écrivain.

*Saudades do Brasil*, LÉVI-STRAUSS (Claude), Plon, 1994. Un retour au Brésil sur les traces des premières découvertes.

## Ethnologie et religion

*À la découverte de l'Amazonie*, CARELLI (Mario), Gallimard, « Découvertes albums », 1992. Hercule Florence, Niçois débarqué à Rio, tient de 1826 à 1829 la chronique de l'expédition scientifique du baron de Langsdorff. Un long voyage fluvial de São Paulo aux confins de la forêt amazonienne en passant par le Mato Grosso et le Grão Pará. Très beau livre d'aquarelles, par un spécialiste du Brésil.

*Brésil, épopée métisse*, CARELLI (Mario), Gallimard, « Découvertes », 1987. Une vision en images de l'épopée brésilienne.

*Les Religions africaines au Brésil*, BASTIDE (Roger), PUF, 1995. Un classique sur les influences religieuses présentes au Brésil.

*Mon combat pour la forêt*, MENDES (F. C.), Seuil, 1990. Les étapes d'une lutte pour préserver la forêt amazonienne.

*Nus, féroces et anthropophages (1557)*, STADEN (Hans), éd. Métailié, 1979, Point Seuil 1990. « Véritable histoire et description d'un pays habité par des hommes sauvages, nus, féroces et anthropophages, située dans le Nouveau Monde nommé Amérique » selon les mots de l'auteur. Passionnant.

*Orisha : les dieux yorouba en Afrique et au Nouveau Monde*, VERGER (Pierre), éd. Métailié, 1983.
*Tristes Tropiques*, LÉVI-STRAUSS (Claude), « Pocket », Plon, 1955. L'ethnologue livre aux lecteurs une réflexion sur le voyage et sur les sociétés indigènes du Brésil central dont il a partagé l'existence. Un classique.

## Histoire et société

*Brésil-Amazonie : terre d'espoir*, INTROIA (Mário), éd. A. Barthélemy, « Espaces », Avignon, 1992. Étude sociologique sur le Brésil contemporain.
*Maître et esclaves : la formation de la société brésilienne*, FREYRE (Gilberto), Gallimard, « Tel », 1978. Le livre le plus célèbre du sociologue brésilien sur « la formation de la famille brésilienne sous le régime de l'économie patriarcale ».
*Le Brésil après le miracle*, FURTADO (Celso), Maison des Sciences de l'Homme, 1987. Une étude synthétique du devenir brésilien par un spécialiste de la question.
*Carnavals, bandits et héros, ambiguïtés de la société brésilienne*, MATTA (Roberto da), Seuil, 1983. Utile pour une approche plus fine de la société actuelle.
*Histoire du Brésil*, Mauro (Frédéric), éd. Chandeigne, 1994. Une vision historique intéressante.
*Spécial Brésil*, Problèmes d'Amérique latine, La Documentation française n° 9, avril-juin 1993. Des études sur la société contemporaine.
*Rio de Janeiro*, SCHNEIER (Graciela) et MONTENEGRO (Ana Maria), revue Autrement, « Monde » n° 42, janvier 1990. Rio « hors-les-mythes ».

## Littérature

D'AMADO (Jorge), entre autres :
*Cacao*, Stock, 1984, roman engagé de la première phase du chroniqueur intarissable retraçant la vie dans les plantations au sud de Bahia ;
*Bahia de tous les saints*, Gallimard, « Folio » 1981, un roman essentiel de son œuvre où il décrit le monde marginal de Bahia.
*Dona Flor et ses deux maris*, Livre de Poche, 1985, la vie pittoresque de Dona Flor, « professeur émérite » d'art culinaire mais épouse délaissée.
*Angoisse*, RAMOS (Graciliano), Gallimard, 1991, retrace avec une grande sobriété expressive la vie d'un descendant de *fazendeiros* du Minas.
*Diadorim*, GUIMARÃES ROSA, 10/18, 1995. Le microcosme de Guimarães Rosa, le décor de tous ses récits, c'est le *sertão* du Minas. Protagonistes et situations projettent le lecteur dans un Brésil méconnu.
*L'Aliéniste*, ASSIS (Machado de), Gallimard, « Folio Bilingue », 1992.
*Liens de famille*, LISPECTOR (Clarice), Éditions des Femmes, 1989.
*Macunaíma*, ANDRADE (Mário de), Flammarion, 1979. Macunaíma, héros d'une anti-épopée ironique et moderniste, représente un Brésil multiracial (thème central d'une rhapsodie construite d'après des légendes indiennes, des anecdotes et des fables brésiliennes).
*Sécheresse*, RAMOS (Graciliano), Gallimard, 1984, retrace les tribulations d'une famille de *retirantes* (migrants) du *sertão*. Un classique de la littérature brésilienne.

## Beaux-arts et architecture

*Brésil : Recife, São Paulo, Rio de Janeiro, Brasília*, COUSIN (Jean-Pierre), Groupe Expansion magazine, 1987.
*Niemeyer, poète d'architecture*, PETIT (Jean), Fidia edizione d'arte, 1995. Les chefs-d'œuvre de l'architecte, mis en image.
*L'Or des Tropiques*, FERNANDEZ (Dominique), Grasset, 1993.

## Discographie Filmographie

Disques, voir pp.38-39 ; musique, voir pp. 78-83 ; Cinéma, voir pp. 83-85.

## Guides

*Le Guide du Routard Brésil*, Hachette, éd. annuelle.
*Brésil*, Vidéo Guides Hachette.

# INDEX

**Salvador de Bahia** : nom de lieu
*Cardoso Fernando Henrique :* nom de personnage
CARNAVAL : mot-clé
Les folios en **gras** renvoient aux textes les plus détaillés. Les folios en *italique* renvoient aux cartes et plans.

## A

**Abaeté** lagune d', 303
AÇORIENS, 207, 208
**Acre** (État d'), 245
AÉROPORTS, 41
**Agreste** (Pernambuco), 334
**Águas Santas** thermes (Minas Gerais), 193
**Alagoas** (États d'), 277, **317**, 320, 335
**Alcântara** (Maranhão), 15, **353**
*Aleijadinho* (*Antônio Francisco Lisboa*), 91, 157, 181, 185, **188**, 189, 193
*Alencar José de* (1829-1877), **87**, 343
**Alfavaca** îles (Rio de Janeiro), 122
*Almeida Júnior*, 160
*Alpoim José Pinto de*, 183, 188
*Amado Jorge*, 89, 216
**Amapá** (État d'), 245
*Amaral Tarsila do*, 92, 161
**Amazonas** (État de l'), 245, **263**
**Amazonas** fleuve, 63, 246, 250, 255, **262**, 263, 271
**Amazonie**, 54, 200, 244, **245**, 248, 250
*Amerigo Vespucci*, 48
**Anavilhanas** archipel (Manaus), 273
**Anchieta** île (São Paulo), 173
*Andrade Mário de*, 88
*Andrade Oswald de*, 88
**Angra dos Reis** (Rio de Janeiro), 10, 145, 146
**Anhangabaú** vallée d' (São Paulo), 150
**Antonina** baie d' (Paraná), 12, 205, 206
**Aquidauana** montagnes d' (Centre-Ouest), 228
**Aquiraz** (Ceará), 15, **345**
**Aracati** (Ceará), 15, **347**
**Arajo** île (Rio de Janeiro), 149

**Aratu** (Bahia), 308
**Arembepe** (Bahia), 14, **310**
ARENA Alliance rénovatrice nationale, 57
**Argentine**, 196, 198, **199**
**Arraial da Ajuda** (Bahia), 14, **317**
**Arraial do Cabo** (Rio de Janeiro), 10, **142**
ARTS PLASTIQUES, 90
**Asunción** (Paraguay), 197
AVION, 20, 41
AXÉ MUSIC, 82

## B

BABAÇU, 352
**Bahia** (État de), 277, 308, **310**
BANDEIRANTES, **49**, 50, 160
BANIWAS, Indiens, 275
**Barão de Melgaço** (Mato Grosso), 12, **238**
*Bardi Pietro*, 160
BAROQUE, 87, **90**, 185, 190, 191
BARRA DE SÃO JOÃO (Rio de Janeiro), 143
**Barra de São Miguel** (Alagoas), 319
*Barreto Lima*, 83
**Beberibe** (Ceará), 346
**Beberibe** rivière, 322
**Belém** (Pará), 13, 245, 247, **251**, *253*, 263
**Belo Horizonte** (Minas Gerais), 10, 177
**Bertioga** (São Paulo), 10
*Bezzi Tomazzo*, 162
**Blumenau** (Santa Catarina), 211
*Bo Bardi Lina*, 93, 157
**Boa Vista** (Roraima), 245
**Boipeba** île de (Bahia), 315
BORORÓS, Indiens 234, 242

*Pendant vos vacances,
pensez à ceux que
vous aimez…
une petite carte
fait toujours plaisir.*

**Avec la Carte France Télécom,
tous les téléphones sont un peu le vôtre
depuis la France et l'étranger.**

Grâce à votre code personnel, le montant
de la communication sera automatiquement
débité sur votre facture téléphonique.

Sans abonnement, elle est délivrée
immédiatement dans toutes les Agences
France Télécom. Renseignez-vous
gratuitement au **N°Vert 0 800 202 202**

**France Telecom**

Bossa-nova, 78
**Botafogo** anse de (Rio de Janeiro), 125
**Botinas** îles (Rio de Janeiro), 146
**Brasília**, 12, 93, 116, 219, **220**, *223*
    Adresses, 225
    Buriti (pça do), 224
    Catedral N.-D. Aparecida, 224
    Centro Poli-esportivo, 222
    Congresso Nacional, 225
    Église N.-D. de Fátima, 222
    Éspaço Lúcio Costa, 225
    Esplanada dos Ministérios, 224
    Memorial JK, 224
    Ministério da Justiça, 224
    Museu da Cidade, 225
    Palácio da Alvorada, 225
    Palácio da Justiça, 225
    Palácio do Planalto, 225
    Palácio dos Arcos, 224
    Panteão da Liberdade, 224
    Paranoá lac, 225
    Pombal, 225
    Santuário Dom Bosco, 222
    Secteur des Ambassades, 225
    Secteur résidentiel, 222
    Teatro Nacional, 224
    Tour de Télévision, 222
    Três Poderes (pça dos), 224
    Universidade, 225
*Brecheret Vítor*, **160**, 161
BRÉSILITÉ, 188
BUENOS AIRES (Argentine), 197
BUMBA-MEU-BOI, 354
**Burle-Marx**, 124, 160, 161, 177, 178, 224, 225
**Búzios**, 10, **143**

# C
**abo de Santo Agostinho** (Pernambuco), 334
**Cabo Frio** (Rio de Janeiro), 10, **142**
*Cabral Pedro Álvares*, 47, 109, 316
**Cáceres** (Mato Grosso), 12, 233, 237
**Cachoeira** (Bahia), 13, 311, **312**
**Cachoeirinha** cascade (Mato Grosso), 236
CAETÉS, Indiens, 317, 318, 320, 330
CAFÉ boom du, 150
**Cagarras** îles (Rio de Janeiro), 121
CAIGANGUES, Indiens, 196
CAIPIRINHA cocktail, 30
**Calhetas** (Pernambuco), 334
CAMAÇARI pôle pétrochimique (Bahia), 310
**Campo Grande** (Pantanal Sud), 242
CANDOMBLÉ, **74**, **286**, **287**, 289

CANGACEIRISMO, 278
CAOUTCHOUC boom du, 252, **263**, 340
CAOUTCHOUC cycle du, 54
**Capibaribe** rivière, 322, 324
CAPOEIRA, 285
**CaráCará** réserve du (Mato Grosso), 232
CARAJAS centre minéralier (Amazonie), 248, 348
*Cardoso Fernando Henrique*, 11, **62**
CARIJOS, Indiens, 207
CARIOCAS habitants de Rio, 100
CARNAVAL, 80
    CarNatal (Natal), 337
    Fortal (Fortaleza), 344
    Olinda, 329
    Rio, 100
    Salvador, 106, 282
**Carrapicho** (Sergipe), 321
**Caruaru** (Pernambuco), 14, **335**
*Castelo Branco Humberto*, 58
**Ceará** (État du), 277, **340**, 345, 346
CEARENSE, 343
**Cedro** île (Rio de Janeiro), 148
**Centre-Ouest**, 218, **219**
*Ceschiatti Alfredo*, 177, 224
**Chacororé** baie de (Mato Grosso), 238
CHANGE, 27
**Chapada Diamantina** (Bahia), 14, **314**, 315
**Chapada dos Guimarães** (Mato Grosso), 12, **236**
*Chateaubriand Assis*, 157
CHOROL, 78
CHURRASCO, 29
CINÉMA, 83
CIRIO DE NAZARÉ, 259
**Ciudad del Este** (Paraguay), 198
*Clark Lígia*, 161
*Coelho Gonçalo*, 207
*Collor de Mello Fernando*, 62, 279
*Colomb Christophe*, 48
COMPAGNIE DES INDES OCCIDENTALES, 49
COMPAGNIES AÉRIENNES, 21, 42
**Comprida** île (Rio de Janeiro), 121, 124
**Conceição** lagune da (Santa Catarina), 207
**Congonhas do Campo** (Minas Gerais), 10, **189**
CONSTITUTION, 62
**Corcovado** (Rio de Janeiro), 104, **118**
**Coroa do Avião** île (Pernambuco), 333

# INDEX

**Corumbá** (Mato Grosso do Sul), 12, 233, **239**
*Costa Ataíde Manuel da*, 91, 157, 188, 189
*Costa Cláudio Manuel da*, 184
**Costa do Sol**, 10, **141**
*Costa e Silva Arthur da*, 58
*Costa Lúcio*, 12, 93, 220, 293
**Costa Verde**, 7, **144**
COZIDO, 28
**Cristo Redentor** (Rio de Janeiro), 118
**Cuiabá** (Pantanal Nord), 12, **234**, 237
**Cuiabá** fleuve, 237
CUISINE, 28, 308
**Cumbuco** (Ceará), 15, **346**
**Curitiba** (Paraná), 11, **202**
CURITIBANOS, 204

## D. Câmara Helder, 59, 73
*D. João II*, 50
*D. João VI*, **51**, 109
*D. Pedro I*, 51, **52**, 109, 162
*D. Pedro II*, **53**, 108, 140, 141
**Dedo de Deus** pic (Teresópolis), 139
DÉSANAS, Indiens, 275
*Di Cavalcanti*, 92, 160, 224
*Diegues Carlos*, 83
**Do Mel**, île (Paraná), 206
*Duarte Anselmo*, 83
*Duarte Coelho*, 320

## Embu (São Paulo), 10, 169
**Encontro das águas** (Manaus), 271
ENGENHOS, 49, 148
ESCLAVAGE, 53
**Espírito Santo** (État de), 99
ESTADO NOVO, 56
**Estrada do Coco** (Bahia), 310
EXU, 73, 286

## Favelas, 100, 265, 322
FAZENDAS, 233
**Feia** lagune (Rio de Janeiro), 141
FEIJOADA, 28
FEITORIAS, 48
FETES, 31
*Figueiredo João Baptista*, 59
**Florianópolis** (Santa Catarina), 12, **207**, 209, 212
FOCAGE, 239
*Fonseca Deodoro da*, 54
**Fontes**, îles das (Bahia), 311
FORMALITÉS, 21
**Fortaleza** (Ceará), 15, **340**

**Foz do Iguaçu** voir Iguaçu
**Frades** île dos (Bahia), 311
FRESCÕES, 105
FREVO, 329
FUNAI, Fondation Nationale de l'Indien, 67
FUROS, 246

## Gaijins, 162
**Garganta do Diabo**, cascade (Paraná), 197, **198**, 200
GARIMPEIRO, 183
GAUCHOS, 213
*Geisel Ernesto*, 59
*Giorgio Bruno*, 222
**Goiás** (État du), **219**, 220
*Gonçalves Dias*, 87
*Gonzaga Tomás Antônio*, 186
*Goodyear Charles*, 263
*Goulart João*, 57, 214
**Governador** île do (Rio de Janeiro), 125, **129**
**Grande** île (Rio de Janeiro), **145**, 146
**Grão Pará** (État du), 255
GRAVIOLA, 251
GUAIANAS, Indiens, 147
**Guaíba** fleuve, 211
GUAICURUS Indiens, 234
**Guajará** baie de (Amazonie), 254
**Guanabara** baie de (Rio de Janeiro), 100, 116, 141
GUARANA, 267
**Guarujá** (São Paulo), 10, **172**

## Hébergement, 31
HEURE LOCALE, 32
HIXKARYANAS, Indiens, 275
HOLLANDAIS, **49**, 296, 321, 323, 330, 333
HORAIRES, 33

## Icapuí (Ceará), 15
**Icoaracı́** (Pará), 13, **261**
*Iemanjá*, 77
*Ifá*, 73
IGAPOS, (Amazonie), 246
IGARAPÉS, (Amazonie), 246
**Igarassu** (Pernambuco), 14, 321, **332**
**Iguaçu** chutes d' (Paraná), 10, 194, **196**, 203
**Iguaçu** fleuve, 196, **198**, 200
**Iguape** (Ceará), 345
**Ilhabela** (São Paulo), 10, **173**

**Ilha do Algodão** (Rio de Janeiro), 148
**Ilhéus**, 14, 314, **316**
IMMIGRATION, 70
INCONFIDENCIA BAIANA, 51
INCONFIDENCIA MINEIRA, 51, 87
INDIENS, 249
INFORMATIONS TOURISTIQUES, 33
**Ipojuca** (Pernambuco), 334
**Iranduba** (Amazonas), 273
**Itacuruçá** (Rio de Janeiro), 7, 144, 145
**Itaipu** barrage d' (Paraná), **200**
**Itajaí** vallée de l' (Santa Catarina), 12, 207, **210**
**Itamaracá** île d' (Pernambuco), 14, 333
**Itapagipe** péninsule d' (Salvador), 299
**Itaparica** île (Bahia), 299, **311**
**Itapuã** (Bahia), 310

**J**aguanum île (Itacuruçá), 145
**Jaguaribe** fleuve, 346
**Jangada**, 276, 348
JARDINEIRAS, 105
**Jericoacoara** (Ceará), 15, **346**
JOURS FÉRIÉS, 31
**Juazeiro** (Bahia), 279

**K**ADIWÉUS, Indiens, 242
*Kubitschek Juscelino*, **56**, 177, 220

**L**ampião, 55
LANGUE, 34
*Le Corbusier*, **93**, 178
**Lençóis** (Bahia), 14, 50, 314, **315**
**Lençóis** fleuve, 315
LIBRAIRIES, 23
*Lima Jr. Walter*, 144
LINHA TURISMO (Curitiba), 203
**Linha Verde**, 170
*Lisboa Antônio Francisco*, voir « Aleijadinho »
*Lisboa Manuel Francisco*, 183, 185, 188
*Lispector Clarice*, 89
LITTÉRATURE, 87
LITTÉRATURE DE CORDEL, 335
*Locatelli Aldo*, 214

**M**acapá (Amapá), 245
*Macedo Joaquim Manuel de*, 87
**Maceió** (Alagoas), 14, 317, **318**
*Machado de Assis*, 88
**Macuco** cascade du (Paraná), 200

MACUMBA, 76
**Madre de Deus** île (Bahia), 311
*Malfatti Anita*, 92, 157, 160, 161
**Mambucaba** (Rio de Janeiro), 10, **146**
**Manaus** (Amazonas), 13, 245, 247, 250, **262**, *264-265*
    Adresses, 273
    Centre, 267
    Musées, 270
    Plages, 271
    Port, 266
    Promenades sur le fleuve, 271
    Séjours en forêt, 271
    Teatro Amazonas, 270
**Mangaratiba** (Rio de Janeiro), 10, **145**
**Maragogi** (Alagoas), 318
**Marajó** île de (Pará), 13, 250, 251, 255, 260, **261**
MARAJOARA, 261, 262
MARAJOS, Indiens, 259, 260
**Maranhão** (État du), 50, **277**
**Marapendi** lagoa de (Rio de Janeiro), 123
**Maré** île de (Bahia), 311
**Marechal Deodoro** (Alagoas), 14, 317, **320**
**Margarida** île de (Mato Grosso do Sul), 242
**Mariana** (Minas Gerais), 10, 177, **188**
**Marumbi** pic (Paraná), 205
MATA DE IGAPO, 246
MATA DE TERRA FIRME, 247
MATA DE VARZEA, 247
**Mato Grosso** (État du), 219, 228, 233
*Matos Gregório de*, 87
*Mauro Humberto*, 83
MDB, Mouvement démocratique brésilien, 57
**Meio** île do (Rio de Janeiro), 122
*Meirelles Vítor*, 92
MERCOSUL, 199
**Minas Gerais** (État du), 18, 99, *174-175*, **176**
**Miranda** (Mato Grosso do Sul), 12, **242**
**Miranda** fleuve, 228, 242
MODERNISME, 89
MONNAIE, 22
*Montigny Grandjean de*, 92, 107
MOQUECA DE PEIXE, 304
*Morães Vinícius*, 100
**Morretes** (Paraná), 11, **206**
**Morro de São Paulo** (Bahia), 14, **316**
**Mosqueiro** île (Pará), 261
**Mundaú** lagune de (Alagoas), 318

## LE BRÉSIL, VOUS LE PRÉFÉREZ EMPAILLÉ OU PLUS VIVANT QUE NATURE ?

Eh *oui*, nous sommes de votre avis, les pièges à touristes, les endroits ordinaires, les vues d'autocar, très peu pour vous. El Condor est le T.O. spécialiste de l'AMÉRIQUE LATINE. Expérience, respect du client et prix justes sont ses 3 points forts... depuis 22 ans.

*Renseignez-vous dans votre agence de voyages ou au 01 40 60 21 10.*

**Circuit 8 jours**
8 570 F* Paris/Paris :
Rio, Iguassu.
**Circuit 10 jours**
11 940 F* Paris/Paris :
Salvador de Bahia,
Iguassu, Rio.
**Circuit 14 jours**
16 850 F* Paris/Paris :
Salvador de Bahia, Iguassu,
Brasilia, Amazonie,
Rio de Janeiro.
* prix à partir de

ACCOR

# EL CONDOR
*Aller Retour vers l'authentique*

séjours/circuits/voyages à la carte/voyages en groupe

**Nariz de Frade** pic (Teresópolis), 139
**Natal** (Rio Grande do Norte), 336
**Nazaré** (Bahia), 14, **314**
**Negro** fleuve, 228, 263, **266**, 270
Néo-modernisme, 89
*Neves Carlos Alberto*, 222
*Neves Tancredo*, 59
**Nhundiaquara** rivière (Paraná), 206
*Niemeyer Oscar*, 12, 93, 101, 157, 160, 161, 177, 178, 220, **221**, 224
**Niquim** fleuve, 319
**Niterói** (Rio de Janeiro), 141, **142**
**Nordeste**, 54, 277, *280-281*
Nordestins, 158, 159
**Nova Jerusalém** (Pernambuco), 14, **336**
Novela, 85
*Nuñez Alvar*, 197

**Olinda** (Pernambuco), 14, 321, 323, **329**
    Convento de São Francisco, 330
    Igreja da Misericórdia, 330
    Igreja N.-D. da Graça, 330
    Igreja N.-D. do Carmo, 331
    Mercado da Ribeira, 331
    Mercado Eufrásio Barbosa, 332
    Museu de Arte Contemporânea, 331
    Museu de Arte Sacra de Pernambuco, 331
    Sé (pça da), 331
**Olivença** (Bahia), 316
*Orellana Francisco*, 247
Orixa, 75
**Ouro Preto** (Minas Gerais), 10, **181**, *182*, 187, 315
    Casa dos Contos, 184
    Chafariz de Marília, 186
    Minas de Chico Rei, 186
    Museu Casa Guignard, 184
    Museu da Inconfidência, 183
    Museu da Mineralogia, 183
    N.-D. da Conceição de Antônio Dias, 185
    N.-D. do Carmo, 183
    N.-D. do Pilar, 184
    N.-D. do Rosário dos Pretos, 184
    Padre Faria, 186
    Santa Efigênia, 186
    São Francisco de Assis, 184
    São Francisco de Paula, 184
    São José, 184
    Teatro Municipal, 183

**Pajelança**, 76
**Palmas do Tocantins** (Tocantins), 245
**Palmas** îles (Rio de Janeiro), 121, 124
**Pantanal** (Centre-Ouest), 12, 219, **228**, *230*
    Nord, 233
    Safari-photo, 229
    Sud, 238
**Pão de Açúcar** (Rio de Janeiro), 120
**Papagaio** sommet (Rio de Janeiro), 124, 125
**Pará** (État du), 245, **255**
**Paraguay**, 196, 198, 201
**Paraguay** fleuve, 228, 234, **237**, 239, 242
**Paraíba** (État du), 277
**Paraná** (État du), 196
**Paraná** fleuve, 198, 200
**Paranaguá** (Paraná), 12, 205, **206**
**Paranaguá** baie de (Paraná), 205
Paranas, 246
**Parati** (Rio de Janeiro), 10, 99, 145, **147**, 173
Parcs nationaux
    de la Chapada Diamantina (Bahia), 314
    du CaráCará (Mato Grosso), 240
    d'Iguaçu (Paraná), 16, 198
    du Monte Pascoal (Bahia), 317
    de la Serra da Bocaina (Rio de Janeiro), 149
    de la Serra dos Órgãos (Rio de Janeiro), 140
    da Tijuca (Rio de Janeiro), 123, **124**
*Parreiras Antônio*, 92, 142
**Patos** lagune dos (Rio Grande do Sul), 212
**Pedra do Sino** (Teresópolis), 140
*Pedro Joaquim*, 83
*Pelé* (Edson Arantes do Nascimento), 40, 170
**Penedo** (Alagoas), 14, 317, **320**
**Pernambuco** (État du), 50, **321**, 326
Pernambucos, 331
Petrobras, 95
**Petrópolis** (Rio de Janeiro), 10, **140**
**Piabinha** rivière, 140
**Piauí** (État du), 277

**Pico 31 de Março** (frontière du Venezuela), 63
**Pico da Bandeira** (Minas Gerais), 63, 176
**Pico da Neblina** (Nord), 63
**Pico das Agulhas Negras** (Minas Gerais), 176
**Pinheiros** rivière, 152
*Pinzón Vicente*, 48
PIPA (Natal), 340
*Piquet Nelson*, 170
**Pirapora** (Minas Gerais), 279
PIVETES, 154
PLAGES, 16
    Botafogo (Rio de Janeiro), 104
    Copacabana (Rio de Janeiro), 104, 120
    Das Conchas (Cabo Frio), 142
    Do Arpoador (Rio de Janeiro), 121
    Do Forte (Bahia), 310
    Do Forte (Cabo Frio), 143
    Do Lokau (Rio de Janeiro), 123
    Do Morro Branco (Beberibe), 346
    Do Pero (Cabo Frio), 142
    Dos Artistas (Natal), 337
    Flamengo (Rio de Janeiro), 104
    Ipanema (Rio de Janeiro), 104, 121
    Jericoacoara, 347
    Leblon (Rio de Janeiro), 104, 121
    Leme (Rio de Janeiro), 120
    Mucuripe (Fortaleza), 342
    Pedra do Sal (Salvador), 302
    Ponta Negra (Natal), 337
    Porto de Galinhas (Pernambuco), 334
PLAN CRUZADO, 62
PLAN REAL, 62
PLANTES MÉDICINALES, 267
**Plata** fleuve, 236
**Poconé** (Mato Grosso), 236
POIDS ET MESURES, 36
POLITESSE, 35
*Pombal marquis de*, 50
**Pont Rio-Niterói** (Rio de Janeiro), 142
**Pontuda** île (Rio de Janeiro), 122
POROROCA, 262
**Portão do Inferno** canyon (Mato Grosso), 236
*Portinari Cândido*, 93, 160, 177

---

# LE BRÉSIL

Qu'il s'agisse d'un vol, d'un voyage à la carte, d'un séjour ou d'un circuit, dans différentes catégories d'hôtels (économiques, charmes, standards, luxes), les spécialistes de Voyageurs en Amérique du Sud sauront vous conseiller pour choisir votre voyage.

**Voyageurs**
EN AMÉRIQUE DU SUD

>> Demandez nos brochures 2,23F/mn
**3615 VOYAGEURS**
www.vdm.com
sur internet

Paris - 55, rue Sainte-Anne 75002 - ☎ 01 42 86 17 70
Toulouse - 12, rue Gabriel Péri 31000 (1er étage) - ☎ 05 62 73 56 46
Lyon - 5, quai Jules Courmont 69003 (à compter du 15/02/99) - ☎ 04 72 56 94 56

**Porto Alegre** (Rio Grande do Sul), 12, **212**
Porto Alegrenses, 213
**Porto de Galinhas** (Pernambuco), 334
**Porto Jofre** (Mato Grosso), 234
**Porto Murtinho** (Mato Grosso do Sul), 12, **242**
**Porto Seguro** (Bahia), 14, **316**
**Porto Velho** (Rondônia), 245
Poste, 35
**Potengui** fleuve, 337
Pourboire, 37
Presse, 34
**Puerto Iguazu** (Argentine), 198, 200
Pupunha, 251

**Q**uadros *Jânio*, 57
**Queimadas brûlis** (Amazonie), 248
Quilombos, 50
**Quitandinha** rivière, 140
Radio, 35
**Raposa** (Maranhão), 15, **352**
**Rasa** île (Rio de Janeiro), 121, 124
*Rasilly François de*, 347

**R**ecife (Pernambuco), 14, 49, 279, 321, **322**, 330, 340
    Adresses, 328
    Basilique N.-D. da Penha, 325
    Capela Dourada, 323
    Casa da Cultura, 324
    Catedral São Pedro dos Clérigos, 323
    Forte das 5 Pontas, 324
    Forte do Brum, 325
    Madre de Deus, 325
    Musées, 325
    N.-D. do Rosário dos Homens Pretos, 323
    N.-D. do Carmo, 324
    N.-D. da Conceição dos Militares, 324
    N.-D. do Livramento, 325
    Pilar (église do), 325
    Santo Antônio (église), 323
    Teatro Santa Isabel, 323
**Recôncavo** musée du (Bahia), 13, **312**
**Recreio dos Bandeirantes**, (Rio de Janeiro), 123
*Rego Monteiro Vicente do*, 160
Religions afro-brésiliennes, 74
    Candomblé, 74
    Macumba, 76
    Umbanda, 76
Religions pentecotistes, 77
Restaurants, 28 (voir aussi ville par ville)
Restinga, 123
**Ribeira Marinha dos Arrecifes**, 323
**Ribeirão da Ilha** (Santa Catarina), 207
**Rio Branco** (Acre), 245
**Rio de Janeiro**, 7, 99, **100**, *102-103*, *110-111*, *118-119*, *122-123*, *128-129*, 197
    Açude da Solidão, 125
    Adresses, 130
    Alvorada, 104
    Antiga Catedral metropolitana, 109
    Arco de Teles, 108
    Arcos da Lapa ou aqueduto da Carioca, 114
    Barra da Tijuca, 104, 122
    Biblioteca Nacional, 112
    Campo de Santana, 114
    Capela Mayrink, 125
    Carnaval, 100, 101
    Casa de Rui Barbosa, 117
    Casa França-Brasil, 108
    Cascatinha Taunay, 125
    Castelo, 104
    Catedral metropolitana São Sebastião, 115
    Centre, 105
    Centro cultural Banco do Brasil, 108
    Convento de Santo Antônio, 113
    Copacabana, 120
    Corcovado, 100, 118, 125
    Cosme Velho, 124
    Cristo Redentor, 100, 118
    Dona Marta belvédère, 125
    Feira de São Cristóvão, 125
    Fêtes et loisirs, 105
    Flamengo parc du, 115
    Guanabara baie de, 128
    Jardim Botânico, 117
    Laranjeiras, 124
    Large (parc), 117
    Leblon quartier, 122
    Lokau (plage), 123
    Maracanã stade, 103, 105, **128**
    Mesa do Imperador, 124
    Monumento aos mortos, 115
    Mosteiro et igreja de São Bento, 107
    Museu Chácara do Céu, 116
    Museu da Imagem e do Som, 112
    Museu da República ou Palácio do Catete, 116

*Pense pas-bêtes*

**CINQ SUR CINQ TROPIC.**
**Lotion préventive, protège contre les piqûres d'insectes européens et tropicaux pendant 6 à 8 heures.**

Demandez conseil à votre pharmacien.

Museu de Arte Moderna
(MAM), 115
Museu do Açude, 124
Museu do Carnaval, 114
Museu do Índio, 117
Museu Histórico Nacional, 109
Museu Nacional de Belas Artes,
112
Museu Villa-Lobos, 117
N.-D. da Candelária, 107
N.-D. da Conceição
e Boa Morte, 113
N.-D. da Lapa dos Mercadores,
108
N.-D. do Carmo da Lapa
do Desterro, 114
N.-D. do Monte do Carmo, 108
N.-D. do Outeiro da Glória, 116
Ordem Terceira
de São Francisco da Penitência
(église da), 113
Paço Imperial, 109
Palácio da Cultura, 112
Palácio do Itamarati, 114
Palácio Tiradentes, 109
Pão de Açúcar, 120
Paquetá île de, 129
Passeio Público, 113
Plages, 120, 123
Quinta da Boa Vista (parc), 125
Rio das ladeiras, 115
Sambodrome, 101
Santa Cruz dos Militares
(église), 108
São Conrado, 124
São Cristóvão, 104
São Francisco de Paula (église),
113
São José (église), 109
Sports, 106
Teatro Municipal, 113
Tijuca (forêt da), 124
Vista Chinesa belvédère, 124
Zone nord, 105, 125
Zone sud, 105, 115
**Rio de Janeiro** (État de), 99
**Rio Grande do Norte** (État du),
277, 336
**Rio Grande do Sul** (État du), 150,
176, 196, 211
*Rocha Glauber*, 83
**Rodrigo de Freitas** lagune (Rio de
Janeiro), 100
Romantisme, 87
**Rondônia**, 245
**Roraima** (État de), 245
*Rosa Guimarães*, 90

S*á Estácio de*, 48
**Sabará** (Minas Gerais), 10, 176, **180**
**Salvador** (Bahia), 6, 13, **279**, *288*,
292, *300*
Adresses, 303
Ascenseur Lacerda, 295, 298
Carmo (église et couvent), 294
Carnaval, 282
Casa dos Azulejos, 299
Catedral basílica, 290
Chafariz do Terreiro, 290
Fêtes et loisirs, 289
Forte de São Marcelo, 298
Mercado Modelo, 299
Museu Abelardo Rodrigues, 293
Museu Afro-Brasileiro, 291
Museu da Cidade, 294
Museu da Santa Casa
da Misericórdia, 295
Museu de Arte Sacra, 296
N.-D. de Mont Serrat, 301
N.-D. do Rosário dos Pretos,
294
Ordem Terceira de São
Domingos (église), 291
Ordem Terceira
de São Francisco (église), 293
Ordem Terceira
do Carmo (église), 294
Paço Municipal, 295
Palácio Rio Branco, 295
Plages, 301
Santa Luzia do Pilar (église),
299
Santa Tereza (église
et couvent), 296
São Bento (église et couvent),
296
São Francisco (église
et couvent), 291
São Pedro dos Clérigos (église),
291
Solar do Unhão, 298
Ville basse, 287, 298
Ville haute, 288, 290
**Salvaterra** (Pará), 262
Samba, 78, 101, 104
**San Martin** îlot (Paraná), 200
**Santa Catarina** (État de), 12, 196,
206
**Santa Catarina** île de
(Florianópolis), 207
**Santarém** (Pará), 260
Santé, 21, 37

# INDEX

**Santo Amaro da Purificação** (Bahia), 14, 312
**Santo Amaro** île (São Paulo), 172
**Santo Antônio de Lisboa** (Santa Catarina), 207
**Santo Antônio** île (Bahia), 311
**Santos** (São Paulo), 10, 172
*Santos Nelson Pereira dos*, 83
**São Francisco** fleuve, 64, 279, 320
**São João Del Rei** (Minas Gerais), 10, **192**
**São José** fleuve, 315
**São Lourenço**, 142
**São Luís do Maranhão**, 15, 49, 348
    Adresses, 351
    Cafuá das Mercês, 350
    Casa da Tulha, 350
    Centre historique, 349
    Église do Desterro, 350
    Fonte do Ribeirão, 350
    Museu Histórico do Maranhão, 350
    Palácio de la Ravardière, 349
    Palácio do Arcebispo et l'église da Sé, 349
    Palácio dos Leões, 349
    Projeto Reviver, 348
    Teatro Arthur Azevedo, 350
**São Luís** île de (Maranhão), 347
**São Marcos** baie de Alcântara (Maranhão), 353
**São Paulo**, 10, 99, *138-139*, **150**, *151*, *155*, 158, 159, 171, 197
    Adresses, 163
    Bela Vista, 156
    Casa do Bandeirante, 162
    Chá viaduc du, 156
    Cidade Universitária, 162
    Copan immeuble, 156
    Fêtes, 153
    Fondation Óscar Americano, 161
    Ibirapuera (parc), 160
    Independência (parc da), 162
    Institut Butanta, 162
    Jardim da Luz, 157
    Memorial da América Latina, 157
    Monument aux Bandeiras, 160
    Morumbi (bois du), 161
    Musée d'Art Contemporain (MAC), 161, 162
    Musée d'Art de São Paulo (MASP), 157
    Musée d'Art Moderne (MAM), 161
    Musée d'Art Sacré, 157
    Musée de l'Image et du Son (MIS), 160
    Musée du Folklore, 161
    Musée Lasar Segall, 161
    Musée Paulista ou musée do Ipiranga, 162
    Palais des Bandeirantes, 161
    Pavillon de la Biennale d'Art, 161
    Pinacoteca do Estado, 157
    Planétarium, 161
    Région centrale, 152
    Sports, 168
    Teatro Municipal, 156
    Terraço Itália, 156
    Université de São Paulo (USP), 161
    Viaduc Santa Ifigênia, 156
    Vieux centre, 153
    Zone centrale, 157
    Zone est, 152, 162
    Zone nord, 152
    Zone ouest, 152, 162
    Zone sud, 152, 157
**São Paulo** (État de), 99, 145, 157
**São Sebastião** (São Paulo), 173
**São Vicente** île (São Paulo), 170
*Sarney José*, 62, 279
Saudade, 70
Sécurité, 37
*Senna Ayrton*, 170
**Sepetiba** baie de (Itacuruçá), 145
**Sergipe** (État de), 277, 320
**Serra da Bodoquena** (Centre-Ouest), 228
**Serra da Mantiqueira** (Minas Gerais), 176
**Serra do Espinhaço** (Minas Gerais), 176
**Serra do Sincorá** (Bahia), 315
**Serra dos Carajás** (Amazonie), 255
Sertanejo, 66
**Sertão**, (Nordeste), 277, 278
Shopping, 38
**Siá Mariana** baie de (Mato Grosso), 238
*Silva Luís Inácio Lula da*, 59
Sobrado, 351
**Solimões** fleuve, 266, 270
*Sousa Martim Afonso de*, 48
**SPI**, Service de Protection de l'Indien, 67
Spiritisme, 76
Sports, 39, 44
Sud, 199
Sudene, 279
Sudeste, 99, 150

## T

TABAJARAS, Indiens, 330, 343
**Taiamã** île de (Mato Grosso), 237
TAILLES ET POINTURES, 41
TAPAJOS, Indiens, 260
**Taquari** fleuve, 228
**Teatro Amazonas** (Manaus), 255, 264
TÉLÉVISION, 34, 84
TERENAS, Indiens, 242
**Teresópolis** (Rio de Janeiro), 10, 140
TERREIRO, 74
**Tijuca** sommet (Rio de Janeiro), 124
TIKUNAS, Indiens 275
**Tinharé** île de (Bahia), 315
**Tiradentes** (Minas Gerais), 10, 193
*Tiradentes*, 193
**Tocantins** (État du), 245
TOILETTES, 41
*Tomé de Souza*, 48
TORDESILLAS traité de, 47
*Touche Daniel de la*, 348
**Tous les Saints** baie de (Bahia), 279, 287, 311
**Trancoso** (Bahia), 14, 317
**Transpantaneira** route (Mato Grosso), 12, 236, 239, 241
TRANSPORTS, 41
TROPICALISME, 58
TROPICALISTES, 79
TUKANOS, Indiens, 275
TUPI, 66

## U

**U**batuba (São Paulo), 10, 173
**Uberaba** lagune d', 237
UMBANDA, 76
URGENCE, 46
**Urucu** baie, 267
**Uruguay**, 212

## V

**V**acas îles das (Bahia), 311
VACCINATIONS, 21
*Valentim*, 91, 114, 116, 157
*Vargas Getúlio*, 55
**Várzea Grande** (Mato Grosso), 234
*Veríssimo Érico*, 216
*Vespucci Amerigo*, 143, 279
**Véu de Noiva**, cascade, (Mato Grosso), 238, (Paraná), 205
**Vila Velha** (Paraná), 203
**Vila Velha** (Pernambuco), 333
*Villa-Lobos Heitor*, 82
*Vitalino*, 335
VOLTAGE, 46
VOYAGE ORGANISÉ, 21

## X

XAVANTES, Indiens, 234
XINGUS, Indiens, 234

## Y

YANOMANIS, Indiens, 274

# VIDÉO GUIDES HACHETTE
## *Et le rêve commence...*

**GRATUIT : UN GUIDE PRATIQUE**
**FILM INÉDIT**

**VIDEO GUIDES** — 55 mn

**Brésil**

*L'Amérique au...*

HACHETTE

---

**GRATUIT : UN GUIDE PRATIQUE** — **FILM INÉDIT**

**VIDEO GUIDES** — 55 mn

1 - SKI EN FRANCE (épuisé)
2 - LES ÎLES FRANÇAISES DU PACIFIQUE (nouveau film)
3 - PARIS (nouvelle édition)
4 - NEW YORK (nouvelle édition)
5 - AUSTRALIE (nouveau film)
6 - ANTILLES (épuisé) : Guadeloupe, Martinique
7 - USA CÔTE OUEST (épuisé)
8 - PARIS RÉTRO (épuisé)
9 - CANADA (3ème édition)
10 - GRÈCE (nouvelle édition) : Athènes et les îles
11 - AUTRICHE (nouvelle édition)
12 - ÉGYPTE (nouvelle édition)
13 - FLORIDE (nouvelle édition)
14 - LE QUÉBEC (nouvelle édition)
15 - LA RÉUNION (nouvelle édition)
16 - ATTRACTIONS EN FLORIDE (nouvelle édition)
17 - LONDRES (nouvelle édition)
18 - TUNISIE (nouvelle édition)
19 - TEXAS / NOUVEAU-MEXIQUE
20 - ÎLE MAURICE (nouvelle édition)
21 - CHÂTEAUX DE LOIRE
22 - THAÏLANDE (nouvelle édition)
23 - MARTINIQUE (nouvelle édition)
24 - GUADELOUPE (nouvelle édition)
25 - L'OUEST CANADIEN (nouveau film)
26 - SAN FRANCISCO (nouvelle édition)
27 - LOUISIANE / MISSISSIPPI
28 - GUYANE
29 - VIET-NAM (nouvelle édition)
30 - BANGKOK (nouvelle édition)
31 - CUBA (nouvelle édition)
32 - LOS ANGELES
33 - IRLANDE
34 - LE MONT ST-MICHEL ET SA BAIE
35 - TAHITI ET LA POLYNÉSIE FRANÇAISE
36 - TANZANIE
37 - NORVÈGE
38 - LA RÉUNION 2
39 - LES SEYCHELLES
40 - CHINE
41 - BALI
42 - L'ÉGYPTE PHARAONIQUE
43 - LE SINAÏ
44 - LES CARAÏBES SUD
45 - LES CARAÏBES NORD
46 - PLONGÉE SOUS-MARINE EN POLYNÉSIE FRANÇAISE
47 - MASSACHUSETTS
48 - ANGLETERRE
49 - SRI LANKA
50 - NOUVELLE-CALÉDONIE
51 - PARCS NATIONAUX DU FAR WEST N° 1
52 - MEXIQUE
53 - PORTUGAL
54 - CHYPRE
55 - BRÉSIL
56 - LES MALDIVES
57 - TOSCANE
58 - LA DÉSIRADE – MARIE-GALANTE LES SAINTES – LA DOMINIQUE
59 - PARCS NATIONAUX DU FAR WEST N° 2
60 - PÉROU
61 - AFRIQUE DU SUD
62 - SAINT-MARTIN
63 - KENYA
64 - L'OCÉAN INDIEN
65 - MADAGASCAR
66 - SÉNÉGAL
67 - MAROC
68 - TURQUIE
69 - LIBAN
70 - FINLANDE
71 - RÉPUBLIQUE DOMINICAINE
72 - LES ANTILLES FRANÇAISES
73 - USA CÔTE OUEST ET FAR WEST
74 - CHINE : LA ROUTE DE LA SOIE
75 - ANDALOUSIE

HACHETTE — MEDIA 9

---

ne cassette de
55 minutes environ
et un guide pratique

EN VENTE PARTOUT

Pour tout renseignement,
téléphonez au 01 42 12 95 73

Imprimé en France par I.M.E. - 25110 Baume-les-Dames
Dépôt légal : 1341-03/2000 - Collection n° 25 - Edition n° 03
ISBN : 2.01.2430600 - ISSN : 0762.2392-24/3060/1
N° d'imprimeur : 14058

# À nos Lecteurs...

Ces pages vous appartiennent. Notez-y vos remarques, vos impressions de voyage, vos découvertes personnelles, vos bonnes adresses. Et ne manquez pas de nous en informer à votre retour. Nous accordons la plus grande attention au courrier de nos lecteurs.

*Carnet de voyage*

**HACHETTE**
*Tourisme*

Guides Bleus Évasion – Courrier des lecteurs
43, quai de Grenelle – 75905 PARIS Cedex 15